NOMOSPRAXIS

Prof. Dr. Arne von Boetticher

# Das neue Teilhaberecht

Die Deutsche Nationalbibliothek verzeichnet diese Publikation in
der Deutschen Nationalbibliografie; detaillierte bibliografische
Daten sind im Internet über http://dnb.d-nb.de abrufbar.

ISBN 978-3-8487-3356-9

1. Auflage 2018

# Danksagungen

Für das Gegenlesen von Auszügen des Manuskriptes, für Anregungen und/oder Hinweise danke ich herzlich

Birgit von Boetticher

Susanne von Boetticher

Gabriele Kuhn-Zuber

Johannes Münder

Britta Tammen


*Arne von Boetticher*, im November 2017

# Inhaltsverzeichnis

# Abkürzungsverzeichnis

| | |
|---|---|
| a.F. | alte Fassung |
| BAföG | Bundesausbildungsförderungsgesetz |
| BAG | Bundesarbeitsgericht |
| BAGüS | Bundesarbeitsgemeinschaft der überörtlichen Sozialhilfeträger |
| BAR | Bundesarbeitsgemeinschaft für Rehabilitation |
| BetrVG | Betriebsverfassungsgesetz |
| BGBl. | Bundesgesetzblatt |
| BGG | Gesetz zur Gleichstellung von Menschen mit Behinderungen |
| BMAS | Bundesministerium für Arbeit und Soziales |
| BMF | Bundesministerium für Finanzen |
| BMG | Bundesministerium für Gesundheit |
| BR-Drs. | Bundesratsdrucksache |
| BRK | Behindertenrechtskonvention der Vereinten Nationen (oftmals auch UN-BRK abgekürzt) |
| BSG | Bundessozialgericht |
| BSGE | Entscheidungssammlung des Bundessozialgerichts |
| BT-Drs. | Bundestags-Drucksache |
| BTHG | Bundesteilhabegesetz |
| BudgetV | Verordnung zur Durchführung des § 17 Abs. 2 – 4 SGB IX |
| BVerfG | Bundesverfassungsgericht |
| BVerwG | Bundesverwaltungsgericht |
| BVGuaÄndG | Gesetz zur Änderung des Bundesversorgungsgesetzes und anderer Vorschriften |
| BW | Baden-Württemberg |
| CRPD | Convention on rights of people with disabilities, englischer Originaltext der BRK der Vereinten Nationen |
| ebd. | ebenda |
| EGH-VO | Eingliederungshilfe-Verordnung |
| f. | folgender (Paragraf) |
| ff. | fortfolgende (Paragrafen) |
| FrühV | Frühförderungsverordnung |
| GBA | gemeinsamer Bundesausschuss |
| GG | Grundgesetz |
| ggf. | gegebenenfalls |
| GWB | Gesetz gegen Wettbewerbsbeschränkungen |
| HeimmwV | Heimmitwirkungsverordnung |
| HES | Hessen |
| HH | Hamburg |

| | |
|---|---|
| ICF | Internationalen Klassifikation der Funktionsfähigkeit, Behinderung und Gesundheit der WHO |
| i.d.F. | in der Fassung |
| i.d.R. | in der Regel |
| i.S.d./v. | im Sinne der/der bzw. im Sinne von |
| i.V.m. | in Verbindung mit |
| jm | Juris Monatsmagazin (Zeitschrift) |
| KfzHV | Kraftfahrzeughilfeverordnung |
| KHV | Kommunikationshilfen-Verordnung |
| KJ | Kritische Justiz (Zeitschrift) |
| LSG | Landessozialgericht |
| MDK | Medizinischer Dienst der Krankenkassen |
| m.w.N. | mit weiteren Nachweisen |
| m.W.v. | mit Wirkung vom |
| n.F. | neue Fassung |
| NDS | Niedersachsen |
| NDV | Nachrichtendienst des Deutschen Vereins für öffentliche und private Fürsorge e.V. (Zeitschrift) |
| NRW | Nordrhein-Westfalen |
| PSG III | Drittes Pflegestärkungsgesetz |
| RBEG 2017 | Regelbedarfsermittlungsgesetz vom 21.12.2016 |
| RdLH | Rechtsdienst der Lebenshilfe (Zeitschrift) |
| SAN | Sachsen-Anhalt |
| SchwbAV | Schwerbehinderten-Ausgleichsabgabeverordnung |
| SchwbAwV | Schwerbehindertenausweisverordnung |
| SchwbG | Schwerbehindertengesetz (Vorläufer des 2. bzw. ab 2020 3. Teils SGB IX) |
| SchwbWVO | Wahlordnung Schwerbehindertenvertretungen |
| SenV IAS | Berliner Senatsverwaltung für Integration, Arbeit und Soziales |
| SGb | die Sozialgerichtsbarkeit (Zeitschrift) |
| SGB | Sozialgesetzbuch |
| S-H | Schleswig-Holstein |
| SpiBuKK | Spitzenverband Bund der Krankenkassen, der zugleich die Aufgaben des Spitzenverband Bund der Pflegekassen innehat |
| StGB | Strafgesetzbuch |
| u.a. | unter anderem |
| VersMedV | Versorgungsmedizin-Verordnung |

| | |
|---|---|
| WBVG | Wohn- und Betreuungsvertragsgesetz |
| WfbM | Werkstatt für Menschen mit Behinderung |
| WHO | Weltgesundheitsorganisation der Vereinten Nationen („World Health Organisation") |
| WMVO | Werkstätten-Mitwirkungsverordnung |
| WVO | Werkstättenverordnung |
| WzS | Wege zur Sozialversicherung (Zeitschrift) |

# Literaturverzeichnis

AGJ – Arbeitsgemeinschaft für Kinder- und Jugendhilfe/BAGLJÄ – Bundesarbeitsgemeinschaft Landesjugendämter (2012): Handlungsempfehlungen zum Bundeskinderschutzgesetz – Orientierungsrahmen und erste Hinweise zur Umsetzung, Berlin, abrufbar unter: http://www.b agljae.de/downloads/111_handlungsempfehlungen_bundeskinderschutzge.pdf (Abruf am 11.8.2017)

Ausschuss der Vereinten Nationen für die Rechte von Menschen mit Behinderungen (2015): Abschließende Bemerkungen über den ersten Staatenbericht Deutschlands (CRPD/C/DEU/CO/1), 13. Tagung, 25.3. – 17.4.2015, abrufbar unter: http://www.gemeinsam-einfach-mac hen.de/GEM/DE/AS/UN_BRK/Staatenpruefung/CO_Staatenpruefung_deutsch.docx?__blob =publicationFile&v=5 (Abruf am 5.10.2017)

BAGüS – Bundesarbeitsgemeinschaft der überörtlichen Träger der Sozialhilfe (2010): Werkstattempfehlungen, Münster

BAG UB – Bundesarbeitsgemeinschaft für Unterstützte Beschäftigung e.V. (Hrsg.) (2009): Persönliches Budget für berufliche Teilhabe, Dokumentation und Handlungsempfehlungen, Praxisbericht, verfasst von Berit Blesinger, Hamburg, abrufbar unter: http://www.bag-ub.de /dl/publikationen/Praxisbericht-PB-berufliche-Teilhabe.pdf (Abruf am 2.9.2017)

BAR – Bundesarbeitsgemeinschaft für Rehabilitation (2014): Gemeinsame Empfehlung zur Erkennung und Feststellung des Teilhabebedarfs, zur Teilhabeplanung und zu Anforderungen an die Durchführung von Leistungen zur Teilhabe (Reha-Prozess), Frankfurt am Main, abrufbar unter www.bar-frankfurt.de (Abruf am 13.04.207)

BJA – Bundesamt für Justiz (2017): Merkblatt zur Erhebung von Gebühren für das Führungszeugnis (Stand: 31. März 2017), Bonn, abrufbar unter: https://www.bundesjustizamt.de/DE /SharedDocs/Publikationen/BZR/Merkblatt_Gebuehrenbefreiung.pdf?__blob=publicationFil e&v=11 (Abruf am 11.8.2017)

BMAS – Bundesministerium für Arbeit und Soziales (2017 b): Bekanntmachung der Förderrichtlinie zur Durchführung der „Ergänzenden unabhängigen Teilhabeberatung" für Menschen mit Behinderungen vom 17. Mai 2017, abrufbar unter: http://www.gemeinsam-einfac h-machen.de/SharedDocs/Downloads/DE/AS/BTHG/EUTB_Foerderrichtlinie.pdf;jsessionid =C7EF66D9BC10BFBA2E4062337B238320.1_cid320?__blob=publicationFile&v=2 (Abruf am 7.6.2017)

BMAS – Bundesministerium für Arbeit und Soziales (2017 a): Häufige Fragen zum Bundesteilhabegesetz (BTHG) vom 12. April 2017, Berlin, abrufbar unter: http://www.bmas.de/Share dDocs/Downloads/DE/PDF-Schwerpunkte/faq-bthg.pdf?__blob=publicationFile&v=12 (Abruf am 5.10.2017)

BMAS – Bundesministerium für Arbeit und Soziales (2016): 2. Teilhabebericht der Bundesregierung über die Lebenslagen von Menschen mit Beeinträchtigungen, Bonn. Abrufbar unter: http://www.bmas.de/DE/Service/Medien/Publikationen/a125-16-teilhabebericht.html (Abruf am 5.10.2017)

BMAS – Bundesministerium für Arbeit und Soziales (2015): Arbeitsgruppe Bundesteilhabegesetz – Abschlussbericht – Teil A, Bonn. Abrufbar unter: http://www.gemeinsam-einfach-mac hen.de/SharedDocs/Downloads/DE/AS/BTHG/Abschlussbericht_A.html?nn=7723192 (Abruf am 5.10.2017)

BMAS – Bundesministerium für Arbeit und Soziales (2013): 1. Teilhabebericht der Bundesregierung über die Lebenslagen von Menschen mit Beeinträchtigungen, Bonn. Abrufbar unter: http://www.gemeinsam-einfach-machen.de/SharedDocs/Downloads/DE/AS/UN_BRK/Teilha bebericht.pdf?__blob=publicationFile&v=1 (Abruf am 5.10.2017)

Boetticher, Arne von/Münder, Johannes (2011): Rechtliche Fragen sozialer Dienste – zentrale Entwicklungen und Eckpunkte der Diskussion, in: Evers, Adalbert/Heinze, Rolf G./Olk, Thomas (Hrsg.): Handbuch soziale Dienste, Wiesbaden.

Bieritz-Harder, Renate/Conradis, Wolfgang/Thie, Stephan (2015): Sozialgesetzbuch XII, Sozialhilfe, Lehr- und Praxis Kommentar, 10. Auflage, Baden-Baden.

Bundesregierung (2017): Lebenslagen in Deutschland, Der Fünfte Armuts- und Reichtumsbericht der Bundesregierung, Bonn, abrufbar unter: http://www.bmas.de/SharedDocs/Downlo ads/DE/PDF-Pressemitteilungen/2017/5-arb-langfassung.pdf?__blob=publicationFile&v=4 (Abruf am 19.7.2017)

CDU, CSU und SPD (2013): Deutschlands Zukunft gestalten, Koalitionsvertrag für die 18. Legislaturperiode vom 27.11.2013, Berlin, abrufbar unter: https://www.bundesregierun g.de/Content/DE/_Anlagen/2013/2013-12-17-koalitionsvertrag.pdf?__blob=publicationFile &v=2 (Abruf am 5.10.2017)

CBP – Caritas Behindertenhilfe und Psychiatrie e.V. (2016): Stellungnahme zum Gesetzentwurf eines Gesetzes zur Stärkung der Teilhabe und Selbstbestimmung von Menschen mit Behinderungen BTHG (BT-Drs. 18/9522), Antrag DIE LINKE (BT-Drs. 18/10014), Antrag BÜNDNIS 90/DIE GRÜNEN (BT-Drs. 9672) vom 31.10.2016, Freiburg. Abrufbar unter: https://www.caritas.de/cms/contents/caritas.de/medien/dokumente/stellungnahmen/stellung nahme-zum-ge6/caritas_stellungnahme_bthg_final_v 2.pdf?d=a (Abruf am 5.10.2017)

Dau, Dirk/Düwell, Franz Josef/Joussen, Jacob (Hrsg.) (2014): Sozialgesetzbuch IX, Rehabilitation und Teilhabe behinderter Menschen, Lehr- und Praxis Kommentar, 4. Auflage, Baden-Baden.

DESTATIS (2015 a): Sozialleistungen – Empfänger und Empfängerinnen von Leistungen nach dem 5. bis 9. Kapitel SGB XII, Fachserie 13 Reihe 2.3, Wiesbaden. Abrufbar unter: https:// www.destatis.de/DE/Publikationen/Thematisch/Soziales/Sozialhilfe/SozialhilfeLeistungenSG B2130230137004.pdf;jsessionid=12A345705320FF2A76FDCD8AD2F50A93.InternetLive 1?__blob=publicationFile (Abruf am 5.10.2017)

DESTATIS (2015 b): Statistik der Sozialhilfe - Eingliederungshilfe für behinderte Menschen, 2013 Wiesbaden. Abrufbar unter: https://www.destatis.de/DE/Publikationen/Thematisch/So ziales/Sozialhilfe/Eingliederungshilfe_Behinderte5221301137004.pdf;jsessionid=7B3F68D1 2CA862BE4EF13F6012F7E64C.InternetLive1?__blob=publicationFile (Abruf am 5.10.2017)

Deutscher Verein für öffentliche und private Fürsorge e.V. (2012): Empfehlung des Deutschen Vereins zu Führungszeugnissen bei neben- und ehrenamtlichen in der Kinder und Jugendhilfe (§ 72 a Abs. 3 und 4 SGB VIII) vom 25.9.2012, Berlin. Abrufbar unter: https://www.deutscher-verein.de/de/download.php?file=uploads/empfehlungen-stellungnahmen/2012/dv-15-12-fuehrungszeugnissen-bei-neben-und-ehrenamtlichen.pdf (Abruf am 5.10.2017)

DIMDI – Deutsche Institut für Medizinische Dokumentation und Information (Hrsg.) (2005): Internationale Klassifikation der Funktionsfähigkeit, Behinderung und Gesundheit, Genf, (Anm.: das DIMDI ist WHO-Kooperationszentrum für das System Internationaler Klassifikationen), abrufbar unter: http://www.dimdi.de/dynamic/de/klassi/downloadcenter/icf/stand 2005/icfbp2005.zip (Abruf am 5.3.2017)

Evers, Adalbert/Heinze, Rolf G./Olk, Thomas (Hrsg.) (2011): Handbuch soziale Dienste, Wiesbaden.

GKV-Spitzenverband (= Spitzenverband Bund der Pflegekassen) (2016): Gemeinsames Rundschreiben zu den leistungsrechtlichen Vorschriften des SGB XI vom 22.12.2016; abrufbar unter: https://gkv-spitzenverband.de/media/dokumente/pflegeversicherung/richtlinien__vereinbarungen__formulare/empfehlungen_zum_leistungsrecht/2016_12_20_Gemeinsames_Rundschreiben_Pflege_ab_01012017.pdf (Abruf am 15.7.2017)

Hänlein, Andreas/Schuler, Rolf (Hrsg.) (2016): Sozialgesetzbuch V, Gesetzliche Krankenversicherung, Lehr und Praxis Kommentar, 5. Auflage, Baden-Baden.

Hauck, Karl/Noftz, Wolfgang/Becker, Peter (2017: Kommentar zum SGB X – Verwaltungsverfahren und Sozialdatenschutz, Loseblattsammlung, Berlin.

Hellrung, Christina (2017): Inklusion von Kindern mit Behinderungen als sozialrechtlicher Anspruch, Wiesbaden.

Kasseler Kommentar zum Sozialversicherungsrecht (2017): SGB X – Verwaltungsverfahren und Sozialdatenschutz, Loseblattsammlung, München.

Klie, Thomas/Blinkert, Baldo (2008): Das Pflegebudget, Abschlussbericht 2008, Zusammenfassung der einzelnen Abschlussberichte, Freiburg, abrufbar unter: https://www.gkv-spitzenverband.de/media/dokumente/pflegeversicherung/forschung/projekte_unterseiten/pflegebudget/1Anlage_PB-Gesamtzusammenfassung_3271.pdf (Abruf am 2.9.2017)

Luthe, Ernst-Wilhelm (Hrsg.) (2015): Rehabilitationsrecht, 2. Auflage, Berlin.

Metzler, Heidrun/Meyer, Thomas/Rauscher, Christine/Schäfers, Markus/Wansing, Gudrun (2007): Wissenschaftliche Begleitforschung zur Umsetzung des Neunten Buches Sozialgesetzbuch (SGB IX) – Rehabilitation und Teilhabe behinderter Menschen, Begleitung und Auswertung der Erprobung trägerübergreifender Persönlicher Budgets, Abschlussbericht, Bonn

Münder, Johannes/Meysen, Thomas/Trenczek, Thomas (2013): Frankfurter Kommentar zum SGB VIII, Kinder und Jugendhilfe, 7. Aufl., Baden-Baden.

Schlegel, Rainer/Voelzke, Thomas (2016): juris Praxiskommentar zum SGB IV, 3. Auflage 2016, Saarbrücken.

Schlegel, Rainer/Voelzke, Thomas (2015): juris Praxiskommentar zum SGB IX, 2. Auflage, Saarbrücken.

Schlegel, Rainer/Voelzke, Thomas (2014): juris Praxiskommentar zum SGB III, 1. Auflage, Saarbrücken.

Schlegel, Rainer/Voelzke, Thomas (2014): juris Praxiskommentar zum SGB VII, 2. Auflage, Saarbrücken.

Schlegel, Rainer/Voelzke, Thomas (2013): juris Praxiskommentar zum SGB X, 1. Auflage, Saarbrücken.

SenV IAS – Senatsverwaltung für Integration, Arbeit und Soziales (2016): Rundschreiben Soz Nr. 10/2016 über Änderungen des SGB XII zum 1.1.2017 durch Bundesteilhabegesetz (BTHG) und Drittes Pflegestärkungsgesetz (PSG III) vom 20. Dezember 2016, mit Änderungen vom 14. Februar 2017 (aufgrund der Hinweise des BMAS vom 9.2.2017 zur Auslegung der §§ 60 a und 66 a SGB XII), Berlin, abrufbar unter: https://www.berlin.de/sen/sozial es/themen/berliner-sozialrecht/kategorie/rundschreiben/2016_10-572045.php (Abruf am 2.9.2017)

Welti, Felix (2007): Rechtsfragen des Persönlichen Budgets nach § 17 SGB IX, Gutachten im Rahmen der wissenschaftlichen Begleitung der modellhaften Erprobung Persönlicher Budgets nach § 17 Abs. 6 SGB IX, Kiel, abrufbar unter: http://www.bmas.de/SharedDocs/Down loads/DE/PDF-Publikationen/fb-f366-f367-forschungsbericht-anlage-zu-f366.pdf;jsessionid =1442E363575D081387156E97C7568031?__blob=publicationFile&v=2 (Abruf am 2.9.2017)

# § 1 Einführung

> *„Was im Vorhinein nicht ausgegrenzt wird,*
> *muss hinterher auch nicht eingegliedert werden!"*
>
> Richard von Weizsäcker (ehem. Bundespräsident 1984–1994)

## A. Zur Einführung

Das neue Teilhaberecht beruht im Wesentlichen auf dem „Gesetz zur Stärkung der    1
Teilhabe und Selbstbestimmung von Menschen mit Behinderungen (**Bundesteilhabegesetz – BTHG)"**, das am 23.12.2016 vom Deutschen Bundestag in dritter Lesung
verabschiedet und am 29.12.2016 im Bundesgesetzblatt veröffentlicht worden ist.[1] Es
handelt es sich um ein sog. **Artikelgesetz,** mit dem kein eigenständiges neues Gesetz
geschaffen wurde, das unter dem Namen Bundesteilhabegesetz in einschlägigen Ge-
setzsammlungen erscheint, sondern durch dessen 26 Artikel bereits bestehende Gesetze verändert werden. In mehreren Reformschritten verteilt über den Zeitraum bis
zum Jahr 2023 soll es das Teilhaberecht zukunftsweisend weiterentwickelt werden.
**Hauptgegenstand** der Reform sind der **erste Teil des Neunten Buches** Sozialgesetzbuch (SGB IX), der die Ziele und allgemeinen Grundsätze des Rechts der Rehabilitation und Teilhabe von Menschen mit Behinderungen enthält, sowie das **Recht der
Eingliederungshilfe,** die zum Jahr 2020 aus dem 6. Kapitel des SGB XII **als neuer
zweiter Teil** in das SGB IX überführt wird. Der bisherige zweite Teil des SGB IX, der
das Schwerbehindertenrecht enthält, wird dadurch zum dritten Teil des SGB IX.

Die Änderungen sind jedoch nicht auf das SGB IX beschränkt, insbesondere auch **im**    2
**Zwölften Buch des Sozialgesetzbuches – Sozialhilfe (SGB XII)** werden **maßgebliche
Änderungen** vorgenommen, von den Kapiteln über die existenzsichernden Leistungen, jenen über die besonderen Hilfen, über die Anrechnung von Einkommen und
Vermögen bis hin zum Vertragsrecht. Das neue Teilhaberecht erfasst jedoch auch alle
anderen Bücher des Sozialgesetzbuches, in denen zumindest punktuelle Änderungen
zu verzeichnen sind, aber darüber hinaus auch Gesetze, die man nicht sofort mit der
Teilhabe von Menschen mit Behinderungen in Verbindungen bringen würde: etwa
das Umsatzsteuergesetz, das Betriebsverfassungsgesetz oder das Gesetz zur Kooperation und Information im Kinderschutz. Auch auf diese Änderungen wird im vorliegenden Buch eingegangen.

Die Reform erstreckt sich auch auf die untergesetzliche Ebene der **Rechtsverordnun-**    3
**gen.** Verordnungen, die bisher für die tägliche Arbeitspraxis in der Hilfe für Menschen mit Behinderungen mitbestimmend sind, werden z.T. gänzlich aufgehoben, wie
z.B. die Eingliederungshilfeverordnung (EGH-VO) oder die Budgetverordnung (Bud-
get-VO), oder abgeändert, wie z.B. die Frühförderungsverordnung (FrühV), die Versorgungsmedizin-Verordnung (VersMedVO), die Schwerbehindertenausweisverord-

---

1  BGBl. I 2016 3234 ff. abrufbar unter: https://www.bgbl.de/xaver/bgbl/start.xav?startbk=Bundesanzeiger_BGB
l#__bgbl__%2F%2F*%5B%40attr_id%3D%27bgbl116s3234.pdf%27%5D__1507125862356.

nung (SchbAwV), die Werkstättenverordnung (WVO) und die Werkstätten-Mitwirkungsverordnung (WMVO).

4   Unübersichtlich ist die Reform nicht nur, weil der **Umstellungsprozess** sich über **mehrere Jahre erstreckt**, bei der z.T. ein und derselbe Paragraf gleich mehrfach verändert wird und/oder seinen Standort wechselt, sondern weil das Bundesteilhabegesetz zudem **gleichzeitig mit anderen Gesetzesreformen** in Kraft tritt, deren Regelungsgegenstände mit denen des BTHG eng verzahnt sind. Zu nennen sind dabei insbesondere das „Gesetz zur Ermittlung von Regelbedarfen sowie zur Änderung des Zweiten und des Zwölften Buches Sozialgesetzbuch" (Regelbedarfsermittlungsgesetz – **RBEG 2017**) vom 22.12.2016,[2] welches für das Teilhaberecht relevante Änderungen insbesondere in der Grundsicherung für Menschen mit Behinderungen enthält, und das „Dritte Gesetz zur Stärkung der pflegerischen Versorgung und zur Änderung weiterer Vorschriften" (Pflegestärkungsgesetz – **PSG III**) vom 23.12.2016,[3] in dem relevante Schnittstellen zwischen der Eingliederungshilfe und der Hilfe zur Pflege geregelt sind. Hingegen ist die ebenfalls für die letzte Legislaturperiode geplante, unter dem Stichwort der sog. „inklusiven Lösung" bzw. „großen Lösung" diskutierte **Reform der Kinder- und Jugendhilfe** im SGB VIII nicht zustande gekommen, so dass es bis auf weiteres bei der getrennten Zuständigkeit für Kinder und Jugendliche mit seelischen Beeinträchtigungen einerseits, und jenen mit körperlichen und/oder geistigen Beeinträchtigungen andererseits bleibt.

## B. Zum Gebrauch

5   Das Buch wurde geschrieben als **Arbeitshilfe** für all diejenigen Menschen, die sich mit der Umsetzung und dabei vor allem auch der **Auslegung der Vorschriften** über die Teilhabe von Menschen mit Behinderungen befassen müssen oder wollen. Es ist gleichermaßen gedacht für Menschen, die in eigener Person oder im familiär-persönlichen Umfeld betroffen sind oder aufgrund der Übernahme von Verantwortung im Rahmen einer rechtlichen Betreuung, genauso wie für jene in professionellen Kontexten sowohl auf Seiten der Rehabilitationsträger als Kostenträger als auch auf Seiten der Rehabilitationsdienste und -einrichtungen als Leistungserbringer, aber auch für Interessenvertretungen für Menschen mit Behinderungen sowie Beratungsstellen z.B. der neu eingeführten ergänzenden unabhängigen Teilhabeberatung. Nicht zuletzt soll es auch den Gerichten der Sozialgerichtsbarkeit als Arbeitshilfe dienen, denen es aufgrund der entsprechenden Zuständigkeitszuweisung im Sozialgerichtsgesetz obliegen wird, Streitigkeiten bei der Anwendung des neuen Teilhaberechts zu entscheiden.

6   Gedacht ist dieses **Handbuch für Praktiker\*innen**, nicht nur (aber auch) für Jurist\*innen. Die verwendete Sprache ist allgemeinverständlich gehalten, die Auslegung der Paragrafen und die Argumentation zu den Vorschriften folgen jedoch juristischer Methodik. Vorausgesetzt werden dabei grundlegende Kenntnisse des bisherigen Rehabilitations- und des Sozialhilferechts, denn erläutert wird vor allem das Neue im Teilhaberecht, also **Abweichungen oder Ergänzungen gegenüber der derzeitigen Rechtsla-**

---

2   Verkündet am 28.12.2016, BGBl. I 2016 3234 ff.
3   Verkündet am 28.12.2016, BGBl. I 2016 3191 ff.

ge. Sofern die Regelungen von Sachthemen gleich geblieben bzw. inhaltlich unverändert an neuem Standort übernommen worden sind (z.B. der Großteil der Regelungen der medizinischen Rehabilitation – mit Ausnahme der Frühförderung) wird dies nur kurz erwähnt, ohne auf den bekannten Inhalt näher einzugehen.

Damit besser nachvollzogen werden kann, wer ab wann etwas anders machen muss bei der Umsetzung des Rechts auf Teilhabe von Menschen mit Behinderungen, erfolgt der **Aufbau** dieses Buches **anhand der zeitlich gestaffelten Reformschritte** in den Jahren 2017, 2018, 2020 und 2023; die Schwerpunkte liegen dabei auf den beiden Reformstufen in den Jahren 2018 und 2020 (s. Übersicht der wesentlichen Reformschritte Rn. 8). Innerhalb der vier Kapitel werden die **Änderungen im SGB IX** jeweils im **Abschnitt A** dargestellt, eingeordnet und erläutert, gefolgt von der Darstellung der **Änderungen im SGB XII** im **Abschnitt B**. Veränderungen der einschlägigen Verordnungen werden dabei in den Abschnitten der beiden Gesetze mit thematisiert, auf die sie sich beziehen. Im **Abschnitt C I** werden die **Umsetzungs-, Begleit- und Evaluationsmaßnahmen** dargestellt und erläutert, die das BMAS als zuständiges Fachministerium entweder selber vorzunehmen und/oder zu initiieren hat, um noch vor Inkrafttreten der folgenden Reformstufen Fehlentwicklungen im Sinne der Reformziele erkennen und dem Gesetzgeber ggf. erforderliche Korrekturen ermöglichen zu können. Abschließend wird unter **Abschnitt C II** kurz auf die inhaltlichen **Änderungen im sonstigen Teilhaberecht** der anderen Sozialgesetzbücher, weiterer Gesetze und Verordnung eingegangen.

7

Innerhalb der Abschnitte variiert die Darstellung je nach Intensität der gesetzlichen Änderungen: aufgrund der Vielzahl der strukturellen und inhaltlichen Änderungen im 1. Teil (2018) und im 2. Teil (2020) des SGB IX folgt der Aufbau der Darstellung der Abfolge der Kapitel des Gesetzes und innerhalb der Kapitel – überwiegend – in der Reihenfolge der Paragrafen. An diesen Stellen reichen die Darstellung und die Argumentation an die Funktion eines Kurzkommentars heran. Dort, wo es zum besseren Verständnis der Ausführungen geboten erscheint, sind entweder der Wortlaut der Norm oder zumindest die relevanten Passagen daraus mit abgedruckt. Im Übrigen werden die Erläuterungen der Paragrafen themenbezogen zusammengefasst, sofern es sich nicht lediglich um Änderungen von Einzelvorschriften handelt. Sofern es zu dem jeweils behandelten Thema bereits in dem oder den zeitlich vorangegangenen Reformschritt(en) Änderungen gegeben hat, wird darauf jeweils Bezug genommen bzw. auf die Randziffer(n) in dem jeweiligen Kapitel verwiesen. Mithilfe der Gliederung, thematisch strukturierenden Überschriften und eines umfangreichen Stichwortregisters im Anhang und durch Verweise innerhalb des Textes auf Randnummern mit ähnlichem Inhalt soll das Auffinden der gesuchten Stelle(n) zum jeweiligen Thema erleichtert werden.

8

Übersicht zum Inkrafttreten der wesentlichen Reformschritte des BTHG

| SGB IX | | | |
|---|---|---|---|
| Inklusion statt Integration, Interessenvertretung Schwerbehinderter | SGB IX a.F., BudgetVO Teil 1 & 3 neu, Vertragsrecht neu | Teil 2 neu (Eingliederungshilfe) | Empfängerkreis der Eingliederungshilfe neu? |
| **2017** | **2018** | **2020** | 2023 |
| Rbs. 1-3 neu, Definition KdUH bei Grundsicherung, höherer Vermögensfreibetrag (EGH & HzP) | **SGB XII** EGH: andere Leistungsanbieter Budget f. Arbeit, Gesamtplan | Eingliederungshilfe, EGH-VO, Rbs. 2 neu, Def. besonderer Wohnformen | |

Umsetzungsunterstützung und Evaluation durch das BMAS

9   Indem das SGB IX in seiner bisherigen Fassung zum 1.1.2018 aufgehoben und vollständig neu bekanntgemacht wird, ändert sich schon rein formal die bekannte Nummerierung der Vorschriften bis auf wenige Paragrafen zu Beginn des Gesetzes. Zwei **Synopsen im Anhang** geben einen Überblick, unter welcher „Hausnummer" sich die Inhalte der bisherigen Paragrafen künftig wiederfinden und umgekehrt, wo sich gemessen an der neuen Durchnummerierung die jeweilige Vorgängerregelung befunden hat, um sich auch nach der Umstellung bei den Regelungen, deren Inhalt sich nicht verändert hat, auf bisherige Materialien stützen zu können. Ergänzt werden die Synopsen zum SGB IX durch eine **Übersicht der Änderungshistorie des SGB XII** in den Jahren 2017–2020, aus der hervorgeht, welcher Paragraf zu welchem Zeitpunkt durch welches Gesetz verändert wird, da gerade im Zwölften Buch des Sozialgesetzbuches einige Paragrafen mehrfache Modifikationen erfahren.

## C. Zum Hintergrund

10   Zum besseren Verständnis der im Folgenden erläuterten Einzelheiten der Reform durch das BTHG soll vorab kurz auf deren Vorgeschichte eingegangen werden. Mit diesem Hintergrundwissen lassen sich manche, auf den ersten Blick unverständlich erscheinende Gesetzesänderungen besser erklären (manche jedoch auch nicht) bzw. Argumentationen für oder gegen eine bestimmte Auslegung einer Norm leichter nachvollziehen.

## I. Behindertenrechtskonvention der Vereinten Nationen (BRK)

Das Übereinkommen über die Rechte von Menschen mit Behinderungen (Behinder-   11
tenrechtskonvention – BRK) wurde am 13.12.2006 von der Generalversammlung der
Vereinten Nationen in New York verabschiedet.[4] Durch diesen völkerrechtlichen Vertrag werden keine neuen Rechte begründet, sondern bereits bestehende **Menschenrechte** aus der Allgemeinen Menschenrechtserklärung von 1948 sowie aus dem sog.
Sozialpakt und dem sog. Zivilpakt (beide von 1966) **bezogen auf** die Lebenssituationen und -erfahrungen von **Menschen mit Behinderungen** konkretisiert.

Gemäß Art. 1 BRK hat sie das Ziel, „den vollen und **gleichberechtigten Genuss aller**   12
**Menschenrechte und Grundfreiheiten** durch alle Menschen mit Behinderungen zu
fördern, zu schützen und zu gewährleisten und die **Achtung der ihnen innewohnen-
den Würde** zu fördern". Dazu gehört nach Art. 3 BRK die volle und wirksame Teilhabe an der Gesellschaft und Einbeziehung in die Gesellschaft. Leitbild der Konventi-
on ist die **Inklusion**, d.h. die Ausgestaltung der Gesellschaft unter Berücksichtigung
der Belange aller ihrer Mitglieder einschließlich derjenigen von Menschen mit Behinderungen. Behinderung wird insoweit als Teil der menschlichen Vielfalt begriffen.
Neben den **absoluten Rechten wie Leben, Gesundheit und Freiheit,** die sich die Unterzeichnerstaaten verpflichten zu schützen, enthält die BRK auch **eine Reihe von wirtschaftlichen, sozialen und kulturellen Rechten,** bezüglich derer die Unterzeichnerstaaten in Anerkennung der kulturellen Besonderheiten und vor allem der unterschiedlichen Finanzkraft verpflichtet sind, „geeignete Maßnahmen" unter „Ausschöpfung
der verfügbaren Mittel" zu treffen (Art. 4 Abs. 2 BRK), also solche, die in ihr jeweiliges Rechts- und Sozialsystem und kulturelles Verständnis passen, um „nach und nach
die volle Verwirklichung dieser Rechte zu erreichen".

Art. 34 BRK sieht die Einrichtung eines **Ausschusses für die Rechte von Menschen**   13
**mit Behinderungen** vor, dem die Vertragsstaaten mindestens alle vier Jahre einen Bericht über die Maßnahmen vorlegen müssen, die sie zur Erfüllung der Verpflichtungen aus der BRK in ihrem Land getroffen haben (Art. 35 Abs. 2 BRK). Der Ausschuss
kann nach der Prüfung eines Berichtes gemäß Art. 36 Abs. 1 BRK dem jeweiligen
Vertragsstaat sowohl allgemeine Empfehlungen als auch konkrete, ihm geeignet erscheinende Vorschläge unterbreiten und um weitergehende Informationen ersuchen.
Die BRK wurde bislang von 160 Staaten unterzeichnet, 15 weitere Staaten haben ohne Unterzeichnung ihre Zustimmung erteilt, an die BRK gebunden zu sein (vgl.
Art. 43 BRK).[5]

Deutschland gehörte mit zu den Erstunterzeichnern der BRK am 30.3.2007.[6] Die er-   14
forderliche förmliche Bestätigung, die gemäß Art. 43 BRK erst die Bindung an die
Vorgaben der BRK bewirkt, erfolgte durch Gesetz vom 21.12.2008[7] in Verbindung
mit der Hinterlegung der Ratifikationsurkunde bei den Vereinten Nationen am

---

4   BGBl. 2008 II 1420 ff.
5   S. https://treaties.un.org/Pages/ViewDetails.aspx?src=TREATY&mtdsg_no=IV-15&chapter=4&clang=_en
    (Abruf am 5.10.2017).
6   S. https://treaties.un.org/Pages/ViewDetails.aspx?src=TREATY&mtdsg_no=IV-15&chapter=4&clang=_en
    (Abruf am 5.10.2017).
7   BGBl 2008 II 1419.

24.2.2009. Gemäß Art. 45 Abs. 2 BRK ist die BRK am 30. Tag nach der Hinterlegung, also **am 26.3.2009, in Deutschland in Kraft** im Rang eines Bundesgesetzes getreten.[8][9] Damit ist es wie jedes andere Bundesgesetz zu beachten und anzuwenden. Ob und inwieweit die Artikel der BRK geeignet sind, im Einzelfall eine bestimmte Rechtsfolge daraus abzuleiten, lässt sich nicht pauschal beantworten, sondern hängt davon ab, ob der jeweilige Artikel „geeignet und hinreichend bestimmt ist, wie eine innerstaatliche Vorschrift rechtliche Wirkung zu entfalten, ohne dass es einer weiteren normativen Ausfüllung bedarf".[10] Angenommen wurde dies in der Rechtsprechung des BSG bislang für das Diskriminierungsverbot des Art. 5 Abs. 2 BRK, wobei zugleich festgestellt wurde, dass sich dieses vom Umfang her mit demjenigen des Art. 3 Abs. 3 Satz 2 GG deckt, also auch keine weitergehenden Rechte gewährt.[11] Subjektive Ansprüche auf Sozialleistungen oder auf eine günstigere soziale Absicherung auf der Grundlage der BRK, die nach deutschem Sozialrecht nicht vorgesehen bzw. ausgeschlossen sind, wurden hingegen mangels hinreichender Bestimmtheit der entsprechenden Artikel bisher abgelehnt.[12]

15 Gleichwohl war, ist und bleibt die **BRK von herausragender Bedeutung** für das neue Teilhaberecht und dessen künftige Weiterentwicklung. Dies gilt zum einen für deren **Funktion als Auslegungshilfe** für die Bestimmung von Inhalt und Reichweite von Grundrechten[13] wie von anderem Bundes- und Landesrecht.[14] Besonders relevant für die Auslegung des neuen Teilhaberechts und des dabei vom Gesetzgeber gewählten Ansatzes zur personenzentrierten Neuausrichtung der Eingliederungshilfe sind die Art. 19 bis 28 BRK, die insbesondere soziale Rechte beinhalten u.a. über die unabhängige Lebensführung und Einbeziehung in die Gemeinschaft, die persönliche Mobilität und die Achtung der Wohnung und der Familie.

16 Hinzu kommt, dass die BRK die Vertragsstaaten dazu verpflichtet, **fortdauernd** an der **Verbesserung der Lebenssituationen** der Menschen mit Behinderungen zu arbeiten und dem Ausschuss der Vereinten Nationen (s. Rn. 13) regelmäßig über die entsprechend getroffenen Maßnahmen Bericht zu erstatten. Das auch in Deutschland noch erheblicher Handlungsbedarf gesehen wurde, zeigen die **abschließenden Bemerkungen des Ausschusses der Vereinten Nationen** zum ersten Staatenbericht Deutschlands vom April 2015, in denen über 60 Empfehlungen zur Verbesserung der Situation von Menschen mit Behinderungen in Deutschland ausgesprochen worden waren,[15] darunter auszugsweise folgende:

- eine **Reform des Behinderungsbegriffes** im Sinne des menschenrechtsbasierten Modells,[16]

---

8   BGBl 2009 II 812.
9   BSG 6.3.2012 – B 1 KR 10/11 R, Rn. 19.
10  BSG 6.3.2012 – B 1 KR 10/11 R, Rn. 24 m.w.N.
11  BSG 6.3.2012 – B 1 KR 10/11 R, Rn. 29 – 31 m.w.N.
12  BSG 6.3.2012 – B 1 KR 10/11 R, 24 – 28; BSG 10.5.2012 – B 1 KR 78/11 B, Rn. 8. BSG 15.10.2014 – B 12 KR 17/12 R, Rn. 27; LSG NRW 6.2.2014 – 20 SO 436/13 B ER, Rn. 60; LSG NRW 7.11.2016 – L 20 SO 482/14, Rn. 70.
13  BVerfG 23.3.2011 – 2 BvR 882/09, Rn. 52.
14  BSG 11.8.2015 – B 9 SB 2/14 R, Rn. 23; BSG 24.5.2012 – B 9 V 2/11 R, Rn. 36.
15  Ausschuss der Vereinten Nationen 2015, S. 2 ff.
16  Ausschuss der Vereinten Nationen 2015, S. 2.

- verstärkt Maßnahmen gegen **Diskriminierung** insbesondere gegen diejenige **von Frauen und Mädchen**, und hier wiederum vor allem jenen mit Migrationshintergrund,[17]
- **Zwangsunterbringungen** zu **verbieten** und alternative Maßnahmen zu fördern, sowie körperliche und chemische Zwangsmaßnahmen in der Altenpflege und den Einrichtungen für Menschen mit Behinderungen zu verbieten,[18]
- eine **Reform des Mehrkostenvorbehalts** in Paragraf 13 SGB XII, um eine selbstbestimmte Wahl des Wohnortes auch durch verstärkte ambulante Assistenzleistungen zu ermöglichen und im Wege der De-Institutionalisierung **Sondersysteme** für Menschen mit Behinderungen sowohl im Bereich Wohnen als auch bei Bildung und Arbeit schrittweise **abzuschaffen** und[19]
- die Überprüfung der **Einkommensabhängigkeit der Hilfen** zur Bedarfsdeckung.[20]

In den allgemeinen Ausführungen zur Begründung des BTHG-Gesetzentwurfes stehen die BRK und die abschließenden Bemerkungen des Ausschusses an allererster Stelle.[21] Eine Würdigung des neuen Teilhaberechts am Maßstab der Empfehlungen durch den Ausschuss der Vereinten Nationen steht noch aus. | 17

## II. Bund-Länder-Diskurs

Bei dem Bund-Länder-Diskurs als weiterem relevantem Entwicklungsprozess, der in die Verabschiedung des BTHG einmündete, stand weniger die Stärkung der Rechte von Menschen mit Behinderungen im Fokus, als die stetig **wachsenden Fallzahlen und -kosten in der Eingliederungshilfe.** Diese waren bereits im Jahr 2003 im Vermittlungsausschuss zur Eingliederung des Zwölften Buches in das Sozialgesetzbuch Gesprächsgegenstand zwischen Bund und Ländern.[22] Seitdem haben die Länder wiederholt in Form von Beschlüssen der Konferenz der Arbeits- und Sozialminister sowie in einer Entschließung des Bundesrates[23] darauf hingewiesen, dass die Eingliederung von Menschen mit Behinderungen die kommunale Daseinsvorsorge überfordere und vielmehr eine gesamtgesellschaftliche Aufgabe sei.[24] Verbunden wurde der Aufruf zu einer Reform der Eingliederungshilfe mit der Forderung nach einer Beteiligung des Bundes an den Leistungsausgaben bzw. deren vollständige Übernahme.[25] In einer Bund-Länderarbeitsgruppe waren in der Zeit von 2007–2012 Eckpunkte zur „Weiterentwicklung der Eingliederungshilfe für Menschen mit Behinderungen" erarbeitet und weiterentwickelt worden.[26] Schließlich wurde den Ländern seitens des Bundes durch den **Koalitionsvertrag** von CDU, CSU & SPD im November 2013 in Aussicht gestellt, dafür zu sorgen, künftig eine **Ausgabendynamik in der Eingliederungshilfe zu** | 18

17 Ausschuss der Vereinten Nationen 2015, S. 4.
18 Ausschuss der Vereinten Nationen 2015, S. 7.
19 Ausschuss der Vereinten Nationen 2015, S. 8.
20 Ausschuss der Vereinten Nationen 2015, S. 10.
21 BT-Drs. 18/9522, 188.
22 BT-Drs. 18/9522, 189.
23 BR-Drs. 282/12: Schaffung eines Bundesleistungsgesetzes.
24 BR-Drs. 282/12, 3.
25 BR-Drs. 282/12, 3.
26 BT-Drs. 18/9522, 189.

verhindern[27] und die Haushalte der **Kommunen jährlich** in Höhe von **5 Milliarden EUR zu entlasten.**[28]

19   Die versprochene finanzielle Entlastung erfolgt auf der Grundlage einer Verständigung zwischen Bund und Ländern vom 16.6.2016 losgelöst vom neuen Teilhaberecht durch eine höhere Beteiligung der Gemeinden an der Umsatzsteuer einerseits und einem höheren Anteil des Bundes an den Kosten der Unterkunft nach dem SGB II,[29] umgesetzt durch das „**Gesetz zur Beteiligung des Bundes an den Kosten der Integration und zur weiteren Entlastung von Ländern und Kommunen**".[30] Da diese Entlastung aber losgelöst von der Eingliederungshilfe erfolgt, die damit in der Zuständigkeit und Finanzverantwortung der Länder bzw. der Kommunen verbleibt, gewann der Aspekt der **Verhinderung einer weiteren Ausgabendynamik** aus Sicht der Länder **umso mehr Bedeutung** für die Reform des Teilhaberechts.[31]

### III. Koalitionsvertrag für die 13. Legislaturperiode

20   Im Koalitionsvertrag vom November 2013 hat die – nach der Bundestagswahl 2017 nur noch geschäftsführend im Amt befindliche – große Koalition den Erlass eines **Bundesleistungsgesetzes** angekündigt, mit dem – neben den genannten Aspekten zur Entlastung der Länder und Kommunen – die **Eingliederungshilfe aus dem Fürsorgesystem herausgeführt** und zu einem modernen Teilhaberecht weiterentwickelt werden soll,[32] um die Teilhabe von Menschen mit Behinderungen zu verbessern. Bestandteil dessen soll eine **personenzentrierte Neuausrichtung** der Leistungen sein, die „sich am persönlichen Bedarf orientieren und entsprechend eines **bundeseinheitlichen Verfahrens** personenbezogen **ermittelt** werden".[33] Die Beschäftigungssituation von Menschen soll verbessert werden u.a. durch ein **Budget für Arbeit** als Alternative zur Beschäftigung in einer WfbM und die **Stärkung** des ehrenamtlichen Engagements der **Schwerbehindertenvertretungen.**[34] Schließlich sollte die Einführung eines **Bundesteilhabegeldes**[35] geprüft werden, als einkommensunabhängiger Nachteilsausgleich.

### IV. Arbeitsgruppe Bundesteilhabegesetz im BMAS

21   Verbunden war die Inaussichtstellung eines Bundesleistungsgesetzes im Koalitionsvertrag mit der Zusage, Menschen mit Behinderungen und ihre Verbände von Anfang an und kontinuierlich am Gesetzgebungsprozess zu beteiligen[36] unter dem Motto „**Nichts über uns ohne uns**". Im Vorfeld des Gesetzgebungsverfahrens hat das BMAS in den Jahren 2014 und 2015 in einer Arbeitsgruppe, an der die maßgeblichen Inter-

---

27   CDU, CSU & SPD (2013), S. 95.
28   CDU, CSU & SPD (2013), S. 88.
29   S. die Pressemitteilung des BMF vom 14.9.2016 unter http://www.bundesfinanzministerium.de/Content/DE/ Pressemitteilungen/Finanzpolitik/2016/09/2016-09-14-PM18-integration-entlastung-laender-kommunen.ht ml (Abruf am 5.10.2017).
30   Vom 1.12.2016 BGBl. I 2016, 2755.
31   In der Gesetzesbegründung BT-Drs. 18/9522 taucht dieser Begriff allein zehn Mal auf.
32   CDU, CSU & SPD (2013), S. 111.
33   CDU, CSU & SPD (2013), S. 111.
34   CDU, CSU & SPD (2013), S. 110.
35   CDU, CSU & SPD (2013), S. 111.
36   CDU, CSU & SPD (2013), S. 111.

essenverbände von Menschen mit Behinderungen beteiligt waren, in neun Sitzungen[37] den Reformbedarf und mögliche Lösungsansätze diskutiert[38] und in einer speziellen Unterarbeitsgruppe unter Beteiligung des BMF kalkuliert.[39]

Angesichts der Bedeutung der geplanten Reform für die Lebenssituation von Men- 22 schen mit Behinderungen handelte es dabei um einen **vorbildlichen zivilgesellschaftlichen Diskurs,** der zugleich aber auch erhebliche Erwartungen an das neue Teilhaberecht geweckt hat. In Anbetracht der im Dezember 2016 schließlich verkündeten neuen Regelungen liegt insoweit in einigen Punkten die Zufriedenheit, etwa aufgrund der Nichtberücksichtigung von Partnereinkommen und –vermögen in der künftigen Eingliederungshilfe, ebenso auf der Hand wie die Unzufriedenheit in anderen, wie z.B. mit der Verwerfung des Nachteilsausgleiches durch ein Bundesteilhabegeld, der Beibehaltung der Schnittstelle zur Pflegeversicherung in stationären Einrichtungen und der Möglichkeit zum Poolen von Leistungen ggf. auch gegen den Willen der Betroffenen. Bezüglich der weiteren Details wird sich dies aber erst durch die Auslegung und Anwendung des neuen Teilhaberechts in der Praxis beurteilen lassen. Genau dazu will das vorliegende Buch einen Beitrag leisten.

---

37  Zur jeweiligen Agenda der Sitzungen s. BMAS (2015), S. 14 f.
38  Die Materialien und Protokolle der Arbeitssitzungen sind abrufbar unter http://www.gemeinsam-einfach-ma chen.de/GEM/DE/AS/Gesetzesvorhaben/_Functions/Startseite_Sitzungen_node.html bzw. im Teil B des Abschlussberichtes vom 14.4.2015 zusammengefasst http://www.gemeinsam-einfach-machen.de/SharedDoc s/Downloads/DE/AS/BTHG/Abschlussbericht_B.pdf?__blob=publicationFile&v=2 (Abruf jeweils am 5.10.2017).
39  Die Materialsammlung dieser Unterarbeitsgruppe ist abrufbar unter http://www.gemeinsam-einfach-machen .de/SharedDocs/Downloads/DE/AS/BTHG/Materialsammlung_UAG_SQ.html?nn=8094162 (Abruf am 5.10.2017).

# § 2 Änderungen im Jahr 2017

## A. Änderungen im SGB IX[40]

1 Durch Art. 2 des BTHG sind in einer ersten zeitlichen Reformstufe einige Änderungen des SGB IX in seiner bisherigen Fassung vorgezogen worden. Die Änderungen, die sich ausschließlich im **Schwerbehindertenrecht** bewegen, sind **bereits am 30.12.2016**, also am Tag nach der Veröffentlichung des BTHG im Bundesgesetzblatt, **in Kraft** getreten.[41] In der Gesetzesbegründung wird von einer Weiterentwicklung des Schwerbehindertenrechts gesprochen, im Wesentlichen in den folgenden Bereichen:

- „die Stärkung des ehrenamtlichen Engagements der Schwerbehindertenvertretungen,
- die Verbesserung der Mitwirkungsmöglichkeiten von Menschen mit Behinderungen in Werkstätten für behinderte Menschen,
- Regelungen zur Benutzung von Behindertenparkplätzen
- sowie die Schaffung eines Merkzeichens für taubblinde Menschen im Schwerbehindertenausweis".[42]

2 Die bereits zum 30.12.2016 in Kraft getretenen Änderungen des Schwerbehindertenrechts werden mit der Neubekanntmachung des SGB IX zum 1.1.2018 (s. § 3 Rn. 1 f.) dann in den 3. Teil des SGB IX mit übernommen und finden sich dann mit demselben Wortlaut in den §§ 151–241 SGB IX wieder. Zum Zwecke der besseren Lesbarkeit wird der neue Standort der nachfolgend dargestellten Regelungen im SGB IX i.d.F. ab 2018 nicht jedes Mal mit angegeben, lässt sich aber mithilfe der Synopsen im Anhang leicht ermitteln.

### I. Feststellung der Schwerbehinderung (§§ 69, 70 SGB IX und Verordnungen)

3 In § 69 Abs. 1 Satz 1 SGB IX ist klarstellend die Regelung des § 6 Abs. 1 Nr. 1 SchwbAV aufgenommen worden, wonach der Grad der Behinderung **zum Zeitpunkt der Antragstellung** festgestellt wird. Durch den neu – bzw. besser gesagt wieder – eingefügten Satz 2 wird die **Möglichkeit** eröffnet, bei Glaubhaftmachung eines besonderen Interesses den Grad der Behinderung oder bestimmte gesundheitliche Merkmale **auch für die Vergangenheit** feststellen zu lassen. Dies entspricht der Regelung des § 6 Abs. 1 Satz 2 SchwbAV i.d.F. bis 31.12.2012. Ein besonderes Interesse ist nach der Rechtsprechung des BSG dann anzunehmen, wenn die antragstellende Person dadurch ihre rechtliche oder wirtschaftliche Stellung verbessern kann.[43]

#### 1. Schwerbehindertenausweisverordnung[44]

4 In der auf Grundlage des § 70 Abs. 1 SGB IX erlassen **Schwerbehindertenausweisverordnung**[45] wurde der Wortlaut des bisherigen Satz 2 verallgemeinert, demzufolge der

---

40 Änderungen durch Art. 2 BTHG.
41 Art. 26 Abs. 2 iVm Art. 2 BTHG.
42 BT-Drs. 18/9522, 5 f.
43 BSG 7.4.2011 – B 9 SB 3/10 R, Rn. 25 m.w.N.
44 Änderungen durch Art. 18 Abs. 3 BTHG.
45 Änderungen durch Art. 18 Abs. 3 BTHG.

Ausweis als Identifikationskarte nach der in der Anlage der SchwbAwV abgedruckten Muster 5-Vorlage auszustellen ist. Im § 3 Abs. 1 SchwbAwV wurde die Liste der Merkzeichen ergänzt. In der neuen Nr. 8 findet sich das neue **Merkzeichen „TBl"** für „taubblind". Dieses wird vergeben, wenn bei einer Störung der Hörfunktion ein Grad der Behinderung von mindestens 70 und zugleich wegen einer Störung des Sehvermögens ein Grad der Behinderung von 100 anerkannt ist.

### 2. Versorgungsmedizin-Verordnung

Die Ermächtigung im § 70 Abs. 2 SGB IX zum Erlass der **Versorgungsmedizin-Verordnung** (VersMedV) wurde dahingehend geändert, dass darin allgemein die Grundsätze für die Bewertung des Grades der Behinderung und die Voraussetzungen für die Vergabe von Merkzeichen ohne die bisherigen Einschränkungen auf die medizinische Bewertung bzw. die medizinischen Voraussetzungen geregelt werden können. Zusätzlich aufgenommen wurde die Befugnis zur Regelung der **Kriterien für die Bewertung der Hilflosigkeit.** 5

Aufgrund des neu eingefügten § 3 Abs. 6 der VersMedV erhalten die **Verbände von Menschen mit Behinderungen** und Berechtigten nach dem sozialen Entschädigungsrecht auf Bundesebene ein **Mitspracherecht im Ärztlichen Sachverständigenbeirat Versorgungsmedizin,** um somit eine Berücksichtigung der Sichtweise Betroffener auf die Teilhabebeeinträchtigungen zu gewährleisten. Zu diesem Zweck hat der Deutsche Behindertenrat dem BMAS zwei sachverständige Personen zu benennen, die beratend an den Sitzungen des Beirates und dessen Beschlussfassung teilnehmen können. 6

In der Anlage zu § 2 VersMed wird im Teil D die Regelung zum Merkzeichen der außergewöhnlichen Gehbehinderung (aG) in Nr. 3 gestrichen, weil diesbezüglich eine umfassende Neuregelung im § 146 Abs. 3 SGB IX getroffen worden ist (s. Rn. 43). 7

### II. Inklusionsvereinbarung

Auch wenn der Begriff der Inklusion – anders als im englischen Originaltext – nicht in die amtliche deutsche Übersetzung der BRK übernommen worden ist, soll doch die Reform des BTHG „unter der Maxime des Inklusionsbegriffs der UN-BRK" stehen.[46] Die Ersetzung des Begriffes der „Integrationsvereinbarung" durch „**Inklusionsvereinbarung**" u.a. in den §§ 82 und 83 SGB IX soll dementsprechend den „Paradigmenwechsel von der Integration hin zur Inklusion von Menschen mit Behinderung[en]" verdeutlichen.[47] Im Gesetzestext selber vollzieht sich dieser Paradigmenwechsel nur im Kleinen.[48] 8

Aufgrund einer Ergänzung im § 82 Satz 1 SGB IX müssen öffentliche Arbeitgeber der Agentur für Arbeit frei werdende Arbeitsplätze erst melden, wenn die Prüfung einer internen Besetzung erfolglos war. Dieser Vorbehalt erfolgt aufgrund haushaltsrechtli- 9

---

46  BT-Drs. 18/9522, 207.
47  BT-Drs. 18/9522, 313.
48  So auch *Palsherm* SGb 2017 S. 374.

cher Vorschriften, die die Besetzung offener Stellen mit vorhandenem Personal vorschreiben, soweit das möglich ist.[49]

10 Bezüglich des Abschlusses von Inklusionsvereinbarungen kommt gemäß dem neu eingefügten § 83 Abs. 1 S. 5 SGB IX dem **Integrationsamt** die Pflichtaufgabe zu, auf Einladung des Arbeitgebers und/oder der Vertretung der Interessen der Menschen mit Schwerbehinderungen zwischen den Parteien **moderierend tätig** zu werden. In der Inklusionsvereinbarung ist nach dem neuen § 83 Abs. 2 S. 2 SGB IX die Einbeziehung der Beteiligten „bereits bei der Planung der behinderungsgerechten Arbeitsbedingungen" zu regeln,[50] um dadurch auf eine **Arbeitswelt** hinzuwirken, die von vornherein **barrierefrei** ist.[51] Gemäß der Übergangsregelungen im § 159 Abs. 8 SGB IX müssen bereits vor dem 31.12.2016 abgeschlossene Integrationsvereinbarungen nicht zwingend neuverhandelt werden,[52] da sie als Inklusionsvereinbarungen fortgelten.

11 Durch Änderungen im Betriebsverfassungsgesetz[53] wird der **Betriebsrat** dazu angehalten, nicht nur die Eingliederung schwerbehinderter Menschen allgemein, sondern auch den Abschluss von Inklusionsvereinbarungen i.S.d. § 83 SGB IX zu fördern (§ 80 Abs. 1 Nr. 4 BetrVG), wobei der Arbeitgeber seinerseits den Betriebsrat über seine diesbezügliche Personalplanung zu informieren hat (§ 92 BetrVG). Maßnahmen zur Eingliederung schwerbehinderter Menschen werden zudem als Gegenstand freiwilliger Betriebsvereinbarungen benannt (§ 88 Nr. 5 BetrVG).

### III. Schwerbehindertenvertretung

12 Die Gesamtheit der neuen Detailregelungen zielt darauf ab, die Arbeit der Schwerbehindertenvertretungen zu erleichtern und deren Stellung in den Betrieben zu verbessern.[54]

### 1. Vertretung der Vertrauensperson, Wahlrecht von Soldat*innen, Übergangsmandat (§ 94 SGB IX)

13 Durch die Streichungen im Wortlaut des Abs. 1 Satz 1 wird klargestellt, dass die **stellvertretende Vertrauensperson** die Aufgabe in allen Fällen der Verhinderung der Vertrauensperson übernimmt, also u.a. auch, wenn diese wegen Befangenheit ihr Mandat nicht ausüben kann.[55]

14 Durch die Änderung des Abs. 4 wird nunmehr allen Soldat*innen die **Wählbarkeit** (sog. passives Wahlrecht), und darüber hinaus allen schwerbehinderten **Soldat*innen** die Wahlberechtigung (sog. aktives Wahlrecht) zu den Schwerbehindertenvertretungen zuerkannt.

15 Der neu eigefügte Abs. 8 übernimmt durch Verweis auf § 21 a BetrVG die Regelung zum sog. **Übergangsmandat**, demzufolge im Fall einer Spaltung oder Zusammenle-

---

49  BT-Drs. 18/10523, 67.
50  *Düwell* jurisPR-ArbR 49/2016 Anm. 1 IV.1.
51  BT-Drs. 18/9522, 313.
52  BT-Drs. 18/9522, 319.
53  Änderungen durch Art. 18 Abs. 1 BTHG.
54  *Palsherm* SGb 2017 S. 371.
55  *Düwell* jurisPR-ArbR 49/2016 Anm. 1 IV.2.

gung von Betrieben und Betriebsteilen die gewählte Schwerbehindertenvertretung weiter im Amt bleibt, um die Wahl einer neuen bzw. neuer Schwerbehindertenvertretung(en) zu organisieren. Für den öffentlichen Dienst ist diese Regelung nicht anwendbar, da dessen Dienststellen nicht dem Betriebsverfassungsgesetz unterfallen.

### 2. Gestaffelte Anzahl an Stellvertretern, Kündigungsschutz (§ 95 SGB IX)

Die gewählte Vertrauensperson kann zur Erfüllung ihrer Aufgaben nach Unterricht des Arbeitgebers die gewählten Stellvertreter mit heranziehen. Während der Kreis nach Abs. 1 S. 4 dabei bisher auf maximal zwei Stellvertreter begrenzt war, ist diese **Anzahl** nunmehr **gestaffelt**, wobei nach Abs. 1 Satz 5 pro 100 Beschäftigten mit Schwerbehinderungen je eine stellvertretende Person herangezogenen werden kann, sofern entsprechend viele Stellvertreter*innen gewählt worden sind. Die Reihenfolge der Heranziehung bestimmt sich anhand der Stimmzahl der Stellvertreter*innen.   16

Die Regelung bei einer **Kündigung** eines Menschen mit Schwerbehinderung durch den Arbeitgeber **ohne Beteiligung der Schwerbehindertenvertretung** in § 95 Abs. 2 SGB IX wurde verschärft. Die bisherige Regelung, dass die Durchführung oder Vollziehung der getroffenen Entscheidung auszusetzen und die Beteiligung binnen sieben Tagen nachzuholen ist,[56] wurde durch einen neuen Satz 3 ergänzt, dass die Kündigung ohne die Beteiligung der Schwerbehindertenvertretung **unwirksam** und somit das Arbeitsverhältnis nicht beendet ist,[57] was nach bisheriger Auslegung des § 95 Abs. 2 Satz 2 SGB IX durch das BAG nicht der Fall war.[58] Zur Begründung der Unwirksamkeitsregelung wird ausgeführt, dass dies angesichts der herausragenden Bedeutung der Aufrechterhaltung der Arbeitsverhältnisse von Menschen mit Schwerbehinderungen zur Sicherung der Beteiligungsrechte der Schwerbehindertenvertretung erforderlich sei.[59] Erfolgt die Kündigung eines Beschäftigten mit Schwerbehinderung ohne die vorgeschriebene Beteiligung nach § 95 Abs. 2 Satz 2 SGB IX, muss sich die gekündigte Person im Rahmen einer **Kündigungsschutzklage auf diese Unwirksamkeit berufen**, die gemäß § 4 Satz 1 KSchG **binnen drei Wochen** ab Zugang der Kündigung vor dem Arbeitsgericht zu erheben ist. Unterlässt sie dies, gilt die Kündigung gemäß §§ 7 und 13 Abs. 1 Satz 2 KSchG als von Beginn an wirksam.[60] **Zur Durchsetzung** des Beteiligungsrechtes verweist die Gesetzbegründung auf die Möglichkeit der Schwerbehindertenvertretung, beim Arbeitsgericht die Unwirksamkeit der Kündigung feststellen zu lassen bzw. die Aussetzung der Durchführung oder Vollziehung der Kündigungsentscheidung mit einer **einstweiligen Anordnung** zu erreichen, so dass dem Arbeitgeber bei Zuwiderhandlung Ordnungsgelder von bis zu 250.000 EUR drohen.[61]   17

---

56  Zu Einzelheiten wie dem Zeitpunkt der erforderlichen Beteiligung s. *Kleinebrink* DB 2017 S. 126 ff. und *Schulte* AnwZert ArbR 16/2017 Anm. 2.
57  BT-Drs. 18/10523, 67.
58  BAG 28.7.1983 – 2 AZR 122/82, Rn. 24 ff. zur Vorgängerregelung des § 22 Abs. 2 SchwbG.
59  BT-Drs. 18/10523, 67.
60  *Kleinebrink* DB 2017 S. 127.
61  BT-Drs. 18/10523, 67. S. auch BAG 21.9.1989 – 1 AZR 465/88, Rn. 24. Zur rechtspolitischen Bewertung der Unwirksamkeitsregelung s. *Düwell* jurisPR-ArbR 49/2016 Anm. 1 IV.5.

### 3. Schwellenwert für die Freistellung der Vertrauensperson, Freistellung zu Fortbildungszwecken, Kosten der Bürokraft (§ 96 SGB IX)

18 Der **Schwellenwert für die Freistellung** der Vertrauensperson von ihren beruflichen Verpflichtungen im Abs. 4 Satz 2 wird von derzeit 200 Beschäftigten mit Schwerbehinderungen auf 100 **abgesenkt.** Dadurch soll ein Ausgleich für die ständig steigenden Belastungen der Schwerbehindertenvertretungen geschaffen werden.[62] Durch den neuen Abs. 4 Satz 3 erhält auch das erste stellvertretende Mitglied der Schwerbehindertenvertretung einen **uneingeschränkten Anspruch** auf Freistellung zum Zwecke der **Fortbildung,** im Fall der Heranziehung weiterer Stellvertreter*innen nach § 95 Abs. 1 Satz 5 SGB IX auch für diese.

19 Der Neufassung des Abs. 8 zufolge schließen die **Kosten** der Schwerbehindertenvertretung, die der Arbeitgeber zu tragen hat, auch diejenigen **einer Bürokraft** in erforderlichem Umfang mit ein. D.h. die Schwerbehindertenvertretung hat einen Anspruch auf entsprechende Unterstützung bei ihrer Tätigkeit, nur deren Umfang ist abhängig von den Anforderungen an die jeweilige Schwerbehindertenvertretung, die insbesondere mit zunehmender Anzahl der Beschäftigten mit Schwerbehinderungen steigen. Da das Gesetz weder einen Mindeststellenanteil vorgibt, noch ab welcher Beschäftigtenzahl eine volle Stelle zu finanzieren ist, ist dies der Verständigung der beiden Parteien anheim gestellt[63] – und im Fall der Nichteinigung der Kontrolle der Arbeitsgerichte, ob vom Arbeitgeber Hilfspersonal in angemessenem Umfang finanziert worden ist. Für öffentliche Arbeitgeber gelten bezüglich der Pflichten des Abs. 8 die Kostenregelungen für Personalvertretungen entsprechend.[64]

### 4. Vereinfachte Wahlverfahren auch bei Konzern-, Gesamt-, Bezirks- und Hauptschwerbehindertenvertretungen (§ 97 SGB IX)

20 Der Begriff der „Integrationsvereinbarung" in Abs. 6 wird durch denjenigen der „Inklusionsvereinbarung" ersetzt.[65] Zudem wird durch eine Ergänzung des Abs. 7 angeordnet, dass die Wahl auch in Betrieben oder Dienststellen mit weniger als 50 Wahlberechtigten, die aus räumlich weit auseinanderliegenden Teilen bestehen, nach dem vereinfachten Wahlverfahren nach §§ 18 ff. SchwbWVO durchzuführen ist.[66]

### IV. Gleichstellungsregelungen für Soldat*innen, Erhebungs- und Hilfsmerkmale für die Bundesstatistik

21 Durch die Erweiterung des Verweises in § 128 Abs. 4 SGB IX auch auf den § 2 Abs. 3 SGB IX kommt es auch für **Soldat*innen** anders als bisher zur **Anwendung der**

---

62  BT-Drs. 18/9522, 314.
63  Bezüglich des Anspruches der Frauenbeauftragten auf eine Bürokraft nach § 39 a Abs. 5 Satz 5 iVm § 39 Abs. 2 WMVO ist der Gesetzesbegründung zufolge je nach Größe der Werkstatt ausreichend, eine Bürokraft jeweils auf Anforderung stundenweise oder für bestimmte Tage zur Verfügung zu stellen, BT-Drs. 18/9522, 359.
64  S. dazu *Düwell* jurisPR-ArbR 49/2016 Anm. 1 IV.8.
65  Aufgrund der neuen Übergangsregelung in § 159 Abs. 8 SGB IX gelten vor dem 31.12.2016 geschlossene Integrationsvereinbarungen fort (s. Rn. 45).
66  Näheres zum vereinfachten Wahlverfahren s. *Palsherm* SGb 2017 S. 371 m.w.N.

**Gleichstellungsregelung**, sowohl im Hinblick auf die Möglichkeit zur Inanspruchnahme von Nachteilsaugleichen, als auch mit Blick auf die Personalentwicklung.[67]

Die zweijährliche Datenerhebung zur Situation von Menschen mit Schwerbehinderungen für die Bundesstatistik wird durch eine Neufassung des § 131 SGB IX an die Anforderungen des § 9 Abs. 1 Bundesstatistikgesetz angepasst, indem Erhebungs- und Hilfsmerkmale festgelegt werden. Die Signiernummern für das Versorgungsamt und das Berichtsland seien für die Statistik erforderliche Hilfsmerkmale, „um eine Vollzähligkeit der Datenmeldung eindeutig feststellen zu können und bei inhaltlichen Unstimmigkeiten Nachfragen an die Berichtsstellen zu ermöglichen".[68]   22

## V. Regelungen betreffend Menschen in Werkstätten

### 1. Arbeitsförderungsgeld (§ 43 SGB IX)

Die Höhe des **Arbeitsförderungsgeld**es in einer WfbM wurde auf maximal 52 EUR **angehoben**. Zugleich wurde das Arbeitsentgelt im Arbeitsbereich nach § 139 Abs. 2 SGB IX i.d.F. bis Ende 2017 auf den Maximalbetrag von 351 EUR aufgestockt. Ausgehend von einer 35 – 40 Stunden Woche in der WfbM (§ 6 WVO) entspricht das einen Stundenlohn von 2,19 EUR – 2,51 EUR. Die bestehende **Diskrepanz zum geltenden Mindestlohn** in Höhe von 8,84 EUR wurde im bislang einzig bekannt gewordenen Gerichtsverfahren dazu im vorläufigen Rechtsschutz für rechtmäßig erklärt, da das Mindestlohngesetz für Beschäftigte im Arbeitsbereich einer WfbM aufgrund ihrer nur arbeitnehmerähnlichen Rechtsstellung gemäß § 139 Abs. 1 SGB IX i.d.F. bis Ende 2017 nicht anwendbar sei.[69]   23

### 2. Mitbestimmung und Mitwirkung (§§ 139, 144 SGB IX und Verordnungen)

Im § 139 SGB IX werden weiterhin nur die Grundsätze der Interessenvertretung von Menschen mit Schwerbehinderungen im Arbeitsbereich von Werkstätten geregelt und im Übrigen in den auf der Grundlage von § 144 SGB IX erlassenen Verordnungen, insbesondere der Werkstätten-Mitwirkungsverordnung,[70] konkretisiert. Allerdings signalisiert schon die geänderte Überschrift des § 139 SGB IX eine **Stärkung der Reche der Werkstattbeschäftigten**: zur bisherigen Mitwirkungen kommen zum einen **Mitbestimmungsrechte** und zum anderen die Interessenvertretung **durch Frauenbeauftragte** (s. dazu Rn. 31 ff.) hinzu. Dementsprechend wurde auch § 14 WVO neugefasst[71] und macht die Ermöglichung einer angemessenen Interessenvertretung zu einer fachlichen Anforderung an die Werkstatt[72] sowie ab 2018 auch an andere Leistungsanbieter iSd § 60 SGB IX.[73]   24

Die **Mitglieder der Werkstatträte** werden sowohl in ihren Möglichkeiten der Einflussnahme als auch im Rahmen größerer WfbMs zahlenmäßig gestärkt. Gemäß dem neu-   25

---

67 Im Einzelnen s. BT-Drs. 18/9522, 315.
68 BT-Drs. 18/9522, 315.
69 LSG S-H 11.1.2016 – 1 Sa 224/15, Rn. 46.
70 Änderungen durch Art. 22 BTHG.
71 Änderungen durch Art. 18 Abs. 2 BTHG.
72 BT-Drs. 18/9522, 349.
73 Zur möglichen Schlechterstellung dieser Interessenvertretungen s. vgl. *Hennig/ Schumacher* RdLH 2017 S. 58.

gefassten § 3 Abs. 1 WMVO bleibt es in Einrichtungen mit bis zu 700 Wahlberechtigten bei der bisherigen Staffelung von drei bis sieben Mitgliedern. Bei 701–1.000 Wahlberechtigten erhöht sich diese Zahl auf neun, bei 1.001–1.500 Wahlberechtigten auf elf und bei mehr als 1.500 Beschäftigten auf 13 Mitglieder. Zur Stärkung des Werkstattrates trägt auch der Umstand bei, dass in Werkstätten mit mehr als 700 Wahlberechtigten gemäß § 37 Abs. 3 S. 3 WMVO auch die bzw. der stellvertretende Vorsitzende einen Anspruch auf Freistellung von der Werkstatttätigkeit hat, und der Anspruch aller Werkstatträte auf Freistellung für amtsbezogene Schulungen und Fortbildungen gemäß § 37 Abs. 4 Satz 2 WMVO von zehn auf 15 Tage pro Amtszeit erhöht wird. Die Pflicht der Werkstatt zur Tragung der Kosten des Werkstattrates wird gemäß § 39 Abs. 1 Satz 2 WMVO um die die Finanzierung der überregionalen Interessenvertretungen auf Bundes- und Landesebene erweitert. Schließlich ist die Vorgabe in § 39 Abs. 3 Satz 1 WMVO entfallen, wonach die dem Werkstattrat zur Seite zu stellende Vertrauensperson aus dem Fachpersonal der Werkstatt stammen muss. Nunmehr kann der Werkstattrat sich auch eine externe Person wünschen, um dadurch zu gewährleisten, dass diese unabhängig von der Werkstattleitung agieren kann.[74]

26 Der § 5 WMVO über die Rechte des Werkstattrates zur Mitwirkung und nun auch zur Mitbestimmung ist wie folgt neu gefasst:

(1) Der Werkstattrat hat in folgenden Angelegenheiten ein Mitwirkungsrecht:
1. Darstellung und Verwendung des Arbeitsergebnisses, insbesondere Höhe der Grund- und Steigerungsbeträge, unter Darlegung der dafür maßgeblichen wirtschaftlichen und finanziellen Verhältnisse auch in leichter Sprache,
2. Regelungen über die Verhütung von Arbeitsunfällen und Berufskrankheiten sowie über den Gesundheitsschutz im Rahmen der gesetzlichen Vorschriften oder der Unfallverhütungsvorschriften,
3. Weiterentwicklung der Persönlichkeit und Förderung des Übergangs auf den allgemeinen Arbeitsmarkt,
4. Gestaltung von Arbeitsplätzen, Arbeitskleidung, Arbeitsablauf und Arbeitsumgebung, Einführung neuer Arbeitsverfahren,
5. dauerhafte Umsetzung Beschäftigter im Arbeitsbereich auf einen anderen Arbeitsplatz, wenn die Betroffenen eine Mitwirkung des Werkstattrates wünschen,
6. Planung von Neu-, Um- und Erweiterungsbauten sowie neuer technischer Anlagen, Einschränkung, Stilllegung oder Verlegung der Werkstatt oder wesentlicher Teile der Werkstatt, grundlegende Änderungen der Werkstattorganisation und des Werkstattzwecks.

(2) Der Werkstattrat hat in folgenden Angelegenheiten ein Mitbestimmungsrecht:
1. Ordnung und Verhalten der Werkstattbeschäftigten im Arbeitsbereich einschließlich Aufstellung und Änderung einer Werkstattordnung,
2. Beginn und Ende der täglichen Arbeitszeit, Pausen, Zeiten für die Erhaltung und Erhöhung der Leistungsfähigkeit und zur Weiterentwicklung der Persönlichkeit, Verteilung der Arbeitszeit auf die einzelnen Wochentage und die damit zusammenhängende Regelung des Fahrdienstes, vorübergehende Verkürzung oder Verlängerung der üblichen Arbeitszeit,
3. Arbeitsentgelte, insbesondere Aufstellung und Änderung von Entlohnungsgrundsätzen, Festsetzung der Steigerungsbeträge und vergleichbarer leistungsbezogener Entgelte, Zeit, Ort und Art der Auszahlung sowie Gestaltung der Arbeitsentgeltbescheinigungen,
4. Grundsätze für den Urlaubsplan,
5. Verpflegung,
6. Einführung und Anwendung technischer Einrichtungen, die dazu bestimmt sind, das Verhalten oder die Leistung der Werkstattbeschäftigten zu überwachen,

---

74 Vgl. BT-Drs. 18/9522, 358.

7. Grundsätze für die Fort- und Weiterbildung,
8. Gestaltung von Sanitär- und Aufenthaltsräumen und
9. soziale Aktivitäten der Werkstattbeschäftigten.

(3) [1]Die Werkstatt hat den Werkstattrat in den Angelegenheiten, in denen er ein Mitwirkungsrecht oder ein Mitbestimmungsrecht hat, vor Durchführung der Maßnahme rechtzeitig, umfassend und in angemessener Weise zu unterrichten und anzuhören. [2]Beide Seiten haben auf ein Einvernehmen hinzuwirken. Lässt sich Einvernehmen nicht herstellen, kann jede Seite die Vermittlungsstelle anrufen.

(4) In Angelegenheiten der Mitwirkung nach Absatz 1 entscheidet die Werkstatt unter Berücksichtigung des Einigungsvorschlages endgültig.

(5) Kommt in Angelegenheiten der Mitbestimmung nach Absatz 2 keine Einigung zustande und handelt es sich nicht um Angelegenheiten, die nur einheitlich für Arbeitnehmer und Werkstattbeschäftigte geregelt werden können und die Gegenstand einer Vereinbarung mit dem Betriebs- oder Personalrat oder einer sonstigen Mitarbeitervertretung sind oder sein sollen, entscheidet die Vermittlungsstelle endgültig.

(6) [1]Soweit Angelegenheiten im Sinne von Absatz 1 oder 2 nur einheitlich für Arbeitnehmer und Werkstattbeschäftigte geregelt werden können und soweit sie Gegenstand einer Vereinbarung mit dem Betriebs- oder Personalrat oder einer sonstigen Mitarbeitervertretung sind oder sein sollen, haben die Beteiligten auf eine einvernehmliche Regelung hinzuwirken. [2]Die ergänzende Vereinbarung besonderer behindertenspezifischer Regelungen zwischen Werkstattrat und Werkstatt bleiben unberührt. [3]Unberührt bleiben auch weitergehende, einvernehmlich vereinbarte Formen der Beteiligung in den Angelegenheiten des Absatzes 1.

Die im Abs. 1 aufgelisteten **Mitwirkungsrechte** sind auf ein Mitspracherecht des Werkstattrates beschränkt. Neu hinzukommen ist ein Mitwirkungsrecht **bei der Umsetzung** auf einen anderen Arbeitsplatz nach Abs. 1 Nr. 5 und die Pflicht zur **Darstellung der** für die Lohnhöhe maßgeblichen **wirtschaftlichen und finanziellen Verhältnisse** auch **in leichter Sprache** nach Abs. 1 Nr. 1. Im Fall der Uneinigkeit mit der Werkstattleitung in Bereichen, die der Mitwirkung unterliegen, ist weiterhin die Möglichkeit zur Anrufung der Vermittlungsstelle (Abs. 3 Satz 3) gegeben, jedoch bleibt es gemäß Abs. 4 am Ende des Verfahrens bei der alleinigen Entscheidungsbefugnis der Werkstattleitung.   27

Anders ist dies bei den im Abs. 2 aufgelisteten **Mitbestimmungsrechten**. Entscheidungen in den dort genannten Bereichen sind von der Zustimmung des Werkstattrates abhängig. Die in Abs. 2 genannten Bereiche, die der Mitbestimmung des Werkstattrates unterliegen, sind dem bisherigen Katalog der Mitwirkungsrechte entnommen, die diesbezüglichen Rechte sind also verstärkt worden.[75] Verweigert der Werkstattrat die erforderliche Zustimmung, **entscheidet die Vermittlungsstelle** auf Antrag einer der beiden Parteien in dieser Angelegenheit nach Abs. 5 **endgültig**. Ihre Position ist dadurch deutlich gestärkt.[76] Ausgenommen sind Angelegenheiten, die nur einheitlich für alle Werkstattbeschäftigten mit Arbeitnehmerstatus und arbeitnehmerähnlichem Rechtsverhältnis (vgl. dazu § 3 Rn. 233 f.) geregelt werden können, in denen sich wie bisher Betriebsrat und Werkstattrat verständigen müssen (vgl. § 5 Abs. 2 Satz 1 WMVO a.F.). In diesen Fällen ist die Entscheidung der Vermittlungsstelle nach dem neuen § 6 Abs. 3 Satz 1 und 2 WMVO nicht bindend.   28

---

75  S. die Gegenüberstellung der Mitwirkungs- und Mitbestimmungsrechte bei *Hennig/Schumacher* RdLH 2017 S. 55.
76  So auch BT-Drs. 18/9522, 357.

29   In allen Fällen hat die **Vermittlungsstelle** gemäß dem neu gefassten § 6 Abs. 2 Satz 1 WMVO **unverzüglich zu entscheiden**, d.h. ohne schuldhaftes Zögern (vgl. § 121 BGB). In der Sache bedeutet diese Gleichstellung mit der Einigungsstelle nach dem Betriebsverfassungsgesetz für die Mitwirkungsangelegenheiten nach Abs. 1 keine Änderung, denn nach § 6 Abs. 3 Satz 4 WMVO bleibt es dabei, dass nach 12 Tagen ohne Entscheidung der Vermittlungsstelle diejenige der Werkstattleitung gilt. Da in Angelegenheiten der Mitbestimmungen, die nur arbeitnehmerähnliche Beschäftigte betreffen, die Vermittlungsstelle endgültig entscheidet, gilt die 12 Tage-Frist in diesen Fällen nicht.

30   Damit der Werkstattrat seine Mitwirkungs- und Mitbestimmungsrechte wahrnehmen kann, muss ihn die **Werkstattleitung** nach Abs. 3 vor der Durchführung von Maßnahmen rechtzeitig, umfassend und **in angemessener Form informieren**. Eine Definition dieser unbestimmten Rechtsbegriffe enthält die WMVO auch weiterhin nicht, allerdings gibt die in Abs. 1 Nr. 1 vorgeschriebene Darstellung der wirtschaftlichen und finanziellen Verhältnisse der WfbM auch in leichter Sprache insoweit einen Anhaltspunkt für die Angemessenheit der Kommunikationsform, um den Werkstattrat in die Lage zu versetzen, seine Beteiligungsrechte auch ausüben zu können.[77]

### 3. Frauenbeauftragte (§§ 139, 144 SGB IX und Verordnungen)

31   Die Vertretung speziell der Interessen der in den Werkstätten beschäftigen Frauen mit Behinderungen wird durch die Einrichtungen von **Frauenbeauftragten** gestärkt (s. § 139 Abs. 5 SGB IX, § 14 WVO, § 1 Abs. 1 WMVO). Laut der Gesetzesbegründung wird damit auf Studienergebnisse reagiert, denen zufolge Frauen mit Beeinträchtigungen in Einrichtungen der Behindertenhilfe besonders häufig Gewalterfahrungen, geschlechtsspezifische Diskriminierungen, Grenzüberschreitungen und Strukturen erfahren, die Gewalt begünstigen.[78] Aufgrund positiver Erfahrungen im Rahmen eines Modellprojektes sollen daher Frauenbeauftragte (bewusst nicht Gleichstellungsbeauftragte) Frauen mit Behinderungen in Werkstätten als Ansprechpartnerinnen auf Augenhöhe zur Verfügung stehen und sie dabei unterstützen, ihre Rechte selbst wahrzunehmen (sog. „Peer-Support").[79]

32   Der neue Abs. 5 des § 139 SGB IX schreibt daher **verbindlich** die Wahl einer Frauenbeauftragten nebst Stellvertreterin(nen) **in jeder Werkstatt** durch Frauen mit Schwerbehinderungen im Arbeitsbereich vor. Eine Mindestanzahl von weiblichen Beschäftigten im Arbeitsbereich ist insoweit nicht vorgeschrieben, so dass bereits eine weibliche Beschäftigte ausreicht; angesichts der in § 7 Abs. 1 WVO vorgegebenen Mindestanzahl von i.d.R. 120 Plätzen pro Werkstatt eine eher theoretische Erwägung. Da bei den sog. **anderen Leistungsanbietern** keine Mindestplatzzahl vorgesehen ist, sieht § 60 Abs. 2 Nr. 6 SGB IX i.d.F. ab 2018 die Wahl einer Frauenbeauftragten ab fünf

---

77  Vgl. *Hennig/ Schumacher* RdLH 2017 S. 56.
78  BT-Drs. 18/9522 S. 316 mit Verweis auf die Studie „Lebenssituation und Belastungen von Frauen mit Beeinträchtigung und Behinderungen in Deutschland" des Interdisziplinären Zentrums für Frauen und Geschlechterforschung der Universität Bielefeld (2013), abrufbar unter www.bmfsfj.de.
79  BT-Drs. 18/9522 S. 316 mit Verweis auf das von Ende 2008 bisMai 2011 durchgeführte Modellprojekt „Frauenbeauftragte in Werkstätten für Menschen mit Behinderungen und Wohneinrichtungen" des Vereins „Weibernetz e.V.", s. https://www.weibernetz.de/frauenbeauftragte/index.html (Abruf am 5.10.2017).

und die Wahl einer Stellvertreterin ab 20 wahlberechtigten Frauen vor. Ob mehr als eine **Stellvertreterin** zu wählen ist, bemisst sich nach der Anzahl der wahlberechtigten Frauen: ab 700 Wahlberechtigten ist eine zweite Stellvertreterin zu wählen und bei über 1.000 eine dritte. Eine weitere Staffelung ist nicht vorgesehen. Die Rechte und Pflichten der Frauenbeauftragten und ihrer Stellvertreterin(nen) sind in einem neuen Abschnitt 4a der Werkstätten-Mitwirkungsverordnung[80] näher ausgestaltet.

§ 39a WMVO Aufgaben und Rechtsstellung

(1) [1]Die Frauenbeauftragte vertritt die Interessen der in der Werkstatt beschäftigten behinderten Frauen gegenüber der Werkstattleitung, insbesondere in den Bereichen Gleichstellung von Frauen und Männern, Vereinbarkeit von Familie und Beschäftigung sowie Schutz vor körperlicher, sexueller und psychischer Belästigung oder Gewalt. [2]Werkstattleitung und Frauenbeauftragte sollen in der Regel einmal im Monat zu einer Besprechung zusammentreten.

(2) [1]Über Maßnahmen, die Auswirkungen in den in Absatz 1 genannten Bereichen haben können, unterrichtet die Werkstattleitung die Frauenbeauftragte rechtzeitig, umfassend und in angemessener Weise. [2]Beide Seiten erörtern diese Maßnahmen mit dem Ziel des Einvernehmens. [3]Lässt sich ein Einvernehmen nicht herstellen, kann jede Seite die Vermittlungsstelle anrufen. [4]Die Werkstatt entscheidet unter Berücksichtigung des Einigungsvorschlages endgültig.

(3) Die Frauenbeauftragte hat das Recht, an den Sitzungen des Werkstattrates und an den Werkstattversammlungen (§ 9) teilzunehmen und dort zu sprechen.

(4) [1]Die Stellvertreterinnen vertreten die Frauenbeauftragte im Verhinderungsfall. [2]Darüber hinaus kann die Frauenbeauftragte ihre Stellvertreterinnen zu bestimmten Aufgaben heranziehen.

(5) [1]Die Frauenbeauftragte und ihre Stellvertreterinnen sind von ihrer Tätigkeit ohne Minderung des Arbeitsentgeltes zu befreien, wenn und soweit es zur Durchführung ihrer Aufgaben erforderlich ist. [2]Die Tätigkeit steht der Werkstattbeschäftigung gleich. [3]In Werkstätten mit mehr als 200 wahlberechtigten Frauen ist die Frauenbeauftragte auf Verlangen der Tätigkeit freizustellen, in Werkstätten mit mehr als 700 wahlberechtigten Frauen auch die erste Stellvertreterin. [4]Die Befreiung nach den Sätzen 1 und 3 erstreckt sich nicht auf Maßnahmen nach § 5 Absatz 3 der Werkstättenverordnung. [5]Im Übrigen gelten § 37 Absatz 1 und 2, 4 bis 6 sowie die §§ 38 und 39 für die Frauenbeauftragte und die Stellvertreterinnen entsprechend.

Die Frauenbeauftragten sollen nach Abs. 1 als Bindeglied zwischen den Interessen der weiblichen Werkstattbeschäftigten und der Werkstattleitung fungieren, u.a. im Rahmen von i.d.R. monatlichen Besprechungen. Die **Interessenvertretung** ist dabei thematisch nicht auf die exemplarisch im Abs. 1 Satz 1 genannten Themen begrenzt. Dementsprechend erschöpft sich die **Unterrichtungspflicht der Werkstattleitung** nach Abs. 2 Satz 1 auch nicht auf Maßnahmen mit potenziellen Auswirkungen auf die in Abs. 1 Satz 1 genannten Bereichen, sondern erstreckt sich auf alle Maßnahmen die erkennbar unmittelbar und mittelbar **frauenspezifische Belange** (z.B. die Einschränkung von Teilzeit-Angeboten) berühren. Können Werkstattleitung und Frauenbeauftragte sich nicht bezüglich des „Ob" und/oder des „Wie" einer Maßnahme verständigen, haben nach Abs. 2 Satz 3 beide Seiten die Möglichkeit, die Vermittlungsstelle anzurufen, wobei deren Einigungsvorschlag – wie nach § 5 Abs. 4 WMVO in Mitwirkungsangelegenheiten des Werkstattrates – für die Werkstattleitung nicht bindend ist. Unbenommen bleibt der Frauenbeauftragen eine Klage vor dem Arbeitsgericht gegen die Durchführung der Maßnahme gemäß § 2a Abs. 1 Nr. 3a Arbeitsgerichtsgesetz, soweit sie ihre Mitwirkungsrechte dadurch verletzt sieht. Die vorherige Anrufung der Vermittlungsstelle ist nur eine Option, aber keine Prozessvoraussetzung.

33

---

80 Änderungen durch Art. 22 BTHG.

34 Die Aufgaben der Frauenbeauftragten erschöpfen sich jedoch nicht in der Interessenvertretung gegenüber der Werkstattleitung, sondern sie sollen auch als **Ansprechpartnerinnen für** die in den Werkstätten beschäftigten **Frauen** mit Behinderungen zur Verfügung stehen.[81] Zu diesem Zweck können sie gemäß § 39 a Abs. 5 Satz 5 i.V.m. § 38 WMVO eine **Sprechstunde** während der Beschäftigungszeit einrichten, deren Besuch den Werkstattbeschäftigten ohne Minderung des Arbeitsentgeltes ermöglicht werden muss. Zudem hat die Frauenbeauftrage gemäß Abs. 3 ein **Teilnahme- und Mitberatungsrecht** an den Sitzungen des Werkstattrates, um dort die Belange weiblicher Beschäftigter einzubringen. Sie ist daher gemäß § 32 Abs. 2 Satz 2 WMVO von deren bzw. dessen Vorsitzenden rechtzeitig unter Mitteilung der Tagesordnung einzuladen. Ebenfalls Rederecht hat sie bei den Werkstattversammlungen nach § 9 WMVO.

35 Die **Aufgabe der Stellvertreterin(nen)** ist gemäß Ab. 4 nicht auf die Vertretung der Frauenbeauftragten im Verhinderungsfall beschränkt, sondern sie kann bzw. können von der Frauenbeauftragten für weitere Aufgaben herangezogen werden. Die Aufgabenbeschreibung ist damit vergleichbar derjenigen von Stellvertreter*innen der allgemeinen Schwerbehindertenvertretung nach §§ 94 Abs. 1 Satz 1, 95 Abs. 1 Satz 4 SGB IX (s. Rn. 13), ohne dass jedoch eine Reihenfolge der Heranziehung vorgegeben wäre.

36 Gemäß § 39 a Abs. 5 Satz 5 i.V.m § 37 Abs. 1 und 2 WMVO üben Frauenbeauftragte und ihre Stellvertreterinnen ihr Amt wie Werkstatträte unentgeltlich als **Ehrenamt** aus und dürfen weder bei der Ausübung ihres Amtes behindert noch wegen ihres Amtes benachteiligt oder begünstigt werden. Der **Anspruch** der Frauenbeauftragten und ihrer Stellvertreterin(nen) **auf Freistellung** von ihrer beruflichen Tätigkeit ohne Minderung des Arbeitsentgeltes in Abs. 5 ist vergleichbar demjenigen der Werkstatträte in § 37 Abs. 3 WMVO geregelt. Grundsätzlich hat die Freistellung **in dem erforderlichen Umfang** für die einzelnen Tätigkeiten zu erfolgen. Unterhalb des Schwellenwertes für eine vollständige Freistellung, der trotz der Absenkung für die Schwerbehindertenvertretung auf 100 Beschäftigte (s. Rn. 18) bei Frauenbeauftragten wie bei Werkstatträten doppelt so hoch angesetzt ist, gibt es keinen Anspruch auf linear-anteilige Freistellung, also z.B. auf 50%ige Freistellung bei 100 wahlberechtigten Frauen.[82] Dies kann von den Beteiligten gleichwohl als Maßstab herangezogen werden. Es ist Frauenbeauftragten zu empfehlen, den zeitlichen Umfang ihrer regelmäßig anfallenden Tätigkeiten zu dokumentieren. Im Fall der Uneinigkeit mit der Werkstattleitung über den notwendigen Umfang der Freistellung wird dadurch die Beweislast auf die Werkstattleitung verlagert, dass künftig von einer anderen Arbeitsbelastung der Frauenbeauftragten auszugehen ist.[83] Bei mehr als 700 wahlberechtigten Frauen hat auch die – gemessen an den Wahlergebnissen – erste Stellvertreterin einen Anspruch auf vollständige Freistellung.

37 Für **Schulungs- und Bildungsveranstaltungen** zur Vermittlung von für die Amtsausübung erforderliche Kenntnissen besteht gemäß § 39 a Abs. 5 Satz 5 i.V.m. § 37 Abs. 4 WMVO ein Freistellunganspruch von 15 Tagen pro Amtszeit, bei erstmaliger

---

81 BT-Drs. 18/9522, 358.
82 Vgl. BVerwG 16.5.1980 – 6 P 82/78, Rn. 12.
83 LSG SAN 30.4.2002 – 11 Sa 782/01, Rn. 32.

Amtsführung von 20 Tagen. Durch die Regelung des § 39 a Abs. 5 Satz 4 WMVO wird sichergestellt, dass die **Freistellung nicht zulasten der** in § 5 Abs. 3 WVO genannten **Maßnahmen** zur Erhaltung und Erhöhung der Leistungsfähigkeit und zur Weiterentwicklung der Persönlichkeit gehen darf. Gemäß § 39 a Abs. 5 Satz 5 i.V.m. § 37 Abs. 5 WMVO kann bei Streitigkeiten über den Umfang der Freistellung und/oder die Teilnahme an Schulungen die **Vermittlungsstelle angerufen** werden.

Die **Kosten der Tätigkeit** der der Frauenbeauftragen Schulungen sowie den notwendigen Sachaufwand hat gemäß § 39 a Abs. 5 Satz 5 i.V.m. § 39 WMVO die **Werkstatt zu tragen.** Unter den Sachaufwand fällt gemäß § 39 Abs. 2 WMVO das Zur-Verfügung-Stellen-Müssen von **Räumlichkeiten** für Sitzungen, die Sprechstunde und die laufende Geschäftsführung, von entsprechenden Sachmitteln – insbesondere **Bürobedarf** – sowie von Hilfspersonal in Form **einer Bürokraft.** Je nach Größe der Werkstatt kann dabei eine stundenweise oder für bestimmte Tage gewährte Unterstützung auf Anforderung der Frauenbeauftragten ausreichend sein.[84] Schließlich haben Frauenbeauftragte ebenso wie Werkstatträte gemäß § 39 a Abs. 5 Satz 5 i.V.m. § 39 Abs. 3 WMVO den Anspruch darauf, dass sie auf Wunsch von einer Person ihres Vertrauens in ihrer Tätigkeit unterstützt wird, wobei diese Vertrauensperson auch von außerhalb der Werkstatt kommen kann.  38

§ 39 b Wahlen und Amtszeit

(1) [1]Die Wahlen der Frauenbeauftragten und der Stellvertreterinnen sollen zusammen mit den Wahlen zum Werkstattrat stattfinden. [2]Wahlberechtigt sind alle Frauen, die auch zum Werkstattrat wählen dürfen (§ 10). Wählbar sind alle Frauen, die auch in den Werkstattrat gewählt werden können (§ 11).

(2) [1]Wird zeitgleich der Werkstattrat gewählt, soll der Wahlvorstand für die Wahl des Werkstattrates auch die Wahl der Frauenbeauftragten und ihrer Stellvertreterinnen vorbereiten und durchführen. [2]Anderenfalls beruft die Werkstatt eine Versammlung der wahlberechtigten Frauen ein, in der ein Wahlvorstand und dessen Vorsitzende gewählt werden. [3]Auch drei wahlberechtigte Frauen können zu dieser Versammlung einladen. [4]Für die Vorbereitung und Durchführung der Wahl gelten die §§ 14 bis 28 entsprechend.

(3) [1]Für die Amtszeit der Frauenbeauftragten und ihrer Stellvertreterinnen gilt § 29 entsprechend. [2]Das Amt der Frauenbeauftragten und ihrer Stellvertreterinnen erlischt mit Ablauf der Amtszeit, Niederlegung des Amtes, Ausscheiden aus der Werkstatt, Beendigung des arbeitnehmerähnlichen Rechtsverhältnisses oder erfolgreicher Wahlanfechtung.

Die **regelmäßige Amtszeit** der Frauenbeauftragten und deren Stellvertreterin(nen) beträgt gemäß § 39 b Abs. 3 i.V.m. § 29 WMVO **vier Jahre.** In der Regel finden die Wahlen zur Frauenbeauftragten **gemeinsam mit den Werkstattratswahlen** statt („sollen"). Der Zeitpunkt der regelmäßigen Wahlen ergibt sich aus § 12 Abs. 1 WMVO, d.h. im Zeitraum Oktober–November 2017 sind erstmalig verbindlich Frauenbeauftragte und deren Stellvertreterin(nen) zu wählen, danach turnusgemäß wieder im Herbst 2021. In den Fällen gemeinsamer Wahlen organisiert der für die Werkstattsratswahlen gemäß § 13 WMVO gebildete **Wahlvorstand,** dem nach § 13 Abs. 1 Satz 2 WMVO **mindestens eine Frau** angehören muss, auch die Wahlen der Frauenbeauftragten und deren Stellvertreterin(nen) mit.  39

---

84  BT-Drs. 18/9522 S. 359.

40  Ausnahmen von der gemeinsame Wahl sieht § 39 c Abs. 3 und 4 WMVO vor. So ist **außerplanmäßig zu wählen**, wenn die Ämter der Frauenbeauftragten und deren Stellvertreterin(nen) bei vorzeitigem Ausscheiden nicht durch Nachrücken von der Vorschlagsliste nachbesetzt werden können. Für außerplanmäßige Wahlen ist ein Wahlvorstand gemäß Abs. 2 Satz 2 WMVO auf einer Versammlung der wahlberechtigten Frauen zu bilden. Zu dieser Versammlung lädt die Werkstattleitung ein. Wie sich dazu die Regelung des Abs. 2 Satz 3 WMVO verhält, wonach auch drei wahlberechtigte Frauen zu dieser Versammlung einladen können, ist nicht ganz klar. Zwar lässt die Formulierung „können auch" auf ein gleichberechtigtes Nebeneinander des Einladungsrechts schließen, was jedoch die Gefahr unabgestimmter Parallelversammlungen ermöglichen würde, die zu Verunsicherung und Störungen des Betriebsfriedens führen könnten. Da die Werkstattleitung nach Satz 2 verpflichtet ist, zu der Versammlung einzuladen, ist Satz 3 so auszulegen, dass das Einladungsrecht dreier wahlberechtigter Frauen für den Fall besteht, dass die Werkstattleitung nicht unverzüglich einlädt, sobald die Notwendigkeit der außerplanmäßigen Wahl bekannt geworden ist. Sind die Nachgerückten bzw. Nachgewählten zum Zeitpunkt des nächsten regulären Wahltermins noch nicht ein Jahr im Amt, wird gemäß § 39 c Abs. 4 Satz 2 WMVO erst zum übernächsten regulären Wahltermin wieder gewählt.

41  Die **Wahlberechtigung** steht gemäß § 39 b Abs. 1 i.V.m. § 10 WMVO allen in der Werkstatt beschäftigten Frauen mit Behinderung zu, die in einem arbeitnehmerähnlichen Rechtsverhältnis zur Werkstatt bzw. (ab 2018) zu dem anderen Leistungserbringer (s. Rn. § 3 Rn. 233 f) gemäß § 138 Abs. 1 SGB IX stehen. Als Frauenbeauftragte **wählbar** sind nach § 39 b Abs. 1 i.V.m. § 11 WMVO alle wahlberechtigten Frauen, die am Wahltag bereits seit sechs Monaten in der Werkstatt beschäftigt sind – einschließlich der Zeiten im Eingangsverfahren und im Berufsbildungsbereich. Die Durchführung der Wahl richtet sich gemäß § 39 b Abs. 3 WMVO nach den Wahlvorschriften der Werkstattratswahlen nach §§ 14 – 28 WMVO.

§ 39 c Vorzeitiges Ausscheiden

(1) Scheidet die Frauenbeauftragte vor dem Ablauf der Amtszeit aus dem Amt aus, wird die erste Stellvertreterin zur Frauenbeauftragten.

(2) ¹Scheidet eine Stellvertreterin vorzeitig aus ihrem Amt aus, rückt die nächste Stellvertreterin beziehungsweise aus der Vorschlagsliste die Bewerberin mit der nächsthöheren Stimmenzahl nach. ²Bei Stimmengleichheit entscheidet das Los.

(3) Können die Ämter der Frauenbeauftragten und der Stellvertreterinnen aus der Vorschlagsliste nicht mehr besetzt werden, erfolgt eine außerplanmäßige Wahl der Frauenbeauftragten und der Stellvertreterinnen.

(4) ¹Hat außerhalb des für die regelmäßigen Wahlen festgelegten Zeitraumes eine Wahl zu den Ämtern der Frauenbeauftragten und ihrer Stellvertreterinnen stattgefunden, so sind sie in dem auf die Wahl folgenden nächsten Zeitraum der regelmäßigen Wahlen neu zu wählen. ²Hat die Amtszeit zu Beginn des für die nächsten regelmäßigen Wahlen festgelegten Zeitraumes noch nicht ein Jahr betragen, sind die Frauenbeauftragte und ihre Stellvertreterinnen in dem übernächsten Zeitraum der regelmäßigen Wahlen neu zu wählen.

42  Die Überschrift des § 39 c WMVO ist etwas irreführend, weil die Fälle des **vorzeitigen Ausscheidens aus dem Amt** im § 39 b Abs. 4 WMVO geregelt sind; diese entsprechen den in § 30 Abs. 1 Nr. 2–4 WMVO genannten Fällen, ergänzt um denjenigen der erfolgreichen Wahlanfechtung nach § 27 WMVO. § 39 c regelt hingegen das Ver-

**fahren zur Nachbesetzung.** In Anlehnung an §§ 12 Abs. 2 und 30 WMVO werden vorzeitig frei werdende Ämter durch das Nachrücken der nächstmöglichen Stellvertreterin(nen) bzw. der jeweils nachfolgenden Bewerberin(nen) mit der höchsten Stimmenzahl. Nur wenn die Ämter der Frauenbeauftragten und deren Stellvertreterin(nen) auf diese Weise nicht mehr vollständig besetzt werden können, sind gemäß Abs. 3 in einer außerplanmäßigen Wahl (s. Rn. 40) alle Ämter neu zu besetzten (vgl. insoweit auch § 12 Abs. 1 Satz 2 Nr. 1 WMVO).

## VI. Unentgeltliche Beförderung schwerbehinderter Menschen im öffentlichen Personenkreis

### 1. Berechtigung zur Benutzung eines Behindertenparkplatzes (§ 146 Abs. 3 SGB IX)

Die **Definition einer außergewöhnlichen Gehbehinderung** i.S.d. des **Merkzeichen** 43 „aG" nach § 3 Abs. 1 Nr. 1 SchwbAwV, die Voraussetzung für die Zuteilung eines Behindertenparkplatzes nach § 45 Abs. 1 b) Nr. 2 Straßenverkehrsordnung ist, erfolgt im neu eingefügten Abs. 3 des § 146 SGB IX und nicht mehr im Straßenverkehrsrecht. Bereits im Vorgriff auf das ab 2018 neu geregelte Verständnis von Behinderung (s. § 3 Rn. 6 ff.) **in Übereinstimmung mit der ICF** wird klargestellt, dass nicht nur orthopädische, sondern **auch andere Beeinträchtigungen**, wie z.B. solche der Psyche, oder aber solche von inneren Organen allein für sich genommen oder im Zusammenwirken, zu einer außergewöhnlichen Gehbehinderung führen können. Dies ist versorgungsärztlich festzustellen.

### 2. Erstattung der Fahrgeldausfälle im öffentlichen Personenverkehr (§§ 148, 150, 154 SGB IX)

Die Regelungen zur Erstattung der Fahrgeldausfälle im öffentlichen Personenverkehr 44 für die unentgeltliche Beförderung von Menschen mit Schwerbehinderungen werden in Details verändert (§ 148 Abs. 2 und Abs. 4 Satz 2 Nr. 1, § 150 Abs. 1 Satz 3 und Abs. 2 Satz 4 und 5, § 154 Abs. 1 SGB IX). Insbesondere wird die **Frist zur Geltendmachung der Fahrgeldausfälle** durch Verkehrsunternehmen in § 150 Abs. 1 Satz 3 SGB IX von einem **auf drei Jahre ausgedehnt**, um insbesondere den komplexen Abrechnungsverfahren von Verkehrsverbünden Rechnung zu tragen.[85] Desgleichen wird die Frist zur Abrechnung der auf Antrag von Verkehrsunternehmen erfolgten Vorauszahlungen in § 150 Abs. 2 Satz 4 SGB IX von einem auf drei Jahre erweitert bzw. kann nach dessen neu angefügtem Satz 5 die Rückforderung trotz nicht rechtzeitiger Abrechnung ausgesetzt werden.

## VII. Schlussvorschriften

In den Schlussvorschriften wird in den Sonderregelungen für den Militärischen Ab- 45 schirmdienst (MAD) im neu eingefügten Abs. 2 des § 158 SGB IX verfügt, dass der MAD mit seinem Geschäftsbereich als einheitliche Dienststelle gilt. Die Übergangsregelungen im § 159 SGB IX werden um den Abs. 8 erweitert, demzufolge bereits vor

---

85  BT-Drs. 18/10523, 68.

dem 30.12.2016 abgeschlossene **Integrationsvereinbarungen** als Inklusionsvereinbarungen i.S.d. § 83 SGB IX **fortgelten.**

## B. Änderungen im SGB XII

46   Im Recht der Sozialhilfe des SGB XII sind zum Jahr 2017 bzw. in dessen Verlauf eine Reihe von Änderungen eingeführt worden, nicht nur durch Art. 11 BTHG, sondern insbesondere auch durch das RBEG 2017,[86] das PSG III,[87] durch die Zweite VO zur Änderung der Verordnung zur Durchführung des § 90 Abs. 2 Nr. 9 SGB XII[88] und durch das Gesetz zur Änderung des Bundesversorgungsgesetzes und anderer Vorschriften.[89] Im Anhang befindet sich eine Synopse, die die Änderungen des SGB XII in den Jahren 2017 bis 2020 aufzeigt und die einzelnen Änderungen den o.g. Gesetzen zuordnet (s. § 6 Rn. 3).

47   Im Folgenden soll kurz auf diejenigen Änderungen eingegangen werden, die entweder unmittelbar die Empfänger*innen von Leistungen der Eingliederungshilfe betreffen oder aber mittelbar, wenn sie neben der Eingliederungshilfe auch noch auf existenzsichernde Leistungen der Grundsicherung angewiesen sind. Die Darstellung bezieht sich insbesondere auf die Neugestaltung der Regelbedarfsstufen, die Neuregelung der Kosten der Unterkunft und Heizung in der Grundsicherung, die verbesserten Regelungen bezüglich der Anrechnung von Einkommen und Vermögen sowie den Ausschluss einschlägig vorbestrafter Personen von der Betreuung und Begleitung hilfebedürftiger Menschen.

### I. Leistungen der Grundsicherung im Alter und bei Erwerbsminderung (SGB XII 4. Kapitel)

#### 1. Neufassung der Regelbedarfsstufen (Anlage zu § 28 SGB XII)

48   Die **Regelbedarfsstufen für Erwachsene** in der Anlage zu § 28 SGB XII, die gemäß § 42 Nr. 1 SGB XII auch für Leistungsberechtigte der Grundsicherung maßgeblich sind, wurden zum 1.1.2017 **neu gefasst.** Die Regelbedarfsstufen 1–3 richten sich nach der Wohn- und Lebensform einer erwachsenen Person:

- Leistungsberechtigte Personen, die ohne Partner*in in einer Wohnung i.S.d. der Neudefinition des § 42 a Abs. 2 Satz 2 SGB XII leben (s. Rn. 50), werden der Regelbedarfsstufe 1 zugeordnet (2017: 409 EUR, 2018: 416 EUR).

- Jede erwachsene leistungsberechtigte Person, die in einer Wohnung in einer partnerschaftlichen Gemeinschaft mit dem Willen zum wechselseitigem Füreinander-Einstehen leben, fällt unter die Regelbedarfsstufe 2 (2017: 368 EUR, 2018: 374 EUR).

---

86   BGBl. I 2016, 3159.
87   BGBl. I 2016, 3191.
88   BGBl. I 2017, 519.
89   BGBl. I 2017, 2541.

■ Erwachsene Leistungsberechtigte, die **in stationären Einrichtungen** leben und deren notwendiger Lebensunterhalt sich daher gemäß § 27 b SGB XII richtet, werden in die Regelbedarfsstufe 3 (2017: 327 EUR, 2018: 332 EUR) eingestuft.[90]

Weitere im Haushalt lebende Erwachsene ändern nichts an der Zuordnung zur Regelbedarfsstufe 1, solange es sich nicht um Partner*innen handelt. D.h. volljährige **Menschen mit Behinderungen, die gemeinsam** mit ihren Eltern, anderen Verwandten oder Bekannten **in einem Haushalt** leben, erhalten Leistungen nach der **Regelbedarfsstufe 1**. Damit wird die Rechtsprechung des BSG vom Juli 2014[91] im SGB XII nachvollzogen.[92] Die Regelbedarfsstufe 3 gilt im SGB XII damit ausschließlich für erwachsene Leistungsberechtigte, die stationär i.S.d. § 27 b SGB XII untergebracht sind. Zum 1.1.2020 wird die Regelbedarfsstufe 2 erneut verändert (s. § 4 Rn. 221).   49

## 2. Bedarfe der Unterkunft und Heizung (§§ 42 f. SGB XII)

Ebenso wie bei den Regelbedarfsstufen wird seit dem 1.7.2017 auch bezüglich der **Bedarfe der Unterkunft und Heizung** in § 42 Nr. 4 SGB XII **nach der Wohnform differenziert**. Die Angemessenheit der Bedarfe von Leistungsberechtigten, die außerhalb von Einrichtungen leben, bestimmt sich nach der Regelung des neu eingefügten § 42 a SGB XII, diejenige von stationär Untergebrachten nach § 27 b SGB anhand des Vergleichs mit der angemessen Durchschnittswarmmiete eines Einpersonenhaushaltes vor Ort. Der neue § 42 a SGB XII regelt in Ergänzung zu den §§ 35–36 SGB XII Besonderheiten bei der Anerkennung von Bedarfen für Unterkunft und Heizung außerhalb von Einrichtungen bei der Grundsicherung. Im Abs. 2 Satz 2 wird erstmalig der **Begriff der Wohnung** definiert als „Zusammenfassung mehrerer Räume, die von anderen Wohnungen oder Wohnräumen baulich getrennt sind und die in ihrer Gesamtheit alle für die Führung eines Haushalts notwendigen Einrichtungen, Ausstattungen und Räumlichkeiten umfassen", selbstgenutzte Wohnimmobilien (Eigenheim) sind davon mit umfasst.[93] Auf der Definition aufbauend enthalten die Abs. 3 und 4 Sonderreglungen für den zu übernehmenden Kostenanteil in Mehrpersonenhaushalten und Wohngemeinschaften, die allerdings aufgrund einer Bestandschutzregelung in § 133 b SGB XII nicht auf Unterkunftsbedarfe anzuwenden sind, die vor dem 1.7.2017 festgestellt wurden (s. Rn. 54).   50

§ 42 a SGB XII Bedarfe für Unterkunft und Heizung

(3) [1]Lebt eine leistungsberechtigte Person

1. zusammen mit mindestens einem Elternteil, mit mindestens einem volljährigen Geschwisterkind oder einem volljährigen Kind in einer Wohnung im Sinne von Absatz 2 Satz 2 und sind diese Mieter oder Eigentümer der gesamten Wohnung (Mehrpersonenhaushalt) und
2. ist sie nicht vertraglich zur Tragung von Unterkunftskosten verpflichtet,

---

90 Vgl. Art. 3 Nr. 8 RBEG 2017, BGBl. I 2016, 3163. Zu den Regelbedarfssätzen ab 2018 s. http://www.bmas.de/DE/Presse/Pressemitteilungen/2017/hoehere-regelbedarfe-in-der-grundsicherung-und-sozialhilfe.html.
91 BSG 23.7.2014 – B 8 SO 14/13 R, B 8 SO 12/13 R und B 8 SO 31/12 R.
92 Zu den daraus folgenden Ungleichbehandlungen zum einen gegenüber erwachsenen Haushaltsmitgliedern im SGB II-Bezug und zwischen zusammenwohnenden Erwachsenen mit und ohne Trauschein bzw. Einstandswillen s. *Lenze* info also 2016, 256.
93 BT-Drs. 18/9984, 93.

sind ihr Bedarfe für Unterkunft und Heizung nach den Sätzen 3 bis 5 anzuerkennen. [2]Als Bedarf sind leistungsberechtigten Personen nach Satz 1 diejenigen Aufwendungen für Unterkunft als Bedarf anzuerkennen, die sich aus der Differenz der angemessenen Aufwendungen für den Mehrpersonenhaushalt entsprechend der Anzahl der dort wohnenden Personen ergeben und für einen Haushalt mit einer um eins verringerten Personenzahl. [3]Für die als Bedarf zu berücksichtigenden angemessenen Aufwendungen für Heizung ist der Anteil an den tatsächlichen Gesamtaufwendungen für die Heizung der Wohnung zu berücksichtigen, der sich für die Aufwendungen für die Unterkunft nach Satz 1 ergibt. [4]Abweichend von § 35 kommt es auf die nachweisbare Tragung von tatsächlichen Aufwendungen für Unterkunft und Heizung nicht an. [5]Die Sätze 2 und 3 gelten nicht, wenn die mit der leistungsberechtigten Person zusammenlebenden Personen darlegen, dass sie ihren Lebensunterhalt einschließlich der ungedeckten angemessenen Aufwendungen für Unterkunft und Heizung aus eigenen Mitteln nicht decken können; in diesen Fällen findet Absatz 4 Satz 1 Anwendung.

51    In Mehrpersonenhaushalten aus Familienmitgliedern i.S.d. Abs. 3, in denen die leistungsberechtigte Person **ohne eigenen Mietvertrag** lebt, wird der **Unterkunftsbedarf** pauschal – d.h. unabhängig von tatsächlichen getätigten Zahlungen – anhand einer Differenzmethode ermittelt. Dabei werden von den vor Ort als angemessen angesehenen Aufwendungen für einen Haushalt mit der Anzahl der in dem konkreten Mehrpersonenhaushalt insgesamt lebenden Personen diejenigen Aufwendungen abgezogen, die für einen fiktiven Mehrpersonenhaushalt mit einer bzw. einem Mitbewohner*in weniger angemessen wären. Die Differenz stellt den anzuerkennenden Unterkunftsbedarf dar.[94]

52    Die Höhe der Pauschale ergibt sich für die Unterkunft aus der Differenz der angemessenen Aufwendungen für einen Mehrpersonenhaushalt entsprechend der Anzahl der in der Wohnung lebenden Personen und der Miete für eine Wohnung mit einer um eins verringerten Personenzahl (**Differenzmethode**). Den Differenzbetrag erhält die leistungsberechtigte Person als Bedarf anerkannt, ohne den Nachweis erbringen zu müssen, dass sie diese Aufwendungen auch tatsächlich trägt. Die Pauschalierung stellt eine Verbesserung gegenüber der Rechtslage zuvor da, weil bis zur Neuregelung nach der Rechtsprechung des BSG die Übernahme von Wohnkosten nur nach Vorlage eines Mitvertrages und eines Nachweis über den tatsächlich gezahlten Mietanteil möglich war.[95] Das Verhältnis des Differenzbetrages zu den Gesamtmietaufwendungen gibt auch den anteiligen Bedarf an den gesamten Heizkosten vor.[96] Bei dieser abstrakten Bedarfsberechnung bleiben die tatsächlichen Verhältnisse außer Betracht, so dass die Angemessenheit der tatsächlichen Unterkunftskosten keine Rolle spielt. Eine Kostensenkungspflicht, etwa durch Umzug i.S.d. § 35 Abs. 2 Satz 2 SGB XII, ist in dieser Konstellation nicht vorgesehen. Allerdings ist der pauschalierte Bedarf deutlich niedriger als die Berechnung anhand der Kopfanteilsmethode.[97] Daher sieht § 42 a Abs. 3 Satz 5 SGB XII die Anwendung des Abs. 4 auch bei Mehrpersonenhaushalten

---

94   Lebt z.B. die leistungsberechtigte Person mit ihren Eltern in einem Ort der Mietstufe IV zusammen, in dem die Angemessenheit der Aufwendungen für die Unterkunft anhand von § 12 Wohngeldgesetz bestimmt wird, sind die von den Aufwendungen eines Dreipersonenhaushalts i.H.v. 626 EUR die angemessenen Aufwendungen für einen Zweipersonenhaushalt i.H.v. 526 abgezogen. Die Differenz i.H.v. 100 EUR wird als Bedarf der leistungsberechtigten Person anerkannt. Vgl. BT-Drs. 18/9984, 93.
95   BSG 25.8.2011 – B 8 SO 29/10 R, Rn. 13.
96   In dem Beispiel bei angenommenen 80 EUR Gesamtheizkosten/Monat entspräche das einem Betrag i.H.v 80 EUR: (626 EUR: 100 EUR) = 12,78 EUR.
97   Vgl. dazu *Lenze* info also 2016, S. 256 m.w.N.

aus Familienmitgliedern vor, wenn diese mit dem Pauschalbedarf ihren gemeinsamen Lebensunterhalt nicht decken können.

§ 42 a Bedarfe für Unterkunft und Heizung

(4) [1]Lebt eine leistungsberechtigte Person zusammen mit anderen Personen in einer Wohnung im Sinne von Absatz 2 Satz 2 (Wohngemeinschaft) oder lebt die leistungsberechtigte Person zusammen mit in Absatz 3 Satz 1 Nummer 1 genannten Personen und ist sie vertraglich zur Tragung von Unterkunftskosten verpflichtet, sind die von ihr zu tragenden Aufwendungen für Unterkunft und Heizung bis zu dem Betrag als Bedarf anzuerkennen, der ihrem nach der Zahl der Bewohner zu bemessenden Anteil an den Aufwendungen für Unterkunft und Heizung entspricht, die für einen entsprechenden Mehrpersonenhaushalt als angemessen gelten. [2]Satz 1 gilt nicht, wenn die leistungsberechtigte Person aufgrund einer mietvertraglichen Vereinbarung nur für konkret bestimmte Anteile des Mietzinses zur Zahlung verpflichtet ist; in diesem Fall sind die tatsächlichen Aufwendungen für Unterkunft und Heizung bis zu dem Betrag als Bedarf anzuerkennen, der für einen Einpersonenhaushalt angemessen ist, soweit der von der leistungsberechtigten Person zu zahlende Mietzins zur gesamten Wohnungsmiete in einem angemessen Verhältnis steht. [3]Übersteigen die tatsächlichen Aufwendungen der leistungsberechtigten Person die nach den Sätzen 1 und 2 angemessenen Aufwendungen für Unterkunft und Heizung, gilt § 35 Absatz 2 Satz 2 entsprechend.

Lebt die leistungsberechtigte Person **mit Menschen in Wohngemeinschaften** zusammen, mit den sie nicht verwandt ist, oder aber mit Familienmitgliedern i.S.d. Abs. 3 Nr. 1 und hat dabei entweder einen eigenen Mietvertrag, oder aber der pauschalierte Bedarf nach Abs. 3 reicht nicht zur Bedarfsdeckung des Mehrpersonenhaushaltes, kommt Abs. 4 zur Anwendung. In diesen Fällen gilt nach Abs. 4 Satz 1 der **Kopfanteil** bezogen auf die abstrakte Angemessenheitsgrenze des Mehrpersonenhaushaltes als angemessener Bedarf.[98] Ist die leistungsberechtigte Person jedoch **vertraglich** zur Zahlung einer **bestimmten Miethöhe** und eines Heizkostenanteils verpflichtet, z.B. **aufgrund eines Untermietvertrages**, ist deren Angemessenheit anhand des **Grenzwertes eines Einpersonenhaushalte**s vor Ort zu messen. Das gilt allerdings gemäß Satz 2 Hs. 2 nur dann, wenn der Mietanteil im Verhältnis zur Gesamtmiete „in einem angemessenen Verhältnis" steht – wobei das Gesetz keinen Anhaltspunkt für die Auslegung der erneuten Anwendung des unbestimmten Rechtsbegriffes der Angemessenheit liefert. Übersteigt die von der leistungsberechtigten Person zu tragende Miete die auf einem der beiden Wege ermittelte Angemessenheit, wobei neben den abstrakten Grenzwerten auch besondere Bedarfe des Einzelfalls zu berücksichtigen sind, ist gemäß Abs. 4 Satz 4 nach § 35 Abs. 2 Satz 2 SGB XII zu verfahren. D.h. die leistungsberechtigte Person ist verpflichtet, sich um Senkung der Kosten von Unterkunft und Heizung zu bemühen – z.B. durch einen Umzug –, sofern ihr das möglich und zuzumuten ist. 53

Der neu eingefügte § 133 b SGB XII enthält eine **Bestandschutzregelung** für Leistungsberechtigte, deren Unterkunfts- und Heizungsbedarf bereits vor dem 1.7.2017 festgestellt worden ist. 54

§ 133 b Übergangsregelung zu Bedarfen für Unterkunft und Heizung

[1]§ 42 a Absatz 3 und 4 findet keine Anwendung auf Leistungsberechtigte, bei denen vor dem 1. Juli 2017 Bedarfe für Unterkunft und Heizung nach § 35 anerkannt worden sind, die

---

98  In Anlehnung an obiges Beispiel wären das für eine 3-er WG am selben Ort: 626 EUR : 3 = 208,66 EUR für die Unterkunft.

1. dem Kopfteil an den Aufwendungen für Unterkunft und Heizung entsprechen, die für einen entsprechenden Mehrpersonenhaushalt als angemessen gelten, oder
2. nach ihrer Höhe der durchschnittlichen Warmmiete eines Einpersonenhaushaltes im örtlichen Zuständigkeitsbereich des für die Ausführung des Gesetzes nach diesem Kapitel zuständigen Trägers nicht übersteigen.

[2]Satz 1 findet Anwendung, solange die leistungsberechtigte Person mit mehreren Personen in derselben Wohnung lebt.

### 3. Berücksichtigung von Unterhaltsansprüchen (§ 43 Abs. 5 SGB XII)

55 Trotz Neufassung des Abs. 5 bleiben die Regelungen über die (Nicht-)Berücksichtigung von Unterhaltsansprüchen gegenüber Eltern und Kindern inhaltlich fast unverändert. Es wird redaktionell klargestellt, dass für jede dieser unterhaltspflichtigen Person jeweils ein Grenzbetrag von einschließlich 100.000 EUR besteht. Nur wenn die gesetzliche Vermutung eines Einkommens bis zu dieser Grenze widerlegt ist, entfällt wie gehabt eine Leistungsberechtigung nach dem 4. Kapitel.

### 4. Gesamtbedarf, Zahlungsanspruch und Direktzahlung (§ 43 a SGB XII)

56 In dem neu eingefügten § 43 a SGB IX wird im Abs. 1 der Begriff des **Gesamtbedarfs** als die Summe der Einzelbedarfe nach § 42 Nr. 1–4 SGB IX, d.h. ohne ggf. gewährte Darlehen, definiert, aus dem sich nach Abs. 2 der monatliche Zahlungsanspruch i.d.R. durch Abzug des ggf. anzurechnenden Einkommens und/oder Vermögens ergibt. Abs. 3 und 4 regeln Fälle der Direktzahlung, z.B. an Vermieter und Energieversorgungsunternehmen.

### 5. Bewilligungszeitraum bei vorläufiger Entscheidung (§§ 44 Abs. 3 Satz 2, 44 a SGB XII)

57 Durch den neu eingefügten Satz 2 im § 44 Abs. 3 SGB XII wird der Bewilligungszeitraum im Fall einer vorläufigen Leistungsgewährung nach § 44 a SGB XII n.F. auf höchstens sechs Monate verkürzt, d.h. auch kürzere Zeiträume sind möglich; in atypischen Fällen allerdings auch längere, da es sich um eine „Soll-Vorschrift" handelt.

### 6. Ausnahmen von der Feststellung der dauerhaft vollen Erwerbsminderung (§ 45 Satz 3 SGB XII)

58 Durch die Neufassung des § 45 Satz 3 Nr. 3 SGB XII soll klargestellt werden, dass während einer **Reha-Maßnahme im Eingangsverfahren** und im **Berufsbildungsbereich** einer WfbM (§ 40 SGB IX bzw. § 57 SGB IX i.d.F. ab 2018) **kein Ersuchen auf Feststellung der vollen Erwerbsminderung** zu erfolgen hat, da die Dauerhaftigkeit einer Erwerbsminderung erst nach Abschluss des Berufsbildungsbereiches festgestellt werden kann.[99] Während einer **Beschäftigung im Arbeitsbereich** einer WfbM (§ 41 SGB IX bzw. § 58 SGB IX i.d.F. ab 2018) erfolgt ein solches Ersuchen ebenso wenig, vermutlich weil Voraussetzung für die Aufnahme in den Arbeitsbereich gemäß § 139 Abs. 1 SGB IX (bzw. § 219 SGB IX i.d.F ab 2018) ist, dass wegen Art oder Schwere der Behinderung eine Beschäftigung auf dem allgemeinen Arbeitsmarkt nicht, noch

---

99 BT-Drs. 18/9984, 101.

nicht oder noch nicht wieder in Betracht kommt. Wer diese Voraussetzung erfüllt, gilt gemäß § 43 Abs. 6 Satz 3 SGB VI als voll erwerbsgemindert.

Ergänzt wird die Liste der Ausnahmen von der Herstellung voller Erwerbsminderung in § 45 Satz 3 Nr. 4 SGB XII um die Fälle, in denen **der Fachausschuss einer WfbM** eine Stellungnahme nach den §§ 2 und 3 WVO abgegeben und dabei die **fehlende Werkstattfähigkeit festgestellt** hat, weil die begutachtete Person kein Mindestmaß an wirtschaftlich verwertbarer Arbeitsleistung erbringen kann. Zu berücksichtigen ist, dass durch die Einfügung eines neuen Abs. 1 a im § 2 WVO i.d.F. ab 2018 der **Fachausschuss dann nicht tätig** wird, **wenn ein Teilhabeplanverfahren** gemäß den §§ 19–23 SGB IX i.d.F. ab 2018 durchgeführt wird. Das ist immer dann der Fall, wenn entweder Leistungen von mehreren Reha-Träger zu erbringen oder Leistungen aus mehreren Leistungsgruppen zu koordinieren sind (§ 19 Abs. 1 SGB IX i.d.F. ab 2018), oder aber auf Wunsch der leistungsberechtigten Person gemäß § 19 Abs. 2 Satz 3 SGB IX i.d.F. ab 2018 (s. § 3 Rn. 117 ff.). In diesen Fällen ist in Ermangelung einer Stellungnahme des Fachausschusses die Ausnahmeregelung des § 45 Satz 3 Nr. 4 SGB XII nicht anzuwenden.                                                                   59

## II. Anrechnung von Einkommen und Vermögen

Durch eine Reihe von Veränderungen im SGB XII wurden die Regelungen zur **Anrechnung von Einkommen und Vermögen** von Menschen mit Behinderungen **verbessert.** Im Einzelnen ist dabei genau zu unterscheiden, ob sich die jeweilige Regelung nur auf den Bezug von Leistungen der Grundsicherung nach dem 4. Kapitel oder nur auf den von Eingliederungshilfeleistungen nach dem 6. Kapitel oder aber auf beide bezieht.                                                    60

### 1. Vermögenssonderfreibetrag in der Eingliederungshilfe (§ 60 a SGB XII) und in der Hilfe zur Pflege (§ 66 a SGB XII)

Im neu eingefügten § 60 a SGB XII wird eine **Sonderregelung zum Vermögen** für die Übergangszeit bis Ende 2019 getroffen, bis die Eingliederungshilfe aus dem SGB XII heraus- und in das SGB IX überführt wird (s. § 4 Rn. 1 ff). In dieser Zeit bleibt ein zusätzlicher **Freibetrag von bis zu 25.000 EUR** für die Lebensführung und die Alterssicherung nach § 90 Abs. 3 Satz 2 SGB XII von der Anrechnung frei gestellt.                     61

§ 60 a Sonderregelungen zum Einsatz von Vermögen
Bis zum 31. Dezember 2019 gilt für Personen, die Leistungen nach diesem Kapitel erhalten, ein zusätzlicher Betrag von bis zu 25 000 Euro für die Lebensführung und die Alterssicherung im Sinne von § 90 Absatz 3 Satz 2 als angemessen; § 90 Absatz 3 Satz 1 bleibt unberührt.

Indem der Vermögensbetrag aufgrund gesetzlicher Vorgabe als angemessen gilt, ist **keine Härtefallprüfung** i.S.d § 90 Abs. 3 SGB XII durchzuführen.[100] Durch die Betonung, dass es sich um einen zusätzlich freigestellten Betrag handelt und zudem gemäß § 60 a Halbsatz 2 IX die Anwendung des § 90 Abs. 3 Satz 1 SGB XII unberührt bleiben soll, wird klargestellt, dass **daneben** zum einen – der zum 1.4.2017 erhöhte – **Barbetrag** nach der Verordnung zu § 90 Abs. 2 Nr. 9 SGB XII (s. Rn. 69) in Anspruch            62

---

100  So auch SenV IAS (2016) Ziff. 1.

genommen werden kann ebenso wie zum anderen auch noch die **Freistellung weitergehenden Vermögens aus** – im Einzelnen zu prüfenden – **Härtefallgründen.**[101] Mit der Übergangsregelung des § 60 a SGB XII soll Betroffenen „im Vorgriff auf die Herauslösung der Eingliederungshilfe aus dem Fürsorgesystem" ermöglicht werden, aufgrund von Verbesserung bei der Einkommensanrechnung Vermögen für eine selbstbestimmte Lebensführung aufzubauen.[102] In Anbetracht der wechselseitigen Einstandsverpflichtung von Partnern untereinander und Eltern für ihre minderjährigen Kinder gemäß § 19 Abs. 3 SGB XII gilt der Freibetrag über den Wortlaut des § 60 a SGB IX hinaus nicht nur für die Leistungsberechtigten selber, sondern analog **auch für** deren **einstandspflichtigen Angehörigen.**[103] Diese Sonderregelung gilt nicht nur für Leistungen der Eingliederungshilfe, sondern „bei allen Leistungen nach den Kapiteln 5–9 SGB XII, die gleichzeitig für eine eingliederungshilfeberechtigte Person erbracht werden".[104] Nicht zur Anwendung kommt die Sonderregelung jedoch bei existenzsichernden Leistungen der Hilfe zum Lebensunterhalt oder der Grundsicherung.

63 Eine ähnliche, wenn auch unbefristete Sonderregelung zum Einsatz von Vermögen ist in § 66 a SGB XII für die Bezieher von **Hilfe zur Pflege** nach dem 7. Kapitel getroffen worden. Allerdings ist hierbei Voraussetzung, dass das Vermögen ganz oder zumindest überwiegend als **Einkommen aus selbstständiger und/oder nicht selbstständiger Arbeit** während des Leistungsbezuges erworben worden ist. Ebenso wie der Freibetrag nach § 60 a SGB XII gilt auch derjenige für die Hilfe zur Pflege nicht nur für die Leistungsberechtigten, sondern auch für deren zum Einsatz ihres Vermögens verpflichteten Angehörigen.[105] Auch der Freibetrag nach § 66 a SGB XII findet keine Anwendung auf existenzsichernde Leistungen.

64 **Nicht unter diese Sonderreglung** soll Vermögen aus anderen Quellen fallen, wie „z.B. aus Unterhalt, Erbschaft, Schadenersatz oder Rente" oder solches, dass bereits vor dem Leistungsbezug erworben worden ist.[106] Hinsichtlich des Anfangsvermögens vor Beginn des Leistungsbezuges ist diese Auslegung nachvollziehbar, da diese Vermögen nicht während des Leistungsbezuges erworben worden sein kann. Nur eingeschränkt gilt das jedoch bezüglich des Vermögens aus anderen Quellen, da der Freibetrag schon dann greift, wenn das Vermögen *„zumindest überwiegend"* **durch Erwerbstätigkeit** erwirtschaftet worden ist. D.h. sofern mehr als die Hälfte des Vermögens zu Beginn des neuen Leistungsbezuges durch den Einsatz eigener Arbeitskraft trotz der Pflegebedürftigkeit erworben worden ist, ist auch das restliche Vermögen bis zur Höchstgrenze von 25.000 EUR von der Anrechnung freigestellt.[107] Überwiegt das Vermögen aus anderen Quellen jenes aus Erwerbseinkommen, ist § 66 a SGB XII im Sinne der gewollten Anreizfunktion[108] so auszulegen, dass das Vermögen aus anderen Quellen nur bis zur Höhe des aus Erwerbseinkommen stammenden Vermögens ver-

---

101  So auch SenV IAS (2016) Ziff. 1. BMAS (2017 a) S. 51.
102  BT-Drs. 18/9522, 328.
103  Vgl. SenV IAS (2016) Ziff. 1, wobei dort offenbar eine unmittelbare Anwendung des § 60 a SGB XII für möglich gehalten wird.
104  SenV IAS (2016) Ziff. 1.
105  SenV IAS (2016) Ziff. 2.
106  SenV IAS (2016) Ziff. 2.
107  IdS auch BT-Drs. 18/9522, 328.
108  Vgl. BT-Drs. 18/9522, 328.

mindert um einen Euro anrechnungsfrei bleibt und beides zusammen nicht mehr als 25.000 EUR betragen darf, so dass das geschonte Vermögen überwiegend aus Arbeitseinkommen besteht.

### 2. Einkommensanrechnung (§§ 82, 88 SGB XII)

Innerhalb des § 82 SGB XII verändern sich zwei behinderungsspezifische Regelung der Einkommensanrechnung. Im Abs. 3 Satz 2 wird der, bezogen auf die Leistungen der **Grundsicherung, anrechnungsfreie Anteil** des **Arbeitsentgeltes**, der im Arbeitsbereich **einer WfbM** erzielt wird, **erhöht**. Neben dem in jedem Fall anrechnungsfreigestellten Achtels der Regelbedarfsstufe 1 (2017: 51,13 EUR; 2018: 52 EUR) bleiben 50 % (statt bisher 25 %) des darüber hinaus erzielten Entgeltes unberücksichtigt. Bei einem Arbeitsentgelt von 351 EUR[109] ergibt das insgesamt einen Betrag i.H.v. 201,07 EUR (2017) bzw. 201,50 EUR (2018).[110]

Der neu eingefügte Abs. 3 a des § 82 SGB XII beinhaltet einen **Absetzbetrag** vom Erwerbseinkommen speziell **für Empfänger\*innen** von Leistungen der **Hilfe zur Pflege** und/oder der **Eingliederungshilfe** mit Erwerbseinkommen. Bei diesen bleibt ein Anteil von 40 % des nach Abs. 2 bereinigten Einkommens bis zu einer Höchstgrenze i.H.v. 65 % der Regelbedarfsstufe 1 (2017: 265,85 EUR; 2018: 270,40 EUR) anrechnungsfrei. Für Bezieher\*innen der Eingliederungshilfe ist dieser Einkommensfreibetrag befristet bis zum 31.12.2019. Zuflüsse aus anderen Einkommensquellen wie Renten oder Unterhaltszahlungen werden von der Freibetragsregelung nicht erfasst.[111] Anders als bei Vermögensfreibeträgen nach §§ 60 a und 66 a SGB XII (s. Rn. 62 f) ist der Einkommensfreibetrag auf das Einkommen der leistungsberechtigten Person beschränkt und kommt nicht auch für Angehörige zur Anwendung.[112]

Ist die leistungsberechtigte Person **zugleich** Empfängerin **existenzsichernder Leistungen**, so dass auch die Freibetragsregelung des § 82 Abs. 3 Satz 1 SGB XII zur Anwendung kommt, soll laut der Gesetzesbegründung nur die Regelung zur Anwendung kommen, die im Einzelfall für die Leistungsberechtigte Person günstiger sei.[113] Allein von den Zahlen her betrachtet dürfte das i.d.R. die Freibetragsregelung des Abs. 3 a sein, allerdings findet sich für diese Kollisionsregelung jenseits der Begründung weder im Gesetzeswortlaut noch in der -systematik eine Stütze.[114] Vielmehr ist nach dem eindeutigen Gesetzeswortlaut von einer **kumulativen Anwendung dieser beiden Einkommensfreibeträge** auszugehen – ggf. bis zu einer gesetzgeberischen Richtigstellung.

65

66

67

---

109 Der Betrag ist § 43 SGB IX (bzw. § 59 SGB IX i.d.F. ab 2018) entnommen. Allerdings ist zu berücksichtigen, dass das Arbeitsförderungsgeld dabei unberücksichtigt bleiben muss, da es gemäß § 82 Abs. 1 Nr. 5 SGB XII ohnehin vollständig von der Einkommensanrechnung ausgenommen ist.

110 Im Vergleich zur vorherigen 25 %-Grenze bedeutet das eine monatliche Freistellung von zusätzlichen 74,97 EUR (2017) bzw. 74,75 EUR (2018) gemessen an einem Arbeitsentgelt von 351 EUR. Da die Gesetzesbegründung jedoch nur von einer geringeren Anrechnung auf die Grundsicherung in Höhe von 26 EUR ausgeht (BT-Drs. 18/9522, 329), ist von einem durchschnittlichen Arbeitsgeld in einer WfbM i.H.v. 155,13 EUR (zuzüglich Arbeitsförderungsgeld, s. vorhergehende Fn) auszugehen.

111 BT-Drs. 18/9522, 330.

112 Allerdings wirke sich der Einkommensfreibetrag mittelbar auch für Angehörige i.S.d. § 19 Abs. 3 SGB XII positiv aus, da nur das verminderte Einkommen der leistungsberechtigten Person in die Berechnung der Einkommensgrenze nach § 85 SGB XII einfließe, so BT-Drs. 18/9522, 329.

113 BT-Drs. 18/9522, 330.

114 In diese Richtung argumentiert auch SenV IAS (2016) Ziff. 4, trägt die Kollisionsregelung im Ergebnis gleichwohl mit.

68 Im Rahmen der Vorschriften zur Berechnung des zumutbaren Einkommenseinsatzes für Leistungen nach den Kapiteln 5–9 SGB XII – also nicht für existenzsichernde Leistungen anzuwenden – erfolgt im § 88 Abs. 2 Satz 1 SGB IX eine **Aufstockung** des dort genannten **Freibetrages für stationär Untergebrachte**. Parallel zu der Anhebung des Freibetrage für Werkstattbeschäftigte (s. Rn. 65) wird der Freibetrag bzgl. einer entgeltlichen Beschäftigung während einer stationären Unterbringung von 25 % auf 50 % des Einkommens oberhalb des Sockelbetrages von einem Achtel der Regelbedarfsstufe 1 angehoben.

### 3. Anhebung des geschonten Bar- und anderen geldwerten Vermögens (§ 90 SGB XII)

69 § 90 Abs. 2 SGB XII legt diejenigen Vermögenswerte fest, von deren Einsatz oder Verwendung die Sozialhilfe (existenzsichernde wie besondere Hilfen) nicht abhängig gemacht werden darf. Die in dessen Nr. 9 genannten **kleineren Barbeträge und sonstigen Geldwerte** werden in § 1 Barbetrags-Verordnung näher ausgestaltet. Einer Entschließung des Deutschen Bundestages vom 30.11.2016[115] folgend wurde der nicht zu berücksichtigende Barbetrag zum 1.4.2017 – unabhängig vom Alter und von der begehrten Hilfeleistung – auf jeweils **5.000 EUR für die nachfragende Person und deren Partner\*in** sowie zusätzlich 500 EUR für jede weitere unterhaltene Person in § 1 Abs. 1 S. 2 und Abs. 2 S. 1 VO zu § 92 Abs. 2 Nr. 9 festgesetzt.[116] Dass keine Abstufung des Vermögensfreibetrages für besondere Hilfen gegenüber denjenigen für existenzsichernde Leistungen erfolgte, ist überraschend, weil bei den besonderen Hilfen ursprünglich eine Sicherung des jeweiligen Lebensstandards beabsichtigt war.[117]

### III. Vertragsrecht (§ 75 SGB XII)

70 Im § 75 Abs. 2 SGB IX wurden in den Sätzen 3–9 Vorschriften für die **Eignung des Personals** eingefügt, deren Einhaltung zugleich Bestandteil der Eignung des Leistungserbringers sind.

§ 75 Einrichtungen und Dienste

[3]Geeignete Träger von Einrichtungen dürfen nur solche Personen beschäftigen oder ehrenamtliche Personen, die in Wahrnehmung ihrer Aufgaben Kontakt mit Leistungsberechtigten haben, mit Aufgaben betrauen, die nicht rechtskräftig wegen einer Straftat nach den §§ 171, 174 bis 174 c, 176 bis 180 a, 181 a, 182 bis 184 g, 225, 232 bis 233 a, 234, 235 oder 236 des Strafgesetzbuchs verurteilt worden sind. [4]Die Träger von Einrichtungen sollen sich von Fach- und anderem Betreuungspersonal, die in Wahrnehmung ihrer Aufgaben Kontakt mit Leistungsberechtigten haben, vor deren Einstellung oder Aufnahme einer dauerhaften ehrenamtlichen Tätigkeit und während der Beschäftigungsdauer in regelmäßigen Abständen ein Führungszeugnis nach § 30 a Absatz 1 des Bundeszentralregistergesetzes vorlegen lassen. [5]Nimmt der Träger der Einrichtung Einsicht in ein Führungszeugnis nach § 30 a Absatz 1 des Bundeszentralregistergesetzes, so speichert er nur den Umstand der Einsichtnahme, das Datum des Führungszeugnisses und die Information, ob die das Führungszeugnis betreffende Person wegen einer in Satz 3 genannten Straftat rechtskräftig verurteilt worden ist. [6]Der Träger der Einrichtung darf diese Daten nur verändern und nutzen, soweit dies zur Prüfung der Eignung einer Person erforderlich ist. [7]Die Daten sind vor dem Zugriff Unbefugter zu schützen. [8]Sie sind im Anschluss an die Einsichtnahme unverzüglich zu löschen, wenn keine Tätig-

---

115 BT-Drs. 18/10528.
116 Durch die Zweite Verordnung zur Änderung der Verordnung zur Durchführung des § 90 Abs. 2 Nr. 9 des Zwölften Buches Sozialgesetzbuch vom 22.3.2017, BGBl. I 2017, 519.
117 *Conradis* info also 2017, 65.

keit für den Träger der Einrichtung aufgenommen wird. [9]Im Falle der Ausübung einer Tätigkeit für den Träger der Einrichtung sind sie spätestens drei Monate nach der letztmaligen Ausübung der Tätigkeit zu löschen.

Obwohl das Vertragsrecht des SGB XII insgesamt durch das BTHG zum 1.1.2020 **71** vollständig neu bekannt gemacht wird,[118] sind diese Regelungen zum Ausschluss von Personen mit Vorstrafen wegen Straftaten gegen die sexuelle und persönliche Selbstbestimmung bereits vorab „zur Gewährleistung eines umfassenden Schutzes von Menschen mit Behinderung"[119] in Kraft gesetzt worden. Die Regelung ist dabei nicht beschränkt auf Leistungserbringer der Eingliederungshilfe, sondern gilt für alle Träger von Diensten und Einrichtungen, die Leistungen nach dem SGB XII erbringen wollen, z.B. Hilfe zur Pflege nach dem 7. Kapitel SGB XII. Die Regelungen bleiben auch im neuen Vertragsrecht des SGB XII nach dem Wechsel der Eingliederungshilfe in das SGB IX zum 1.1.2020 bestehen.[120]

**Ausschlussgrund** für eine Beschäftigung ist eine rechtskräftige Verurteilung wegen einer der in Abs. 2 Satz 3 genannten **Straftaten gegen die sexuelle und persönliche Selbstbestimmung.** Der Katalog der Straftatbestände weist große Überschneidung mit demjenigen aus dem § 72 a SGB VIII auf, der dort zum Schutz von jungen Menschen durch die Kinder- und Jugendhilfe vorgesehen ist – und dort zu einem Tätigkeitsausschluss sowohl bei den öffentlichen Trägern als auch den freien Trägern der Jugendhilfe führt. Ebenso wie Kinder und Jugendliche können auch (volljährige) Menschen mit Behinderungen in einem besonderen Abhängigkeits- und Vertrauensverhältnis zum Betreuungspersonal stehen und sind daher vor Missbrauch zu schützen. Dies stellt zugleich eine Maßnahme dar, um die Verpflichtung aus Art. 16 BRK umzusetzen, Menschen mit Behinderungen sowohl innerhalb als auch außerhalb der Wohnung vor jeder Form von Ausbeutung, Gewalt und Missbrauch, einschließlich ihrer geschlechtsspezifischen Aspekte, zu schützen.[121]

Der **Tätigkeitsausschluss** wegen einschlägiger Vorstrafen gilt **nicht nur** für bezahltes **73** Personal,[122] sondern auch für **dauerhaft ehrenamtlich tätige Personen,** die in der Wahrnehmung ihrer Aufgaben **Kontakt mit Leistungsberechtigten** haben. Das Ehrenamt beinhaltet, dass es sich um Personen handelt, die unentgeltlich tätig werden, also allenfalls eine Übungsleiter- oder Ehrenamtspauschale oder eine vergleichbare Aufwandsentschädigung erhalten. Ausgeschlossen sind nur Ehrenamtliche mit einschlägigen Vorstrafen, wenn ihre Aufgabenstellung darauf hinausläuft, dass sie mit Leistungsberechtigten in Kontakt treten. Dadurch erfasst die Regelung alle Tätigkeiten über die Betreuungsarbeit im engeren Sinne hinaus, die mit einer Kontaktaufnahme verbunden sind.[123]

---

118  Durch Art. 13 Nr. 25 BTHG, BGBl. I 2016, 3322 f. Auf dieses Neufassung wird in diesem Buch nicht eingegangen, die Neuregelungen weisen – mit Ausnahme der weiterhin integrierten Vereinbarung von Fach- und existenzsichernden Leistungen – jedoch viele Parallelen zum Vertragsrecht des SGB IX auf (s. § 3 Rn. 337 ff.). Näheres zum SGB XII-Vertragsrecht s. von *Boetticher/Münder* in Berlit et al. Existenzsicherungsrecht, 3. Aufl. 2018, Kap. 45.
119  BT-Drs. 18/9522, 329.
120  S. § 75 Abs. 2 SGB XII i.d.F. durch Art. 13 Nr. 25 BTHG, BGBl. I 2016, 3322.
121  BT-Drs. 18/10523, 65.
122  Zu diesbezüglichen Abgrenzungsfragen s. *Axmann* RdLh 2017, 62 f.
123  Vgl. insoweit *Schindler* in Münder u.a. Frankfurter Kommentar § 72 a Rn. 20 bzgl. der Kinder- und Jugendhilfe.

74 Keine nähere Erläuterung erfährt der **Begriff der Dauerhaftigkeit.** Zieht man insoweit die Regelung zum Einsatz ehrenamtlicher Personen in der Kinder und Jugendhilfe nach § 72 a Abs. 3 und 4 SGB VIII zum Vergleich heran, kommt es dabei nicht allein auf die absolute Dauer sondern darauf an, ob die Tätigkeit nach Art, Intensität und Dauer die Tätigkeit geeignet ist, ein Abhängigkeits- und/ oder Vertrauensverhältnis aufzubauen.[124] Dies kann zum Beispiel bereits bei einer zeitlich kurzen, aber intensiven Reisebegleitung der Fall sein.[125] Da die Gesetzesbegründung selbst die Parallele hinsichtlich der Schutzbedürftigkeit der betroffenen Personenkreise nach dem SGB VIII, IX und XII zieht,[126] ist angesichts der betroffenen Rechtsgüter das Merkmal der Dauerhaftigkeit eben so auszulegen, auch wenn diese Auslegung anhand des Sinn und Zwecks den anderslautenden Wortlaut der Norm sehr weit ausdehnt. Zur Abgrenzung kann man sich an den Kriterien, die von der Arbeitsgemeinschaft für Kinder- und Jugendhilfe 2012 zusammen mit der Bundesarbeitsgemeinschaft der Landesjugendämter in den Handlungsempfehlungen zum Bundeskinderschutzgesetz zu § 72 a Abs. 3 und 4 erarbeitet worden sind, orientieren.[127]

75 Die diesbezügliche Überprüfung der Eignung der in der Eingliederungshilfe tätigen Personen erfolgt durch die Vorlage eines **erweiterten Führungszeugnisses** i.S.d. § 30 a Abs. 1 BZRG. Zur Sicherstellung der Aktualität des Führungszeugnisses empfiehlt das Bundesamt für Justiz, dass das Führungszeugnis bei der Vorlage **nicht älter als drei Monate** sein sollte.[128] Bzgl. der geforderten **Überprüfung** in regelmäßigen Abständen ist in Anlehnung an die Kinder und Jugendhilfe ein Zeitraum von **mindestens drei bis höchstens fünf Jahren** zu empfehlen.[129] Die Erstellung eines erweiterten Führungszeugnisses kostet 13 EUR; auf Nachweis, dass dies für eine ehrenamtliche Tätigkeit benötigt wird, ist es kostenfrei.[130] Da das Führungszeugnis sensible persönliche Daten enthält, machen die Sätze 5–9 des Abs. 2 dezidierte Vorgaben zum **Datenschutz,** nämliche unter welchen Umständen welche Daten wie lange gespeichert, genutzt und verarbeitet werden dürfen.

### IV. Weitere Einzelregelungen des SGB XII

76 Im Rahmen der **Statistik** des SGB XII ist gemäß § 122 Abs. 3 Nr. 3 b) SGB XII nunmehr auch die Erfassung der Fallzahlen stationärer Eingliederungshilfe mit Pflegebedarf vorgeschrieben, für die von der Pflegeversicherung ein Kostenbeitrag nach § 43 a SGB XI geleistet wird.

77 Im § 136 wird übergangsweise für die Jahre 2017 bis 2019 eine **anteilige Erstattung** des in stationären Einrichtungen der Behindertenhilfe gezahlten **Barbetrages** nach § 27 b Abs. 1 Satz 1 SGB IX **durch den Bund** geregelt. Der Anteil beläuft sich der Höhe nach auf 14 % der Regelbedarfsstufe 1 (2017: 57,26 EUR; 2018: 58,24 EUR) und wird gemäß Abs. 3 multipliziert mit der Anzahl der Fälle, die dem BMAS von den

---

124 *Schindler* in Münder u.a. Frankfurter Kommentar § 72 a Rn. 20 f. unter Verweis auf BT-Drs. 17/6256, 25.
125 Deutscher Verein 2012, S. 12.
126 BT-Drs. 18/10523, 65.
127 AGJ/ BAGLJÄ (2012) S. 30.
128 https://www.bundesjustizamt.de/DE/Themen/Buergerdienste/BZR/Inland/FAQ_node.html#faq5504782.
129 *Schindler* in Münder u.a. Frankfurter Kommentar § 72 a Rn. 32 m.w.N.
130 BJA (2017) S. 1.

Ländern bis zu in Abs. 2 geregelten Stichtagen zu melden sind. Hintergrund dieser befristeten Erstattungsregelung ist die Verschiebung der bereits für 2017 geplanten Einführung einer Mehrbedarfsregelung im Rahmen der Grundsicherung für die Mittagsverpflegung in tagestrukturierenden Maßnahmen in § 42 b SGB XII auf das Jahr 2020 (s. § 4 Rn. 235). Da seit dem Jahr 2014 der Bund die Kosten der Grundsicherung gemäß § 46 a Abs. 1 Nr. 2 SGB XII zu 100 % trägt, geht die Verschiebung finanziell zu Lasten der für die Eingliederungshilfe zuständigen Sozialhilfeträger der Länder. Die anteilige Erstattung der Barbetragskosten soll dafür als Ausgleich dienen.[131]

## C. Weitere Änderungen durch das BTHG im Überblick

### I. Umsetzungsunterstützung durch das BMAS

Das BMAS wird durch Artikel 25 BTHG ermächtigt und/oder verpflichtet zu einer Reihe von Maßnahmen **zur Vorab-Erprobung** bestimmter Reformschritte, zur **Untersuchung der Auswirkungen** bestimmter Reformschritte in leistungsrechtlicher sowie finanzieller Hinsicht sowie zur **Begleitung und Unterstützung** der Länder bei der Umsetzung. Bis auf die Ermächtigung des BMAS zur Neubekanntmachung des SGB XII (s. § 3 Rn. 530) wurde das Inkrafttreten dieser Regelungen vorgezogen auf den 30.12.2016 (Art. 25 Abs. 2 BTHG)[132] bzw. den 25.7.2017 (Abs. 3–7).[133] Gemäß Art. 25 Abs. 7 BTHG hat das BMAS dem Bundestag und dem Bundesrat **in den Jahren 2018, 2019 und 2022** über den Stand der Untersuchungen nach Abs. 2–4 und zu den hervorgebrachten Ergebnissen **zu berichten**. Zum letztgenannten Termin im Jahr 2022 muss auch der Bericht über die Untersuchung von frei verfügbaren Geldmitteln in besonderen Wohnformen nach Abs. 6 vorliegen (s. Rn. 86). Hingegen schon zum 30.6.2018 abgeschlossen sein muss der Untersuchungsbericht zu den Auswirkungen der Neuregelung der Leistungsberechtigung gemäß Art. 25 Abs. 5 Satz 1 BTHG (s. Rn. 81).

78

### 1. Umsetzungsbegleitung und Wirkungsuntersuchung (Art. 25 Abs. 2 BTHG)

Art. 25 Abs. 2 BTHG ermächtigt das BMAS, nach verbindlicher Abstimmung mit den Ländern eine Untersuchung zur Einführung der **reformierten Eingliederungshilfe** im Einvernehmen mit den Ländern durchzuführen bzw. nach Abstimmung mit den Ländern durch Dritte durchführen zu lassen. Mit der **Untersuchung der Umsetzung** der neuen Vorschriften des zweiten Teils des SGB IX durch die Eingliederungshilfeträger soll festgestellt werden, „ob die wesentlichen Ziele der Reform der Eingliederungshilfe – Verbesserung der Lebenssituation von Menschen mit Behinderung und Bremsen der Ausgabendynamik – erreicht werden", um daraus ggf. gesetzgeberischen Veränderungsbedarf ableiten zu können.[134] Es sollen dabei insbesondere die Umsetzung derjenigen Vorschriften untersucht werden, deren Einführung in der Fachöffentlichkeit und bei den Betroffenenverbänden umstritten war, u.a.

79

---

131  BT-Drs. 18/10523, 71 f.
132  Art. 26 Abs. 2 BTHG, BGBl. 2016, I 3340.
133  Art. 31 Abs. 6 BVGuaÄndG, BGBl. 2017 I 2573.
134  BT-Drs. 18/9522, 363.

■ das Verhältnis zwischen den Leistungen der Eingliederungshilfe und denen der Pflege gemäß § 91 Abs. 3 SGB IX i.d.F. ab 2020,

■ die Prüfung der Angemessenheit geäußerter Wünsche bzw. die Zumutbarkeit alternativer Leistungen (§ 104 Absätze 2 und 3 i.d.F. ab 2020

■ und die Möglichkeit zur gemeinsamen Inanspruchnahme von Leistungen (sog. „Poolen von Leistungen") gemäß § 116 Abs. 2 SGB IX i.d.F. ab 2020.[135]

80 Als Ergebnis einer Ausschreibung ist die **Trägerschaft des Projekts „Umsetzungsbegleitung Bundesteilhabegesetz"**, welches vom BMAS bis zum 31.12.2019 gefördert wird, zum 1.5.2017 **an den Deutschen Verein** vergeben worden.[136] Die Untersuchungsergebnissen sollen mit den Erkenntnissen der ab 2020 von den Ländern gemäß § 94 Abs. 5 SGB IX i.d.F. ab 2020 durchzuführenden Evidenzbeobachtungen zusammengeführt werden (s. § 4 Rn. 38 ff.).

### 2. Untersuchung der Auswirkung der Neuregelung der Leistungsberechtigung (Art. 25 Abs. 5 BTHG)

81 Gemäß Abs. 5 hat das BMAS in den Jahren 2017–2018 BTHG eine Untersuchung der **rechtlichen Wirkungen** der geplanten **Neubestimmung des leistungsberechtigten Personenkreises** in § 99 SGB IX i.d.F. 2023 vorzunehmen, da im Gesetzgebungsverfahren massive Befürchtungen geäußert wurden, dass die unmittelbare Einführung der Neuregelung mangels vorheriger Untersuchung zu einem Ausschluss verschiedener Gruppen derzeit noch Leistungsberechtigter kommen würde (s. § 4 Rn. 66). Um das zu vermeiden, sollen Gegenstände der Untersuchung insbesondere sein:

1. die im BTHG noch offen gelassene Anzahl der für eine Leistungsberechtigung in der Eingliederungshilfe erforderlichen Teilhabeeinschränkungen in den neun Lebensbereichen,

2. die Gewichtung zwischen Anzahl und Umfang der jeweiligen Teilhabeeinschränkungen sowie

3. die nach Art der Behinderung typisierende notwendige Unterstützung, nach § 99 Abs. 2 Satz 2 SGB IX i.d.F. ab 2013, die zu einer Leistung von Eingliederungshilfeleistungen nach pflichtgemäßem Ermessen führen.

82 Bereits zum 30.6.2018 hat das BMAS dem Bundestag und dem Bundesrat den Untersuchungsbericht vorzulegen.

### 3. Förderung modellhafter Fallbearbeitung (Art. 25 Abs. 3 BTHG)

83 In den Jahren 2017–2021 hat das BMAS gemäß Abs. 3 Satz 1 nach verbindlicher Abstimmung mit den zuständigen Landesbehörden **Modellprojekte** zur **Erprobung der Verfahren und Leistungen der Eingliederungshilfe** neu i.d.F. ab 2020 bei ausgewählten Trägern der Eingliederungshilfe zu fördern. Diese sollen mithilfe der Förderung einen repräsentativen Fallbestand neben der Fallbearbeitung nach geltendem Recht

---

135  BMAS (2017 a) S. 70.
136  S. https://www.deutscher-verein.de/de/wir-ueber-uns-geschaeftsstelle-projekt-umsetzungsbegleitung-bundesteilhabegesetz-2863.html (Abruf am 19.9.2017).

„spiegelbildlich auch nach den Vorschriften des künftigen Rechts ‚virtuell' [...] bearbeiten".[137] In der modellhaften Fallbearbeitung sollen insbesondere erprobt werden:

■ „die Einkommens- und Vermögensanrechnung – Teil 2 Kapitel 9 des Neunten Buches Sozialgesetzbuch (SGB IX),

■ die Assistenzleistungen in der Sozialen Teilhabe, insbesondere Assistenzleistungen für Personen, die ein Ehrenamt ausüben (§§ 78 i.V.m. 113 SGB IX), die Umsetzung der Regelung zum Verhältnis von Leistungen der Eingliederungshilfe und Leistungen der Pflege bei Leistungstatbeständen, die von beiden Leistungssystem erfasst sind (§ 91 SGB IX),

■ die Umsetzung der Regelung für Menschen mit Behinderungen und Pflegebedarf – Lebenslagenmodell (§ 103 Absatz 2 SGB IX),

■ die Prüfung der Zumutbarkeit und Angemessenheit (§ 104 SGB IX),

■ die Möglichkeit der gemeinschaftlichen Leistungserbringung (§ 116 SGB IX),

■ die Abgrenzung der neuen Leistungen der Eingliederungshilfe nach Artikel 1 Teil 2 von den Leistungen nach dem Vierten Kapitel des Zwölften Buches Sozialgesetzbuch (SGB XII) (existenzsichernde Leistungen)."[138]

Gemäß Abs. 3 Satz 2 ist dabei ab 2019 die Bestimmung der Leistungsberechtigten bezüglich der Eingliederungshilfe durch § 99 SGB IX i.d.F. ab 2023[139] (s. § 5 Rn. 1 ff.) modellhaft mit zu erproben. Grundlage der Erprobung sind insoweit die Ergebnisse der Untersuchung nach Abs. 5, insbesondere die dabei festgelegte Anzahl der für eine Leistungsberechtigung in der Eingliederungshilfe erforderlichen Teilhabeeinschränkungen in den neun Lebensbereichen. Die wissenschaftliche Begleitung der Modellprojekte hat das BMAS mit dem BMG abzustimmen. **84**

### 4. Untersuchung der finanziellen Auswirkungen (Art. 25 Abs. 4 BTHG)

Neben dem Fokus der Verbesserung der Rahmenbedingungen für eine selbstbestimmte Lebensführung von Menschen mit Behinderungen liegt ein weiterer Fokus des BTHG darauf, künftig eine steigende **Ausgabendynamik** in der Eingliederungshilfe mithilfe verbesserter Steuerungsmöglichkeiten zu **vermeiden**. Um die Haushaltswirksamkeit der Neuregelungen überprüfen zu können, erteilt Abs. 4 dem BMAS den Auftrag zur Durchführung einer Untersuchung über die **Entwicklung der Einnahmen und Ausgaben** in der Eingliederungshilfe in den Jahren 2017–2021 im Einvernehmen mit dem BMF, ggf. durch Dritte nach Abstimmung mit den Ländern. Abs. 4 Satz 3 verpflichtet dabei insbesondere zur Untersuchung der finanziellen Auswirkungen der **85**

1. „verbesserten Einkommens- und Vermögensanrechnung,
2. Einführung des Budgets für Arbeit und der anderen Leistungsanbieter,
3. neuen Leistungskataloge für die soziale Teilhabe und die Teilhabe an Bildung,
4. Trennung der Fachleistungen der Eingliederungshilfe von den Leistungen zum Lebensunterhalt,

---

137 BMAS (2017 a) S. 71.
138 BT-Drs. 18/10523, 83.
139 Art. 25 a BTHG.

5. Einführung eines trägerübergreifenden Teilhabeplanverfahrens sowie
6. Einführung von Frauenbeauftragten in den Werkstätten für behinderte Menschen".[140]

### 5. Untersuchung der frei verfügbaren Geldmittel in besonderen Wohnformen (Art. 25 Abs. 6 BTHG)

86   In den Jahren 2020 und 2021 hat das BMAS zu untersuchen, **wieviel Geld** den **Bewohner\*innen in besonderen Wohnformen** nach § 42 a Abs. 5 und 6 SGB XII i.d.F. ab 2020, die auf Leistungen der Grundsicherung angewiesen sind, anteilig **von ihrem Regelsatzes zur freien Verfügung verbleibt.** Hintergrund ist, dass zum 1.1.2020 eine Trennung von Fachleistungen der Eingliederungshilfe und existenzsichernden Hilfen erfolgt und Leistungsberechtigte der Grundsicherung ihren Regelsatz auch dann ausbezahlt bekommen, wenn sie in stationären Einrichtungen leben, die ab 2020 in der Behindertenhilfe dann besondere Wohnformen heißen. § 27 b SGB XII ist für sie nicht mehr anwendbar, d.h. sie erhalten keinen festgelegten Barbetrag mehr (s. § 4 Rn. 150). Da sie mit dem Regelsatz aber Unterkunft und Verpflegung beim Träger der besonderen Wohnform „einkaufen" müssen, ist es durchaus möglich, dass die Neuregelung dazu führt, dass diese Menschen über weniger Barmittel zur selbstbestimmten Verwendung verfügen als vor der Reform durch das BTHG. Im Jahr 2022 hat das BMAS den Bundestag und den Bundesrat über die Ergebnisse dieser Untersuchung zu informieren.

### II. Änderungen im Teilhaberecht in anderen SGBs und sonstigen Gesetzen

### 1. Änderungen im SGB VI[141]

87   In § 20 Abs. 2–4 SGB VI werden Kollisionsregelung für den Erhalt von Übergangsgeld bei Reha-Maßnahmen durch den Rentenversicherungsträger bei gleichzeitigem Erhalt von Arbeitslosengeld (Abs. 2) bzw. Krankengeld (Abs. 3 und 4) getroffen.

### 2. Umsatzsteuergesetz[142]

88   In § 4 UStG wird eine neue Nr. 15 c eingefügt, der Leistungen zur Teilhabe am Arbeitsleben nach § 33 SGB IX von der Umsatzsteuer ausnimmt, die von Trägern öffentlichen Rechts oder von anderen Einrichtungen mit sozialem Charakter erbracht werden. Letztere werden in Satz 2 definiert als Rehabilitationsdiensten und -einrichtungen nach §§ 19 und 35 SGB IX (bzw. §§ 36, 51 SGB IX i.d.F. ab 2018), mit denen Verträge nach § 21 SGB IX bestehen. Dabei kommt es auf den Gegenstand der Leistungserbringung an, der „eng mit der Sozialfürsorge und der sozialen Sicherheit" iSd Artikels 132 Absatz 1 Buchstabe g der europäischen MwStSystRL 2006/112/EG verbunden sein muss,[143] und nicht auf die Verfasstheit des Trägers. D.h., es sind auch die Leistungen zur Teilhabe am Arbeitsleben erfasst, die von gewerblichen Reha-Dienstleistern erbracht werden. Nicht erfasst sind hingegen die Leistungen von öf-

---

140   Art. 25 Abs. 4 Satz 3 BTHG.
141   Änderungen durch Art. 7 Nr. 4 a BTHG.
142   Änderung durch Art. 16 BTHG.
143   S. BT-Drs. 18/9522, 348.

fentlichen oder privaten Arbeitgebern, die Menschen mit Behinderung über das Budget für Arbeit nach § 61 SGB IX beschäftigen, da es sich bei ihnen ausweislich des § 123 Abs. 3 SGB IX nicht um Erbringer von Reha-Leistungen handelt. Neben den Maßnahmen zur Teilhabe am Arbeitsleben[144] sind auch die damit im Zusammenhang stehenden Leistungen für Unterkunft und Verpflegung von der Umsatzsteuer befreit.[145]

### 3. Betriebsverfassungsgesetz[146]

Im § 80 Abs. 1 Nr. 4 BetrVG wird das Wort „Schwerbehinderter" durch die Wörter    89 „schwerbehinderter Menschen einschließlich der Förderung des Abschlusses von Inklusionsvereinbarungen nach § 83 des Neunten Buches Sozialgesetzbuch" ersetzt. Dem § 88 BetrVG wird eine Nr. 5 mit dem Wortlaut „Maßnahmen zur Eingliederung schwerbehinderter Menschen" angefügt und § 92 Abs. 3 BetrVG erhält folgenden zusätzlichen Satz „Gleiches gilt für die Eingliederung schwerbehinderter Menschen nach § 80 Absatz 1 Nummer 4."

---

144  Eine exemplarische Auflistung findet sich unter BT-Drs. 18/9522, 348 f.
145  BT-Drs. 18/9522, 349.
146  Änderungen durch Art. 18 Abs. 1 BTHG.

# § 3 Änderungen im Jahr 2018

## A. Änderungen im SGB IX

1 Durch das BTHG ist der **gesamte Wortlaut des SGB IX** neu beschlossen und **neu bekannt gemacht** worden. Die Grundstruktur des SGB IX ist dabei erhalten geblieben. Im ersten Teil sind nach wie vor die Regelungen für alle Menschen mit (drohender) Behinderungen zusammengefasst: die wesentlichen Grundsätze des Rehabilitationsrechts, die Verfahrensvorschriften zur Feststellung des Bedarfes und zur Koordinierung der Leistungen und die exemplarisch genannten Leistungen der verschiedenen Reha-Leistungsgruppen. Das Schwerbehindertenrecht ist weiterhin unter dieser Bezeichnung in einem separaten Teil geregelt, allerdings nunmehr im dritten Teil des SGB IX.

2 Mit Wirkung vom **1.1.2018** treten diese neuen **Teile 1 und 3** des SGB IX in Kraft, während das SGB IX in seiner bisherigen Fassung (im Folgenden: SGB IX a.F.) zum gleichen Zeitpunkt zusammen mit der Budgetverordnung außer Kraft tritt.[147] Der Text des **neuen zweiten Teils** des SGB IX, der künftig die **Eingliederungshilfe** enthalten wird, tritt allerdings überwiegend **erst am 1.1.2020 in Kraft** (§ 4 Rn. 1 ff.),[148] um sowohl den – erst noch zu bestimmenden – Trägern der Eingliederungshilfe (Rn. 332 ff.) als künftig Verantwortlichen als auch den Trägern entsprechender Rehabilitationsdienste und -einrichtungen einen zeitlichen Vorlauf zur Umsetzung dieses Reformschrittes zu geben. Aus diesem Grund gelten, obwohl im 2. Teil enthalten, sowohl die **Ermächtigung** der Länder zur Festlegung der **Träger der Eingliederungshilfe** in § 94 Abs. 1 SGB IX sowie das **neue Vertragsrecht** im achten Kapitel des 2. Teils auch bereits m.W.v. 1.1.2018 (Rn. 337 ff.). Mit der Neubekanntmachung hat sich, mit Ausnahme der ersten sieben, auch die Nummerierung der Paragrafen verschoben. Zum leichteren Herstellen der Bezüge zwischen alter und neuer Nummerierung befinden sich im Anhang entsprechende Synopsen (§ 6 Rn. 1 f.).

3 Die Darstellung der Änderungen im ersten Teil mit den §§ 1–89 SGB IX folgt der Struktur der Kapitel, da es gerade im Bereich der Grundsätze, Begriffsbestimmungen und der Kooperation, aber z.T. auch in den Leistungskatalogen umfassende Änderungen gegeben hat. Die Änderungen im **Schwerbehindertenrecht**, das sich ab dem 1.1.2018 im **dritten** Teil des SGB IX in den §§ 151–241 SGB IX befindet, erfolgt hingegen themenbezogen, da es dort nur punktuelle Änderungen, aber **keine strukturellen Änderungen** gibt.

### I. Einführung in den 1. Teil SGB IX

4 Der ersten Teil des SGB IX, Regelungen für Menschen mit Behinderungen und von Behinderung bedrohte Menschen, enthält nach wie vor die **Regelungen, die für alle Reha-Träger** gelten. Er ist – anstelle der bisherigen 8 Kapitel – in z.T. sehr kleinteilige, auf wenige Paragrafen beschränkte 14 Kapitel untergliedert:

---

147  Art. 1 und Art. 26 Abs. 1 BTHG.
148  Art. 1 und Art. 26 Abs. 4 Nr. 1 BTHG.

- das **Kapitel 1** enthält wie bisher die **Allgemeine Vorschriften** einschließlich des Wunsch- und Wahlrechts, ist aber auf §§ 1-8 SGB IX eingekürzt (Rn. 5 ff.),
- **Kapitel 2, Einleitung der Rehabilitation von Amts wegen,** umfasst in den §§ 9–11 SGB IX die vorrangige Prüfung von Teilhabeleistungen, die Sicherung der Erwerbsfähigkeit und die Förderung von Modellvorhaben (Rn. 34 ff.);
- **Kapitel 3** regelt die **Erkennung und Ermittlung des Rehabilitationsbedarfes,** (§§ 10 und 11 SGB IX, Rn. 45 ff.);
- in **Kapitel 4** hat der Gesetzgeber zusammengestellt, wie künftig die **Koordinierung der Leistungen** gewährleistet werden soll, angefangen mit dem Verfahren zur Klärung der Zuständigkeit, der Verteilung der Verantwortung bei mehreren zuständigen Reha-Trägern und der damit verbundenen Erstattung von Kosten, über die Erstattung von Leistungsberechtigten selbst beschafften Leistungen bis hin zu einem neuen Teilhabeplanverfahren (§§ 14–24 SGB IX, Rn. 58 ff.);
- in **Kapitel 5** wurde die **Zusammenarbeit** der Reha-Träger zusammengefasst, die bisher auch mit im 1. Kapitel des SGB IX a.F. geregelt war (§§ 25–27 SGB IX, Rn. 144 ff.);
- **Kapitel 6** enthält im ersten Abschnitt Vorgaben zu den **Leistungsformen,** insbesondere zum Persönlichen Budget, wobei der Wortlaut des § 29 SGB IX nunmehr sowohl den Rechtsanspruch als auch die Details der Budgetverordnung beinhaltet; im zweiten Abschnitt zur **Beratung** ist neu die ergänzende unabhängige Teilberatung vorgesehen, die die Leistungsberechtigten anstelle der gemeinsamen Servicestellen beraten soll (§§ 28–35 SGB IX, Rn. 152 ff.);
- im **Kapitel 7, Struktur, Qualitätssicherung und Verträge,** ist die Gewährleistungsverantwortung der Reha-Träger für eine ausreichende Anzahl barrierefreier Reha-Dienste und -Einrichtungen sowie für die Qualität der Leistungserbringung geregelt (§§ 36–38 SGB IX, Rn. 185 ff.);
- **Kapitel 8** beinhaltet die Errichtung bzw. Fortführung der **Bundesarbeitsgemeinschaft für Rehabilitation** (BA), deren Aufgaben einschließlich der Erstellung eines Teilhabeverfahrensberichtes sowie deren Rechtsaufsicht (§§ 39–41 SGB IX, Rn. 197 ff.);
- ab dem **Kapitel 9** werden die Leistungsgruppen näher erläutert, beginnend mit den **Leistungen zur medizinischen Rehabilitation** (§§ 42–48 SGB IX, Rn. 213 ff.);
- gefolgt im **Kapitel 10** von den **Leistungen zur Teilhabe am Arbeitsleben,** die mit Regelungen zu anderen Leistungsanbietern und dem Budget für Arbeit Alternativen zur Tätigkeit in Werkstätten für behinderte Menschen enthalten (§§ 49–63 SGB IX, Rn. 225 ff.);
- und den **unterhaltssichernden und anderen ergänzenden Leistungen** im Kapitel 11 (§§ 39–41 SGB IX, Rn. 251 f.);
- im Kapitel 12 wurden die **Leistungen zur Teilhabe an Bildung** ausdrücklich einer eigenen Leistungsgruppe zugeordnet (§ 75 SGB IX, Rn. 253 ff.);
- die letzte und weiterhin nachrangige Leistungsgruppe in **Kapitel 13** wird nunmehr als Leistungen zur **Sozialen Teilhabe** bezeichnet und beinhaltet dabei im Wesentlichen die bisherigen Leistungen zur Teilhabe am Leben in der Gemein-

schaft ergänzt um Assistenzleistungen, Leistungen zur Betreuung in einer Pflegefamilie sowie Leistungen zur Mobilität (§§ 76–84 SGB IX, Rn. 258 ff.) und

- das Kapitel 14 beschließt den ersten Teil des SGB IX mit Regelungen über die **Beteiligung der Verbände und Träger** (§§ 85–89 SGB IX, Rn. 325 ff.).

### II. Allgemeine Vorschriften (1. Teil SGB IX 1. Kapitel)

5 Die bisherigen §§ 1–7 und 9 SGB IX a.F. sind in diesem Kapitel verblieben, der Vorrang der Leistungen zur Teilhabe (§ 8 SGB IX a.F.) ist ins neue Kapitel 2 (Rn. 34) verschoben worden.

6 Mit der Reform der BTHG wird u.a. durch einen neuen Behinderungsbegriff ein **neues Verständnis von Behinderung** ins (Sozial-)Recht eingeführt (Rn. 9 ff.). Definierte das bisherige Recht Behinderung defizitorientiert als persönliche Eigenschaft (§ 2 Abs. 1 SGB IX a.F.: „Menschen sind behindert, wenn …"), wird künftig insoweit auf die Barrieren abgestellt, die Menschen in Wechselwirkungen mit ungünstigeren Ausgangsbedingungen an der Teilhabe behindern (Rn. 10 f.). Dementsprechend wird nicht nur in der neuen Überschrift des Teil 1, sondern im gesamten Sozialrecht nunmehr von Menschen mit Behinderungen gesprochen anstatt von behinderten Menschen. Allerdings hat der Gesetzgeber diesen Wandel im Wortlaut **nicht konsequent umgesetzt**; weder im SGB IX selber, insbesondere im Schwerbehindertenrecht des 3. Teils nicht, noch in anderen Gesetzen, wo nur vereinzelt eine Anpassung des Wortlautes vorgenommen worden ist. Sogar bei einigen Regelungen, die erst durch das BTHG neu eingeführt worden sind, wird der veraltete Wortlaut verwendet (z.B. § 149 SGB IX, § 179 SGB VI).[149] Politisch ist diese Inkonsequenz gerade angesichts einer vollständigen Neubekanntmachung des SGB IX höchst unglücklich und bedauerlich, rechtlich ist mit den unterschiedlichen Begriffen kein unterschiedliches Verständnis beabsichtigt, das in der Praxis zu einer unterschiedlichen Behandlung führen soll.

### 1. Selbstbestimmung und Teilhabe (§ 1 SGB IX)

7 Die Zielsetzung des SGB IX im § 1 Satz 1 SGB IX wurde sprachlich in Anlehnung an Art. 3 BRK verstärkt. Neben der Selbstbestimmung sollen die Leistungen des SGB IX nicht mehr nur die gleichberechtigte Teilhabe von Menschen mit (drohender) Behinderung am Leben in der Gesellschaft fördern, sondern diese **Teilhabe** soll **auch voll und wirksam** sein. In § 1 Satz 2 ist zusätzlich neben der Berücksichtigung der besonderen Bedürfnisse von Frauen und Kindern mit (drohenden) Behinderungen auch die der besonderen Bedürfnisse von **Menschen mit (drohenden) seelischen Behinderungen** aufgenommen bzw. aus dem § 10 Abs. 3 SGB IX a.F. dorthin vorgezogen worden.

8 Die Betonung des Ziels der vollen und wirksamen Teilhabe ist wohl als Erkenntnis des Gesetzgebers zu werten, dass die bisherige Umsetzungspraxis der Reha-Träger in den vergangenen 17 Jahren seit Inkrafttreten des SGB IX im Jahr 2001 dieses Ziel eben nicht erreicht hat, wie auch der erste Staatenbericht des Ausschusses der Verein-

---

149 Änderung durch Art. 7 Nr. 11 a) aa) und 26 Abs. 1 BTHG.

ten Nationen für die Rechte von Menschen mit Behinderungen bestätigt hat.[150] Praktische Bedeutung gewinnt diese Ergänzung bei der Rechtsanwendung durch die Reha-Träger; zum einen bei der **Auslegung unbestimmter Rechtsbegriffe**, wie z.b. bezüglich der „angemessene[n] Aufwendung für eine notwendige Unterstützung" einer ehrenamtlichen Tätigkeit durch Assistenzleistungen (§ 78 Abs. 5 SGB IX, Rn. 285 ff.), zum anderen bei der **Ausübung des pflichtgemäßen Ermessens** insbesondere im Rahmen der Leistungsentscheidungen angesichts offener Leistungskataloge.

### 2. Der neue Behinderungsbegriff (§ 2 SGB IX)

Nach neuem Begriffsverständnis in Abs. 1 in Übereinstimmung mit der Präambel e) der BRK und Art. 1 Satz 2 BRK sowie der Internationalen Klassifikation der Funktionsfähigkeit, Behinderung und Gesundheit (ICF) der WHO[151] wird der **Behinderungsbegriff** im Abs. 1 unter Einbeziehung sog. Kontextfaktoren einer Person **teilhabeorientiert weiterentwickelt.**[152]    9

§ 2 Begriffsbestimmungen

(1) [1]Menschen mit Behinderungen sind Menschen, die körperliche, seelische, geistige oder Sinnesbeeinträchtigungen haben, die sie in Wechselwirkung mit einstellungs- und umweltbedingten Barrieren an der gleichberechtigten Teilhabe an der Gesellschaft mit hoher Wahrscheinlichkeit länger als sechs Monate hindern können. [2]Eine Beeinträchtigung nach Satz 1 liegt vor, wenn der Körper- und Gesundheitszustand von dem für das Lebensalter typischen Zustand abweicht. [3]Menschen sind von Behinderung bedroht, wenn eine Beeinträchtigung nach Satz 1 zu erwarten ist.

Gemäß der neuen Definition **werden Menschen** mit individuellen Beeinträchtigungen erst durch die „gestörte oder nicht entwickelte Interaktion zwischen dem Individuum und seiner materiellen und sozialen Umwelt"[153] **behindert, anstatt** aufgrund eines abweichenden Zustandes/ persönlichen Defizits **behindert zu sein.**[154] In Abgrenzung zur bisherigen pathologischen Sichtweise sind funktionale Probleme nicht mehr persönliche Eigenschaften, sondern sind vielmehr das negative Ergebnis einer Wechselwirkung zwischen den Elementen Beeinträchtigung, Aktivität und Partizipation auf der Grundlage des bio-psycho-sozialen Verständnisses der ICF.[155] Zusätzliche Erwähnung haben im Einklang mit Art. 1 Abs. 2 BRK **Sinnesbeeinträchtigungen** gefunden. Darunter sind Erkrankungen des Nervensystems selber oder dieses betreffend zu verstehen wie z.B. Demenz, Parkinson, Multiple Sklerose, Hirnhautentzündungen und A(D)HS.[156] Diese Ergänzung soll lediglich der Rechtsklarheit und dem besseren Verständnis von Behinderung im Sinne der BRK dienen, jedoch keine Ausweitung des Behinderungsbegriffs darstellen, da diese Form der Beeinträchtigung bereits bisher im Rahmen der körperlichen Funktion Berücksichtigung gefunden habe.[157]    10

---

150   Ausschuss der Vereinten Nationen für die Rechte von Menschen mit Behinderungen (2015) S. 2 ff.
151   S. DIMDI (2005).
152   Zur Kritik an der Neufassung des Behinderungsbegriffs s. *Palsherm* SGb 2017, 376 f. m.w.N.
153   BT-Drs. 18/ 9522, 192.
154   S. auch BMAS (2013) 7 ff.
155   *Luthe* Behindertenrecht 2017, 53.
156   *Luthe* Behindertenrecht 2017, 54 f.
157   BT-Drs. 18/ 9522, 226.

11   Während es sich bei einstellungsbedingten **Barrieren** u.a. um Unkenntnis, Vorurteile, Berührungsängste und falsch verstandene Rücksicht der Mitmenschen handelt,[158] sind mit umweltbedingten Barrieren praktische Hürden gemeint, wie z.b. solcher baulicher Art wie Stufen, Schwellen, o.ä. oder kommunikativer Art, wie z.b. unverständliche Schrift oder Sprache. Auch wenn Begrifflichkeiten in unterschiedlichen Gesetzen nicht zwingend dieselbe Bedeutung haben müssen, bietet es sich hinsichtlich der Auslegung der **umweltbedingten Barrieren** an, sich am **§ 4 BGG** und der dazu ergangenen Rechtsprechung zu orientieren. Schwieriger hingegen gestaltet sich die Auslegung der **einstellungsbedingten Barrieren**, wenn also die Teilhabe eines Menschen mit Behinderungen durch Haltung oder Verhalten von Mitmenschen erschwert oder unmöglich gemacht wird. Sofern es sich um die Einstellung von **Beschäftigten eines Trägers öffentlicher Gewalt** handelt, liegt es nahe, sich am Benachteiligungsverbot des **§ 7 BGG** orientieren. Im Rahmen von **Beschäftigungsverhältnissen von Menschen mit Behinderung** kann man bei der Auslegung an den Vorschriften zum Schutz der Beschäftigten vor Benachteiligung nach den **§§ 6–18 AGG** anknüpfen. Diese Schutzvorschriften im BGG und AGG sind darauf angelegt, Benachteiligungen bezüglich der gleichberechtigten Teilhabe zu vermeiden bzw. entsprechende Verstöße zu sanktionieren. Aus dem Blickwinkel des SGB IX fällt es hingegen schwer, sich bei entsprechenden Benachteiligungen bezüglich der Teilhabe konkrete Leistungen vorzustellen, mit Hilfe derer derartige einstellungsbedingten Barrieren zu überwinden sind. Anstelle individueller Unterstützungsleistungen erscheinen in diesem Zusammenhang Leistungen der Öffentlichkeitsarbeit, Prävention und der Weiterbildung nötig. Noch komplexer dürfte es werden, für den **allgemeinen zivilen Rechtsverkehr** jenseits des Arbeitsverhältnisses (z.B. Einkaufsgeschäfte des täglichen Lebens, Teilnahme an Freizeit- und Sportveranstaltungen) einen für die Sozialgerichtsbarkeit handhabbaren Maßstab für einstellungsbedingte Barrieren zu entwickeln.

12   Wie schon bisher muss die Behinderung an der gleichberechtigten Teilhabe mit hoher Wahrscheinlichkeit **länger als sechs Monate** bestehen, was aufgrund **einer ärztlichen Prognose** festzustellen ist. Dadurch sollen vorübergehende Störungen ausgeschlossen werden.[159] Ebenfalls beibehalten wurde die Ergänzung, dass die jeweilige Beeinträchtigung **von dem** für das **Lebensalter typischen Zustand abweicht**, wodurch Funktionsabweichungen vom Behinderungsbegriff ausgeschlossen werden sollen, die entwicklungsbedingt mit bestimmten Lebensaltersstufen einhergehen.[160]

13   Nach wie vor nicht näher definiert ist der Begriff der **Teilhabe am Leben in der Gesellschaft**. Aufgrund der bewussten Ausrichtung des Behinderungsbegriffs am ICF-Konzept der WHO[161] kann man sich insoweit an den darin in neun Kapiteln näher beschriebenen **elementaren Aktivitäten der Teilhabe** in folgenden Lebensbereichen orientieren:[162]

---

158  BT-Drs. 18/ 9522, 226.
159  S. im Detail *Luthe* Behindertenrecht 2017, 55 f.
160  Weitergehend *Luthe* Behindertenrecht 2017, 56 f. Bezüglich der Unvereinbarkeit dieser Anforderungen an kindliche Lebensphasen und Entwicklungen s. *Hellrung* (2017), S. 69 und 269.
161  BT-Drs. 18/ 5922, 198.
162  DIMDI (2005), S. 95 ff.

- Lernen und Wissensanwendung,
- Allgemeine Aufgaben und Anforderungen,
- Kommunikation,
- Mobilität,
- Selbstversorgung,
- Häusliches Leben,
- Interpersonelle Interaktionen und Beziehungen,
- Bedeutende Lebensbereiche (u.a. Bildung, Arbeit, Wirtschaftliches) sowie
- Gemeinschafts-, soziales und staatsbürgerliches Leben.

Diese Lebensbereiche sollen auch der **Definition des berechtigten Personenkreises** bezüglich der neuen **Eingliederungshilfe in § 99 SGB IX** i.d.F. ab 2023 zugrunde gelegt werden; leistungsberechtigt soll danach sein, wer „in einer größeren Anzahl" der neun Lebensbereiche nur mit Unterstützung oder „in einer geringeren Anzahl" auch trotz Unterstützung nicht aktiv teilhaben kann (§ 5 Rn. 1 ff.).[163]    14

Nach § 2 Absatz 1 Satz 3 SGB IX ist von einer **drohenden Behinderung** auszugehen, „wenn eine Beeinträchtigung nach Satz 1 zu erwarten ist". Laut der Gesetzesbegründung ist damit **weder** eine **Ausweitung noch Einengung** des bisherigen Personenkreises beabsichtigt.[164] Die Beibehaltung des Wortlautes der zu erwartenden Beeinträchtigung aus der bisherigen Regelung des § 2 Abs. 1 Satz 2 SGB IX a.F. ist jedoch missglückt, denn nach dem neuen Behinderungsbegriff bezieht sich die Beeinträchtigung nur auf die Einschränkung der individuellen Funktionen, während eine Behinderung erst aus der Wechselwirkung mit den Kontextfaktoren resultiert. D.h., sofern eine Behinderung an der Teilhabe durch Veränderungen umweltbedingter Faktoren, z.B. durch nicht barrierefreie bauliche Veränderung im unmittelbaren Wohnumfeld eines Menschen mit Beeinträchtigungen der Gehfähigkeit entsteht, würde das an seiner Beeinträchtigung nichts ändern und somit dem Wortlaut nach keine drohende Behinderung darstellen. In der Praxis ist der Begriff der „**Beeinträchtigung nach Satz 1**" in § 2 Absatz 1 Satz 3 SGB IX daher **so auszulegen**, dass damit **eine zu erwartende Behinderung** an der gleichberechtigten Teilhabe im Sinne des Satz 1 gemeint ist, wodurch sowohl individuelle Faktoren als auch Kontextfaktoren in die Betrachtung einbezogen sind.    15

Bezüglich des **Begriffs der Schwerbehinderung** und der insoweit gleich gestellten Menschen mit Behinderungen in § 2 Abs. 2 und 3 SGB IX gibt es inhaltlich keine Abweichung gegenüber der bisherigen Definition, sondern lediglich redaktionelle Anpassungen an die geänderte Nummerierung der Paragrafen (s. § 6 Rn. 1) aufgrund der Verschiebung des Schwerbehindertenrechts in den 3. Teil des SGB IX.    16

### 3. Vorrang der Prävention (§ 3 SGB IX)

§ 3 Vorrang von Prävention

(1) Die Rehabilitationsträger und die Integrationsämter wirken bei der Aufklärung, Beratung, Auskunft und Ausführung von Leistungen im Sinne des Ersten Buches sowie im Rahmen der Zusam-

---

163    Art. 25 a BTHG.
164    BT-Drs. 18/9522, 226.

menarbeit mit den Arbeitgebern nach § 167 darauf hin, dass der Eintritt einer Behinderung einschließlich einer chronischen Krankheit vermieden wird.

(2) Die Rehabilitationsträger nach § 6 Absatz 1 Nummer 1 bis 4 und 6 und ihre Verbände wirken bei der Entwicklung und Umsetzung der Nationalen Präventionsstrategie nach den Bestimmungen der §§ 20 d bis 20 g des Fünften Buches mit, insbesondere mit der Zielsetzung der Vermeidung von Beeinträchtigungen bei der Teilhabe am Leben in der Gesellschaft.

(3) Bei der Erbringung von Leistungen für Personen, deren berufliche Eingliederung auf Grund gesundheitlicher Einschränkungen besonders erschwert ist, arbeiten die Krankenkassen mit der Bundesagentur für Arbeit und mit den kommunalen Trägern der Grundsicherung für Arbeitsuchende nach § 20 a des Fünften Buches eng zusammen.

17 Die schon im bisherigen § 3 SGB IX a.F. vorgesehene Aufgabe der Reha-Träger zur Vermeidung von Reha-Bedarfen durch Prävention wurde dahingehend konkretisiert, dass dies zum einen durch **Aufklärung, Beratung und Auskunft** (§§ 13–15 SGB I) zu erfolgen hat, zum anderen durch die Zusammenarbeit mit Arbeitgebern insbesondere im Rahmen des **betrieblichen Eingliederungsmanagements** (vgl. § 167 SGB IX).

Durch den neuen § 3 Abs. 2 SGB IX werden die gesetzlichen Krankenkassen, die Bundesagentur für Arbeit, die Träger der gesetzlichen Unfallversicherung und die der gesetzlichen Rentenversicherung sowie die Träger der öffentlichen Jugendhilfe in die Entwicklung und Fortschreibung der **nationalen Präventionsstrategie** zur Gesundheitsförderung und Prävention (§§ 20 d–g SGB V) eingebunden. Abs. 3 verpflichtet die Krankenkassen, die Bundesagentur für Arbeit und die Jobcenter im Rahmen der Gesundheitsförderung und Prävention zur Zusammenarbeit bei der Erbringung von Leistungen für **Personen mit gesundheitsbedingten Vermittlungshemmnissen**. Diese Zusammenarbeit ist auch in § 20 a Satz 5 SGB V so vorgesehen.

### 4. Leistungen zur Teilhabe (§ 4 SGB IX)

18  § 4 Leistungen zur Teilhabe

(1) Die Leistungen zur Teilhabe umfassen die notwendigen Sozialleistungen, um unabhängig von der Ursache der Behinderung

1. die Behinderung abzuwenden, zu beseitigen, zu mindern, ihre Verschlimmerung zu verhüten oder ihre Folgen zu mildern,
2. Einschränkungen der Erwerbsfähigkeit oder Pflegebedürftigkeit zu vermeiden, zu überwinden, zu mindern oder eine Verschlimmerung zu verhüten sowie den vorzeitigen Bezug anderer Sozialleistungen zu vermeiden oder laufende Sozialleistungen zu mindern,
3. die Teilhabe am Arbeitsleben entsprechend den Neigungen und Fähigkeiten dauerhaft zu sichern oder
4. die persönliche Entwicklung ganzheitlich zu fördern und die Teilhabe am Leben in der Gesellschaft sowie eine möglichst selbstständige und selbstbestimmte Lebensführung zu ermöglichen oder zu erleichtern.

(2) ¹Die Leistungen zur Teilhabe werden zur Erreichung der in Absatz 1 genannten Ziele nach Maßgabe dieses Buches und der für die zuständigen Leistungsträger geltenden besonderen Vorschriften neben anderen Sozialleistungen erbracht. ²Die Leistungsträger erbringen die Leistungen im Rahmen der für sie geltenden Rechtsvorschriften nach Lage des Einzelfalles so vollständig, umfassend und in gleicher Qualität, dass Leistungen eines anderen Trägers möglichst nicht erforderlich werden.

(3) ¹Leistungen für Kinder mit Behinderungen oder von Behinderung bedrohte Kinder werden so geplant und gestaltet, dass nach Möglichkeit Kinder nicht von ihrem sozialen Umfeld getrennt und gemeinsam mit Kindern ohne Behinderungen betreut werden können. ²Dabei werden Kinder mit Behinderungen alters- und entwicklungsentsprechend an der Planung und Ausgestaltung der einzelnen Hilfen beteiligt und ihre Sorgeberechtigten intensiv in Planung und Gestaltung der Hilfen einbezogen.

(4) Leistungen für Mütter und Väter mit Behinderungen werden gewährt, um diese bei der Versorgung und Betreuung ihrer Kinder zu unterstützen.

Die Abs. 1–3 entsprechen inhaltsgleich dem Gehalt des bisherigen § 4 SGB IX. Die Zielbestimmung des Abs. 1 Nr. 4 wurde dahingehend verstärkt, dass künftig eine möglichst selbstständige und (statt bisher „oder") selbstbestimmte Lebensführung ermöglicht werden soll. Die besondere Berücksichtigung von Belangen von Kindern mit (drohender) Behinderung in Abs. 3 wurde sprachlich dem neuen Behinderungsverständnis angepasst.

Die neu hinzugefügte Zielbestimmung zur **Unterstützung von Eltern(teilen)** mit Behinderungen in Abs. 4 folgt aus der Verpflichtung aus Art. 23 BRK, Menschen mit Behinderung in angemessener Weise bei der Wahrnehmung ihrer elterlichen Verantwortung zu unterstützen. Eine Konkretisierung hat diese Unterstützungspflicht im Rahmen der Assistenzleistung nach § 78 Abs. 3 SGB IX erfahren (s. Rn. 281 ff.). Die Zielbestimmung beschränkt sich allerdings nicht auf diese Leistungen der Elternassistenz bzw. der begleiteten Elternschaft, sondern ist von den Reha-Trägern sowohl bei der Auslegung unbestimmter Rechtsbegriffe als auch bei der Ausübung des pflichtgemäßen Ermessens, z.B. bezüglich familiengerechter Leistungen Teilhabe am Arbeitsleben, zu berücksichtigen. Auch wenn die Leistungsform der **familienentlastenden und -unterstützenden Diensten** (bisher § 19 Abs. 2 SGB IX) nicht ausdrücklich in den Gesetzestext des SGB IX übernommen worden ist (s. Rn. 187), verdeutlicht § 4 Abs. 4 SGB IX, dass es derartige Dienste auch weiterhin geben muss.[165]   **19**

## 5. Leistungsgruppen (§ 5 SGB IX)

Die bisher vier Leistungsgruppen in § 5 SGB IX sind erweitert worden um eine neue   **20** Gruppe der **Leistungen zur Teilhabe an Bildung** (Nr. 4 neu), die im Kapitel 12 des 1. Teils näher ausgestaltet ist (s. Rn. 254 ff.). Ausweislich der Gesetzesbegründung soll es sich mit der ausdrücklichen Nennung der Leistungen zur **Teilhabe an Bildung** nur um eine Klarstellung zur **Betonung des hohen Stellenwertes** von Bildung iSd Art. 24 der BRK handeln; eine Ausweitung der bisherigen Leistung ist damit ausdrücklich nicht beabsichtigt.[166] Die bisherigen Leistungen zur Teilhabe am Leben in der Gemeinschaft werden nunmehr in der Nr. 5 als Leistungen zur **Sozialen Teilhabe** bezeichnet und in Kapitel 13 näher ausgeführt (s. Rn. 258 ff.).

## 6. Träger der Rehabilitation (§ 6 SGB IX)

Die Liste der Reha-Träger und der ihnen jeweils zugeordneten Leistungsgruppen ist   **21** weiterhin in § 6 Abs. 1 SGB IX enthalten sowie der Hinweis auf ihre selbstständige und eigenverantwortliche Aufgabenwahrnehmung in dessen Abs. 2. Da sich die konkreten Zuständigkeiten und Voraussetzungen für die Leistung zur Teilhabe auch weiterhin gemäß § 7 Abs. 1 Satz 2 SGB IX ausschließlich nach den jeweils für die Reha-Träger geltenden Teilen des Sozialgesetzbuches richten, dient die Liste im Abs. 1 nur der Übersicht, ohne konkrete Zuständigkeiten zu begründen.[167] Während im Abs. 1

---

165  Vgl. auch BMAS (2016), 82.
166  BT-Drs. 18/9225, 227 (258).
167  Vgl. *Joussen* in Dau LPK-SGB IX § 6 Rn. 7.

Nr. 7 die **Träger der Eingliederungshilfe als neue Reha-Träger** an die Stelle der Träger der Sozialhilfe getreten sind, sind die **Pflegekassen** als Träger der sozialen Pflegeversicherung auch **weiterhin nicht** in den Kreis der Reha-Träger **einbezogen** worden. Die Aufgabenverteilung zwischen der Bundesagentur für Arbeit und Jobcenter bezüglich der beruflichen Reha wurde grundsätzlich beibehalten, allerdings in den Abs. 3 des § 6 SGB IX integriert (s. Rn. 26).

22 Die neue Gruppe der **Leistungen zur Teilhabe an Bildung** sind den Trägern der Kriegsopferfürsorge, der Kinder- und Jugendhilfe sowie der Eingliederungshilfe zugeordnet. In die Zuständigkeit der Unfallversicherungsträger fällt sie nur, soweit sie Kinder, Schüler*innen sowie für Studierende zu erbringen sind, die während des Besuchs ihrer jeweiligen Bildungseinrichtung bzw. auf dem unmittelbaren Hin- oder Rückweg verunfallt sind. Angesichts dieses beschränkten Personenkreises der Leistungsberechtigten und auch der eingeschränkten Zuständigkeit der Träger der Kriegsopferfürsorge wie jener der Kinder- und Jugendhilfe nur für junge Menschen mit seelischer Behinderungen fällt der Bereich der **inklusiven Bildung** – und die damit verbundenen Abgrenzungen zu den originären Aufgaben der Bildungsträger – überwiegend in die Zuständigkeit der – eigentlich nachrangigen – **Eingliederungshilfe**. Bestrebungen des Bundesrates im Gesetzgebungsverfahren, dies durch eine vorrangige Zuständigkeit der Träger der Unfall-, der Rentenversicherung und der Bundesagentur für Arbeit zu vermeiden, hat die Bundesregierungen unter Hinweis auf befürchtete Abgrenzungsprobleme und Leistungsausweitungen im Bereich versicherungsfremder Leistungen abgelehnt.[168]

23 Die bisher in § 6 Abs. 1 Nr. 7 SGB IX benannten Träger der Sozialhilfe werden mit Wirkung ab dem 1.1.2018 ersetzt durch die **Träger der Eingliederungshilfe**. Die **Bestimmung** der zuständigen Träger der Eingliederungshilfe **durch die Länder** in § 94 Abs. 1 SGB IX ist eine der wenigen Regelungen des neuen 2. Teils des SGB IX, die bereits zum 1.1.2018 in Kraft tritt (s. Rn. 332 ff.).[169] Hintergrund ist, dass auch das neue Vertragsrecht der Eingliederungshilfe im 8. Kapitel des 2. Teils des SGB IX bereits ab dem 1.1.2018 in Kraft tritt.[170] Auf dessen Grundlage haben die landesrechtlich festzulegenden Träger der Eingliederungshilfe dann bereits Vereinbarungen mit den Leistungserbringern für die Zeit ab dem Jahr 2020 zu schließen, damit diese rechtzeitig vorliegen (s. Rn. 337 ff.). Die „neuen" Träger der Eingliederungshilfe haben also in der Zeit **bis zum Beginn des Jahres 2020** nur die Aufgabe **der Verhandlung und des Abschlusses** neuer **Leistungserbringungsvereinbarungen**. Bis zu diesem Zeitpunkt bleiben die überörtlichen Träger der Sozialhilfe weiterhin für die Durchführung der „alten" Eingliederungshilfe nach dem 6. Kapitel des SGB XII zuständig (§ 97 Abs. 3 Nr. 1 SGB XII), sofern dieser Leistungsbereich nicht landesrechtlich den örtlichen Träger der Sozialhilfe zugeordnet ist.

---

168 BT-Drs. 18/9954, 5 (60).
169 S. Art. 26 Abs. 4 Nr. 1 BTHG. Aufgrund der ausdrücklichen Ausnahme von § 94 Abs. 1 vom Inkrafttreten am 1.1.2020 gilt für diese Norm die Grundregel des Inkrafttretens nach Abs. 1 zum 1.1.2018.
170 S. Art. 26 Abs. 4 Nr. 1 BTHG. Aufgrund der Auslassung des 8. Kapitels des 2. Teils vom Inkrafttreten am 1.1.2020 gilt für dieses Kapitel die Grundregel des Inkrafttretens nach Abs. 1 zum 1.1.2018.

Da die **Sozialhilfeträger** mit der Änderung des § 6 Abs. 1 Nr. 7 SGB IX bereits ab dem    24
1.1.2018 nicht mehr als Reha-Träger benannt werden, gleichwohl **bis Ende 2019**
noch Reha-Leistungen erbringen, wurde in § 241 Abs. 8 SGB IX folgende **Übergangsregelung** eingefügt:[171]

§ 241 Übergangsregelung

(8) Bis zum 31. Dezember 2019 treten an die Stelle der Träger der Eingliederungshilfe als Rehabilitationsträger im Sinne dieses Buches die Träger der Sozialhilfe nach § 3 des Zwölften Buches, soweit sie zur Erbringung von Leistungen der Eingliederungshilfe für Menschen mit Behinderungen
nach § 8 Nummer 4 des Zwölften Buches bestimmt sind.

Indem die Träger der Sozialhilfe bezogen auf die Leistungen der „alten" Eingliede-    25
rungshilfe des 6. Kapitel des SGB XII an die Stelle der Träger der Eingliederungshilfe
als Rehabilitationsträger treten, sind sie insoweit auch an die Vorgaben des neuen IX
gebunden, soweit im SGB XII nicht davon abweichende vorrangige Vorschriften vorhanden sind (s. Rn. 28 ff.).

Die bisher in § 6 a SGB IX geregelte **Sonderstellung** der **Jobcenter** befindet sich künf-    26
tig in § 6 Abs. 3 SGB IX.

§ 6 Rehabilitationsträger

(3) [1]Die Bundesagentur für Arbeit ist auch Rehabilitationsträger für die Leistungen zur Teilhabe
am Arbeitsleben für erwerbsfähige Leistungsberechtigte mit Behinderungen im Sinne des Zweiten
Buches, sofern nicht ein anderer Rehabilitationsträger zuständig ist. [2]Die Zuständigkeit der Jobcenter nach § 6 d des Zweiten Buches für die Leistungen zur beruflichen Teilhabe von Menschen mit
Behinderungen nach § 16 Absatz 1 des Zweiten Buches bleibt unberührt. [3]Mit Zustimmung und
Beteiligung des Leistungsberechtigten kann die Bundesagentur für Arbeit mit dem zuständigen Jobcenter eine gemeinsame Beratung zur Vorbereitung des Eingliederungsvorschlags durchführen,
wenn eine Teilhabeplankonferenz nach § 20 nicht durchzuführen ist. [4]Die Leistungsberechtigten
und das Jobcenter können der Bundesagentur für Arbeit in diesen Fällen der Durchführung einer
gemeinsamen Beratung vorschlagen. [5]§ 20 Absatz 3 und § 23 Absatz 2 gelten entsprechend. [6]Die
Bundesagentur für Arbeit unterrichtet das zuständige Jobcenter und die Leistungsberechtigten
schriftlich oder elektronisch über den festgestellten Rehabilitationsbedarf und ihren Eingliede-
rungsvorschlag. [7]Das Jobcenter entscheidet unter Berücksichtigung des Eingliederungsvorschlages
innerhalb von drei Wochen über die Leistungen zur beruflichen Teilhabe.

**Reha-Träger** für Leistungen zur Teilhabe am Arbeitsleben nach dem SGB II bleibt die
**Bundesagentur für Arbeit**. Am Zusammenspiel dieser beiden Behörden verändert sich
nur, dass eine gemeinsame Beratung zur Vorbereitung des Eingliederungsvorschlages
mit Zustimmung und zusammen mit der leistungsberechtigten Person stattfinden
kann, wenn eine Teilhabeplankonferenz nach § 20 SGB IX (s. Rn. 127 ff.) nicht
durchzuführen ist. Die leistungsberechtigte Person (aber auch das Jobcenter) hat insofern ein Vorschlagsrecht, aber keinen Rechtsanspruch auf Durchführung einer solchen gemeinsamen Beratung. Die Übermittlung der Bedarfsfeststellung und des Eingliederungsvorschlages durch die Bundesagentur kann gemäß § 6 Abs. 3 Satz 6
SGB IX außer in schriftlicher künftig **auch in elektronischer Form** erfolgen.[172]

---

171  Durch Art. 23 Nr. 10 b) BVGuaÄndG vom 17.7.2017, BGBl. 2017 I 2557 f.
172  Nachträgliche Änderung durch Art. 23 Nr. 1 BVGuaÄndG v. 17.7.2017, BGBl. 2017 I 2557.

### 7. Vorbehalt abweichender Regelungen (§ 7 SGB IX)

27 Zur Klärung des Rangverhältnisses der Regelung des SGB IX zu denen in den anderen Leistungsgesetzen des Sozialgesetzbuches ist der **Vorbehalt abweichender Regelungen** aus dem bisherigen § 7 SGB IX in Abs. 1 der Neufassung übernommen worden, ergänzt um Ausnahmen in Abs. 2, die ausgewählten Kapiteln des SGB IX **unbedingten Vorrang** gegenüber den Leistungsgesetzen der Reha-Träger aber auch gegenüber landesrechtlichen Regelungen einräumen.

§ 7 Vorbehalt abweichender Regelungen

(1) ¹Die Vorschriften im Teil 1 gelten für die Leistungen zur Teilhabe, soweit sich aus den für den jeweiligen Rehabilitationsträger geltenden Leistungsgesetzen nichts Abweichendes ergibt. ²Die Zuständigkeit und die Voraussetzungen für die Leistungen zur Teilhabe richten sich nach den für den jeweiligen Rehabilitationsträger geltenden Leistungsgesetzen. ³Das Recht der Eingliederungshilfe im Teil 2 ist ein Leistungsgesetz im Sinne der Sätze 1 und 2.

(2) ¹Abweichend von Absatz 1 gehen die Vorschriften der Kapitel 2 bis 4 den für die jeweiligen Rehabilitationsträger geltenden Leistungsgesetzen vor. ²Von den Vorschriften in Kapitel 4 kann durch Landesrecht nicht abgewichen werden.

28 Anders als bisher wird der Anwendungsbereich des Vorrangs spezialgesetzlicher Regelungen der anderen SGBs beschränkt auf die Vorschriften des 1. Teils des SGB IX. Das **Schwerbehindertenrecht** im 3. Teil des SGB IX ist somit von diesem Anwendungsvorrang **nicht mehr erfasst**. Im Fall sich widersprechender Regelungen ist das Rangverhältnis im Einzelfall zu bestimmen. Die Regelung der jeweiligen Zuständigkeit und der Leistungsvoraussetzungen bleibt nach Abs. 1 Satz 2 auch weiterhin den speziellen Leistungsgesetzen vorbehalten.

29 Ab dem 1.1.2020 wird die **Eingliederungshilfe** vom 6. Kapitel des SGB XII in den 2. Teil des SGB IX verschoben (s. § 4 Rn. 1 ff) und das **SGB IX** damit vom Leistungsausführungsgesetz auch **zu einem Leistungsgesetz**. Da auch künftig im Recht der Eingliederungshilfe Abweichungen gegenüber dem 1. Teil des SGB IX vorgesehen sind (z.B. bezüglich des Kreises der Leistungsberechtigten, s. § 4 Rn. 67, oder beim Wunsch- und Wahlrecht, s. § 4 Rn. 75 ff.), wird in § 7 Abs. 1 Satz 3 SGB IX klargestellt, dass sowohl der Abweichungsvorbehalt des Satzes 1 als auch die Festlegung der Zuständigkeiten und der Leistungsvoraussetzungen gemäß Satz 2 auch weiterhin für das speziellere Recht der Eingliederungshilfe gilt.

30 Ausdrücklich **ausgenommen vom Abweichungsvorbehalt** werden gemäß Abs. 2 Satz 1 SGB IX

- das Kapitel 2: Einleitung der Rehabilitation von Amts wegen (s. Rn. 34 ff.),
- das Kapitel 3: Bedarfserkennung und -ermittlung (, s. Rn. 45 ff) und
- das Kapitel 4: Koordinierung der Leistung (s. Rn. 58 ff.).

31 Die dortigen Regelungen gehen abweichenden Bestimmungen in den Leistungsgesetzen der Reha-Träger vor, gelten also uneingeschränkt, um dadurch eine einheitliche Bedarfsermittlung und die koordinierte Zusammenarbeit der Reha-Träger sowohl bei der Feststellung und Gewährung der erforderlichen Leistungen sicherzustellen.[173]

---

173 Vgl. BT-Drs. 18/9522, 228.

Abs. 2 Satz 2 SGB IX erklärt zudem das **Kapitel 4** über die Koordinierung der Leistung für **abweichungsfest gegenüber Landesrecht**. Aufgrund der Zuständigkeitsverteilung zwischen Bund und Ländern bei der Ausführung von Bundesgesetzen durch die Länder fällt es gemäß Art. 84 Abs. 1 Satz 1 GG grundsätzlich in die Hoheit der Länder, die Einrichtung der Behörden und das Verwaltungsverfahren zu bestimmen – daher auch die Bestimmung der Eingliederungshilfeträger durch Landesrecht (s. Rn. 332 ff.). Das **Verwaltungsverfahren** kann der Bund jedoch laut Art. 84 Abs. 1 Satz 5 GG wegen eines besonderen **Bedürfnisses nach bundeseinheitlichen Regelungen** ausnahmsweise ohne Abweichungsmöglichkeit vorgeben. Das bedeutet im Umkehrschluss aber auch, dass durch Landesrecht Abweichungen von den Verfahrensvorschriften anderer Kapitel, z.B. bezüglich der Bedarfserkennung und -ermittlung, festgelegt werden können, die von den Trägern der Eingliederungshilfe sowie denen der Kinder- und Jugendhilfe als Landesbehörden vorrangig zu beachten wären.

### 8. Wunsch- und Wahlrecht (§ 8 SGB IX)

Das **Wunsch- und Wahlrecht** der Leistungsberechtigten wurde **unverändert** in § 8 SGB IX **übernommen**. Bezüglich der Eingliederungshilfe ist zu beachten, dass § 104 SGB IX i.d.F. ab 2020 spezieller geregelte Einschränkungen des Wunsch- und Wahlrechts vorsieht (s. § 4 Rn. 75 ff.).

### III. Einleitung der Rehabilitation von Amts wegen (1. Teil SGB IX 2. Kapitel)

Kapitel 2 mit den §§ 9–11 ist neu im Vergleich zum SGB IX in der bisherigen Fassung. Eingang gefunden haben darin die bisherigen §§ 8 und 11 SGB IX, ergänzt um die Rechtsgrundlage für das BMAS zur Förderung von Modellvorhaben zur Stärkung der Rehabilitation. Zielsetzung ist eine möglichst frühzeitige Einleitung eines Reha-Verfahrens bei sich abzeichnendem Bedarf, insbesondere zur Erlangung und der Erhalt der Erwerbsfähigkeit.

### 1. Vorrangige Prüfung von Leistungen zur Teilhabe (§ 9 SGB IX)

Die vorrangige Prüfung von Leistungen zur Teilhabe übernimmt den Inhalt des bisherigen § 8 SGB IX. Während Abs. 2 dabei unverändert geblieben ist, wurden Abs. 1 und 3 ergänzt und in einem neuen Abs. 4 die Jobcenter einbezogen:

§ 9 Vorrangige Prüfung von Leistungen zur Teilhabe

(1) [1]Werden bei einem Rehabilitationsträger Sozialleistungen wegen oder unter Berücksichtigung einer Behinderung oder einer drohenden Behinderung beantragt oder erbracht, prüft dieser unabhängig von der Entscheidung über diese Leistungen, ob Leistungen zur Teilhabe voraussichtlich zur Erreichung der Ziele nach den §§ 1 und 4 erfolgreich sein können. [2]Er prüft auch, ob hierfür weitere Rehabilitationsträger im Rahmen ihrer Zuständigkeit zur Koordinierung der Leistungen zu beteiligen sind. [3]Werden Leistungen zur Teilhabe nach den Leistungsgesetzen nur auf Antrag erbracht, wirken die Rehabilitationsträger nach § 12 auf eine Antragstellung hin.

(2) [1]Leistungen zur Teilhabe haben Vorrang vor Rentenleistungen, die bei erfolgreichen Leistungen zur Teilhabe nicht oder voraussichtlich erst zu einem späteren Zeitpunkt zu erbringen wären. [2]Dies gilt während des Bezuges einer Rente entsprechend.

(3) [1]Absatz 1 ist auch anzuwenden, um durch Leistungen zur Teilhabe Pflegebedürftigkeit zu vermeiden, zu überwinden, zu mindern oder eine Verschlimmerung zu verhüten. [2]Die Aufgaben der Pflegekassen als Träger der sozialen Pflegeversicherung bei der Sicherung des Vorrangs von Rehabilitation vor Pflege nach den §§ 18 a und 31 des Elften Buches bleiben unberührt.

(4) Absatz 1 gilt auch für die Jobcenter im Rahmen ihrer Zuständigkeit für Leistungen zur beruflichen Teilhabe nach § 6 Absatz 3 mit der Maßgabe, dass sie mögliche Rehabilitationsbedarfe erkennen und auf eine Antragstellung beim voraussichtlich zuständigen Rehabilitationsträger hinwirken sollen.

36  Der **Prüfauftrag**, der nun schon in der im Vergleich zum bisherigen § 8 SGB IX veränderten Überschrift zum Ausdruck kommt, wurde in Abs. 1 noch **konkretisiert**. Maßstab für die Prüfung sind die **Ziele der §§ 1 und 4 SGB IX**, die durch die Reform des BTHG noch ergänzt worden sind (s. Rn. 7 ff. und 18 f.). Der prüfende Sozialleistungsträger hat zudem bei erkennbarer Zuständigkeit anderer oder weiterer Reha-Träger diese zu beteiligen. Da das Verfahren nach Abs. 1 das Antragserfordernis seitens der leistungsberechtigten Person **nicht ersetzt**, löst die **Beteiligung anderer oder weiterer Reha-Träger** nach Abs. 1 Satz 2 nicht den Beginn des Zuständigkeitsklärungsverfahren nach § 14 SGB IX und dessen Fristen aus. Es handelt sich also nur um eine Vorab-Information, dass mit der Einleitung eines Reha-Verfahrens zu rechnen ist. Dies **lässt** aber bezüglich antragsgebundener Sozialleistungen, zu denen ab 2020 auch diejenigen der Eingliederungshilfe gehören (s. § 4 Rn. 95 ff.), **nicht das Antragserfordernis entfallen**, sondern die angesprochenen Sozialleistungsträger müssen ggf. auf eine Antragstellung der leistungsberechtigten Person hinwirken.[174] Insoweit bleiben die Ergänzungen des Abs. 1 – aus Sicht der Leistungsberechtigten in enttäuschender Weise – hinter dem Verfahren im Recht der sozialen Pflegeversicherung zurück, wonach eine Mitteilung der Pflegekasse an den für den erkennbaren Bedarf an medizinischer Reha zuständigen Reha-Träger zugleich die Wirkung eines Antrags hat, wenn die leistungsberechtigte Person dem zustimmt (s. Rn. 37). Diese Chance zur frühzeitigen Einleitung des Reha-Verfahrens wurde ausgelassen, obwohl es den Reha-Träger durch den Verweis in Abs. 1 Satz 3 auf den § 12 SGB IX gerade zur Pflicht gemacht wird, Reha-Bedarfe frühzeitig zu erkennen und auf eine Antragstellung der Leistungsberechtigten hinzuwirken.

37  Im neuen Abs. 3 Satz 2 wird lediglich klarstellend auf die schon bisher bestehenden **Pflichten der Pflegekassen** hingewiesen, bei einem Antrag auf Pflegeleistungen zu prüfen, ob und gegebenenfalls welche Reha-Leistungen vorrangig infrage kommen, um Pflegebedürftigkeit zu vermeiden oder einer bestehenden entgegenzuwirken. Bei erkennbarem Bedarf an medizinischer Reha hat die Pflegekasse den zuständigen Reha-Träger zu informieren, wobei diese **Mitteilung** – anders als im Fall des Abs. 1 – **bereits als Antragstellung gilt,** sofern die leistungsberechtigte Person ihre Einwilligung dazu erteilt hat (§§ 18 a Abs. 1 Satz 2, 31 Abs. 3 Satz 3 SGB XI).

38  Aufgrund des neu eingefügten Abs. 4 sind nunmehr auch die **Jobcenter** verpflichtet, bei Anträgen auf Arbeitslosengeld II zugleich mögliche Bedarfe an Reha-Leistungen zu prüfen und ggf. auf eine Antragstellung beim zuständigen Reha-Träger hinzuwirken und diesen nach Abs. 1 zu beteiligen.

---

174  Vgl. BT-Drs. 18/9522, 228.

## 2. Sicherung der Erwerbsfähigkeit (§ 10 SGB IX)

Die Pflicht zur Hinwirkung auf eine möglichst frühzeitige Antragsstellung wird im § 10 SGB IX mit Blick auf die **Sicherung der Erwerbsfähigkeit** aufgegriffen. Die Abs. 1–3 geben inhaltsgleich die Regelungen des bisherigen § 11 SGB IX über die Prüfpflicht einer beruflichen Reha vor, während und bei Abschluss einer medizinischen Reha wieder. In den neuen Abs. 4 und 5 werden Handlungspflichten der Reha-Träger bei erkennbarem Bedarf einer beruflichen Reha ergänzt. 39

§ 10 Sicherung der Erwerbsfähigkeit

(4) [1]Die Rehabilitationsträger haben in den Fällen nach den Absätzen 1 und 2 auf eine frühzeitige Antragstellung im Sinne von § 12 nach allen in Betracht kommenden Leistungsgesetzen hinzuwirken und den Antrag ungeachtet ihrer Zuständigkeit für Leistungen zur Teilhabe am Arbeitsleben entgegenzunehmen. [2]Soweit es erforderlich ist, beteiligen sie unverzüglich die zuständigen Rehabilitationsträger zur Koordinierung der Leistungen nach Kapitel 4.

(5) [1]Die Rehabilitationsträger wirken auch in den Fällen der Hinzuziehung durch Arbeitgeber infolge einer Arbeitsplatzgefährdung nach § 167 Absatz 2 Satz 4 auf eine frühzeitige Antragstellung auf Leistungen zur Teilhabe nach allen in Betracht kommenden Leistungsgesetzen hin. [2]Absatz 4 Satz 2 gilt entsprechend.

Abs. 4 dient der Unterstreichung der Bedeutung der beruflichen Reha für die Prävention und die Sicherung der Erwerbsfähigkeit,[175] hat insoweit jedoch nur eine klarstellende Funktion. Die Hinwirkungspflicht auf eine Antragstellung der leistungsberechtigten Person bei einem erkannten Bedarf an beruflicher Reha geht nicht über diejenige des § 9 Abs. 1 SGB IX hinaus – abgesehen von der ausdrücklichen Erwähnung der „frühzeitigen Antragsstellung". Aber auch dieses Zeitmoment ist im § 9 SGB IX durch den Verweis auf § 12 SGB IX ebenso enthalten (s. Rn. 46). Trotz der betonten Bedeutung der beruflichen Reha wird am **Erfordernis der Antragstellung** festgehalten, auch wenn der Bedarf durch einen Reha-Träger bereist erkannt worden ist, und damit das Gebot frühzeitigen Handelns unnötiger Weise relativiert (vgl. Rn. 36). Dass der Reha-Träger den Antrag – auch bei eigener Unzuständigkeit für die berufliche Reha – entgegen nehmen und ggf. weitere Reha-Träger beteiligen muss, ist aufgrund des ausführlichen Verfahrens zur Koordinierung der Leistungen (bisher Zuständigkeitsklärungsverfahren genannt) in §§ 14 ff. SGB IX rechtlich gesehen eine Selbstverständlichkeit, die keiner zusätzlichen Erwähnung bedurft hätte. 40

Abs. 5 weist darauf hin, dass die Reha-Träger auch in den Fällen auf eine Antragstellung hinzuwirken haben, wenn sie von Arbeitgebern gemäß § 167 Abs. 2 Satz 4 SGB IX kontaktiert werden, weil dieser einen möglichen Bedarf an Leistungen zur Teilhabe oder an begleitenden Hilfen im Arbeitsleben erkennt. Auch diese Regelung hat nur klarstellende Funktion, da dieselbe Verpflichtung auch im § 167 Abs. 2 Satz 5 SGB IX enthalten ist. Einzige Änderung gegenüber dem bisherigen Recht ist, dass diese Verpflichtung bisher die gemeinsamen Servicestellen traf. Da diese nicht mehr im Gesetz vorgesehen sind (s. Rn. 176 ff.), leitet das Gesetz diese Pflicht nun auf die Reha-Träger selber über. 41

---

175  BT-Drs. 18/9522, 229.

### 3. Förderung von Modellvorhaben zur Stärkung der Rehabilitation (§ 11 SGB IX)

42 Die neu eingefügte Förderung von Modellvorhaben zur Stärkung der Rehabilitation soll ebenfalls dem **Erhalt der Erwerbsfähigkeit** dienen. Angesprochen werden dabei die **Jobcenter, die Bundesagentur für Arbeit und die gesetzliche Rentenversicherung,** die mit Hilfe frühzeitiger Ansprache und/oder innovativer Ansätze dem Eintritt von Rehabilitationsbedarfen, dem Bezug von befristeten und dauerhaften Erwerbsminderungsrenten und dem Übergang in Werkstätten für behinderte Menschen vorbeugen und somit einen vorzeitigen **Übergang in die Eingliederungshilfe verhindern** sollen.

§ 11 Förderung von Modellvorhaben zur Stärkung der Rehabilitation, Verordnungsermächtigung

(1) Das Bundesministerium für Arbeit und Soziales fördert im Rahmen der für diesen Zweck zur Verfügung stehenden Haushaltsmittel im Aufgabenbereich der Grundsicherung für Arbeitsuchende und der gesetzlichen Rentenversicherung Modellvorhaben, die den Vorrang von Leistungen zur Teilhabe nach § 9 und die Sicherung der Erwerbsfähigkeit nach § 10 unterstützen.

(2) ¹Das Nähere regeln Förderrichtlinien des Bundesministeriums für Arbeit und Soziales. ²Die Förderdauer der Modellvorhaben beträgt fünf Jahre. ³Die Förderrichtlinien enthalten ein Datenschutzkonzept.

(3) Das Bundesministerium für Arbeit und Soziales kann durch Rechtsverordnung ohne Zustimmung des Bundesrates regeln, ob und inwieweit die Jobcenter nach § 6 d des Zweiten Buches, die Bundesagentur für Arbeit und die Träger der gesetzlichen Rentenversicherung bei der Durchführung eines Modellvorhabens nach Absatz 1 von den für sie geltenden Leistungsgesetzen sachlich und zeitlich begrenzt abweichen können.

(4) ¹Die zuwendungsrechtliche und organisatorische Abwicklung der Modellvorhaben nach Absatz 1 erfolgt durch die Deutsche Rentenversicherung Knappschaft-Bahn-See unter der Aufsicht des Bundesministeriums für Arbeit und Soziales. ²Die Aufsicht erstreckt sich auch auf den Umfang und die Zweckmäßigkeit der Modellvorhaben. ³Die Ausgaben, welche der Deutschen Rentenversicherung Knappschaft-Bahn-See aus der Abwicklung der Modellvorhaben entstehen, werden aus den Haushaltsmitteln nach Absatz 1 vom Bund erstattet. ⁴Das Nähere ist durch Verwaltungsvereinbarung zu regeln.

(5) ¹Das Bundesministerium für Arbeit und Soziales untersucht die Wirkungen der Modellvorhaben. ²Das Bundesministerium für Arbeit und Soziales kann Dritte mit diesen Untersuchungen beauftragen.

43 Fördergeber ist nach Abs. 1 das BMAS, das die Details – einschließlich eines einzuhaltenden Datenschutzkonzeptes in **Förderrichtlinien** festzulegen hat. Der Umfang der Förderung ist im SGB IX selbst nicht geregelt, soll laut der Gesetzesbegründung aber „voraussichtlich […] 100 Millionen Euro pro Rechtskreis (SGB II und SGB VI) und Jahr" betragen;[176] über die nach Abs. 2 vorgesehene **fünfjährige Programmdauer** hinweg also insgesamt 1 Mrd. EUR. Um die Förderung können sich die Sozialleistungsträger des SGB II und des SGB VI bewerben, um interne Maßnahmen durchzuführen wie die Bildung von „Teams mit qualifizierten Spezialisten […], die erweiterte Ressourcen erhalten, um Rehabilitationsbedarfe früh zu erkennen"[177] oder wie „Mitarbeiterqualifikation bei Reha-Trägern".[178] **Förderfähig** sind auch externe Kooperationen wie die Beauftragung spezialisierter Beratungsfachkräfte als Begleit-Coaches für erwerbsfähige Personen mit gesundheitlichen Herausforderungen innerhalb des Systems der Sozialleistungsträger,[179] die Vergabe von Leistungen an Arbeitgeber oder

---

176 BT-Drs. 18/9522, 230.
177 BT-Drs. 18/9522, 229 f.
178 BMAS (2017 a), S. 11.
179 BT-Drs. 18/9522, 230.

Rehabilitations-Dienstleister oder die Entwicklung neuer Konzepte ggf. in Zusammenarbeit mit der Wissenschaft.[180] Zielgruppen der Modellvorhaben sollen „Menschen mit komplexen gesundheitlichen und seelischen Unterstützungsbedarfen oder beginnenden Rehabilitationsbedarfen" sein,[181] „insbesondere Menschen mit psychischen Beeinträchtigungen".[182] Eine unmittelbare Förderung von Aktivitäten unabhängig von den genannten Sozialleistungsträgern sieht das Gesetz nicht vor.

Das BMAS wird in Abs. 3 ermächtigt, durch Rechtsverordnung den angesprochenen Sozialleistungsträgern bei der Durchführung von Modellvorhaben die **Abweichung von** den für sie einschlägigen **Leistungsgesetzen** zu gestatten, um ihnen insoweit eine gesetzliche Grundlage für das Handeln im Rahmen der Modellvorhaben i.S.d. Gesetzesvorbehalts des § 31 SGB I zu schaffen. Dabei sind die Abweichungen in sachlich-inhaltlicher und zeitlicher Hinsicht zu begrenzen. Abs. 4 schreibt die **Evaluation der Modellvorhaben** durch das BMAS oder in dessen Auftrag durch Dritte vor. Ein konkreter Zeitpunkt wird dafür nicht vorgegeben, ist allerdings spätestens mit Abschluss der fünfjährigen Förderperiode zu erwarten. Sofern § 11 SGB IX über den Abschluss der ersten fünfjährigen Förderperiode hinaus im Gesetz bestehen bleibt, verpflichtet er auch darüber das BMAS zur Auflage entsprechender Förderprogramme. 44

### IV. Erkennung und Ermittlung des Rehabilitationsbedarfs (1. Teil SGB IX 3. Kapitel)

Die beiden Paragrafen dieses Kapitels verbindet systematisch nicht viel. § 12 SGB IX enthält Pflichten zur Aufklärung und Information der Allgemeinheit und hätte systematisch damit gut – wenn nicht besser – in das 2. Kapitel gepasst. § 13 SGB IX ist der Standardisierung der Bedarfsermittlung gewidmet, und damit einem Verfahrensschritt, der erst nach Einleitung eines Reha-Verfahrens durchzuführen ist. Somit wäre das nachfolgende Kapitel über die Koordinierung der Leistung, in dem die Bedarfsermittlung konkret angesprochen ist, ein geeigneter(er) Standort für diese Regelung gewesen. 45

### 1. Maßnahmen zur Unterstützung der frühzeitigen Bedarfserkennung (§ 12 SGB IX)

§ 12 SGB IX enthält in Ergänzung zu den §§ 9 und 19 SGB IX die Verpflichtung der Reha-Träger, der Jobcenter, der Pflegekassen und der Integrationsämter, auch jenseits des konkreten Einzelfalls durch Maßnahmen der Information und Aufklärung **Reha-Bedarfe frühzeitig** zu **erkennen** und eine entsprechende Antragstellung der Leistungsberechtigten zu erreichen. 46

§ 12 Maßnahmen zur Unterstützung der frühzeitigen Bedarfserkennung

(1) ¹Die Rehabilitationsträger stellen durch geeignete Maßnahmen sicher, dass ein Rehabilitationsbedarf frühzeitig erkannt und auf eine Antragstellung der Leistungsberechtigten hingewirkt wird. ²Die Rehabilitationsträger unterstützen die frühzeitige Erkennung des Rehabilitationsbedarfs insbesondere durch die Bereitstellung und Vermittlung von geeigneten barrierefreien Informationsangeboten über

1. Inhalte und Ziele von Leistungen zur Teilhabe,
2. die Möglichkeit der Leistungsausführung als Persönliches Budget,

---

180  BMAS (2017a), S. 11.
181  BT-Drs. 18/9522, 230.
182  BMAS (2017a), 11.

3. das Verfahren zur Inanspruchnahme von Leistungen zur Teilhabe und
4. Angebote der Beratung, einschließlich der ergänzenden unabhängigen Teilhabeberatung nach § 32.

[3]Die Rehabilitationsträger benennen Ansprechstellen, die Informationsangebote nach Satz 2 an Leistungsberechtigte, an Arbeitgeber und an andere Rehabilitationsträger vermitteln. [4]Für die Zusammenarbeit der Ansprechstellen gilt § 15 Absatz 3 des Ersten Buches entsprechend.

47  Abs. 1 erweitert die bereits nach den §§ 14–16 SGB I bestehenden Pflichten der Reha-Träger zur **Aufklärung, Beratung und Unterstützung** mit Blick auf eine sachdienliche Antragstellung. Denn sie müssen dies nicht nur bezogen auf den Reha-Bedarf tun, für den sie selber zuständig sein könnten, sondern umfassend für den „Bedarf in seiner Gesamtheit"[183] unabhängig davon, nach welchem Leistungsgesetz dieser zu decken ist. Durch welche **Maßnahmen** sie dieser Pflicht nachkommen, wird nicht im Einzelnen vorgegeben. Jedenfalls ist allein die Bereitstellung von geeigneten barrierefreien Informationsangeboten nach Abs. 1 Satz 2 und deren Vermittlung durch Ansprechstellen nach Satz 3 (Rn. 50) nicht ausreichend, denn diese sollen die frühzeitige Erkennung des Reha-Bedarfs nur unterstützen, können also nur Teil eines Maßnahmenbündels sein.

48  In der Gesetzesbegründung wird in positiver Hinsicht als eine dieser Maßnahmen die Bedeutung **geeigneter Antragsformulare** hervorgehoben, die sowohl den potenziell Leistungsberechtigten als auch den Fallbearbeitenden die Inanspruchnahme von Reha-Leistungen nahelegen und erleichtern soll,[184] wobei davon auszugehen ist, dass bei den Fallbearbeitenden nicht die eigene Reha-Fachleute gemeint sind. Zudem wird in der Gesetzesbegründung in negativer Hinsicht klargestellt, dass **Verfahren, Abläufe und Auskünfte**, die entgegen der Zielstellung des § 12 SGB IX nicht auf eine ganzheitliche Betrachtung möglicher Reha-Bedarfe angelegt sind, sondern „leistungsverengend" wirken, **pflicht- und rechtswidrig sind.**[185] Beispielhaft wird ein Antragsformular genannt, dessen Ausgestaltung den Eindruck eines Leistungsausschlusses für eine bestimmte Teilhabeleistung erwecke, da der Leistungsträger für diese nicht zuständig sei.[186] Verstöße gegen die Pflichten des § 12 SGB IX können Schadensersatzansprüche im Wege des **sozialrechtlichen Herstellungsanspruchs** begründen, demzufolge die leistungsberechtigte Person so zu stellen ist, wie sie bei einer rechtmäßigen Auskunft oder Beratung gestanden hätte – insbesondere mit Blick auf verstrichene Antragsfristen.[187]

49  Als eine unterstützende Maßnahme zur frühzeitigen Bedarfserkennung schreibt Abs. 1 Satz 3 insbesondere die Bereitstellung und Vermittlung von **geeigneten barrierefreien Informationsangeboten** vor. Barrierefrei bedeutet i.S.d. § 4 BGG, dass die Informationsangebote so ausgestaltet sein müssen, dass sie in der üblichen Weise, ohne besondere Erschwernis und grundsätzlich ohne fremde Hilfe auffindbar, zugänglich und nutzbar sind. Die Geeignetheit bezieht sich demgegenüber auf den Inhalt der In-

---

183  BT-Drs. 18/9522, 230.
184  BT-Drs. 18/9522, 230.
185  BT-Drs. 18/9522, 230.
186  BT-Drs. 18/9522, 230.
187  Zum sozialrechtlichen Herstellungsanspruch s. *Thie* in Bieritz-Harder/Conradis/Thie LPK-SGB XII § 41 Rn. 17 m.w.N.

formationsangebote, die so ausgestaltet sein müssen, dass sie bezogen auf die in den Ziffern 1–4 vorgegebenen Themen den Zweck einer frühzeitigen Ansprache potenziell Leistungsberechtigter und ihres sozialen Umfeldes erreichen und Wege aufzeigen, wie und bei wem weitere Informationen zu bekommen sind, mögliche Bedarfe abgeklärt und ggf. gedeckt werden können.

Anstelle der bisherigen, durch das BTHG abgeschafften Gemeinsamen Servicestellen, 50 deren Tätigkeit gemäß der Übergangsregelung des § 241 Abs. 7 SGB IX spätestens zum 31.12.2018 endet (s. Rn. 466), haben die Reha-Träger **Ansprechstellen** für leistungsberechtigte Personen, Arbeitgeber und andere Sozialleistungsträger zu benennen. Gemeint sind damit laut Gesetzesbegründung **interne Organisationseinheiten der Reha-Träger;**[188] eine Beauftragung externer Dritter mit dieser Aufgabe wäre demnach unzulässig. Die Ansprechstellen haben zwar nicht mehr in einer gemeinsamen Struktur, aber gemäß § 15 Abs. 3 SGB I untereinander so vernetzt zusammenzuarbeiten, dass jede Ansprechstelle **umfassend Auskunft** erteilen kann. Der Gesetzgeber erhofft sich dadurch einen wirksameren und effizienteren Informationsaustausch.[189] Ein begründeter Anlass für diese Hoffnung ist angesichts der vagen Vorgaben für die Zusammenarbeit und den Informationsaustausch und angesichts der Erfahrungen mit den gemeinsamen Servicestellen allerdings nicht wirklich erkennbar. Ein Rückschritt bedeutet die Regelung zudem, da anders als im bisherigen § 23 Abs. 1 SGB IX **keine Vorgabe** enthalten ist, dass und in welcher Dichte eine flächendeckende Benennung von Ansprechstellen zu erfolgen hat, um dadurch eine **ortsnahe Beratung und Unterstützung** von Menschen mit (drohender) Behinderung zu gewährleisten.

Abs. 2 erstreckt die Verpflichtungen zu Präventivmaßnahmen zur möglichst frühzeiti- 51 gen Bedarfserkennung nach Abs. 1 auf die **Jobcenter**, die **Integrationsämter** und die **Pflegekassen.** Laut Abs. 3 können alle angesprochenen Sozialleistungsträger die Informationsangebote durch ihre **Verbände und Vereinigungen** bzw. die Jobcenter durch die **Bundesagentur für Arbeit** bereitstellen und vermitteln lassen; eine Unterscheidung nach Landes- oder Bundesebene wird dabei nicht vorgenommen.

§ 12 Maßnahmen zur Unterstützung der frühzeitigen Bedarfserkennung

(2) Absatz 1 gilt auch für Jobcenter im Rahmen ihrer Zuständigkeit für Leistungen zur beruflichen Teilhabe nach § 6 Absatz 3, für die Integrationsämter in Bezug auf Leistungen und sonstige Hilfen für schwerbehinderte Menschen nach Teil 3 und für die Pflegekassen als Träger der sozialen Pflegeversicherung nach dem Elften Buch.

(3) ¹Die Rehabilitationsträger, Integrationsämter und Pflegekassen können die Informationsangebote durch ihre Verbände und Vereinigungen bereitstellen und vermitteln lassen. ²Die Jobcenter können die Informationsangebote durch die Bundesagentur für Arbeit bereitstellen und vermitteln lassen.

Während Abs. 3 keine Beschränkung der Beauftragung der Zusammenschlüsse mit der Aufgabenwahrnehmung vorsieht, ist dies laut der Gesetzesbegründung nur „in geeignetem Umfang" möglich. Die Vermittlung von Informationsangeboten durch die Verbandsebene ist z.B. durch setting-bezogene Präventions- und Aufklärungsveran-

---

188 BT-Drs. 18/9522, 231.
189 BT-Drs. 18/9522, 231.

staltungen sowie Print- und elektronische Medien wie Internetauftritte oder Soziale Netzwerke möglich.

## 2. Instrumente zur Ermittlung des Rehabilitationsbedarfs (§ 13 SGB IX)

52 Die einzelnen Reha-Träger werden durch § 13 SGB IX verpflichtet, **standardisierte Instrumente zur Ermittlung des Reha-Bedarfes** zu entwickeln und anzuwenden bzw. die Entwicklung von ihren Verbänden oder Dritten vornehmen zu lassen. Diese sog. Instrumente sollen i.d.R. auf der entsprechenden **Gemeinsamen Empfehlung** nach § 26 Abs. 2 Nr. 7 SGB IX (s. Rn. 147 ff.) basieren. Abs. 2 gibt vor, dass die Bedarfsermittlung individuell und funktionsbezogen zu erfolgen hat und welche Aspekte sie umfassen muss. Das BMAS hat nach Abs. 3 die Wirkung dieser Instrumente zu untersuchen und bereits bis zum Ende des Jahres 2019 entsprechende Ergebnisse vorzulegen, wobei diejenigen der Reha-Träger der Landesebene nur auf freiwilliger Basis einbezogen werden können.

§ 13 Instrumente zur Ermittlung des Rehabilitationsbedarfs

(1) [1]Zur einheitlichen und überprüfbaren Ermittlung des individuellen Rehabilitationsbedarfs verwenden die Rehabilitationsträger systematische Arbeitsprozesse und standardisierte Arbeitsmittel (Instrumente) nach den für sie geltenden Leistungsgesetzen. [2]Die Instrumente sollen den von den Rehabilitationsträgern vereinbarten Grundsätzen für Instrumente zur Bedarfsermittlung nach § 26 Absatz 2 Nummer 7 entsprechen. [3]Die Rehabilitationsträger können die Entwicklung von Instrumenten durch ihre Verbände und Vereinigungen wahrnehmen lassen oder Dritte mit der Entwicklung beauftragen.

(2) Die Instrumente nach Absatz 1 Satz 1 gewährleisten eine individuelle und funktionsbezogene Bedarfsermittlung und sichern die Dokumentation und Nachprüfbarkeit der Bedarfsermittlung, indem sie insbesondere erfassen,
1. ob eine Behinderung vorliegt oder einzutreten droht,
2. welche Auswirkung die Behinderung auf die Teilhabe der Leistungsberechtigten hat,
3. welche Ziele mit Leistungen zur Teilhabe erreicht werden sollen und
4. welche Leistungen im Rahmen einer Prognose zur Erreichung der Ziele voraussichtlich erfolgreich sind.

(3) Das Bundesministerium für Arbeit und Soziales untersucht die Wirkung der Instrumente nach Absatz 1 und veröffentlicht die Untersuchungsergebnisse bis zum 31. Dezember 2019.

(4) Auf Vorschlag der Rehabilitationsträger nach § 6 Absatz 1 Nummer 6 und 7 und mit Zustimmung der zuständigen obersten Landesbehörden kann das Bundesministerium für Arbeit und Soziales die von diesen Rehabilitationsträgern eingesetzten Instrumente im Sinne von Absatz 1 in die Untersuchung nach Absatz 3 einbeziehen.

53 Auch wenn in der Gesetzesbegründung die Notwendigkeit trägerübergreifender einheitlicher Maßstäbe der Ermittlung des Rehabilitationsbedarfs betont wird,[190] fordert der Gesetzesbefehl des Abs. 1 nur die **einzelnen Reha-Träger** auf, **für sich** standardisierte Prozesse und Mittel zu entwickeln und anzuwenden, um zu einheitlichen und überprüfbaren Ergebnissen zu kommen – ohne jedoch im Gesetz diesbezügliche Vorgaben oder auch nur Bezugspunkte verbindlich vorzuschreiben. Als Beispiele für **systematische Arbeitsprozesse** werden „Erhebungen, Analysen, Dokumentation, Planung und Ergebniskontrolle" genannt, und „funktionelle Prüfungen (Sehtest, Intelli-

---

190 BT-Drs. 18/9522, 231.

genztest, Hörtest), Fragebögen und IT-Anwendungen" beispielhaft für **standardisierte Arbeitsmittel**, die die Arbeitsprozesse unterstützen.[191]

Bindeglied zwischen diesen Instrumenten sind die auf Ebene der **BAR** neu zu verein- 54 barenden Gemeinsame Empfehlung über die **Grundsätze der Bedarfsermittlung** nach § 26 Abs. 2 Nr. 7 SGB IX. Allerdings sind diese nicht zwingend zu beachten, vielmehr „sollen" die Instrumente des einzelnen Reha-Trägers diesen entsprechen.[192] Hinzu kommt, dass die **Eingliederungshilfe-** sowie die **Träger der Kinder- und Jugendhilfe** als Behörden der Landesebene diese Gemeinsamen Empfehlungen nicht mit vereinbaren und daher grundsätzlich auch **nicht** an diese **gebunden** sind. Gemäß § 26 Abs. 5 SGB IX sind sie vielmehr nur an der Vorbereitung dieser Empfehlungen zu beteiligen, müssen sich bei der Aufgabenwahrnehmung an diesen orientieren und können diesen beitreten.

Speziell für die Träger der Sozialhilfe in § 142 SGB XII bzw. die der Eingliederungs- 55 hilfe in § 118 SGB IX i.d.F. 2020 ist eine eigene Regelung für die jeweils zu entwi-ckelnden Instrumente der Bedarfsermittlung vorgesehen, für die zumindest die Orien-tierung an der ICF der WHO vorgeschrieben ist (s. Rn. 500 ff., § 4 Rn. 148). Auch wenn dies nur eine lose Anbindung an die ICF bewirkt, geht diese **inhaltliche Min-destanforderung** weiter als die für die übrigen Reha-Träger im § 13 SGB IX. Denn dort schreibt Abs. 2 lediglich vor, dass die Bedarfsermittlung **individuell und funkti-onsbezogen** zu erfolgen hat. Und dies, obwohl dem BMAS aufgrund eines geförder-ten Projektes bereits seit 2014 bekannt ist, dass einerseits die Reha-Träger in der Ver-gangenheit eine Vielzahl unterschiedlicher Vorgehensweisen zur Bedarfsermittlung entwickelt haben und nutzen und andererseits insbesondere das bio-psycho-soziale Modell der ICF ein hohes praxisrelevantes Standardisierungspotenzial beinhaltet[193] bzw. „die konzeptionelle Grundlage des modernen Verständnisses von Behinderun-gen und Teilhabe darstellt".[194] Auch die Reha-Träger selber haben bereits in ihrer Gemeinsamen Empfehlung „Reha-Prozess" vereinbart, zur Bedarfsermittlung „Richt-/Leitlinien, Screening- bzw. Assessmentverfahren sowie strukturierte[n] Be-fundberichte[n]" einzusetzen, die, „wo möglich, unter Nutzung der Möglichkeiten des bio-psychosozialen Modells der ICF auszurichten" sind.[195]

Gleichwohl wurde der Vorschlag des Bundesrates, dass die ICF-Klassifikation nicht 56 nur bei der Bedarfsermittlung der Eingliederungshilfe, sondern auch bei trägerüber-greifenden Teilhabeplanung und Bedarfsfeststellung verbindlich zu berücksichtigen sei,[196] nicht aufgegriffen, um nicht unverhältnismäßig in die Arbeitsabläufe der Mas-senverwaltung insbesondere der Sozialversicherungsträger einzugreifen, die nicht nur die Bedarfe von Menschen mit (drohenden) Behinderungen zu prüfen hätten.[197] Statt-dessen wurde das **BMAS** in Abs. 3 beauftragt, zunächst eine weitere **Evaluation der**

---

191  BT-Drs. 18/9522, 232.
192  *Schubert* et al. weisen im Bundesgesundheitsblatt (2016), S. 1057 f. zudem darauf hin, dass die Regelung der Gemeinsamen Grundsätze im § 26 SGB IX nicht abweichungsfest i.S.d. § 7 Abs. 1 SGB IX sind.
193  BT-Drs. 18/9522, 232; BT-Drs. 18/9954, 61.
194  *Schubert* et al. Bundesgesundheitsblatt (2016), S. 1057.
195  BAR (2014), S. 23. Vgl. auch *Schubert* et al. Bundesgesundheitsblatt (2016), S. 1057.
196  BT-Drs. 18/9954, 6.
197  BT-Drs. 18/9954, 61.

**Wirkungen** der Bedarfsermittlungsinstrumente vorzunehmen. Unter Berücksichtigung des zeitlichen Aspektes, wonach einerseits zunächst die Reha-Träger im Rahmen der BAR nach dem 1.1.2018 eine neue gemeinsame Empfehlung erarbeiten und vereinbaren müssen, auf deren Grundlage die Reha-Träger selber, ihre Verbände oder aber – nach vorheriger Ausschreibung – beauftragte Dritte Bedarfsermittlungsinstrumente noch entwickeln müssen, andererseits die Ergebnisse der Wirkungsforschung bereits zum 31.12.2019 vorzulegen sind, dürfte der Umfang der ihr zugrunde liegenden Praxiserfahrungen und damit ihre Aussagekraft begrenzt sein.

57　Erschwerend hinzu kommt, dass die **Instrumente der Träger der Eingliederungshilfe** ebenso wie diejenigen der **Kinder und Jugendhilfe** nach Abs. 4 nur insoweit in diese Untersuchung einfließen, wenn diese Träger dies von sich aus aktiv vorschlagen und die zuständigen Landesbehörden dem zustimmen. Seitens der Eingliederungshilfeträger ist diesbezüglich mit wenig Engagement zu rechnen, da ihre rechtliche Grundlage zur Entwicklung von Bedarfsermittlungsinstrumenten in § 118 SGB IX erst zum 1.1.2020 in Kraft tritt und zuvor jedenfalls keine auswertbaren Praxiserfahrungen vorliegen können. Auch der Enthusiasmus der Sozialhilfeträger dürfte begrenzt sein, die gemäß der Übergangsregelung des § 241 Abs. 8 SGB IX[198] bis zum 31.12.2019 an die Stelle der Eingliederungshilfeträger bezüglich der Gewährung von Leistungen der Eingliederungshilfe treten (s. Rn. 24 f.). Denn sie haben ab dem 1.1.2020 insoweit keine Bedarfe mehr zu ermitteln. Zusammengenommen führt dies zu der Befürchtung, dass die Einführung des § 13 SGB IX **keinen Fortschritt** oder allenfalls Trippelschritte in Richtung einer trägerübergreifend einheitlichen Ermittlung des Rehabilitationsbedarfs bedeutet.

## V. Koordinierung der Leistungen (1. Teil SGB IX 4. Kapitel)

58　In diesem Kapitel sind das Verfahren zur **Bestimmung des fallverantwortlichen** sog. **leistenden Reha-Trägers** (§ 14 SGB IX, s. Rn. 59 ff.) und das Verfahren zur Verteilung der **Leistungsverantwortung** im Fall der Zuständigkeit von **mehreren Reha-Trägern** (§ 15 SGB IX, s. Rn. 67 ff.) einschließlich der **Kostenerstattung** der Reha-Träger untereinander (§ 16 SGB IX, s. Rn. 83 ff.) enthalten, sowie die Regelung zur Einholung von Gutachten bei der Bedarfsermittlung (§ 17 SGB IX, s. Rn. 101 ff.) und zur **Selbstbeschaffung von Leistungen** durch die leistungsberechtigte Person (§ 18 SGB IX) , wenn Leistungen nicht oder nicht rechtzeitig erbracht werden (s. Rn. 104 ff.). Ergänzt werden diese um ein **neues Teilhabeplanverfahren** (§§ 19 – 23 SGB IX), durch welches mittels Abstimmung der Reha-Träger untereinander und mit der leistungsberechtigten Person das bisher in § 10 SGB IX vorgesehene nahtlose Ineinandergreifen der funktionsbezogen und schriftlich festgestellten Leistungen koordiniert werden soll (s. Rn. 116 ff.). Um die Wirksamkeit der für die Koordinierung der Leistungen im gegliederten System zentralen Regelung des 4. Kapitels zu gewährleisten, haben gemäß § 7 Abs. 2 SGB IX **dessen Vorschriften Vorrang gegenüber** den jeweiligen **Leistungsgesetzen** der Reha-Träger, d.h. die Verfahrensvorschriften in den anderen Büchern des Sozialgesetzbuches (ab 2020 einschließlich der Eingliederungshilfe im

---

198　I.d.F. des Art. 23 Nr. 10 b) BVGuaÄndG, BGBl. 2017 I 17 f.

2. Teil des SGB IX) dürfen von den Vorschriften des 4. Kapitels nicht abweichen, sondern diese allenfalls ergänzen. Auch der Landesgesetzgeber darf den landesrechtlich festgelegten Reha-Trägern keine abweichenden Regelungen vorschreiben (s. Rn. 30 ff.). Abgeschlossen wird das 4. Kapitel durch die Möglichkeit der **Erbringung vorläufiger Leistungen** in § 24 SGB IX jenseits der Vorschriften des 4. Kapitels unter den Voraussetzungen des jeweiligen Leistungsgesetzes.

### 1. Leistender Rehabilitationsträger (§ 14 SGB IX)

Mithilfe des in § 14 SGB IX geregelten Verfahrens wird schon wie bisher binnen bestimmter Fristen festgelegt, welcher Reha-Träger im Verhältnis zur leistungsberechtigten Person die **Fallverantwortung** innehat. Eine Reihe von Regelungen sind dabei aus den Abs. 1–3 des bisherigen § 14 SGB IX unverändert übernommen worden, nicht jedoch die bisherige Überschrift der „Zuständigkeitsklärung". Grund dafür ist, dass das Ergebnis des Verfahrens nichts an den sachlichen Zuständigkeiten der Reha-Träger ändert, sondern nur im Sinne der Verfahrensbeschleunigung für die Bestimmung des sog. **leistenden Rehabilitationsträgers** sorgt, der für eine zügige und abgestimmte Entscheidung über den Leistungsantrag verantwortlich wird. Muss dieser leistende Reha-Träger dabei Leistungen erbringen, für die er eigentlich nicht zuständig gewesen wäre, ist die Frage der richtigen Zuständigkeit im Innenverhältnis der Reha-Träger untereinander im Wege der Kostenerstattung nach § 16 SGB IX zu klären. Der Begriff des leistenden Reha-Trägers beschreibt dessen Rolle jedoch nicht umfassend. Zwar wird er i.d.R. selber Leistungen erbringen, aber sofern auch Leistungen weiterer Reha-Träger erforderlich sind, ist der leistende Reha-Träger für die Koordinierung dieses Teilhabeprozesses verantwortlich. Und das im Verhältnis zur leistungsberechtigten Person selbst dann, wenn einer der anderen Reha-Träger sich nicht oder nicht rechtzeitig am Verfahren beteiligt, indem der leistende Reha-Träger die Kosten selbst beschaffter Leistungen in vollem Umfang zu erstatten hat (s. Rn. 115). Treffender wäre es daher die Bezeichnung als **fallverantwortlicher Reha-Träger** gewesen. Während mithilfe von § 14 SGB IX zu bestimmen ist, wer die Aufgabe des leistenden Reha-Trägers innehat und in welcher Frist er zu entscheiden hat, wenn er allein Leistungen erbringt, wird im § 15 SGB IX geregelt, wie die Leistungsverantwortung verteilt wird, wenn mehrere Reha-Träger zuständig sind, und in welcher Frist in diesen Fällen über die beantragten Leistungen zu entscheiden ist. | 59

§ 14 Abs. 1 SGB IX entspricht inhaltsgleich der bisherigen Regelung an gleicher Stelle, verbunden mit der Ergänzung in Satz 2, dass die antragstellende Person über eine ggf. erfolgende **Weiterleitung des Antrags informiert** werden muss. Abs. 2 Satz 1 definiert den Begriff des **leistenden Reha-Trägers**, von dem der Antrag nicht (mehr) weitergeleitet wird und der daher den **Bedarf umfassend festzustellen** und **die Leistungen zu erbringen** hat. Dies bezieht sich auf **sämtliche beantragte Leistungen**. Um eine **Leistungsgewährung „aus einer Hand"** zu erreichen, wird dem leistenden Reha-Träger die Verantwortung auch für diejenigen Leistungen „aufgedrängt", für die er im konkreten Fall eigentlich nicht zuständig ist.[199] In diesem Fall hat er den oder die an- | 60

---

199 BT-Drs. 18/9522, 233 f.

deren Reha-Träger gemäß § 15 SGB IX am Verfahren zu beteiligen (s. Rn. 67 ff.) und gemäß § 19 Abs. 1 SGB IX einen Teilhabeplan zu erstellen (s. Rn. 117 ff.). Auch wenn eine Beteiligung anderer Reha-Träger erfolgt und diese u.U. Teile der Leistungen in eigenem Namen selber erbringen, verbleibt die **Koordinierungsverantwortung** in jedem Fall **beim leistenden Reha-Träger.**

61    Der Verweis in Abs. 2 Satz 1 auf die Instrumente der Bedarfsermittlung nach § 13 SGB IX soll dabei der Klarstellung und deren Verzahnung mit der Koordinierung der Leistungen nach dem 4. Kapitels dienen.[200] Die Fristen, binnen derer der leistende Reha-Träger über den Antrag entscheiden muss, sind inhaltlich unverändert aus dem bisherigen Recht übernommen worden, d.h.:

- ohne Begutachtung durch einen Sachverständigen innerhalb von drei Wochen nach Antragseingang (Abs. 2 Satz 2);

- bei erforderlicher externer Begutachtung innerhalb von zwei Wochen nach Vorlage des Gutachtens (Abs. 2 Satz 3), wobei die Beauftragung gemäß § 17 Abs. 1 SGB IX unverzüglich zu erfolgen hat und das Gutachten innerhalb von 2 Wochen nach der Auftragserteilung zu erstellen ist (§ 17 Abs. 2 Satz 1 SGB IX).

62    Im Falle einer erstmaligen Weiterleitung beginnen die o.g. Fristen mit Eingang des Antrags beim zweitangegangenen Reha-Träger (Abs. 2 Satz 4). Neu hinzugekommen in Abs. 2 Satz 5 ist, dass auch die Anforderung einer Stellungnahme der Bundesagentur für Arbeit nach § 54 SGB IX als Begutachtung gilt mit der Folge, dass die Entscheidung über den Antrag binnen 2 Wochen nach Eingang der gutachterlichen Stellungnahme der BA zu erfolgen hat. Sind **mehrere Reha-Träger beteiligt, verlängert sich die Entscheidungsfrist** gemäß § 15 Abs. 4 SGB IX auf sechs Wochen ab Antragseingang; bei Durchführung einer Teilhabeplankonferenz auf zwei Monate ab Antragseingang (s. Rn. 81). Die ausdifferenzierten Fristenregelungen werden allerdings dadurch relativiert, dass § 18 Abs. 1 SGB IX den Reha-Trägern pauschal eine Entscheidungsfrist von zwei Monaten setzt; nur wenn diese nicht eingehalten werden kann, muss die leistungsberechtigte Person mittels einer begründeten Mitteilung darüber informiert werden (s Rn. 105).

63    Die bisher in § 14 Abs. 2 Satz 5 SGB IX getroffene Regelung für den Fall der Weiterleitung an einen **insgesamt unzuständigen Reha-Träger** ist nunmehr in § 14 Abs. 3 SGB IX neu gefasst worden. Dieser erlaubt künftig eine **erneute Weiterleitung an** einen **dritten Reha-Träger,** wenn der zweitangegangene Träger für keine der beantragten Leistungen zuständig ist. Voraussetzung ist, dass er zuvor das **Einvernehmen** mit dem seiner Meinung nach zuständigen Reha-Träger hergestellt hat, er also zu dem dritten Reha-Träger Kontakt aufgenommen hat und sich dieser mit der Weiterleitung einverstanden erklärt hat. Gelingt diese „**Turbo-Klärung**" (so genannt, weil auch der dritte Reha-Träger innerhalb der Fristen nach Abs. 2 entscheiden muss),[201] ist der zweitangegangene Träger – anders als nach bisherigem Recht – **aus der Fallverantwortung entlassen,** wenn er die **antragstellende Person über** die erneute **Weiterleitung informiert** hat.

---

200    BT-Drs. 18/9522, 233.
201    BT-Drs. 18/9522, 233.

Neu an diesem Verfahrensschritt ist zudem, dass er auch dann zulässig ist, wenn der 64
zweitangegangene Reha-Träger zwar für die Leistungsgruppe der beantragten Leistungen nach § 6 Abs. 1 SGB IX grundsätzlich zuständig ist, er aber im konkreten Fall nach den Vorgaben des für ihn geltenden Buchs des Sozialgesetzbuches für keine der beantragten Leistungen zuständig ist, etwa weil eine bestimmte Voraussetzung, z.B. eine Versicherteneigenschaft oder aber eine Wartezeit, nicht erfüllt ist. Der drittangegangene Träger wird mit Erteilung seines Einvernehmens zum **leistenden Reha-Träger** i.S.d. Abs. 2 Satz 1 und übernimmt die **Fallverantwortung**. Ist der drittangegangene Träger mit der Weiterleitung jedoch nicht einverstanden, bleibt der zweitangegangene Träger in der Rolle des leistenden Reha-Trägers, auch wenn er selbst in diesem Fall nur die Koordinierungsverantwortung, nicht aber die Leistungsverantwortung übernehmen kann (s. dazu § 15 Abs. 1 SGB IX, s. Rn. 69 ff.).[202]

**Abs. 4** enthält die bisher in Abs. 3 vorgesehene Anordnung der sinngemäßen Anwen- 65
dung der Abs. 1–3 auf **Reha-Leistungen**, die **von Amts wegen** zu erbringen sind. Der neu hinzugefügte **Abs. 5** erklärt, dass das Zuständigkeitsklärungsverfahren nach § 14 SGB IX die allgemeine Regelung des § **16 Abs. 2 Satz 1 SGB I verdrängt**, um zu verhindern, dass Anträge auf Teilhabeleistung von Reha-Trägern ungeprüft weitergeleitet werden.[203]

Die bisherigen Regelungen in den Abs. 4–6 des § 14 SGB IX a.F. sind jeweils in einem 66
eigenen Paragrafen geregelt:

- die Kostenerstattung der Reha-Träger untereinander im § 16 SGB IX (s. Rn. 83 ff);
- das Verfahren zur Begutachtung durch Sachverständige im § 17 SGB IX (s. Rn. 101 ff.) und
- die Einbindung weiterer Reha-Träger bei weiteren erforderlichen Leistungen im § 15 SGB IX (s. nachfolgende Rn.).

## 2. Leistungsverantwortung bei Mehrheit von Rehabilitationsträgern (§ 15 SGB IX)

Im § 15 SGB IX werden die Fälle geregelt, in denen der leistende Reha-Träger neben 67
eigenen auch noch **Leistungen anderer Reha-Träger** für erforderlich hält. Dabei werden **zwei Konstellationen** unterschieden:

a) Kann der leistende Reha-Träger für einzelne der beantragten Leistungen grundsätzlich nicht Reha-Träger sein, weil diese nicht in sein Leistungsspektrum nach § 6 Abs. 1 SGB IX fallen (z.B. Leistungen der Sozialen Teilhabe, wenn eine Krankenkasse leistender Reha-Träger ist), hat er insoweit den Teil-Antrag gemäß § 15 Abs. 1 SGB IX an den bzw. ggf. die seiner Meinung nach zuständigen Reha-Träger weiterzuleiten, der/ die dann i.d.R. die Leistungsverantwortung für diesen Teilantrag übernehmen muss/ müssen.

b) Handelt es ich um Leistungen, für die der leistende Reha-Träger nach § 6 Abs. 1 SGB IX – unabhängig vom konkreten Fall – grundsätzlich zuständig sein kann,

---

202 *Siefert* weist in jurisPR-SozR 6/2017 Anm. 1, B.I.7. zudem auf die ungeregelten Fragen, wenn der Fall ohne Einholung des Einverständnisses an den drittangegangenen Träger „übergeben" worden ist.
203 BT-Drs. 18/9522, 233.

kommt aber im konkreten Fall auch die Zuständigkeit anderer Reha-Träger in Betracht, muss er diese gemäß § 15 Abs. 2 SGB IX an der Bedarfsfeststellung beteiligen, die den Fall nach ihren jeweiligen Leistungsgesetzen zu prüfen und entsprechende Feststellungen zu treffen haben. Auf deren Grundlage – bzw. bei nicht rechtzeitiger Rückmeldung aufgrund eigener Feststellung – hat der leistende Reha-Träger sämtliche Leistungen selber zu erbringen, um im Anschluss die Erstattung der Kosten nach § 16 SGB IX für diejenigen Leistungen zu verlangen, für die die Feststellungen die Zuständigkeit eines anderen Reha Trägers ergeben haben.

68  Während in der **1. Konstellation** aufgrund der Aufsplittung des Antrags die **Koordinierungs- und die Leistungsverantwortung auseinanderfallen,** bleiben in der **2. Konstellation beide in der Hand** des leistenden Reha-Trägers. Allerdings sieht § 15 Abs. 3 SGB IX für die 2. Konstellation eine Ausnahme vor, wonach unter bestimmten Voraussetzungen alle beteiligten Reha-Träger separat im eigenen Namen entscheiden. Der Abs. 4 ändert im Fall der Beteiligung weiterer Reha-Träger die in § 14 Abs. 2 SGB IX genannten Fristen zur Entscheidung über den Antrag ab.

69  Zur 1. Konstellation, deren Regelung an diejenige des bisherigen § 14 Abs. 6 SGB IX anknüpft:

§ 15 Leistungsverantwortung bei Mehrheit von Rehabilitationsträgern

(1) ¹Stellt der leistende Rehabilitationsträger fest, dass der Antrag neben den nach seinem Leistungsgesetz zu erbringenden Leistungen weitere Leistungen zur Teilhabe umfasst, für die er nicht Rehabilitationsträger nach § 6 Absatz 1 sein kann, leitet er den Antrag insoweit unverzüglich dem nach seiner Auffassung zuständigen Rehabilitationsträger zu. ²Dieser entscheidet über die weiteren Leistungen nach den für ihn geltenden Leistungsgesetzen in eigener Zuständigkeit und unterrichtet hierüber den Antragsteller.

70  In der Gesetzesbegründung ist insoweit vom einzigen Fall einer zulässigen **Antragssplitung** im Rehabilitationsrecht die Rede,[204] d.h. die antragstellende Person erhält in diesen Fällen von (mindestens) zwei Reha-Trägern einen Bescheid, gegen die sie – gegebenenfalls – separate Rechtsbehelfe einlegen müsste. Die Antragssplittung bewirkt keine Privilegierung des hinzutretenden Reha-Trägers, dieser hat die Entscheidung über den Teilantrag ebenfalls binnen der in § 15 Abs. 4 SGB IX vorgesehenen Fristen zu treffen.[205] Hält er diese Fristen nicht ein und wird deswegen der leistende Reha-Träger aufgrund seiner Koordinierungsverantwortung von der leistungsberechtigten Person auf Erstattung zwischenzeitlich selbst beschaffter Leistungen nach § 18 SGB IX in Anspruch genommen, kann der leistende Reha-Träger seinerseits den Ersatz dieser Kosten nach § 16 Abs. 5 SGB IX verlangen.[206]

71  Nicht geregelt ist der Fall, wenn der Reha-Träger, an den der Teilantrag nach Abs. 1 weitergeleitet wurde, seinerseits unzuständig ist. Hier liegt es nahe, anhand der Grundgedanken der §§ 14 und 15 SGB IX zu differenzieren: ist er „nur" im konkreten Einzelfall unzuständig, kann aber nach § 6 Abs. 1 SGB IX grundsätzlich Reha-Träger für die beantragte Leistung sein, muss er denjenigen Reha-Träger einbinden,

---

204  BT-Drs. 18/9522, 234.
205  BT-Drs. 18/9522, 234.
206  S. auch BT-Drs. 18/9522, 234.

den er für zuständig hält, die Leistung auf Grundlage dessen Feststellung erbringen und sich die verauslagten Kosten nach § 16 Abs. 2 und 3 SGB IX vom zuständigen Reha-Träger erstatten lassen. Eine weitere Weiterleitung wäre in diesem Fall unzulässig.[207] Kann jedoch auch dieser Reha-Träger, anders als vom leistenden Reha-Träger angenommen, nach seinem Leistungsgesetz nicht für die beantragte Leistung zuständig sein, wird man hier eine erneute Weiterleitung des Teilantrags an den für zuständig gehaltenen Reha-Träger für zulässig halten müssen. Die Interessen der **antragstellenden Person**, die gemäß § 15 Abs. 4 Satz 3 SGB IX **über die Weiterleitung und die Entscheidungsfristen zu informieren** ist, bleiben dabei dadurch gewahrt, dass sie nach Ablauf der Frist zur Selbstbeschaffung gegen Kostenerstattung nach § 18 SGB IX berechtigt ist (s. Rn. 108). Denn die Weiterleitung an einen Reha-Träger, der nach § 6 Abs. 1 SGB IX nicht für die beantragte Leistung zuständig sein kann, ist kein Grund, der nach § 18 Abs. 2 SGB IX eine Überschreitung der Zweimonatsfrist rechtfertigt. Der Anspruch auf Kostenerstattung richtet sich auch in diesem Fall gegen den leistenden Reha-Träger, der trotz der Weiterleitung eines Teilantrages die Koordinierungsverantwortung behält, und der seinerseits nur im Innenverhältnis der Reha-Träger ein Ersatz der Kosten nach § 16 Abs. 5 SGB IX verlangen kann.

In § 15 Abs. 2 SGB IX ist die 2. Konstellation geregelt, der zur Folge der leistende 72 Träger trotz der Zuständigkeit einer Trägermehrheit nicht nur die **Koordinierungs-**, sondern **auch die Leistungsverantwortung** behält:

**§ 15 Leistungsverantwortung bei Mehrheit von Rehabilitationsträgern**

(2) [1]Hält der leistende Rehabilitationsträger für die umfassende Feststellung des Rehabilitationsbedarfs nach § 14 Absatz 2 die Feststellungen weiterer Rehabilitationsträger für erforderlich und liegt kein Fall nach Absatz 1 vor, fordert er von diesen Rehabilitationsträgern die für den Teilhabeplan nach § 19 erforderlichen Feststellungen unverzüglich an und berät diese nach § 19 trägerübergreifend. [2]Die Feststellungen binden den leistenden Rehabilitationsträger bei seiner Entscheidung über den Antrag, wenn sie innerhalb von zwei Wochen nach Anforderung oder im Fall der Begutachtung innerhalb von zwei Wochen nach Vorliegen des Gutachtens beim leistenden Rehabilitationsträger eingegangen sind. [3]Anderenfalls stellt der leistende Rehabilitationsträger den Rehabilitationsbedarf nach allen in Betracht kommenden Leistungsgesetzen umfassend fest.

Der leistende Reha-Träger muss diejenigen **Reha-Träger einbinden**, deren Feststellun- 73 gen bezüglich deren jeweiligen Leistungsgesetzen er zur umfassenden Ermittlung des Reha-Bedarfs und zur Dokumentation im Teilhabeplan für erforderlich hält. Treffen diese die **nötigen Feststellungen** innerhalb der in Abs. 2 Satz 2 genannten **zwei Wochen Frist** ab Aufforderung bzw. ab Vorlage des erforderlichen Gutachtens, muss der leistende Reha-Träger diese verbindlich dem weiteren Verfahren zugrunde legen. Unterbleiben rechtzeitige Feststellungen der beteiligten Reha-Träger, hat der leistende Reha-Träger selbst den Bedarf umfassend nach allen Leistungsgesetzen zu ermitteln. Unterlaufen ihm dabei Fehler, kann ihm der beteiligte Reha-Träger dies im Rahmen der Kostenerstattung nach § 16 Abs. 2 Satz 2 SGB IX nicht entgegenhalten (s. Rn. 87 ff.). Angesichts des Fehlens verbindlicher inhaltlicher Vorgaben für eine einheitliche Bedarfsermittlung nach § 13 SGB IX (s. Rn. 54 ff.) ist dabei Streit unter den Reha-Trägern über die getroffenen Feststellungen zu erwarten.

---

207 Vgl. *Luik* in Schlegel/Voelzke jurisPK-SGB IX, 2. Aufl. 2015, § 14 SGB IX Rn. 97 m.w.N. zu § 14 Abs. 6 i.d.F. bis 31.12.2017.

74 Während die beiden genannten Konstellationen alle Fälle der Trägermehrheit abbilden, ist im **Abs. 3 Satz 1** eine **Ausnahme zur 2. Konstellation** formuliert, die geeignet ist, deren Grundgedanken der „Leistungsgewährung aus einer Hand" in Frage zu stellen:

**§ 15 Leistungsverantwortung bei Mehrheit von Rehabilitationsträgern**

(3) [1]Die Rehabilitationsträger bewilligen und erbringen die Leistungen nach den für sie jeweils geltenden Leistungsgesetzen im eigenen Namen, wenn im Teilhabeplan nach § 19 dokumentiert wurde, dass

1. die erforderlichen Feststellungen nach allen in Betracht kommenden Leistungsgesetzen von den zuständigen Rehabilitationsträgern getroffen wurden,
2. auf Grundlage des Teilhabeplans eine Leistungserbringung durch die nach den jeweiligen Leistungsgesetzen zuständigen Rehabilitationsträger sichergestellt ist und
3. die Leistungsberechtigten einer nach Zuständigkeiten getrennten Leistungsbewilligung und Leistungserbringung nicht aus wichtigem Grund widersprechen.

[2]Anderenfalls entscheidet der leistende Rehabilitationsträger über den Antrag in den Fällen nach Absatz 2 und erbringt die Leistungen im eigenen Namen.

75 Nach den Worten der Gesetzesbegründung soll es sich dabei um eine Regelung für „häufig anzunehmende" **Konsensfälle** handeln, in denen im Teilhabeplan das Einvernehmen aller Beteiligten dokumentiert ist, dass die **Leistungsgewährung nicht gebündelt** allein durch den leistenden Reha-Träger erfolgt, sondern **nach Zuständigkeiten getrennt** vom jeweiligen Reha-Träger.[208] Als Begründung dafür werden verringerter Verwaltungsaufwand, eine Beschleunigung des Verfahrens und die Vermeidung der Kostenerstattung nach § 16 SGB IX angeführt.[209] Unabhängig von einer Bewertung dieser Verfahrensvariante handelt es sich dabei – anders als in der Gesetzesbegründung zu Abs. 1 ausgeführt – jedenfalls um einen weiteren Fall der Antragssplittung; und das wie erwähnt in „häufig anzunehmenden Fällen".[210] D.h. durch die in Abs. 3 vorgesehene Möglichkeit **droht die Antragssplittung** im Fall der Beteiligung von mehreren Reha-Trägern vielmehr **zum Regelfall** zu werden (vgl. Rn. 70).

76 Erste Voraussetzung dafür ist, dass **im Teilhabeplan** die **erforderlichen Feststellungen** i.S.d. Abs. 2 **von den zuständigen Reha-Trägern** getroffen worden sind. D.h., die nach Zuständigkeiten getrennte Leistungserbringung ist immer dann ausgeschlossen, wenn der leistende Reha-Träger ersatzweise die Feststellungen für wenigstens einen der anderen beteiligten Reha-Träger nach Abs. 2 Satz 4 durchgeführt hat. Des Weiteren muss im Teilhabeplan **Konsens darüber** bestanden haben, **wer welche Leistungen** für die ermittelten Bedarfe erbringt, damit kein aktuell bekannter Bedarf ungedeckt bleibt. Zudem darf die leistungsberechtigte Person dieser Vorgehensweise **nicht widersprochen** haben. Allerdings beschränkt § 15 Abs. 3 Nr. 3 SGB IX das Widerspruchsrecht auf solche Fälle, in denen **ein wichtiger Grund** vorliegt.

77 Als **Beispiele** für solch einen wichtigen Grund nennt die Gesetzesbegründung Schwierigkeiten der antragstellenden Person mit einem der beteiligten Reha-Träger in der

---

208 BT-Drs. 18/9522, 234.
209 BT-Drs. 18/9522, 234.
210 Dabei hat die Bundesregierung in ihrem Teilhabebericht vom 31.7.2013 den Reha-Trägern in der Praxis bei der bezüglich der Koordination und Kooperation ein „kompliziertes System von unterschiedlichen Trägerschaften und Zuständigkeiten" und ein „Kompetenzgerangel unterschiedlicher Zuständigkeiten" attestiert, BT-Drs. 17/14476, 52 f..

Vergangenheit oder aber Kontaktbarrieren, weil einer der beteiligten Reha-Träger keine Geschäftsstelle in der Nähe unterhält „und dies für den Leistungsberechtigten von Bedeutung ist".[211] Die Beispiele aus der Gesetzesbegründung gehen allerdings von schlechten Erfahrungen aus, die die leistungsberechtigte Person in der Vergangenheit mit einem Reha-Träger gemacht haben muss, um diese dann im Teilhabeplanverfahren eines Folgeantrages geltend machen zu können. D.h., Beispiele für einen wichtigen Grund im Rahmen der erstmaligen Erstellung eines Teilhabeplans werden nicht genannt. Dabei ist auch **die persönliche Lebenssituation** der leistungsberechtigten Person als möglicher wichtiger Grund anzusehen, in Anlehnung an die Kündigung einer Zielvereinbarung zur Umsetzung eines Persönlichen Budgets mit sofortiger Wirkung (§ 29 Abs. 4 Satz 5 SGB IX). Ein wichtiger Grund für einen Widerspruch ist z.b. auch darin zu sehen, wenn ihr aufgrund ihrer Lebensumstände eine Auseinandersetzung mit mehr als nur einem Reha-Träger, wie es das Gesetz eigentlich vorsieht, nicht oder im weiteren Verlauf nicht mehr zuzumuten ist, z.b. nach dem Ausfall einer Unterstützungsperson im persönlichen Umfeld.

An die Geltendmachung eines wichtigen Grundes im Sinne des § 15 Abs. 3 Satz 1 Nr. 3 SGB IX sind **keine hohen Anforderungen** zu stellen, da das Verlangen eines wichtigen Grundes in diesem Zusammenhang **systemwidrig** ist. So weicht das Gesetz mit § 15 Abs. 3 SGB IX von dem Grundgedanken der Leistungsgewährung aus einer Hand ab, wonach sich ein Mensch mit Behinderung trotz des gegliederten Systems nur mit einem Reha-Träger auseinandersetzen muss.[212] Diese Ausnahme bei mehreren Beteiligten Reha-Trägern wird jedoch zur Regel, wenn dem wichtigen Grund eine hohe Bedeutung beigemessen wird. Dem **Selbstbestimmungsgrundsatz** des § 1 SGB IX hätte viel mehr die umgekehrte Verfahrensweise entsprochen, nämlich die antragstellende Person zur „Herrin des Verfahrens" zu machen, indem zur Aufsplittung der Verantwortung ausdrücklich ihre Zustimmung erforderlich wäre, um insoweit zu dokumentieren, dass es sich um einen „Konsensfall" handelt.[213] Bei dieser Herangehensweise wäre jemand, der in der Vergangenheit gute Erfahrung mit der Leistungsgewährung durch mehrere Reha-Träger gemacht hat, eher bereit, einer gesplitteten Verantwortung zuzustimmen. Und die erhofften Einsparungen beim Verwaltungsaufwand wären gleichwohl zu erzielen, wenn die Annahme in der Gesetzesbegründung zutrifft, dass ein im Teilhabeplan festzustellendes Einvernehmen bezüglich der getrennten Leistungsgewährung durch die beteiligten Reha-Träger „den häufig anzunehmenden Fall" darstellt.[214]

Hinsichtlich der Frage, wer darüber zu entscheiden hat, ob der Widerspruch der leistungsberechtigten Person nach § 15 Abs. 3 Satz 1 Nr. 3 SGB IX aus wichtigem Grund erfolgt oder nicht, ist von der **Zuständigkeit des** nach § 14 SGB IX **leistenden Reha-**

78

79

---

211  BT-Drs. 18/9522, 235.
212  Vgl. BSG 11.5.2011 – B 5 R 54/10 R.
213  Allerdings hatten sich Bundesrat und Bundesregierung ganz im Gegenteil dazu im Gesetzgebungsverfahren bereits darauf verständigt, das im Gesetzentwurf vorgesehene Widerspruchsrecht als „zu unbestimmt und nicht praktikabel" wieder zu streichen, s. BT-Drs. 18/9954, 7 f. (61). Jedoch hat der federführende Bundestagsausschuss für Arbeit und Soziale diese Änderung nicht in seine Beschlussempfehlung, BT-Drs. 18/10523 übernommen.
214  BT-Drs. 18/9522, 234.

Trägers aufgrund seiner Koordinierungsfunktion auszugehen. Auch wenn der Teilhabeplan eine rein verwaltungsinterne Maßnahme ist, so hat die **Entscheidung über die Nicht-/Anerkennung** des wichtigen Grundes einen Regelungsgehalt mit Außenwirkung, da durch diese Entscheidung die Position der leistungsberechtigten Person im weiteren Verfahren maßgeblich beeinflusst wird. Mithin stellt diese Entscheidung einen **Verwaltungsakt** dar, der ggf. mit Widerspruch und Anfechtungsklage angegriffen werden kann.

80   Sind mehrere Reha-Träger in die Leistungsverantwortung eingebunden, legt Abs. 4 **veränderte Höchstfristen für die Entscheidung** fest:

**§ 15 Leistungsverantwortung bei Mehrheit von Rehabilitationsträgern**

(4) ¹In den Fällen der Beteiligung von Rehabilitationsträgern nach den Absätzen 1 bis 3 ist abweichend von § 14 Absatz 2 innerhalb von sechs Wochen nach Antragseingang zu entscheiden. ²Wird eine Teilhabeplankonferenz nach § 20 durchgeführt, ist innerhalb von zwei Monaten nach Antragseingang zu entscheiden. ³Die Antragsteller werden von dem leistenden Rehabilitationsträger über die Beteiligung von Rehabilitationsträgern sowie über die für die Entscheidung über den Antrag maßgeblichen Zuständigkeiten und Fristen unverzüglich unterrichtet.

81   Diese beträgt in Abweichung von § 14 Abs. 2 SGB IX **sechs Wochen ab Antragseingang** und erhöht sich bei Durchführung einer **Teilhabeplankonferenz** auf **zwei Monate** – und das gemäß § 20 Abs. 4 SGB IX auch dann, wenn die Teilhabeplankonferenz nur auf Wunsch der leistungsberechtigten Person zustande kommt. Hingegen führt allein die Erstellung eines Teilhabeplans auf Wunsch der leistungsberechtigten Person nach § 19 Abs. 2 Satz 2 SGB IX nicht zu einer Verlängerung der in § 14 Abs. 2 SGB IX genannten Fristen, da damit für den leistenden Reha-Träger kein erheblicher Mehraufwand verbunden ist.[215] Sofern die **Einholung eines Gutachtens** erforderlich ist, muss dies **innerhalb der** in Abs. 4 aufgestellten **Fristen** erfolgen.[216]

82   Im Fall der (ggf. mehrmaligen) **Weiterleitung des Antrages** ist in entsprechender Anwendung des § 14 Abs. 2 Satz 4 SGB IX zur Bestimmung des Fristbeginns auf den **Eingang des Antrags beim zweitangegangenen Träger** abzustellen. Die entsprechende Anwendung § 14 Abs. 2 Satz 4 SGB IX erscheint sachgerecht, denn aufgrund von § 14 Abs. 1 SGB IX erfährt der zweitangegangene Träger u.U. erst zwei Wochen nach Antragseingang beim erstangegangenen Träger überhaupt von dem Fall, ohne dass in der Sache bis dahin etwas unternommen worden ist. Ist dann noch ein Gutachten erforderlich, vergehen mit der Beauftragung einer sachverständigen Person, der Begutachtung und Erstellung des Gutachtens weitere 3 Wochen (s. Rn. 101), so dass für die Einbindung der anderen Reha-Träger, die Erstellung des Teilhabeplans und die abschließende Entscheidung nur noch eine Woche Zeit bliebe. Auch wenn der Antrag ein zweites Mal im Wege der Turbo-Klärung (s. Rn. 63) weitergeleitet wurde, käme es für den Fristbeginn ebenfalls auf den Eingang des Antrags beim zweitangegangene Träger an. Denn zum einen sieht schon § 14 Abs. 3 SGB IX vor, dass dieser Fristbeginn für den drittangegangen Träger entscheidend ist, zum anderen ist diese Weiterleitung nur mit dessen Einverständnis möglich. Dieses könnte er dementsprechend

---

215   BT-Drs. 18/10523, 56.
216   BT-Drs. 18/9522, 235.

verweigern, wenn er sich angesichts einer späten Kontaktaufnahme durch den zweit-angegangene Träger zu einer fristgerechten Entscheidung nicht mehr imstande sieht.

### 3. Erstattungsansprüche zwischen Reha-Trägern (§ 16 SGB IX)

§ 16 SGB IX regelt die Erstattungsansprüche zwischen Reha-Trägern, die daraus ent- **83** stehen, wenn und soweit der in sachlicher Hinsicht unzuständige **leistende Reha-Trä-ger** Leistungen erbringen muss anstelle des eigentlich zuständigen Trägers. Dadurch wird ein Ausgleich geschaffen zwischen der Verfahrensbeschleunigung im Außenver-hältnis zur leistungsberechtigten Person und der eigentlich im Innenverhältnis auf-grund der Zuständigkeitsregelungen in den Leistungsgesetzen vorgesehenen Vertei-lung der Kosten. **§ 16 SGB IX geht** zwar den allgemeinen Bestimmungen der Kosten-erstattung von Sozialleistungsträgern untereinander nach **§§ 102 ff. SGB X vor**, so-fern er speziellere Regelungen enthält, regelt die Erstattungsansprüche jedoch nicht abschließend, so dass die §§ 102 ff. SGB X ggf. ergänzend herangezogen werden kön-nen.[217] Die Abs. 1, 2, 4 und 5 des § 16 SGB IX regeln die Erstattungsansprüche in unterschiedlichen Konstellationen, die Abs. 3 und 6 betreffen den Umfang des Erstat-tungsanspruches.

### a) Erstattung der Kosten des leistenden zweitangegangenen Trägers bei Unzuständigkeit (Abs. 1)

Der Anwendungsbereich des Abs. 1 ist – wie schon derjenige des bisherigen § 14 **84** Abs. 4 Satz 1 SGB IX – begrenzt auf die Fälle, in denen der **zweitangegangene Träger** geleistet hat, obwohl er in dem konkreten Einzelfall **insgesamt unzuständig** war. Für den erstangegangenen Träger gilt hingegen die spezielle Regelung des § 16 Abs. 4 SGB IX, für den drittangegangenen Träger ist insoweit keine Kostenerstattung vorge-sehen, wohl weil dieser sein nach § 14 Abs. 3 SGB IX erforderliches Einvernehmen für eine Weiterleitung nicht erklären wird, wenn er für den Fall insgesamt unzustän-dig ist.

§ 16 Erstattungsansprüche zwischen Rehabilitationsträgern

(1) Hat ein leistender Rehabilitationsträger nach § 14 Absatz 2 Satz 4 Leistungen erbracht, für die ein anderer Rehabilitationsträger insgesamt zuständig ist, erstattet der zuständige Rehabilitations-träger die Aufwendungen des leistenden Rehabilitationsträgers nach den für den leistenden Rehabi-litationsträger geltenden Rechtsvorschriften.

Obwohl im Wortlaut des Abs. 1 die im bisherigen § 14 Abs. 4 Satz 1 SGB IX aus- **85** drücklich geregelte Voraussetzung, wonach die **Unzuständigkeit erst nach Bewilli-gung** der Leistung **festgestellt** worden sein muss, nicht übernommen worden ist, ist diese auch weiterhin als **ungeschriebenes Tatbestandsmerkmal** anzusehen. Dies nicht nur, weil Abs. 1 nach der Gesetzesbegründung „weitgehend der bisherigen Rechtsla-ge" entspräche,[218] als aus sachlogischen Gründen: Erkennt der zweitangegangene Träger nämlich bereits vor der Bewilligung der Leistung seine Unzuständigkeit, hat er nicht nur die Möglichkeit, den Fall im Wege einer „Turbo-Klärung" nach § 14 Abs. 3 SGB IX einvernehmlich an den zuständigen Reha-Träger abzugeben (s. Rn. 63), son-

---

217  BT-Drs. 18/9522, 235.
218  BT-Drs. 18/9522, 235.

dern jedenfalls die Pflicht, diesen gemäß § 15 Abs. 2 SGB IX in das Verfahren einzubinden, damit dieser die notwendigen Feststellungen treffen kann, wenn der zweitangegangene Träger leistender Reha-Träger bleibt. In entsprechender Anwendung des § 19 Abs. 1 SGB IX ist in diesem Fall auch von einer Pflicht zur Aufstellung eines Teilhabeplans auszugehen (s. Rn. 72 f.). Die Kostenerstattung im Fall der Beteiligung nach § 15 Abs. 2 SGB IX ist aber spezieller im Abs. 2 des § 16 SGB IX geregelt und deren Umfang davon abhängig, ob der beteiligte Träger die notwendigen Feststellungen fristgerecht getroffen hat. Tut er das, hat er dem leistenden Reha-Träger „nur" die Kosten der Leistungen auf der Grundlage dieser Feststellung anhand des für ihn einschlägigen Leistungsgesetzes zu ersetzen. Demgegenüber sind bei der Erstattung nach § 16 Abs. 1 SGB IX diejenigen Kosten zu Grunde zu legen, die dem leistenden Reha-Träger aufgrund der Anwendung seines Leistungsgesetzes entstanden sind. D.h., auch wenn diese Kosten höher ausfallen, als wenn der zuständige Träger die Leistungen selbst erbracht hätte, kann der leistende Träger die Erstattung auch der darüber hinausgehenden Kosten verlangen. Das ist jedoch nicht interessengerecht, wenn der nach § 15 Abs. 2 SGB IX beteiligte Reha-Träger seinen Pflichten nachgekommen ist. Käme der zweitangegangene Träger hingegen seiner Pflicht aus § 15 Abs. 2 SGB IX nicht nach, den ggf. vorrangig zuständigen Reha-Träger einzubinden und ihm die dementsprechenden Feststellungen zu ermöglichen, ist ein Erstattungsanspruch nach § 16 Abs. 4 Satz 1 Nr. 2 SGB IX ausgeschlossen und auch der Weg über § 105 SGB X gesperrt (s. Rn. 93 f.). Dementsprechend kann die Kostenerstattung nach § 16 Abs. 1 SGB IX an den zweitangegangenen Reha-Träger nur in den Fällen zur Anwendung kommen, wenn sich dessen Unzuständigkeit erst nach Bewilligung der Leistungen erweist. Somit kommt dessen Anwendung – entgegen den Ausführungen in der Gesetzesbegründung – dann nicht mehr in Betracht, wenn die Möglichkeit einer sog. Turbo-Klärung nach § 14 Abs. 3 SGB IX erkannt, aber nicht genutzt worden ist.[219]

86 Hingegen über den Wortlaut des Abs. 1 hinaus muss dieser **in entsprechender Anwendung** auch in den Fällen greifen, in denen der zweitangegangene Träger nach der Bewilligung der Leistungen seine insgesamt bestehende Unzuständigkeit feststellt, aber **nicht nur ein anderer Reha-Träger** für die erbrachten Leistung zuständig ist, sondern mehrere. Der Erstattungsanspruch richtet sich in diesen Fällen anteilig gegen die jeweils zuständigen Reha-Träger.

**b) Erstattung der Kosten des leistenden zweitangegangenen Trägers bei Beteiligung anderer Reha-Träger (Abs. 2)**

87 Abs. 2 regelt die Kostenerstattung in den Fällen, in denen der leistende Reha-Träger gemäß § 15 Abs. 3 Satz 2 SGB IX im eigenen Namen Leistungen erbringt, für die z.T. **andere beteiligte Reha-Träger zuständig** sind:

§ 16 Erstattungsansprüche zwischen Rehabilitationsträgern

(2) [1]Hat ein leistender Rehabilitationsträger nach § 15 Absatz 3 Satz 2 Leistungen im eigenen Namen erbracht, für die ein beteiligter Rehabilitationsträger zuständig ist, erstattet der beteiligte Rehabilitationsträger die Aufwendungen des leistenden Rehabilitationsträgers nach den Rechtsvor-

---

219  BT-Drs. 18/9522, 235.

schriften, die den nach § 15 Absatz 2 eingeholten Feststellungen zugrunde liegen. [2]Hat ein beteiligter Rehabilitationsträger die angeforderten Feststellungen nicht oder nicht rechtzeitig nach § 15 Absatz 2 beigebracht, erstattet der beteiligte Rehabilitationsträger die Aufwendungen des leistenden Rehabilitationsträgers nach den Rechtsvorschriften, die der Leistungsbewilligung zugrunde liegen.

Der Unterschied zu Abs. 1 besteht darin, dass hier der leistende Reha-Träger **vor der** **Bewilligung** der Leistungen **erkannt** hat, dass zur Bedarfsdeckung Leistungen benötigt werden, für die er zwar gemäß § 6 Abs. 1 SGB IX zuständig sein kann,[220] für die aber eine vorrangige **Zuständigkeit anderer Reha-Träger** in Betracht kommt. Daher hat er diese im Teilhabeplanverfahren einzubinden und gemäß § 15 Abs. 2 SGB IX die aus seiner Sicht erforderlichen Feststellungen einzufordern. Liefern alle beteiligten Reha-Träger die angeforderten Feststellungen fristgerecht und wird im Teilhabeplan eine bedarfsdeckende Erbringung der Leistungen sichergestellt, erbringen die beteiligten Reha-Träger ihre Leistungen gemäß § 15 Abs. 3 Satz 1 SGB IX in eigenem Namen, wenn die leistungsberechtigte Person dem nicht aus wichtigem Grund widerspricht (s. Rn. 122 ff.). In diesen laut der Gesetzesbegründung „häufig anzunehmenden Fällen"[221] besteht aufgrund der Leistungserbringung im eigenen Namen kein Bedarf für eine Kostenerstattung. Nur wenn eine der drei genannten Voraussetzungen nicht erfüllt ist, hat der leistende Reha-Träger nach § 15 Abs. 3 Satz 2 SGB IX sämtliche Leistungen im eigenen Namen zu erbringen und sich die Kosten auf Grundlage des § 16 Abs. 2 SGB IX erstatten zu lassen.

88

Der **Umfang des Kostenerstattungsanspruches** gegen beteiligte Reha-Träger unterscheidet sich danach, ob jeweils die angeforderten **Feststellungen innerhalb** der in § 15 Abs. 2 Satz 2 SGB IX festgelegten **Frist** getroffen worden sind oder nicht. Wenn ja, hat der beteiligte Reha-Träger die Kosten auf der Grundlage seiner eigenen Feststellungen zu ersetzen, typischerweise also auf der Grundlage der Anwendung des für ihn geltenden Leistungsgesetzes. Trifft er die Feststellungen jedoch nicht bzw. nicht fristgerecht, hat er die Kosten auf der Grundlage des Leistungsgesetzes zu erstatten, die vom leistenden Reha-Träger bei der Leistungsbewilligung zu Grunde gelegt worden sind. Sind dabei Mehrkosten entstanden im Vergleich zu einer Leistungserbringung durch den beteiligten Reha-Träger, z.B. weil der leistende Reha-Träger die Zuständigkeiten nach den Leistungsgesetzen falsch bewertet hat,[222] geht das zu Lasten des beteiligten Reha-Trägers, da er eine rechtzeitige Mitwirkung zur Wahrung seiner Interessen unterlassen hatte.

89

#### c) Erstattung von Verwaltungskosten (Abs. 3)

Abweichend von den allgemeinen Regelung der Kostenerstattung nach § 109 Satz 1 SGB X umfasst der Erstattungsanspruch neben den Aufwendungen für die Leistungserbringung auch einen **Verwaltungskostenanteil.**

90

---

220 Wenn das nicht der Fall wäre, müsste der leistende Reha-Träger nach § 15 Abs. 1 SGB IX verfahren (s. Rn. 70).
221 BT-Drs. 18/9522, 234.
222 BT-Drs. 18/9522, 235.

§ 16 Erstattungsansprüche zwischen Rehabilitationsträgern

(3) ¹Der Erstattungsanspruch nach den Absätzen 1 und 2 umfasst die nach den jeweiligen Leistungsgesetzen entstandenen Leistungsaufwendungen und eine Verwaltungskostenpauschale in Höhe von 5 Prozent der erstattungsfähigen Leistungsaufwendungen. ²Eine Erstattungspflicht nach Satz 1 besteht nicht, soweit Leistungen zu Unrecht von dem leistenden Rehabilitationsträger erbracht worden sind und er hierbei grob fahrlässig oder vorsätzlich gehandelt hat.

91 Dies soll dem **Interessenausgleich** der am Verfahren Beteiligten dienen.[223] Aus Gründen der Verwaltungsvereinfachung ist dieser Anteil **pauschaliert** festgelegt. Die **Höhe von 5 %** gemessen an den zu erstattenden Kosten ist in Anlehnung an Erfahrungen der Kostenerstattung im Rahmen der Krankenbehandlung nach § 264 Abs. 7 Satz 2 SGB V festgesetzt worden.[224] Im Unterschied zu der dort im Satz 3 folgenden Regelung kann der erstattungspflichtige Reha-Träger im Rahmen des § 16 Abs. 3 SGB IX im Einzelfall **keinen Nachweis** bezüglich der Angemessenheit dieser Höhe **verlangen**. **Prozesskosten** eines gerichtlich geführten Erstattungsstreites sind im Rahmen des Abs. 3 jedoch **nicht erstattungsfähig**.[225]

92 Die Erstattungspflicht insgesamt setzt voraus, dass die **Leistungen** entweder **rechtmäßig** erbracht worden sind oder der leistende Reha-Träger im Fall zu Unrecht erbrachter Leistung **lediglich fahrlässig** gehandelt hat, also die im Verkehr erforderliche Sorgfalt außer acht gelassen hat (§ 276 Abs. 2 BGB). Hingegen scheidet eine Erstattung der Verwaltungskosten aus, wenn der leistende Reha-Träger vorsätzlich oder grob fahrlässig gehandelt hat. Grobe Fahrlässigkeit liegt vor, wenn die erforderliche Sorgfalt in besonders schwerem Maße verletzt wird, also einfache, ganz naheliegende Überlegungen nicht angestellt wurden.[226] Von grober Fahrlässigkeit ist beispielsweise auszugehen, wenn der leistende Reha-Träger rechtzeitig vom beteiligten zuständigen Reha-Träger übermittelte Feststellungen zwar zur Kenntnis genommen, bei der Leistungsbewilligung aber unberücksichtigt gelassen hat.

**d) Ausschluss der Kostenerstattung (Abs. 4)**

93 § 16 Abs. 4 SGB IX schließt die Erstattung von Kosten in bestimmten Konstellationen insgesamt aus, wenn ein unzuständiger Reha-Träger Leistungen erbracht hat:

§ 16 Erstattungsansprüche zwischen Rehabilitationsträgern

(4) ¹Für unzuständige Rehabilitationsträger ist § 105 des Zehnten Buches nicht anzuwenden, wenn sie eine Leistung erbracht haben,

1. ohne den Antrag an den zuständigen Rehabilitationsträger nach § 14 Absatz 1 Satz 2 weiterzuleiten oder
2. ohne einen weiteren zuständigen Rehabilitationsträger nach § 15 zu beteiligen,

es sei denn, die Rehabilitationsträger vereinbaren Abweichendes. ²Hat ein Rehabilitationsträger von der Weiterleitung des Antrages abgesehen, weil zum Zeitpunkt der Prüfung nach § 14 Absatz 1 Satz 3 Anhaltspunkte für eine Zuständigkeit aufgrund der Ursache der Behinderung bestanden haben, bleibt § 105 des Zehnten Buches unberührt.

94 Der **Ausschluss der Kostenerstattung** wegen unterbliebene Weiterleitung des Antrages in Satz 1 **Nr. 1** greift die Regelung des bisherigen § 14 Abs. 4 Satz 3 SGB IX auf und

---

223  BT-Drs. 18/9522, 235.
224  BT-Drs. 18/9522, 235.
225  BT-Drs. 18/9954, 62.
226  LSG SAN 31.1.2017 – L 4 AS 38/14, Rn. 50.

ist wie diese beschränkt auf den **erstangegangen Träger**. Der zweitangegangene Träger hat zwar die neu geschaffene Möglichkeit einer Weiterleitung im Rahmen der sog. „Turbo-Klärung", ist dazu aber nicht verpflichtet und kann die Weiterleitung zudem auch nur im Einvernehmen mit dem drittangegangenen Träger bewirken (s. Rn. 63 f.).

Hingegen erfasst die Ausschlussregelung der **Nr. 2** alle Fälle, in denen der unzuständige Reha-Träger Leistungen erbracht hat, **ohne** den bzw. die **anderen Reha-Träger** gemäß § 15 Abs. 2 SGB IX in das Verfahren **einzubinden**. Dies gilt sowohl **für den erst- und zweit- als auch den drittangegangenen Träger**, aber auch für denjenigen Reha-Träger, an den vom leistenden Reha-Träger nach § 15 Abs. 1 SGB IX ein Teil des Antrags fälschlicherweise weitergeleitet worden ist, der zwar grundsätzlich für die beantragte Leistung zuständig sein kann, im konkreten Einzelfall aber nicht dafür zuständig ist (s. Rn. 71). Sinn und Zweck der Beteiligung weiterer Reha-Träger am Verfahren ist es, entweder zu einer getrennten Leistungsgewährung zu kommen (§ 15 Abs. 3 Satz 1 SGB IX, Rn. 74 ff.) oder aber den beteiligten Reha-Trägern durch ihre Feststellungen eine Steuerung des Falles auf der Grundlage des für sie geltenden Leistungsgesetzes zu ermöglichen. Werden diese Möglichkeiten zur sparsamen Leistungsgewährung vom leistenden Reha-Träger nicht genutzt, soll er auch nicht den Ersatz der ihm entstandenen Kosten verlangen können. Eine **Sonderregelung** gilt nach § 16 Abs. 1 SGB IX allerdings für den **zweitangegangenen Träger**, sofern er seine Unzuständigkeit erst nach Bewilligung der Leistungen erkennt; in diesem Fall bekommt er die auf der Grundlage seines Leistungsgesetzes entstandenen Kosten erstattet (s. Rn. 84 f.). Die Regelung des Abs. 4 geht der allgemeinen Bestimmung im § 105 SGB X nicht nur vor, sondern schließt auch dessen ergänzende Anwendung aus. Allerdings ermächtigt der Gesetzgeber die Reha-Träger, wie schon bisher im bisherigen § 14 Abs. 4 Satz 3 SGB IX a.F., diesbezüglich **abweichende Verwaltungsvereinbarungen** zu treffen. Diese Ermächtigung bezieht sich nunmehr sowohl auf die Ausschlussregelung in der Nr. 1 als auch jene in der Nr. 2.

95

Eine **gesetzliche Ausnahme** bezogen auf die Ausschlussregelung in der Nr. 1 enthält **§ 16 Abs. 4 Satz 2 SGB IX**. Sie erfasst den Fall, dass ein erstangegangener Reha-Träger zum Zeitpunkt der Prüfung seiner Zuständigkeit Anhaltspunkte dafür hatte, dass er **aufgrund der Ursache der Behinderung** der antragstellenden Person zuständiger Träger ist, wenn also z.B. ein Träger der Gesetzlichen Unfallversicherung Hinweise darauf hat, dass die Behinderung der antragstellenden Person auf einen Arbeitsunfall zurückzuführen ist. In diesen Fällen soll trotz unterbliebener Weiterleitung an den – dann doch – zuständigen Träger eine Kostenerstattung auf der Grundlage von § 105 SGB X möglich sein. Im Interesse der Leistungsberechtigten soll eine Weiterleitung aus formalen Gründen – sprich: zur Vermeidung des Erstattungsausschlusses nach Abs. 4 Satz 1 Nummer 1 – vermieden werden, wenn im Ergebnis einer „qualifizierten Prognoseentscheidung" davon auszugehen ist, dass der zweitangegangene Träger unzuständig ist.[227] Andernfalls würde der Anreiz gesetzt, den Antrag trotz bestehender Anhaltspunkte für die eigene Zuständigkeit weiterzuleiten, um im Fall der Unzustän-

96

---

227  BT-Drs. 18/9522, 236.

digkeit nicht auf den Kosten sitzen zu bleiben. Da aber § 105 SGB X keine Regelung zur Erstattung von Verwaltungskosten enthält, besteht dieser Anreiz gleichwohl. Denn es ist für einen Reha-Träger, der innerhalb der Zweiwochenfrist des § 14 Abs. 1 SGB IX seine Zuständigkeit nicht abschließend klären kann, immer noch effizienter, den Antrag weiterzuleiten und ggf. dem dann leistenden Reha-Träger dessen Kosten inklusive Verwaltungskostenanteil zu erstatten, als eigenen Verwaltungsaufwand z.B. bei der Bedarfsermittlung zu betreiben, diesen aber später bei erwiesener Unzuständigkeit im Rahmen der Kostenerstattung nach §§ 105, 108 SGB X nicht anteilig geltend machen zu können.

**e) Kostenerstattung bei selbst beschafften Leistungen (Abs. 5)**

97 § 16 Abs. 5 regelt den Fall der Kostenerstattung, wenn der leistende Reha-Träger von der antragstellenden Person in Regress genommen wird für die **Kosten selbst beschaffter Leistungen** nach § 18 SGB IX, wenn also nicht rechtzeitig über die Leistungen entschieden, diese zu Unrecht nicht erbracht worden sind oder wegen Eilbedürftigkeit nicht rechtzeitig erbracht werden konnten.

§ 16 Erstattungsansprüche zwischen Rehabilitationsträgern

(5) [1]Hat der leistende Rehabilitationsträger in den Fällen des § 18 Aufwendungen für selbstbeschaffte Leistungen nach dem Leistungsgesetz eines nach § 15 beteiligten Rehabilitationsträgers zu erstatten, kann er von dem beteiligten Rehabilitationsträger einen Ausgleich verlangen, soweit dieser durch die Erstattung nach § 18 Absatz 4 Satz 2 von seiner Leistungspflicht befreit wurde. [2]Hat ein beteiligter Rehabilitationsträger den Eintritt der Erstattungspflicht für selbstbeschaffte Leistungen zu vertreten, umfasst der Ausgleich den gesamten Erstattungsbetrag abzüglich des Betrages, der sich aus der bei anderen Rehabilitationsträgern eingetretenen Leistungsbefreiung ergibt.

98 Hinsichtlich der Höhe der Erstattung, werden zwei Konstellationen unterschieden:

- Hatte der beteiligte Reha-Träger den Grund der Selbstbeschaffung nicht verursacht, muss er dem leistenden Reha-Träger Kosten nur in der Höhe erstatten, in der er sich **Aufwendungen** dadurch **erspart** hat, dass sich die leistungsberechtigte Person die notwendigen Leistungen selbst besorgt hat.
- Ging hingegen der Grund für die Erstattungspflicht nach § 18 Abs. 4 SGB IX auf ein Fehlverhalten des beteiligten Reha-Trägers zurück, muss er dem leistenden Träger den **gesamten Erstattungsbetrag** ersetzen, abzüglich desjenigen Anteils, den sich der leistende und ggf. weitere Beteiligte Reha-Träger durch die Selbstverschaffung an Kosten erspart haben

99 Das **Kostenrisiko**, insbesondere dasjenige in den Fällen selbst beschaffter Leistungen wegen Nichteinhaltung der Entscheidungsfristen (s. Rn. 104), soll auf der Grundlage des Abs. 5 derjenige Reha-Träger tragen, der den Grund für die Selbstbeschaffung der Leistungen gesetzt hat. Alle übrigen Reha-Träger sollen hingegen nur die Kosten tragen, die ihnen auch bei Gewährung der Leistungen ihrerseits entstanden wären.

**f) Verzinsung der Kostenerstattung bei Trägern der Fürsorge (Abs. 6)**

100 Gemäß Abs. 6 werden **Träger der Eingliederungshilfe**, der **Kriegsopferfürsorge** und diejenigen der **Kinder und Jugendhilfe** dahingehend privilegiert, dass ihre Erstattungsansprüche durch Anwendung des § 108 Abs. 2 SGB X auf Antrag mit **4 % bezogen auf den Erstattungsbetrag** zu verzinsen sind. Dies erfolgt, um „Verschiebebahn-

höfe" – sprich die leichtfertige Weiterleitung von Anträgen unabhängig von einer bestehenden Zuständigkeit – insbesondere zulasten der Träger der Eingliederungshilfe zu vermeiden.[228]

### 4. Begutachtung (§ 17 SGB IX)

Die Regelungen über die Einbindung einer sachverständigen Person im Rahmen der Bedarfsfeststellung nach § 14 Abs. 2 SGB IX sind von ihrem bisherigen Standort im § 14 Abs. 5 SGB IX ohne wesentliche inhaltliche Änderungen in die Abs. 1, 2 und 4 des neuen § 17 SGB IX verschoben worden. Hinzugefügt wurden im Abs. 3 Vorgaben zur Abstimmung mehrerer am Verfahren beteiligter Reha-Träger untereinander bei der Begutachtung:

**§ 17 Begutachtung**

(1) [1]Ist für die Feststellung des Rehabilitationsbedarfs ein Gutachten erforderlich, beauftragt der leistende Rehabilitationsträger unverzüglich einen geeigneten Sachverständigen. [2]Er benennt den Leistungsberechtigten in der Regel drei möglichst wohnortnahe Sachverständige, soweit nicht gesetzlich die Begutachtung durch einen sozialmedizinischen Dienst vorgesehen ist. [3]Haben sich Leistungsberechtigte für einen benannten Sachverständigen entschieden, wird dem Wunsch Rechnung getragen.

(2) [1]Der Sachverständige nimmt eine umfassende sozialmedizinische, bei Bedarf auch psychologische Begutachtung vor und erstellt das Gutachten innerhalb von zwei Wochen nach Auftragserteilung. [2]Das Gutachten soll den von den Rehabilitationsträgern vereinbarten einheitlichen Grundsätzen zur Durchführung von Begutachtungen nach § 25 Absatz 1 Nummer 4 entsprechen. [3]Die in dem Gutachten getroffenen Feststellungen zum Rehabilitationsbedarf werden den Entscheidungen der Rehabilitationsträger zugrunde gelegt. [4]Die gesetzlichen Aufgaben der Gesundheitsämter, des Medizinischen Dienstes der Krankenversicherung nach § 275 des Fünften Buches und die gutachterliche Beteiligung der Bundesagentur für Arbeit nach § 54 bleiben unberührt.

(3) [1]Hat der leistende Rehabilitationsträger nach § 15 weitere Rehabilitationsträger beteiligt, setzt er sich bei seiner Entscheidung über die Beauftragung eines geeigneten Sachverständigen mit den beteiligten Rehabilitationsträgern über Anlass, Ziel und Umfang der Begutachtung ins Benehmen. [2]Die beteiligten Rehabilitationsträger informieren den leistenden Rehabilitationsträger unverzüglich über die Notwendigkeit der Einholung von Gutachten. [3]Die in dem Gutachten getroffenen Feststellungen zum Rehabilitationsbedarf werden in den Teilhabeplan nach § 19 einbezogen. [4]Absatz 2 Satz 3 gilt entsprechend.

(4) Die Rehabilitationsträger stellen sicher, dass sie Sachverständige beauftragen können, bei denen keine Zugangs- und Kommunikationsbarrieren bestehen.

Aus dem bisherigen § 14 Abs. 5 SGB IX sind dessen Satz 1 in den neuen Abs. 4 und die Sätze 2–4 im Abs. 1und die Sätze 5–7 im neuen Abs. 2 unverändert übernommen worden. Im Abs. 2 hinzugefügt wurde die Vorgabe, dass bei der Begutachtung die Berücksichtigung der von den Reha-Trägern nach § 25 Abs. 1 Nr. 4 SGB IX vereinbarten Grundsätze zu Grunde gelegt werden sollen, um dadurch **Mehrfachbegutachtungen** zu **vermeiden**. Die sachverständige Person muss entsprechend qualifiziert sein, um die Anforderungen dieser Grundsätze erfüllen zu können. Es handelt sich bewusst um eine Soll-Vorschrift, damit im Einzelfall Abweichungen aufgrund der Vorgaben in einzelnen Leistungsgesetzen möglich sind; z.B. die ausschließliche Begutachtung durch den MDK nach §§ 275 ff. SGB V.[229] Insoweit stellt der neue Abs. 2 Satz 4 auch klar, dass Begutachtungen durch die Gesundheitsämter, den MDK und die BA nach

101

102

---

228  BT-Drs. 18/10523 S. 41.
229  BT-Drs. 18/9522, 236.

§ 54 SGB IX auf der Grundlage der jeweiligen gesetzlichen Bestimmungen zu erfolgen haben.

103 Durch den neu hinzugefügten Inhalt im Abs. 3 soll sichergestellt werden, dass sich bei Beteiligung **mehrerer Reha-Träger** diese im Rahmen des Teilhabeplanverfahrens wechselseitig über den Bedarf nach einzuholenden Gutachten informieren und den **Gutachtenauftrag abstimmen**, um Mehrfachbegutachtungen zu vermeiden. Die in dem Gutachten getroffenen Feststellungen sind in den Teilhabeplan einzubeziehen, d.h. dort zu dokumentieren, und für die beteiligten Reha-Träger bindend.

### 5. Erstattung selbstbeschaffter Leistungen (§ 18 SGB IX)

104 Die Erstattung selbstbeschaffter Leistungen in § 18 SGB IX baut auf den Regelungen des bisherigen § 15 SGB IX a.F. auf. Während die Fälle nicht rechtzeitiger Erbringung **unaufschiebbarer Leistungen** oder **zu Unrecht abgelehnter Leistungen** inhaltlich nahezu unverändert in Abs. 6 übernommen worden sind, sind die Regelungen der Fälle **nicht fristgerechter Entscheidungen** in den Abs. 1–5 und 7 **deutlich modifiziert** worden. Dabei wurden zusätzliche Verfahrensregelungen (Abs. 1–3), der Wegfall des Risikos nur begrenzter Kostenerstattung (Abs. 4) sowie die Einschränkung der Ausschlussgründe auf Fälle grob fahrlässiger Unkenntnis (Abs. 5) aufgenommen. Die Erstattungspflicht selbst beschaffter Leistungen wegen verspäteter Entscheidung gilt jedoch weiterhin **nur für Träger der Sozialversicherung** nach § 6 Abs. 1 Nr. 1–4 SGB IX, denn gemäß Abs. 7 gelten die Erstattungsregeln wegen säumiger Entscheidungen nicht für die Träger der Eingliederungshilfe, der öffentlichen Jugendhilfe und der Kriegsopferfürsorge. Somit bleibt insbesondere bei den Leistungen der Eingliederungshilfe, die zum einen für eine selbstbestimmte Lebensplanung und -führung unabdingbar sind und zum anderen in finanzieller Hinsicht den Großteil der Reha-Leistungen insgesamt ausmachen, nur die Erhebung einer Untätigkeitsklage als Reaktion auf eine nicht fristgerechte Entscheidungen. Der Gewinn der Neuregelungen aus Sicht der Leistungsberechtigten ist daher sehr begrenzt, zumal deren Umsetzung erhebliche Schwierigkeiten aufwerfen. Weitere Konstellationen für eine Erstattung selbst beschaffter Leistungen enthält § 18 SGB IX nicht.

§ 18 Erstattung selbstbeschaffter Leistungen

(1) Kann über den Antrag auf Leistungen zur Teilhabe nicht innerhalb einer Frist von zwei Monaten ab Antragseingang bei dem leistenden Rehabilitationsträger entschieden werden, teilt er den Leistungsberechtigten vor Ablauf der Frist die Gründe hierfür schriftlich mit (begründete Mitteilung).

(2) [1]In der begründeten Mitteilung ist auf den Tag genau zu bestimmen, bis wann über den Antrag entschieden wird. [2]In der begründeten Mitteilung kann der leistende Rehabilitationsträger die Frist von zwei Monaten nach Absatz 1 nur in folgendem Umfang verlängern:

1. um bis zu zwei Wochen zur Beauftragung eines Sachverständigen für die Begutachtung infolge einer nachweislich beschränkten Verfügbarkeit geeigneter Sachverständiger,
2. um bis zu vier Wochen, soweit von dem Sachverständigen die Notwendigkeit für einen solchen Zeitraum der Begutachtung schriftlich bestätigt wurde und
3. für die Dauer einer fehlenden Mitwirkung der Leistungsberechtigten, wenn und soweit den Leistungsberechtigten nach § 66 Absatz 3 des Ersten Buches schriftlich eine angemessene Frist zur Mitwirkung gesetzt wurde.

(7) Die Absätze 1 bis 5 gelten nicht für die Träger der Eingliederungshilfe, der öffentlichen Jugendhilfe und der Kriegsopferfürsorge.

Die Regelungen des Abs. 1 sind sowohl in sich als auch im Zusammenspiel mit den §§ 14, 15 SGB IX widersprüchlich. Den erfassten Reha-Trägern wird durch Abs. 1 **pauschal** eine **Entscheidungsfrist von zwei Monaten** gesetzt, denn sie müssen der antragstellenden Person erst dann eine **begründete Mitteilung** schicken, wenn sie nicht innerhalb von zwei Monaten ab Antragseingang entscheiden können. Damit werden die in § 14 Abs. 2 bzw. § 15 Abs. 4 SGB IX gesetzten Entscheidungsfristen praktisch ausgehebelt (mit Ausnahme des Falls einer Teilhabeplankonferenz, in dem ohnehin eine zweimonatige Frist vorgesehen ist). Die dort genannten Fristen können verstreichen, ohne dass sich der leistende Reha-Träger dazu äußern muss, solange er nur innerhalb von zwei Monaten entscheidet. Insbesondere in dem Fall, in dem eigentlich innerhalb von drei Wochen nach Antragseingang durch den erstangegangenen Träger entschieden werden muss, weil weder ein Gutachten für die Bedarfsermittlung nötig noch ein Teilhabeplan zu erstellen ist, bedeutet das fast eine Verdreifachung der Entscheidungsfrist. 105

In der begründeten Mitteilung sind nicht nur die Gründe für die Fristverlängerung, sondern auch das **Datum anzugeben**, bis zu dem spätestens entschieden wird. Dieses Datum kann entweder nur der Tag genau zwei Monate nach der Antragstellung sein, weil bei einer Entscheidung innerhalb von zwei Monaten keine Mitteilung erfolgen muss, oder aber derjenige am Ende einer der in **Abs. 2** genannten Fristen über die zwei Monate hinaus, wenn einer – oder in Ausnahmefälle auch mehrere – der dort abschließend aufgezählten Fälle für eine **Fristverlängerung** vorliegen. Gemeinsam ist diesen Fällen, dass sich die Gründe der Einflussmöglichkeit der Reha-Trägers entziehen, er die Fristverlängerung über zwei Monate hinaus also nicht einfach mit „Verzögerungen im Betriebsablauf" begründen kann. 106

Da für **Träger der Kinder und Jugendhilfe, der Sozialhilfe und der Kriegsopferfürsorge** gemäß § 18 Abs. 7 SGB IX die Abs. 1–5 nicht gelten, müssen sie innerhalb der in §§ 14 Abs. 2, 15 Abs. 4 SGB IX genannten Fristen entscheiden. Eine **Verlängerung** auf zwei Monate oder gar darüber hinaus ist nach dem eindeutigen Wortlaut des § 18 Abs. 7 SGB IX **ausgeschlossen**, auch wenn die Möglichkeit einer Fristverlängerung z.B. wegen begrenzter Gutachterkapazitäten, aufwändigerer Begutachtung oder fehlender Mitwirkung der leistungsberechtigten Person wie in Abs. 2 vorgesehen im Einzelfall durchaus nicht unangemessen gewesen wäre. 107

Unterlässt der leistende Träger die begründete Mitteilung oder hält er die selbst gesetzte Frist nicht ein, **gilt** gemäß Abs. 3 **die beantragte Leistung** – vergleichbar der Vorbildvorschrift des § 13 Abs. 3 a Satz 6 SGB V – **als genehmigt**. Dies hat zur Folge, dass sich der Leistungsberechtigte die beantragte Leistung selbst beschaffen kann. 108

**§ 18 Erstattung selbstbeschaffter Leistungen**

(3) [1]Erfolgt keine begründete Mitteilung, gilt die beantragte Leistung nach Ablauf der Frist als genehmigt. [2]Die beantragte Leistung gilt auch dann als genehmigt, wenn der in der Mitteilung bestimmte Zeitpunkt der Entscheidung über den Antrag ohne weitere begründete Mitteilung des Rehabilitationsträgers abgelaufen ist.

(4) [1]Beschaffen sich Leistungsberechtigte eine als genehmigt geltende Leistung selbst, ist der leistende Rehabilitationsträger zur Erstattung der Aufwendungen für selbstbeschaffte Leistungen verpflichtet. [2]Mit der Erstattung gilt der Anspruch der Leistungsberechtigten auf die Erbringung der selbstbeschafften Leistungen zur Teilhabe als erfüllt. [3]Der Erstattungsanspruch umfasst auch die

Zahlung von Abschlägen im Umfang fälliger Zahlungsverpflichtungen für selbstbeschaffte Leistungen.

(5) Die Erstattungspflicht besteht nicht,

1. wenn und soweit kein Anspruch auf Bewilligung der selbstbeschafften Leistungen bestanden hätte und

2. die Leistungsberechtigten dies wussten oder infolge grober Außerachtlassung der allgemeinen Sorgfalt nicht wussten.

Diese **Genehmigungsfiktion** wirkt allerdings nur **im Verhältnis zum leistenden Reha-Träger**, nicht aber gegenüber den Leistungserbringern.[230] D.h. die leistungsberechtigte Person kann die beantragten Leistungen nicht einfach nach dem Sachleistungsprinzip bei einem Leistungserbringer auf Kosten des Reha-Trägers in Anspruch nehmen, sondern muss die Leistungen – bei längerfristigen Behandlungen zumindest z.T. in Form von Abschlägen (vgl. § 18 Abs. 4 Satz 3 SGB IX) – vorfinanzieren. Andernfalls wäre auch die im Wortlaut vorgesehene Erstattung der Kosten durch den Reha-Träger sachlogisch nicht möglich. Diese **Verpflichtung der Vorfinanzierung** schränkt die laut Gesetzesbegründung bewusst gewollte „wirksame Sanktionswirkung" des § 18 SGB IX[231] praktisch noch weiter ein.

109    Unklar ist die Bedeutung des Halbsatzes in § 18 Abs. 3 Satz 2 SGB IX, wonach der Antrag auch dann als genehmigt gilt, wenn der in „der begründeten Mitteilung bestimmte Zeitpunkt der Entscheidung *ohne weitere begründete Mitteilung* des Rehabilitationsträgers abgelaufen ist" [Hervorhebung vom Verf.]. Dies könnte den Schluss nahe legen, die Entscheidungsfrist wäre durch wiederholte begründete Mitteilungen durch den leistenden Reha-Träger mehrfach verlängerbar. Dies ist jedoch weder in den Abs. 1 und 2 angelegt und auch mit der beabsichtigten erhöhten Rechtssicherheit der neuen Fristenregelung für die leistungsberechtigte Person[232] unvereinbar. Daher ist von der **Zulässigkeit nur einer begründeten Mitteilung** auszugehen – was angesichts der begrenzten Gründe des Abs. 2 für eine Fristverlängerung über zwei Monate auch praktisch keine erhebliche Einschränkung für die betroffenen Sozialversicherungsträger darstellen dürfte.

110    Im Verhältnis zur Vorgängerregelung in § 15 Abs. 1 Satz 2 SGB IX ist die bisherige **Pflicht zur Nachfristsetzung entfallen**. D.h., sobald die Zweimonatsfrist ohne begründete Mitteilung abgelaufen ist oder der in der begründeten Mitteilung genannte Termin ohne Entscheidung verstrichen ist, darf sich die leistungsberechtigte Person die beantragte Leistung **ohne vorherige Rücksprache** selbst beschaffen und die Erstattung der aufgewendeten Kosten verlangen.

111    Ebenfalls positiv aus Sicht der leistungsberechtigten Person ist der Umstand, dass nach Selbstbeschaffung in Folge einer als genehmigt geltenden Leistung der **Umfang der Erstattungspflicht nicht mehr begrenzt** auf die notwenigen Kosten o.ä. D.h. der Reha-Träger muss aufgrund seiner Säumigkeit bezüglich der Entscheidung **sämtliche** von der leistungsberechtigten **Person tatsächlich verauslagten Kosten** erstatten. Der Reha-Träger kann dagegen weder mangelnde Wirtschaftlichkeit noch Unrechtmäßig-

---

230  Vgl. auch BT-Drs. 18/9522, 237.
231  BT-Drs. 18/9522, 238.
232  BT-Drs. 18/9522, 237.

keit einwenden, etwa weil die selbst beschaffte Leistung nicht erforderlich, nicht zweckmäßig oder zu teuer sei.[233] Angesichts der laut Gesetzesbegründung gewollten „wirksamen Sanktionswirkung" des § 18 SGB IX[234] muss dies auch die ggf. von der leistungsberechtigten Person aufgewendeten **Kosten zur Vorfinanzierung der Leistung** umfassen. Andernfalls hätte der leistende Reha-Träger gerade aufgrund seiner Säumigkeit einen Zinsvorteil zulasten der leistungsberechtigten Person.

Nach § 18 Abs. 5 SGB IX ist der **Erstattungsanspruch** nur dann **ausgeschlossen**, wenn es sich der leistungsberechtigten Person hätte aufdrängen müssen, dass ihr überhaupt kein Anspruch auf die selbst beschaffte Leistung zustand bzw. sie zwar einen Anspruch hatte, aber nicht in dem Umfang der selbst beschafften Leistung(en). Dieser Verschuldensmaßstab ist dem § 45 Abs. 2 Satz 3 Nr. 3 SGB X entnommen,[235] wonach ein begünstigender Verwaltungsakt zurück genommen werden darf, wenn die begünstigte Person die erforderliche Sorgfalt in besonders schwerem Maß verletzt hat. Der Maßstab der **groben Fahrlässigkeit** (vgl. Rn. 92) erscheint durchaus angemessen, um einen Interessenausgleich zwischen einer zeitnahen Bedarfsdeckung einerseits und einer selbstmissbräuchlichen Selbstversorgung herzustellen. Besondere Kenntnisse des Rehabilitationsrechts werden der leistungsberechtigten Person dabei nicht abverlangt,[236] es kommt vielmehr sowohl bezüglich des „Ob" als auch des „Wie" der selbst beschafften Leistung auf den sog. gesunden Menschenverstand an. 112

Nach Abs. 6 besteht der Anspruch auf Kostenerstattung nach Selbstverschaffung grundsätzlich auch weiterhin, wenn der Reha-Träger eine **unaufschiebbare Leistung nicht rechtzeitig** erbringen, der leistungsberechtigten Person das Abwarten einer Entscheidung durch den leistenden Reha-Träger nicht zugemutet werden kann oder aber dieser eine **Leistung zu Unrecht** abgelehnt hat. 113

§ 18 Erstattung selbstbeschaffter Leistungen

(6) ¹Konnte der Rehabilitationsträger eine unaufschiebbare Leistung nicht rechtzeitig erbringen oder hat er eine Leistung zu Unrecht abgelehnt und sind dadurch Leistungsberechtigten für die selbstbeschaffte Leistung Kosten entstanden, sind diese vom Rehabilitationsträger in der entstandenen Höhe zu erstatten, soweit die Leistung notwendig war. ²Der Anspruch auf Erstattung richtet sich gegen den Rehabilitationsträger, der zum Zeitpunkt der Selbstbeschaffung über den Antrag entschieden hat. ³Lag zum Zeitpunkt der Selbstbeschaffung noch keine Entscheidung vor, richtet sich der Anspruch gegen den leistenden Rehabilitationsträger.

Allerdings ist in diesen Fällen die Höhe der **Erstattung begrenzt** darauf, „soweit die Leistung notwendig war". D.h. in diesen Fällen trägt die leistungsberechtigte Person weiterhin das Risiko, die Kosten entweder gar nicht oder nicht in Gänze erstattet zu bekommen.[237] Während der Gesetzgeber das „Nichtstun" eines Reha-Trägers damit sanktioniert, dass die Erstattung der selbst beschafft Leistung(en) unabhängig von deren Wirtschaftlichkeit und Rechtmäßigkeit zu erfolgen hat, sieht er in Fällen der Un- 114

---

233 BT-Drs. 18/9522, 237 f.
234 BT-Drs. 18/9522, 238.
235 BT-Drs. 18/9522, 238.
236 BT-Drs. 18/9522, 238.
237 Vgl. dazu schon *Benz* NZS 2002, 511.

aufschiebbarkeit oder der unberechtigten Ablehnung einer beantragten Leistung keinen Anlass für einen solchen „privilegierten Maßstab für den Erstattungsumfang".[238]

115 Die Erstattungsansprüche nach Abs. 6 können gegenüber allen Reha-Trägern geltend gemacht werden. Konkret richtet sich der Anspruch im Fall der Selbstbeschaffung wegen unrechtmäßiger Ablehnung gegen den Träger, der die rechtswidrige Entscheidung getroffen hat, also in den Fällen der getrennten Leistungserbringung nach § 15 Abs. 1 und Abs. 3 SGB IX (s. Rn. 74 ff.) nicht gegen den leistenden Reha-Träger, sondern denjenigen, der im eigenen Namen entscheiden hat. Nach einer Selbstbeschaffung wegen nicht rechtzeitiger Erbringung der Leistung besteht der Anspruch gegenüber dem leistenden Reha-Träger, der zum Zeitpunkt der Selbstbeschaffung der unaufschiebbaren Leistung allerdings noch gar nicht feststehen muss. Beide Varianten der Kostenerstattung bestehen sowohl in den Fällen antragsabhängiger Leistungen als auch bei Leistungspflicht von Amts wegen.

### 6. Teilhabeplan inklusive Sozialdatenschutz (§§ 19, 23 SGB IX)

116 Der Teilhabeplan ist das **zentrale Instrument zur Koordinierung der Leistungen.** Dessen Ausgestaltung ist eng an die seit dem 1.8.2014 bestehende Gemeinsame Empfehlung „Reha-Prozess" angelehnt.[239] Dabei muss der nach dem Zuständigkeitsklärungsverfahren leistende Träger in Abstimmung mit den anderen Reha-Trägern und dem Leistungsberechtigten insb. die Beteiligten (auch die nach § 22 SGB IX), den festgestellten Bedarf, die Berücksichtigung des Wunsch- und Wahlrechts und die voraussichtlich erforderlichen Leistungen **in einem Teilhabeplan schriftlich festhalten** und diesen im Verlauf der Reha-Maßnahmen ggf. fortschreiben. Wird eine Teilhabeplankonferenz nach § 20 SGB IX durchgeführt, sind deren Ergebnisse ebenfalls im Teilhabeplan zu dokumentieren. Den vorläufigen Abschluss des Teilhabeplanverfahrens bildet der Erlass der Leistungsentscheidung, welcher der Teilhabeplan zugrunde zu legen ist (§ 19 Abs. 4 SGB IX). Allerdings ist der Teilhabeplan auch danach noch fortzuschreiben und dem Verlauf des Rehabilitationsprozesses entsprechend anzupassen (§ 19 Abs. 3 SGB IX). Die Träger der Eingliederungshilfe bzw. diejenigen der Kinder- und Jugendhilfe müssen den Teilhabeplan gem. § 21 SGB IX in ihr jeweiliges Planverfahren einbinden (Gesamtplanverfahren gemäß §§ 141 ff. SGB XII bzw. §§ 117 ff. SGB IX i.d.F. 2020, s. Rn. 489 ff. und § 4 Rn. 148 ff.).

§ 19 Teilhabeplan

(1) Soweit Leistungen verschiedener Leistungsgruppen oder mehrerer Rehabilitationsträger erforderlich sind, ist der leistende Rehabilitationsträger dafür verantwortlich, dass er und die nach § 15 beteiligten Rehabilitationsträger im Benehmen miteinander und in Abstimmung mit den Leistungsberechtigten die nach dem individuellen Bedarf voraussichtlich erforderlichen Leistungen hinsichtlich Ziel, Art und Umfang funktionsbezogen feststellen und schriftlich oder elektronisch so zusammenstellen, dass sie nahtlos ineinandergreifen.

(2) ¹Der leistende Rehabilitationsträger erstellt in den Fällen nach Absatz 1 einen Teilhabeplan innerhalb der für die Entscheidung über den Antrag maßgeblichen Frist. [...] ³Wenn Leistungsberechtigte die Erstellung eines Teilhabeplans wünschen und die Voraussetzungen nach Absatz 1 nicht vorliegen, ist Satz 2 entsprechend anzuwenden. (6) Setzen unterhaltssichernde Leistungen den Er-

---

238 BT-Drs. 18/9522, 238.
239 BT-Drs. 18/10523, 56.

halt von anderen Leistungen zur Teilhabe voraus, gelten die Leistungen im Verhältnis zueinander nicht als Leistungen verschiedener Leistungsgruppen im Sinne von Absatz 1.

**Vorgeschrieben ist die Aufstellung** eines Teilhabeplans immer dann, wenn im Einzel- 117 fall komplexe Leistungen zu erbringen sind, z.b. weil **mehrere Reha-Träger Leistungen erbringen** müssen. In entsprechender Anwendung des § 19 Abs. 1 SGB IX hat dies auch für jene Fälle zu gelten, wenn zwar nur Leistungen von einem Reha-Träger erforderlich sind, die Leistungen insgesamt aber vom unzuständigen leistenden Reha-Träger erbracht werden, obwohl ihm seine Unzuständigkeit bewusst ist. Dies ist insbesondere denkbar im Fall eines zweitangegangenen Trägers, dem die Weiterleitung an den eigentlich zuständigen Reha-Träger im Wege der sog. „Turbo-Klärung" nach § 14 Abs. 3 SGB IX nicht möglich ist oder nicht gelingt. Auch in dieser Konstellation fallen die Koordinierungs- und die Leistungsverantwortung auseinander, so dass eine Abstimmung im Teilhabeplanverfahren geboten ist. Ein **Teilhabeplan** ist zudem **auch dann zwingend** aufzustellen, wenn zwar nur der leistende Reha-Träger beteiligt ist, aber **zusätzlich Leistungen der Sozialen Pflegeversicherung** zu erbringen sind. Gemäß § 13 Abs. 4 a SGB XI hat der für die Durchführung des Teilhabe- oder Gesamtplanverfahrens verantwortliche Träger mit Zustimmung des Leistungsberechtigten die zuständige Pflegekasse einzubeziehen, um insbesondere die Modalitäten der Übernahme und der Durchführung der Leistungen nach § 13 Abs. 4 Satz 1 Nr. 3 SGB XI abzustimmen. Auch wenn dies bezüglich der **Hilfe zur Pflege** nach dem 7. Kapitel des SGB XII nicht ausdrücklich geregelt ist, ist angesichts des ebenso bestehenden Abstimmungsbedarfes ein Teilhabeplanverfahren unter **Beteiligung des zuständigen Sozialhilfeträgers** analog § 13 Abs. 4 a SGB XI durchzuführen.

Ebenfalls zwingend aufzustellen ist ein Teilhabeplan dann, wenn zwar nur ein Reha- 118 Träger involviert ist, aber **Leistungen verschiedener Leistungsgruppen** i.S.d. § 5 SGB IX erforderlich sind. Abs. 6 schränkt dies bezüglich der unterhaltssichernden Leistungen dahingehend ein, dass diese aufgrund ihres Charakters als typischerweise ergänzende Leistungen (vgl. § 64 Abs. 1 SGB IX) nicht als eigene Leistungsgruppe zählen, soweit sie notwendigerweise andere Leistung voraussetzen. Im Wortlaut des Gesetzes wie auch in der Gesetzesbegründung ist dabei ausdrücklich nur von den unterhaltssichernden Leistungen wie z.B. Übergangs- oder Krankengeld die Rede, nicht aber von den anderen ergänzenden Leistungen wie Reha-Sport, Reise- und Kinderbetreuungskosten. Dementsprechend ist davon auszugehen, dass deren Bedarf in Verbindung mit den Leistungen der medizinischen oder der beruflichen Reha die Notwendigkeit eines Teilhabeplans auslösen. Denn trotz ihres lediglich ergänzenden Charakter, müssen sie von ihrer Wirkung her transparent und nahtlos mit den zugrunde liegenden Teilhabeleistungen ineinandergreifen, um diese aus Sicht der leistungsberechtigten Person sinnvoll ergänzen zu können.

Außer in den genannten Fällen nach Abs. 1 ist ein Teilhabeplan gemäß Abs. 2 Satz 3 119 auch dann zu erstellen, wenn sich die leistungsberechtigte Person dies wünscht. Dieser **Rechtsanspruch** auf die Erstellung eines Teilhabeplans wurde aus der Gemeinsamen Empfehlung „Reha-Prozess" übernommen.[240] Zu einer Verlängerung der § 14

---

240 BT-Drs. 18/10523, 56.

Abs. 2 SGB IX genannten Entscheidungsfristen führt die Aufstellung eines Teilhabeplans ausschließlich bei Beteiligung mehrerer Reha-Träger gemäß § 15 Abs. 4 Satz 1
SGB IX, dann auf 6 Wochen ab Antragseingang, oder im Fall der Durchführung einer
Teilhabeplan-Konferenz gemäß §§ 15 Abs. 4 Satz 2, 20 Abs. 4 SGB IX, in diesem Fall
auf zwei Monate ab Antragseingang. In allen übrigen Fällen ist der Teilhabeplan innerhalb der Entscheidungsfristen nach § 14 Abs. 2 SGB IX zu erstellen. **Unterbleibt
die Durchführung eines Teilhabeplanverfahrens**, obwohl ein solches hätte durchgeführt werden müssen, macht dies die in diesem Verfahren ergangene **Entscheidung
rechtswidrig**. Eine Heilung dieses Verfahrensfehlers ist weder spezialgesetzlich vorgesehen, noch ist das Teilhabeplanverfahren i.d.R. sinnvoll nachholbar, da es der Abstimmung der beteiligten Träger untereinander bzw. komplexer Leistungen aufeinander dient und der – bereits getroffenen – Leistungsentscheidung zu Grunde zu legen
ist.

120   Die Inhalte eines Teilhabeplans sind in § 19 Abs. 2 Satz 2 SGB IX vorgegeben:

§ 19 Teilhabeplan

(2) [2]Der Teilhabeplan dokumentiert

1. den Tag des Antragseingangs beim leistenden Rehabilitationsträger und das Ergebnis der Zuständigkeitsklärung und Beteiligung nach den §§ 14 und 15,
2. die Feststellungen über den individuellen Rehabilitationsbedarf auf Grundlage der Bedarfsermittlung nach § 13,
3. die zur individuellen Bedarfsermittlung nach § 13 eingesetzten Instrumente,
4. die gutachterliche Stellungnahme der Bundesagentur für Arbeit nach § 54,
5. die Einbeziehung von Diensten und Einrichtungen bei der Leistungserbringung,
6. erreichbare und überprüfbare Teilhabeziele und deren Fortschreibung,
7. die Berücksichtigung des Wunsch- und Wahlrechts nach § 8, insbesondere im Hinblick auf die
   Ausführung von Leistungen durch ein Persönliches Budget,
8. die Dokumentation der einvernehmlichen, umfassenden und trägerübergreifenden Feststellung
   des Rehabilitationsbedarfs nach § 15 Absatz 3 Satz 1,
9. die Ergebnisse der Teilhabeplankonferenz nach § 20,
10. die Erkenntnisse aus den Mitteilungen der nach § 22 einbezogenen anderen öffentlichen Stellen
    und
11. die besonderen Belange pflegender Angehöriger bei der Erbringung von Leistungen der medizi-
    nischen Rehabilitation.

121   Die vorgegebenen Inhalte geben zugleich den Umfang der Amtsermittlungspflicht der
Reha-Träger vor.[241] Dabei sind nicht zwingend in jedem Teilhabeplan alle Einzel-
punkte aufzunehmen, sondern nur diejenigen, die im Einzelfall von erkennbarer Relevanz sind. Diesbezüglich müssen sich die Beteiligten am Teilhabeplanverfahren ggfs.
untereinander abstimmen. Immer relevant sind die von den beteiligten Reha-Trägern
zu treffenden **Feststellungen bezüglich Ziel, Art und Umfang** der voraussichtlich **notwendigen Leistungen**. Diesen liegen die, mithilfe der nach § 13 SGB IX entwickelten
Instrumente individuell und funktionsbezogen ermittelten Bedarfe zugrunde. Dass
diese Bedarfsermittlung der Gesetzesbegründung zur Folge trägerübergreifend am
bio-psycho-sozialen Modell der ICF orientiert erfolgt,[242] ist dabei alles andere als
ausgemacht, da zum einen jeder Reha-Träger seine jeweils eigenen Instrumente zu
entwickeln hat und zum anderen die Orientierung am bio-psycho-sozialen Modell

---

241  *Luik* jm 2017 S. 198.
242  BT-Drs. 18/9522, 238.

der ICF gerade nicht verbindlich vorgegeben worden ist (s. Rn. 55). Bestandteil dieser Feststellungen ist ggf. die Zuordnung des ermittelten Bedarfs zu einem Leistungstyp und zu einer Hilfebedarfsgruppe i.S.d. Bestimmungen des Landesrahmenvertrages gemäß § 131 Abs. 1 Satz 2 Nr. 2 SGB IX (s. Rn. 417). Dadurch wird die leistungsberechtigte Person in die Lage versetzt, ihr Wunsch- und Wahlrecht bezüglich derjenigen Leistungserbringer auszuüben, die Leistungen dieses Leistungstyps anbieten.

Nur wenn die Feststellungen vollständig von den zuständigen Reha-Trägern beigesteuert wurden und im Teilhabeplan insofern nahtlos ineinander greifen, als dass die Leistungserbringung zur Deckung des gesamten festgestellten Bedarfes durch die zuständigen Träger gesichert ist, kommt eine nach Zuständigkeiten getrennten Leistungsbewilligung nach § 15 Abs. 3 Satz 1 SGB IX in Betracht, sofern die leistungsberechtigte Person dem nicht aus wichtigem Grund widerspricht (s. Rn. 76 ff.). Der **Widerspruch gegen die getrennte Leistungserbringung** ist zwar nicht ausdrücklich gemäß Abs. 2 Gegenstand des Teilhabeplans. Aber da dieser bei Beteiligung mehrerer Reha-Träger von maßgeblicher Bedeutung für das weitere Verfahren ist, ist das zumindest dann, wenn der Widerspruch eingelegt wurde, einschließlich der dafür vorgebrachten Gründe auch im Teilhabeplan zu dokumentieren. 122

Bzgl. der Form des Teilhabeplanverfahrens ist nach Abs. 1 lediglich vorgesehen, dass der Teilhabeplan entweder **schriftlich oder elektronisch zu erstellen**[243] ist. Anders als bei der Teilhabeplankonferenz hat also nicht unbedingt ein persönlicher Austausch stattzufinden, sondern die Erstellung ist z.B. auch im Umlaufverfahren unter Wahrung des Datenschutzes möglich.[244] Bei dieser Vorgehensweise ist es angemessen, die leistungsberechtigte Person so in das Verfahren einzubinden, dass sie jedenfalls die Feststellung der anderen beteiligten Reha-Träger und der weiteren Beteiligten zur Kenntnis nehmen und sich dazu äußern kann. Der Teilhabeplan ist auch kein einmaliger Akt, vielmehr ist er unter der Zielstellung, eine umfassende Teilhabe am Leben in der Gesellschaft zügig, wirksam, wirtschaftlich und auf Dauer zu ermöglichen, immer dann fortzuschreiben, wenn der leistende Reha-Träger Kenntnis entsprechender Anhaltspunkte für ein Anpassungsbedarf erlangt. Neben eigenen Feststellung können das Hinweise seitens der beteiligten Reha-Träger, der weiteren Beteiligten nach § 22 SGB IX (s. Rn. 136 ff.) sowie seitens der leistungsberechtigten Person selber sein. 123

Der Teilhabeplan selbst ist **kein Verwaltungsakt**, sondern Teil der Falldokumentation. Er ist jedoch gemäß § 19 Abs. 4 SGB IX der Entscheidung über die Leistungsgewährung zugrunde zu legen und in deren Begründung nach § 35 SGB X ist darauf einzugehen, inwieweit die im Teilhabeplan enthaltenen Feststellungen berücksichtigt worden sind. Angesichts dieser herausgehobenen Bedeutung für die Leistungsentscheidung ist in Anlehnung an die Rechtsprechung zum Gesamtplan nach § 58 SGB XII von einem **Rechtsanspruch** der leistungsberechtigten Person **auf Anpassung** des Teilhabeplans trotz dessen rechtlich unselbstständigen Charakters auszugehen.[245] 124

---

243 Nachträgliche Änderung durch Art. 23 Nr. 2 BVGuaÄndG vom 17.7.2017, BGBl. 2017 I 2557. Folgeänderung zum Gesetz zum Abbau verzichtbarer Anordnungen der Schriftform im Verwaltungsrecht des Bundes vom 29.3.2017 (BGBl. 2017 I 626).
244 BT-Drs. 18/9522, 238.
245 Vgl. zum Gesamtplan nach § 58 SGB XII *Wehrhahn* Schlegel/Voelzke jurisPK-SGB XII, 2. Aufl. 2014, § 58 SGB XII Rn. 13 mit Verweis auf VGH BW 4.11.1996 – 6 S 440/96 u.w.N.

125 Der leistende Reha-Träger ist nicht nur für die Aufstellung des Teilhabeplans verantwortlich, er bleibt es aufgrund seiner Koordinierungsverantwortung auch für die Fortschreibung im Verlauf des weiteren Reha-Prozesses.

§ 19 Teilhabeplan

(3) [1]Der Teilhabeplan wird entsprechend dem Verlauf der Rehabilitation angepasst und darauf ausgerichtet, den Leistungsberechtigten unter Berücksichtigung der Besonderheiten des Einzelfalles eine umfassende Teilhabe am Leben in der Gesellschaft zügig, wirksam, wirtschaftlich und auf Dauer zu ermöglichen. [2]Dabei sichert der leistende Rehabilitationsträger durchgehend das Verfahren. [3]Die Leistungsberechtigten können von dem leistenden Rehabilitationsträger Einsicht in den Teilhabeplan oder die Erteilung von Ablichtungen nach § 25 des Zehnten Buches verlangen.

(4) [1]Die Rehabilitationsträger legen den Teilhabeplan bei der Entscheidung über den Antrag zugrunde. [2]Die Begründung der Entscheidung über die beantragten Leistungen nach § 35 des Zehnten Buches soll erkennen lassen, inwieweit die im Teilhabeplan enthaltenen Feststellungen bei der Entscheidung berücksichtigt wurden.

(5) [1]Ein nach § 15 beteiligter Rehabilitationsträger kann das Verfahren nach den Absätzen 1 bis 3 anstelle des leistenden Rehabilitationsträgers durchführen, wenn die Rehabilitationsträger dies in Abstimmung mit den Leistungsberechtigten vereinbaren. [2]Die Vorschriften über die Leistungsverantwortung der Rehabilitationsträger nach den §§ 14 und 15 bleiben hiervon unberührt.

§ 23 Verantwortliche Stelle für den Sozialdatenschutz

(1) Bei der Erstellung des Teilhabeplans und der Durchführung der Teilhabeplankonferenz ist der für die Durchführung des Teilhabeplanverfahrens verantwortliche Rehabilitationsträger die verantwortliche Stelle für die Erhebung, Verarbeitung und Nutzung von Sozialdaten nach § 67 Absatz 9 des Zehnten Buches sowie Stelle im Sinne von § 35 Absatz 1 des Ersten Buches.

(3) Die datenschutzrechtlichen Vorschriften des Ersten und des Zehnten Buches sowie der jeweiligen Leistungsgesetze der Rehabilitationsträger bleiben bei der Zuständigkeitsklärung und bei der Erstellung des Teilhabeplans unberührt.

Diese Verantwortung umfasst gemäß § 23 Abs. 1 SGB IX auch diejenige der **verantwortlichen Stelle für den Sozialdatenschutz** sowohl bei der Erstellung des Teilhabeplans, als auch bei der Durchführung einer Teilhabeplankonferenz. § 23 Abs. 3 SGB IX verdeutlicht, dass sowohl im Zuge der Zuständigkeitsklärung als auch im Teilhabeplanverfahren die datenschutzrechtlichen Vorschriften des SGB I und X anzuwenden sind. Eine Pflicht, der leistungsberechtigten Person den Teilhabeplan unaufgefordert zur Verfügung zu stellen, hat der verantwortliche Reha-Träger – anders als der Eingliederungshilfeträger nach § 121 Abs. 4 SGB IX i.d.F. ab 2020 (vgl. § 4 Rn. 151 bzgl. der Übergangszeit von 2018–2020 vgl. Rn. 522) – nicht. Jedoch können leistungsberechtigte Personen gemäß § 19 Abs. 3 Satz 3 SGB IX die Möglichkeit der **Einsichtnahme in den Teilhabeplan** oder die **Anfertigung von Kopien** verlangen. Der dabei ausdrücklich in Bezug genommene § 25 SGB X eröffnet der Behörde dabei die Möglichkeit, sich ihre Aufwendungen für die Anfertigung von Kopien in angemessenem Umfang erstatten zu lassen. Die Geltendmachung von Kosten für die Erstellung von Kopien eines Dokuments, an der die leistungsberechtigte Person mitgewirkt hat, erscheint jedoch unangemessen.

126 Von der Verantwortung für den Teilhabeplan kann der leistende Reha-Träger gemäß § 19 Abs. 5 SGB IX nur dadurch entbunden werden, dass ein anderer nach § 15 SGB IX am Verfahren beteiligter Reha-Träger sich anbietet, diese **Verfahrensverantwortung zu übernehmen**, und sowohl die leistungsberechtigte Person als auch die anderen beteiligten Reha-Träger damit einverstanden sind. Auch das zuständige **Integra-**

**tionsamt** wird nach § 22 Abs. 3 Satz 2 SGB IX befugt, dem leistenden Reha-Träger die Übernahme anzubieten. Zu einem solchen Angebot der Verantwortungsübernahme explizit aufgefordert sind die Träger der Sozialhilfe gemäß § 143 Abs. 3 SGB IX bzw. die Träger der Eingliederungshilfe gemäß § 119 Abs. 3 SGB IX i.d.F. ab 2020, wenn sie eine Gesamtplankonferenz durchzuführen haben, aber nicht leistender Reha-Träger sind (s. Rn. 511). Sind alle Reha-Träger und die leistungsberechtigte Person mit der Übernahme der Verfahrensverantwortung einverstanden, bezieht sich diese nur auf die Aufstellung und Fortschreibung des Teilhabeplans nach den Abs. 1–3. D.h. im Übrigen behält der leistende Reha-Träger seine Koordinierungs- und Leistungsverantwortung.

### 7. Teilhabeplankonferenz (§ 20 SGB IX)

Das Instrument der **Teilhabeplankonferenz** nach § 20 SGB IX, bei der die Beteiligten zur Abstimmung des Teilhabeplans zusammenkommen sollen, ist nicht in jedem Fall vorgeschrieben, sondern i.d.R. nur **als Option** im Gesetz **angelegt**. Während in den Abs. 1 und 2 des § 20 SGB SGB IX festgelegt ist, ob bzw. unter welchen Voraussetzungen eine Teilhabeplankonferenz stattfinden hat, regelt Abs. 3 deren Inhalte und § 23 Abs. 2 SGB IX die Einhaltung des Sozialdatenschutzes. 127

§ 20 Teilhabeplankonferenz

(1) [1]Mit Zustimmung der Leistungsberechtigten kann der für die Durchführung des Teilhabeplanverfahrens nach § 19 verantwortliche Rehabilitationsträger zur gemeinsamen Beratung der Feststellungen zum Rehabilitationsbedarf eine Teilhabeplankonferenz durchführen. [2]Die Leistungsberechtigten, die beteiligten Rehabilitationsträger und die Jobcenter können dem nach § 19 verantwortlichen Rehabilitationsträger die Durchführung einer Teilhabeplankonferenz vorschlagen. [3]Von dem Vorschlag auf Durchführung einer Teilhabeplankonferenz kann abgewichen werden,

1. wenn der zur Feststellung des Rehabilitationsbedarfs maßgebliche Sachverhalt schriftlich ermittelt werden kann,
2. wenn der Aufwand zur Durchführung nicht in einem angemessenen Verhältnis zum Umfang der beantragten Leistung steht oder
3. wenn eine Einwilligung nach § 23 Absatz 2 nicht erteilt wurde.

(2) [1]Wird von dem Vorschlag der Leistungsberechtigten auf Durchführung einer Teilhabeplankonferenz abgewichen, sind die Leistungsberechtigten über die dafür maßgeblichen Gründe zu informieren und hierzu anzuhören. [2]Von dem Vorschlag der Leistungsberechtigten auf Durchführung einer Teilhabeplankonferenz kann nicht abgewichen werden, wenn Leistungen an Mütter und Väter mit Behinderungen bei der Versorgung und Betreuung ihrer Kinder beantragt wurden.

**Zwingend** ist die Durchführung nach Abs. 2 Satz 2 nur dann, wenn ein leistungsberechtigter Elternteil mit Behinderungen Leistungen zur **Versorgung und Betreuung** eines eigenen **Kindes** oder mehrerer eigener **Kinder** beantragt. Das ist insbesondere bei Leistungen der Elternassistenz bzw. der begleiteten Elternschaft nach § 78 Abs. 3 SGB IX sowie den Begleitleistungen der Haushaltshilfe und der Kinderbetreuungskosten nach § 74 SGB IX der Fall. Eine Behinderung des Kindes oder der Kinder ist insoweit keine Voraussetzung. An das **Antragserfordernis** sind dabei nur geringe Anforderungen zu stellen; angesichts der Erziehungsverantwortung der Eltern genügt insoweit ein Ausdruck der Sorge bezüglich der Sicherstellung der Versorgung des Kindes bzw. der Kinder. Ebenfalls weit auszulegen ist der **Begriff des eigenen Kindes** bzw. eigener Kinder. Hier kann es nicht entscheidend auf das unmittelbare Verwandtschaftsverhältnis ankommen, sondern vielmehr auf dessen bzw. deren Abhängigkeit von der 128 leistungsberechtigten Person bezüglich Betreuung und Versorgung. So stellt auch § 74 Abs. 1 SGB IX bezüglich der Haushaltshilfe nur darauf ab, ob im Haushalt der leistungsberechtigten Person ein Kind lebt, dessen Versorgung und Betreuung nicht sichergestellt ist, ohne auf die Verwandtschaftsverhältnisse einzugehen.

129 In allen übrigen Fällen ist die Durchführung einer Teilhabeplankonferenz in das **Ermessen des Reha-Trägers** gestellt („kann"), der für die Durchführung des Teilhabeplanverfahrens verantwortlich ist. Eine Teilhabeplankonferenz kann jedoch nicht gegen den Willen der leistungsberechtigten Person erfolgen; vielmehr ist ihre **Zustimmung** erforderlich. Ihrerseits hat die leistungsberechtigte Person keinen Rechtsanspruch auf Durchführung einer Gesamtplankonferenz. Sie hat insoweit – ebenso wie andere beteiligte Reha-Träger – nur ein **Vorschlagsrecht**.

130 Wird eine Teilhabeplankonferenz vorgeschlagen, ist das Ermessen des leistenden Reha-Trägers dahingehend eingeschränkt, dass er die Durchführung nur dann ablehnen darf, wenn er den Sachverhalt schriftlich ermitteln kann oder die Konferenz in einem unverhältnismäßigen Aufwand zu den beantragten Leistungen stünde. Beides dürfte jedenfalls i.d.R. dann nicht der Fall sein, wenn zur Ermittlung des Reha-Bedarfes eine Begutachtung durch einen Sachverständigen gemäß § 16 SGB IX erforderlich ist. Der für das Teilhabeplanverfahren verantwortliche Reha-Träger kann die Durchführung auch dann ablehnen, wenn die leistungsberechtigte Person die Einwilligung nach § 23 Abs. 2 SGB IX verweigert (s. Rn. 131), da er in diesen Fällen die Einhaltung des Sozialdatenschutzes nicht gewährleisten kann. Will der verantwortliche Reha-Träger dem Vorschlag nicht folgen, hat er die leistungsberechtigte Person gemäß § 20 Abs. 2 SGB IX über die bezüglichen Gründe zu informieren und ihr Gelegenheit zur Stellungnahme zu geben.

131 Vor der Durchführung einer Teilhabeplankonferenz hat der verantwortliche Reha-Träger von der leistungsberechtigten Person nicht nur deren Zustimmung einzuholen, sondern obendrein eine spezielle **datenschutzrechtliche Einwilligung** nach § 23 Abs. 2 SGB IX.

§ 23 Verantwortliche Stelle für den Sozialdatenschutz

(2) [1]Vor Durchführung einer Teilhabeplankonferenz hat die nach Absatz 1 verantwortliche Stelle die Einwilligung der Leistungsberechtigten im Sinne von § 67 b Absatz 2 des Zehnten Buches einzuholen, wenn und soweit anzunehmen ist, dass im Rahmen der Teilhabeplankonferenz Sozialdaten erhoben, verarbeitet oder genutzt werden, deren Erforderlichkeit für die Erstellung des Teilhabeplans zum Zeitpunkt der Durchführung der Teilhabeplankonferenz nicht abschließend bewertet werden kann. [2]Die Verarbeitung und Nutzung von Sozialdaten nach Durchführung der Teilhabeplankonferenz ist nur zulässig, soweit diese für die Erstellung des Teilhabeplans erforderlich sind.

Hintergrund ist, dass der verantwortliche Träger sowohl bei der Aufstellung des Teilhabeplans als auch bei der Durchführung einer Teilhabeplankonferenz verantwortliche Stelle bezüglich der Erhebung, Verarbeitung und Nutzung von Sozialdaten i.S.d. § 67 Abs. 9 SGB X ist. Sozialdaten dürfen gemäß § 67 a SGB X jedoch nur erhoben werden, wenn ihre Kenntnis zur Erfüllung einer Aufgabe der die Daten erhebenden Stelle erforderlich ist. Eben dieser Erforderlichkeit ist im Zuge der Beratung der individuellen Situation der leistungsberechtigten Person bei einer Teilhabeplankonferenz nicht von vornherein eindeutig abschätzbar, weswegen es einer gesonderten Einwilligung der leistungsberechtigten Person bedarf. Wird diese verweigert oder später widerrufen, fehlt es an einer entsprechenden Grundlage zur Erhebung, Nutzung und Verarbeitung dieser Daten; soweit diese bereits behoben wurden, sind sie umgehend zu löschen.[246]

Als **Teilnehmende der Teilhabeplankonferenz** kommen gemäß § 20 Abs. 3 SGB IX neben der leistungsberechtigten Person und dem für das Teilhabeplanverfahren verantwortlichen Reha-Träger je nach Einzelfall weitere beteiligte Reha-Träger, Vertraute und Beistände der leistungsberechtigten Person, die nach § 22 SGB IX einzubeziehenden öffentlichen Stellen (u.a. Schule, Pflegekasse, Jobcenter), aber auch **mögliche Leistungserbringer** in Betracht.     132

§ 20 Teilhabeplankonferenz

(3) ¹An der Teilhabeplankonferenz nehmen Beteiligte nach § 12 des Zehnten Buches sowie auf Wunsch der Leistungsberechtigten die Bevollmächtigten und Beistände nach § 13 des Zehnten Buches sowie sonstige Vertrauenspersonen teil. ²Auf Wunsch oder mit Zustimmung der Leistungsberechtigten können Rehabilitationsdienste, Rehabilitationseinrichtungen und Jobcenter sowie sonstige beteiligte Leistungserbringer an der Teilhabeplankonferenz teilnehmen. ³Vor der Durchführung einer Teilhabeplankonferenz sollen die Leistungsberechtigten auf die Angebote der ergänzenden unabhängigen Teilhabeberatung nach § 32 besonders hingewiesen werden.

Sofern die Leistungserbringer nicht auf Vorschlag der leistungsberechtigten Person teilnehmen, ist diesbezüglich die vorherige **Zustimmung der leistungsberechtigten Person** einzuholen. Ohne diese Zustimmung könnte die Beteiligung von Leistungserbringern wie eine Vorfestlegung wirken und dadurch das Wunsch- und Wahlrecht nach § 8 Abs. 1 SGB IX beeinträchtigt werden. Als Bespiele für „sonstige beteiligte Leistungserbringer" im Abs. 3 Satz 2 werden in der Gesetzesbegründung neben sozialpsychiatrischen Diensten und psychiatrischen Krankenhäusern auch Krankenpflegedienste und Suchtberatungsstellen erwähnt, die im Einzelfall zur Ermittlung des Rehabilitationsbedarfs beitragen können und daher mit Einverständnis der leistungsberechtigten Person einzubeziehen sind.[247]

Gemäß § 20 Abs. 3 Satz 3 SGB IX hat der verfahrensverantwortliche Reha-Träger die leistungsberechtigte Person auf die **Angebote der ergänzenden unabhängigen Teilhabeberatung** nach § 32 SGB IX (s. Rn. 176 ff) hinzuweisen. Dadurch soll die Position der Leistungsberechtigten angesichts der „anspruchsvollen Gesprächssituation mit erheblicher Tragweite für das Verfahren der Leistungserbringung" gestärkt werden.[248] Eine Teilnahme dieser Berater*innen an der Teilhabeplankonferenz ist zwar nicht ausdrücklich vorgesehen, jedoch möglich, sofern sie dabei die Rolle eines Beistandes der leistungsberechtigten Person einnehmen.     133

**Gesprächsgegenstände** der gemeinsamen Beratung sind gemäß § 20 Abs. 1 Satz 1 SGB IX die Feststellungen zum Rehabilitationsbedarf. D.h. die Teilhabekonferenz ist bei Beteiligung einer Mehrheit von Reha-Trägern erst dann zu führen, wenn entweder die beteiligten Reha-Träger ihre Feststellungen gemäß § 15 Abs. 2 SGB IX recht-     134

---

246  BT-Drs. 18/9522, 242.
247  BT-Drs. 18/10523, 56.
248  BT-Drs. 18/9522, 240.

zeitig an den leistenden Reha-Träger übermittelt haben, oder aber dieser wegen nicht rechtzeitiger Rückmeldungen eigene Feststellungen getroffen hat (s. Rn. 73).

135 An welchem **Ort und** in welcher **Form** die Gesamtplankonferenz durchzuführen ist, wird nicht explizit vorgegeben. Voraussetzung ist, dass insoweit eine adäquate Beteiligung der leistungsberechtigten Person möglich ist und die Kommunikation in einer für sie wahrnehmbaren Form erfolgt.[249] Infrage kommen insoweit neben einem Treffen aller Beteiligten auch eine Telefonkonferenz oder eine virtuelle Konferenz unter Nutzung neuer Medien ("Web-Konferenz" bzw. "Video-Konferenz").[250] Die **Ergebnisse** der Teilhabeplankonferenz sind zu protokollieren, denn sie sind gemäß § 19 Abs. 2 Satz 2 Nr. 9 SGB IX Bestandteil des zu erstellenden **Teilhabeplans**.

### 8. Einbeziehung anderer öffentlicher Stellen (§ 22 SGB IX)

136 In das Teilhabeplanverfahren, d.h. sowohl in die Aufstellung des Teilhabeplans als auch in die ggf. durchzuführende Teilhabeplankonferenz, sind neben den beteiligten Reha-Trägern **weitere öffentliche Stellen** einzubinden. Während sich **Abs. 1** insoweit als eine Art Generalklausel **auf alle öffentlichen Stellen** bezieht, deren Mitwirkung im Verfahren sinnvoll erscheint, benennen die Abs. 2–4 konkrete Stellen, deren Beteiligung in typischen Konstellationen vorgesehen wird.

§ 22 Einbeziehung anderer öffentlicher Stellen

(1) Der für die Durchführung des Teilhabeplanverfahrens verantwortliche Rehabilitationsträger bezieht unter Berücksichtigung der Interessen der Leistungsberechtigten andere öffentliche Stellen in die Erstellung des Teilhabeplans in geeigneter Art und Weise ein, soweit dies zur Feststellung des Rehabilitationsbedarfs erforderlich ist.

(2) [1]Bestehen im Einzelfall Anhaltspunkte für eine Pflegebedürftigkeit nach dem Elften Buch, wird die zuständige Pflegekasse mit Zustimmung des Leistungsberechtigten vom für die Durchführung des Teilhabeplanverfahrens verantwortlichen Rehabilitationsträger informiert und muss am Teilhabeplanverfahren beratend teilnehmen, soweit dies für den Rehabilitationsträger zur Feststellung des Rehabilitationsbedarfs erforderlich und nach den für die zuständige Pflegekasse geltenden Grundsätzen der Datenverwendung zulässig ist. [2]Die §§ 18 a und 31 des Elften Buches bleiben unberührt.

(3) [1]Die Integrationsämter sind bei der Durchführung des Teilhabeplanverfahrens zu beteiligen, soweit sie Leistungen für schwerbehinderte Menschen nach Teil 3 erbringen. [2]Das zuständige Integrationsamt kann das Teilhabeplanverfahren nach § 19 Absatz 5 anstelle des leistenden Rehabilitationsträgers durchführen, wenn die Rehabilitationsträger und das Integrationsamt dies in Abstimmung mit dem Leistungsberechtigten vereinbaren.

(4) [1]Die Jobcenter können dem nach Absatz 1 verantwortlichen Rehabilitationsträger ihre Beteiligung an der Durchführung des Teilhabeplanverfahrens vorschlagen. [2]Sie sind zu beteiligen, soweit es zur Feststellung des Rehabilitationsbedarfs erforderlich ist und dies den Interessen der Leistungsberechtigten entspricht. [3]Die Aufgaben und die Beteiligung der Bundesagentur für Arbeit im Rahmen ihrer Zuständigkeit nach § 6 Absatz 3 bleiben unberührt.

(5) Bestehen im Einzelfall Anhaltspunkte für einen Betreuungsbedarf nach § 1896 Absatz 1 des Bürgerlichen Gesetzbuches, informiert der für die Durchführung des Teilhabeplanverfahrens verantwortliche Rehabilitationsträger mit Zustimmung der Leistungsberechtigten die zuständige Betreuungsbehörde über die Erstellung des Teilhabeplans, soweit dies zur Vermittlung anderer Hilfen, bei denen kein Betreuer bestellt wird, erforderlich ist.

137 Die **Einbindung** einer anderen Stelle nach Abs. 1 **muss** zur Feststellung des Reha-Bedarfs **erforderlich sein**. Als Beispiel für eine weitere einzubindende Stelle wird in der

---

249 BT-Drs. 18/9522 S. 287 zu der Parallelvorschrift des § 119 SGB IX i.d.F. ab 2020.
250 BT-Drs. 18/9522 S. 287 zu der Parallelvorschrift des § 119 SGB IX i.d.F. ab 2020.

Gesetzesbegründung die Schule angeführt, wenn es um die Schnittstelle zwischen Schulbildung und Teilhabeleistung für junge Menschen geht.[251] Die Einbindung ist nicht von der Zustimmung der leistungsberechtigten Person abhängig, allerdings hat der leistende Reha-Träger insoweit deren **Interessen zu berücksichtigen.** Wenn also z.b. bekannt ist, dass das Verhältnis der leistungsberechtigten Person zu einer dieser anderen Stellen konfliktgeladen ist, ist deren Teilnahme an einer Teilhabeplankonferenz abzuwägen und sollte zumindest nicht ohne vorherige Information der leistungsberechtigten Person erfolgen. Da die **Einbindung in geeigneter Art und Weise** erfolgen muss, kann auch eine schriftliche Information oder aber die Anforderung einer schriftlichen Stellungnahme ausrechend sein.

Die zuständige **Pflegekasse** ist gemäß **Abs. 2** ist **zwingend** einzubeziehen, sofern Anhaltspunkte für einen Pflegebedarf der leistungsberechtigten Person bestehen und die **leistungsberechtigte Person zustimmt,** und muss sich ihrerseits – unter Beachtung des Datenschutzes – zur Feststellung des Reha-Bedarfes einbringen. Der Hinweis auf die §§ 18 a, 31 SGB XI stellt klar, dass trotz der Einbeziehungsmöglichkeit nach Abs. 2 durch den verfahrensverantwortlichen Träger die Pflegekassen weiterhin verpflichtet bleiben, bei Anhaltspunkten für einen Bedarf an medizinischer Rehabilitation die leistungsberechtigte Person zu informieren und auf eine Antragstellung ihrerseits hinzuwirken (s. Rn. 37). 138

Das zuständige **Integrationsamt** ist – wie schon nach dem bisherigen § 10 Abs. 2 SGB IX – gemäß Abs. 3 zu beteiligen, wenn es der leistungsberechtigten Person mit einer Schwerbehinderung begleitende Hilfen am Arbeitsleben oder andere Leistungen nach dem 3. Teil des SGB IX erbringt. Ein Zustimmungserfordernis seitens der leistungsberechtigten Person ist dabei nicht vorgesehen. 139

Die Jobcenter können gemäß § 6 Abs. 3 SGB IX für die Entscheidung über Leistungen zur Teilhabe am Arbeitsleben verantwortlich sein, ohne dabei selber Reha-Träger zu sein. Das zuständige **Jobcenter** kann daher laut **Abs. 4** von sich aus dem verfahrensverantwortlichen Reha-Träger seine Beteiligung am Teilhabeplanverfahren vorschlagen. Der verfahrensverantwortliche Reha-Träger ist zur Einbindung des Jobcenters verpflichtet, wenn dies zur Feststellung des Reha-Bedarfs erforderlich ist und den Interessen der leistungsberechtigten Person entspricht. Wie schon im Rahmen der Generalklausel nach Abs. 1 entscheidet also der verantwortliche Reha-Träger über die Interessen der leistungsberechtigten Person, anstatt das diese selbst danach befragt werden muss. 140

Von anderer Art ist die in **Abs. 5** geregelte **Kooperation mit** der zuständigen **Betreuungsbehörde** beim Vorliegen von Anhaltspunkten für einen Betreuungsbedarf i.S.d. § 1896 Abs. 1 BGB. Hier geht es nicht darum, die Betreuungsbehörde in das Teilhabeplanverfahren einzubeziehen. Vielmehr soll diese durch die Information in die Lage versetzt werden, Kenntnis von Hilfen zu erlangen, die als sog. „andere Hilfen" i.S.d. § 1896 Abs. 2 BGB geeignet sind, leistungsberechtigte Person bei der Besorgung ihrer Angelegenheiten so zu unterstützen, dass die Anordnung einer Betreuung nicht erfor- 141

---

251 BT-Drs. 18/9522, 240.

derlich ist.[252] Die Information der Betreuungsbehörde über die Erstellung eines Teilhabeplans ist ausdrücklich von der **Zustimmung** der leistungsberechtigten Person abhängig.

### 9. Vorläufige Leistungen (§ 24 SGB IX)

142 § 24 SGB IX klärt das Verhältnis zwischen dem Verfahren zur Koordinierung der Reha-Leistung nach dem 4. Kapitel und den Bestimmungen über die vorläufige Gewährung von Leistungen nach den einzelnen SGBs. Danach bleibt die Verpflichtung der Reha-Träger zur Erbringung **vorläufiger Leistungen** in Eilfällen, soweit die für sie einschlägigen Leistungsgesetze dies vorsehen, auch während eines laufenden Zuständigkeitsklärungs- bzw. Teilhabeplanverfahrens trotz des im § 7 Abs. 2 SGB IX angeordneten Vorrangs des 4. Kapitels (s. Rn. 30 ff.) bestehen. Denn die Vorschriften zur Beschleunigung des Verfahrens trotz einer Mehrheit beteiligter Sozialleistungsträger soll die leistungsberechtigte Person nicht von der Möglichkeit abschneiden, bis zur Klärung der Zuständigkeit eine vorläufige Versorgung zu erhalten. Umgekehrt bleibt eine vorläufige Leistungserbringung auch ohne Auswirkungen auf das Verfahren nach dem 4. Kapitel. Für die vorläufige Leistungserbringung getroffene Feststellung sind insoweit nicht bindend und Aufwendungen des vorläufig leistenden Reha-Trägers nicht nach § 16 SGB IX zu erstatten, sondern nach der allgemeinen Vorschriften des § 102 SGB X.

143 Hingegen wird das **allgemeine Verfahren** zur Erbringung vorläufiger Leistungen nach § 43 SGB I bei Leistungen zur Teilhabe für Menschen mit Behinderung durch die Vorschriften des 4. Kapitels **verdrängt**. Die im 4. Kapitel getroffenen Regelungen beinhalten das speziellere Verfahren zur Bestimmung der Fallverantwortung für den Einzelfall einschließlich spezieller Fristen bis zu einer abschließenden Leistungsentscheidung.

### VI. Zusammenarbeit (1. Teil SGB IX 5. Kapitel)

144 Kapitel 5 enthält in den § § 25-27 SGB IX die Regelung der bisherigen §§ 12, 13 und 16 SGB IX über die Zusammenarbeit der Reha-Träger, die von Ihnen zu beschließenden **Gemeinsamen Empfehlungen** sowie die **Verordnungsermächtigung** zugunsten des BMAS, im Fall nicht fristgemäßer Umsetzung ersatzweise Regelungen per Rechtsverordnung erlassen zu können.

### 1. Zusammenarbeit der Reha-Träger (§ 25 SGB IX)

145 Die **Zusammenarbeit der Reha-Träger** ist im § 25 SGB IX inhaltsgleich zum bisherigen § 12 SGB IX geregelt. Lediglich in dessen Abs. 1 wurde in der Nr. 6 die Vorgabe ergänzt, dass die Pflicht zur Zusammenarbeit sich auch auf den Fall des Übergangs einer Zuständigkeit bezieht, wie etwa an der regelmäßig altersbedingten Schnittstelle zwischen Kinder- und Jugendhilfe und Eingliederungshilfe.[253]

---

252 BT-Drs. 18/9522, 241.
253 BT-Drs. 18/9522, 243.

§ 25 Zusammenarbeit der Rehabilitationsträger

(1) Im Rahmen der durch Gesetz, Rechtsverordnung oder allgemeine Verwaltungsvorschrift getroffenen Regelungen sind die Rehabilitationsträger verantwortlich, dass [...]

6. die Rehabilitationsträger im Fall eines Zuständigkeitsübergangs rechtzeitig eingebunden werden

Die **rechtzeitige Einbindung** des künftig zuständigen Trägers erfordert mehr als nur eine Information bezüglich des bevorstehenden Endes der eigenen Zuständigkeit, denn diese Pflicht besteht schon gemäß § 9 Abs. 1 SGB IX (s. Rn. 36). Vielmehr hat die Einbindung so zu erfolgen, dass die im Einzelfall erforderlichen Leistungen auch über den Zuständigkeitswechsel hinaus i.S.d. Abs. 1 Nr. 1 nahtlos, zügig sowie nach Gegenstand, Umfang und Ausführung einheitlich erbracht werden. Praktisch möglich ist dies **durch Beteiligung** des erst künftig zuständigen Reha-Trägers als weiterer Beteiligten gemäß § 22 Abs. 1 SGB IX **an** der Erstellung bzw. Fortschreibung des **Teilhabeplans**. 146

## 2. Gemeinsame Empfehlungen (§ 26 SGB IX)

Im § 26 SGB IX wird aus dem bisherigen § 13 SGB IX a.F. weitgehend inhaltsgleich die Ausgestaltung der Zusammenarbeit durch **Gemeinsame Empfehlungen** in Form von Verwaltungsvereinbarungen der Reha-Träger nach § 6 Abs. 1 Nr. 1–5 SGB IX übernommen. Die nach Abs. 1 Nr. 3 zu treffende Empfehlung bezüglich der im Einzelfall anzustreben Ziele und des Bedarfs an Leistungen wurde zugeschnitten auf die einheitliche Ausgestaltung des Teilhabeplanverfahrens und diejenige in der Nr. 5 bezüglich der Koordinierung der Leistungen auf das Verfahren nach den §§ 14 und 15 SGB IX. Gemäß der neuen, bisher nicht besetzten **Nr. 7** sind nunmehr **Grundsätze** für die Instrumente zur **Ermittlung des Reha-Bedarfes** nach § 13 zu vereinbaren, die die einzelnen Reha-Träger bei der Entwicklung ihrer jeweiligen Instrumente berücksichtigen sollen (s. Rn. 54 ff.). 147

In die im Abs. 4 vorgesehene Möglichkeit der Reha-Träger, sich bei der Vereinbarung der Gemeinsamen Empfehlungen durch ihre jeweiligen Spitzenverbände vertreten lassen zu können, werden die **Pflegekassen** durch den neuen Satz 2 **einbezogen**. Der Spitzenverband Bund der Krankenkassen, der gemäß § 53 SGB XI zugleich Spitzenverband Bund der Pflegekassen ist, soll die Empfehlungen zugleich in dieser Funktion abschließen, soweit die Empfehlungen die Aufgaben der Pflegekassen berühren. Da die Pflegekassen aber weiterhin weder zum Kreis der Reha-Träger gehören, die Gemeinsamen Empfehlungen nach Abs. 1 SGB IX vereinbaren, noch zum Kreis derjenigen, die nach Abs. 5 an der Erarbeitung zu beteiligen sind, **geht** diese Vertretungsregelung **ins Leere**. Denn es gibt insoweit niemanden, den der Spitzenverband dabei vertreten könnte. 148

Soweit im Abs. 5 im Wortlaut bereits die **Eingliederungshilfeträger** anstelle der Sozialhilfeträger genannt sind, ist angesichts der in § 241 Abs. 8 SGB IX getroffenen Übergangsregelung (s. Rn. 24) davon auszugehen, dass sich die Sozialhilfeträger bei der vertretungsweisen Wahrnehmung bis zum Ende des Jahres 2019 der Eingliederungshilfeaufgaben noch an den Gemeinsamen Empfehlungen zu orientieren haben. 149

### 3. Verordnungsermächtigung (§ 27 SGB IX)

150  Die Ermächtigung des BMAS zum ersatzweisen Erlass der Gemeinsamen Empfehlungen durch Rechtsverordnung entspricht im Ansatz der Regelung des bisherigen § 16 SGB IX, wurde jedoch darüber hinaus ergänzt.

§ 27 Verordnungsermächtigung

¹Vereinbaren die Rehabilitationsträger nicht innerhalb von sechs Monaten, nachdem das Bundesministerium für Arbeit und Soziales sie dazu aufgefordert hat, gemeinsame Empfehlungen nach § 26 oder ändern sie unzureichend gewordene Empfehlungen nicht innerhalb dieser Frist, kann das Bundesministerium für Arbeit und Soziales mit dem Ziel der Vereinheitlichung des Verwaltungsvollzugs in dem Anwendungsbereich der §§ 25 und 26 Regelungen durch Rechtsverordnung mit Zustimmung des Bundesrates erlassen. ²Richten sich die Regelungen nur an Rehabilitationsträger, die nicht der Landesaufsicht unterliegen, wird die Rechtsverordnung ohne Zustimmung des Bundesrates erlassen. ³Soweit sich die Regelungen an die Rehabilitationsträger nach § 6 Absatz 1 Nummer 1 richten, erlässt das Bundesministerium für Arbeit und Soziales die Rechtsverordnung im Einvernehmen mit dem Bundesministerium für Gesundheit.

151  Die Konkretisierung im Satz 1 soll sicherstellen, dass im Fall des ersatzweisen Erlasses durch Rechtsverordnung das BMAS **nur** verbindliche Regelungen zu fachlichen **Fragen des Verwaltungsvollzuges** treffen kann und damit nicht unverhältnismäßig in die Selbstverwaltungskompetenz der Reha-Träger eingreift.[254] Die Abhängigkeit der Rechtsverordnung von der Zustimmung des Bundesrates wird durch Satz 2 ausgeschlossen in den Fällen, in denen die Gemeinsame Empfehlung des BMAS sich nur an Reha-Träger unter Bundesaufsicht richtet. Gemäß Art. 87 Abs. 2 GG sind das solche, deren Zuständigkeitsbereich sich auf mehr als drei Bundesländer erstreckt. Da das BMAS, wenn es Gemeinsame Empfehlungen als Rechtsverordnung erlässt, anstelle aller Reha-Träger nach § 6 Abs. 1 Nr. 1–5 SGB IX handelt, und § 27 SGB IX auch keine Beschränkung der Wirkung auf einzelne Reha-Träger vorsieht, ist nicht erkennbar, in welchen Fällen die Regelung des Satz 2 zur Anwendung kommen soll. Dementsprechend dürfte die in Satz 3 vorgeschriebene Herstellung des Einvernehmens mit dem BMG, wenn die Rechtsverordnung sich auch an Krankenkassen richtet, regelmäßig erforderlich sein.

### VII. Leistungsformen und Beratung (1. Teil SGB IX 6. Kapitel)

152  Kapitel 6 ist unterteilt in zwei Abschnitte. Im 1. Abschnitt, Leistungsformen, sind in den §§ 28–31 SGB IX die Regelung der bisherigen §§ 17, 18 und 21 a SGB IX über die Ausführung von Leistungen, das **Persönliche Budget**, die Verordnungsermächtigung zugunsten des BMAS zum Erlass einer Budgetverordnung und den Leistungsort enthalten. Im Abschnitt 2, Beratung, findet sich die neue sog. **ergänzende unabhängige Teilhabeberatung** (§ 32 SGB IX), die an die Stelle der gemeinsamen Servicestellen tritt, sowie die bisher in den §§ 60–62 SGB IX a.F. geregelten **Pflichten der Personensorgeberechtigten**, ihnen anvertraute Personen einer geeigneten Beratungsstelle vorzustellen, die **Beratungspflichten** von Angehörigen medizinischer oder sozialer Berufe sowie die Regelung über die Aufgaben von **Landärzte**.

---

254  BT-Drs. 18/9522, 243.

## 1. Ausführung von Leistungen (§ 28 SGB IX)

In Abs. 1 des § 28 SGB IX ist wortgleich die Regelung über die **Ausführung von Leis-** 153
**tungen** des bisherigen § 17 Abs. 1 SGB IX übernommen worden. Abs. 2 enthält das
Gebot des bisherigen § 10 Abs. 1 Satz 2 SGB IX zur Anpassung der Leistung an den
Verlauf der Rehabilitation und deren Ausrichtung auf eine effektive Zielerreichung.
Der neue Standort dieser Regelung passt zu der in Abs. 1 Satz 2 enthaltenen Beto-
nung der Verantwortlichkeit: **Der zuständige Reha-Träger** – nicht der leistende Reha-
Träger – bleibt nicht nur für die Ausführung der, ggf. im Teilhabeplan festgelegten,
Leistungen verantwortlich, sondern muss den **Verlauf der Rehabilitation beobachten**
und gegebenenfalls nachsteuern.

## 2. Persönliches Budget (§ 29 SGB IX)

Die Regelungen des **Persönlichen Budgets** wurden in einen eigenständigen Paragrafen 154
überführt. Abs. 1 enthält die Grundsätze einschließlich des Rechtsanspruchs. Abs. 2
regelt wie bisher § 17 Abs. 3 SGB IX Form, Verfahren und Höhe des Persönlichen
Budgets, Abs. 3 gestaltet die Verantwortlichkeit auf Seiten der Reha-Träger in Anlehnung an §§ 14, 15 SGB IX neu aus und in Abs. 4 wurden aus der Budgetverordnung
das Instrument der Zielvereinbarung und die Regelungen über deren Kündbarkeit
übernommen Die bisherige Budgetverordnung ist zusammen mit der bisherigen Fassung des SGB IX am 1.1.2018 außer Kraft getreten.[255] § 30 SGB IX enthält allerdings
auch weiterhin eine Verordnungsermächtigung zur näheren Ausgestaltung des Persönlichen Budgets durch das BMAS.

**§ 29 Persönliches Budget** 155

(1) [1]Auf Antrag der Leistungsberechtigten werden Leistungen zur Teilhabe durch die Leistungsform
eines Persönlichen Budgets ausgeführt, um den Leistungsberechtigten in eigener Verantwortung ein
möglichst selbstbestimmtes Leben zu ermöglichen. [2]Bei der Ausführung des Persönlichen Budgets
sind nach Maßgabe des individuell festgestellten Bedarfs die Rehabilitationsträger, die Pflegekassen
und die Integrationsämter beteiligt. [3]Das Persönliche Budget wird von den beteiligten Leistungsträgern trägerübergreifend als Komplexleistung erbracht. [4]Das Persönliche Budget kann auch nicht
trägerübergreifend von einem einzelnen Leistungsträger erbracht werden. [5]Budgetfähig sind auch
die neben den Leistungen nach Satz 1 erforderlichen Leistungen der Krankenkassen und der Pflegekassen, Leistungen der Träger der Unfallversicherung bei Pflegebedürftigkeit sowie Hilfe zur Pflege
der Sozialhilfe, die sich auf alltägliche und regelmäßig wiederkehrende Bedarfe beziehen und als
Geldleistungen oder durch Gutscheine erbracht werden können. [6]An die Entscheidung sind die
Leistungsberechtigten für die Dauer von sechs Monaten gebunden.

Im Abs. 1 wurden in nahezu unverändert die bisherigen Regelungen aus § 17 Abs. 2
SGB IX übernommen. Der bereits seit dem 1.1.2008 bestehende **Rechtsanspruch** auf
ein persönliches Budget, bisher in der Übergangsregelung des § 159 Abs. 5 SGB IX
versteckt, wurde in den Satz 1 aufgenommen, demzufolge die Leistungen zur Teilhabe
auf Antrag „durch die Leistungsform eines Persönlichen Budgets ausgeführt" werden. Die hinzugefügte **Bezeichnung als „Leistungsform"** verdeutlicht den Charakter
des Persönlichen Budgets als Alternative zum Sachleistungsprinzip. Neu hinzugekommen ist auch die Klarstellung im Abs. 1 Satz 4, wonach ein persönliches Budget nicht
nur trägerübergreifend, sondern **auch bei nur einem einzelnen Reha-Träger** in An-

---

255 Art. 26 Abs. 1 BTHG.

spruch genommen werden kann. Das bezieht sich sowohl auf Fälle, in denen ohnehin nur von einem einzigen Reha-Träger Leistungen zu erbringen sind, als auch auf jene, in denen zwar mehrere Reha-Träger beteiligt sind, die leistungsberechtigte Person aber ein Persönliches Budget nur bezogen auf die Leistungen eines einzelnen Reha-Trägers beantragt.

156 Hinsichtlich der Form des Persönlichen Budgets bleibt es nach Abs. 2 Satz 1 dabei, dass es i.d.R. als **Geldleistung** erbracht wird.

**§ 29 Persönliches Budget**

(2) [1]Persönliche Budgets werden in der Regel als Geldleistung ausgeführt, bei laufenden Leistungen monatlich. [2]In begründeten Fällen sind Gutscheine auszugeben. [3]Mit der Auszahlung oder der Ausgabe von Gutscheinen an die Leistungsberechtigten gilt deren Anspruch gegen die beteiligten Leistungsträger insoweit als erfüllt. [4]Das Bedarfsermittlungsverfahren für laufende Leistungen wird in der Regel im Abstand von zwei Jahren wiederholt. [5]In begründeten Fällen kann davon abgewichen werden. [6]Persönliche Budgets werden auf der Grundlage der nach Kapitel 4 getroffenen Feststellungen so bemessen, dass der individuell festgestellte Bedarf gedeckt wird und die erforderliche Beratung und Unterstützung erfolgen kann. [7]Dabei soll die Höhe des Persönlichen Budgets die Kosten aller bisher individuell festgestellten Leistungen nicht überschreiten, die ohne das Persönliche Budget zu erbringen sind. [8]§ 35 a des Elften Buches bleibt unberührt.

Nicht aus der Budgetverordnung übernommen worden ist jedoch die Regelung, dass laufende Geldleistungen monatlich im Voraus ausgezahlt werden (§ 3 Abs. 5 Satz 3 Budgetverordnung a.F.). Gleichwohl ist weiterhin von einer **Vorauszahlungspflicht** des nach Abs. 3 verantwortlichen Reha-Trägers auszugehen. Anderenfalls würde die Möglichkeiten zur Selbstbeschaffung der budgetnehmenden Person deutlich eingeschränkt, denn sie müsste mit den Leistungserbringern, die sie nunmehr selbst auswählt und vergütet, vereinbaren, dass diese jeweils monatlich in Vorleistung gehen. Da insbesondere kleine und mittelständische Leistungserbringer dazu nicht oder nur eingeschränkt in der Lage und bereit sein werden, würde dies im Endeffekt das Wunsch- und Wahlrecht der leistungsberechtigten Person ebenso einschränken wie die Vielfalt der Träger von Rehabilitationsdiensten und -einrichtungen, die gemäß § 36 Abs. 2 Satz 2 SGB IX gerade gewahrt werden bzw. bleiben soll.

157 Beibehalten wurde auch die Regelung, wonach das Persönliche Budget in begründeten Fällen auch **in Gestalt von Gutscheinen** erbracht wird. Damit sind Gutscheine wie schon bisher **nur in Ausnahmefällen** zulässig, etwa wenn andernfalls die die Deckung der ermittelten Bedarfe nachweislich nicht sichergestellt wird. Da § 35 a SGB XI gemäß dem hinzugefügten Satz 8 in Abs. 2 unberührt bleibt, wird die Gutscheinlösung in der **sozialen Pflegeversicherung** ebenfalls beibehalten. Die (gemäß § 38 SGB XI ggf. anteiligen) Pflegesachleistungen bei häuslicher Pflege (§ 36 SGB XI) und bei teilstationärer Tages- und Nachtpflege (§ 41 SGB XI) werden immer nur in Form von Gutscheinen zur Verfügung gestellt. Begründet wird dies mit dem „Teilleistungscharakter[...] der sozialen Pflegeversicherung", demzufolge die pauschalierten Leistungen den Pflegebedarf im Einzelfall nicht immer vollständig decken, sondern ggf. einen Eigenanteil der leistungsberechtigten Person oder aber ergänzende Leistungen der Hilfe zur Pflege nach dem SGB XII erfordern.[256] Dieser Ansatz ist ungeeignet, das Festhal-

---

256  BT-Drs. 18/9522, 243.

ten an der Gutscheinlösung und den damit einhergehenden **deutlichen Widerspruch zum Ziel der selbstbestimmten Lebensplanung und -führung** des § 1 Satz 1 SGB IX[257] zu begründen. Denn auch bei Auszahlung eines pauschalierten Geldbetrages anstelle der Sachleistungen bliebe der Teilleistungscharakter erhalten.

Befremdlich ist, dass in der Gesetzesbegründung nicht auf die Ergebnisse des auf 5 Jahre angelegten **Modellprojektes** zur Erprobung **personenbezogener Pflegebudgets** nach § 8 Abs. 3 SGB XI eingegangen wird, die seit dem Jahr 2008 vorliegen.[258] Auf der einen Seite haben die Pflegebudgets eine deutlich positive Wirkung für Pflegearrangements. Diese bestehen „insbesondere in der Ausweitung der Betreuungszeit, einer inhaltlichen Neuausrichtung der im Haushalt erbrachten Leistungen, einer höheren subjektiv erlebten Lebensqualität und der als besonders bedeutsam eingeschätzten Entlastungsfunktion für pflegende Angehörige".[259] Auf der anderen Seite ist demnach die Einführung von Pflegebudgets mit Mehrkosten verbunden, insbesondere aufgrund des Wechsels von Personen mit Bezug von (ggf. anteiligem) Pflegegeld zum Pflegebudget in Höhe der Sachleistungen.[260] Mit der Fortführung der Gutscheinlösung im § 35 a SGB IX hat sich der Deutsche Bundestag bei der Verabschiedung des BTHG also bewusst gegen mehr Selbstbestimmung, Teilhabe und mehr Lebensqualität der Menschen mit Behinderungen und gleichzeitigem Pflegebedarf entschieden und stattdessen für die Begrenzung der Ausgabendynamik, ohne dies im Rahmen der Gesetzesbegründung transparent zu machen.

Dass die **Bedarfsermittlung** gemäß Abs. 2 Satz 3 **i.d.R. alle zwei Jahre** zu wiederholen ist wurde aus § 3 Abs. 6 der bisherigen Budgetverordnung übernommen. In begründeten Fällen hat eine erneute Bedarfsermittlung entsprechend der Gründe in kürzerer bzw. auch in längerer Frist zu erfolgen, z.B. wenn bei der Bedarfsermittlung absehbar ist, dass sich bei fortschreitenden Erkrankungen mit vorhersehbarem Verlauf der Bedarf innerhalb kürzerer Zeit verändern kann oder wird, oder aber umgekehrt mit einer Veränderung des Bedarfes binnen zwei Jahren nicht zu rechnen ist.

Die **Bemessung der Höhe** des Persönlichen Budgets ergibt sich wie bisher daraus, dass einerseits der festgestellte individuelle Bedarf gedeckt werden muss, es andererseits aber nicht höher sein soll als die Kosten der andernfalls zu erbringenden Sachleistungen (zur Bemessung der Höhe bei bisher gepoolten Leistungen s. Rn. 147). Beibehalten wurde auch die Formulierung, dass aufgrund der Höhe des Budgets auch die erforderliche Beratung und Unterstützung erfolgen kann. Somit wird die Unklarheit fortgeführt, ob und ggf. in welchem Umfang kostenpflichtige Beratungs-und Unterstützungsleistungen wie z.B. zusätzliche Regiekosten („**Budgetassistenz**") zur Verwaltung des Budgets übernommen werden oder nicht. Während der Wortlaut des § 28 Abs. 2 Satz 5 SGB IX die Kosten zur Deckung des individuellen Bedarfes und (im Sinne von zuzüglich) der erforderlichen Unterstützung benennt, deckelt Satz 6 die Kosten im Regelfall („soll") auf die Kosten einer entsprechenden Sachleistungserbringung durch den Reha-Träger, der insofern nicht ausdrücklich einen Verwaltungskos-

158

159

160

---

257  So schon *Welti* (2007), S. 82.
258  *Klie/Blinkert* (2008).
259  *Klie/Blinkert* (2008), S. 20.
260  *Klie/Blinkert* (2008), S. 14.

tenanteil des Reha-Trägers für Unterstützungsleistungen umfasst. Dabei sind sowohl die „**leistungserschließende[n] Funktion der Beratung und Unterstützung**",[261] der insoweit erhebliche Bedarf der Leistungsberechtigten[262] als auch die Schwierigkeiten, diese im Kontext der Sozialleistungssystems oder der rechtlichen Betreuung kostenfrei zu erlangen und die daraus folgende Notwendigkeit, diese Bedarfe im Rahmen des Budgets gegen Entgelt zu decken, seit der Auswertung des Modellprojekts zur Einführung des Persönlichen Budgets bekannt.[263]

161 **Verfahrensverantwortlicher** für den Antrag auf ein Persönliches Budget ist gemäß Abs. 3 Satz 1 der nach § 14 SGB IX **leistenden Reha-Träger**.

§ 29 Persönliches Budget

(3) [1]Werden Leistungen zur Teilhabe in der Leistungsform des Persönlichen Budgets beantragt, ist der nach § 14 leistende Rehabilitationsträger für die Durchführung des Verfahrens zuständig. [2]Satz 1 findet entsprechend Anwendung auf die Pflegekassen und die Integrationsämter. [3]Enthält das Persönliche Budget Leistungen, für die der Leistungsträger nach den Sätzen 1 und 2 nicht Leistungsträger nach § 6 Absatz 1 sein kann, leitet er den Antrag insoweit unverzüglich dem nach seiner Auffassung zuständigen Leistungsträger nach § 15 zu.

Ein eigenständiges Bedarfsfeststellungsverfahren für das Persönliche Budget wie noch in § 3 der bisherigen Budgetverordnung vorgesehen entfällt, um dadurch Verwaltungsaufwand zu minimieren. Im ggf. aufzustellenden Teilhabeplan (s. Rn. 117 ff.) ist gemäß § 19 Abs. 2 Satz 2 Nr. 7 SGB IX auch die Berücksichtigung des Wunsch -und Wahlrechts im Hinblick auf die Ausführung von Leistungen durch ein Persönliches Budget zu dokumentieren.

162 Auch bei **Beteiligung anderer Reha-Träger** handelt der leistende Reha-Träger dabei – wie nach § 15 Abs. 3 Satz 2 SGB IX – nur **in eigenem Namen** und nicht wie im bisherigen § 17 Abs. 4 Satz 1 SGB IX im Auftrag und stellvertretend in deren Namen. Der leistende Reha-Träger ist für das Persönliche Budget zuständig, soweit die beantragte Sachleistung grundsätzlich – d.h. unabhängig von seiner Zuständigkeit im Einzelfall – in sein Leistungsspektrum nach § 6 Abs. 1 SGB IX fällt. Sind dabei in der Sache andere Reha-Träger zuständig, bindet der leistende Reha-Träger diese gemäß § 15 Abs. 2 SGB IX auch in die Entscheidung über das Persönliche Budget ein und entscheidet auf der Grundlage von deren Feststellungen, soweit diese rechtzeitig übermittelt werden, sonst auf der Grundlage eigener Feststellung (vgl. Rn. 73).

163 Auch die **aufgesplittete Zuständigkeit** nach § 15 Abs. 1 SGB IX, wenn also der leistende Reha-Träger für einen Teil des Antrags selber nicht zuständig sein kann und daher an den zuständigen Reha-Träger weiterleitet (s. Rn. 69 ff.), setzt sich im Rahmen des Persönlichen Budgets fort. Den (Teil-)Antrag zur Gewährung eines Persönlichen Budgets hat der leistende Reha-Träger insoweit gemäß Abs. 3 Satz 3 an den seiner Meinung nach zuständigen Reha-Träger weiterzuleiten. Offen bleibt hingegen, wer dann für die Entscheidung über das Persönliche Budget und den Abschluss der Zielvereinbarung (s. Rn. 168 ff.) zuständig ist. Dass der sachlich zuständige Reha-Träger nach § 15 Abs. 1 SGB IX über den Teil „seiner" Leistung im eigenen Namen

---

261 *Welti* (2007), S. 81.
262 *Metzler* et al. (2007), S. 157.
263 *Welti* (2007), S. 70 ff.; BAG UB (2009), S. 107 f.

entscheidet, spricht zwar für eine gesplittete Zuständigkeit auch im Rahmen des Persönlichen Budgets. Das würde jedoch in der Konsequenz bedeuten, dass die antragstellende Person zwei (oder mehr) separate Leistungsvereinbarungen abschließen müsste und dementsprechend getrennte Budgets erhalten würde. Einer solchen Auslegung steht sowohl der Wortlaut des § 29 Abs. 1 Satz 3 SGB IX, der von dem Persönlichen Budget als **trägerübergreifende Komplexleistung** spricht, als auch derjenige des § 29 Abs. 4 SGB IX entgegen, welcher nur im Singular von „der Leistungsträger nach Abs. 3" und nur von einer Zielvereinbarung spricht, in der zudem gemäß Satz 2 Nr. 4 die Höhe des Gesamtbudgets enthalten sein soll. Dies spricht für eine **ausnahmslose Zuständigkeit des leistenden Reha-Trägers** für **ein trägerübergreifendes Gesamtbudget**.[264]

Die hier vertretene Auffassung hat zur Konsequenz, dass der sachlich zuständige Reha-Träger nach dem für ihn geltenden Leistungsgesetz auf der Grundlage der Ergebnisse des Bedarfsermittlungsverfahrens das auf ihn entfallende Teilbudget feststellen und dem leistenden Reha-Träger übermitteln muss, der seinerseits diese Feststellung dann in die Zielvereinbarung übernimmt. Diese Vorgehensweise entspricht zudem § 3 Abs. 4 der bisherigen Budgetverordnung, auch wenn dessen Inhalt nicht in § 29 SGB IX übernommen worden ist, so dass auch keine Frist für die Mitteilung des Teilbudgets mehr geregelt ist. 164

Ähnlich stellt sich die Situation der Zuständigkeit für das Persönliche Budget im Fall der **einvernehmlichen Zuständigkeitssplittung** nach § 15 Abs. 3 Satz 1 SGB IX dar. Auch hierbei entscheiden verschiedene Reha-Träger in eigenem Namen über ihre jeweiligen Sachleistungen (s. Rn. 74 ff.). Mit denselben Argumenten auf der Grundlage von § 29 Abs. 1 Satz 3 und Abs. 4 Satz 1 und 2 SGB IX (s. Rn. 163) ist auch in diesem Fall davon auszugehen, dass die zuständigen Reha-Träger nur ihre Teilbudgets feststellen und an den leistenden Reha-Träger übermitteln, der dann die Teilbudgets in der Zielvereinbarung mit der leistungsberechtigten Person zusammenführt. Hierfür spricht auch die Koordinierungsfunktion, die der leistende Reha-Träger auch im Fall der „einvernehmlichen" Aufsplittung der Zuständigkeit beibehält (s. Rn. 79). 165

In Abs. 3 Satz 2 SGB IX wird klargestellt, dass **auch die Pflegekassen** und die **Integrationsämter** leistende Träger und damit für die Durchführung des Verfahrens zur Umsetzung des Persönlichen Budgets zuständig sein können. Damit wird ein Teil der Regelung des § 2 der bisherigen Budgetverordnung übernommen. Diese Leistungsträger sind zwar nicht Reha-Träger i.S.d. § 6 Abs. 1 SGB IX, aber Teile ihres Leistungsspektrums werden gesetzlich ausdrücklich als budgetfähig erklärt (§ 35 a SGB XI, § 185 Abs. 8 SGB IX). Wird nur bei einem von ihnen ein Antrag auf ein persönliches Budget bezüglich ihrer Leistungen gestellt, wie in § 29 Abs. 1 Satz 4 SGB IX vorgesehen, kann auch niemand anderer für die Durchführung des Verfahrens zuständig sein. 166

In Abs. 3 Satz 2 **nicht erwähnt** sind hingegen die **Sozialhilfeträger**, die seit der Neubekanntmachung des SGB IX zum 1.1.2018 keine originären Reha-Träger mehr sind (s. Rn. 23 f.). In § 2 der bisherigen Budgetverordnung waren sie ausdrücklich auch mit ihren Leistungen der Hilfe zur Pflege als beteiligte Leistungsträger benannt. Da 167

---

264 Vgl. auch BSG 11.5.2011 – B 5 R 54/10 R, Rn. 28 ff.

die **Hilfen zur Pflege auch weiterhin für budgetfähig** erklärt werden gemäß § 29 Abs. 1 Satz 5 SGB IX sowie § 63 Abs. 3 SGB XII und eine Ungleichbehandlung im Vergleich zu den Pflegeleistungen der Pflegekassen weder im Rahmen der Gesetzesbegründung begründet wird noch sachlich begründet erscheint, spricht das für ein **redaktionelles Versehen**. Dem folgend wäre von einer planwidrigen Lücke im Gesetz auszugehen, die im Wege der **Analogie** dahingehend zu schließen ist, dass auch die Sozialhilfeträger in entsprechender Anwendung des § 29 Abs. 3 Satz 2 SGB IX für die Durchführung des Verfahrens zur Umsetzung des Persönlichen Budgets zuständig sein können, wenn das bei ihnen im Rahmen der Hilfe zur Pflege beantragt wird.

168 Die Regelung über die abzuschließende **Zielvereinbarung** ist weitestgehend aus § 4 der bisherigen Budgetverordnung übernommen worden. So auch der **Zeitpunkt der Verhandlung** im Rahmen des Bedarfsfeststellungsverfahrens und die **Laufzeit der Zielvereinbarung** gemäß Abs. 4 Satz 8, wobei Letztere der Dauer des Bewilligungszeitraumes der Leistungen zu entsprechen hat. Anders als im § 4 Abs. 3 der bisherigen Budgetverordnung ist die Vereinbarung einer **abweichenden Laufzeit** der Zielvereinbarung nicht mehr vorgesehen.

§ 29 Persönliches Budget

(4) [1]Der Leistungsträger nach Absatz 3 und die Leistungsberechtigten schließen zur Umsetzung des Persönlichen Budgets eine Zielvereinbarung ab. [2]Sie enthält mindestens Regelungen über

1. die Ausrichtung der individuellen Förder- und Leistungsziele,
2. die Erforderlichkeit eines Nachweises zur Deckung des festgestellten individuellen Bedarfs,
3. die Qualitätssicherung sowie
4. die Höhe der Teil- und des Gesamtbudgets.

[3]Satz 1 findet keine Anwendung, wenn allein Pflegekassen Leistungsträger nach Absatz 3 sind und sie das Persönliche Budget nach Absatz 1 Satz 4 erbringen. [4]Die Beteiligten, die die Zielvereinbarung abgeschlossen haben, können diese aus wichtigem Grund mit sofortiger Wirkung schriftlich kündigen, wenn ihnen die Fortsetzung der Vereinbarung nicht zumutbar ist. [5]Ein wichtiger Grund kann für die Leistungsberechtigten insbesondere in der persönlichen Lebenssituation liegen. [6]Für den Leistungsträger kann ein wichtiger Grund dann vorliegen, wenn die Leistungsberechtigten die Vereinbarung, insbesondere hinsichtlich des Nachweises zur Bedarfsdeckung und der Qualitätssicherung nicht einhalten. [7]Im Fall der Kündigung der Zielvereinbarung wird der Verwaltungsakt aufgehoben. [8]Die Zielvereinbarung wird im Rahmen des Bedarfsermittlungsverfahrens für die Dauer des Bewilligungszeitraumes der Leistungen in Form des Persönlichen Budgets abgeschlossen.

169 Bezüglich des **Mindestinhaltes** der Zielvereinbarung wurde in Abs. 4 Satz 2 Nr. 4 ergänzt, dass auch die **Höhe der Teil- und des Gesamtbudgets** in der Zielvereinbarung zu regeln ist. Neben der durch die andernfalls erforderlichen Sachleistungen vorgegebene Höhe des Budgets nach Abs. 2 Satz 7 bleibt im Rahmen der Zielvereinbarung insoweit Raum für die Absprachen, ob aufgrund besonderer Umstände im konkreten Einzelfall eine Abweichung von dieser Soll-Vorschrift geboten ist, z.B. wegen der im Einzelfall erforderlichen Kosten für die notwendige Unterstützung bei der Umsetzung und Verwaltung des Persönlichen Budgets nach § 29 Abs. 2 Satz 6 SGB IX (s. Rn. 160).

170 Problematisch ist die Aufnahme der Höhe der Teil- und des Gesamtbudgets in die Zielvereinbarung allerdings unter **Rechtsschutzgesichtspunkten**. Solange Uneinigkeit über die Höhe des Budgets besteht, wird die Zielvereinbarung nicht abgeschlossen. Diese ist jedoch Voraussetzung für den Erlass des Verwaltungsaktes zur Gewährung

des Persönlichen Budgets (s. Rn. 173). Verzögerungen gehen daher zulasten der antragstellenden Person. Da die Zielvereinbarung ein öffentlich-rechtlicher Vertrag i.S.d. § 53 SGB X[265] und kein Verwaltungsakt ist, scheidet die Erhebung einer Verpflichtungsklage nach § 54 SGG aus. Da aber die antragstellende Person ein berechtigtes Interesse an der baldigen Feststellung der Budgethöhe hat, ist daher eine **vorbeugende Feststellungsklage** zu erheben. Denn Gegenstand der Feststellungsklage kann auch die Feststellung des Bestehens einzelner Rechte und Pflichten aus einem Rechtsverhältnis sein.[266] Die Klage ist entweder auf die Feststellung einer bestimmten Gesamtbudgethöhe zu richten, wenn die leistungsberechtigte Person dies so konkret beziffern kann, oder aber auf Feststellung, dass zusätzlich zu dem vom leistenden Reha-Träger vorgeschlagenen Gesamtbudget aufgrund der Bedarfe im Einzelfall weitere Kosten bei der Budgethöhe berücksichtigt werden müssen wie z.B. Regiekosten für die Lohnverwaltung beim sog. Arbeitgebermodell. Ein gesondertes Verwaltungsverfahren ist vor der Klageerhebung nicht erforderlich, wenn der leistende Reha-Träger Anlass zur sofortigen Klageerhebung gegeben hat.[267] Dies ist der Fall, wenn der leistende Reha-Träger im Zuge der Verhandlung der Zielvereinbarung die Berücksichtigung zusätzlicher Kosten, die die antragstellende Person konkret gefordert und beziffert hat, ernsthaft und endgültig ablehnt, so dass weitere Verhandlungen aussichtslos sind. Ist Eilbedürftigkeit gegeben, etwa weil ein für die antragstellende Person erkennbar bedeutsamer Umstand für die Inanspruchnahme des Persönlichen Budgets zeitkritisch ist, z.B. wegen eines speziell auf ihre Bedürfnisse zugeschnittenen, aber befristeten Dienstleistungsangebotes, ist die vorbeugende Feststellungsklage mit einem **Antrag auf Erlass einer einstweiligen Anordnung** nach § 86 b Abs. 2 SGG kombinierbar.

Sofern die leistungsberechtigte Person ein **persönliches Budget allein bei einer Pflegekasse** beantragt, ist gemäß Abs. 4 Satz 3 SGB IX **keine Zielvereinbarung** abzuschließen. Ausweislich der Gesetzesbegründung hat dies den Hintergrund, dass die über die Zielvereinbarung sicherzustellende Qualitätssicherung im Fall der Pflegeversicherung bereits dadurch gewährleistet ist, dass die Pflegesachleistungen im Fall eines Persönlichen Budgets gemäß § 35 a SGB XI nur durch Gutscheine ersetzt werden dürfen, die wiederum nur bei Leistungserbringern eingelöst werden können, mit denen entsprechende qualitätssichernde Vereinbarungen getroffen worden sind. Wird von einem anderen Reha-Träger ein trägerübergreifendes Persönliches Budget gewährt, welches Leistungen der Pflegeversicherung beinhaltet, ist er gemäß § 35 a Satz 2 SGB XI verpflichtet, bei der Ausgestaltung des Budgets darauf zu achten, dass dieses nicht den Vorgaben des SGB XI widerspricht.                                                    171

Die vorzeitige Beendigung einer Zielvereinbarung ist wie nach bisherigem Recht nur   172
durch eine **Kündigung aus wichtigem Grund** möglich. Die entsprechenden Regelungen für beide Vertragsparteien in Abs. 4 Satz 4–6 sind inhaltlich unverändert aus dem § 4 Abs. 2 Satz 1–3 der bisherigen Budgetverordnung übernommen worden, lediglich die Bezeichnung der Beteiligten wurde angepasst.

---

265  O'*Sullivan* in Schlegel/Voelzke jurisPK-SGB IX § 17 SGB IX Rn. 52.
266  BSG 6.3.2003 – B 11 AL 27/02 R, juris Rn. 13.
267  BSG 22.5.1985 – 12 RK 30/84, Rn. 8.

173    Nicht in den Abs. 4 übernommen wurde zwar die Regelung des § 3 Abs. 5 Satz 1 der bisherigen Budgetverordnung, wonach der das Verfahren durchführende Leistungsträger einen **Verwaltungsakt** erlässt, nach dem die Zielvereinbarung mit der antragsstellenden Person abgeschlossen worden ist. Dass jedoch der leistende Reha-Träger zum Abschluss des Verfahrens **auch weiterhin** einen Verwaltungsakt erlassen muss, ergibt sich schon aus dem Wortlaut des § 29 Abs. 4 Satz 7 SGB IX, wonach im Fall der Kündigung der Zielvereinbarung der Verwaltungsakt aufgehoben wird. Zudem hat der Verwaltungsakt über die Bewilligung des Persönlichen Budgets hinaus eine Doppelwirkung dahingehend, dass damit zugleich bisher ergangene Bescheide der beteiligten Reha-Träger über die Gewährung entsprechender Sachleistungen aufgehoben werden.[268]

### 3. Verordnungsermächtigung (§ 30 SGB IX)

174    § 30 SGB IX enthält die Ermächtigung des BMAS zum Erlass einer (neuen) **Rechtsverordnung** zur näheren **Ausgestaltung des Persönlichen Budgets**. Im Vergleich zur Vorgängerregelung im § 21 a SGB IX a.F. muss diese Rechtsverordnung künftig mit dem BMG als zuständigem Ministerium für die gesetzliche Krankenversicherung und die soziale Pflegeversicherung abgestimmt werden. Diese Ermächtigung böte dem BMAS die Möglichkeit, einige der vorgenannten Unklarheiten des SGB IX bezüglich der Umsetzung des Persönlichen Budgets unterhalb der Ebene einer Gesetzesänderung zu klären.

### 4. Leistungsort (§ 31 SGB IX)

175    Die Regelung in § 31 SGB IX ist unverändert aus dem § 18 SGB IX a.F. übernommen worden. Und wie schon bisher ist darin entgegen der Überschrift des Paragrafen keine generelle Regelung zum Ort der Leistung enthalten, sondern nur über die Voraussetzungen für die Inanspruchnahme von **Leistungen im Ausland.**

### 5. Ergänzende unabhängige Teilhabeberatung (§ 32 SGB IX)

176    Mit der Reform durch das BTHG werden die von den Reha-Trägern gemeinsam zu verantwortenden **gemeinsamen Servicestellen** als Beratungsstruktur **aufgegeben** (s. Rn. 466). Stattdessen sieht § 32 SGB IX die Einrichtung einer neuen **ergänzenden unabhängigen Teilhabeberatung** als niederschwellige Anlauf-und Beratungsstellen für Ratsuchende und Leistungsberechtigte vor. Um die Unabhängigkeit zu gewährleisten, sollen diese Beratungsstellen aus **Fördermitteln des BMAS** finanziert werden. Abs. 1 beinhaltet die Grundsätze dieser neuen Beratungsstruktur, Abs. 2 konkretisiert deren Aufgabe, Abs. 3 schreibt die besondere Berücksichtigung von Beratungsangeboten von Betroffenen für Betroffene, das sog. „Peer-Counseling", vor und die Abs. 4 und 5 befassen sich mit den Details der Förderung durch das BMAS.

§ 32 Ergänzende unabhängige Teilhabeberatung

(1) ¹Zur Stärkung der Selbstbestimmung von Menschen mit Behinderungen und von Behinderung bedrohter Menschen fördert das Bundesministerium für Arbeit und Soziales eine von Leistungsträgern und Leistungserbringern unabhängige ergänzende Beratung als niedrigschwelliges Angebot,

---

268    BSG 31.1.2012 – B 2 U 1/11 R, BSGE 110, 83 ff., Rn. 18.

das bereits im Vorfeld der Beantragung konkreter Leistungen zur Verfügung steht. [2]Dieses Angebot besteht neben dem Anspruch auf Beratung durch die Rehabilitationsträger.

(2) [1]Das ergänzende Angebot erstreckt sich auf die Information und Beratung über Rehabilitations- und Teilhabeleistungen nach diesem Buch. [2]Die Rehabilitationsträger informieren im Rahmen der vorhandenen Beratungsstrukturen und ihrer Beratungspflicht über dieses ergänzende Angebot.

(3) Bei der Förderung von Beratungsangeboten ist die von Leistungsträgern und Leistungserbringern unabhängige ergänzende Beratung von Betroffenen für Betroffene besonders zu berücksichtigen.

(4) [1]Das Bundesministerium für Arbeit und Soziales erlässt eine Förderrichtlinie, nach deren Maßgabe die Dienste gefördert werden können, welche ein unabhängiges ergänzendes Beratungsangebot anbieten. [2]Das Bundesministerium für Arbeit und Soziales entscheidet im Benehmen mit der zuständigen obersten Landesbehörde über diese Förderung.

(5) [1]Die Förderung erfolgt aus Bundesmitteln und ist bis zum 31. Dezember 2022 befristet. [2]Die Bundesregierung berichtet den gesetzgebenden Körperschaften des Bundes bis zum 30. Juni 2021 über die Einführung und Inanspruchnahme der ergänzenden unabhängigen Teilhabeberatung.

Laut der Gesetzesbegründung sollen die Beratungsangebote „die Position der Leistungsberechtigten/ Ratsuchenden gegenüber den Leistungsträgern und Leistungserbringern im sozialrechtlichen Dreieck" stärken und daher **wohnortnah** sowie **schnell und unbürokratisch in Anspruch** zu nehmen sein.[269] Ein **individueller Rechtsanspruch** auf eine solche Teilhabeberatung **besteht jedoch nicht.**[270] Gegen eine mangelhafte Umsetzung der ergänzenden unabhängigen Teilhabeberatung z.B. bezüglich der Erreichbarkeit, der Qualität der Beratung, der Umsetzung der Vorgabe der Beratung durch sog. Peers oder der Kostenpflicht des Beratungsangebotes (s. Rn. 181) kann daher nicht auf gerichtlichem, sondern nur auf politischem Wege vorgegangen werden.  177

Anders als bisher bei den gemeinsamen Servicestellen ist die Einrichtung solcher Angebote in allen Landkreisen und kreisfreien Städten gesetzlich nicht vorgeschrieben. Allerdings wird in der Gesetzesbegründung eine insoweit **flächendeckende Struktur** vorausgesetzt, da nur so „im Regelfall eine Beratung zeitnah und ortsnah ermöglicht werden kann".[271] Die Fördermittel werden daher nicht nur anhand der Einwohnerzahl, sondern zusätzlich anhand eines Flächenschlüssels auf die Länder verteilt, „um in Flächenländern einen Ausgleich für aufsuchende Angebote zu schaffen".[272] Die Länder werden gemäß Abs. 4 Satz 2 an der Entscheidung über die Vergabe der Zuwendungen beteiligt, um dadurch eine gleichmäßige Verteilung zu gewährleisten und Doppelstrukturen angesichts bereits vorhandener Beratungsangebote zu vermeiden.  178

Schon der Titel als **ergänzende** Teilhabeberatung verdeutlicht, dass die Reha-Träger trotz der Abschaffung der gemeinsamen Servicestellen verpflichtet bleiben, Beratung und Auskunft zu erteilen. Zusätzlich zu den allgemeinen Verpflichtungen aus §§ 14,15 SGB I schreibt § 12 SGB IX die Bereitstellung und Vermittlung geeigneter barrierefreier Informationsangebote sowie die Benennung spezieller interner Organisationseinheiten als Ansprechstellen vor (s. Rn. 50). Zudem sind die Reha-Träger in  179

---

269  BT-Ds. 18/9522, 245.
270  BT-Ds. 18/9522, 245.
271  BT-Drs. 18/9522, 245. In der Förderrichtlinie wird insoweit auch von einer „möglichst bundesweite[n] Abdeckung" gesprochen, BMAS (2017b), S. 3.
272  BT-Drs. 18/9522, 245; BMAS (2017b), S. 3.

verschiedenen Kontexten verpflichtet, explizit auf das Angebot der ergänzenden unabhängigen Teilhabeberatung hinzuweisen:

- im Rahmen der allgemeinen Bereitstellung und Vermittlung geeigneter barrierefreier Informationsangebote nach § 12 Abs. 1 Satz 2 Nr. 4 SGB IX (s. Rn. 46);
- vor der Durchführung einer Teilhabekonferenz gemäß § 20 Abs. 3 Satz 3 SGB IX (s. Rn. 133) sowie
- im Rahmen ihrer Beratungsstrukturen und ihrer Beratungspflicht nach § 32 Abs. 2 Satz 2 (und speziell die Eingliederungshilfeträger gemäß § 106 Abs. 4 SGB IX i.d.F. ab 2020).

180 Anders als die gemeinsamen Servicestellen müssen die Teilhabeberatungsstellen **unabhängig** sein und dürfen sicher daher weder in der Trägerschaft der Reha-Träger noch in der von Leistungserbringern befinden.[273] Um sich um eine Förderung des BMAS bewerben zu können, müssen die antragstellenden juristischen Personen des öffentlichen oder des privaten Rechts nachweisen, dass sie keine Gewinnerzielungsabsicht verfolgen und ob und ggf. inwieweit sie von den Interessen von Leistungsträgern, Leistungserbringern oder denen Dritter abhängig sind.[274] Zudem muss sichergestellt sein, dass die Beratungspersonen fachlich nicht weisungsgebunden sind, ausschließlich im Interesse der Ratsuchenden handeln und regelmäßig weitergebildet werden.[275] In dem Förderantrag ist zudem darzulegen, dass und inwieweit die **Methode des Peer-Counseling** zur Anwendung kommt, da dies gemäß Abs. 3 ein besonderes Entscheidungskriterium bei Auswahlentscheidung der zu fördernden Beratungsangebote darstellt.[276]

181 Die in Abs. 4 vorgesehene **Förderrichtlinie** zur Durchführung der ergänzenden unabhängigen Teilhabeberatung wurde Ende Mai 2017 vom BMAS veröffentlicht.[277] Danach wird die Teilhabeberatung bis zum Jahr 2022 mit 58 Mio. EUR pro Jahr gefördert,[278] wobei die einzelnen Beratungsstellen nur zu maximal 95 % gefördert werden können. Die restlichen **mindestens 5 %** der Ausgaben der Beratungsstellen sollen nach der Förderrichtlinie „von den **Antragstellenden als Eigenanteil** aufgebracht werden".[279] D.h., vom BMAS ist – entgegen der eigenen Aussage in den FAQs[280] – vorgesehen, dass die unabhängige ergänzende Teilhabeberatung grundsätzlich *nicht kostenlos* in Anspruch genommen werden kann – im Unterschied z.B. zur Unabhängigen Patientenberatung nach § 65 b SGB V. Die **Kostenpflicht widerspricht** jedoch nicht nur der Gesetzesbegründung, der zufolge das Beratungsangebot unentgeltlich allen Menschen mit (drohenden) Behinderungen offenstehen soll,[281] sondern auch der **Vorgabe der Niedrigschwelligkeit** in § 32 Abs. 1 Satz 1 SGB IX.

---

273  BMAS (2017 b), S. 2.
274  BMAS (2017 b), S. 2.
275  BMAS (2017 b), S. 2.
276  S. dazu auch BMAS (2017 b), S. 3.
277  BMAS (2017 b).
278  BT-Drs. 18/9522, 208 (221).
279  BMAS (2017 b), S. 3.
280  BMAS (2017 a), S. 15.
281  BT-Drs. 18/9522, 244.

Zudem ist nach der Förderrichtlinie **unklar, von wem genau der Kostenanteil** erhoben werden soll, da dort von „den Antragstellenden" und nicht von „den Ratsuchenden" gesprochen wird, obwohl das neue Beratungsangebot gemäß § 32 Abs. 1 Satz 1 SGB IX „bereits im Vorfeld der Beantragung konkreter Leistung zur Verfügung" stehen soll.[282] Jedenfalls soweit sich Teilhabeberatungsstellen in privater Trägerschaft befinden gehört die Entgegennahme und Weiterleitung von Anträgen i.S.d. § 16 Abs. 2 Satz 1 SGB I nicht zu ihren Aufgaben. D.h. es gibt i.d.R. gar keine Antragstellenden in die Teilhabeberatungsstellen. Diese sind aufgrund der privaten Trägerschaft auch nicht an die Soll-Vorgabe bezüglich des Kostanteils in der Förderrichtlinie gebunden. Sie sind vielmehr frei zu entscheiden, ob tatsächlich eine „Antrags-" bzw. „Beratungsgebühr" verlangt oder ob die Beratung kostenfrei angeboten und der 5 %ige Eigenanteil anderweitig finanziert wird, z.B. über Spendeneinnahmen. Letzteres würde dem Sinn des niedrigschwelligen Beratungsangebotes entsprechen, bindet jedoch zugleich Ressourcen zum Einwerben der Eigenmittel, die dann nicht für die Beratung zur Verfügung stehen.

Die **Förderung** der ergänzenden unabhängigen Teilhabeberatung erfolgt gemäß Abs. 1 und Abs. 5 aus Bundesmitteln. Dadurch sollen auf Grundlage der Förderrichtlinie (s. Rn. 181) **bundeseinheitliche Standards der Angebote und der Qualitätsanforderungen** sichergestellt werden, um „länderübergreifend gleichwertige Lebensverhältnisse für eine schnelle und zielführende Sachverhaltsaufklärung zu schaffen", um das Angebot entsprechend evaluieren und ggf. nachjustieren zu können.[283] Allerdings ist die Finanzierung durch das BMAS gemäß Abs. 5 **bis zum Ende des Jahres 2022 befristet** – ausweislich der Gesetzesbegründung aus haushaltsrechtlichen Gründen.[284] Eine zeitlich darüber hinausgehende Förderung der ergänzenden unabhängigen Teilhabeberatung ist daher derzeit nicht gesichert und bedarf einer erneuten Entscheidung des Gesetzgebers. Grundlage dafür ist der **Bericht der Bundesregierung,** den diese dem Bundestag und dem Bundesrat bis zum **Ende Juni 2021** vorlegen muss.

### 6. Pflichten von Personensorgeberechtigten, Angehörigen von Gesundheitsberufen und Landärzten (§§ 33–35 SGB IX)

Die bisher in den §§ 60–62 SGB IX a.F. geregelten Pflichten von **Personensorgeberechtigten, Angehörigen von Gesundheitsberufen** und von Landärzten sind in den 2. Abschnitt des 6. Kapitels über die Beratung vorgezogen und redaktionell angepasst worden, z.B. bezüglich der Teilhabeberatung nach § 32 SGB IX (s. Rn. 176 ff.). Der Gutachtenauftrag der **Landärzte** in § 35 Abs. 2 SGB IX wurde um die Eingliederungshilfe sowohl auf Ebene der Landesbehörden als auch auf Trägerebene erweitert.[285]

### VIII. Struktur, Qualitätssicherung und Verträge (1. Teil SGB IX 7. Kapitel)

Kapitel 7 gestaltet die in den bisherigen §§ 19-21 SGB IX enthaltene **Gewährleistungspflicht der Reha-Träger** für eine regional, fachlich und qualitativ **ausreichende**

---

282 BT-Drs. 18/9522, 245.
283 BT-Drs. 18/9522, 245.
284 BT-Drs. 18/9522, 246. Weiten Interpretationsspielraum lässt dabei die Formulierung, dass „[e]ine Entfristung [...] derzeit nicht beabsichtigt" sei, BT-Drs. 18/9954, 63.
285 Art. 23 Nr. 3 BVGuaÄndG, BT-Drs. 18/12611, 35.

**Versorgung** durch Rehabilitationsdienste und -einrichtungen, Synonym für Leistungserbringer von Reha-Leistungen, z.T. neu aus und regelt Vorgaben für die Rechts- und Vertragsbeziehungen der Reha-Träger zu den Leistungserbringern. Die einzelnen Leistungsgesetze der Reha-Träger sehen oftmals noch detailliertere Vorgaben zum sog. **Vertrags- oder Leistungserbringungsrecht** vor (bezüglich der Eingliederungshilfe s. Rn. 337 ff.), die gemäß § 7 Abs. 1 Satz 1 SGB IX denen des 7. Kapitels SGB IX, soweit sie davon abweichen, vorgehen.

### 1. Rehabilitationsdienste und -einrichtungen (§ 36 SGB IX)

186 Hinsichtlich der Rehabilitationsdienste und -einrichtungen wurde der Gehalt des § 19 Abs. 1, 4, 5 und 6 SGB IX a.F. ohne inhaltliche Änderungen übernommen. D.h., es bleibt der objektiven **Gewährleistungsverantwortung** für eine ausreichende Dichte fachlich geeigneter Leistungserbringer sowie für eine ausreichende Anzahl barrierefreier Leistungsangebote nach Abs. 1, deren Nichteinhaltung mangels klarer Verantwortungszuweisung nicht gerichtlich sanktioniert werden kann (vgl. insoweit den Sicherstellungsauftrag der Eingliederungshilfeträger nach § 95 SGB IX, § 4 Rn. 43 f.). Eine wirksame und geeignete Maßnahme, um im Sinne des Art. 26 BRK umfassende Habilitations- und Rehabilitationsdienste und -programme gemeindenah zu organisieren, zu stärken und zu erweitern, stellt der § 36 SGB IX somit auch weiterhin nicht dar. Ebenfalls inhaltlich **unverändert erhalten** bleiben die Vorgaben zur Ausübung des Ermessens bei der **Auswahl von Rehabilitationsdiensten und -einrichtungen** nunmehr in Abs. 2 (weiterhin ohne Abstimmung mit dem Wunsch- und Wahlrecht der Leistungsberechtigten), die Ermächtigung zur **Förderung von Leistungserbringern** im Abs. 3 und die Soll-Vorschrift zur Einrichtung **regionaler Arbeitsgemeinschaften** von Rehabilitationsdiensten und -einrichtungen mit vergleichbarer Aufgabestellung in Abs. 4.

187 Der **Vorrang ambulanter und teilstationärer Leistungen** sowie solcher in betrieblicher Form des bisherigen § 19 Abs. 2 SGB IX a.F. ist in die Neubekanntmachung **nicht übernommen** worden. Die Regelung einer Rangfolge der Leistungserbringungsformen sei mit der **personenorientierten Neuausrichtung** der Leistungsgewährung und -erbringung an den individuellen Bedarfen unvereinbar (ausführlich dazu s. Rn. 340).[286] Mit der Nicht-Übernahme des § 19 Abs. 2 SGB IX a.F. in den § 36 IX ist zugleich die **Erwähnung der familienentlastenden und -unterstützenden Dienste** ersatzlos **entfallen**. Dies ist insofern überraschend, als im 2. Teilhabebericht der Bundesregierung dem Angebot familienentlastender Dienste eine „zentrale Rolle bei der Unterstützung von Familien mit beeinträchtigten Familienmitgliedern" beigemessen wird.[287] Dass der Gesetzgeber damit die Leistungsformen der familienentlastenden und –unterstützenden Diensten nicht abschaffen wollte, ergibt sich schon aus der Ergänzung in § 4 Abs. 4 SGB IX, dem zufolge Müttern und Vätern mit Behinderungen Leistungen gewährt werden, um diese bei der Versorgung und Betreuung ihrer Kinder zu unterstützen (s. Rn. 19). Speziell bei den Assistenzleistungen in der Gruppe der Leistungen zur Sozialen Teilhabe nach § 77 Abs. 3 SGB IX findet sich ein Ausschnitt

---

286  BT-Drs. 18/9522, 246.
287  BMAS (2016), S. 82.

dieser Leistungsform wieder. Familienentlastende Dienste kommen jedoch nach wie vor auch im Rahmen der anderen Leistungsgruppen vor, um Eltern mit Behinderungen die Teilnahme an Reha-Maßnahmen z.b. zur Teilhabe am Arbeitsleben zu ermöglichen, z.b. Haushaltshilfe nach § 74 SGB IX, und weiterhin auch im umgekehrten Fall in Betracht, dass nämlich die Eltern von Kindern mit Beeinträchtigungen der Entlastung und Unterstützung bedürfen, um ihre Aufgabe dauerhaft gerecht werden zu können.[288] Gleichwohl ist die Nicht-Erwähnung familienentlastender Dienste im § 36 SGB IX als misslungen zu bezeichnen, da sie dadurch – trotz ihrer o.g. zentralen Bedeutung – keine hervorgehobene Berücksichtigung im Rahmen der strukturellen Gewährleistungsverantwortung der Rehabilitationsträger mehr erfahren.

Gleiches gilt für die anzustrebende **gemeinsame Betreuung von Kindern** mit und ohne (drohenden) Behinderungen, die aus dem bisherigen § 19 Abs. 3 SGB IX a.F. nicht übernommen worden ist. Diese findet sich zwar nach wie vor in § 4 Abs. 3 SGB IX als Zielvorgabe für die Leistungen zur Teilhabeerwährung, ist aber eben nicht mehr ausdrücklich für die Beziehungen der Reha-Träger zu den Reha-Diensten und -Einrichtungen geregelt.   188

## 2. Qualitätssicherung und Zertifizierung (§ 37 SGB IX)

Die Regelungen zum Abschluss **gemeinsamer Empfehlungen** der Reha-Träger zur **Qualitätssicherung** und **Zertifizierung** sowie der Pflicht der Leistungserbringer zur Si cherstellung eines Qualitätsmanagements in den Abs. 1 und 2 des § 37 SGB IX entsprechen denen des bisherigen § 20 Abs. 1 und 2 SGB IX a. F. Die nunmehr in Abs. 3 geregelten Absprachen zu den Anforderungen an ein **einrichtungsinternes Qualitätsmanagement** sowie das **Zertifizierungsverfahren** für stationäre Reha-Einrichtungen (bisher § 20 Abs. 2 a SGB IX a.F.) wurden in Satz 3 um die Regelung ergänzt, dass nur zertifizierte stationäre Reha-Einrichtungen als geeignet anzusehen sind, die zuvor in § 21 Abs. 3 Satz 2 SGB IX a.F. enthalten war. Der neue Abs. 4 ermächtigt die Reha-Träger, **strengere** als die gemeinsam vereinbarten **Qualitätsanforderungen** an Einrichtungen zu stellen. In Einrichtungen, die eine **Interessenvertretung** von Menschen mit Behinderungen haben, müssen dieser gemäß Abs. 5 die **Qualitätsnachweise** nach Abs. 3 zur Verfügung gestellt werden. Abs. 6 ordnet bezüglich der zu treffenden gemeinsamen Vereinbarungen an, dass Reha-Träger, die durch Rahmenempfehlungen insoweit abweichende Verpflichtungen eingegangen sind, sich mit den Partnern dieser Rahmenempfehlungen abzustimmen haben.   189

§ 37 Qualitätssicherung, Zertifizierung

(3) [1]Die Spitzenverbände der Rehabilitationsträger nach § 6 Absatz 1 Nummer 1 und 3 bis 5 vereinbaren im Rahmen der Bundesarbeitsgemeinschaft für Rehabilitation grundsätzliche Anforderungen an ein einrichtungsinternes Qualitätsmanagement nach Absatz 2 Satz 1 sowie ein einheitliches, unabhängiges Zertifizierungsverfahren, mit dem die erfolgreiche Umsetzung des Qualitätsmanagements in regelmäßigen Abständen nachgewiesen wird. [2]Den für die Wahrnehmung der Interessen der stationären Rehabilitationseinrichtungen auf Bundesebene maßgeblichen Spitzenverbänden sowie den Verbänden von Menschen mit Behinderungen einschließlich der Verbände der Freien Wohlfahrtspflege, der Selbsthilfegruppen und der Interessenvertretungen von Frauen mit Behinde-

---

288  Vgl. BMAS (2016), S. 82.

rungen ist Gelegenheit zur Stellungnahme zu geben. ³Stationäre Rehabilitationseinrichtungen sind nur dann als geeignet anzusehen, wenn sie zertifiziert sind.

(4) Die Rehabilitationsträger können mit den Einrichtungen, die für sie Leistungen erbringen, über Absatz 1 hinausgehende Anforderungen an die Qualität und das Qualitätsmanagement vereinbaren.

(5) In Rehabilitationseinrichtungen mit Vertretungen der Menschen mit Behinderungen sind die nach Absatz 3 Satz 1 zu erstellenden Nachweise über die Umsetzung des Qualitätsmanagements diesen Vertretungen zur Verfügung zu stellen.

(6) § 26 Absatz 3 ist entsprechend anzuwenden für Vereinbarungen aufgrund gesetzlicher Vorschriften für die Rehabilitationsträger.

190   Der Gesetzgeber hat die Gelegenheit der Neubekanntmachung des SGB IX nicht dafür genutzt, die Unklarheit zu beseitigen, ob das **Zertifizierungsverfahren für alle stationären Reha-Einrichtungen** anzuwenden ist, wofür der Wortlaut des Abs. 2 Satz 2 spricht,[289] **oder aber nur** solche der **medizinischen Rehabilitation**.[290] Für die Auslegung im letzteren Sinne spricht die Auswahl der zu beteiligenden Reha-Träger in § 37 Abs. 3 Satz 1 SGB IX, wonach die Bundesagentur für Arbeit als einziger Reha-Träger, der nicht für medizinische Reha zuständig sein kann, nicht an der Vereinbarung der grundsätzlichen Anforderung zu beteiligen ist. Dementsprechend ist die im Jahr 2009 ohne die Bundesagentur für Arbeit getroffene Vereinbarung zum internen Qualitätsmanagement nach § 20 Abs. 2 a SGB IX allein auf Träger der medizinischen Reha beschränkt.[291] Mit der Reform durch das BTHG sind gemäß Abs. 5 den Vertretungen von Menschen mit Behinderungen in Reha-Einrichtungen die Nachweise über die Umsetzung des Qualitätsmanagements zur Verfügung zu stellen. Ausweislich der Gesetzesbegründung sind damit insbesondere Werkstätten für Menschen mit Behinderung sowie Einrichtungen der beruflichen Rehabilitation gemäß § 51 Satz 2 SGB IX gemeint.[292] Diese Regelung ergäbe jedoch keinen Sinn, wenn sich die grundsätzlichen Anforderungen an ein einrichtungsinternes Qualitätsmanagement nur auf Einrichtungen der medizinischen Reha beziehen würden. Im Ergebnis bedeutet das, dass **sämtliche Erbringer von Reha-Leistungen** nach Abs. 2 Satz 1 ein **Qualitätsmanagement** sicherzustellen und gemäß Abs. 2 Satz 2 **alle stationären Reha-Einrichtungen** das **Zertifizierungsverfahren** zu absolvieren haben. Konsequenterweise ist dann die Nichtbeteiligung der Bundesagentur für Arbeit bei der Vereinbarung der grundsätzlichen Anforderungen an das Qualitätsmanagement sowie das Zertifizierungsverfahren als planwidrige Lücke anzusehen und somit im Wege der **analogen Anwendung** des § 37 Abs. 3 Satz 1 SGB IX einzubeziehen. Vorzulegen sind die Qualitätsnachweise nach Abs. 2 Satz 1 nicht nur den Vertretungen von Menschen mit Behinderungen in Einrichtungen der beruflichen Rehabilitation, die von Gesetzesbegründung ausdrücklich nur als Teil der erfassten Einrichtungen benannt werden, sondern in allen Einrichtungen, die mit solchen Vertretungsorganen ausgestattet sind, also auch sämtlichen **Heimbeiräten** im Sinne der Heimmitwirkungsverordnung.

---

289   So schon *Heine/Fuhrmann* Die Rehabilitation 2008,112 (114 f.).

290   Zum Streitstand s. *Joussen* in Dau et al LPK- SGB IX § 20 Rn. 16.

291   Vereinbarung vom 1.10.2009, S. 5, abrufbar unter http://www.bar-frankfurt.de/fileadmin/dateiliste/rehabilitation_und_teilhabe/Qualitaet_in_der_Reha/Qualitaetsmanagement_und_Zertifizierung/downloads/Vereinbarung_Korrektur.pdf (zuletzt aufgerufen am 11.5.2017).

292   BT-Drs. 18/9522, 247.

Die **Beteiligung von Interessenverbänden** an der Erarbeitung der gemeinsamen Emp-    191
fehlung zur Sicherung und Weiterentwicklung der Qualität der Leistungen, die vormals in § 20 Abs. 3 gebeten IX a.F. vorgesehen war, ist zwar im Wortlaut des § 37
entfallen. Der Gesetzesbegründung zufolge soll diese Beteiligung aber bereits durch
das Verfahren nach § 26 Abs. 6 SGB IX sichergestellt sein,[293] so dass deren Beteiligung entsprechend auch weiterhin zu praktizieren ist. Wenn dem folgend davon auszugehen ist, dass die Vorgaben des **§ 26 SGB IX** allgemein **für alle weiteren Empfehlungen** des SGB IX gelten, hätte es allerdings aus systematischen Gründen der Anordnung der entsprechenden Geltung des § 26 Abs. 3 in § 37 Abs. 1 und 6 SGB IX ebenso wenig wie der Ausführung der zu beteiligenden Verbände in dessen Abs. 3 Satz 2
bedurft.

§ 37 Abs. 4 SGB IX verdeutlicht, dass es sich bei den Inhalten der Empfehlung zur    192
Qualitätssicherung nach Abs. 1 nur um **Mindeststandards** handelt und die Reha-Träger in ihren Vereinbarungen mit Leistungserbringern strengere Anforderungen stellen
können. Dem Wortlaut zufolge gilt das nur für Verträge mit „Einrichtungen", was
auf eine beschränkte Anwendung auf stationäre Reha-Maßnahmen hindeutet. Jedoch
wird im Gesetz nicht konsequent nach ambulanten Diensten einerseits und stationären Einrichtungen andererseits unterschieden, sondern zum Teil auch von ambulanten Rehabilitationseinrichtungen gesprochen (s. § 26 Abs. 6 Satz 1 SGB IX). Da insoweit auch kein sachlicher Grund für eine Unterscheidung weder in der Gesetzesbegründung noch sonst erkennbar ist, ist davon auszugehen, dass die Ermächtigung zu
weitergehenden Qualitätsanforderungen **sowohl im ambulanten wie auch im stationären Bereich** gilt.

Übersicht: Adressaten und Verpflichtungen des § 37 SGB IX

| Regelung in | Adressat | Verpflichtung/ Berechtigung | Beteiligung | Bemerkung |
|---|---|---|---|---|
| Abs. 1 | Krankenkassen, die Bundesagentur für Arbeit, Träger der gesetzlichen Unfall- und der Rentenversicherung sowie der Kriegsopferversorgung bzw. deren Spitzenverbände | Vereinbarung gemeinsamer Empfehlungen zur Qualität und Qualitätsanalysen<br><br>Beitrittsrecht der Träger der Kinder- und Jugend- sowie derjenigen der Sozialhilfe | Verbände von Menschen mit Behinderungen, Verbände der freien Wohlfahrtspflege, der Selbsthilfegruppen und der Interessenvertretung von Frauen mit Behinderung sowie Spitzenverbände der ambulanten und stationären Leistungserbringer gemäß § 26 Abs. 6 SGB IX | Empfehlung gilt für alle Leistungserbringer |
| Abs. 2 Satz 1 | Alle Leistungserbringer | Sicherstellung eines Qualitätsmanagements | Übermittlung der Qualitätsnachweise an die Vertretungen von Menschen mit Behinderungen in Reha-Einrichtungen gemäß § 37 Abs. 5 SGB IX | |
| Abs. 2 Satz 2 | Alle stationären Reha-Einrichtungen | Teilnahme am Zertifizierungsverfahren nach Abs. 3 | | |

---

293  BT-Drs. 18/9522, 247.

| Regelung in | Adressat | Verpflichtung/ Berechtigung | Beteiligung | Bemerkung |
|---|---|---|---|---|
| Abs. 3 | Spitzenverbände der Krankenkassen, der Träger der gesetzlichen Unfall- und der Rentenversicherung sowie der Kriegsopferversorgung und die die Bundesagentur für Arbeit* im Rahmen der BAR | Vereinbarung grundsätzlicher Anforderung an das Qualitätsmanagement nach Abs. 2 Satz 1 und ein einheitliches, unabhängiges Zertifizierungsverfahren | Gelegenheit zur Stellungnahme für die Spitzenverbände stationären Leistungserbringer, Verbände von Menschen mit Behinderungen, Verbände der freien Wohlfahrtspflege, der Selbsthilfegruppen und der Interessenvertretungen von Frauen mit Behinderung | Nur zertifizierte Einrichtungen gelten als geeignete Vertragspartner (Abs. 3 Satz 3) |
| Abs. 4 | Alle Rehabilitationsträger | Ermächtigung zur Vereinbarung von Qualitätsstandards, die über die Empfehlungen des Abs. 1 hinausgehen | Ambulante und stationäre Reha-Einrichtungen | |
| Abs. 5 | Vertretung von Menschen mit Behinderung in Reha-Einrichtung | Berechtigung, sich von Leistungserbringern die Nachweise über die Umsetzung des Qualitätsmanagements vorlegen zu lassen | Alle Träger von Reha-Einrichtungen mit Vertretung von Menschen mit Behinderung | Alle Vertretungen (auch Heimbeiräte) i.S.d. HeimmwV |
| Abs. 6 | Alle Rehabilitationsträger | Bei Abweichung von Rahmenempfehlungen Pflicht zur Herstellung des Einvernehmens | Den Partnern der Rahmenempfehlungen | |

*Beteiligung der BA im Wege der analogen Anwendung des Abs. 3 Satz 1 (s. Rn. 190).

### 3. Verträge mit Leistungserbringern (§ 38 SGB IX)

193 Im § 38 SGB IX sind grundsätzliche Vorgaben für den Abschluss von **Verträgen mit Reha-Diensten und -einrichtungen** vorgesehen, während sich die Details nach den jeweiligen Leistungsgesetzen der Reha-Träger richten (bzw. für die Träger der Eingliederungshilfe ab dem Jahr 2018 nach dem Kapitel 8 des 2. Teils SGB IX, s. Rn. 337 ff). Abs. 1 enthält die bisher in § 21 Abs. 1 SGB IX a.F. vorgesehenen und lediglich redaktionell angepassten **Mindestinhalte**, die gemäß Abs. 4 auch weiterhin überwiegend von **Eigeneinrichtungen der Reha-Träger** entsprechend anzuwenden sind. Im neuen Abs. 2 werden **kollektivvertraglich geregelte Vergütungen** des Personals für **wirtschaftlich** erklärt.

§ 38 Verträge mit Leistungserbringern

(2) [1]Die Bezahlung tarifvertraglich vereinbarter Vergütungen sowie entsprechender Vergütungen nach kirchlichen Arbeitsrechtsregelungen kann bei Verträgen auf der Grundlage dieses Buches nicht als unwirtschaftlich abgelehnt werden. [2]Auf Verlangen des Rehabilitationsträgers ist die Zahlung von Vergütungen nach Satz 1 nachzuweisen.

(3) [1]Die Rehabilitationsträger wirken darauf hin, dass die Verträge nach einheitlichen Grundsätzen abgeschlossen werden. [2]Dabei sind einheitliche Grundsätze der Wirksamkeit, Zweckmäßigkeit und Wirtschaftlichkeit zu berücksichtigen. [3]Die Rehabilitationsträger können über den Inhalt der Verträge gemeinsame Empfehlungen nach § 26 vereinbaren. [4]Mit den Arbeitsgemeinschaften der Reha-

bilitationsdienste und -einrichtungen können sie Rahmenverträge schließen. [5]Der oder die Bundesbeauftragte für den Datenschutz und die Informationsfreiheit wird beteiligt.

Mit Abs. 2 wird die Rechtsprechung des BSG zum Gebiet der sozialen Pflegeversicherung ins Gesetz übernommen, wonach im Rahmen der Vergütungsvereinbarung die – ggf. nachzuweisende – Bezahlung von **Tariflöhnen** sowie Vergütungen nach kirchlichem Arbeitsrecht **nicht** als **unwirtschaftlich** angesehen bzw. abgelehnt werden darf.[294] Anders als in der BSG Rechtsprechung sind im Gesetzestext **ortsübliche Gehälter** den Tariflöhnen nicht ausdrücklich gleichgestellt. Ob dies beabsichtigt war, ist der Gesetzesbegründung zwar nicht zu entnehmen, jedoch legt ein Vergleich mit § 84 Abs. 2 Satz 4 und 5 SGB XI diesen Schluss nahe. Auch dort wird zwar nur auf tarifvertraglich vereinbarte und entsprechende Vergütungen nach kirchlichem Arbeitsrecht abgestellt, allerdings werden allgemein alle Gehälter bis zu dieser Höhe erfasst. Ausweislich der Gesetzesbegründung sollen damit ausdrücklich nicht tarifgebundene Pflegeeinrichtungen erfasst und ermutigt werden, ihren Angestellten entsprechende Gehälter zu zahlen und deren Refinanzierung im Rahmen der Vergütungsvereinbarung einzufordern, um somit den Wettbewerb über Qualität, Effizienz und Innovation statt über niedrige Gehälter zu führen.[295] Angesichts des insoweit verkürzten Wortlautes in § 38 Abs. 2 SGB IX ist also auf eine bewusste Auslassung des Gesetzgebers zu schließen, so dass die **Gehälter** von **nicht-tarifgebundenen** sowie **nicht-kirchlichen Einrichtungen** von Reha-Diensten und -Einrichtungen erneut **unter Rechtfertigungsdruck** im Rahmen der Vergütungsvereinbarung gesetzt werden – ggf. bis zu einer Klarstellung des Gegenteils durch den Gesetzgeber selbst oder durch das BSG.

194

Während die bisher in § 21 Abs. 3 Satz 2 SGB IX a.F. enthaltene Vorgabe, dass nur zertifizierte stationäre Reha-Einrichtungen als geeignet anzusehen sind, in den § 37 Abs. 3 Satz 3 SGB IX verschoben worden ist (s. Rn. 189 f.), ist die Verpflichtung zur **Kündigung von Verträgen** mit fachlich nicht geeigneten Diensten oder Einrichtungen (§ 21 Abs. 3 Satz 1 SGB IX a.F.) **begründungslos entfallen**. Das bedeutet jedoch nicht, dass Verträge mit nicht fachlich geeigneten Diensten und Einrichtungen nunmehr aufrecht zu erhalten sind. Vielmehr ergeben sich das Recht bzw. die Pflicht zur Kündigung entweder aus den Leistungsgesetzen des jeweiligen Reha-Trägers (z.B. § 181 Abs. 7 SGB III, § 111 Abs. 4 SGB V, § 130 SGB IX, s. auch § 74 Abs. 2 SGB XI) oder aber nach der allgemeinen Bestimmung des § 59 Abs. 1 Satz 2 SGB X, der eine Kündigung dann vorsieht, wenn es darum geht, schwere Nachteile für das Gemeinwohl zu verhüten oder zu beseitigen.

195

Wie schon bisher sollen die Verträge gemäß Abs. 3 mit den Leistungserbringern nach einheitlichen Grundsätzen abgeschlossen werden, die entweder in gemeinsamen Empfehlung nach § 26 SGB IX und/oder in Rahmenverträgen mit Arbeitsgemeinschaften der Reha-Dienste und -Einrichtungen vereinbart werden. Neu gegenüber dem § 21 Abs. 2 SGB IX a.F. ist insoweit nur die ausdrückliche Vorgabe der **Wirksamkeit, Zweckmäßigkeit und Wirtschaftlichkeit** der Leistungserbringung als Mindestinhalte dieser Grundsätze.

196

---

294 BSG 16.5.2013 – B 3 P 2/12 R, Rn. 16; vgl. auch § 84 Abs. 6 SGB XI.
295 BT-Drs. 18/10510, 115.

## IX. Bundesarbeitsgemeinschaft für Rehabilitation (1. Teil SGB IX 8. Kapitel)

197 Während die Existenz der **Bundesarbeitsgemeinschaft für Rehabilitation (BAR)** in der bisherigen Fassung des SGB IX nur vorausgesetzt wurde (u.a. §§ 13 Abs. 7 und 8, 20 Abs. 2 a und 3 SGB IX a.F.), werden im neuen Kapitel 8 in den §§ 39–41 SGB IX deren Aufgaben, die Rechtsaufsicht und die Berichtspflichten ihrer Mitglieder ausdrücklich geregelt. Die BAR erhält zudem das Vorschlagsrecht bezüglich eines Mitgliedes im Beirat für die Teilhabe von Menschen mit Behinderungen (§ 86 Abs. 2 Nr. 17 SGB IX, s. Rn. 327).

### 1. Aufgaben (§ 39 SGB IX)

198 Während im Abs. 1 die **Organisationsstruktur** der BAR als Arbeitsgemeinschaft i.S.d. § 94 SGB IX und ihre **originären Mitglieder** festlegt, werden in Abs. 2 deren Aufgaben in einem offenen Katalog aufgelistet.

§ 39 Aufgaben

(1) ¹Die Rehabilitationsträger nach § 6 Absatz 1 Nummer 1 bis 5 gestalten und organisieren die trägerübergreifende Zusammenarbeit zur einheitlichen personenzentrierten Gestaltung der Rehabilitation und der Leistungen zur Teilhabe im Rahmen einer Arbeitsgemeinschaft nach § 94 des Zehnten Buches. ²Sie trägt den Namen „Bundesarbeitsgemeinschaft für Rehabilitation".

(2) Die Aufgaben der Bundesarbeitsgemeinschaft für Rehabilitation sind insbesondere

1. die Beobachtung der Zusammenarbeit der Rehabilitationsträger und die regelmäßige Auswertung und Bewertung der Zusammenarbeit; hierzu bedarf es
   a) der Erstellung von gemeinsamen Grundsätzen für die Erhebung von Daten, die der Aufbereitung und Bereitstellung von Statistiken über das Rehabilitationsgeschehen der Träger und ihrer Zusammenarbeit dienen,
   b) der Datenaufbereitung und Bereitstellung von Statistiken über das Rehabilitationsgeschehen der Träger und ihrer Zusammenarbeit und
   c) der Erhebung und Auswertung nicht personenbezogener Daten über Prozesse und Abläufe des Rehabilitationsgeschehens aus dem Aufgabenfeld der medizinischen und beruflichen Rehabilitation der Sozialversicherung mit Zustimmung des Bundesministeriums für Arbeit und Soziales,
2. die Erarbeitung von gemeinsamen Grundsätzen zur Bedarfserkennung, Bedarfsermittlung und Koordinierung von Rehabilitationsmaßnahmen und zur trägerübergreifenden Zusammenarbeit,
3. die Erarbeitung von gemeinsamen Empfehlungen zur Sicherung der Zusammenarbeit nach § 25,
4. die trägerübergreifende Fort- und Weiterbildung zur Unterstützung und Umsetzung trägerübergreifender Kooperation und Koordination,
5. die Erarbeitung trägerübergreifender Beratungsstandards und Förderung der Weitergabe von eigenen Lebenserfahrungen an andere Menschen mit Behinderungen durch die Beratungsmethode des Peer Counseling,
6. die Erarbeitung von Qualitätskriterien zur Sicherung der Struktur-, Prozess- und Ergebnisqualität im trägerübergreifenden Rehabilitationsgeschehen und Initiierung von deren Weiterentwicklung,
7. die Förderung der Partizipation Betroffener durch stärkere Einbindung von Selbsthilfe- und Selbstvertretungsorganisationen von Menschen mit Behinderungen in die konzeptionelle Arbeit der Bundesarbeitsgemeinschaft für Rehabilitation und deren Organe,
8. die Öffentlichkeitsarbeit zur Inklusion und Rehabilitation sowie
9. die Beobachtung und Bewertung der Forschung zur Rehabilitation sowie Durchführung trägerübergreifender Forschungsvorhaben.

199 Gemäß Abs. 1 wird die BAR als Arbeitsgemeinschaft i.S.d. § 94 SGB X qualifiziert. Laut der Gesetzesbegründung soll die Zusammenarbeit ausdrücklich im Rahmen der

bereits bestehenden Bundesarbeitsgemeinschaft für Rehabilitation erfolgen,[296] die in der Rechtsform eines **eingetragenen Vereins** mit Sitz in Frankfurt organisiert ist.[297] **Gesetzlich vorgesehene Mitglieder** sind nur die in § 6 Abs. 1 Nr. 1–5 SGB IX benannten Reha-Träger. Dass eine Beschränkung des Mitgliederbestandes des BAR e.V. auf nur die fünf Genannten nicht gewollt ist, wird erst anhand der Gesetzesbegründung deutlich, der zufolge eine Beteiligung bzw. Mitgliedschaft der **Träger der Eingliederungshilfe** und jener der **öffentlichen Jugendhilfe** möglich sein soll,[298] zumal diese Träger gesetzlich zur Mitwirkung an Verfahren innerhalb der BAR berechtigt und verpflichtet sind (z.B. nach § 26 Abs. 5 SGB IX). Auch wenn in der Begründung nur diese beiden Reha-Träger als potenzielle Mitglieder der BAR ausdrücklich Erwähnung finden, deutet jedoch das Anknüpfen an die „bestehende" BAR an, dass insoweit keine Ausgrenzung bisheriger Mitglieder der BAR beabsichtigt sind – auch wenn diese weit mehr als die benannten fünf Mitglieder hat.[299] Dies sorgt wiederum für Unstimmigkeiten, als diese weiteren Mitglieder nicht nur keine Reha-Träger sind, sondern – ebenso wenig wie die Eingliederungshilfe- und die Jugendhilfeträger – auch keine Träger der Sozialversicherung, Verbände von Trägern der Sozialversicherung, was nach § 92 Abs. 1a SGB X jedoch Voraussetzung für eine Mitgliedschaft in einer Arbeitsgemeinschaft ist.[300]

Eine **weitere organisationsrechtliche Vorgabe** befindet sich versteckt im Aufgabenkatalog des Abs. 2. Laut dessen Nr. 7 ist die Partizipation Betroffener durch eine stärkere **Einbindung von Selbsthilfe- und Selbstvertretungsorganisationen** nicht nur in die konzeptionelle Arbeit der BAR, sondern explizit auch **in deren Organe** zu fördern. Zwar sind die Verbände von Menschen mit Behinderung bereits über einen Sachverständigenrat mit beratender Funktion an der BAR beteiligt,[301] nicht aber in deren Organen. Organe des BAR e.V. i.S. rechtsverbindlicher Willensbildung und -betätigung sind die Mitgliederversammlung und der Vorstand.[302] Die verbindliche Einbindung in diese Organe ist nur durch entsprechende Änderungen der Satzung umsetzbar. Der Gesetzeswortlaut, der „Organe" im Plural benennt, spricht dafür, dass über die Öffnung der Mitgliedschaft[303] für entsprechende Selbsthilfe-und Selbstvertretungsorganisationen und die damit verbundene Einbindung in die Mitgliederversammlung hinaus **auch eine Beteiligung am Vorstand**[304] zu erfolgen hat. Nur eine Quote dahingehend, dass ein bestimmter Anteil der in die Mitgliederversammlung Entsandten selbst Betroffene i.S.d. § 2 SGB IX sein müssen,[305] würde dem Gesetzesauftrag hingegen nicht

200

---

296 BT-Drs. 18/9522, 247.
297 S. www.bar-frankfurt.de.
298 BT-Drs. 18/9522, 247 f.
299 Neben allen Bundesländern sind dies die BDA, der DGB, die BIH, die BAGüS und die KZBV, s. www.bar-f rankfurt.de/bar-ev/mitglieder-der-bar/.
300 Ob darüber hinaus weitere Stellen Mitglied in solch einer Arbeitsgemeinschaft sein können, ist in der rechtswissenschaftlichen Literatur umstritten, wobei sich die überwiegende Meinung dagegen ausspricht, vgl. *Seewald* in KassKomm-SGB SGB X § 94 Rn. 7; *Sehnert* in Hauck/Noftz § 94 X Rn. 4; *Dietmair* in Schlegel/Voelzke jurisPK-SGB X § 94 SGB X.
301 § 10 BAR-Satzung.
302 § 5 BAR-Satzung.
303 § 2 BAR-Satzung.
304 §§ 6 f. BAR-Satzung.
305 Vgl. § 6 Abs. 2 BAR-Satzung.

genügen, da somit zwar sogenannte „Peers" eingebunden wären, aber keine Selbsthil-
fe- und Selbstvertretungsorganisationen.

201 Die gesetzlichen Aufgaben des Abs. 2 lassen insgesamt auf eine **deutlich aktivere Rolle der BAR** schließen als bisher gemessen an § 2 Abs. 2 BAR-Satzung, wonach die
BAR neben den gesetzlichen Aufgaben und jenseits der Öffentlichkeitsarbeit bislang
nur ihre Mitglieder in verschiedenen Bereichen unterstützen soll. Statt beispielsweise
nur darauf hinzuwirken, dass ihre Mitglieder die Entwicklung der Wissenschaft und
Technik im gesamten Reha-Bereich beobachten, auswerten und die Ergebnisse untereinander zugänglich machen und die Erteilung von Forschungsaufträgen und anderen
wissenschaftlichen Arbeiten durch ihre Mitglieder anzuregen (§ 3 Abs. 2 c) und e)
BAR-Satzung), hat die BAR **künftig die Reha-Forschung selbst zu beobachten und zu
bewerten** sowie trägerübergreifende Forschungsvorhaben durchzuführen (s. Rn. 198).
Der Aufgabenkatalog des § 39 Abs. 2 SGB IX ist zudem nicht abschließend, d.h. in
der Satzung können weitere Aufgaben formuliert werden, die im Einklang mit den
Zielen des SGB IX, dem gesetzlichen Auftrag der BAR und dem der beteiligten Reha-
Träger stehen.

202 An erster Stelle im **Aufgabenkatalog** des § 39 Abs. 2 SGB IX steht die Beobachtung
und die regelmäßige Auswertung und Bewertung der Zusammenarbeit der Reha-Träger durch die BAR. Damit ist die Erstellung des **Teilhabeverfahrensberichtes** angesprochen, dessen Anforderungen im § 41 SGB IX näher ausgeführt sind. Die Aufgaben des § 39 Abs. 2 Nr. 1 a)–c) SGB IX ist also zusammen zu lesen mit dem § 41
Abs. 2 und 3 SGB IX.[306] Die BAR hat demnach die Aufgabe, die von den einzelnen
Reha-Trägern ab dem 1.1.2018 zu erfassenden **Daten über das Rehabilitationsgeschehen** jahresweise zu sammeln, in Statistiken zusammenzufassen und im Rahmen
eines Teilhabeverfahrensberichts **aus- und zu bewerten**. Dieser Bericht hat den
Zweck, „die Zusammenarbeit der Träger und das Reha-Leistungsgeschehen transpa-
renter [zu] machen und Möglichkeiten der Evaluation und Steuerung [zu] eröffnen".[307] Zu Beginn dieses Prozesses hat die BAR mit den Beteiligten **gemeinsame
Grundsätze** für **die Erhebung nicht personenbezogener Daten zu erstellen**, in denen
insbesondere einheitliche Vorgaben für die Erfassung der Daten und das Datenformat
für die zu übermittelnden Angaben abgestimmt werden müssen, damit die BAR die
Daten auch verarbeiten, zusammenführen und aufbereiten kann (§§ 39 Abs. 2
Nr. 1 a), 41 Abs. 2 Satz 1 SGB IX).

203 Für den Inhalt des Berichtes schreibt § 39 Abs. 2 Nr. 1 SGB IX eine differenzierte Vorgehensweise vor: zunächst die Datenaufbereitung und Bereitstellung von Statistiken
über das **Reha-Geschehen der Träger** und ihrer Zusammenarbeit ganz **allgemein**
(Nr. 1 b) und deren Bewertung. Davon gesondert soll eine Datenerhebung und -aus-
wertung **speziell** für die Leistungsgruppen der **medizinischen und der beruflichen Re-**

---

306 Dass dies so ist, ergibt sich aus der Gesetzesbegründung zu § 41 Abs. 3 SGB IX, dem zufolge der Bund sich
an „der zusätzlichen, Kosten verursachenden der Aufgabe" finanziell beteiligt und dabei auf die Nr. 1 des
Aufgabenkataloges in § 39 SGB IX verweist (BT-Drs. 18/9522, 249). Der konkrete Verweis auf § 39 Abs. 1
S. 1 Nr. 1 muss ein redaktionelles Versehen in der Gesetzessbegründung sein, da der erste Absatz – auch im
Gesetzentwurf – weder eine zusätzliche Kosten verursachende Aufgabenbeschreibung, noch dessen Satz 1
mehrere Nummern enthält.
307 BT-Drs. 18/9522, 248.

habilitation und das auch nur bezogen auf die Sozialversicherungsträger erfolgen (Nr. 1 c) in Abhängigkeit von der Zustimmung des BMAS.

Die **Zustimmung des BMAS bezüglich** jeder einzelnen **Datenerhebung** durch die Leistungsabteilungen der Reha-Träger gemäß § 67 Abs. 6 Satz 2 Nr. SGB X, § 3 Abs. 4 Satz 2 Nr. 1 BSDG kann aus praktischen Gründen schwerlich gemeint sein. Auch die Zustimmung zur Weitergabe der Daten zunächst an den jeweiligen Spitzenverband nach § 41 Abs. 2 SGB IX (s. Rn. 210) scheidet insoweit aus. Abgesehen von dem praktischen Aspekt ist insoweit schon fraglich, ob in der Weiterleitung überhaupt ein zielgerichtetes Beschaffen der Daten zu erkennen ist.[308] Praktikabel umsetzbar wäre die Vorgabe dadurch, die Erstellung der gemeinsamen Grundsätze für die Datenerhebung nach § 39 Abs. 2 Nr. 1 a) SGB IX bezogen auf die Sonderauswertung von der Zustimmung des BMAS abhängig zu machen. Allerdings stimmt diese Auslegung nur begrenzt mit dem Wortlaut der Norm überein. Praktisch ohne weiteres umsetzbar ist die Vorgabe, die **Auswertung der Daten** nur mit Zustimmung des BMAS vorzunehmen. Zu diesem Zweck müsste die BAR den Ausschnitt aus der unter Beteiligung der Reha-Träger gemäß § 41 Abs. 2 Satz 2 SGB IX erstellten Übersicht, der die nach § 39 Abs. 2 Nr. 1 c) SGB IX vorgesehenen Daten enthält, beim BMAS einreichen. Aber unabhängig davon, welche Vorgehensweise bezüglich der Sonderauswertung sich in der Praxis etabliert, ist nach dem Wortlaut jedenfalls eindeutig klar, dass – anders als die Auswertung – die **Bewertung der Daten**, also welche Schlussfolgerungen daraus gezogen werden, **nicht der Zustimmung des BMAS unterliegt**.

Die Aufgaben der BAR erschöpfen sich jedoch nicht nur auf die jährliche Erstellung der gemeinsamen Übersicht und die Veröffentlichung des Teilhabeverfahrensberichts. Vielmehr soll die BAR aus den gewonnenen Erkenntnissen „Arbeitsschwerpunkte für eine Weiterentwicklung der Zusammenarbeit entwickeln".[309] Von den in der Gesetzesbegründung genannten Aufgaben finden sich im Katalog des § 39 Abs. 2 wieder:

- die Erarbeitung trägerübergreifende Beratungsstandards (§ 39 Abs. 2 Nr. 5 SGB IX),
- der „Begleitung des Peer-Prinzips in der Rehabilitation" (§ 39 Abs. 2 Nr. 5 SGB IX); da die ergänzende Teilhabeberatung nach § 32 SGB IX gerade unabhängig von den Reha-Trägern und der BAR ausgestaltet ist, ist dies als Hinweis darauf zu interpretieren, dass die **Methode des Peer-Counseling auch** in der **Beratungspraxis der Reha-Träger** gezielt gefördert werden soll, sowie
- Forschungsvorhaben über die Qualität der Zusammenarbeit der Rehabilitationsträger (§ 39 Abs. 2 Nr. 9 SGB IX), wobei die Formulierung im Gesetz auch die Durchführung anderweitiger trägerübergreifender Forschung umfasst.

Nicht ausdrücklich im Gesetz unterlegt sind hingegen die in der Begründung angedachten Aufgaben der **Evaluationen zu Fragen des Reha- und Teilhaberechts** sowie der **Vorbereitung von Rechtsverordnungen oder Förderrichtlinien** sowie zuwendungsrechtlichen Entscheidungen.[310]

---

308 *Fromm* in Schlegel/Voelzke jurisPK-SGB X § 67 SGB X Rn. 77.
309 BT-Drs. 18/9522, 248.
310 BT-Drs. 18/9522, 248.

207    Die weiteren in § 39 Abs. 2 SGB IX genannten Aufgaben beziehen sich abgesehen von
       der Öffentlichkeitsarbeit zu Inklusion und Rehabilitation (Nr. 8) auf die Ausgestal-
       tung der **trägerübergreifenden Zusammenarbeit** bei der Ausführung des SGB IX in
       Gestalt der **Erarbeitung gemeinsamer Grundsätze und Empfehlungen**, Standards und
       Qualitätskriterien (Nr. 2, 3, 4, 6). Dabei fällt auf, dass diese Aufgaben entweder voll-
       ständig identisch oder aber zumindest teilidentisch sind mit den Prozessen, die im
       Rahmen der gemeinsamen Empfehlung nach § 26 Abs. 1 sowie Abs. 2 Nr. 5 und 7
       SGB IX vereinbart werden sollen. Dies ist insofern misslich, als sich der Kreis der Be-
       teiligten unterscheidet. Während in § 39 Abs. 2 SGB IX von den Aufgaben der BAR
       die Rede ist, womit der Vorstand als ausführendes Organ der BAR angesprochen ist,
       in dem laut § 7 der BAR-Satzung sämtliche Mitglieder vertreten sind, werden die ge-
       meinsamen Empfehlungen nur von den in § 6 Abs. 1 Nr. 1–5 SGB IX benannten
       Reha-Trägern im Rahmen der BAR im Benehmen mit dem Bund und den Ländern
       vereinbart. Zudem enthalten die weiteren Absätze des § 26 SGB IX ergänzende Ver-
       fahrensbestimmungen. Da die Erarbeitung abweichender Grundsätze bzw. Empfeh-
       lungen nicht gewollt sein kann, sind die diesbezüglichen Aufgaben des § 39 Abs. 2
       SGB IX so auszulegen, dass sie die gemeinsamen Empfehlungen nach § 26 Abs. 1
       und 2 SGB IX inhaltlich spezifizieren und die Erkenntnisse aus dem Teilhabeverfah-
       rensbericht in die Erarbeitung bzw. Weiterentwicklung der gemeinsamen Empfehlun-
       gen einzubeziehen sind, das **Verfahren** sich jedoch insoweit **nach § 26 SGB IX** rich-
       tet.[311]

## 2. Rechtsaufsicht (§ 40 SGB IX)

208    Die BAR untersteht laut § 40 SGB IX nur der Rechtsaufsicht des BMAS. Insoweit
       wird laut der Gesetzesbegründung bewusst von den Vorgaben des § 94 Abs. 2 Satz 1
       3. Halbsatz SGB X abgewichen, wonach in solchen Fällen das zuständige Bundesmi-
       nisterium die Aufsicht in Abstimmung mit den für die übrigen Mitglieder zuständigen
       Aufsichtsbehörden führt. **Inhalt und Ausübung** der Aufsicht richten sich gemäß § 94
       Abs. 2 Satz 1 SGB X nach den §§ 85, 88, 90 und 90 a SGB IV.

## 3. Teilhabeverfahrensbericht (§ 41 SGB IX)

209    Bei den für den **Teilhabeverfahrensbericht** nach Abs. 1 zu erhebenden Daten handelt
       es sich insbesondere um solche bezüglich der **Umsetzung der Verfahrensschritte** bei
       der Antragsbearbeitung gemäß den Vorgaben der §§ 14–20 SGB IX sowie deren zeit-
       liche Dauer, die Anzahl der Anträge auf und die der Bewilligungen von Persönlichen
       Budgets sowie die Häufigkeit von Rechtsbehelfen und deren Erfolgsquote. Mithilfe
       dieser Daten sollen „verfahrenshemmende Divergenzen und Intransparenzen im Re-
       habilitationsrecht" transparent gemacht werden.[312] Da es sich insoweit nicht um per-
       sonenbezogene Daten handelt (s. § 39 Abs. 2 Nr. 1 c) SGB IX), findet weder der **Sozi-
       aldatenschutz** der §§ 67 SGB X noch derjenige nach dem BSDG Anwendung.

210    Die nach Abs. 1 erfassten Daten werden gemäß Abs. 2 von den Reha- Trägern über
       ihre **Spitzenverbände** bzw. ihre **oberste Landesjugend- oder Sozialbehörde** an die

---

311  So auch *Siefert* jurisPR-SozR 6/2017 Anm. 1, B.I.6.
312  BT-Drs. 18/9522, 248.

BAR weitergeleitet. Der Begriff der Spitzenverbände ist insoweit irreführend, als lediglich die Krankenkassen mit dem Spitzenverband Bund der Krankenkassen (§ 217 a SGB V, sog. „GKV-Spitzenverband")[313] und die Unfallversicherungsträger mit dem Verein „Deutsche Gesetzliche Unfallversicherung e. V." über einen Spitzenverband verfügen. Weder für den Bereich der **gesetzlichen Rentenversicherung** noch den der **Arbeitsförderung** gibt es jedoch einen Spitzenverband, da die dortigen Aufgaben nur von einem bzw. von drei Sozialleistungsträgern wahrgenommen werden (§§ 19 Abs. 2 und 23 Abs. 2 SGB I). Bei diesen ist daher davon auszugehen, dass sie ihre nach Abs. 1 erfassten Daten direkt an die BAR zu übermitteln haben. Die **Hauptfürsorgestellen** als Träger der Kriegsopferfürsorge und -versorgung sind zwar mit den Integrationsämtern in einer „Bundesarbeitsgemeinschaft der Integrationsämter und Hauptfürsorgestellen" (BIH) untereinander vernetzt, dabei handelt es sich jedoch nicht um eine rechtlich selbstständige Organisation im Sinne eines Spitzenverbandes, sondern um eine Arbeitsgemeinschaft i.S.d. § 94 SGB X in Form einer BGB-Gesellschaft. In Fachausschüssen der BIH werden zwar u.a. Empfehlungen zu Qualitätsstandards und EDV-Systemen erarbeitet,[314] die Sammlung und Weiterleitung von Daten ihrer Mitglieder ist davon erkennbar nicht gedeckt. Insofern ist auch bei den Hauptfürsorgestellen von einer direkten Meldung der Daten nach § 41 Abs. 1 SGB IX an die BAR auszugehen.

Aus den gesammelten Daten hat die BAR gemäß § 41 Abs. 2 SGB IX eine **gemeinsame Übersicht** zu erstellen und in einem **jährlichen Bericht**, beginnend im Jahr 2019 zu veröffentlichen. Die Auswertung der Daten und die Erstellung der gemeinsamen Übersicht durch die BAR soll unter **Beteiligung der Reha-Träger** erfolgen; d.h., die Reha-Träger müssen über den Auswertungsprozess informiert werden. Während die gemeinsame Übersicht die reine Zusammenfassung der gesammelten Daten enthält, fließen in den Bericht die entsprechenden Bewertungen der Daten mit ein. Der Fokus bei der Aus- und Bewertung der Daten liegt auf der Zusammenarbeit der Reha-Träger. Es handelt sich also um **ein Controlling-Instrument bezüglich der hoheitlichen Verwaltungsprozesse** im Reha-Bereich.[315] Aufgrund der gesetzlich vorgegebenen Einbindung der Selbsthilfe- und Selbstvertretungsorganisationen in die Organe der BAR (s. Rn. 200) ist zu hoffen und zu erwarten, dass die Aus- und Bewertung dieser Daten i.S.d. der angestrebten Transparenz des Reha-Geschehens kritischer erfolgt, als wenn die Reha-Träger ihr Tun insoweit nur selbst beobachten und bewerten müssten.

Der **Bund erstattet** der BAR gemäß Abs. 3 **die Kosten** für die Bereitstellung von Daten (Nr. 1), die Datenaufarbeitung (Nr. 2) und die Datenauswertung (Nr. 3). Im Um-

211

212

---

313  von *Boetticher* in Hänlein/Schuler LPK-SGB V, 5. Aufl., § 217 e Rn. 2; s. www.gkv-spitzenverband.de.

314  S. https://www.integrationsaemter.de/Organisation/81c46/index.html (Abruf am 15.5.2017).

315  Die Bezeichnung als „Teilhabeverfahrensbericht" erscheint angesichts der Tatsache, dass es sich – mit Ausnahme der Nr. 9 und 16 – ausschließlich um Daten hinsichtlich der Vorbereitung und des Abschlusses der Entscheidung über Leistungsanträge handelt und zudem die Perspektive der antragstellenden Personen nicht erhoben und einbezogen wird, sehr hoch gegriffen. Das gleiche gilt für die These in der Gesetzesbegründung, es würde sich bei dem Teilhabeverfahrensbericht um eine „wirksame Maßnahme" i.S.d. Art. 26 BRK handeln (BT-Drs. 18/9522, 249). So fließen in den Bericht weder Daten bezüglich der Habilitations- und Rehabilitationsdienste und -programme ein, deren Organisation, Stärkung und Erweiterung im Zentrum der Verpflichtungen des Art. 26 BRK stehen, noch findet sich in der Gesetzesbegründung der Auftrag, die Daten in dieser Hinsicht auszuwerten und zu nutzen, noch lässt sich erkennen, dass sie dafür überhaupt geeignet wären.

kehrschluss bedeutet das, dass der zusätzliche Verwaltungsaufwand der Reha-Träger aufgrund der Erfassung der Daten nicht erstattet wird.

## X. Leistungen zur medizinischen Rehabilitation (1. Teil SGB IX 9. Kapitel)

213  Das Kapitel 9 über die Leistungen zur medizinischen Reha entspricht weitgehend den §§ 26–32 SGB IX a.f. Beachtliche Veränderungen hat es bei der Vorschrift über die Früherkennung und Frühförderung (§ 46 SGB IX) und die damit in Verbindung stehende Frühförderungsverordnung gegeben. Unverändert übernommen oder zwar sprachlich angepasst worden, inhaltlich aber unverändert geblieben sind die Vorschriften über die Leistungen zur medizinischen Reha (§ 42 SGB IX), über die Stufenweise Wiedereingliederung (§ 44 SGB IX) sowie die Hilfsmittel (§ 47 SGB IX).

### 1. Krankenbehandlung und Rehabilitation (§ 43 SGB IX)

214  Bezogen auf das Zusammenspiel von Krankenbehandlung und Reha wurde ein Verweis auf das **Gebot der Etablierung geeigneter Maßnahmen zur frühzeitigen Erkennung von Rehabilitationsbedarfen** insbesondere durch barrierefreie Informationsangebote (§ 12 Abs. 1 und 3 SGB IX) sowie auf den Teilhabeplan nach § 19 SGB IX aufgenommen. Dadurch soll **der reibungslose Übergang** von der medizinischen Akutversorgung in die Rehabilitation sichergestellt werden.[316] Um dieses Ziel zu erreichen, ist folglich **bei jeder Krankenbehandlung**, bei der sich der **Bedarf einer Anschluss-Reha** abzeichnet, ein Teilhabeplan aufzustellen, in dem die voraussichtlich zu erbringenden Leistungen der medizinischen – und gemäß § 10 SGB IX ggf. auch beruflichen – Reha so fest- und schriftlich zusammengestellt werden, dass sie nahtlos ineinander greifen. Der für die Heilbehandlung zuständige Sozialleistungsträger ist also insoweit als leistender Reha-Träger i.S.d. § 19 Abs. 1 SGB IX anzusehen und ist dabei – wie schon nach bisherigem Recht – entsprechend an die Fristen und das Verfahren der §§ 14,15 SGB IX gebunden.[317] Da Leistungen zur Krankenbehandlung von den Leistungsberechtigten typischerweise unmittelbar in Anspruch genommen werden (und damit abweichend von § 19 Satz 1 SGB IV ohne vorherige Antragstellung),[318] ist für den Fristbeginn gemäß § 14 Abs. 4 SGB IX auf den Tag der Kenntnis des Trägers der Krankenbehandlung vom voraussichtlichen Reha-Bedarf abzustellen. Auch wenn in § 43 SGB IX nicht ausdrücklich auch auf die §§ 20 und 22–23 SGB IX verwiesen wird, ist von deren Anwendbarkeit zur Durchführung des Teilhabeplanverfahrens auszugehen, so dass diese die Pflichten des für den Teilhabeplan verantwortlichen Sozialleistungsträger konkretisieren.

### 2. Förderungen der Selbsthilfe (§ 45 SGB IX)

215  Bezüglich der Förderungen von Selbsthilfegruppen, -organisationen und -kontaktstellen verpflichtet ein neu eingefügter Satz 2 in § 45 SGB IX die Reha-Träger dazu, ihre **Daten über die Förderungen** zu erfassen und an die BAR zur Berücksichtigung im Teilhabeverfahrensbericht zu übermitteln (s. Rn. 210).

---

316  BT-Drs. 18/9522, 249.
317  Vgl. Liebig in *Dau* et al LPK-SGB IX § 27 Rn. 8.
318  *Hampel* in Schlegel/Voelzke juris-PK SGB IV § 19 Rn. 31.

### 3. Früherkennung und Frühförderung (§ 46 SGB IX) einschließlich der Frühförderverordnung

Die Regelungen zur Früherkennung und Frühförderung im § 46 SGB IX wurden um-   216
strukturiert und ergänzt, um neben den interdisziplinären Frühförderstellen und sozialpädiatrischen Zentren **auch andere, auf Landesebene gewachsene interdisziplinäre
Versorgungsstrukturen** zuzulassen (Abs. 2), den Begriff der Komplexleistung zu defi-
nieren (Abs. 3) und die **Ausgestaltung der Details** der Leistungen sowie der Vergütung
an die Beteiligten **auf Landesebene** zu delegieren[319] in Gestalt von Landesrahmenverträgen (Abs. 4), Verwaltungsvereinbarungen (Abs. 5) und ersatzweise durch Rechtsverordnungen (Abs. 6). Aufgrund dieser Ergänzungen wurden auch die Vorschriften
der Frühförderungsverordnung (FrühV) angepasst.[320]

§ 46 Früherkennung und Frühförderung

(1) Die medizinischen Leistungen zur Früherkennung und Frühförderung für Kinder mit Behinderungen und von Behinderung bedrohte Kinder nach § 42 Absatz 2 Nummer 2 umfassen auch

1. die medizinischen Leistungen der fachübergreifend arbeitenden Dienste und Einrichtungen sowie
2. nichtärztliche sozialpädiatrische, psychologische, heilpädagogische, psychosoziale Leistungen
und die Beratung der Erziehungsberechtigten, auch in fachübergreifend arbeitenden Diensten
und Einrichtungen, wenn sie unter ärztlicher Verantwortung erbracht werden und erforderlich
sind, um eine drohende oder bereits eingetretene Behinderung zum frühestmöglichen Zeitpunkt
zu erkennen und einen individuellen Behandlungsplan aufzustellen.

(2) [1]Leistungen zur Früherkennung und Frühförderung für Kinder mit Behinderungen und von Behinderung bedrohte Kinder umfassen weiterhin nichtärztliche therapeutische, psychologische, heilpädagogische, sonderpädagogische, psychosoziale Leistungen und die Beratung der Erziehungsberechtigten durch interdisziplinäre Frühförderstellen oder nach Landesrecht zugelassene Einrichtungen mit vergleichbarem interdisziplinärem Förder-, Behandlungs- und Beratungsspektrum. [2]Die
Leistungen sind erforderlich, wenn sie eine drohende oder bereits eingetretene Behinderung zum
frühestmöglichen Zeitpunkt erkennen helfen oder die eingetretene Behinderung durch gezielte För-
der- und Behandlungsmaßnahmen ausgleichen oder mildern.

(3) [1]Leistungen nach Absatz 1 werden in Verbindung mit heilpädagogischen Leistungen nach § 79
als Komplexleistung erbracht. [2]Die Komplexleistung umfasst auch Leistungen zur Sicherung der Interdisziplinarität. [3]Maßnahmen zur Komplexleistung können gleichzeitig oder nacheinander sowie
in unterschiedlicher und gegebenenfalls wechselnder Intensität ab Geburt bis zur Einschulung eines
Kindes mit Behinderungen oder drohender Behinderung erfolgen.

(4) In den Landesrahmenvereinbarungen zwischen den beteiligten Rehabilitationsträgern und den
Verbänden der Leistungserbringer wird Folgendes geregelt:

1. die Anforderungen an interdisziplinäre Frühförderstellen, nach Landesrecht zugelassene Einrichtungen mit vergleichbarem interdisziplinärem Förder-, Behandlungs- und Beratungsspektrum und sozialpädiatrische Zentren zu Mindeststandards, Berufsgruppen, Personalausstattung,
sachlicher und räumlicher Ausstattung,
2. die Dokumentation und Qualitätssicherung,
3. der Ort der Leistungserbringung sowie
4. die Vereinbarung und Abrechnung der Entgelte für die als Komplexleistung nach Absatz 3 erbrachten Leistungen unter Berücksichtigung der Zuwendungen Dritter, insbesondere der Länder, für Leistungen nach der Verordnung zur Früherkennung und Frühförderung.

(5) [1]Die Rehabilitationsträger schließen Vereinbarungen über die pauschalierte Aufteilung der nach
Absatz 4 Nummer 4 vereinbarten Entgelte für Komplexleistungen auf der Grundlage der Leistungs-
zuständigkeit nach Spezialisierung und Leistungsprofil des Dienstes oder der Einrichtung, insbesondere den vertretenen Fachdisziplinen und dem Diagnosespektrum der leistungsberechtigten Kinder.
[2]Regionale Gegebenheiten werden berücksichtigt. [3]Der Anteil der Entgelte, der auf die für die Leis-

---

319  BT-Drs. 18/9522 S. 252.
320  Art. 23 BTHG.

tungen nach § 6 der Verordnung zur Früherkennung und Frühförderung jeweils zuständigen Träger entfällt, darf für Leistungen in interdisziplinären Frühförderstellen oder in nach Landesrecht zugelassenen Einrichtungen mit vergleichbarem interdisziplinärem Förder-, Behandlungs- und Beratungsspektrum 65 Prozent und in sozialpädiatrischen Zentren 20 Prozent nicht überschreiten. [4]Landesrecht kann andere als pauschale Abrechnungen vorsehen.

(6) Kommen Landesrahmenvereinbarungen nach Absatz 4 bis zum 31. Juli 2019 nicht zustande, sollen die Landesregierungen Regelungen durch Rechtsverordnung entsprechend Absatz 4 Nummer 1 bis 3 treffen.

217 Die **Beschreibungen der Leistungen** in den Abs. 1 und 2 sind gegenüber dem bisherigen Recht unverändert geblieben, allerdings ist der **Kreis der Leistungserbringer ausgedehnt** worden auf die nach Landesrecht zugelassenen Einrichtungen mit vergleichbarem interdisziplinären Förder-, Behandlungs- und Beratungsspektrum (s auch § 2 Satz 2 FrühV).

218 Die Vorgabe, dass Leistungen zur Früherkennung und Frühförderung als **Komplexleistung** zusammen mit den heilpädagogischen Leistungen nach § 79 SGB IX erbracht werden, findet sich in Abs. 3. Dass dort nur auf die Leistungen nach Abs. 1 verwiesen wird, ist aufgrund der Einlassungen der Bundesregierung dahingehend zu verstehen, dass die **Leistungen nach Abs. 1** nur in Verbindungen mit denen des § 79 SGB IX und somit **nur an noch nicht eingeschulte Kinder** erbracht werden können (s. Rn. 219), während „singuläre nichtärztliche therapeutische, psychologische, heilpädagogische, sonderpädagogische, psychosoziale Leistungen und die Beratung der Erziehungsberechtigten" nach **Abs. 2** ohne die Kopplung an § 79 SGB IX **auch an bereits eingeschulte Kinder** erbracht werden können; ein Ausschluss interdisziplinärer Frühförderstellen sei damit nicht verbunden.[321]

219 Entgegen der Aussage in der Gesetzesbegründung[322] enthält der neue Abs. 3 nach wie vor **keine Legaldefinition** des Begriffs der **Komplexleistung**, gleichwohl aber bedeutsame Klarstellungen. So macht dessen Satz 2 deutlich, dass die Komplexleistung Frühförderung eine eigenständige Leistung ist, die mehr als nur die Summe der zu erbringenden Einzelleistungen ist und auch **Leistungen zur Sicherung der Interdisziplinarität** umfasst.[323] In der Gesetzesbegründung werden diese bildhaft als „**Korridorleistungen**" bezeichnet,[324] wohl weil sie – bildlich gesprochen – die Leistungen der verschiedenen Fachrichtungen in den einzelnen „Behandlungszimmern" miteinander verbinden sollen, und im neuen § 6 a FrühV beispielhaft konkretisiert. Abs. 3 Satz 3 ergänzt bezüglich der Voraussetzungen der Komplexleistung, dass die Leistungen der Früherkennung und -förderung **ab der Geburt bis längstens zur Einschulung** eines Kindes mit (drohender) Behinderung erbracht werden können. Dabei müssen die Einzelleistungen der Komplexleistung nicht zwingend parallel, sondern können auch nacheinander sowie in wechselnder Intensität erbracht werden.

---

321  BT-Drs. 18/9954, 63.
322  BT-Drs. 18/9522, 250: „Im Sinne einer klaren Definition der Komplexleistung".
323  So auch BMAS (2017 a), S. 42.
324  BT-Drs. 18/9522, 251.

Zum Leistungsgeschehen bei der Früherkennung und -förderung finden sich in der 220
FrühV folgende bedeutsame Änderungen:

■ Auch sozialpädiatrische Zentren können Leistungen in mobiler Form oder in Kooperation mit Frühförderstellen erbringen (§ 4 Satz 3 FrühV).

■ Der Begriff der Heilmittel in § 5 FrühV wurde durch denjenigen der **medizinisch-
therapeutischen Leistungen** ersetzt, so dass sie nicht nach Maßgabe und auf der
Grundlage der Heilmittel-Richtlinie des GBA erbracht werden, sondern insoweit
nur der Förder- und Behandlungsplan maßgeblich sein soll.[325]

■ Im neuen § 6 a FrühV werden beispielhaft weitere Leistungen der Komplexleistung Frühförderung benannt, so die Beratung, Unterstützung und Begleitung der
Erziehungsberechtigten als medizinisch-therapeutische Leistung (Nr. 1) und offene, **niedrigschwellige Beratungsangebote**[326] als Anlaufstelle für Eltern vor einer
diagnostischen Abklärung einer (drohenden) Behinderung (Nr. 2); in der Nr. 3
werden die **Leistungen zur Sicherstellung der Interdisziplinarität** beispielhaft in
den Buchstaben a)–d) konkretisiert. In der Gesetzesbegründung werden diese
„Korridorleistungen" (s.o.) näher beschrieben als interne und externe Koordination der Leistungserbringung, **Zeiten der Vor- und Nachbereitung und der Dokumentation.**[327] Das bedeutet zum einen, dass die im Gesetzt genannten Koordinati-
ons-, Reflexions- und Dokumentationstätigkeiten im Rahmen der Vereinbarung
der Entgelte im Landesrahmenvertrag (s.u.) bzw. auch in den Einzelvereinbarungen mit den Leistungserbringern i.S.d. § 2 Satz 2 FrühV berücksichtigt werden
müssen, sofern sie intern von diesen erbracht werden. Der Begriff der **externen
Koordination** zur Sicherung der Interdisziplinarität deutet darauf hin, dass der
Gesetzgeber sich insoweit auch **separate Dienstleistungsformate** vorstellen kann.
Als Beispiel dafür eignet sich der in der Gesetzesbegründung genannte Fall, dass
bei Familien mit Sprachbarrieren die Leistungen „unter Zuhilfenahme mehrspra-
chiger Behandler und/oder Sprachmittler durchgeführt werden";[328] die Ausführungen der Nr. 4 des § 6 a FrühV, dass auch die heilpädagogischen und medizi-
nisch-therapeutischen Leistungen außerhalb der in § 2 Satz 2 FrühV genannten
Einrichtungen in Form mobil aufsuchender Hilfe erfolgen kann, erscheint angesichts der parallelen Regelungen in §§ 3 und 4 FrühV eher redundant; aufschluss-
reich hingegen ist § 6 a Satz 2 FrühV, wonach die mobile Leistungserbringung
nicht unbedingt nur aufgrund einer medizinischen Indikation erfolgt, sondern
auch **sowohl aus fachlichen als auch nur aus organisatorischen Gründen** geboten
sein kann.

■ In § 7 Abs. 1 Satz 1 FrühV wird ergänzt, dass der in Zusammenarbeit mit den Erziehungsberechtigten **interdisziplinär entwickelte Förder- und Behandlungsplan**
nicht nur schriftlich, sondern auch **in elektronischer Form** erstellt werden kann.
Dies soll geänderten Rahmenbedingungen digitaler Arbeitsabläufe gerecht wer-

---

325 BT-Drs. 18/9522, 361.
326 Gerade diese niedrigschwelligen Beratungsangebote verdeutlichen, dass die weiteren Leistungen des § 6 a
 FrühV sich entgegen des Wortlauts nicht nur auf die Frühförderung beziehen, sondern auch auf die Früherkennung.
327 BT-Drs. 18/9522, 251.
328 BT-Drs. 18/9522, 251.

den und ein Schritt zur Umsetzung des Programms der Bundesregierung „Digitale Verwaltung 2020" sein.[329] Es erscheint jedoch zweifelhaft, ob dieser Schritt tatsächlich bürgerfreundlich im Sinne des genannten Programms[330] ist, solange weder die Zustimmung der Bürger*innen dafür erforderlich ist, noch die technischen Datenformate und deren Kompatibilität geklärt sind. Der Verweis auf das Digitalisierungsprogramm geht außerdem insoweit fehl, als es sich bei den Leistungserbringern der Früherkennung und -förderung, die den Plan zusammen mit dem Leistungsberechtigten aufzustellen haben, i.d.R. um freie Träger handelt, die nicht Teil der öffentlichen Verwaltung sind.

221   Die **Befugnis zur Ausgestaltung** der inhaltlichen, qualitativen und örtlichen Anforderungen an die Früherkennung und -förderung sowie Vereinbarung und Aufteilung der Entgelte hat der Gesetzgeber **auf die Landesebene delegiert.** Das bisher vorgesehene Instrument der gemeinsamen Empfehlung zwischen den beteiligten Reha-Trägern auf Bundesebene zur Abgrenzung der Leistungen, zur Vereinbarung und Abrechnung der Entgelte sowie zur Aufteilung der Kosten (§ 30 Abs. 3 SGB IX a.F.) ist ebenso entfallen wie die Ermächtigung des BMAS zur Regelung dieser Punkte in der FrühV (§ 32 Nr. 1 SGB IX a.F.). Dies trägt dem Umstand Rechnung, dass sich die Reha-Träger insoweit nie auf eine gemeinsame Empfehlung verständigen konnten und auch die allgemein gehaltenen Regelungen zur Teilung der Kosten der Komplexleistung in § 9 FrühV nicht dafür gesorgt haben, dass interdisziplinäre Frühförderung flächendeckend angeboten oder rechtssicher finanziert wird. Nunmehr sollen es **Landesrahmenvereinbarungen** richten, die zwischen den beteiligten Reha-Trägern, also all jenen, die für medizinische Reha zuständig sein können mit Ausnahme der Rentenversicherungs- und der Unfallversicherungsträger (§ 15 Abs. 1 Satz 1 SGB VI, § 27 Abs. 1 Nr. 7 SGB VII), sowie denen, die für heilpädagogische Leistungen im Rahmen der Sozialen Teilhabe zuständig sein können, und den Verbänden der Leistungserbringer i.S.d. § 2 Satz 2 FrühV. Welche Verbände insoweit einzubeziehen sind, ist auf Landesebene zu ermitteln. Durch die Landesrahmenverträge sollen bestimmte Details der Leistungserbringung landeseinheitlich festgelegt werden, die dann nicht mehr in jeder Einzelvereinbarung mit dem Träger eines Dienstes oder einer Einrichtung verhandelt werden müssen. Allerdings bedeutet „Rahmenvertrag" zugleich, dass dieser noch Raum zur Anpassung an Besonderheiten im Einzelfall lassen muss.[331] Die Vertragspartner der Landesrahmenvereinbarungen haben laut Abs. 6 SGB **bis zum 31. Juli 2019** Zeit für deren Abschluss. Liegen bis dahin keine entsprechenden Vereinbarungen vor, sind die jeweiligen **Landesregierungen** aufgefordert ("sollen") **durch Rechtsverordnung** Regelung entsprechend Abs. 4 Nr. 1 bis 3 zu erlassen.

222   Auf der Grundlage der in dem Landesrahmenvertrag getroffenen Vereinbarungen zu den Entgelten und deren Abrechnung nach Abs. 4 Nr. 4 sollen die beteiligten Reha-Träger gemäß § 46 Abs. 5 SGB IX untereinander **Vereinbarungen** über die **pauschalierte Aufteilung der Entgelte** nach Leistungen zur medizinischen Reha einerseits und nach heilpädagogischen Leistungen andererseits unter Berücksichtigung derselben

---

329   BT-Drs. 18/9522, 362.
330   Vgl. Bundesregierung (2014), S. 10 und 38.
331   LSG HES 25.2.2011 – L 7 SO 237/10 KL, Rn. 50 m.w.N.

Faktoren, wie sie schon in § 9 Abs. 2 FrühV a.F genannt waren, schließen. Der Anteil heilpädagogische Leistungen i.S.d. § 6 FrühV wird gemäß Abs. 5 Satz 3 bei der Erbringung in interdisziplinären Frühförderstellen sowie in nach Landesrecht zugelassenen vergleichbaren Einrichtungen – in Abweichung zur bisherigen Regelung in § 9 Abs. 3 FrühV a.F. – auf maximal 65 % begrenzt, in sozialpädiatrischen Zentren auf 20 %. Der sich daran anschließende Landesrechtsvorbehalt ermöglicht es dem Landesgesetzgeber, anstelle der pauschalen Aufteilung andere Verfahrenswege zur Abrechnung festzulegen.

Ob die Neuregelungen über die Ausgestaltung der Komplexleistung Früherkennung  223
und -frühförderung und deren Vergütung sowie die Kostenträgerschaft tatsächlich geeignet sind, die bisherigen, in der Gesetzesbegründung ausdrücklich thematisierten Fehlentwicklungen zu beheben, erscheint fraglich. So ist in der Rechtswissenschaft umstritten, ob Landesrahmenverträge als sog. Normverträge ohne ausdrückliche gesetzliche Anordnung allgemeinverbindlich sind, also mit Abschluss für und gegen alle Leistungserbringer gelten,[332] oder aber nur für die Vertragsparteien (also auf Leistungserbringerseite nur die Verbände) und diejenigen Träger, die zuvor ihren Verbänden ein Verhandlungsmandat erteilt oder hinterher ihren Beitritt erklärt haben.[333] Der Gesetzgeber des BTHG hat nicht nur diese Frage weiter offen gelassen, sondern auch die weitergehende Kritik an der Funktionalität des Instruments im Rahmen des SGB XII, wie fehlende Schiedsfähigkeit bezüglich der Inhalte, der weit gefasste Kreis der Parteien (zumal im § 46 Abs. 4 SGB IX die Reha-Träger und nicht ihre Landesverbände selber als Vereinbarungspartner genannt sind) sowie das Unterlassen genauerer verfahrensrechtlicher Vorgaben für den Abschluss[334] unberücksichtigt gelassen. Einigen sich die Vertragsparteien nicht, sind die Landesregierungen zum Handeln durch Rechtsverordnung aufgefordert; legt man den Wortlaut des „Sollens" im Sinne gebundenen Ermessens aus, eröffnet dies Spielräume für ungeregelte Zustände. Zudem gibt es für den Fall, dass sich die Vertragsparteien nicht oder nicht umfänglich über die Entgelte und deren Abrechnung i.S.d. Abs. 4 Nr. 4 verständigen können, keinen Konfliktregelungsmechanismus. Die Landesregierung darf insoweit nicht ersatzweise durch Rechtsverordnung nach Abs. 6 handeln und auch der Landesrechtsvorbehalt nach Abs. 5 Satz 4 hilft insoweit nicht weiter, als dieser sich nur auf das Verfahren zur Aufteilung der Entgelte auf den jeweiligen Träger der medizinischen Reha und denjenigen der sozialen Reha bezieht. Wenn also die Versorgung mit Leistung der Früherkennung und -förderung und deren Abrechnung besser wird, liegt das eher an funktionierender Kooperation auf Landesebene und wohl weniger an den neuen bundesgesetzlichen Vorschriften. Exemplarisch für Letzteres steht, dass die Landesrahmenvereinbarungen ausweislich der Gesetzesbegründung auch „die Erstellung eines Datenschutzkonzeptes und die Beteiligung der Landesbeauftragten für den Datenschutz vorsehen" sollen[335] – eine ausdrückliche Grundlage dafür im Wortlaut des Gesetzes findet sich jedoch nicht wieder.

---

332  *Jaritz/Eicher* in Schlegel/Voelzke jurisPK-SGB XII § 79 Rn. 16 ff.
333  *Münder* in Bieritz-Harder/Conradis/Thie LPK-SGB XII § 79 Rn. 12 ff.
334  *Jaritz/Eicher* in Schlegel/Voelzke jurisPK-SGB XII § 79 Rn. 13.
335  BT-Drs. 18/9522, 251.

### 4. Verordnungsermächtigung (§ 48 SGB IX)

224 Aus der **Verordnungsermächtigung** des § 48 Nr. 1 SGB IX ist aufgrund der Neuregelungen in § 46 Abs. 4–6 SGB IX (s. Rn. 221) die Grundlage zur Regelung der Details der Finanzierung der Komplexleistung Früherkennung und -förderung entfallen. Änderungen der FrühV sind künftig nur im Einvernehmen mit dem BMG möglich, da sowohl die Frühförderung als auch die Hilfsmittelversorgung zum Leistungsspektrum der gesetzlichen Krankenkassen gehört. Im Übrigen bleibt die Verordnungsermächtigung unverändert.

### XI. Leistungen zur Teilhabe am Arbeitsleben (1. Teil SGB IX 10. Kapitel)

225 Die bisherigen Regelungen über die Leistungen zur Teilhabe am Arbeitsleben (§§ 33–43 SGB IX a.F.) wurden vollständig in das neue Kapitel 10 mit gleichnamigem Titel übernommen und das weitestgehend unverändert. Das Kapitel wurde allerdings ergänzt um neue Leistungen bzw. Leistungsformen in Gestalt von sog. **anderen Leistungsanbietern** (§ 60 SGB IX) und dem **Budget für Arbeit** (§ 61 SGB IX), die Menschen mit schweren Behinderungen bezüglich der Teilhabe am Arbeitsleben wahlweise Alternativen zur beruflichen Bildung und Beschäftigung in WfbM bieten sollen. Gemäß dem neu eingefügten § 140 Abs. 2 Nr. 2 und 3 SGB XII sind diese neuen Leistungen zur Beschäftigung bereits ab 1.1.2018 und bis zum 31.12.2019 Bestandteil der Eingliederungshilfe in der Zuständigkeit der Sozialhilfeträger (s. Rn. 475 ff.).

226 Im **offenen Leistungskatalog** des § 49 SGB IX sind die exemplarisch genannten Leistungen neu durchnummeriert und die Förderung zur Aufnahme einer selbstständigen Tätigkeit in Abs. 3 Nr. 6 (Nr. 5 a.F.) allgemeiner formuliert ohne unmittelbaren Bezug auf das SGB III. Die Begleitleistungen im Abs. 6 wurde in der neuen Nr. 6 erweitert um das **Training motorischer Fähigkeiten**, um mit bewegungsorientierten Hilfen die Erhaltung, Verbesserung, Herstellung oder Widerherstellung der Erwerbsfähigkeit fördern zu können.[336] Im Abs. 9 wurde eine neue Verordnungsermächtigung als **Grundlage** zur Fortgeltung der **Kraftfahrzeughilfe-Verordnung eingefügt**. Die §§ 50–56 SGB IX enthalten unverändert die Vorgaben zu den Leistungen an Arbeitgeber, den Einrichtungen der beruflichen Rehabilitation, der Rechtsstellung der Teilnehmenden, der Dauer von Leistungen, der Beteiligung der Bundesagentur für Arbeit, die Unterstützte Beschäftigung sowie die Leistungen in WfbM. Auch Regelungen der Leistungen im Eingangsverfahren und im Berufsbildungsbereich wurden unverändert in § 57 SGB IX übernommen. Bzgl. der Bezeichnung als Werkstätten für behinderte Menschen in den §§ 56 ff. SGB IX ist die Anpassung des Namens an das neue Begriffsverständnis von Behinderung im Sinne des § 2 Abs. 1 SGB IX ebenso unterblieben wie bei der Bezeichnung der leistungsberechtigten Personen in den nachgeordneten Verordnungen (WVO, WMVO, s. dazu Rn. 6).

### 1. Leistungen im Arbeitsbereich (§ 58 SGB IX)

227 Die **Voraussetzungen** für eine Beschäftigung im Arbeitsbereich einer WfbM oder eines anderen Leistungsanbieters nach § 60 SGB IX (s.u.) wurden dahingehend **ergänzt**,

---

336 BMAS (2017 a), S. 31.

dass auch eine Beschäftigung in einem Inklusionsbetrieb nach § 215 SGB IX und auch eine betriebliche Qualifizierung im Rahmen der Unterstützten Beschäftigung aufgrund der Art oder Schwere der Behinderung nicht, noch nicht oder noch nicht wieder in Betracht kommen darf. Im neuen Abs. 1 Satz 2 wird zudem ergänzt, dass der Beschäftigung im Arbeitsbereich eine **berufliche Bildung vorausgegangen sein muss**, die im Berufsbildungsbereich nach § 57 SGB IX in einer WfbM oder bei einem anderen Leistungsanbieter nach § 60 SGB IX absolviert worden sein muss, sofern die für die Beschäftigung erforderliche Leistungsfähigkeit nicht bereits auf dem allgemeinen Arbeitsmarkt erworben worden ist. Will eine leistungsberechtigte Person die berufliche Bildung weder in einer WfbM noch bei einem anderen Leistungsanbieter nach § 60 SGB IX in Anspruch nehmen, kommt insoweit nur die Inanspruchnahme dieser Leistungen in Form des Persönlichen Budgets nach § 29 SGB IX in Frage.[337]

Beibehalten worden ist die Voraussetzung, wonach ein „**Mindestmaß an wirtschaftlich verwertbarer Arbeitsleistung**" vorhanden sein muss. Auch wenn weiterhin dafür kein Maßstab definiert wird, bleiben Menschen mit sehr hohem Unterstützungsbedarf damit vom Arbeitsbereich ausgeschlossen.[338] Begründet wird dies mit der zu erwerbenden Erwerbsminderungsrente nach 20 Jahren Werkstattzugehörigkeit, wofür ein Mindestmaß an Leistung unverzichtbar sei.[339] Selbst dieser speziell für Menschen mit Behinderungen geschaffene **Beschäftigungssektor** ist damit **nicht inklusiv** ausgestaltet. Daran ändert auch die in § 219 Abs. 3 Satz 2 SGB IX neu eingeführte Erlaubnis nichts, Werkstatt- und Förderstättenangehörige gemeinsam in der Werkstatt betreuen und fördern zu können, denn „eine formale Aufnahme in die Werkstatt ist damit [...] nicht verbunden."[340]

228

Der neue Satz 3 des Abs. 1 greift eine gängige Praxis der Eingliederungshilfe auf, wonach Menschen mit Behinderungen auch **trotz** des Erhalts der Erwerbsminderungsrente nach 20-jähriger Werkstattzugehörigkeit **weiterhin im Arbeitsbereich** einer WfbM tätig sein können, solange sie die erforderliche Leistungsfähigkeit besitzen, **längstens** jedoch bis zum **Erreichen der Regelaltersgrenze.** Der Wortlaut „sollen in der Regel" belässt jedoch noch einen Ermessensspielraum für eine längere Beschäftigung in der WfbM in Einzelfällen.[341] Ungeklärt ist damit weiterhin die **Frage der regelhaften Beschäftigung** von Menschen mit Behinderung **im Rentenalter.** Auch wenn die Beschäftigung im Arbeitsbereich einer WfbM systematisch im Kapitel über die Teilhabe am Arbeitsleben verortet ist, beinhaltet diese Leistung zugleich Komponenten der Sozialen Teilhabe, wie z.B. Tagesstrukturierung, Mobilität, Training sozialer Verhaltensweisen und eben Beschäftigung als Training vitaler Funktionen. Verdeutlicht wird dies durch die fortgeführte Zuständigkeit derjenigen Reha-Träger für den Arbeitsbereich, die für Leistungen der Sozialen Teilhabe verantwortlich sind (s. § 63 Abs. 2 SGB IX). Während in der Praxis dieser Herausforderung z.T. dadurch begegnet wird bzw. zu begegnen versucht wird, indem im Rahmen der Landesrahmenver-

229

---

337  So auch die Gesetzesbegründung BT-Drs. 18/9522, 254.
338  Vgl. § 219 Abs. 3 Satz 1 SGB IX. S. auch *Axmann* RdLH 2017, 4.
339  BMAS (2017a), S. 32.
340  BMAS (2017a), S. 32.
341  BMAS (2017a), S. 35.

träge zum Vertragsrecht der Sozialhilfe eigene Leistungs- bzw. Hilfebedarfstypen zur Tagesstrukturierung von Menschen mit Behinderung im Rentenalter verhandelt bzw. vereinbart werden,[342] hat der Gesetzgeber diesen Punkt nicht aufgegriffen.[343]

## 2. Arbeitsförderungsgeld (§ 59 SGB IX)

230 Die Regelung des bereits zum 30.12.2016 erhöhten Arbeitsförderungsgeldes (s. § 2 Rn. 23) rückt von seiner Stellung im Gesetz her in § 59 SGB IX auf. Die bisherige Anrechnungsmöglichkeit des § 43 Satz 4 SGB IX a.f. wird aufgehoben. In einem neuen Abs. 2 wird klargestellt, dass das Arbeitsförderungsgeld **nicht als Einkommen auf bedürftigkeitsabhängigen Sozialleistungen** (z.B. Arbeitslosengeld II, Grundsicherung) **angerechnet** wird. Insbesondere bei der Einkommensanrechnung im Rahmen der Grundsicherung ist diese Spezialregelung zu beachten, da die bisherige Regelung im § 82 Abs. 2 Nr. 5 SGB XII m.W.v. 1.1.2018 gestrichen wird (s. Rn. 481).

## 3. Andere Leistungsanbieter (§ 60 SGB IX)

231 Mit der Reform durch das BTHG wird Menschen, bei denen aufgrund der Art oder Schwere ihrer Behinderung eine Beschäftigung auf dem allgemeinen Arbeitsmarkt (noch) nicht (wieder) in Betracht kommt, die Möglichkeit eingeräumt, die Leistungen zur Teilhabe am Arbeitsleben sowohl im Eingangsverfahren und im Berufsbildungsbereich (§ 57 SGB IX) als auch die im Arbeitsbereich (§ 58 SGB IX) außerhalb einer WfbM **bei sog. anderen Leistungsanbietern** in Anspruch zu nehmen (§ 60 SGB IX), um ihnen dadurch **mehr Wahlmöglichkeiten** für Art und Ort ihrer Beschäftigung zu geben. Diese Wahlmöglichkeiten (s. dazu auch § 62 SGB IX) besteht jedoch nur, soweit sich neue Anbieterstrukturen etablieren. Abs. 3 stellt insoweit deutlich klar, dass die Reha-Träger keine Verpflichtung dazu haben, Leistungen durch andere Leistungsanbieter zu ermöglichen bzw. einen anderen Leistungsanbieter nachzuweisen.[344] Gemeint ist damit, dass die **Reha-Träger** im Allgemeinen **keine Gewährleistungsverantwortung** i.S.d. § 36 SGB IX und die Träger der Eingliederungshilfe im Speziellen nach § 95 SGB XII i.d.F. ab 2020 keinen Sicherstellungsauftrag (s. § 4 Rn. 45) dafür haben, dass es überhaupt andere Leistungserbringer mit einer ausreichenden Anzahl von Plätzen gibt.

§ 60 Andere Leistungsanbieter

(1) Menschen mit Behinderungen, die Anspruch auf Leistungen nach den §§ 57 und 58 haben, können diese auch bei einem anderen Leistungsanbieter in Anspruch nehmen.

(2) Die Vorschriften für Werkstätten für behinderte Menschen gelten mit folgenden Maßgaben für andere Leistungsanbieter:

1. sie bedürfen nicht der förmlichen Anerkennung,
2. sie müssen nicht über eine Mindestplatzzahl und die für die Erbringung der Leistungen in Werkstätten erforderliche räumliche und sächliche Ausstattung verfügen,
3. sie können ihr Angebot auf Leistungen nach § 57 oder § 58 oder Teile solcher Leistungen beschränken,

---

342 Z.B. Leistungstyp B-LT 2.8 „Maßnahmen der Tagesstrukturierung für alt gewordene Menschen mit geistiger Behinderung als Eingliederungshilfe in Wohnstätten und Außenwohngruppen" in Thüringen.
343 Zum Förder- und Betreuungsbereich der WfbM vgl. LSG BW 7.12.2016 – L 2 SO 1652/16, Anm. *Schumacher* RdLH 2017, 86.
344 BT-Drs. 18/9522, 254.

4. sie sind nicht verpflichtet, Menschen mit Behinderungen Leistungen nach § 57 oder § 58 zu erbringen, wenn und solange die Leistungsvoraussetzungen vorliegen,

5. eine dem Werkstattrat vergleichbare Vertretung wird ab fünf Wahlberechtigten gewählt. Sie besteht bei bis zu 20 Wahlberechtigten aus einem Mitglied und

6. eine Frauenbeauftragte wird ab fünf wahlberechtigten Frauen gewählt, eine Stellvertreterin ab 20 wahlberechtigten Frauen.

(3) Eine Verpflichtung des Leistungsträgers, Leistungen durch andere Leistungsanbieter zu ermöglichen, besteht nicht.

(4) Für das Rechtsverhältnis zwischen dem anderen Leistungsanbieter und dem Menschen mit Behinderungen gilt § 221 entsprechend.

Um die **Qualität der Leistungserbringung und die Mitbestimmung** zu **sichern** unterliegen andere Leistungsanbieter ebenfalls grundsätzlich den Vorschriften für Werkstätten für behinderte Menschen, neben jenen des SGB IX insbesondere der WVO und der WMVO. Allerdings sieht § 60 Abs. 2 SGB IX insoweit eine Reihe von Abweichungen vor:   232

- Sie benötigen **keine Anerkennung** durch die Bundesagentur für Arbeit gemäß § 225 SGB IX (Nr. 1), was sie allerdings nicht der Verpflichtung enthebt, Vereinbarungen mit den Reha-Trägern entsprechend den Vorgaben in deren jeweiligen Leistungsgesetzen bzw. im Fall der Eingliederungshilfeträger nach den Vorschriften des 8. Kapitels des 2. Teils SGB IX (s. Rn. 337 ff.) abzuschließen.

- Sie müssen **weder** eine **Mindestplatzzahl noch** eine sächlichen und räumliche **Mindestausstattung** vorhalten (s. §§ 7 und 8 WVO) (Nr. 2), damit sich auch kleinere Leistungsanbieter mit weniger Plätzen und/oder mit örtlich flexibleren Leistungsformaten etablieren können.

- Sie unterliegen nicht dem Grundsatz der einheitlichen Werkstatt (§ 1 WVO), sondern können ihr **Leistungsangebot auf einzelne Module** aus dem Spektrum der Leistungen nach §§ 57, 58 SGB IX **beschränken** (Nr. 3).

- Anders als die WfbM haben die anderen Leistungsanbieter **keine Aufnahmeverpflichtung**, d.h., sie sind frei in ihrer Entscheidung, ob sie leistungsberechtigte Personen aufnehmen oder nicht (Nr. 4); diese Regelung, die auch im Vertragsrechts für die Eingliederungshilfe in § 123 Abs. 4 Satz 1 SGB IX berücksichtigt wurde (s. Rn. 364), bedeutet eine Besserstellung gegenüber den WfbM, da sich die anderen Leistungsanbieter dadurch spezialisieren können, z.B. auf Leistungsberechtigte, die trotz der Art und Schwere ihrer Behinderung noch vergleichsweise leistungsstark sind.

- In Nr. 5 und 6 sind angesichts fehlender Vorgaben für die Mindestgröße des Anbieters speziellere Regelungen hinsichtlich der **Mitbestimmung durch Werkstatträte und Frauenbeauftragte** in Anlehnung an § 9 BetrVG geregelt.

Nimmt eine leistungsberechtigte Person die Dienste eines anderen Leistungsanbieters in Anspruch, so ordnet Abs. 4 für ihr **Rechtsverhältnis** zueinander die entsprechende Geltung des § 221 SGB IX an. Insoweit ist zu unterscheiden: Erbringt der andere Leistungsanbieter (ggf. Teil-)Leistungen des **Eingangsverfahrens und/oder des Berufsbildungsbereiches** (§ 57 SGB IX), ist er nur Dienstleister und die leistungsberechtigte Person hat den Status einer **Rehabilitandin** gemäß § 221 Abs. 4 i.V.m. § 52 SGB IX. Anstelle einer Vergütung erhält sie ggf. Übergangsgeld als Entgeltersatzleistung (§ 65   233

Abs. 2 SGB IX). Soweit der andere Leistungserbringer eine **Beschäftigung im Arbeits-bereich** nach § 58 SGB IX anbietet, steht die leistungsberechtigte Person gemäß § 221 Abs. 1 SGB IX zu ihm in einem **arbeitnehmerähnlichen Verhältnis**, wenn nicht ausdrücklich ein Arbeitsvertrag geschlossen worden ist oder sich aus dem zugrunde liegenden Sozialrechtsverhältnis nichts anderes ergibt.

234 Der Inhalt dieses Rechtsverhältnisses, also die wechselseitigen Rechte und Pflichten, ist durch einen Vertrag näher auszugestalten (§ 221 Abs. 3 SGB IX, § 13 WVO). Da es sich bei dem anderen Leistungsanbieter gerade nicht um eine WfbM handelt, wäre die Bezeichnung als „Werkstattvertrag" unpassend – insbesondere wenn sich die leistungsberechtigte Person bewusst gegen eine Beschäftigung in einer WfbM entschieden hat. Stattdessen könnte man diese Verträge als „Beschäftigungsvertrag im Arbeitsbereich" oder nur kurz als „Beschäftigungsvertrag" bezeichnen. Die **Vertragsfreiheit** der Vertragsparteien ist dabei insoweit **eingeschränkt**, als nicht zum Nachteil der leistungsberechtigten Person von den Vorgaben des SGB IX, der WVO und den arbeitsschutzrechtlichen Vorschriften abgewichen werden darf. So ist der leistungsberechtigten Person auch ein **Arbeitsentgelt** zu zahlen, dass sich nach § 221 Abs. 2 SGB IX aus dem Grundbetrag und einem individuellen Steigerungsbetrag zusammensetzt. Auch wenn § 60 Abs. 4 SGB IX nur bezüglich des Rechtsverhältnisses auf die entsprechende Geltung des § 221 SGB IX verweist und in dessen Überschrift zwischen der „Rechtsstellung und dem Arbeitsentgelt behinderter Menschen[345]" unterschieden wird, so bringt die Gesetzesbegründung klar zum Ausdruck, dass der Verweis auch die entsprechende Zahlung des Arbeitsentgeltes sowie des ergänzenden Arbeitsförderungsgeldes nach § 59 SGB IX einschließt.[346] Ist die leistungsberechtigte Person bei Aufnahme in den Arbeitsbereich geschäftsunfähig und bei Abschluss des Beschäftigungsvertrages durch ihre Betreuungsperson nicht wirksam vertreten, gilt der Vertrag gemäß § 221 Abs. 5–7 SGB IX (entgegen § 105 BGB) gleichwohl als wirksam geschlossen und kann vom Träger des anderen Leistungsbieters nur schriftlich unter den Voraussetzungen gelöst werden, unter denen das auch für einen wirksamen Werkstattvertrag ginge.

### 4. Wahlrecht des Menschen mit Behinderungen (§ 62 SGB IX)

235 § 62 Abs. 1 SGB IX stellt klar, dass leistungsberechtigte Personen ein **Wahlrecht** haben, bei welchem Anbieter sie die Leistungen des Eingangsverfahrens, des Berufsbildungsbereiches (§ 57 SGB IX) oder des Arbeitsbereiches (§ 58 SGB IX) in Anspruch nehmen wollen.

§ 62 Wahlrecht des Menschen mit Behinderungen

(1) Auf Wunsch des Menschen mit Behinderungen werden die Leistungen nach den §§ 57 und 58 von einer nach § 225 anerkannten Werkstatt für behinderte Menschen, von dieser zusammen mit einem oder mehreren anderen Leistungsanbietern oder von einem oder mehreren anderen Leistungsanbietern erbracht.

---

345 Ein weiteres Beispiel für die inkonsequente Umstellung der Bezeichnung der Leistungsberechtigten.
346 BT-Drs. 18/9522, 254. Eine Ergänzung des Gesetzestextes in § 60 Abs. 4 SGB IX, der diese Absicht des Gesetzgebers klarstellend, aber zugleich gesetzessystematisch korrekt wiedergibt, wäre insofern sinnvoll.

(2) Werden Teile einer Leistung im Verantwortungsbereich einer Werkstatt für behinderte Menschen oder eines anderen Leistungsanbieters erbracht, so bedarf die Leistungserbringung der Zustimmung des unmittelbar verantwortlichen Leistungsanbieters.

Das Wahlrecht bezieht sich nicht nur auf die drei Bereiche insgesamt, sondern auch auf einzelne Leistungen innerhalb dieser Bereiche. So kann z.B. eine im Arbeitsbereich einer „klassischen" WfbM beschäftigte Person die arbeitsbegleitenden Maßnahmen zur Erhaltung und Verbesserung der im Berufsbildungsbereich erworbenen Leistungsfähigkeit und zur Weiterentwicklung der Persönlichkeit (§ 58 Abs. 2 Nr. 2 SGB IX) bei einem anderen Leistungsanbieter in Anspruch nehmen. Daraus erklärt sich auch die Regelung des § 60 Abs. 2 Nr. 3 SGB IX, wonach andere Leistungsanbieter anders als die WfbM ihr Angebot auch auf Teile der Leistungen nach §§ 57 oder 58 SGB IX beschränken können. Die Gesetzesbegründung spricht insoweit auch von **einzelnen Modulen**, die wahlweise in Anspruch genommen und kombiniert werden können.[347] Das bedeutet sowohl für die WfbM als auch für andere Leistungsanbieter, dass sie ihr **Leistungsspektrum modularisieren** müssen, also einzelne Leistungspakete bilden und – für die Vereinbarungen mit den Reha-Trägern – mit Preisen hinterlegen müssen (s. Rn. 381).

Die Regelung des § 62 Abs. 2 SGB IX soll den Fall regeln, dass eine leistungsberechtigte Personen ihr Wahlrecht dahingehend ausübt, die Leistungen verteilt von verschiedenen Leistungserbringern in Anspruch zu nehmen. Sie stellt das Wahlrecht der leistungsberechtigten Personen unter einen **Zustimmungsvorbehalt** des **verantwortlichen Leistungsanbieters** und hebelt es dadurch faktisch aus. Denn wenn jemandes Zustimmung erforderlich ist, bedeutet das zugleich, dass diese auch verweigert werden kann (vgl. § 182 Abs. 1 BGB). Dabei sollte laut der Gesetzesbegründung damit nur eine Koordinierungsverantwortung und ein Zusammenarbeitsgebot geregelt werden.[348] Die Regelung ist auch praktisch nicht umsetzbar, weil **nirgends definiert** wird, **wer** unter mehreren beteiligten Leistungserbringern denn **der Verantwortliche sein soll**. Die Wortwahl „im Verantwortungsbereich einer WfbM oder eines anderen Leistungsanbieters" hilft nicht weiter. Ausgehend von dem Sinn und Zweck der Verantwortung, bei der es ausweislich der Gesetzbegründung um die Entrichtung der Sozialversicherungsbeiträge geht,[349] bietet sich folgende **pragmatische Herangehensweise** an, ohne dass es eines Zustimmungserfordernisses bedarf: Für die Zeit der Tätigkeit im Eingangsverfahren und im Berufsbildungsbereich ist ohnehin der leistende Reha-Träger gemäß § 251 Abs. 1 i.V.m. § 5 Abs. 1 Nr. 6 SGB V zuständig, da dieser den Rehabilitanden währenddessen ggf. ein Übergangsgeld nach § 65 Abs. 2 SGB IX zahlt, das zugleich die Grundlage für die Höhe der zu entrichtenden Beiträge bildet (s. § 235 Abs. 1 und 2 SGB V). Die **Verantwortung für** die Entrichtung der Sozialversicherungsbeiträge stellt sich daher **nur bei Beschäftigten im Arbeitsbereich**, deren Beiträge von den Einrichtungsträgern auf der Grundlage des gezahlten Arbeitsentgeltes zu entrichten sind (§ 251 Abs. 2 Nr. 2 i.V.m. § 5 Abs. 1 Nr. 7 und 8 sowie § 235 Abs. 3 SGB V). Ist die leistungsberechtigte Person bei zwei verschiedenen Leistungser-

236

237

---

347  BT-Drs. 18/9522, 256.
348  BT-Drs. 18/9522, 256.
349  BT-Drs. 18/9522, 256.

bringern in die wirtschaftliche Betätigung i.S.d. § 12 WVO eingebunden, befindet sie sich zu beiden in einem arbeitnehmerähnlichen Verhältnis i.S.d. § 221 SGB XI und erhält ihr Arbeitsentgelt und Arbeitsförderungsgeld anteilig von beiden. In diesen Fällen müssten beide Leistungserbringer auch anteilig Sozialversicherungsbeiträge entrichten – vergleichbar wie bei einer teilzeitbeschäftigten Person mit zwei Arbeitsstellen. Ist sie hingegen nur bei einem der beiden in die wirtschaftliche Betätigung eingebunden und nimmt beim anderen Träger nur Leistungen nach § 58 Abs. 2 Nr. 2 und/oder Nr. 3 SGB IX in Anspruch, befindet sie sich nur im Verhältnis zum ersten Träger in einem arbeitnehmerähnlichen Rechtsverhältnis. Mit dem zweiten Träger verbindet sie hingegen ausschließlich ein zivilrechtlicher Dienstleistungsvertrag, dessen Inhalt bestimmt wird von den Vorgaben des SGB IX, insbesondere § 58 Abs. 2 Nr. 2 und/oder Nr. 3 SGB IX, und jenen des Leistungsgesetzes des zuständigen Reha-Trägers. Da vom zweiten Leistungsanbieter kein Arbeitsentgelt an die leistungsberechtigte Person fließt, gibt es insoweit auch keine Grundlage für die Entrichtung von Sozialversicherungsbeiträgen.

### 5. Budget für Arbeit (§ 61 SGB IX)

238 Das Ziel der neuen Leistung des Budgets für Arbeit ist es, Menschen, die an sich wegen Art oder Schwere ihrer Behinderung nicht, noch nicht oder noch nicht wieder auf dem ersten Arbeitsmarkt beschäftigt werden können, mithilfe von **Lohnkostenzuschüssen** und weiterer Unterstützung trotzdem eine reguläre, **sozialversicherungspflichtige Beschäftigung** bei einem öffentlichen oder privaten Arbeitgeber zu ermöglichen. Im Unterschied zum Persönlichen Budget, welches eine alternative Form der Leistungserbringung durch Geldzahlung an die leistungsberechtigte Person zur selbstbestimmten Versorgung mit den notwendigen Dienstleistungen darstellt (s. Rn. 155), ist das Budget für Arbeit eine **eigenständige Sachleistung**, die vom leistenden Reha-Träger durch Zahlung der Lohnkostenzuschüsse an den Arbeitgeber zum Ausgleich für die dauerhafte Minderleistung[350] und durch die Bereitstellung der Anleitung und Begleitung am Arbeitsplatz gewährt wird.

239 Insoweit ist der Begriff „Budget für Arbeit" irreführend, da der leistungsberechtigten Person selber gerade kein Budget i.S.e. Geldleistung zur Verfügung gestellt wird. Gewählt wurde diese Bezeichnung, weil zuvor in mehreren Bundesländern entsprechend benannte Modellprojekte erfolgreich durchgeführt worden waren.[351] Allerdings ist durchaus denkbar, das Budget für Arbeit aufgrund eines entsprechenden Antrags der leistungsberechtigten Person auch als Persönliches Budget in Anspruch zu nehmen. Das würde bedeuten, dass der leistende Reha-Träger den Lohnkostenzuschuss nicht direkt an den Arbeitgeber, sondern an die leistungsberechtigte Person zur Weiterleitung auszahlen würde, und dieser zusätzlich (bzw. je nach Antragstellung auch alter-

---

350 BMAS (2017 a), S. 35.
351 BT-Drs. 18/9522, 254. Solche Modellprojekte wurden unter anderem in Nordrhein-Westfalen und in Rheinland-Pfalz durchgeführt, jedoch noch auf Grundlage des Persönlichen Budgets (§ 17 SGB IX a.F.). S. http://www.budget.bmas.de/SharedDocs/Downloads/DE/StdS/www.budgetaktiv/abschlussbericht_werkstattbudget.pdf;jsessionid=A99B38D472B9E0E6B2624BC6D895502F.1_cid360?__blob=publicationFile (Zugriff: 25.5.2017).

nativ nur) die Mittel für die selbstorganisierte Beschaffung der Anleitung und Begleitung am Arbeitsplatz überweisen würde.

§ 61 Budget für Arbeit

(1) Menschen mit Behinderungen, die Anspruch auf Leistungen nach § 58 haben und denen von
einem privaten oder öffentlichen Arbeitgeber ein sozialversicherungspflichtiges Arbeitsverhältnis
mit einer tarifvertraglichen oder ortsüblichen Entlohnung angeboten wird, erhalten mit Abschluss
dieses Arbeitsvertrages als Leistungen zur Teilhabe am Arbeitsleben ein Budget für Arbeit.

(2) [1]Das Budget für Arbeit umfasst einen Lohnkostenzuschuss an den Arbeitgeber zum Ausgleich
der Leistungsminderung des Beschäftigten und die Aufwendungen für die wegen der Behinderung
erforderliche Anleitung und Begleitung am Arbeitsplatz. [2]Der Lohnkostenzuschuss beträgt bis zu
75 Prozent des vom Arbeitgeber regelmäßig gezahlten Arbeitsentgelts, höchstens jedoch 40 Prozent
der monatlichen Bezugsgröße nach § 18 Absatz 1 des Vierten Buches. [3]Dauer und Umfang der
Leistungen bestimmen sich nach den Umständen des Einzelfalles. [4]Durch Landesrecht kann von
dem Prozentsatz der Bezugsgröße nach Satz 2 zweiter Halbsatz nach oben abgewichen werden.

(3) Ein Lohnkostenzuschuss ist ausgeschlossen, wenn zu vermuten ist, dass der Arbeitgeber die Beendigung eines anderen Beschäftigungsverhältnisses veranlasst hat, um durch die ersatzweise Einstellung eines Menschen mit Behinderungen den Lohnkostenzuschuss zu erhalten.

(4) Die am Arbeitsplatz wegen der Behinderung erforderliche Anleitung und Begleitung kann von
mehreren Leistungsberechtigten gemeinsam in Anspruch genommen werden.

(5) Eine Verpflichtung des Leistungsträgers, Leistungen zur Beschäftigung bei privaten oder öffentlichen Arbeitgebern zu ermöglichen, besteht nicht.

Der leistungsberechtigte **Personenkreis** ist nach Abs. 1 beschränkt auf diejenige, die **240**
Anspruch auf Aufnahme in den **Arbeitsbereich einer WfbM** nach § 58 SGB IX haben.
D.h. u.a., dass die Phase der beruflichen Bildung bereits abgeschlossen sein muss. Das
Budget für Arbeit wird **mit Abschluss eines Arbeitsvertrages** über ein sozialversicherungspflichtiges Arbeitsverhältnis mit einer tarifvertraglichen oder ortsüblichen Entlohnung gewährt. D.h. formal ist der Vertragsschluss Voraussetzung für die Gewährung des Budgets für Arbeit. Da der (potenzielle) Arbeitgeber seinerseits vor Abschluss des Vertrages **Rechtssicherheit** bezüglich der Gewährung des Budgets und
auch bezüglich deren im Einzelfall festzusetzende Höhe (s. Rn. 242 f.) erwarten wird,
könnte der Reha-Träger entweder den Gewährungsbescheid mit der **aufschiebenden
Bedingung** (§ 32 Abs. 2 Nr. 2 SGB X) bezüglich des abzuschließenden Arbeitsvertrages erlassen oder aber der leistungsberechtigten Person eine entsprechende **Zusiche-
rung nach § 34 SGB X** erteilen.

**Geringfügige Beschäftigungen** i.S.v. § 8 SGB IV, wenn also entweder das Arbeitsent- **241**
gelt regelmäßig weniger als 450 EUR im Monat beträgt oder die Beschäftigung von
vorne herein auf längstens zwei Monate am Stück oder 50 Arbeitstage im Jahr beschränkt ist, **eignen sich nicht** für ein Budget für Arbeit, da diese von der Sozialversicherungspflicht befreit sind (§ 7 SGB V, § 5 Abs. 2 und § 6 Absatz 1 b SGB VI). Die
**Sozialversicherungspflicht** des Beschäftigungsverhältnisses ist allerdings **beschränkt
auf die gesetzliche Renten- und Krankenversicherung sowie die soziale Pflegeversicherung.** Von der Arbeitslosenversicherung sind diese Beschäftigungsverhältnisse gemäß
§ 28 Abs. 1 Nr. 2 SGB III befreit. Das hat zur Konsequenz, dass die leistungsberechtigten Personen insoweit **keine Anwartschaften für den Erhalt von Arbeitslosengeld**
für den Fall des Scheiterns des Arbeitsverhältnisses erarbeiten können. Für diesen Fall
sieht der Gesetzgeber insoweit die Option zur Rückkehr bzw. zum Wechsel in die

WfbM aufgrund des Aufnahmeanspruchs (§ 220 SGB IX) als hinreichende soziale Absicherung.[352]

242 Bei dem Budget für Arbeit handelt es sich um eine Leistung für den Menschen mit Behinderung in Form eines **Lohnkostenzuschusses**, der **direkt an den Arbeitgeber** gezahlt wird, und die Bereitstellung der erforderlichen **Anleitung und Begleitung am Arbeitsplatz** umfasst. Die Höhe des Lohnkostenzuschusses beträgt maximal ¾ des vom Arbeitgeber regelmäßig gezahlten Entgeltes und ist zugleich auf 40 % der monatlichen Bezugsgröße nach § 18 Abs. 1 SGB IV begrenzt. Letztere entspricht im Jahr 2017 4/10 x 2.975 EUR = 1.190 EUR/Monat. Da nur auf die Bezugsgröße des § 18 Abs. 1 SGB IV verwiesen wird, gilt die Obergrenze einheitlich im ganzen Bundesgebiet unabhängig davon, wo der Arbeitgeber seinen Sitz hat. Durch diese Deckelung soll sichergestellt werden, dass dem zuständigen Reha-Träger durch das Budget für Arbeit **nicht höhere Kosten** entstehen, **als** wenn die leistungsberechtigte Person **im Arbeitsbereich einer WfbM** beschäftigt wäre. Der höchstens förderfähige Bruttolohn läge damit im Jahr 2017 bei 1.586,67 EUR. Allerdings werden die Länder ermächtigt, die von der Bezugsgröße abgeleitete Obergrenze durch Landesrecht anzuheben. D.h. im Umkehrschluss, dass durch Landesrecht weder die Obergrenze nach unten abgesenkt, noch der maximale 75 %-ige Anteil des Lohnkostenzuschusses an der Vergütung verändert werden darf.

243 Fragen ergeben sich bezüglich des Maßstabes, an dem der maximale anteilige Lohnkostenzuschuss zu bestimmen ist. Der Wortlaut des Abs. 2 stellt ebenso wie die Gesetzesbegründung auf das **regelmäßig gezahlte Arbeitsentgelt** ab, wobei sich aus dem Abs. 1 ergibt, dass es um eine **tarifvertraglich gebundene oder aber ortsübliche Entlohnung** handeln muss. „Regelmäßig gezahlt" beinhaltet einen Vergleich mit der Vergütung des Arbeitgebers für andere Angestellte mit vergleichbaren Tätigkeiten.[353] Der Begriff des Arbeitsentgeltes beinhaltet nach der Definition des § 14 Abs. 1 SGB IV „alle laufenden oder einmaligen Einnahmen aus einer Beschäftigung, gleichgültig, ob ein Rechtsanspruch auf die Einnahmen besteht, unter welcher Bezeichnung oder in welcher Form sie geleistet werden und ob sie unmittelbar aus der Beschäftigung oder im Zusammenhang mit ihr erzielt werden." Gemäß dem Brutto(lohn)prinzip umfasst das Arbeitsentgelt insbesondere auch die Lohnsteuer und die Beitragsanteile des Beschäftigten zur Sozialversicherung.[354] Der Arbeitgeberanteil am Gesamtsozialversicherungsbeitrag ist hingegen nicht Bestandteil des regelmäßig gezahlten Entgeltes. Bestätigt wird dies auch durch ein Vergleich mit den Eingliederungszuschüssen an Arbeitgeber nach § 50 Abs. 3 SGB IX, deren Höhe gemäß Satz 1 auch anteilig an dem regelmäßig gezahlten (Arbeits-)Entgelt bemessen wird, bei deren Berechnung aber gemäß Satz 4 ausdrücklich auch der Anteil des Arbeitgebers am Gesamtsozialversicherungsbeitrag zu berücksichtigen ist (so auch in § 91 Abs. 1 SGB III). Solange ein solcher Zusatz beim Budget für Arbeit fehlt, ist der Lohnkostenzuschuss auf ¾ des Arbeiternehmerbruttolohns beschränkt. Mit der alleinigen Tragung des Arbeitgeberanteils von ca. 20 % des Bruttolohns wird der wirtschaftliche

---

352 BT-Drs. 18/9522, 255.
353 *Kuhnke* in Schlegel/Voelzke jurisPK-SGB III § 91 Rn. 10 m.w.N.
354 BSG 22.9.1988 – 12 RK 36/86, Rn. 18, BSGE 64, 110 ff.

Anreiz für Arbeitgeber, Menschen mit einer Behinderung i.S.d. § 58 SGB IX trotz der eingeschränkten Leistungsfähigkeit zu beschäftigen, deutlich geschmälert.

Die konkrete **Höhe und Dauer des Lohnkostenzuschusses** ist vom Reha-Träger **nach** **244** **pflichtgemäßem Ermessen** anhand der Umstände des Einzelfalls festzulegen Dabei sind Art und Schwere der Behinderung an der Teilhabe und die daraus folgende Minderung der Leistungsfähigkeit im Vergleich zu Beschäftigten ohne Beeinträchtigungen einzubeziehen. Anders als die Ausbildungs- und Eingliederungszuschüsse an Arbeitgeber gemäß § 50 SGB IX ist das Budget für Arbeit aber nicht als vorübergehende Leistung zur Eingliederung in Arbeit konzipiert, sondern in der Regel **als dauerhafte** **Maßnahme** zur Erreichung einer Beschäftigung am ersten Arbeitsmarkt trotz fortbestehender voller Erwerbsminderung.[355] In der Praxis bietet es sich für die Reha-Träger gleichwohl an, mit Befristungen zu arbeiten, die einerseits eine wiederholte Prüfung der Anspruchsvoraussetzungen sowie der Angemessenheit der Höhe der Förderung ermöglichen, andererseits aber sowohl dem Arbeitgeber als auch der leistungsberechtigten Person hinreichend Planungssicherheit geben. Steigert sich die Leistungsfähigkeit der leistungsberechtigten Person, ist die Höhe des Lohnkostenzuschuss abzusenken, solange noch die Voraussetzung erfüllt ist, dass eine Beschäftigung am ersten Arbeitsmarkt ohne Budget für Arbeit weiterhin ausgeschlossen ist. Nimmt die Leistungsfähigkeit hingegen ab, ist der Lohnkostenzuschuss ebenfalls anzupassen bis auf die genannten Obergrenzen von max. ¾ des geschuldeten Arbeitnehmerbruttolohn und max. 40 % der Bezugsgröße nach § 18 Abs. 1 SGB IV bzw. auf den ggf. durch Landesrecht erhöhten Anteil.

Um **Missbrauch zu vermeiden**, schließt Abs. 3 ein Budget für Arbeit für die Fälle aus, **245** in denen der Arbeitgeber jemand anderen entlässt, um ersatzweise einen Menschen mit Behinderungen i.S.d. § 58 SGB IX zu beschäftigen und dadurch den Lohnostenzuschuss zu erhalten. Ausreichend ist insofern die **bloße Vermutung**, dass es so ist. Eine gesetzliche Vermutung, wann ein solcher Fall angenommen werden darf, ist nicht formuliert. Vielmehr ist damit eine **Beweiserleichterung** zugunsten des zuständigen Reha-Träger formuliert. Er muss keinen Vollbeweis i.S einer an Gewissheit grenzenden Wahrscheinlichkeit führen,[356] sondern seine Vermutung auf nur Indizien stützen, die auf eine entsprechende Absicht des Arbeitgebers schließen lassen, wie z.B. ein kurzer zeitlicher Abstand zwischen der Entlassung und der nachfolgenden Neueinstellung der leistungsberechtigten Person mit vergleichbarem Tätigkeitsprofil. Da auch die Beschäftigung im Rahmen eines Budgets für Arbeit ein sozialversicherungspflichtiges Verhältnis darstellt, greift die Ausschlussregelung auch, wenn der Arbeitgeber insoweit eine budgetnehmende Person entlässt, um statt dessen eine andere einzustellen, z.B. wegen eines zu erwartenden höheren Lohnkostenzuschusses. Anders als bei den Arbeitgeberzuschüssen nach § 50 Abs. 4 Satz 5 f SGB IX ist in § 61 SGB IX keine Regelung enthalten, wonach die Lohnkostenzuschüsse oder Teile davon nach der Beendigung der Beschäftigung in bestimmten Konstellationen zurückzuzahlen wären.

---

355  S. BT-Drs. 18/9522, 255.
356  *Kuhnke* in Schlegel/Voelzke jurisPK-SGB III, zur Parallelregelung in § 92 Abs. 1 Nr. 1 SGB III Rn. 12.

246 Neben dem Lohnkostenzuschuss umfasst das Budget für Arbeit des Weiteren die Aufwendungen für die aufgrund der Behinderung erforderliche **Anleitung und Begleitung am Arbeitsplatz**. Damit sind zusätzliche Sozialleistungen zur Ermöglichung und Sicherung des Beschäftigungsverhältnisses gemeint. Als Beispiele für diese Form der persönlichen Unterstützung werden in der Gesetzesbegründung insoweit die Arbeitsassistenz (s. § 49 Abs. 8 Nr. 3 SGB IX), der Job-Coach sowie die Integrationsfachdienste (§ 192 f. SGB IX) genannt.[357] Gemäß Abs. 4 kann die Anleitung und Begleitung auch von mehreren leistungsberechtigten Personen gemeinsam in Anspruch genommen werden. D.h., die Anleitung und Begleitung wird in diesem Fall durch eine Person für mehrere Leistungsberechtigte ausgeführt. Anders als beim sog. „Poolen" **von Leistungen** nach § 116 Abs. 2 SGB IX i.d.F. ab 2020 (s. § 4 Rn. 119 ff.) kann dies **nicht gegen den Willen** der beteiligten leistungsberechtigten Personen erfolgen, da die Anleitung dem Wortlaut des Abs. 4 zufolge von mehreren leistungsberechtigten gemeinsam „in Anspruch genommen werden" kann. Somit ist deren **Zustimmung erforderlich**.

247 Wie schon die Inanspruchnahme von anderen Leistungsanbietern (s. Rn. 231) sind auch das Budget für Arbeit bzw. die dafür **erforderlichen Arbeitsstellen** bei privaten oder öffentlichen Arbeitgebern gemäß Abs. 5 **von Gewährleistungspflicht der Reha-Träger nach § 36 SGB IX ausgenommen**. D.h., sie müssen der leistungsberechtigten Person keine Arbeitsplätze nachweisen, bei denen eine Beschäftigung im Rahmen eines Budgets für Arbeit möglich wäre,[358] und dafür entsprechende Akquise betreiben. Hat jedoch eine leistungsberechtigte Person eine sozialversicherungspflichtige Beschäftigung in Aussicht, hat der leistende Reha-Träger kein Ermessensspielraum, das Budget für Arbeit zu verweigern.

248 Nicht geregelt hat der Gesetzgeber die Frage, ob ein Arbeitgeber die im Rahmen eines Budgets für Arbeit Beschäftigten **auf die Zahl der Pflichtarbeitsplätze** für Menschen mit Schwerbehinderung nach § 158 SGB IX **anrechnen lassen** kann. Möglich ist dies bei Menschen mit einer Schwerbehinderung, die im Rahmen einer Maßnahme zur Förderung des Übergangs aus der WfbM auf den allgemeinen Arbeitsmarkt beschäftigt werden, für die Zeit dieser Maßnahme (§ 158 Abs. 3 SGB IX). Da auch das Budget für Arbeit zum Ziel hat, mehr Beschäftigung auf dem allgemeinen Arbeitsmarkt zu ermöglichen,[359] ist angesichts der vergleichbaren Interessenlage insoweit von einer Anrechnung **in analoger Anwendung des § 158 Abs. 3 SGB IX** auszugehen.

### 6. Zuständigkeit nach den Leistungsgesetzen (§ 63 SGB IX)

249 Die Zuständigkeitsregelungen bezüglich der Leistungen im Eingangsverfahren, Berufsbildungsbereich und im Arbeitsbereich in § 63 Abs. 1 und 2 SGB IX sind weitgehend unverändert aus § 42 SGB IX a.F. übernommen worden.

---

357 BT-Drs. 18/9522, 255.
358 BT-Drs. 18/9522, 255 f.
359 BT-Drs. 18/9522, 254.

§ 63 Zuständigkeit nach den Leistungsgesetzen

(3) ¹Absatz 1 gilt auch für die Leistungen zur beruflichen Bildung bei einem anderen Leistungsanbieter. ²Absatz 2 gilt auch für die Leistungen zur Beschäftigung bei einem anderen Leistungsanbieter sowie die Leistung des Budgets für Arbeit.

Laut dem neu angefügten Abs. 3 umfasst die Zuständigkeit nach Abs. 1 auch die be-  250
rufsbildenden Leistungen bei anderen Leistungsanbietern (Satz 1), und jene nach
Abs. 2 auch die Beschäftigung bei anderen Leistungsanbietern sowie diejenige bei privaten oder öffentlichen Arbeitgebern in Gestalt des Budgets für Arbeit (Satz 2). Für
die Leistungen im Arbeitsbereich einer WfbM bzw. den entsprechenden Alternativ-
leistungen bei anderen Leistungsanbietern oder durch das Budget für Arbeit ist somit
auch weiterhin **in der Regel der Eingliederungshilfeträger** zuständig.[360] Beim Budget
für Arbeit kommt nach § 185 Abs. 3 Nr. 6 SGB IX eine anteilige Finanzierung des
Budgets für Arbeit durch das Integrationsamt in Betracht (s. Rn. 448).

## XII. Unterhaltssichernde und andere ergänzende Leistungen (1. Teil SGB IX 11. Kapitel)

Die Vorschriften des 11. Kapitels über Unterhaltssichernde und andere ergänzende  251
Leistungen (§§ 64–74 SGB IX) sind abgesehen von **redaktionellen Anpassungen** weitgehend unverändert und in derselben Reihenfolge aus den §§ 44–54 SGB IX a.F.
übernommen worden. §§ 66 Abs. 1 und 73 Abs. 1 SGB IX wurden systematisch neu
strukturiert, ohne dass sich daraus inhaltliche Änderungen ergeben.

Einzige wirkliche **Neuregelung** im Kapitel 11 ist die **Berechnungsgrundlage des Über-**  252
**gangsgeldes** in Sonderfällen (§ 68 SGB IX). Da sich die bisherige Ermittlung des tarif-
lichen bzw. ortsüblichen Arbeitsentgeltes als verwaltungsaufwendig und fehleranfäl-
lig erwiesen hat,[361] wird zur Berechnung nunmehr auf ein **fiktives Arbeitsentgelt** abgestellt. Im neuen Abs. 2 der Regelung werden **vier** nach dem Ausbildungsgrad unter-
schiedene **Qualifikationsgruppen** gebildet, und für jede Gruppe ein fiktives Arbeitsentgelt in Relation zum Betrag der Bezugsgröße nach § 18 SGB IV festgelegt. Dabei
wird nach wie vor unterschieden nach der Bezugsgröße West (Abs. 1) und der Bezugsgröße Ost, deren Höhe jährlich neu durch die Sozialversicherungs-Rechen-
größenverordnung des BMAS bekannt gegeben wird. Welche davon für das fiktive
Arbeitsentgelt zugrunde gelegt wird, bestimmt sich gemäß § 68 Abs. 2 Satz 2 SGB IX
nach dem Wohnsitz der leistungsberechtigten Person oder – in Ermangelung eines
solchen – nach dem gewöhnlichen Aufenthaltsort (s. § 30 Abs. 3 SGB I) im Monat
vor Beginn des Leistungsbezuges.

## XIII. Leistungen zur Teilhabe an Bildung (1. Teil SGB IX 12. Kapitel, § 75 SGB IX)

Die Leistungen zur Teilhabe an Bildung in § 75 SGB IX wurden durch das BTHG als  253
eigene Leistungsgruppe in das SGB IX aufgenommen (s. Rn. 20), um im Sinne des
Art. 24 BRK den **hohen Stellenwert von Bildung** zur Teilhabe am Leben in der Gesellschaft **herauszustellen** und ein gemeinsames Lernen von Menschen mit und ohne Be-

---

360  So auch BMAS (2017a), S. 35.
361  BT-Drs. 18/9522, 257.

hinderung von Anfang an zu ermöglichen.[362] Eine Leistungsausweitung der bisher als Teil der beruflichen Rehabilitation oder der Sozialen Teilhabe erbrachten Leistungen ist damit jedoch nicht beabsichtigt.[363] Während die Ausgliederung der Leistungen zur Teilhabe an Bildung somit **nur deklaratorische Bedeutung** zukommen soll, steht vielmehr zu befürchten, dass es tatsächlich durch die formale Trennung sowohl von der beruflichen wie von der Sozialen Teilhabe zu Zuständigkeitskonflikten und Schnittstellenproblemen kommt (s. auch Rn. 57), so dass im Ergebnis von einer Schwächung der Unterstützung der Inanspruchnahme von Bildungsleistungen im Vergleich zur bisherigen Rechtslage auszugehen ist.[364]

§ 75 Leistungen zur Teilhabe an Bildung

(1) Zur Teilhabe an Bildung werden unterstützende Leistungen erbracht, die erforderlich sind, damit Menschen mit Behinderungen Bildungsangebote gleichberechtigt wahrnehmen können.

(2) ¹Die Leistungen umfassen insbesondere

1. Hilfen zur Schulbildung, insbesondere im Rahmen der Schulpflicht einschließlich der Vorbereitung hierzu,
2. Hilfen zur schulischen Berufsausbildung,
3. Hilfen zur Hochschulbildung und
4. Hilfen zur schulischen und hochschulischen beruflichen Weiterbildung.

²Die Rehabilitationsträger nach § 6 Absatz 1 Nummer 3 erbringen ihre Leistungen unter den Voraussetzungen und im Umfang der Bestimmungen des Siebten Buches als Leistungen zur Teilhabe am Arbeitsleben oder zur Teilhabe am Leben in der Gemeinschaft.

254 Gemäß Abs. 1 geht es bei den Leistungen zur Teilhabe an Bildung nicht um den pädagogischen Kernbereich des Bildungsträgers selber, sondern um **unterstützende Leistungen zur Wahrnehmung von Bildungsangeboten**. In der Gesetzesbegründung werden beispielhaft die Unterstützung beim Aufsuchen des Lernortes und/oder bei der Teilnahme am Unterricht genannt; für die Bereitstellung der (hoch-, berufs- und allgemein) schulischer Bildungsangebote und die Pflicht zur Umsetzung der inklusiven Bildung an Schulen verweist der Gesetzgeber auf die Zuständigkeit der Länder.[365] Dass in Abs. 1 nur Menschen mit Behinderung, **nicht aber jene mit drohender Behinderung** als leistungsberechtigte Person genannt werden (vgl. insoweit den Wortlaut von §§ 42 Abs. 1 und 49 Abs. SGB IX), ist als **redaktionelles Versehen** ohne einschränkende Wirkung anzusehen. Dafür spricht schon das Gebot des frühzeitigen Handelns bezüglich der Reha-Träger zur Vermeidung des Eintritts einer Behinderung (§ 3 SGB IX). Hinzu kommt, dass sich die Leistungsvoraussetzungen gemäß § 7 Abs. 1 Satz 2 SGB IX nach den Leistungsgesetzen der Reha-Träger richten. Und Leistungen der Eingliederungshilfe werden ausdrücklich auch an Menschen mit drohender Behinderung erbracht (§ 53 Abs. 1 Satz 1 SGB XII, ab 2020 i.V.m. § 99 SGB IX, s. § 4 Rn. 66).

255 Der **offene Leistungskatalog** in Abs. 2 Satz 1, der demjenigen in § 54 Abs. 1 Nummer 1 und 2 SGB XII ähnelt,[366] sieht u.a. Hilfen zur gleichberechtigten Wahrnehmung von allgemein- oder berufsbildenden Schulangeboten sowie Hochschulangeboten ein-

---

362  BT-Drs. 18/9522, 258.
363  BT-Drs. 18/9522, 258.
364  So auch *Luthe* NZS 2017, 442. Ausführlich *Bieritz-Harder* SGb 2017, 491 ff.
365  BT-Drs. 18/9522, 258.
366  Vgl. dazu auch §§ 12, 13 der EingliederungshilfeVO und § 112 IX.

schließlich entsprechender beruflicher Weiterbildungsangebote vor. Ausdrücklich eingeschlossen sind auch Leistungen zur **Vorbereitung auf die Schulbildung** insbesondere im Rahmen der allgemeinen Schulpflicht. Darunter fallen u.a. „die Unterstützung zur Erlangung der Schulreife in Form von Förderunterricht einschließlich der dadurch entstehenden Fahrtkosten".[367]

Abs. 2 Satz 2 SGB IX enthält eine Sonderbestimmung für **Träger der gesetzlichen Unfallversicherung.** Diese sollen laut § 6 Abs. 1 Nr. 3 SGB IX für diese Leistungsgruppe nur insoweit zuständig sein, als es sich um **Kinder, Schüler\*innen sowie Studierende** gemäß § 2 Abs. 1 Nr. 8 SGB VII beim Besuch einer Kindertages- oder Bildungseinrichtung und einen Unfall hatten. Diese Einschränkung ist inkonsequent, da zum einen laut § 35 Abs. 2 SGB VII die Hilfen zu einer angemessenen Schulbildung als Teil der Leistungen zur Teilhabe am Arbeitsleben genannt werden, ohne dass dort eine Einschränkung auf den o.g. Personenkreis vorgesehen ist. Zum anderen umfassen die Leistungen zur Teilhabe an Bildung ausdrücklich auch die Hilfen zur schulischen und hochschulischen beruflichen Weiterbildung (§ 75 Abs. 2 Nr. 4 SGB IX), die entsprechend für Personen relevant ist, die aufgrund eines Arbeitsunfalls (einschließlich eines Wegeunfalls) oder einer Berufskrankheit ihren bisherigen Beruf nicht mehr ausüben können und sich stattdessen weiterqualifizieren wollen.

Auch im Übrigen ist der Sinngehalt des Abs. 2 Satz 2 nur schwer zu erschließen. Ziel war es ausweislich der Gesetzesbegründung sicherzustellen, dass durch die Ausgestaltung der Leistung zur Teilhabe an Bildung **bisherige Leistungsansprüche** nach dem SGB VII **nicht eingeschränkt** werden. Beispielhaft wird die Zahlung von Übergangsgeld an Studierende mit einem Nebenjob genannt.[368] Durch die Verknüpfung mit der beruflichen Reha soll – gemessen an dem Beispiel aus der Gesetzesbegründung (s.o.) – auch der Anwendungsbereich der unterhaltssichernden Leistungen nach §§ 65 Abs. 2 ff. SGB IX eröffnet werden, die ja gemäß § 64 Abs. 1 SGB IX nur als ergänzende Leistung einer medizinischen oder einer beruflichen Reha in Frage kommen. Konsequenterweise hätten also die Leistungen zur Teilhabe an Bildung in § 64 Abs. 1 SGB IX aufgenommen werden müssen, um leistungsberechtigte Personen dieser Leistungsgruppe auch den Erhalt ergänzender Leistungen zugänglich zu machen. Durch die Regelung des § 75 Abs. 2 SGB IX ist diese Lücke zwar für die Träger der Unfallversicherung behelfsmäßig geschlossen worden, bzgl. der Träger der Kriegsopferfürsorge, die ebenfalls sowohl für die Leistungen zur Teilhabe an Bildung als auch das Übergangsgeld zuständig sein können, fehlt es jedoch an diesem Behelf. Des Weiteren tauchen im SGB VII die Leistungen zur Teilhabe an Bildung im Abschnitt über die Leistungen zur Teilhabe am Leben in der Gemeinschaft der Unfallversicherungsträger (§§ 39–43 SGB VII) überhaupt nicht auf, spielen also jedenfalls keine herausgehobene Rolle. Zudem stellt sich praktische Frage, ob ein Unfallversicherungsträger, der Leistungen der beruflichen Reha und solche zur Teilhabe an Bildung erbringen muss, nach § 19 Abs. 1 SGB IX verpflichtet ist, einen Teilhabeplan zu erstellen, weil es sich um Leistungen unterschiedlicher Leistungsgruppen handelt, oder nicht. Von einer sol-

256

257

---

367 *Padé* in Schlegel/Voelzke jurisPK-SGB VII, § 35 Rn. 54 zur Regelung des inhaltlich insoweit vergleichbaren § 35 Abs. 2 SGB VII. Näheres s. *Luthe* NZS 2017, 444 ff.
368 BT-Drs. 18/9522, 258.

chen Pflicht ist angesichts der Zielstellung des § 19 Abs. 1 SGB IX allerdings auszugehen, um das nahtlose Ineinandergreifen dieser Leistungen sicherzustellen. Im Übrigen
sollte gemäß der formulierten Zielstellung des Gesetzgebers die Vorschriften über die
Leistung zur Teilhabe an Bildung mit Blick so angewendet werden, dass dies jedenfalls keine Einschränkung gegenüber der Verwaltungspraxis vor dem 1.1.2018 bedeutet.

### XIV. Soziale Teilhabe (1. Teil SGB IX 13. Kapitel)

258 In den §§ 76–84 SGB IX sind die Leistungen zur **Sozialen Teilhabe** geregelt, die bisher als Leistungen zur Teilhabe am Leben in der Gemeinschaft bezeichnet wurden
(§§ 55 ff. SGB IX a.F.). Es handelt sich um **Leistungen zur Stärkung einer „individuellen** und den persönlichen Wünschen entsprechenden **Lebensplanung und -gestaltung**
für Menschen mit Behinderungen" i.S.d. BRK.[369] Der **Leistungskatalog** wurde neu
strukturiert und verändert, insbesondere sind mit **Assistenzleistungen, Leistungen zur
Betreuung in einer Pflegefamilie** und **Leistungen zur Mobilität** drei Leistungen neu
aufgenommen worden, die in der Praxis der vergangenen Jahre unter dem Gesichtspunkt der selbstbestimmten Lebensführung deutlich an Gewicht gewonnen haben,
wohingegen die Hilfen zur Teilhabe am gemeinschaftlichen und kulturellen Leben
nicht mehr ausdrücklich genannt werden. Im Unterschied zum bisherigen Leistungskatalog werden in der Neufassung auch sämtliche dort ausdrücklich benannten Leistungen nachfolgend in einem eigenen Paragrafen näher ausgestaltet.

### 1. Leistungen zur Sozialen Teilhabe (§ 76 SGB IX)

259 In der Einführungsvorschrift des 13. Kapitels sind in dessen Abs. 1 die **Ziele** der Leistungen zur Sozialen Teilhabe und deren **Nachrang gegenüber den anderen Leistungsgruppen**, einschließlich derjenigen der neuen Leistungsgruppe zur Teilhabe an Bildung, geregelt. Abs. 2 enthält den neuen, aber weiterhin offen ausgestalteten **Leistungskatalog** der Sozialen Teilhabe.

§ 76 Leistungen zur Sozialen Teilhabe

(1) ¹Leistungen zur Sozialen Teilhabe werden erbracht, um eine gleichberechtigte Teilhabe am Leben in der Gemeinschaft zu ermöglichen oder zu erleichtern, soweit sie nicht nach den Kapiteln 9
bis 12 erbracht werden. ²Hierzu gehört, Leistungsberechtigte zu einer möglichst selbstbestimmten
und eigenverantwortlichen Lebensführung im eigenen Wohnraum sowie in ihrem Sozialraum zu befähigen oder sie hierbei zu unterstützen. ³Maßgeblich sind die Ermittlungen und Feststellungen
nach den Kapiteln 3 und 4.

260 Die Formulierung der **Ziele** der Leistungen zur Sozialen Teilhabe Abs. 1 Satz 1 wurde
im Vergleich zu § 55 Abs. 1 SGB IX a.F. redaktionell überarbeitet, ohne erkennbare
inhaltliche Änderung. Nicht mit übernommen worden ist allerdings die Zielstellung,
die Leistungsberechtigten so weit wie möglich **unabhängig von Pflege zu machen**
(§ 55 Abs. 1 SGB IX a.F.). Einen Grund dafür findet sich in der Gesetzesbegründung
nicht. Offensichtlich wird dieses Ziel künftig vorwiegend der Leistungsgruppe der
medizinischen Rehabilitation zugeordnet (vgl. § 90 Abs. 2 SGB IX). Allerdings bleibt
es gemäß § 4 Abs. 1 Nr. 2 und Abs. 2 SGB IX sowie gemäß § 9 Abs. 3 SGB IX **weiter-**

---

369  BT-Drs. 18/9522, 259.

**hin übergeordnetes Ziel** auch der Leistungen zur Sozialen Teilhabe, „Pflegebedürftigkeit zu vermeiden, zu überwinden, zu mindern oder eine Verschlimmerung zu verhüten".

Der Begriff der Teilhabe am Leben in der Gemeinschaft wird in Abs. 1 Satz 2 zwar **261** nicht definiert, aber beispielhaft dahingehend konkretisiert, dass dazu die **Befähigung** zu oder **Unterstützung** bei einer möglichst **selbstbestimmten und eigenverantwortlichen Lebensführung** im eigenen Wohnraum sowie in ihrem Sozialraum gehört. Unter der „Befähigung" ist die Bereitstellung notwendiger Ressourcen sowie die Vermittlung sowie das Training von Kompetenzen zu verstehen, die eine selbstbestimmte und eigenverantwortliche Lebensführung erst ermöglichen oder erleichtern, während mit der „Unterstützung" diejenigen Begleitleistungen gemeint sind, die erforderlich sind, um die praktizierte selbstbestimmte und eigenverantwortliche Lebensführung aufrecht zu erhalten. Bei der Befähigung und der Unterstützung handelt es sich nicht zwingend um aufeinanderfolgende Phasen der Leistungserbringung, sondern auch eine parallele Ausführung ist möglich, z.B. wenn eine junge erwachsene Person zunächst aus einer Wohnstätte für Menschen mit Behinderungen in ein betreutes Wohnen umzieht und dort mit Unterstützung lebt, aber zugleich dahingehend befähigt wird, perspektivisch in eine eigene Wohnung zu ziehen.

Der **Begriff des eigenen Wohnraums** wird in der Gesetzesbegründung gleichgesetzt **262** mit demjenigen der Wohnung der leistungsberechtigten Person, ohne dabei auf die zum 1.7.2017 neu eingeführte Definition der Wohnung in § 42 a SGB XII Bezug zu nehmen (s. § 2 Rn. 50). In Abgrenzung dazu werden Wohnungen anderer Personen dem **Sozialraum** zugeordnet,[370] welcher darüber hinaus jedoch weder an dieser noch an anderer Stelle näher erläutert wird (bzgl. der Eingliederungshilfe vgl. § 4 Rn. 47).

Die Bedeutung der **Betonung der Maßgeblichkeit der Ermittlungen und Feststellun-** **263** **gen** nach den Kapiteln 3, Erkennung und Ermittlung des Reha-Bedarfs, und 4, Koordinierung der Leistung, in Abs. 1 Satz 3 ist unklar. Selbstverständlich sind den Leistungen zur Sozialen Teilhabe die Erkenntnisse der Bedarfsfeststellung sowie die Absprachen im Rahmen der Koordinierung der Leistung zu Grunde zu legen. Besonderheit bei der Sozialen Teilhabe ist jedoch der **individuell-subjektive Maßstab**, „der einer pauschalierenden Betrachtung des Hilfefalls entgegensteht".[371] D.h. es bedarf im Einzelfall konkreter Feststellungen, was genau denn für die leistungsberechtigte Person Selbstbestimmung und gleichberechtigte Teilhabe ist und welche Lebensbereiche und -themen dabei von besonderem Gewicht sind. Von herausgehobener Bedeutung im Verfahren ist daher bei den Leistungen zur Sozialen Teilhabe die **Abstimmung mit den Leistungsberechtigten** und deren Befähigung zur Ausübung ihres **Wunsch- und Wahlrechts**, die Feststellung des individuellen Bedarfs und der voraussichtlich erforderlichen Leistung zu dessen Deckung im **Teilhabeplan** nach § 19 SGB IX. Wird der leistende Reha-Träger diesbezüglich nicht von sich aus tätig, weil nur ein Reha-Träger beteiligt ist und es ausschließlich um Leistungen zur Sozialen

---

370  BT-Drs. 18/9522, 260.
371  BSG 12.12.2013 – B 8 SO 18/12 R, Rn. 15 m.w.N.

Teilhabe geht, ist zu empfehlen, dass Leistungsberechtigte von sich aus die Erstellung eines Teilhabeplans einfordern, worauf sie einen Rechtsanspruch haben (s. Rn. 119).

264 Der **Leistungskatalog** im Abs. 2 wurde im Vergleich zu § 55 Abs. 2 SGB IX a.F. umstrukturiert und inhaltlich verändert. Neu aufgenommen worden sind **Assistenzleistungen** (Nr. 2, s. Rn. 272 ff.), die u.a. auch die bisher vorgesehenen Hilfen zu selbstbestimmtem Leben in betreuten Wohnmöglichkeiten sowie Leistungen zur Teilhabe am gemeinschaftlichen und kulturellen Leben (§ 55 Abs. 2 Nr. 5 und 7 SGB IX a.F.) enthalten, **Leistungen zur Betreuung in einer Pflegefamilie** (Nr. 4, s. Rn. 291 ff.) sowie **Leistungen zur Mobilität** (Nr. 7, s. Rn. 311 ff.). In den **Leistungen für Wohnraum** (Nr. 1, s. Rn. 267 ff.) sind die bisher vorgesehenen Hilfen bei der Beschaffung, dem Umbau, der Ausstattung oder Erhaltung einer bedarfsgerechten Wohnung aufgegangen.

265 Der **Leistungskatalog** ist nach wie vor **offen ausgestaltet,** d.h. die nach dem Wort „insbesondere" ausdrücklich genannten Leistungen geben das wieder, was der Gesetzgeber als hauptsächlichen Inhalt dieser Leistungsgruppe sieht. Daneben sind aber nach wie vor andere, unbenannte Leistungen möglich, sofern diese im Einzelfall zur Zielerreichung der Sozialen Teilhabe erforderlich sind. D.h., eine bisher bewährte Praxis auch mit im Leistungskatalog nicht ausdrücklich benannten Leistungen kann unverändert fortgeführt werden, sofern sich aufgrund der Neuregelungen kein Verbesserungspotenzial ergibt.

266 Beachtung verdient der Hinweis in der Gesetzesbegründung, wonach die nicht mehr im Leistungskatalog benannten Leistungen u.a. deswegen entfallen seien, sofern sie dem Lebensunterhalt zuzuordnen sind.[372] Diese Aussage beruht auf der gesetzgeberischen Absicht, mit der Reform des BTHG die zum Ausgleich einer (drohenden) Behinderung erforderlichen **Hilfen personenorientiert auszugestalten** und zugleich eindeutig zu **trennen von den Hilfen zum Lebensunterhalt,** die – unabhängig von einer Behinderung – bei entsprechender finanzieller Hilfebedürftigkeit entweder von den Jobcentern nach dem SGB II oder von den Trägern der Sozialhilfe nach dem 3. oder 4. Kapitel des SGB XII zu übernehmen sind.[373] Im Regelbedarf zur Sicherung des Lebensunterhalts sind anteilig Mittel für eine Teilhabe am sozialen und kulturellen Leben in der Gemeinschaft in vertretbarem Umfang berücksichtigt (§ 20 Abs. 1 Satz 2 SGB II, §§ 27 a Abs. 1 Satz 2 sowie 42 Nr. 1 SGB XII). Dies betrifft die Finanzierung der Teilhabe (z.B. Eintrittsgelder, Kosten für Bücher, Zeitungen, Zeitschriften und Filme), beinhaltet jedoch nicht die Aufwendungen zur Überwindung einstellungs- und/oder umweltbedingter Barrieren für deren Inanspruchnahme. Sind behinderungsbedingt zusätzliche finanzielle oder persönliche Hilfen für die Teilhabe erforderlich (z.B. Unterstützungsbedarf beim Besuch kultureller Veranstaltungen, bestimmte Lesegeräte oder teurere Medien), so sind diese als Leistungen der Sozialen Teilhabe vom leistenden Reha-Träger zu gewähren – unabhängig davon, ob eine Hilfebedürftigkeit bezüglich des Lebensunterhaltes besteht.

---

372 BT-Drs. 18/9522, 260.
373 BT-Drs. 18/9522, 265.

## 2. Leistungen für Wohnraum (§ 77 SGB IX)

Die Leistungen für Wohnraum sollen Menschen mit (drohenden) Behinderungen zu 267 geeignetem Wohnraum zur Führung eines menschenwürdigen, selbstbestimmten Lebens verhelfen, soweit dies über die Übernahme angemessener Unterkunfts- und Heizkosten hinaus notwendig ist, die im Fall finanzieller Hilfebedürftigkeit im Rahmen existenzsichernder Leistungen zu gewähren sind (s. Rn. 266).

§ 77 Leistungen für Wohnraum

(1) ¹Leistungen für Wohnraum werden erbracht, um Leistungsberechtigten zu Wohnraum zu verhelfen, der zur Führung eines möglichst selbstbestimmten, eigenverantwortlichen Lebens geeignet ist. ²Die Leistungen umfassen Leistungen für die Beschaffung, den Umbau, die Ausstattung und die Erhaltung von Wohnraum, der den besonderen Bedürfnissen von Menschen mit Behinderungen entspricht.

(2) Aufwendungen für Wohnraum oberhalb der Angemessenheitsgrenze nach § 42 a des Zwölften Buches sind zu erstatten, soweit wegen des Umfangs von Assistenzleistungen ein gesteigerter Wohnraumbedarf besteht.

Abs. 1 beinhaltet wie schon nach der bisherigen Regelung des § 55 Abs. 2 Nr. 5 268 SGB IX a.F. alle laufenden und **einmaligen Leistungen** zur **Beschaffung, Ausgestaltung und Erhaltung** bedarfsgerechten bzw. barrierefreien Wohnraums. Gemäß Abs. 2 werden auch **laufende Aufwendungen** von § 77 SGB IX erfasst, die **oberhalb der** – von Kommune zu Kommune unterschiedlichen – **Angemessenheitsgrenzen** der Grundsicherung im Alter und bei Erwerbsminderung des zum 1.7.2017 neu eingeführten § 42 a SGB XII liegen (s. § 2 Rn. 50 ff. und insbesondere § 4 Rn. 225 ff.).

Der Wortlaut Abs. 2 begrenzt die Übernahme der Kosten gesteigerten Wohnraumbedarfs auf **die zusätzliche Unterbringung von Assistenzkräften** in der Wohnung. Anderer zusätzlicher Raumbedarf zum Ausgleich der Behinderung, wie z.B. aufgrund der Nutzung eines Rollators oder Rollstuhls oder raumgreifender Pflegehilfsmittel (Pflegebetten, Hebelifter etc.), fiele demnach nicht unter den Anwendungsbereich. Die Gesetzesbegründung spricht hingegen dafür, dass **jeglicher behinderungsbedingt gesteigerter Wohnraumbedarf als Fachleistung** zu übernehmen ist.[374] Denn der zusätzliche Bedarf für Assistenzpersonen, deren Anwesenheit rund um die Uhr notwendig ist, wird dort ausdrücklich nur als Beispiel angeführt.[375] Die Nichtberücksichtigung der Kosten anderweitig veranlassten zusätzlichen Raumbedarfs ist dementsprechend als Lücke im Gesetz zu betrachten. Angesichts des gesetzgeberischen Ziels der Trennung von Leistungen zur Sicherung des Lebensunterhalts von den zum Ausgleich einer Behinderung erforderlichen Fachleistungen ( sind diese Mehraufwendungen für die Kosten der Unterkunft und Heizung in entsprechender Anwendung des § 77 Abs. 2 SGB IX zu übernehmen, ohne dass der Träger der Eingliederungshilfe diesbezüglich einen Ermessensspielraum hat.[376]

Sofern die Aufwendungen die Angemessenheitsgrenzen übersteigen, stellt sich die 270 Frage der **Aufteilung der Mehrkosten**. Denkbar ist zum einen, dass der Träger der Grundsicherung die Kosten für den Wohnraum bis zur Höhe der sog. **Kappungsgren-**

---

374 So ausdrücklich auch BMAS (2017 a), S. 24.
375 BT-Drs. 18/9522, 260.
376 BMAS (2017 a), S. 24.

**ze** trägt, die gemäß § 42 a Abs. 7 SGB XII i.d.F. ab 2020 der Höhe nach bei 25 % über der kommunalen Angemessenheitsgrenze für einen Einpersonenhaushalt liegt (s. § 4 Rn. 231).[377] Der leistende Reha-Träger übernähme die darüber hinausgehenden Aufwendungen als Leistungen für Wohnraum.[378] Für diese Auslegung spricht der Wortlaut der Norm. Aufgrund der vom Gesetzgeber beabsichtigten Trennung von Leistungen zur Sicherung des Lebensunterhalts von den zum Ausgleich einer Behinderung erforderlichen Fachleistungen ist jedoch eine Auslegung dahingehend konsequenter, den wegen des Umfangs von Assistenzleistungen **gesteigerten Wohnraumbedarf aus den Kosten der Unterkunft vollständig rauszurechnen** (Größe des Assistenzzimmers multipliziert mit dem Quadratmeterpreis) und vom leistenden Reha-Trägers tragen zu lassen. Dieser Ansatz, der der bereits praktizierten Wohnungshilfe nach § 41 Abs. 3 SGB VII entspricht, verwirklicht den Gedanken der gleichberechtigten Teilhabe insbesondere bei denjenigen Leistungsberechtigten, die nicht auf existenzsichernde Leistungen der Grundsicherung angewiesen sind, sondern ihren Wohnraum selber finanzieren. Für diesen Ansatz spricht zudem, dass bei Grundsicherungsempfängern der Träger der Grundsicherung prüfen kann, ob die Kosten der Unterkunft im Übrigen, also ohne Berücksichtigung des Raumbedarfes für die Assistenzkräfte, angemessen sind oder nicht. Am konsequentesten wäre es, diese Vorgehensweise auch dann bei gesteigertem Wohnraumbedarf zu praktizieren, selbst wenn die Aufwendungen für Wohnraum die kommunale Angemessenheitsgrenze im Einzelfall nicht überschreiten sollten – allerdings steht dem der klare Wortlaut des Abs. 2 SGB IX („oberhalb der Angemessenheitsgrenzen") entgegen.

271 Da der Wortlaut von einer **Erstattung der Aufwendungen** für Wohnraum spricht, setzt dies sachlogisch eine vorherige Bezahlung von anderer Seite voraus. Angemessener wäre es gewesen, insoweit von der Übernahme der Aufwendungen zu sprechen. Ist die leistungsberechtigte Person Empfängerin von Grundsicherungsleistungen, ist die Regelung dadurch umsetzbar, dass der Träger der Grundsicherung zunächst die gesamten Aufwendungen für Wohnraum überweist und der leistende Reha-Träger seinen Anteil daran (s. Rn. 270) dem Träger der Grundsicherung erstattet. Trägt die leistungsberechtigte Person ihre Wohnraumaufwendungen hingegen selber, kommt nur eine Erstattung ihr gegenüber in Betracht. Damit die selbstbestimmte Lebensführung der leistungsberechtigten Person in diesen Fällen nicht davon abhängig ist, ob sie die Unterbringung von Assistenzkräften vorfinanzieren kann oder nicht, ist die Erstattung vom leistenden Reha-Trägers zu dem Zeitpunkt vorzunehmen, an dem die leistungsberechtigte Person selbst zur Zahlung der Wohnraumaufwendungen verpflichtet ist.

### 3. Assistenzleistungen (§ 78 SGB IX)

272 Assistenzleistungen dienen dem Zweck der **selbstbestimmten Alltagsbewältigung** und Tagesstrukturierung von der eigenständigen Lebensführung im eigenen Wohnraum über Freizeitgestaltung, kulturelle Teilhabe und Aufbau und Aufrechterhaltung sozialer Beziehungen (Abs. 1) bis hin zur **Ausübung von Ehrenämtern** (Abs. 5). Die nähere

---

377  BMAS (2017 a), S. 23.
378  IdS auch BMAS (2017 a), S. 23.

Ausgestaltung der Assistenzleistungen wird in die **Entscheidung der Leistungsberechtigten** gestellt, auf der Grundlage des Teilhabeplans (Abs. 2 Satz 1). Unterschieden werden in Abs. 2 Satz 2 und 3 die **einfache Assistenz** zur ersatzweisen Übernahme von bestimmten Ausführungen der Alltagsbewältigung und die **qualifizierte Assistenz**, die darüber hinaus die Anleitung und Unterstützung zur Stärkung der Eigenständigkeit umfasst. Abs. 3 stellt klar, dass es auch **Assistenzleistung speziell für Eltern** mit Behinderungen gibt, um sie bei der Pflege und Erziehung ihrer Kinder zu unterstützen. Abs. 4 trifft eine Regelung zur **Übernahme der Kosten einer Begleitperson** und Abs. 6 eine über die **Erreichbarkeit einer Ansprechperson** zur Absicherung bei entsprechenden Bedarfen.

§ 78 Assistenzleistungen

(1) [1]Zur selbstbestimmten und eigenständigen Bewältigung des Alltages einschließlich der Tagesstrukturierung werden Leistungen für Assistenz erbracht. [2]Sie umfassen insbesondere Leistungen für die allgemeinen Erledigungen des Alltags wie die Haushaltsführung, die Gestaltung sozialer Beziehungen, die persönliche Lebensplanung, die Teilhabe am gemeinschaftlichen und kulturellen Leben, die Freizeitgestaltung einschließlich sportlicher Aktivitäten sowie die Sicherstellung der Wirksamkeit der ärztlichen und ärztlich verordneten Leistungen. [3]Sie beinhalten die Verständigung mit der Umwelt in diesen Bereichen.

Mit der ausdrücklichen Aufnahme von Assistenzleistungen in das Leistungsspektrum der Sozialen Teilhabe sollen **keine neuen Leistungen** verbunden sein, da die entsprechenden Leistung bereits nach bisherigem Recht entweder über andere Leistungstatbestände oder aber den offenen Leistungskatalogs erbracht worden sind.[379] Allerdings werden die Assistenzleistungen durch die ausdrückliche Aufnahme in den Leistungkatalog standardisiert und bekommen zudem durch die konkrete Ausgestaltung in Abs. 1 einen **neuen Fokus**. Bei Unterstützung durch Assistenzkräfte geht es – ganz im Sinne der BRK – nicht (mehr) um Versorgung und Förderung im wohlverstandenen Interesse der leistungsberechtigten Personen mit ggf. bevormundender Wirkung, sondern um deren **Unterstützung bei der selbstbestimmten und möglichst eigenverantwortlichen Ausgestaltung und Umsetzung ihres eigenen Lebensentwurfes.** D.h. auch bei Menschen mit Schwerstmehrfach-Behinderungen werden sich Assistenzkräfte verstärkt darum bemühen müssen – soweit dies nicht ohnehin schon praktiziert wird –, den leistungsberechtigten Personen Wahlmöglichkeiten aufzuzeigen, Entscheidungshilfen zu bieten und die getroffenen Entscheidungen umsetzen zu helfen. 273

Angesichts **des personenzentrierten Ansatzes** umfasst das Spektrum der Assistenzleistungen in Abhängigkeit vom individuellen Bedarf die Bandbreite von der stundenweise Unterstützung in Einzelwohnungen oder Wohngemeinschaften, über die Rund-um-die-Uhr Assistenz, ggf. durch von den Leistungsberechtigten im Wege eines Persönlichen Budgets selbst beschäftigte Assistenzkräfte, bis hin zur umfassenden Begleitung in Wohnstätten. Die Umsetzung des geänderten Fokus wird sich auch im Rahmen der **Bemessung von Personalschlüsseln** und dementsprechend bei der Vergütung der Leistungserbringer niederschlagen müssen – auch wenn dies dem gesetzgeberischen Ziel, 274

---

379  BT-Drs. 18/9522, 260.

keine neue Ausgabendynamik, insbesondere im Rahmen der Eingliederungshilfe entstehen zu lassen,[380] entgegen steht.

275   Während Abs. 1 Satz 2 die Assistenzleistungen exemplarisch für einige Lebensbereiche konkretisiert, stellt Satz 3 klar, dass auch die **Kommunikation mit der Umwelt** in diesen Bereichen mit umfasst ist. Somit wird nachvollziehbar, dass die eigenständigen Leistungen zur Förderung der Verständigung nach § 82 SGB IX wie schon bisher auf die Verständigung aus besonderem Anlass beschränkt bleiben (s. Rn. 305).

276   Betont wird in Abs. 2 Satz 1 die **Autonomie** der leistungsberechtigten Person zur Ausgestaltung der Assistenzleistungen **hinsichtlich Ablauf, Ort und Zeit der Inanspruchnahme** betont – auf Basis der Festlegungen des **Teilhabeplans**. Dies unterstreicht die Bedeutung des Teilhabeplans, so dass Leistungsberechtigte dessen Erstellung gemäß § 19 Abs. 2 Satz 3 SGB IX dann einfordern sollten, wenn der leistende Reha-Träger nicht ohnehin dazu verpflichtet ist (s. Rn. 117 ff., zum Gesamtplan in der Eingliederungshilfe s. Rn. 494).

§ 78 Assistenzleistungen

(2) ¹Die Leistungsberechtigten entscheiden auf der Grundlage des Teilhabeplans nach § 19 über die konkrete Gestaltung der Leistungen hinsichtlich Ablauf, Ort und Zeitpunkt der Inanspruchnahme. ²Die Leistungen umfassen

1. die vollständige und teilweise Übernahme von Handlungen zur Alltagsbewältigung sowie die Begleitung der Leistungsberechtigten und
2. die Befähigung der Leistungsberechtigten zu einer eigenständigen Alltagsbewältigung.

³Die Leistungen nach Nummer 2 werden von Fachkräften als qualifizierte Assistenz erbracht. ⁴Sie umfassen insbesondere die Anleitungen und Übungen in den Bereichen nach Absatz 1 Satz 2.

277   Es werden im zweiten Absatz **zwei Leistungsformen** unterschieden: zum einen die (nicht so bezeichnete) „einfache" Assistenz, die nur die vollständige oder teilweise Übernahme von Handlungen zur Alltagsbewältigung sowie die physische Begleitung umfasst (Nr. 1), zum anderen die **qualifizierte Assistenz**, die die leistungsberechtigte Person zu einer **eigenständigen Alltagsbewältigung** befähigen soll (Nr. 2). Während es bei der einfachen Assistenz darum gehen soll, insbesondere motorische und sensorische Beeinträchtigungen der leistungsberechtigten Person zu (z.B. „Erledigung des Haushalts sowie die Hilfe bei der Überwindung von Barrieren beim Einstieg in Bus oder Bahn oder bei der Bedienung von Ticketschaltern"),[381] soll die qualifizierte Assistenz auch Motivation, Anleitung, Training und psychologische Begleitung der Leistungsberechtigten in den o.g. Lebensbereichen beinhalten. Die **qualifizierte Assistenz** ist gemäß § 78 Abs. 2 Satz 3 SGB IX ausdrücklich **Fachkräften vorbehalten**, die i.d.R. über eine einschlägige Ausbildung „im pädagogischen, psycho-sozialen, psychiatrischen oder therapeutischen Bereich" verfügen müssen.[382]

278   Alle Assistenzkräfte müssen mit den leistungsberechtigten Personen selber kommunizieren und – soweit notwendig – auch die Verständigung mit der Umwelt (§ 78 Abs. 1 Satz 3 SGB IX) herstellen können. D.h., auch die „einfachen" Assistenzkräfte müssen **spezielle Sprachen oder Kommunikationsformen** beherrschen wie z.B. die Deutsche

---

380   BT-Drs. 18/9522, 2 (3, 6, 190 f., 199, 202, 207, 363).
381   BT-Drs. 18/9522, 261.
382   BT-Drs. 18/9522, 294.

Gebärdensprache, lautsprachliche Gebärden, das Lormen bzw. das Lorm-Alphabet zur Kommunikation mit taubblinden Menschen, die Verständigung mittels Brailleschrift, Bildkarten o.ä.[383] Dafür ist eine entsprechende Aus- bzw. Weiterbildung erforderlich. Die Anforderungen bezüglich der Kommunikationsfähigkeit und die weiteren **fachlichen Anforderungen an Assistenzkräfte** werden in den Verträgen festgelegt, die die Reha-Träger mit den Leistungserbringern bezogen auf ihr spezielles Dienstleistungsangebot abschließen (vgl. speziell für die Eingliederungshilfe § 124 Abs. 2 Satz 2 SGB IX, s. Rn. 377), die dann den leistungsberechtigten Personen – unter Berücksichtigung von deren Wunsch- und Wahlrecht – die Assistenz(fach)kräfte zur Verfügung stellen. Mit der Unterscheidung der beiden Leistungsformen sind zugleich z.T. **gegenläufige Interessen** von leistungsberechtigter Person und dem Leistungserbringer einerseits und dem zuständigen Reha-Träger andererseits angelegt. Dass die qualifizierte Assistenz von Fachkräften auszuführen ist, bedeutet im Umkehrschluss, dass die einfache Assistenz auch von lediglich angelernten Assistenzkräften ohne berufsspezifische Ausbildung erbracht werden kann,[384] denen eine entsprechend niedrigere Vergütung zu zahlen ist als Fachkräften.

Angesichts der Differenzierung der beiden Leistungsformen stellt sich die Frage, **wer darüber entscheidet**, ob bzw. in welchem Umfang Leistungen einfacher und/oder qualifizierter Assistenz in Anspruch genommen werden. Festgelegt wird dies im Gewährungsbescheid des leistenden Reha-Trägers, den dieser auf der Grundlage des **Teilhabeplans** erlässt, in dem u.a. die Teilhabeziele und das **Wunsch und Wahlrecht** der leistungsberechtigten Person enthalten sind (§ 19 Abs. 2 Satz 2 Nr. 6 und 7 SGB IX). Die Entscheidung darüber, ob und in welchem Umfang die leistungsberechtigte Person „nur" im Alltag unterstützt und in welchem Umfang sie befähigt werden will durch Motivationsanleitung und Training (beispielsweise bei der Beratung und Anleitung zur Lebensgestaltung und Planung bei der Herstellung und Aufrechterhaltung sozialer Beziehungen sowie der Gestaltung der Partnerschaft),[385] setzt ein **hohes Maß an Selbstreflexion** voraus, die Menschen ohne Beeinträchtigungen bei ihrer Lebensplanung mit Blick auf ein zukünftigen Zeitraum so nicht abverlangt wird. Zur Umsetzung einer weitest möglichen selbstbestimmten und gleichberechtigten Teilhabe spricht dies im Zweifel für einen höheren Anteil an qualifizierter Assistenz, mithilfe derer die leistungsberechtigte Person ggf. auch ihr Teilhabepotenzial erst entdecken und entwickeln kann, insbesondere im Rahmen der erstmaligen Gewährung von Assistenzleistungen. Die Grundsätze der Wirtschaftlichkeit und Sparsamkeit, denen die Reha-Träger verpflichtet sind, legen ihnen hingegen eine umgekehrte Herangehensweise nach.

Möchte die leistungsberechtigte Person statt der vom leistenden Reha-Träger angebotenen entweder einen separaten Dienstleister in Anspruch nehmen, der keine entsprechende Vereinbarung mit dem leistenden Reha-Träger hat, oder aber Assistenzkräfte unmittelbar selbst beschäftigen, ist das – speziell bei einfacher Assistenz im Rahmen der Eingliederungshilfe durch die Inanspruchnahme pauschaler Geldleistungen nach

279

280

---

383  BT-Drs. 18/9522, 294.
384  BT-Drs. 18/9522, 294.
385  BT-Drs. 18/9522, 261 f.

§ 116 Abs. 1 Nr. 1 SGB IX i.d.F. 2020 (s. § 4 Rn. 136 f.)[386] – ansonsten generell durch die Beantragung eines **Persönlichen Budgets** für Assistenzleistungen nach § 29 SGB IX (s. Rn. 154 ff.) möglich. Angesichts der vom Gesetzgeber gewollten Trennung von existenzsichernden Hilfen und Fachleistungen unabhängig von der Wohnform gilt dies **auch für Assistenzleistungen in kollektiven Wohnformen** (speziell zur Eingliederungshilfe s. § 4 Rn. 140 f.). Dies wird Betreiber von Wohnstätten für Menschen mit Behinderung vor große Herausforderungen stellen, sowohl bezüglich der Kalkulation des vorzuhaltenden Personals als auch bezüglich praktischer Fragen wie z.B. des Hausrechts angesichts externer Assistenzkräfte. Außerhalb von Einrichtungen ist die Inanspruchnahme anderer Dienstleister neben dem Persönlichen Budget zudem auf der Grundlage des **Wahlrechts nach § 8 Abs. 2 SGB IX** möglich. Aber auch bei der Festlegung der Höhe des Budgets bzw. der Geldleistung wird es darauf ankommen, ob das Geld zur Beschaffung „einfacher" oder qualifizierter Assistenz benötigt wird.

281 Als eine konkrete Form der Unterstützung leistungsberechtigter Personen bei der Alltagsbewältigung und der Gestaltung sozialer Beziehungen werden im Abs. 3 zur Klarstellung explizit Leistungen an **Mütter und Väter mit Behinderungen** bei der Versorgung und Betreuung ihrer Kinder geregelt, allgemein als Oberbegriff auch als Leistungen der **unterstützten Elternschaft** umschrieben".[387]

§ 78 Assistenzleistungen

(3) Die Leistungen für Assistenz nach Absatz 1 umfassen auch Leistungen an Mütter und Väter mit Behinderungen bei der Versorgung und Betreuung ihrer Kinder.

Diese werden zugleich in der Gesetzesbegründung als Beispiel zur Verdeutlichung der Abgrenzung der einfachen von der qualifizierten Assistenz herangezogen. Unter „Elternassistenz" wird dabei die rein physische Unterstützung von Eltern vor allem mit körperlichen oder Sinnes-Beeinträchtigungen bei der Versorgung und Betreuung ihrer Kinder verstanden. Demgegenüber wird im Rahmen der sog. „begleiteten Elternschaft", bei der Eltern insbesondere mit Lernschwierigkeiten pädagogisch an- und begleitet werden, um ihrer Elternrolle unter gleichzeitiger Wahrung des Kindeswohls gerecht werden zu können, auf die Erforderlichkeit qualifizierter Assistenzkräfte abgestellt.[388]

282 Auch hier wird es jedoch auch angesichts der verschiedenen Kombinationen von Beeinträchtigungen und Schweregraden der Beeinträchtigungen schwierig, trennscharf festzulegen, in welchem Umfang jeweils einfache Assistenz und in welchem Umfang qualifizierte Assistenz erforderlich ist – insbesondere in der völlig neuen Lebenssituation mit einem neugeborenen Kind. Und gerade unter dem Blickwinkel der **Wahrung des Kinderwohls**, gilt erst recht, dass im Zweifel – insbesondere bei erstmaliger Leistungsgewährung – ein höherer Anteil an qualifizierter Assistenz zu bewilligen ist, als bei der Weiterbewilligung von Fällen mit bekannten und stabilen Lebensumständen.

---

386  So auch BT-Drs. 18/9522, 262.
387  BMAS (2017a), S. 39.
388  BT-Drs. 18/9522, 262; BMAS (2017a), S. 39. Praxisbeispiele s. unter http://www.begleiteteelternschaft.de (Abruf am 28.5.2017).

Wenn ein leistungsberechtigter Elternteil mit Behinderungen Leistungen zur Versorgung und Betreuung eines eigenen Kindes oder mehrerer eigener Kinder beantragt, ist gemäß § 20 Abs. 2 SGB IX zwingend eine **Teilhabplankonferenz** durchzuführen (s. Rn. 128) bzw. gemäß § 143 SGB XII/ § 119 Abs. 4 SGB IX i.d.F. ab 2020 eine **Gesamtplankonferenz** (s. Rn. 507).

Gemäß Abs. 4 sind auch **Fahrtkosten** und andere mit der Assistenz verbundene **notwendige Aufwendungen** als ergänzende Leistungen vom leistenden Reha-Träger zu übernehmen.

283

§ 78 Assistenzleistungen

(4) Sind mit der Assistenz nach Absatz 1 notwendige Fahrkosten oder weitere Aufwendungen des Assistenzgebers, die nach den Besonderheiten des Einzelfalles notwendig sind, verbunden, werden diese als ergänzende Leistungen erbracht.

Irreführend ist die im Gesetz verwendete Bezeichnung der weiteren „Aufwendungen des Assistenzgebers". Denn rechtlich gesehen ist aufgrund des Sachleistungsprinzips im Regelfall der leistende Reha-Träger Assistenzgeber, indem er sich die Leistung bei einem Leistungserbringer durch entsprechende Vereinbarung sichert und der leistungsberechtigten Person deren Inanspruchnahme ermöglicht. Die leistungsberechtigte Person ist im Rechtssinn selber nur dann Assistenzgeber, wenn sie sich die Leistungen im Wege des Persönlichen Budgets oder aufgrund der wahlweisen Geldleistung nach § 8 Abs. 2 SGB IX selbst verschafft. Gemeint sind aber in jedem Fall die Kosten zur Begleitung der leistungsberechtigten Person wie schon in § 22 EGH-VO a.F., auf den die Gesetzesbegründung ausdrücklich Bezug nimmt.[389]

Wie in der vergleichbaren Regelung des § 22 EGH-VO a.F. sind diese ergänzenden Leistungen auf **das nach den Besonderheiten des Einzelfalls Notwendige** beschränkt. Diesbezüglich bietet es sich an, konkrete Festlegungen im **Teilhabeplan** nach § 19 Abs. 1 SGB IX zu treffen, welche Teilhabeziele verfolgt werden und welche Aufwendungen dafür typischerweise erforderlich sind. Eine selbstbestimmte Lebensgestaltung beinhaltet jedoch auch **Flexibilität für spontane Entscheidungen**. Um auch insofern für Rechtssicherheit bezüglich der Übernahme der Aufwendungen zu sorgen, können im Teilhabeplan ebenfalls Absprachen getroffen werden, wie zum Beispiel Verfahren zur kurzfristigen Abstimmung oder aber ein monatliches Mindest-Budget für notwendige Aufwendungen, dass ohne Abstimmung im Einzelfall verwendet werden kann.

284

Eine ambivalente Haltung nimmt das Gesetz zur Ausübung **ehrenamtlicher Tätigkeiten** von Menschen mit Behinderungen in Abs. 5 ein.

285

§ 78 Assistenzleistungen

(5) ¹Leistungsberechtigten Personen, die ein Ehrenamt ausüben, sind angemessene Aufwendungen für eine notwendige Unterstützung zu erstatten, soweit die Unterstützung nicht zumutbar unentgeltlich erbracht werden kann. ²Die notwendige Unterstützung soll hierbei vorrangig im Rahmen familiärer, freundschaftlicher, nachbarschaftlicher oder ähnlich persönlicher Beziehungen erbracht werden.

---

389  BT-Ds. 18/9522, 262.

So sind gemäß Satz 1 zwar angemessene Aufwendung für eine notwendige Unterstützung zu erstatten, aber nur unter dem **Vorbehalt**, dass die Unterstützung nicht zumutbar unentgeltlich erbracht werden kann. Insoweit stellt Satz 2 auf vorrangige familiäre, freundschaftliche, nachbarschaftliche und ähnliche persönliche Netzwerke ab. Es ist daher kaum als Anreiz für ehrenamtliches Engagement zu bezeichnen, wenn die leistungsberechtigte Person dafür

- zunächst darlegen muss, dass die von ihr insofern geltend gemachte **Unterstützung notwendig** ist,
- sich mit dem Reha-Träger darüber auseinandersetzen muss, ob die **Aufwendungen** dafür **angemessen** sind, und
- sich zusätzlich dazu erklären muss, dass (und womöglich noch warum) sie diese Unterstützung **nicht durch ihr persönliches Netzwerk** erhalten kann.

286　Diese **Einschränkungen** „aus Wirtschaftlichkeitsaspekten"[390] sind **nicht kompatibel mit** der **hohen Bedeutung und der Förderungswürdigkeit des Ehrenamtes**, die diesem auch nach der Gesetzesbegründung eigentlich zugesprochen wird.[391] Während demzufolge das ehrenamtliche Engagement gerade in besonderer Weise gewürdigt und nicht mit einer selbstbestimmten und eigenverantwortlichen Bewältigung des Alltages gleichgesetzt werden sollte,[392] erfolgt durch die Regelung in Abs. 5 insoweit eine Herabstufung, als die Assistenzleistung z.B. bei eigennütziger Freizeitgestaltung nach Abs. 1 nicht unter diese Vorbehalte fällt. Die eingeschränkte Unterstützung ehrenamtlicher Tätigkeit **widerspricht** nicht nur **dem Grundsatz der Selbstbestimmung**, sondern nimmt zugleich die vom Bundessozialgericht getroffene Feststellung zurück, wonach eine „ehrenamtliche Tätigkeit [...] in besonderer Weise zur Teilhabe am Leben in der Gemeinschaft" gehört.[393] Sie ist auch **nicht in Einklang** zu bringen **mit** der Verpflichtung der Vertragsstaaten aus **Art. 30 Abs. 2 BRK**, geeignete Maßnahmen zu treffen, „um Menschen mit Behinderung die Möglichkeit zu geben, ihr kreatives künstlerisches und intellektuelles Potenzial zu entfalten und zu nutzen, nicht nur für sich selbst, sondern auch zur Bereicherung der Gesellschaft". Durch die einschränkenden Voraussetzungen werden Menschen mit Beeinträchtigungen gerade dabei **behindert**, ihre **Potenziale und Ressourcen** in die Gesellschaft **einzubringen**, um dadurch zur Entstehung bzw. Weiterentwicklung einer inklusiven Gesellschaft beizutragen.

287　Angesichts des klaren Wortlautes des Abs. 5 ist dieser Wirkung in der Umsetzungspraxis nur durch eine entsprechend **bejahende Haltung des Reha-Trägers** zu begegnen. Um den Teilhaberechten aus Art. 30 Abs. 2 BRK Geltung zu verschaffen, erfordert dies eine entsprechend **wohlwollende Auslegung** der unbestimmten Rechtsbegriffe der Notwendigkeit der Unterstützung, der Angemessenheit der Aufwendungen sowie der Anforderungen an den Vorrang der Unterstützung durch persönliche Netzwerke. Werden hingegen leistungsberechtigte Personen aufgrund hoher Anforderungen an die unbestimmten Rechtsbegriffe durch den Reha-Träger an der Ausübung

---

390　BMAS (2017 a), S. 40.
391　BT-Drs. 18/9522, 262. Auch der Bundesrat hat diese Einschränkung in seiner Stellungnahme als unzulässig bezeichnet, BT-Drs. 18/9954, 14.
392　BT-Drs. 18/9522, 263.
393　BSG 23.8.2013 – B 8 SO 24/11 R, Rn. 17.

ihrer Teilhabe durch eine ehrenamtliche Tätigkeit behindert, können sie dagegen Widerspruch einlegen und anschließend klagen. Ist auch der Klageweg erschöpft, ohne dass die notwendige Unterstützung zur Ausübung eines Ehrenamtes in angemessenem Umfang zugesprochen wurde, steht ihnen die Möglichkeit offen, dies in einer **Mitteilung** dem **Ausschuss der Vereinten Nationen für die Rechte von Menschen mit Behinderungen** (s. § 1 Rn. 13) zur Kenntnis zu bringen (Art. 1 des Fakultativprotokolls zur BRK).

§ 78 Assistenzleistungen 288

(6) Leistungen zur Erreichbarkeit einer Ansprechperson unabhängig von einer konkreten Inanspruchnahme werden erbracht, soweit dies nach den Besonderheiten des Einzelfalles erforderlich ist.

Mit den „**Leistungen zur Erreichbarkeit einer Ansprechperson** unabhängig von einer konkreten Inanspruchnahme" im Abs. 6 ist nicht die Kontaktaufnahme zu einer der Ansprechstellen der Reha-Träger gemeint, die diese zu benennen haben (§ 12 Abs. 1 Satz 3 SGB IX). Vielmehr geht es um das Vorhalten von Strukturen zur Bewältigung von Krisensituationen in Form von **Rufbereitschaften** und **persönlichen Ansprechpartnern**, um insbesondere Menschen mit seelischen Beeinträchtigungen die Sicherheit zu geben, jederzeit Hilfe in Anspruch nehmen zu können.[394]

### 4. Heilpädagogische Leistungen (§ 79 SGB IX)

Gegenüber der Regelung im bisherigen § 56 SGB IX a.F. ist inhaltlich nur ein neuer 289 Abs. 2 hinzugekommen, der zum Zwecke der Abgrenzung von der Frühförderung (s. Rn. 216 ff.) den Versuch einer **Definition heilpädagogischer Leistungen** enthält. Diese sollen alle Maßnahmen umfassen, die zur Entwicklung des Kindes und zur Entfaltung seiner Persönlichkeit beitragen. Da auch die Leistungen der Frühförderung zur Erreichung dieser übergeordneten Ziele erbracht werden (§ 4 Abs. 1 Nr. 4 und Abs. 2 Satz 1 SGB IX), wird man zur Unterscheidung insofern auf einen Primär- und einen Sekundärzweck der Leistungen abstellen müssen, sofern das praktikabel ist.

Bezüglich der mitumfassten, jeweils erforderlichen nichtärztlichen therapeutischen, 290 psychologischen, sonderpädagogischen, psychosozialen Leistungen und der Beratung der Erziehungsberechtigten sind diese dann den heilpädagogischen Leistungen zuzurechnen, „soweit sie **nicht unter ärztlicher Verantwortung** erbracht werden".[395]

### 5. Leistungen zur Betreuung in einer Pflegefamilie (§ 80 SGB IX)

Die Leistungen zur Betreuung in einer Pflegefamilie durch eine geeignete Pflegeperson 291 sind aus der Eingliederungshilfe übernommen, wo diese im § 54 Abs. 3 SGB XII **bisher nur für Kinder und Jugendliche geregelt** sind. Auch wenn sie im bisherigen Leistungskatalog der Leistungen zur Teilhabe am Leben in der Gemeinschaft nicht ausdrücklich enthalten waren, wurden sie aufgrund des offenen Leistungskataloges in der Vergangenheit auch schon für **erwachsene Leistungsberechtigten** gewährt.[396] Der Kreis der Leistungsberechtigten nach § 80 SGB IX unterliegt nunmehr keinen alters-

---

394  Vgl. BT-Drs. 18/9522, 263.
395  BT-Drs. 18/9522, 263.
396  BT-Drs. 18/9522, 263.

mäßigen Beschränkungen; die Leistungen kommen also **auch für hochbetagte Menschen** mit Behinderung in Betracht.

### § 80 Leistungen zur Betreuung in einer Pflegefamilie

[1]Leistungen zur Betreuung in einer Pflegefamilie werden erbracht, um Leistungsberechtigten die Betreuung in einer anderen Familie als der Herkunftsfamilie durch eine geeignete Pflegeperson zu ermöglichen. [2]Bei minderjährigen Leistungsberechtigten bedarf die Pflegeperson der Erlaubnis nach § 44 des Achten Buches. [3]Bei volljährigen Leistungsberechtigten gilt § 44 des Achten Buches entsprechend. [4]Die Regelungen über Verträge mit Leistungserbringern bleiben unberührt.

292  **Pflegepersonen** sind dann **als geeignet anzusehen**, wenn sie den spezifischen behinderungsbedingten Bedarf der leistungsberechtigten Person decken können,[397] Kindern und Jugendlichen zusätzlich neben dem erzieherischen Bedarf. In Abweichung zu § 54 Abs. 3 SGB XII wird die Betreuung „in einer anderen Familie als der Herkunftsfamilie" geregelt statt „im Haushalt" der Pflegeperson. Der veränderte begriffliche Anknüpfungspunkt erfolgt lediglich „unter Verzicht auf die örtliche Anbindung an den Haushalt",[398] eine normative Einschränkung des Kreises der geeigneten Pflegepersonen durch den Familienbegriff ist hingegen erkennbar nicht beabsichtigt. Vielmehr ist, wie auch im Kinder und Jugendhilferecht, von einem **offenen Familienbegriff** auszugehen, der neben der traditionellen Kleinfamilie ebenso unverheiratete Paare, Einzelpersonen, in größeren und anderen Haushaltsgemeinschaften lebende Personen umfasst, soweit diese im Einzelfall eine bedarfsgerechte Betreuung gewährleisten, unabhängig von ihrer sexuellen Orientierung.[399]

293  Ebenfalls im Unterschied zur Ursprungsnorm wird im neuen § 80 SGB IX nicht verlangt, dass durch die Betreuung in der Pflegefamilie „der Aufenthalt in einer vollstationären Einrichtung der Behindertenhilfe vermieden oder beendet werden kann". Damit leistet die Regelung ein **Beitrag zur Umsetzung des Art. 19 a) BRK**, dem zufolge Menschen mit Behinderung gleichberechtigt die Möglichkeit haben, ihren Aufenthaltsort frei zu wählen und zu entscheiden, wo und mit wem sie leben wollen, und nicht verpflichtet sind, in besonderen Wohnformen zu leben (s. § 4 Rn. 3 und 144).

294  In den Wortlaut des § 80 SGB IX auch nicht mit übernommen wurde die Voraussetzung, dass die **Betreuung „über Tag und Nacht"** in der Pflegefamilie zu erfolgen hat. Dass dies auch **weiterhin Voraussetzung** sein soll, ergibt sich erst durch das Erfordernis einer **Erlaubnis nach § 44 SGB VIII**. Denn diese Vorschrift beinhaltet ausschließlich die Erlaubnis zur Vollzeitpflege über Tag und Nacht, während die Erlaubnis zur Betreuung nur während eines Teils des Tages (Kindertagespflege) in § 43 SGB VIII geregelt ist, auf den § 80 SGB IX nicht verweist. Warum nur die Vollzeitpflege im SGB IX ausdrücklich geregelt wurde, erschließt sich auch aus der Gesetzesbegründung nicht; eine **Tagespflege** ist angesichts des offenen Leistungskataloges des § 76 Abs. 2 SGB IX gleichwohl **ebenso möglich**.

---

397  *Bieritz-Harder* in Bieritz-Harder/Conradis/Thie LPK-SGB XII § 54 Rn. 68 m.w.N.
398  BT-Drs. 18/9522, 263.
399  *Struck* in Münder et al. Frankfurter Kommentar zum SGB VIII § 33 Rn. 7; *Lakies* in Münder et al. Frankfurter Kommentar zum SGB VIII § 44 Rn. 19 m.w.N.

Sofern es sich um die **Betreuung einer minderjährigen Person** handelt, ist das Erlaub 295
nisverfahren nach § 44 SGB VIII unmittelbar anzuwenden. Nach dessen Abs. 1 Satz 2
bedarf es keiner Erlaubnis, sofern die Betreuung erfolgt

- im Rahmen von Hilfe zur Erziehung oder von Eingliederungshilfe für Kinder und
  Jugendliche mit einer seelischen Behinderung aufgrund einer Vermittlung durch
  das Jugendamt (Nr. 1),
- durch einen Vormund oder Pfleger im Rahmen seines Wirkungskreises (Nr. 2),
- durch einen Verwandten oder Verschwägerten bis zum dritten Grad (Nr. 3),
- bis zur Dauer von acht Wochen (Nr. 4), wobei diese sog. Kurzpflege von vorneherein nicht länger als acht Wochen angelegt sein darf,[400]
- im Rahmen eines Schüler- oder Jugendaustausches (Nr. 5) oder
- in Adoptionspflege (§ 1744 BGB).

Die Erlaubnis wird nicht erteilt, sofern das **Wohl des Kindes oder des Jugendlichen** 296
durch die Pflegeperson nicht gewährleistet ist (§ 44 Abs. 2 Satz 1 SGB VIII). Davon
ist jedenfalls auszugehen, sofern die Pflegeperson aufgrund einer der in § 72 a Abs. 1
SGB VIII genannten Straftaten einschlägig vorbestraft ist, was durch die Vorab-Vorlage und die in regelmäßigen Abständen **wiederholte Vorlage eines Führungszeugnisses**
zu kontrollieren ist. Die Vorlage eines Führungszeugnisses weiterer Haushaltsmitglieder kann jedoch weder auf der Grundlage des § 44 SGB VIII noch auf der des § 72 a
SGB VIII verlangt werden.[401] Auch während der Betreuung des Kindes oder des Jugendlichen in der Pflegestelle hat das **Jugendamt als zuständige Behörde** die Einhaltung der Voraussetzungen, insbesondere die Gewährleistung des Kindeswohls, zu
prüfen und die Erlaubnis zurückzunehmen oder zu widerrufen, wenn die Pflegeperson nicht willens oder in der Lage ist, eine bestehende Gefährdung abzuwenden (§ 44
Abs. 3 SGB VIII). Die Pflegeperson ihrerseits hat das Jugendamt über wichtige Vorfälle zu unterrichten, die das Wohl des Kindes oder des Jugendlichen betreffen (§ 44
Abs. 4 SGB VIII).

Da § 80 SGB IX nunmehr auch die **Betreuung von volljährigen Leistungsberechtigten** 297
in einer Pflegefamilie beinhaltet, wird zur Sicherstellung der Qualität der Betreuung
bei Volljährigen in § 80 Satz 3 SGB IX das Erlaubnisverfahren für die Vollzeitpflege
nach § 44 SGB VIII für **entsprechend anwendbar** erklärt.[402] Für die praktische Umsetzung dessen ist jedoch zu klären, welcher Teil der Norm nur „entsprechend" – also unter Anpassung an den anderweitige Zusammenhang der Verweisnorm – und inwieweit sie dem Wortlaut nach anzuwenden ist. Eine **entsprechende Anwendung** ist
insoweit zwingend, als § 44 SGB VIII nur die Betreuung von Kinder und Jugendlichen in Vollzeitpflege erfasst, nunmehr aber auch auf diejenige von Erwachsenen angewendet werden soll. Unklar ist jedoch, ob und inwieweit die **Ausnahmen**, in denen
keine Erlaubnis erforderlich ist (§ 44 Abs. 1 Satz 2 SGB VIII, s.o.), entsprechend anwendbar sein sollen. Während die Ausnahmen nach den Nr. 2 bis 4 ohne weiteres
nach dem Sinn und Zweck entsprechend auf die Situation von Erwachsenen übertragbar sind, handelt es sich bei den Ausnahmen nach den Nr. 1, 5 und 6 um kinder-

---

400 *Lakies* in Münder et al. Frankfurter Kommentar zum SGB VIII § 44 Rn. 13.
401 *Lakies* in Münder et al. Frankfurter Kommentar zum SGB VIII § 44 Rn. 21.
402 BT-Drs. 18/9522, 263.

bzw. jugendspezifische Regelungen, die sich nicht eindeutig auf die Lebenssituation Erwachsener übertragen lassen.

298 Probleme bereitet auch der **Maßstab der Erlaubniserteilung**. Während sich im Recht der Kinder und Jugendhilfe eine Dogmatik zum Begriff der Kindeswohlgefährdung herausgebildet hat,[403] lässt sich dieser nicht auf die Situation von erwachsenen Menschen mit Behinderungen übertragen. Dabei benötigt insbesondere die betroffene leistungsberechtigte Person Rechtssicherheit, was den Maßstab und die Einhaltung ihrer Schutzbedürfnisse anbelangt, aber ebenso sowohl die prüfende Behörde als auch die Pflegestelle; die Anordnung der entsprechenden Geltung des § 44 SGB VIII genügt insoweit nicht rechtsstaatlichen Standards. Als Maßstab für die Versagung der Pflegeerlaubnis hätte sich insoweit ein Verweis auf die **grobe Pflichtverletzung** als Voraussetzungen der **außerordentlichen Kündigung** von Verträgen zur Betreuung bzw. Pflege erwachsener Menschen nach § 78 SGB XII und § 74 Abs. 1 und 2 SGB XI angeboten. Eben dieser Maßstab ist vom Gesetzgeber des BTHG auch für die Kontrollen bezüglich des laufenden Betriebs eines Leistungserbringers der Eingliederungshilfe als geeignet angesehen und übernommen worden (s. Rn. 413). Dementsprechend wäre die Erlaubnis nach § 80 SGB IX zu versagen, wenn die Pflegeperson im Vorhinein anhand der erkennbaren Umstände nicht die Gewähr dafür bietet, dass die leistungsberechtigte Person **nicht zu Schaden** kommt.

299 Die entsprechende Geltung des **Straftatenkatalog**es als Ausschlusskriterium und der Pflicht zur wiederholten Einsichtnahme in das **Führungszeugnis** (§ 72 a Abs. 1 und 5 SGB VIII) erscheint ohne weiteres übertragbar; auch soweit einige der genannten Straftaten einen kinder- oder jugendspezifischen Bezug aufweisen, dürfte eine deswegen rechtskräftig verurteilte Pflegeperson ebenso ungeeignet sein, eine schutzbedürftige erwachsene Person zu betreuen (vgl. insoweit auch Rn. 375 ff.).

300 Probleme bereitet die entsprechende Anwendung auch bezüglich der **zuständigen Behörde**. Gemäß § 44 SGB VIII ist das Jugendamt für die Erteilung der Erlaubnis und die Kontrolle der Vollzeitpflege zuständig. Das Jugendamt kann jedoch für die Betreuung einer erwachsenen Person mit Beeinträchtigungen nach § 80 SGB IX fachlich nicht zuständig sein. Zwar wäre denkbar, dass das Jugendamt das Erlaubnisverfahren im Wege der Amtshilfe gegen Erstattung der Kosten (§§ 3 ff. SGB X) für den leistenden Reha-Träger durchführt. Allerdings verfügen die Jugendämter über keine Erfahrungen mit Erwachsenen mit Behinderungen und deren Bedarfen. Es ist daher – auch insoweit nur in entsprechender Anwendung des § 44 SGB VIII – von einer **Zuständigkeit des leistenden Reha-Trägers** für die Durchführung des Erlaubnisverfahrens auszugehen, weil ihm die Fallverantwortung für die leistungsberechtigte Person obliegt und die leistungsberechtigte Person mit ihren Ressourcen und Bedarfen zumindest aus den Akten, im optimalen Falle – z.B. aufgrund einer Teilhabeplankonferenz (s. Rn. 127 ff.) – auch persönlich bekannt ist.

301 Während **Verstöße gegen die Erlaubnispflicht** bezüglich der Vollzeitpflege im Kinder- und Jugendhilferecht als Ordnungswidrigkeit mit einem Bußgeld (§ 104 Abs. 1 Nr. 1 SGB VIII) bzw. bei einer schweren Gefährdung der zu pflegenden Person oder bei be-

---

403 *Trenczek* in Münder et al. Frankfurter Kommentar zum SGB VIII Vor §§ 50–52 Rn. 2 ff. m.w.N.

harrlicher Wiederholung der Verstöße mit einer Freiheitsstrafe von bis zu einem Jahr oder mit einer Geldstrafe geahndet werden (§ 105 Nr. 1 SGB VIII), sind im SGB IX selber dafür **keine Sanktionen vorgesehen.** Aufgrund des **Bestimmtheitsgrundsatzes von Strafnormen** lassen sich diese Sanktionen auch nicht aus der Anordnung der entsprechenden Anwendung des § 44 SGB VIII ableiten.[404]

### 6. Leistungen zum Erwerb und Erhalt praktischer Erkenntnisse und Fähigkeiten (§ 81 SGB IX)

Wie schon nach dem bisherigen § 55 Absatz 2 Nr. 3 SGB IX a.F. geht es bei diesen Leistungen um die Kompetenzen zur **Bewältigung des Alltags** sowohl innerhalb des eigenen Wohnraumes („lebenspraktischer Handlungen einschließlich hauswirtschaftlicher Tätigkeiten") als auch außerhalb (Vorbereitung der Teilhabe am Arbeitsleben, Befähigung zur sicheren selbstständigen Bewegung im Verkehr). Sowohl die Maßnahmen zur Verbesserung ihrer Sprache und Kommunikation als auch die blindentechnische Grundausbildung umfassen dabei beide Bereiche.   302

§ 81 Leistungen zum Erwerb und Erhalt praktischer Kenntnisse und Fähigkeiten

[1]Leistungen zum Erwerb und Erhalt praktischer Kenntnisse und Fähigkeiten werden erbracht, um Leistungsberechtigten die für sie erreichbare Teilhabe am Leben in der Gemeinschaft zu ermöglichen. [2]Die Leistungen sind insbesondere darauf gerichtet, die Leistungsberechtigten in Fördergruppen und Schulungen oder ähnlichen Maßnahmen zur Vornahme lebenspraktischer Handlungen einschließlich hauswirtschaftlicher Tätigkeiten zu befähigen, sie auf die Teilhabe am Arbeitsleben vorzubereiten, ihre Sprache und Kommunikation zu verbessern und sie zu befähigen, sich ohne fremde Hilfe sicher im Verkehr zu bewegen. [3]Die Leistungen umfassen auch die blindentechnische Grundausbildung.

Die Leistungen sollen **insbesondere in Fördergruppen und Schulungen** oder ähnlichen Maßnahmen erbracht werden, um den Leistungsberechtigten zu der für sie erreichbaren Teilhabe am Leben in der Gemeinschaft zu befähigen. Dabei geht es ausdrücklich **nicht nur** um den **einmaligen Erwerb** dieser Kompetenzen, sondern **auch** um den **Erhalt,** also durch Maßnahmen zur Sicherung des Grades der erreichten Selbstständigkeit. Die Vorbereitung auf die Teilhabe am Arbeitsleben umfasst nicht Maßnahmen der beruflichen Reha selber, sondern Basiskompetenzen, die für eine berufliche Beschäftigung erforderlich sind, wie z.B. Konzentration auf eine Aufgabe, Arbeits- und Sozialverhalten in Gruppen u.a. Teil dieser Leistungen sind auch die **Tagesförderstätten,** in denen nicht werkstattfähigen Leistungsberechtigten die für sie erreichbare Teilhabe am Arbeitsleben ermöglicht werden soll (vgl. § 219 Abs. 3 SGB IX, sog. „verlängertes Dach der Werkstatt").[405]   303

Wie der Leistungskatalog der Sozialen Teilhabe insgesamt sind auch die Beschreibung der Leistungen und deren Formen zum Erwerb und zum Erhalt lebenspraktischer Fähigkeiten nur exemplarisch. So sind nach wie vor auch **individuelle** Förder- und Trainings-**Maßnahmen** (z.B. zum Einüben von bestimmten Wegen und Verkehrsmitteln) möglich. Klares Ziel ist es, die leistungsberechtigten Person zu der ihr möglichen und von ihr erstrebten Teilhabe am Leben in der Gemeinschaft zu befähigen bzw. die erreichte aufrecht zu erhalten.   304

---

404  Vgl. BVerfG 15.9.2011 – 1 BvR 519/10, Rn. 38.
405  BT-Drs. 18/9522, 263 m.w.N.

### 7. Leistungen zur Förderung der Verständigung (§ 82 SGB IX)

305    Die Leistungen zur Förderung der Verständigung nach § 82 SGB IX knüpfen an diejenigen in §§ 55 Abs. 2 Nr. 4, 57 SGB IX a.F. an. Auch wenn insoweit eine „inhaltsgleiche" Übertragung beabsichtigt war,[406] ergeben sich aus den vorgenommenen sprachlichen Abweichungen auch Änderungen für die Praxis.

§ 82 Leistungen zur Förderung der Verständigung

¹Leistungen zur Förderung der Verständigung werden erbracht, um Leistungsberechtigten mit Hör- und Sprachbehinderungen die Verständigung mit der Umwelt aus besonderem Anlass zu ermöglichen oder zu erleichtern. ²Die Leistungen umfassen insbesondere Hilfen durch Gebärdensprachdolmetscher und andere geeignete Kommunikationshilfen. ³§ 17 Absatz 2 des Ersten Buches bleibt unberührt.

306    So ist der **Personenkreis** an denjenigen des § 17 Abs. 2 Satz 1 SGB I angepasst worden, d.h. bei Leistungsberechtigten mit Sprachbehinderungen ist die bisherige Einschränkung auf „besonders starke Beeinträchtigung der Sprachfähigkeit" entfallen. D.h., wenn eine Leistungsberechtigung nach dem jeweiligen Leistungsgesetz des Reha-Trägers fest steht, kommen Leistungen zur Förderung der Verständigung auch bereits bei einfacheren Formen der Sprachbehinderung in Frage und nicht erst, wenn die betroffene Person sich nicht so ausdrücken kann, dass sie von anderen überhaupt nicht verstanden wird, auch wenn sich diese um Verständigung bemüht.[407] Unterstrichen wird dies dadurch, dass diese Leistungen nicht nur zur Ermöglichung, sondern auch zur **Erleichterung der Verständigung** erbracht werden, um somit im Rahmen besonderer Anlässe das Ziel einer gleichberechtigten und selbstbestimmten Teilhabe zu erreichen.

307    Wie schon im bisherigen § 57 SGB IX a.F. sind die Leistungen zur Förderung der Verständigung auf **besondere Anlässe** beschränkt. Besondere Anlässe sind solche, bei den „über das regelmäßige Kommunikationsbedürfnis hinaus ein gemessen an den Zielen der Leistungen zur Teilhabe schutzwürdiges besonderes Kommunikationsbedürfnis besteht",[408] etwa bei Elternversammlungen und wichtigen Vertragsverhandlungen,[409] besonderen Familienfeiern,[410] zur Teilnahme an Workshops zur Persönlichkeitsentwicklung[411] oder bei Sitzungen des Heimbeirats.[412] Notwendige Unterstützungsleistungen bei der Kommunikation im Alltag sind hiervon nicht erfasst; diese sind durch das Training der individuellen Kommunikationsfähigkeit i.S. lebenspraktischer Fähigkeiten nach § 81 SGB IX, durch Assistenzleistungen nach § 78 Abs. 1 Satz 3 SGB IX und/oder Hilfsmittel nach § 84 SGB IX zu gewährleisten. Wenn solche Unterstützungsleistungen für die Kommunikation im Alltag gewährt werden, die auch im Rahmen o.g. besonderer Anlässe zur Verfügung steht, ist von keinem zusätzlichen Leistungsanspruch nach § 82 SGB IX auszugehen. Allerdings muss die **vorhandene All-**

---

406    BT-Drs. 18/9522, 263.
407    So zum geltenden Recht *Lachwitz* in Lachwitz/Schellhorn/Welti SGB IX § 57 Rn. 6.
408    LSG HH 20.11.2014 – L 4 SO 15/13 – Rn. 48 m.w.N. *Hellrung* (2017) S. 198 f. weist daraufhin, dass es insoweit an einer Konkretisierung dieser besonderen Anlässe mit Blick auf kinderspezifische Bedürfnisse mangelt.
409    *Joussen* in Dau: LPK-SGB IX, § 57 Rn. 6.
410    *Luthe* in: Schlegel/Voelzke, jurisPK-SGB IX, 2. Aufl. 2015, § 57 SGB IX, Rn. 15.
411    LSG HH 20.11.2014 – L 4 SO 15/13, Rn. 49.
412    LSG NDS 23.8.2016 – L 8 SO 369/12, Rn. 29 ff.

tagshilfe geeignet sein, den Kommunikationsanforderungen im Rahmen der besonderen Anlässe zu genügen, was z.b. bei Assistenzkräften für die einfache Assistenz mit speziellen Sprach- und/oder Kommunikationskompetenzen aufgrund von Fortbildungen im Rahmen von komplexen Vertragsverhandlungen nicht immer gewährleistet sein dürfte.

Als **mögliche Leistungen** werden in § 82 SGB IX exemplarisch Gebärdensprachendolmetscher und andere geeignete Kommunikationshilfen erwähnt. Zur Auslegung dieses unbestimmten Rechtsbegriffes verweist die Gesetzesbegründung auf die **Kommunikationshilfen-Verordnung** (KHV).[413] In § 3 Abs. 2 KHV werden geeignete Kommunikationshilfen näher ausgeführt. Allerdings ist bei einem Rückgriff auf diese Regelung der Kontext der Leistungen zur Förderung der Verständigung zu berücksichtigen. Kommunikationsmittel können daher nur dann Gegenstand dieser Leistung sein, wenn sie nicht zugleich für die Alltagskommunikation benötigt werden und daher auf der Grundlage des § 84 SGB IX zu übernehmen sind. Somit wird es sich bei diesen anlassbezogenen Unterstützungsleistungen i.d.R. um **personenbezogene Unterstützung** handeln, auch wenn die Leistungen – anders als in noch § 57 SGB IX a.F. – nicht mehr ausdrücklich auf den Bedarf der „Hilfe anderer" beschränkt ist. | 308

Im Wortlaut auch nicht mehr enthalten ist die **Erstattung angemessener Aufwendungen** für in Anspruch genommene Kommunikationshilfen. Die Erstattung selbst beschaffter Kommunikationshilfen kommt daher nur auf der Grundlage und unter den Voraussetzungen des § 18 SGB IX (s. Rn. 104 ff.) – insbesondere denjenigen des Abs. 6 in Eilfällen – infrage. | 309

Der Hinweis auf § 17 Abs. 2 SGB I stellt klar, dass die **Ausführung von Sozialleistungen**, insbesondere auch **ärztliche Untersuchungen und Behandlungen, keinen besonderen Anlass** i.S.d. § 82 SGB IX darstellen, da in diesen Fällen aufgrund von § 17 Abs. 2 Satz 2 SGB I bereits der für die Sozialleistung zuständige Leistungsträger die Kosten für die Kommunikationshilfen zu tragen hat. | 310

### 8. Leistungen zur Mobilität (§ 83 SGB IX)

Die Leistungen zur Mobilität sollen Menschen mit Behinderungen helfen, **umweltbedingte Barrieren beim Ortswechsel** zur Teilhabe am Leben in der Gemeinschaft zu überwinden. Sie sind erst durch das BTHG ausdrücklich als Leistungen der Sozialen Teilhabe im SGB IX benannt, waren allerdings angesichts des offenen Leistungskataloges und der Regelungen in §§ 8, 9 Abs. 2 Nr. 11 und 10 Abs. 6 EGH-VO schon Gegenstand der bisherigen Verwaltungspraxis und Rechtsprechung.[414] | 311

§ 83 Leistungen zur Mobilität | 312

(1) Leistungen zur Mobilität umfassen

1. Leistungen zur Beförderung, insbesondere durch einen Beförderungsdienst, und
2. Leistungen für ein Kraftfahrzeug.

---

413   BT-Drs. 18/9522, 264.
414   So auch BT-Drs. 18/9522, 264.

Als Leistungen in Abs. 1 werden **Leistungen zur Beförderung** insbesondere durch Beförderungsdienste (Nr. 1) und **Leistungen für ein Kraftfahrzeug** (Nr. 2) benannt, wobei letztere im Abs. 3 noch konkretisiert werden. Andere Leistungen können auf der Grundlage des § 83 SGB IX nicht erbracht werden, das exemplarische „insbesondere" bezieht sich hier nur auf die Ausgestaltung der Leistungen zur Beförderung (neben kommunalen oder privaten Fahrdiensten z.B. Taxigutscheine). Andere Mobilitätshilfen wie Schiebehilfen für Rollstühle, Rollstuhlbikes u.a. sind, soweit es sich um Leistungen der Sozialen Teilhabe handelt, entweder als Hilfsmittel nach § 84 SGB IX oder im Rahmen des offenen Leistungskataloges nach § 76 Abs. 2 SGB IX zu erbringen.

313 **§ 83 Leistungen zur Mobilität**

(2) [1]Leistungen nach Absatz 1 erhalten Leistungsberechtigte nach § 2, denen die Nutzung öffentlicher Verkehrsmittel auf Grund der Art und Schwere ihrer Behinderung nicht zumutbar ist. [2]Leistungen nach Absatz 1 Nummer 2 werden nur erbracht, wenn die Leistungsberechtigten das Kraftfahrzeug führen können oder gewährleistet ist, dass ein Dritter das Kraftfahrzeug für sie führt und Leistungen nach Absatz 1 Nummer 1 nicht zumutbar oder wirtschaftlich sind.

Abs. 2 macht zur **Voraussetzung** der Mobilitätshilfen, dass die Inanspruchnahme **öffentlicher Verkehrsmittel unzumutbar** ist. D.h. der antragstellenden Person muss die Nutzung von Bus und Bahn u.ä. aufgrund ihrer Beeinträchtigungen derart erschwert sein, dass sie diese Barrieren nicht mit ihr zumutbarem Aufwand überwinden kann. Laut der Gesetzesbegründung bleiben **infrastrukturelle Nachteile** im Rahmen der Zumutbarkeitsprüfung unberücksichtigt.[415] Soll heißen, dass Leistungen zur Mobilität kein Ausgleich für eine schlechte oder gar fehlende Anbindung an den öffentlichen Nahverkehr darstellen. Das kann jedoch nur soweit richtig sein, als die antragstellende Person auf Alternativen ausweichen kann, wie sie auch Menschen ohne Beeinträchtigungen in nicht (hinreichend) angeschlossenen Regionen zur Verfügung stehen würden, wie etwa die Nutzung von Mitfahrgelegenheiten im Rahmen der Nachbarschaftshilfe. Ist ihnen dies aufgrund einstellungs- oder umweltbedingter Barrieren nicht möglich, sind Leistungen zur Mobilität zu erbringen.

314 **Beförderungsleistungen haben** dabei **Vorrang** vor Leistungen für ein Kraftfahrzeug, sofern sie **zumutbar und wirtschaftlich** sind. Dies ist anhand der individuellen Teilhabeziele zu bestimmen und anhand u.a. der Häufigkeit der Fahrten, der jeweiligen Entfernungen, der Tageszeiten, der vorherigen Planbarkeit der Fahrten sowie der Verfügbarkeit und der Entfernung geeigneter Fahrdienste und anderer Beförderungsmöglichkeiten.[416] Dieser Vorrang entspricht der aktuellen Rechtsprechung des BSG, wonach ein Kfz nur dann als notwendige Eingliederungsmaßnahme in Betracht kommt, wenn das **Kfz unentbehrlich** zum Erreichen der Eingliederungsziele ist.[417] Weitere Voraussetzung der Leistungen für ein Kraftfahrzeug ist, dass entweder die leistungsberechtigte Person das **Kraftfahrzeug selber führen** kann oder aber eine **dritte Person verfügbar** ist, die dies für sie tun kann.

---

415  BT-Drs. 18/9522, 264.
416  Vgl. BSG 12.12.2013 – B 8 SO 18/12 R, Rn. 17; LSG NRW 24..06.2014 – L 20 SO 388/13, Rn. 27 und 69.
417  BSG 12.12.2013 – B 8 SO 18/12 R, Rn. 15 m.w.N.

§ 83 Leistungen zur Mobilität

(3) ¹Die Leistungen nach Absatz 1 Nummer 2 umfassen Leistungen
1. zur Beschaffung eines Kraftfahrzeugs,
2. für die erforderliche Zusatzausstattung,
3. zur Erlangung der Fahrerlaubnis,
4. zur Instandhaltung und
5. für die mit dem Betrieb des Kraftfahrzeugs verbundenen Kosten.
²Die Bemessung der Leistungen orientiert sich an der Kraftfahrzeughilfe-Verordnung.

Abs. 3 fast abschließend den Katalog der Leistungen für ein Kraftfahrzeug zusammen, die denjenigen entsprechen, die auch bisher schon nach §§ 8, 9 Abs. 2 Nr. 11 und 10 Abs. 6 EGH-VO gewährt werden. Die **Bemessung der Leistungen**, also die Höhe und die Ausgestaltung als Zuschuss oder – ausnahmsweise – als Darlehen, „orientiert sich" gemäß Abs. 3 Satz 2 an der Kraftfahrzeughilfe-Verordnung (KfzHV). Die auf der Grundlage des § 49 Abs. 9 SGB IX fortgeltende Verordnung ist nicht unmittelbar anwendbar, da ihr Anwendungsbereich schon ausweislich des Titels auf die Kraftfahrzeughilfe zur beruflichen Rehabilitation beschränkt ist. Allerdings ist die „**Orientierung**" an einer anderen Vorschrift, anders als die entsprechende Anwendung, kein juristischer Begriff. Dadurch ist unklar, inwieweit die Regelungen der KfzHV anzuwenden sind. Zwar lässt sich vertreten, dass mit der „Orientierung" vom Gesetzgeber gerade keine entsprechende bzw. analoge Anwendung gewollt ist, und somit die Vorgaben der KfzHV nur als Anhaltspunkt für eine Ermessensentscheidung des leistenden Reha-Trägers dienen sollen. Gegen diese Auslegung und für eine **entsprechende Anwendung der KfzHV** spricht jedoch die Gesetzesbegründung, wonach sich die Leistungen „nach der Verordnung über die Kraftfahrzeughilfe" bestimmen und dadurch „auf Dauer eine Parallelität zu den entsprechenden Leistungen zur Teilhabe am Arbeitsleben erreicht" werden sollen.[418]

Auch wenn der Begriff der „**Bemessung**" sich in der KfzHV nur im Zusammenhang mit der Beschaffung eines Kraftfahrzeuges findet (§ 5 KfzHV), sprechen sowohl der Wortlaut der Bemessung der Leistungen als auch der Sinn und Zweck, die Parallelität der Leistungen herzustellen (s.o.) dafür, auch die anderen Leistungen für ein Kraftfahrzeug nach der KfzHV zu bemessen. Die leistungsbezogenen Vorschriften sind in §§ 4–10 KfzHV geregelt, sind jedoch beschränkt auf die Beschaffung eines Kraftfahrzeugs, die erforderliche Zusatzausstattung und die Erlangung der Fahrerlaubnis (s. § 2 Abs. 1 KfzHV). Hingegen umfasst die Kraftfahrzeughilfe keinen Anspruch auf Leistungen zur Unterhaltung des Kraftfahrzeugs als solchem.[419] **Instandhaltungskosten** werden daher gemäß § 10 Satz 2 KfzHV nur bezüglich einer ggf. erforderlichen Zusatzausstattung übernommen,[420] die **Übernahme von Betriebskosten** sieht die KfzHV hingegen nicht vor. Da die Instandhaltungs- und Betriebskosten des Kfz ausdrücklich von den Leistungen zur Mobilität umfasst sind und der § 83 SGB IX insoweit **keine Einschränkungen** vorsieht, anders als etwa § 10 Abs. 6 EGH-VO, der insoweit von „Hilfe in angemessenem Umfange" spricht, sind diese Kosten vom leistenden Reha-Träger **vollständig zu übernehmen**.

316

---

418 BT-Drs. 18/9522, 264.
419 *Gutzler* in Luthe (2015), S. 264.
420 So auch SG Kassel 13.7.2012 – S 7 R 6/12 ER, Rn. 26.

317    § 83 Leistungen zur Mobilität

(4) Sind die Leistungsberechtigten minderjährig, umfassen die Leistungen nach Absatz 1 Nummer 2 den wegen der Behinderung erforderlichen Mehraufwand bei der Beschaffung des Kraftfahrzeugs sowie Leistungen nach Absatz 3 Nummer 2.

Abs. 4 enthält zum einen die Klarstellung, dass auch **minderjährige Leistungsberechtigte** Leistungen für ein Kraftfahrzeug erhalten können. Voraussetzung nach § 83 Abs. 2 Satz 2 SGB IX ist allerdings, dass das Führen des Kfz durch einen Dritten, also z.B. einen der (Pflege-)Elternteile, die Betreuerin bzw. den Betreuer oder ältere (Pflege-)Geschwister mit Fahrerlaubnis, gewährleistet sein muss. Allerdings werden die **Leistungen beschränkt** auf **erforderliche Mehraufwendungen** bei der Beschaffung des Kfz, sofern z.B. die Anschaffung eines größeren und kostspieligeren Kfz aufgrund der Beeinträchtigung des Kindes erforderlich ist,[421] sowie eine ggf. **erforderliche Zusatzausstattung**.

318    Diese **Einschränkungen** sind schon in sich **nicht schlüssig**. Denn wenn schon die erforderlichen Mehraufwendungen für die Anschaffung eines größeren Kfz aufgrund der Beeinträchtigungen eines Kindes übernommen werden, müssten konsequenterweise jedenfalls auch die insoweit höheren Betriebskosten übernommen werden, da das Kfz auch diesbezüglich kostspieliger ist. Da der Gesetzgeber erkennbar die beeinträchtigungsbedingten Mehraufwendungen abdecken wollte, liegt insoweit eine **Lücke im Gesetz** vor. Jedenfalls die Differenz der höheren Betriebskosten zu denen aufgrund des Betriebs eines Kfz ohne die Anforderungen aufgrund einer Beeinträchtigung sind daher bereits in entsprechender Anwendung des § 83 Abs. 3 Satz 1 Nr. 5 SGB IX ebenfalls zu übernehmen. Gleiches hat zu gelten für die Übernahme der **Instandhaltungskosten einer erforderlichen Zusatzausstattung** in entsprechender Anwendung von § 83 Abs. 3 Satz 1 Nr. 4 SGB IX i.V.m. § 10 Satz 2 KfzHV (s. Rn. 316).

319    Die für minderjährige Leistungsberechtigte im Übrigen **ausgeschlossenen Leistungen**, als da wären die Kosten der Beschaffung eines nicht barrierefreien Kfz sowie dessen Betriebskosten, die Erlangung der Fahrerlaubnis und die Instandhaltung des Kfz als solchem, sind vom Gesetzgeber bewusst gewollt und damit die zugrunde liegenden Regelungen des § 83 Abs. 3 Satz 1 SGB IX einer entsprechenden Anwendung nicht zugänglich. Diese **Ausschlüsse entsprechen** – entgegen der einleitenden Formulierung in der Gesetzesbegründung[422] – **nicht bisherigem Recht** und bisheriger Praxis. Weder in §§ 8, 9 Abs. 2 Nr. 11 und 10 Abs. 6 EGH-VO noch in der Rechtsprechung zur Versorgung minderjähriger Leistungsberechtigter mit Leistungen für ein Kraftfahrzeug finden sich derartige Beschränkungen.[423]

320    Gegen diese Ausschlüsse – mit Ausnahme der Leistungen zur Erlangung der Fahrerlaubnis, die i.d.R. erst mit Volljährigkeit erworben werden kann – bestehen zudem angesichts der Unantastbarkeit der Menschenwürde nach Art. 1 Abs. 1 GG i.V.m. Sozialstaatsprinzip des Art. 20 Abs. 1 GG sowie des Gleichheitsgebotes des Art. 3 Abs. 1 GG **verfassungsrechtliche Bedenken**. Die Begründung der Ungleichbehandlung

---

421    BT-Drs. 18/9522, 264.
422    BT-Drs. 18/9522, 264.
423    Vgl. BSG 12.12.2013 – B 8 SO 18/12 R, Rn. 18; BVerwG 27.10.1977 – V C 15.77, BVerwGE 55, 31–40.

gegenüber volljährigen Leistungsberechtigten besteht soweit erkennbar darin, dass der Gesetzgeber vom Vorhandensein eines Kfz bei den Eltern, also einer „Sowieso"-Versorgung, ausgeht. Leistungen sollen daher nur dann und soweit in Betracht kommen, „wenn Eltern allein wegen der Behinderung ihres Kindes ein größeres und damit kostspieligeres Kraftfahrzeug benötigen".[424] Indem die Ausschlüsse jedoch allgemein alle minderjährigen Leistungsberechtigten erfassen, beziehen sie auch solche Konstellationen mit ein, in denen die **Eltern gar keinen Kfz besessen haben**, entweder aus einer Lebenshaltung heraus oder aber, weil ihnen aufgrund des Bezuges existenzsichernder Leistungen nach dem SGB II oder SGB XII schlicht die Mittel zur Anschaffung, Instandhaltung und den Betrieb fehlen. Insbesondere in letzterem Fall **bliebe der festgestellte Bedarf** des Minderjährigen nach sozialer Teilhabe **ungedeckt**, denn nach § 83 Abs. 4 SGB IX würden nur die behinderungsbedingten Mehraufwendungen bei der Beschaffung übernommen, jedoch fehlt es an einer Rechtsgrundlage für die Bereitstellung der Mittel für die „Basis-Versorgung" mit einem Kfz sowohl zugunsten der Eltern als auch zugunsten des minderjährigen Kindes. Hinzu kommt, dass der Ausschluss auch minderjährige Leistungsberechtigte erfasst, die nicht bei ihren Eltern, sondern bei Pflegepersonen (z.B. auf der Grundlage von § 80 SGB IX) aufwachsen, die mangels familienrechtlicher Bindungen keine rechtlichen Verpflichtung zum Umbau ihrer etwaig vorhandener Fahrzeuge zur Gewährleistung der Mobilität der Kinder mit Beeinträchtigungen haben.[425] Die Nichtdeckung des verfassungsrechtlich gebotenen Bedarfes an Teilhabe am gesellschaftlichen, kulturellen und politischen Leben ist jedoch mit dem **Grundrecht auf Gewährleistung eines menschenwürdigen Existenzminimum**s aus Art. 1 Abs. 1 GG in Verbindung mit dem Sozialstaatsprinzip des Art. 20 Abs. 1 GG unvereinbar.[426] Schließlich trägt die Gesetzesbegründung auch nicht als sachlicher Grund für die Ungleichbehandlung von Minderjährigen gegenüber leistungsberechtigten Volljährigen mit schwerst-mehrfachen Beeinträchtigungen. Diese bleiben auch nach Vollendung des 18. Lebensjahres aufgrund der Art und Schwere ihrer Beeinträchtigungen häufig auf umfangreiche Unterstützung und Pflege angewiesen, häufig durch ihre Eltern in der elterlichen Wohnung. Ihre Lebenssituation ist daher durchaus vergleichbar mit derjenigen minderjähriger Kinder,[427] jedoch unterliegen sie bezüglich der Leistungen für ein Kraftfahrzeug nicht den Beschränkungen des Abs. 4. Somit verstoßen diese in Ermangelung eines tragfähigen sachlichen Grundes auch gegen das **Gebot der Gleichbehandlung aus Art. 3 Abs. 1 GG**.

Angesichts dieser Gründe ist die Anwendung des § 84 Abs. 4 SGB IX von vornherein aufgrund **verfassungskonformer Auslegung** auf den Ausschluss bezüglich der Erlangung der Fahrerlaubnis zu beschränken. Bei wortgetreuer Umsetzung der Norm durch den leistenden Reha-Träger erscheinen angesichts der geschilderten verfassungsrechtlichen Bedenken Widerspruch und Klage gegen die Ablehnung angezeigt. Im sozialgerichtlichen Verfahren wäre anzuregen, dieses auszusetzen und die Rege-

321

---

424 BT-Drs. 18/9522, 264.
425 Vgl. zu so einer Konstellation LSG NRW 24.6.2014 – L 20 SO 388/13, Rn. 71.
426 BVerfG 9.2.2010 – 1 BvL 1/09, Rn. 133 ff.
427 LSG NRW 24.6.2014 – L 20 SO 388/13, Rn 72.

lung des § 84 Abs. 4 SGB IX dem Bundesverfassungsgericht zur Kontrolle im Wege der sog. **konkreten Normenkontrolle** nach Art. 100 GG vorzulegen.

### 9. Hilfsmittel (§ 85 SGB IX)

322 Die Gewährung von Hilfsmitteln als Leistungen zur Sozialen Teilhabe knüpft an den bisherigen § 55 Abs. 2 Nr. 1 SGB IX a.F. an. Es geht dabei um solche **Hilfsmittel, die zur Überwindung bestehender Barrieren** bezüglich der gleichberechtigten Teilnahme am Leben in der Gemeinschaft dienen, soweit sie nicht den vorrangigen Leistungsgruppen der medizinischen oder der beruflichen Reha oder den Leistungen zur Teilhabe an Bildung zuzuordnen sind.

**§ 84 Hilfsmittel**

(1) [1]Die Leistungen umfassen Hilfsmittel, die erforderlich sind, um eine durch die Behinderung bestehende Einschränkung einer gleichberechtigten Teilhabe am Leben in der Gemeinschaft auszugleichen. [2]Hierzu gehören insbesondere barrierefreie Computer.

(2) Die Leistungen umfassen auch eine notwendige Unterweisung im Gebrauch der Hilfsmittel sowie deren notwendige Instandhaltung oder Änderung.

(3) Soweit es im Einzelfall erforderlich ist, werden Leistungen für eine Doppelausstattung erbracht.

323 Beispielhaft werden in Abs. 1 Satz 2 **barrierefreie Computer** genannt, im Übrigen bietet der Katalog des bisherigen § 9 Abs. 2 EGH-VO einen anschaulichen Überblick – mit Ausnahme der Nr. 11, da die Zusatzausstattung für Kfz ausdrücklich Leistung zur Mobilität nach § 83 Abs. 3 Nr. 2 SGB IX ist.

324 Nach den Abs. 2 und 3 sind neben der **Erstausstattung** mit Hilfsmitteln auch die **Anleitung** zu deren Gebrauch, deren **notwendigen Reparaturen** und **Anpassungen** sowie eine **Doppelausstattung** von der Versorgung umfasst; Letzteres dann, soweit es im Einzelfall erforderlich ist. Vergleichbare Regelungen dazu finden sich im bisherigen § 10 Abs. 2 und 3 Satz 1 EGH-VO.

### XV. Beteiligung der Verbände und Träger (1. Teil SGB IX 14. Kapitel)

325 Das 14. Kapitel enthält aus dem ehemaligen Kapitel „Sicherung Koordinierung der Teilhabe" (8. Kapitel des 1. Teils SGB IX a.F.) in § 85 SGB IX das **Klagerecht der Verbände** zur Vertretung der rechtlichen Interessen von Menschen mit Behinderungen vor Gericht, die Vorschriften über den **Beirat für die Teilhabe behinderter Menschen** und dessen Verfahrensweise (§§ 86, 87 und 89 SGB IX) sowie die Regelung zum **Teilhabebericht der Bundesregierung** (§ 88 SGB IX). Die bisher ebenfalls enthaltenen Regelungen der Pflichten Personensorgeberechtigten, zur Sicherung der Beratung von Menschen mit Behinderung zu den Landärzten (§§ 60–62 SGB IX a.F.) sind in den zweiten Abschnitt des 6. Kapitels über die Beratung verschoben worden (s. Rn. 184).

### 1. Klagerecht der Verbände (§ 85 SGB IX)

326 Das Klagerecht der Verbände wurde wortgleich aus dem bisherigen § 63 SGB IX übernommen. Da sich das Klagerecht auf Verletzungen von Rechten „nach diesem Buch" bezieht, erweitert sich der **Anwendungsbereich** ab dem Jahr 2020 auch auf das

Recht der Eingliederungshilfe.[428] Eine Einschränkung des Klagerechts dahingehend, dass Verbände die Prozessstandschaft in Übereinstimmung mit § 15 Abs. 2 Satz 2 BGG nur dann übernehmen können sollen, wenn entweder der in seinen Rechte verletzte Mensch mit Behinderungen dazu selber nicht in der Lage oder aber die gerügte (ggf. unterlassene) Maßnahme von allgemeiner Bedeutung ist,[429] findet im Gesetzeswortlaut keine Stütze. Auch im Rahmen der Auslegung des wortgleichen bisherigen § 63 SGB IX hat eine derartige Einschränkung der Voraussetzungen keine Rolle gespielt,[430] so dass angesichts der Beibehaltung des Wortlautes auch künftig kein Anlass für eine derartige Beschränkung besteht.

## 2. Beirat für die Teilhabe behinderter Menschen (§§ 86, 87, 89 SGB IX)

Sowohl der Auftrag und als auch die Verfahrensweise des Beirates für die Teilhabe behinderter Menschen sind – einschließlich der Ermächtigung des BMAS zum Erlass weiterer Regelungen zur Geschäftsführung und zum Verfahren – ohne inhaltliche Änderungen übernommen worden. Auch die bisherige **Zusammensetzung des Beirates** ist weitgehend beibehalten worden. Die Organisationen mit Vorschlagsrecht für die Benennung von Mitgliedern des Beirates in § 86 Abs. 2 SGB IX wurden redaktionell durchnummeriert. Aufgrund der Verbandsreform auf Bundesebene im Bereich der gesetzlichen Krankenkassen im Jahr 2007 wurde das **Vorschlagsrecht** auf den **Spitzenverband Bund der Krankenkassen** übertragen (Nr. 8) und der **Bundesarbeitsgemeinschaft für Rehabilitation** das Vorschlagsrecht für ein Mitglied eingeräumt (Nr. 17), so dass der Beirat nunmehr aus 49 Mitgliedern besteht. 327

## 3. Berichte über die Lage von Menschen mit Behinderungen, die Entwicklung ihrer Teilhabe (§ 88 SGB IX)

Anstelle der Stichtagsregelungen im bisherigen § 66 SGB IX a.F. verpflichtet § 88 SGB IX die **Bundesregierung** nunmehr, **regelmäßig** einmal pro Legislaturperiode, mindestens jedoch alle 4 Jahre dem Bundestag und dem Bundesrat einen **Teilhabebericht** über die Lebenslagen der Menschen mit (drohender) Behinderungen sowie über die Entwicklung ihrer Teilhabe am Arbeitsleben und am Leben in der Gesellschaft vorzulegen. 328

Mithilfe von Erhebungen zu den in Abs. 1 Satz genannten Querschnittsthemen will der Gesetzgeber der Verpflichtung aus **Art. 31 BRK** nachkommen, unter Beachtung des Datenschutzes eine geeignete **Informations- und Datensammlung** zu erstellen, um die Fortschritte bezüglich der Lebenslagen von Menschen mit (drohender) Behinderung i.S.d. BRK aufgrund staatlicher Maßnahmen valide bewerten zu können.[431] Während bisher die Bundesregierung selbst in dem Bericht die **Wirtschaftlichkeit und Wirksamkeit** der Reha-Maßnahmen darzustellen und zu bewerten hatte, werden nunmehr **Forschungsergebnisse** über Wirtschaftlichkeit und Wirksamkeit staatlicher Maßnahmen und der Leistungen der Rehabilitationsträger für die Zielgruppen des 329

---

428  Vgl. BT-Drs. 18/9954, 16 (65).
429  So die Einlassung der Bundesregierung BT-Drs. 18/9954, 65.
430  Vgl. BayVGH 17.11.2004 – 12 CE 04.1580, Rn. 14; *Joussen* in Dau LPK-SGB IX § 63 Rn. 5 ff.; *Schlette* in Schlegel/Voelzke jurisPK-SGB IX § 63 SGB IX Rn. 25 ff.
431  BT-Drs. 18/9522, 265.

Berichts gemäß Abs. 1 Satz 3 zum Gegenstand des Berichtes. Allerdings ist damit nichts dazu gesagt, welche bzw. wessen Forschungsergebnisse dort einfließen und welche ggf. nicht.

330 Eine **Beteiligung der Verbände der Menschen mit Behinderungen** ist bezüglich der Weiterentwicklung des Berichtskonzeptes im Abs. 2 vorgesehen, nicht aber an der Erstellung des Berichtes als solchem. Während die vormals in § 66 Abs. 2 SGB IX a.F. vorgesehenen Berichtpflicht über nach dem BGG getroffene staatliche Maßnahmen, insbesondere bezüglich der Barrierefreiheit in den Teilhabebericht nach § 88 Abs. 1 SGB IX übernommen worden ist, ist diejenige bezüglich der von der Privatwirtschaft zu schließenden **Zielvereinbarungen** nach § 5 BGG entfallen. Vermutlich, weil sich dieses Instrument als **fast bedeutungslos** herausgestellt hat.[432]

### XVI. Einführung in den 2. Teil SGB IX

331 Der 2. Teil mit dem Titel „Besondere Leistungen zur selbstbestimmten Lebensführung für Menschen mit Behinderungen (**Eingliederungshilferecht**)", wird neu in das SGB IX eingefügt. Der bisherige 2. Teil, das Schwerbehindertenrecht wird stattdessen zum 3. Teil (s. 435 ff.). Das Eingliederungshilferecht soll die derzeitige Eingliederungshilfe für behinderte Menschen aus dem 6. Kapitel des SGB XII (sog. „53er-Hilfen") übernehmen. Die Mehrheit der Regelungen des 2. Teils tritt erst am 1.1.2020 in Kraft, um in der Übergangszeit den Reha-Trägern und Leistungserbringern eine Vorbereitung auf diese Umstellung zu ermöglichen (s. § 4). Zu diesem Zweck werden ausgewählte Regelungen des 2. Teils SGB IX bereits zum **1.1.2018** in Kraft gesetzt, nämlich zum einen die **Bestimmung der** künftig zuständigen **Träger der Eingliederungshilfe** durch die Ländersowie **das neue Vertragsrecht** der Eingliederungshilfe im 8. Kapitel des 2. Teils des SGB IX.[433]

### XVII. Bestimmung der Träger der Eingliederungshilfe (2. Teil SGB IX 1. Kapitel, § 94 Abs. 1 SGB IX)

332 Am 1.1.2018 tritt vom § 94 SGB IX, der die Aufgaben der Länder regelt, **nur dessen 1. Absatz** in Kraft,[434] der die Anordnung enthält:

§ 94 Aufgaben der Länder

(1) Die Länder bestimmen die für die Durchführung dieses Teils zuständigen Träger der Eingliederungshilfe.

333 Aufgrund der Zuständigkeitsverteilung zwischen Bund und Ländern bei der Ausführung von Bundesgesetzen durch die Länder gemäß Art. 84 Abs. 1 GG fällt es nach dessen Satz 1 zwingend in die Länderhoheit, die Einrichtung der Behörden zu bestimmen. In den zu erlassenden **Ausführungsgesetzen zum SGB IX** legen die Länder fest, ob die Träger der Eingliederungshilfe überörtlich-zentral auf Landesebene angesiedelt

---

432  BMAS (2016), S. 314 m.w.N.
433  S. Art. 26 Abs. 4 Nr. 1 BTHG. Aufgrund der Auslassung des 8. Kapitels des 2. Teils vom Inkrafttreten am 1.1.2020 gilt für dieses Kapitel die Grundregel des Inkrafttretens nach Abs. 1 zum 1.1.2018.
434  S. Art. 26 Abs. 4 Nr. 1 BTHG. Aufgrund der ausdrücklichen Ausnahme von § 94 Abs. 1 vom Inkrafttreten am 1.1.2020 gilt für diese Norm die Grundregel des Inkrafttretens nach Abs. 1 zum 1.1.2018.

werden, örtlich-dezentral in den Landkreisen und kreisfreien Städten oder aber eine Mischform gewählt wird entweder durch die Aufteilung der Zuständigkeiten, z.B. anhand der Wohnformen, des Alters der Leistungsberechtigten o.ä., oder aber durch Heranziehung der kommunalen Träger für bestimmte Aufgaben bei zentraler Zuständigkeit des Landes.[435] Damit verbunden ist die Frage, ob und inwieweit bestehende Strukturen, vorhandenes Personal und bisherige EDV-Systeme genutzt werden können. Während die mit dem BTHG angestrebte Verbesserung der Steuerung der Eingliederungshilfe eher für eine zentrale Zuständigkeit auf Landesebene spricht, liegt eine kommunale Verantwortung näher mit Blick auf die ebenso beabsichtigte Stärkung des Selbstbestimmungsrechts und der gleichberechtigten Teilhabe der Leistungsberechtigten aufgrund der damit verbundenen Nähe zu den Bürger*innen. Beide Aspekte werden die Länder bei der Bestimmung der Zuständigkeit(en) zu berücksichtigen haben.

Befremdlich ist die Beschränkung des vorgezogenen Inkrafttretens auf den Abs. 1 des § 94 SGB IX, denn dessen Abs. 2, der in Satz 1 Vorgaben für die Bestimmung der Eingliederungshilfeträger enthält, gehört untrennbar zum Abs. 1 dazu:    **334**

§ 94 Aufgaben der Länder

(2) Bei der Bestimmung durch Landesrecht ist sicherzustellen, dass die Träger der Eingliederungshilfe nach ihrer Leistungsfähigkeit zur Erfüllung dieser Aufgaben geeignet sind. Sind in einem Land mehrere Träger der Eingliederungshilfe bestimmt worden, unterstützen die obersten Landessozialbehörden die Träger bei der Durchführung der Aufgaben nach diesem Teil. Dabei sollen sie insbesondere den Erfahrungsaustausch zwischen den Trägern sowie die Entwicklung und Durchführung von Instrumenten zur zielgerichteten Erbringung und Überprüfung von Leistungen und der Qualitätssicherung einschließlich der Wirksamkeit der Leistungen fördern. (noch nicht in Kraft)

Auch wenn **Abs. 2 erst zum 1.1.2020 in Kraft tritt**, bietet es sich für die Länder bei der Ausgestaltung ihres Ausführungsgesetzes zum 1.1.2018 schon aus eigenem Interesse an, die **Eignung der Eingliederungshilfeträger** zur Wahrnehmung ihrer Aufgaben sicherzustellen. Die „neuen" Träger der Eingliederungshilfe haben in der Zeit bis zum Jahr 2020 ausschließlich die Aufgabe der Verhandlung und des Abschlusses neuer Leistungserbringungsvereinbarungen auf der Grundlage des neuen Vertragsrechts (s. Rn. 337 ff.). Dadurch soll sichergestellt werden, dass rechtzeitig die erforderlichen Kapazitäten zur Deckung der absehbaren Hilfebedarfe vereinbart und deren Rahmenbedingungen geklärt sind. Die Zuständigkeitsregelung für den Abschluss der Verträge ist nicht in den §§ 123 ff. SGB IX getroffen worden, sondern wird dort vorausgesetzt. Diese findet sich stattdessen in § 95 Satz 2 SGB IX.[436] Dass diese Zuständigkeitsregelung erst ab 1.1.2020 in Kraft tritt, ist wohl ein redaktionelles Versehen, das allerdings aufgrund der eindeutigen Regelungen in den §§ 123 ff. SGB IX unschädlich ist.    **335**

Mit Erlass der landesrechtlichen Ausführungsgesetze zum SGB IX ab 2018 sind die Eingliederungshilfeträger zwar formal existent, jedoch noch nicht für die Ausführung der Leistungen der Eingliederungshilfe zuständig, sondern nur für den Abschluss der Leistungserbringungsverträge. Mit der Neufassung des 1. Teils des SGB IX in § 6    **336**

---

435  Vgl. *Diehl* NDV 2017, 348 ff. zu den Überlegungen im Land Rheinland-Pfalz.
436  *Siefert* jurisPR-SozR 6/2017 Anm. 2 C.II (vgl. § 4 Rn. 43).

Abs. 1 Nr. 7 SGB IX werden die Eingliederungshilfeträger bereits ab dem 1.1.2018 anstelle der Sozialhilfeträger als Reha-Träger aufgeführt. Um diesen Widerspruch zwischen formaler Bezeichnung einerseits und inhaltlicher Zuständigkeit andererseits aufzulösen, wurde nachträglich in § 241 Abs. 8 SGB IX eine **Übergangsregelung** eingefügt,[437] wonach die **Sozialhilfeträger** bis zum 31.12.2019 bezüglich der Ausführung der Leistungen nach dem 6. Kapitel des SGB XII **an die Stelle der Eingliederungshilfeträger** treten (s. Rn. 23 f.). Für die Dauer der Übergangszeit bis zum Ende des Jahres 2019 bleiben somit die überörtlichen Träger der Sozialhilfe weiterhin für die Durchführung der bisherigen Eingliederungshilfe zuständig (§ 97 Abs. 3 Nr. 1 SGB XII), sofern dieser Leistungsbereich nicht landesrechtlich den örtlichen Träger der Sozialhilfe zugeordnet ist. Ab dem 1.1.2020 übernehmen dann die Eingliederungshilfeträger diese Aufgabe nach den neuen Regeln im 2. Teil des SGB IX (s. § 4).

## XVIII. Einführung in das Vertragsrecht (2. Teil SGB IX 8. Kapitel)

337 Mit der Überführung der Eingliederungshilfe aus dem 6. Kapitel des SGB XII in den 2. Teil des SGB IX zum 1.1.2020 erhält das SGB IX auch die **Funktion eines Leistungsgesetzes** i.S.d. § 7 Abs. 1 SGB IX. Denn in den §§ 90–151 SGB IX wird künftig abschließend festgelegt, unter welchen Voraussetzungen Leistungen der Eingliederungshilfe gewährt werden und wer dafür zuständig ist. Dementsprechend werden auch die Rechtsbeziehungen der Eingliederungshilfeträger zu den Reha-Diensten und -Einrichtungen, den sog. Leistungserbringern, im Vertragsrecht des 8. Kapitels geregelt.

### 1. Leistungserbringung im sozialrechtlichen Dreiecksverhältnis

338 Die Fachleistungen der Eingliederungshilfe werden vom Eingliederungshilfeträger gemäß § 105 Abs. 1 SGB IX in Form von Sach-, Geld- oder Dienstleistungen erbracht. Geldleistung stellen insoweit die Ausnahme dar, wenn der individuelle Bedarf durch pauschale Geldleistungen nach §§ 105 Abs. 3,116 Abs. 1 SGB IX (s. § 4 Rn. 136 f.), durch die Inanspruchnahme eines Persönlichen Budgets gemäß §§ 105 Abs. 4 i.V.m. 29 SGB IX (s. Rn. 152 ff.) oder durch die Kostenerstattung nach Selbstbeschaffung der Leistungen gemäß § 18 SGB IX (s. Rn. 108 ff.) gedeckt werden. Unter Dienstleistung im Sinne des § 105 Abs. 1 SGB IX sind jedoch nur solche Leistungen zu verstehen, die vom Eingliederungshilfeträger selbst erbracht werden. Dass umfasst gemäß § 105 Abs. 2 SGB IX insbesondere die Beratung und die Unterstützung der leistungsberechtigten Personen. Angesichts des **Sicherstellungsauftrages** in § 95 Satz 1 SGB IX i.d.F. ab 2020 ist der **Eingliederungshilfeträger** zwar auch für die Bereitstellung des gesamten erforderlichen Spektrums an Leistungen zur Begleitung, Alltagsbewältigung, Befähigung, Unterstützung und Teilhabe zur Umsetzung einer selbstbestimmten Lebensplanung und -führung verantwortlich. Wie § 95 Satz 2 SGB IX verdeutlicht, hat er diesen Auftrag nicht durch die Vorhaltung eigener Dienstleistungsressourcen zu erfüllen, sondern **durch den Abschluss von Vereinbarungen mit externen Leistungserbringern**. Sofern geeignete Leistungserbringer vorhanden sind, um einen be-

---

437 Durch Art. 23 Nr. 10 b) des Gesetzes zur Änderung des Bundesversorgungsgesetzes und anderer Vorschriften, BGBl. 2017 I 2257.

kannt gewordenen Bedarf abzudecken, soll der Eingliederungshilfeträger gemäß § 123 Abs. 1 SGB IX insoweit keine neuen eigenen Leistungsangebote schaffen. Sofern ausnahmsweise Eingliederungshilfeträger eigene Angebote unterhalten, sind mit diesen aus Gründen des Wettbewerbsschutzes genauso Vereinbarungen nach dem 8. Kapitel abzuschließen. Dabei sind gemäß § 125 Abs. 4 SGB IX im Rahmen der Vergütungsvereinbarung öffentliche Fördermittel ebenso wie haushaltsinterne Umschichtungen anzurechnen.[438]

Durch den Abschluss von Vereinbarungen nach dem 8. Kapitel des 2. Teils SGB IX sichert sich der Eingliederungshilfeträger die Leistungskapazitäten der externen Reha-Dienste und -Einrichtungen und stellt diese den Leistungsberechtigten als **Sachleistungen** zur Verfügung. Diese wählen unter den verfügbaren und für ihren Bedarf geeigneten Angeboten auf der Grundlage des Wunsch- und Wahlrechts nach § 104 SGB IX einen Leistungserbringer aus, der ihren nach § 118 SGB IX vom Eingliederungshilfeträger ermittelten Bedarf decken soll, und schließen mit diesem einen **privatrechtlichen Dienstleistungsvertrag** ab. Voraussetzung dafür ist, dass der Leistungserbringer die Rahmenbedingungen dieses Vertrages, insbesondere den Inhalt und den Umfang der möglichen Leistungen und die dafür abrechenbare Vergütung zuvor in einer Vereinbarung nach dem 8. Kapitel des 2. Teils SGB mit dem Eingliederungshilfeträger festgelegt hat. Diese Verknüpfung der rechtlichen Beziehungen zwischen der leistungsberechtigten Person, dem Eingliederungshilfeträger und dem Leistungserbringer wird auch als **sozialrechtliches Dreiecksverhältnis** bezeichnet.[439]

339

### 2. Abweichungen gegenüber dem Vertragsrecht des SGB XII

Das sog. **Vertrags- oder Leistungserbringungsrecht** des 8. Kapitels ist seiner Struktur und seinen Elementen nach dem 10. Kapitel des SGB XII nachgebildet.[440] Aufgrund **der personenzentrierten Neuausrichtung** der Eingliederungshilfe, der damit verbundenen **Trennung von Fach- und existenzsichernden Leistungen** sowie dem Ansinnen **stärkerer Steuerungsmöglichkeiten** durch den Eingliederungshilfeträger (s. § 4 Rn. 3 f.) sind jedoch maßgebliche Änderungen vorgenommen worden:

340

- Im Rahmen der zu schließenden Vergütungsvereinbarung sind **nur noch Leistungspauschalen** zu vereinbaren, aber keine Grundpauschale und kein Investitionsbetrag mehr, da in der Eingliederungshilfe nur noch Fachleistungen erbracht werden (s. Rn. 383).

- Die Leistungen sind **unabhängig davon** zu vereinbaren, **ob** es sich um **ambulante, teil- oder stationäre Leistungen** handelt, da die Eingliederungshilfe nur noch personenorientiert und damit unabhängig vom Ort der Inanspruchnahme erbracht wird (s. Rn. § 4 Rn. 3). Daher werden die Vereinbarungspartner auch einheitlich als Leistungserbringer definiert (§ 123 Abs. 1 SGB IX), ohne nähere Unterscheidung in Reha-Dienste oder -Einrichtungen.

- Das Vertragsrecht enthält eine ausdrückliche **Definition der geeigneten Leistungserbringer**: für den Eintritt in den Markt der Eingliederungshilfeleistungen gilt

---

438  BT-Drs. 18/9522, 296.
439  Vgl. dazu von *Boetticher/ Münder* (2011) 216 ff.
440  Vgl. dazu *Münder* in Berlit/ Conradis/Sartorius HB Existenzsicherungsrecht, 2. Aufl., Kap. 45.

grundsätzlich ein Leistungspreis im unteren Drittel des aktuellen Marktpreises per se als wirtschaftlich, um somit einer Ausgabendynamik in der Eingliederungshilfe entgegenzuwirken, darüber hinausgehende Preise sind begründungsbedürftig. Ausgenommen von dieser Logik sind lediglich Tariflöhne, deren Einhaltung immer als wirtschaftlich anzusehen ist (s. Rn. 373, vgl. auch Rn. 194 und 488).

- Neben der Vergütungsvereinbarung ist nunmehr auch die **Leistungsvereinbarung schiedsfähig** (s. Rn. 390).

- Der Leistungserbringer erhält nach neuem Recht für erbrachte Leistungen einen **unmittelbaren Zahlungsanspruch** gegen den Eingliederungshilfeträger (s. Rn. 365 f.).

- Es ist **keine Prüfungsvereinbarung mehr** abzuschließen. Stattdessen erhalten die Eingliederungshilfeträger anlassbezogene **Prüfungsrechte**, verbunden mit verschärften **Sanktionsmöglichkeiten** im Fall festgestellter Verstöße gegen Qualitäts- und Wirtschaftlichkeitsstandards (s. Rn. 402 ff.).

- Mit dem Instrument der **Zielvereinbarung** enthält das Vertragsrecht eine Öffnungsklausel, aufgrund der vom Kapitel 8 abweichende Leistungs- und Finanzierungsstrukturen vereinbart werden können (s. Rn. 424 ff.), daneben im § 125 Abs. 3 Satz 4 SGB IX eine weitere nur bezogen auf die Vergütungs- und Abrechnungsmodalitäten (s. Rn. 386 ff.).

### 3. Sonderregelungen für minderjährige Leistungsberechtigte

341    Die unter 2. genannten **Änderungen gelten** jedoch **nicht für minderjährige Leistungsberechtigte**. Bei diesen unterbleibt die Trennung von Fach- und existenzsichernden Leistungen. Zur Begründung dafür wird angeführt, dass diesbezüglichen Detailregelungen im Rahmen der Grundsicherung im 4. Kapitel des SGB XII getroffen worden seien, insbesondere in §§ 42, 42 a und 42 b SGB XII, die jedoch nur für volljährige dauerhaft Erwerbsgeminderte, nicht aber für Kinder und Jugendliche gelten.[441] Daher wird mit § 134 SGB IX im Vertragsrecht eine Sonderregelung für minderjährige Leistungsberechtigte (und gemäß dessen Abs. 4 für volljährige Internatsschüler, s. Rn. 432 ff.) eingeführt, der zufolge Fach- und existenzsichernden Leistungen weiterhin als integrierte Sachleistung erbracht werden.

342    Die **Begründung vermag nicht zu überzeugen**, denn sowohl bezüglich des Mehrbedarfs wegen gemeinsamer Mittagsverpflegung bei tagesstrukturierenden Angeboten als auch bei demjenigen für die Inanspruchnahme u.a. von Hilfen zur Schulbildung wird durch den Verweis in § 30 Abs. 4 bzw. 8 SGB XII i.d.F. ab 2020[442] auf den § 42 b Abs. 2 bzw. Abs. 3 SGB XII i.d.F. ab 2020[443] insofern auch eine Gleichstellung zwischen volljährigen und minderjährigen Beziehern existenzsichernder Leistungen hergestellt. Aufschlussreicher erscheint insoweit die Begründung zum neuen § 27 c SGB XII i.d.F. ab 2020.[444] Diesem zufolge verbleibt es bei Minderjährigen mit Behinderungen, die außerhalb einer Wohnung leben und Leistungen der Eingliederungshil-

---

441  BT-Drs. 18/9522, 300.
442  Art. 13 Nr. 11 b) und c) BTHG.
443  Art. 13 Nr. 16 BTHG.
444  Art. 13 Nr. 10 BTHG.

fe über Tag und Nacht erhalten, dabei, dass ihr notwendiger Lebensunterhalt in Form von Sachleistungen durch den Leistungserbringer gedeckt und ihnen ein weiterer notwendiger Lebensunterhalt in Gestalt eines Barbetrages sowie eine Bekleidungspauschale nach § 27b Abs. 2 und 3 SGB XII i.d.F. ab 2020[445] gewährt wird. In der Begründung dazu wird ausgeführt, dass das Ziel des SGB IX der **Selbstbestimmung** in Form einer den persönlichen Wünschen entsprechende Lebensplanung und -gestaltung für Kinder und Jugendliche **unabhängig vom Vorliegen einer Behinderung** aufgrund der elterlichen Sorge, die u.a. die Personen- und Vermögenssorge umfasse, **stark eingeschränkt** sei.[446]

D.h. durch die **Beibehaltung** der Erbringung der **Fach- und existenzsichernden Leistungen als integrierte Sachleistung** wird vermieden, dass die existenzsichernden Leistungen als Geldleistungen an die Eltern bzw. die vermögenssorgeberechtigte Person ausbezahlt werden. Ein naheliegender Grund dafür ist, vergleichbar mit der Gutscheinlösung im Rahmen der Leistungen zur Bildung und Teilhabe,[447] dass so sichergestellt werden soll, dass die Leistungen bei den Kindern und Jugendlichen auch tatsächlich ankommen, also nicht von den Eltern zweckfremd verwendet werden. Wobei eine zweckwidrige Verwendung in diesem Fall weniger zulasten der Minderjährigen ginge, deren Existenzsicherung durch den Leistungserbringer sichergestellt würde, als zulasten des Sozialhilfeträgers, der im Zweifel doppelt zahlen müsste. Aber auch eine zweckentsprechende Verwendung der Mittel durch die Eltern scheint nicht gewollt zu sein, obwohl ihnen die Auszahlung der existenzsichernden Leistungen ermöglichen würde, hinsichtlich der Versorgung ihrer Kinder gestaltend mitzuwirken und dadurch ihre elterlichen Sorgepflichten im Sinne der Selbstbestimmung der Kinder wahrzunehmen. Was auch der Grund sein mag – die gemeinsame Erbringung der Fach- und existenzsichernden Leistungen als Sachleistungen erleichtert den Leistungsträgern die Steuerung dieser Leistungen jedenfalls erheblich.

Das bedeutet, dass die **Hilfen für Kinder und Jugendliche nicht personenorientiert** erbracht werden, sondern **nach wie vor einrichtungsbezogen** ausgestaltet sind. Soweit sie auf eine Betreuung in besonderen Wohnformen angewiesen sind, wachsen sie dort auch künftig mit der Erfahrung auf, vom Leistungserbringer rundum versorgt zu werden – und damit einerseits insoweit zwar sorglos, andererseits aber auch einfluss-, wahl- und alternativlos zu sein. Woher dann mit Vollendung der Volljährigkeit die Kompetenz kommen soll, selbstbestimmt eine individuelle und den persönlichen Wünschen entsprechende Lebensplanung und -führung vornehmen zu können, verrät die Gesetzesbegründung nicht. Ebenso wenig wird darin dazu Stellung bezogen, ob und inwieweit diese Sonderregelung für minderjährige Leistungsberechtigte dem Auftrag aus § 1 Satz 2 SGB IX gerecht wird, den besonderen Bedürfnissen behinderter und von Behinderung bedrohter Kinder Rechnung zu tragen.[448]

343

344

---

445 Art. 13 Nr. 9 BTHG.
446 BT-Drs. 18/9522, 333.
447 BT-Drs. 17/4304, 107.
448 Zur grundlegenden Kritik am BTHG mit Blick auf die Inklusion von Kindern s. *Hellrung* (2017), S. 249 ff.

### 4. Leistungserbringungsvereinbarung und Vergaberecht

345 Die Gegenstände der Vereinbarungen zwischen Eingliederungshilfeträgern und den Leistungserbringern sind auch nach neuem Recht laut der Gesetzesbegründung **nicht ausschreibungspflichtig** i.S.d. des Vergaberechts nach §§ 97 GWB.[449] Diese Aussage wird auf die Argumentation gestützt, die sich zum Vertragsrecht des SGB XII entwickelt und gefestigt hat.[450] Danach stellen die Inhalte der nach §§ 75 ff. SGB XII zu schließenden Vereinbarungen **keinen öffentlichen Auftrag** i.S.d. § 98 GWB dar, da der Eingliederungshilfeträger sich dadurch keine konkrete Leistung oder Leistungskontingente einkauft und der Leistungserbringer auch noch keinen Zahlungsanspruch erhält. Es wird nur der Umfang der Einstandspflicht des Eingliederungshilfeträgers bestimmt, wenn und soweit eine leistungsberechtigte Person das Angebot des Leistungserbringers in Anspruch nimmt. Der Abschluss der Vereinbarungen bewirkt also nur eine **Zulassung** des Leistungserbringers **zum** staatlich regulierten **Markt der Eingliederungshilfeleistungen.**

346 Zum anderen sind diese Vereinbarung auch **keine** ausschreibungspflichtigen Dienstleistungskonzessionen. Eine **Dienstleistungskonzession** ist gemäß § 105 Abs. 1 Nr. 2 GWB die Beauftragung von einem oder mehreren Wirtschaftsteilnehmern durch einen öffentlichen Auftraggeber mit der Erbringung einer Dienstleistung, wobei die Gegenleistung entweder nur in der Erhebung von Entgelten für die Inanspruchnahme oder aber in Kombination mit einer Zahlung durch den Auftraggeber besteht. Die Vereinbarungen i.S.d. § 76 SGB XII sind jedoch **nicht exklusiv** nur mit einem oder einer begrenzten Anzahl von Leistungserbringern abzuschließen, sondern mit jedem Leistungserbringer, der geeignet im Sinne des § 75 Abs. 2 Satz 2 SGB XII ist. D.h. die Sozialhilfeträger haben **keine rechtliche Handhabe,** um mit Blick auf den bestehenden sowie den prognostizierten Bedarf der Leistungsberechtigten die **Anzahl der Leistungsanbieter zu steuern.**[451] Vielmehr dürfen sie den Markt der Leistungserbringung nur über die Prüfung der Einhaltung von Wirtschaftlichkeit und Qualität regulieren.

347 An der Aussage in der Gesetzesbegründung, dass angesichts der „insoweit **deckungsgleichen Vorschriften** des **Vertragsrechts der Eingliederungshilfe** im Teil 2 des SGB IX […] die Feststellungen zur Nichtanwendbarkeit der EU-Vergaberichtlinien auch im künftigen Recht" gelten,[452] sind jedoch Zweifel angebracht. Mit der Einführung eines **eigenen Zahlungsanspruches** des Leistungserbringers gegenüber dem Eingliederungshilfeträger im § 123 Abs. 6 SGB IX sind die Vorschriften insoweit nicht mehr deckungsgleich mit denen des aktuellen SGB XII-Vertragsrechts; allerdings wird dieselbe Regelung im § 75 Abs. 6 SGB XII i.d.F. 2020 zum 1.1.2020 auch dort eingeführt.[453]

348 Nach der in der Rechtslehre bisher entwickelten Theorie besteht **grundsätzlich nur ein Zahlungsanspruch** des Leistungserbringers gegenüber der leistungsberechtigten Person **aufgrund des** zwischen ihnen bestehenden **zivilrechtlichen Vertrags.** Ein Zah-

---

449  BT-Drs. 18/9522, 289 ff.
450  S. Begründung des Gesetzes zur Modernisierung des Vergaberechts, BR-Drs. 367/15, 82, 86.
451  *Münder* in Bieritz-Harder/Conradis/Thie LPK-SGB XII § 75 Rn. 17. *Pattar* Sozialrecht aktuell 2012, 89.
452  BT-Drs. 18/9522, 291 (Hervorhebung vom Verfasser).
453  S. Art. 13 Nr. 25 BTHG.

lungsanspruch gegenüber dem Leistungsträger kommt hingegen nur dann in Betracht, wenn dieser der Zahlungsverpflichtung der leistungsberechtigten Person beitritt.[454] Durch einen solchen **sog. Schuldbeitritt**, der z.B. durch Kostenübernahmeerklärung des Leistungsträgers im Bewilligungsbescheid erfolgt, erhält der Leistungserbringer einen zusätzlichen Schuldner bezüglich des zivilrechtlichen Zahlungsanspruches. Diesbezügliche **Streitigkeiten** sind dementsprechend **vor Zivilgerichten** zu klären. Einen davon unabhängigen, eigenständigen Zahlungsanspruch gegen den Leistungsträger hat der Leistungserbringer nach der bisherigen Systematik nur dann, wenn der Leistungsträger ausnahmsweise ihm gegenüber ein **sog. abstraktes Schuldanerkenntnis** abgibt, das eine Zahlungspflicht losgelöst von der Leistungspflicht gegenüber der leistungsberechtigten Person begründet.[455] Diese eigenständige Kostenzusage ist öffentlich-rechtlicher Natur, für Streitigkeiten daraus sind dementsprechend die Sozialgerichte zuständig.[456]

Diese **Systematik** wird durch **Einführung eines eigenen Zahlungsanspruches** gegen    349
den Leistungsträger in § 123 Abs. 6 SGB IX bzw. in § 75 Abs. 6 SGB XII i.d.F. 2020
**durchbrochen**. Zur Begründung wird lediglich ausgeführt, dass ein klarstellender Regelungsbedarf bestünde[457] und dadurch die gängige Praxis der Direktzahlung vom Leistungsträger an den Leistungserbringer abgebildet werden soll.[458] Eine systematische Begründung für diesen Anspruch fehlt ebenso wie die Erläuterung der Aussage, dass dies sachgerecht sei.[459] Der Zahlungsanspruch soll öffentlich-rechtlicher Natur und somit eigenständig im Verhältnis zu dem zivilrechtlichen Anspruch gegenüber der leistungsberechtigten Person sein; Rechtsstreitigkeiten sollen darum in die Zuständigkeit der Sozialgerichtsbarkeit fallen.[460] Mit diesem **gesetzlich generalisierten Schuldanerkenntnis** in Form des Zahlungsanspruches gegen den Leistungsträger rückt die Leistungserbringung im sozialrechtlichen Dreiecksverhältnis jedoch in die **Nähe eines entgeltlichen öffentlichen Auftrages** i.S.d. § 98 GWB.[461] Auch wenn es nach wie vor zunächst der Inanspruchnahme des Leistungserbringers durch eine leistungsberechtigte Person bedarf, um den Zahlungsanspruch zu begründen, so tragen die Leistungs- und Vergütungsvereinbarungen nunmehr die Züge eines **ausschreibungspflichtigen Rahmenvereinbarungen** nach § 103 Abs. 5 GWB. Somit wird durch diese Änderung im Vertragsrecht durch das BTHG das Verhältnis des sozialrechtlichen Dreiecksverhältnisses zum europäischen Vergaberecht erneut zur Diskussion gestellt.

### XIX. Das Vertragsrecht der Eingliederungshilfe im Einzelnen

Das **Vertragsrecht** des Eingliederungshilferechts ist **so gegliedert**, dass § 123 SGB IX    350
die allgemeinen **Grundsätze** für die Erbringung von Leistungen enthält (s. Rn. 352 ff.)

---

454  BSG 2.2.2010 – B 8 SO 20/08 R; BT-Drs. 18/9522, 293.
455  BSG 30.9.2014 – B 8 SF 1/14 R, Rn. 10; LSG NRW 23.9.2013 – L 20 SO 394/12.
456  S. zum gesamten Absatz auch *Münder* in Bieritz-Harder/Conradis/Thie LPK-SGB XII § 75 Rn. 31 ff.
457  BT-Drs. 18/9954, 67.
458  BT-Drs. 18/9522, 293.
459  BT-Drs. 18/9522, 293. Vgl. Vgl. *Grube* Sozialrecht aktuell (2017), 123.
460  BT-Drs. 18/9522, 293.
461  *Grube* Sozialrecht aktuell (2017), 123, sieht in dem Zahlungsanspruch des § 123 Abs. 6 SGB IX „eine Art Gegenleistung aus der Vergütungsvereinbarung".

und § 124 SGB IX die Anforderungen an **geeignete Leistungsanbieter** (s. Rn. 368 ff.). In den §§ 125–127 SGB IX werden die Details der **Leistungs- sowie Vergütungsvereinbarungen** bzgl. ihres Inhalts, des Verfahrens zu ihrem Abschluss und des Inkrafttretens der Vereinbarungen sowie der Wirkungen der Vergütung geregelt (s. Rn. 379 ff.). Die Prüfrechte der Trägern der Eingliederungshilfe bezogen auf die **Qualität und Wirtschaftlichkeit** der Leistungserbringung, die Möglichkeit zur Kürzung der Vergütung im Fall von Verstößen bzw. das Recht zur außerordentlichen Kündigung in schwerwiegenden Fällen werden in den §§ 128–130 SGB IX ausgeführt (s. Rn. 402 ff.). Auch in der Eingliederungshilfe soll die Einzelvereinbarung zwischen Eingliederungshilfeträgern und Leistungserbringern weiterhin vorstrukturiert werden durch den Abschluss von **Rahmenverträgen auf Landesebene** auf der Grundlage von § 131 SGB IX (s. Rn. 414 ff.). Die Möglichkeit zum Abschluss **abweichender Zielvereinbarungen** ist in § 132 SGB IX vorgesehen (s. Rn. 424 ff.), die Ausgestaltung der **Schiedsstellen** im § 133 SGB IX (s. Rn. 430 ff.).

351 Das **Vertragsrecht tritt** zusammen mit der Ermächtigung der Länder zur Bestimmung der Träger der Eingliederungshilfe bereits **zum 1.1.2018 in Kraft**, damit die Vertragsparteien frühzeitig Verhandlungen aufnehmen können, um die bereits geschlossenen Vereinbarungen rechtzeitig vor dem Inkrafttreten der Eingliederungshilfe neu am 1.1.2020 an das neue Recht anzupassen. Für die **Übergangszeit** vom 1.1.2018 bis zum 31.12.2019 wird in § 139 SGB XII i.d.F. 2018–2019 deswegen für Leistungen der „alten" Eingliederungshilfe (sog. „53er Hilfen") die **Fortgeltung der** bis dahin **bestehenden Vergütungsvereinbarungen** angeordnet. Diese werden somit unabhängig von der jeweils geregelten Geltungsdauer gesetzlich pauschal bis zum Ende des Jahres 2019 verlängert. Allerdings hat jede Vertragspartei im Einzelfall gemäß § 139 SGB XII i.d.F. 2018 – 2019 einen Anspruch darauf, auch in dieser Zeit noch die Vergütung nach altem Recht neu zu verhandeln. Außerdem ist ein spezielles Verfahren für neu abzuschließende Vereinbarungen vorgesehen (s. Rn. 484 ff.). Das bedeutet zugleich, dass die Leistungen der Eingliederungshilfe **bis zum 31.12.2019** noch auf Grundlage der Regelungen der **§§ 75 ff. SGB XII** erbracht werden und das neue Vertragsrecht der §§ 123 ff. SGB IX erst für die Leistungserbringung ab 1.1.2020 gilt, wenn die dazu passenden leistungsrechtlichen Vorschriften der neuen Eingliederungshilfe in Kraft treten.[462]

## 1. Allgemeine Grundsätze (§ 123 SGB IX)

352 Im § 123 SGB IX sind vorab einige **allgemeine Grundsätze** zusammengefasst, die bereits aus dem Leistungserbringungsrecht der Sozialhilfe bekannt, dort aber nicht zentral an einer Stelle geregelt sind.

§ 123 Allgemeine Grundsätze

(1) ¹Der Träger der Eingliederungshilfe darf Leistungen der Eingliederungshilfe mit Ausnahme der Leistungen nach § 113 Absatz 2 Nummer 2 in Verbindung mit § 78 Absatz 5 und § 116 Absatz 1 durch Dritte (Leistungserbringer) nur bewilligen, soweit eine schriftliche Vereinbarung zwischen dem Träger des Leistungserbringers und dem für den Ort der Leistungserbringung zuständigen Träger der Eingliederungshilfe besteht. ²Die Vereinbarung kann auch zwischen dem Träger der Einglie-

---

462  So auch *Axmann* RdLH 2017, 5.

derungshilfe und dem Verband, dem der Leistungserbringer angehört, geschlossen werden, soweit der Verband eine entsprechende Vollmacht nachweist.

Abs. 1 überträgt den Grundsatz aus dem § 75 Abs. 3 Satz 1 SGB XII, wonach nur dann Leistungen eines Leistungserbringers vergütet werden, wenn dieser mit dem Leistungs- und Kostenträger **zuvor** eine **Vereinbarung** abgeschlossen hat, die zudem der **Schriftform** bedarf. Die Unterscheidung, wonach im Vertragsrecht des SGB XII immer von mehreren Vereinbarungen gesprochen wird (z.B. § 76 SGB XII), während im Vertragsrecht der Eingliederungshilfe nur noch von einer Vereinbarung die Rede ist (z.B. § 125 SGB IX), die **zwei Teilvereinbarungen** umfasst,[463] ist rein sprachlicher Natur und ohne rechtliche Relevanz, zumal sie dort auch nicht konsequent durchgehalten wird (vgl. z.B. § 130 SGB IX). Auch die beiden Teilvereinbarungen können weiterhin ein unterschiedliches rechtliches Schicksal nehmen, wenn z.B. nur die Vergütungsvereinbarung befristet geschlossen oder separat gekündigt wird (s. Rn. 401).

353

Befremdlich ist, dass die Regelung bezogen auf das Verhältnis vom Reha-Träger zur leistungsberechtigten Person umformuliert worden ist. Während § 75 Abs. 3 Satz 1 SGB XII davon spricht, dass der Kostenträger nur dann zur **Übernahme der Vergütung** einer erbrachten Leistung verpflichtet ist, wenn die notwendigen Vereinbarungen bestehen, hängt nach § 123 Abs. 1 SGB IX nunmehr die **Bewilligung der** Leistungen, also deren Gewährung gegenüber der leistungsberechtigten Person durch einen Bescheid, davon ab.[464] Dass das nicht (durchgängig) richtig sein kann, verdeutlicht schon die **Ausnahme** der **pauschalen Geldleistungen** nach § 116 Abs. 1 SGB IX. In diesen Fällen ist die leistungsberechtigte Person dafür verantwortlich, ihren Bedarf mithilfe der gewährten Geldleistung zu decken, ohne dass eine rechtliche Beziehung zwischen dem Eingliederungshilfeträger und dem professionellen oder dem zivilgesellschaftlichen Leistungserbringer oder dem familiär- persönlichen Umfeld besteht. Dasselbe gilt jedoch auch für die Fälle, in denen Leistungen der Eingliederungshilfe entweder als **Persönliches Budget** gemäß §§ 105 Abs. 4 i.V.m. 29 SGB IX ausgeführt oder aber die **Kosten einer Selbstbeschaffung** nach § 18 SGB IX erstattet werden. Auch in diesen Fällen darf die Bewilligung der Leistung nicht verweigert werden, weil nicht bekannt ist, welcher Leistungserbringer in Anspruch genommen werden soll bzw. mit dem bereits in Anspruch genommenen Leistungserbringer keine schriftliche Vereinbarung besteht

354

Nicht erklärbar ist zudem die **Privilegierung** bei der Unterstützung der Ausübung einer **ehrenamtlichen Tätigkeit**. Während im Leistungsrecht die Assistenzleistungen zur Unterstützung einer ehrenamtlichen Tätigkeit in § 78 Abs. 5 SGB IX gegenüber anderen Freizeitbeschäftigungen zurückgesetzt werden, in dem dafür vorrangig eine unentgeltliche Unterstützung durch das zivilgesellschaftlich, nachbarschaftlich-familiäre Umfeld gefordert wird (s. Rn. 285 ff.), ist die Bewilligung solcher Leistungen durch einen professionellen Leistungsanbieter im Unterschied zu allen anderen Sachleistungen auch dann möglich, wenn und soweit mit diesem Leistungserbringer noch keine schriftliche Vereinbarung abgeschlossen worden ist.

355

---

463  S. auch BT-Drs. 18/9522, 295.
464  Vgl. *Grube* Sozialrecht aktuell (2017), 122.

356  Die Vergütung eines Leistungserbringers kann nach Abs. 1 Satz 2 auch dann erfolgen, wenn eine entsprechende **Vereinbarung mit einem Verband** geschlossen worden ist, dem der Leistungserbringer angehört. Dies allerdings nur unter der Voraussetzung, dass der Verband von dem Leistungserbringer zum Abschluss der Vereinbarung **bevollmächtigt** worden ist. Dies ist sowohl möglich im Wege einer separaten Einzelvollmacht als auch durch entsprechende Formulierung in der Beitrittserklärung. Die Vollmacht muss nicht schon zum Zeitpunkt des Vertragsschlusses durch den Verband vorgelegen haben, vielmehr ist auch ein späterer Beitritt möglich, aus dem eindeutig hervorgeht, dass der Leistungserbringer die vom Verband geschlossenen Vereinbarungen für und gegen sich gelten lassen will.

357  § 123 Allgemeine Grundsätze

(5) ¹Der Träger der Eingliederungshilfe darf die Leistungen durch Leistungserbringer, mit denen keine schriftliche Vereinbarung besteht, nur erbringen, soweit

1. dies nach der Besonderheit des Einzelfalles geboten ist,
2. der Leistungserbringer ein schriftliches Leistungsangebot vorlegt, das für den Inhalt einer Vereinbarung nach § 125 gilt,
3. der Leistungserbringer sich schriftlich verpflichtet, die Grundsätze der Wirtschaftlichkeit und Qualität der Leistungserbringung zu beachten,
4. der Leistungserbringer sich schriftlich verpflichtet, bei der Erbringung von Leistungen die Inhalte des Gesamtplanes nach § 121 zu beachten,
5. die Vergütung für die Erbringung der Leistungen nicht höher ist als die Vergütung, die der Träger der Eingliederungshilfe mit anderen Leistungserbringern für vergleichbare Leistungen vereinbart hat.

²Die allgemeinen Grundsätze der Absätze 1 bis 3 und 5 sowie die Vorschriften zur Geeignetheit der Leistungserbringer (§ 124), zum Inhalt der Vergütung (§ 125), zur Verbindlichkeit der vereinbarten Vergütung (§ 127), zur Wirtschaftlichkeits- und Qualitätsprüfung (§ 128), zur Kürzung der Vergütung (§ 129) und zur außerordentlichen Kündigung der Vereinbarung (§ 130) gelten entsprechend.

Durch diese Regelung soll es dem Eingliederungshilfeträger ermöglicht werden, im Einzelfall auch die **Dienste vertragsloser Leistungsanbieter in Anspruch** nehmen zu können, z.B. wegen Kapazitätsengpässen bei vertragsgebundenen Leistungsanbietern oder bei einem speziellen Leistungsangebot, das bisher so nicht von einem vertragsgebundenen Anbieter erbracht wird. Zugleich soll mithilfe der genannten Voraussetzungen sichergestellt werden, dass der **vereinbarungslose Leistungserbringer nicht bessergestellt** wird als diejenigen mit einer abgeschlossenen Vereinbarung.[465]

358  Die Voraussetzungen dafür entsprechen weitgehend jenen des § 75 Abs. 4 SGB XII, sind jedoch redaktionell etwas anders dargestellt. Sprachlich passt dieser Absatz nicht zu Abs. 1, da hier nicht von der Bewilligung der Leistung die Rede ist, sondern davon, dass der Eingliederungshilfeträger die Leistung nur unter den genannten Voraussetzungen „erbringen darf". Während sich der vereinbarungslose Leistungserbringer nach § 75 Abs. 4 Satz 2 SGB XII schriftlich zu verpflichten hat, Leistungen entsprechend seines vorzulegenden Leistungsangebotes zu erbringen, ist im Eingliederungshilferecht gemäß § 123 Abs. 5 Satz 1 Nr. 3 und 4 SGB IX eine **schriftliche Verpflichtung** zur Beachtung der **Grundsätze der Wirtschaftlichkeit** und **Qualität** sowie zur Berücksichtigung der Inhalte des Gesamtplans vorzulegen.

---

465  BT-Drs. 18/9522, 293.

Die Höhe der zu zahlenden Vergütung ist gemäß der Nr. 5 begrenzt auf diejenige, die     359
der Eingliederungshilfeträger mit vereinbarungsgebundenen Leistungsanbietern für
vergleichbare Leistungen vereinbart hat – sofern es denn vergleichbare Leistungen
gibt (s. Rn. 357). Doch auch sofern vorhanden, handelt es sich um kein einheitliches
Vergütungsniveau, sondern um Preise, die in einem wettbewerblichen Verfahren ermittelt werden. Angesichts der daher zu erwartenden Preisspanne ist bezüglich der
vergleichbaren Vergütung auf den **Durchschnitt der Vergütungen** für **vergleichbare
Leistungen** abzustellen.[466] Während zur Bildung dieses Durchschnitts im § 75 Abs. 4
Satz 3 SGB XII nur auf den Ort der Leistungserbringung und dessen nächste Umge-
bung abzustellen ist, enthält § 123 Abs. 5 Satz 1 Nr. 5 SGB IX keine derartige räumliche Beschränkung. Demzufolge sind zur Bildung des Durchschnitts sämtliche vom
Eingliederungshilfeträger **in seinem Zuständigkeitsbereich** vereinbarten Vergütungen
für vergleichbare Leistungen einzubeziehen. In Abs. 5 Satz 2 werden die Regelungen
des Vertragsrechts für vertragsgebundene Leistungserbringer auf die Leistungserbringung durch einen vereinbarungslosen Anbieter für entsprechend anwendbar erklärt.
Das beinhaltet insbesondere jene des § 124 SGB IX über die Geeignetheit eines Leistungsanbieters gemessen an der Wirtschaftlichkeit seines Angebotes und der quantitativ wie qualitativ angemessenen Personalausstattung (s. Rn. 368 ff.).

§ 123 Allgemeine Grundsätze

(2) [1]Die Vereinbarungen sind für alle übrigen Träger der Eingliederungshilfe bindend. [2]Die Vereinbarungen müssen den Grundsätzen der Wirtschaftlichkeit, Sparsamkeit und Leistungsfähigkeit entsprechen und dürfen das Maß des Notwendigen nicht überschreiten. [3]Sie sind vor Beginn der jeweiligen Wirtschaftsperiode für einen zukünftigen Zeitraum abzuschließen (Vereinbarungszeitraum);
nachträgliche Ausgleiche sind nicht zulässig. [4]Die Ergebnisse der Vereinbarungen sind den Leistungsberechtigten in einer wahrnehmbaren Form zugänglich zu machen.

(3) Private und öffentliche Arbeitgeber gemäß § 61 sind keine Leistungserbringer im Sinne dieses
Kapitels.

(4) [1]Besteht eine schriftliche Vereinbarung, so ist der Leistungserbringer, soweit er kein anderer
Leistungsanbieter im Sinne des § 60 ist, im Rahmen des vereinbarten Leistungsangebotes verpflichtet, Leistungsberechtigte aufzunehmen und Leistungen der Eingliederungshilfe unter Beachtung der
Inhalte des Gesamtplanes nach § 121 zu erbringen. [2]Die Verpflichtung zur Leistungserbringung besteht auch in den Fällen des § 116 Absatz 2.

Im Abs. 2 werden mehrere Grundsätze des Vertragsrechts aus dem SGB XII ohne in-     360
haltlichen Zusammenhang aneinandergereiht:

- in Satz 1 das Prinzip der **Allgemeinverbindlichkeit** der geschlossenen Vereinbarungen für alle übrigen Träger der Eingliederungshilfe (vgl. § 77 Abs. 1 Satz 2 Halbsatz 2 SGB XII);

- in Satz 2 die Vorgabe der **Grundsätze** der **Wirtschaftlichkeit, Sparsamkeit und
Leistungsfähigkeit** für die zu schließenden Vereinbarungen (vgl. § 75 Abs. 3 Satz 2
SGB XII) einschließlich der Begrenzung der Leistungen auf das Maß des Notwen-
digen (vgl. § 76 Abs. 1 Satz 3 SGB XII) und

- in Satz 3 der **Grundsatz der Prospektivität**, demzufolge die Vergütungen in Abkehr vom Selbstkostendeckungsprinzip nicht rückwirkend, sondern nur für künf-

---

466  *Münder* in Bieritz-Harder/Conradis/Thie LPK-SGB XII § 75 Rn. 38.

tige Zeiträume vereinbart werden dürfen (vgl. § 77 Abs. 1 Satz 1 SGB XII), wodurch das wirtschaftliche Risiko auf den Leistungserbringer verlagert wird.

361 Bisher nicht im Vertragsrecht des SGB XII enthalten ist die Vorgabe des Abs. 2 Satz 4, den Leistungsberechtigten die **Ergebnisse der Verhandlungen** in einer für diese wahrnehmbaren Form **zugänglich zu machen**. Genaueres ist weder bezüglich der Form noch der Detailtiefe der mitzuteilenden Ergebnisse geregelt. Hier gilt es, die richtige Balance zu finden zwischen einer **Transparenz einerseits**, die die Selbstbestimmung der Leistungsberechtigten bei der Auswahl des für Sie passenden Leistungserbringers stärkt, und der Geheimhaltung von **Geschäftsgeheimnissen andererseits**, die notwendig ist, um sich in einem wettbewerblichen Umfeld behaupten zu können. Orientierung bieten kann insoweit § 3 WBVG, der die **vorvertraglichen Informationspflichten** eines Leistungserbringers kombinierter Wohn- und Betreuungsangebote regelt, sowohl bezüglich der darzustellenden Inhalte als auch beispielhaft für die zu verwendende Form.

362 Abs. 3 stellt klar, dass private und öffentliche Arbeitgeber, die Menschen mit Behinderungen über das **Budget für Arbeit** sozialversicherungspflichtig beschäftigen, **keine Leistungserbringer** i.S.d. Abs. 1 Satz 1 sind und daher auch keine Vereinbarungen nach dem 8. Kapitel abzuschließen haben. Einerseits mag dies sinnvoll sein, um keine bürokratischen Hürden aufzubauen, die potenzielle private und öffentliche Arbeitgeber andernfalls abschrecken könnten. Andererseits hat der Reha-Träger somit keine Handhabe, um die Qualität der angebotenen Arbeitsbedingungen zu überprüfen.

363 Abs. 4 erhebt die **Verpflichtung, Leistungsberechtigte** im Rahmen der vereinbarten Kapazitäten unter Berücksichtigung des individuellen Gesamtplanes **aufzunehmen**, zum **allgemeinen Grundsatz**. Dies gilt auch für die gemeinsame Leistungserbringung gegenüber mehreren leistungsberechtigten Personen nach § 116 Abs. 2 SGB IX (s. § 4 Rn. 139 ff.). Dementsprechend bedarf es insoweit keiner einzelvertraglichen Klausel wie noch in § 76 Abs. 1 Satz 2 SGB XII vorgeschrieben. Aufgrund dieses Grundsatzes kann der Eingliederungshilfeträger die Erbringung von Leistungen gegenüber einer leistungsberechtigten Person verlangen, sofern der Leistungserbringer noch freie Ressourcen hat und das vereinbarte Leistungsspektrum geeignet ist, die Bedarfe der leistungsberechtigten Person zu decken. Ob diese selbst daraus einen Rechtsanspruch auf Aufnahme ableiten kann, ist umstritten und nicht abschließend geklärt.[467]

364 **Andere Leistungsanbieter** i.S.d. § 60 SGB IX (s. Rn. 231 ff.) sind von dieser Aufnahmeverpflichtung **ausdrücklich ausgenommen**. Diese Ausnahme entspricht der gesetzlichen Vorgabe in § 60 Abs. 2 Nr. 4 SGB IX. Die damit einhergehende Gefahr der „Rosinenpickerei", d.h. die Beschränkung auf vermeintlich weniger arbeitsintensive Fälle,[468] wird dabei wohl bewusst in Kauf genommen, um anderen Leistungsanbietern zu ermöglichen, spezielle Leistungsprofile für die Beschäftigung von Menschen zu entwickeln, die wegen Art oder Schwere der Behinderung nicht, noch nicht oder noch nicht wieder auf dem allgemeinen Arbeitsmarkt beschäftigt werden können, insbesondere für Menschen mit psychischen Beeinträchtigungen.

---

467 Zum Streitstand s. *Münder* in Bieritz-Harder/Conradis/Thie LPK-SGB XII § 76 Rn. 13.
468 Vgl. *Münder* in Bieritz-Harder/Conradis/Thie LPK-SGB XII § 76 Rn. 13.

(6) Der Leistungserbringer hat gegen den Träger der Eingliederungshilfe einen Anspruch auf Vergütung der gegenüber dem Leistungsberechtigten erbrachten Leistungen der Eingliederungshilfe.

Durch Abs. 6 erhält der Leistungserbringer einen **unmittelbaren Zahlungsanspruch** gegenüber dem Eingliederungshilfeträger für erbrachte Leistungen an die leistungsberechtigte Person. Der **Umfang** des Zahlungsanspruches ist gemäß § 127 Abs. 1 Satz 2 SGB IX beschränkt auf die Höhe der Leistungen, die der leistungsberechtigten Person bewilligt worden ist. Eine unmittelbare Möglichkeit der Einflussnahme auf diesen Umfang in Gestalt eines Rechtsbehelfs hat der Leistungserbringer nicht.[469] Er kann lediglich die Feststellung eines anderen Bedarfes anregen, z.B. im Rahmen einer Beteiligung am Gesamtplanverfahren (s. Rn. 132) oder aber eine leistungsberechtigte Person darin unterstützen, gegen den Bewilligungsbescheid vorzugehen.

Sofern die **leistungsberechtigte Person einen finanziellen Beitrag** zu den Aufwendun-  366
gen der Eingliederungshilfe (s. § 4 Rn. 180 f.) **leisten muss**, ist dieser Beitrag gemäß § 127 Abs. 3 SGB IX von der zu erbringenden Leistung abzuziehen. D.h., der Eingliederungshilfeträger beschränkt im Bewilligungsbescheid die Leistungen im Umfang des von der leistungsberechtigten Person aufzubringenden Eigenanteils. Im gleichen Umfang verringert sich auch der Vergütungsanspruch des Leistungserbringers gegen den Eingliederungshilfeträger. Den Differenzbetrag kann der Leistungserbringer von der leistungsberechtigten Person einfordern auf der Grundlage des zwischen ihnen geschlossenen zivilrechtlichen Vertrages. Zugleich trägt damit der Leistungserbringer in diesem Umfang das Zahlungsrisiko. Daher wird er entsprechende Kostenanteile bezüglich der Eintreibung offener Forderungen sowie der Abschreibung uneinbringlicher Forderungen in seine Vergütungskalkulation mit aufnehmen müssen, wodurch die **Kosten der Leistungserbringung steigen.** Auch für die leistungsberechtigte Person nimmt durch diese selbst zu tätigenden Zahlungen der Verwaltungsaufwand zu, zugleich erhält sie dadurch – zumindest theoretisch – ein Druckmittel gegenüber dem Leistungserbringer bezüglich der pflichtgemäßen Durchführung der Betreuung und somit **ein Stück Kundensouveränität** (s. auch Rn. 181 f.).

**In systematischer Hinsicht** weicht der unmittelbare Zahlungsanspruch des Leistungs-  367
erbringers gegen den Eingliederungshilfeträger von dem bisherigen Gefüge der **Rechtsbeziehungen im sozialrechtlichen Dreiecksverhältnis** ab. Dieser zur Folge entsteht ein unmittelbarer Zahlungsanspruch nur dann, wenn der Leistungsträger entweder der Verpflichtung der leistungsberechtigten Person aus dem zivilrechtlichen Vertrag mit dem Leistungserbringer beitritt oder aber – in Ausnahmefällen – dem Leistungserbringer eine rechtlich eigenständige Kostenzusage erteilt (s. Rn. 348). Der nunmehr regelhaft direkte Zahlungsanspruch, der öffentlich-rechtlicher Art und damit ggf. vor der Sozialgerichtsbarkeit einzuklagen ist,[470] intensiviert die Rechtsbeziehung zwischen Leistungsträger und Leistungserbringer und bietet damit Anlass für erneute Diskussion um die Ausschreibungspflicht der Leistungs- und Vergütungsvereinbarungen (ausführlich s. Rn. 349 ff.). Zugleich ist damit eine Verschiebung der Ge-

---

469  Vgl. insoweit auch *Siefert* jurisPR-SozR 6/2017 Anm. 3.D.d.
470  BT-Drs. 18/9522, 293. S. auch *Grube* Sozialrecht aktuell (2017), 122 ff.

wichte im sozialrechtlichen Dreiecksverhältnis verbunden. Während zumindest diejenigen Leistungsberechtigten, die einen eigenen Beitrag zu den Aufwendungen der Entwicklungshilfe zu leisten haben, ein Stück an Kundensouveränität gewinnen können (s. vorhergehende Rn.), verlieren alle Leistungsberechtigten in Fragen der Entgeltzahlung zwischen dem Eingliederungshilfeträger und dem Leistungserbringer an Bedeutung, da es insoweit auf ihr zivilrechtliches Rechtsverhältnis zum Leistungserbringer (s. Rn. 339) nicht mehr entscheidend ankommt. Ob diese Verschiebungen im sozialrechtlichen Dreieck der Zielstellung der Stärkung der Selbstbestimmung i.S.d. § 1 SGB IX aller Leistungsberechtigten dient oder ob sie vielmehr an den Rand des Leistungserbringungsgeschehens gedrängt werden,[471] wird sich erst anhand von Praxiserfahrungen mit den Neuregelungen des Vertragsrechtes erweisen.

### 2. Geeignete Leistungserbringer (§ 124 SGB IX)

368 Gemäß § 124 SGB IX hängt die Eignung von Leistungserbringern einerseits von der **Wirtschaftlichkeit ihres Leistungsangebotes** ab (Abs. 1 und 3), die mit Hilfe des sog. externen Vergleiches zu ermitteln ist, andererseits von der **Qualität und der Quantität des** eingesetzten **Personals** (Abs. 2).

§ 124 Geeignete Leistungserbringer

(1) ¹Sind geeignete Leistungserbringer vorhanden, soll der Träger der Eingliederungshilfe zur Erfüllung seiner Aufgaben eigene Angebote nicht neu schaffen. ²Geeignet ist ein externer Leistungserbringer, der unter Sicherstellung der Grundsätze des § 104 die Leistungen wirtschaftlich und sparsam erbringen kann. ³Die durch den Leistungserbringer geforderte Vergütung ist wirtschaftlich angemessen, wenn sie im Vergleich mit der Vergütung vergleichbarer Leistungserbringer im unteren Drittel liegt (externer Vergleich). ⁴Liegt die geforderte Vergütung oberhalb des unteren Drittels, kann sie wirtschaftlich angemessen sein, sofern sie nachvollziehbar auf einem höheren Aufwand des Leistungserbringers beruht und wirtschaftlicher Betriebsführung entspricht. ⁵In den externen Vergleich sind die im Einzugsbereich tätigen Leistungserbringer einzubeziehen. ⁶Die Bezahlung tariflich vereinbarter Vergütungen sowie entsprechender Vergütungen nach kirchlichen Arbeitsrechtsregelungen kann dabei nicht als unwirtschaftlich abgelehnt werden, soweit die Vergütung aus diesem Grunde oberhalb des unteren Drittels liegt.

(3) Sind mehrere Leistungserbringer im gleichen Maße geeignet, so hat der Träger der Eingliederungshilfe Vereinbarungen vorrangig mit Leistungserbringern abzuschließen, deren Vergütung bei vergleichbarem Inhalt, Umfang und Qualität der Leistung nicht höher ist als die anderer Leistungserbringer.

369 Die Sätze 1 und 2 des Abs. 1 entsprechen inhaltsgleich den Regelungen des § 75 Absatz 2 Satz 1 und Satz 2 SGB XII unter Verweis auf die Grundsätze des § 104 SGB IX (s. § 4 Rn. 75 ff.). Die angemessene Wirtschaftlichkeit des Angebotes ist anhand des sog. **externen Vergleiches** zu ermitteln, der vom Bundessozialgericht zum Leistungserbringungsrecht des SGB XI entwickelt worden ist[472] und der mittlerweile auch im Vertragsrecht des SGB XII Anwendung findet.[473] Anders als der Wortlaut es nahelegt, ist dabei nicht ein Vergleich mit der Vergütung vergleichbarer Leistungserbringer vorzunehmen, sondern **mit vergleichbaren Leistungsangeboten** anderer Leistungserbringer, da es um die Inhalte der Leistungen und nicht um die Trägerstruktur geht.

---

471 Vgl. *Münder* in Bieritz-Harder/Conradis/Thie LPK-SGB XII § 75 Rn. 31 am Ende.
472 BSG 29.1.2009 – B 3 P 7/08 R; BSG 17.12.2009 – B 3 P 3/08 R.
473 BT-Drs. 18/10523, 64.

Vorzunehmen ist der externe Vergleich immer dann, wenn ein Leistungserbringer ein 370
Angebot bezüglich einer Leistung bzw. eines Leistungskomplexes vorlegt, für welche(s) er noch keine Vereinbarungen abgeschlossen hat bzw. für die/den die bestehende Vergütungsvereinbarung ausläuft (s. § 127 Abs. 4 SGB IX, Rn. 401). Sofern sich die vom Leistungserbringer angesetzte **Vergütung im unteren Drittel** der Spannweite des Marktpreises für vergleichbare Leistungen bewegt, gilt sie ohne weiteres als **wirtschaftlich angemessen.** Vergleichbar sind Leistungsangebote dann, wenn sie für einen gleichen Personenkreis von Leistungsberechtigten konzipiert und die Leistungen weitgehend inhaltsgleich sind.[474] Gerade in der Umstellungsphase vom Vertragsrecht des SGB XII auf dasjenige des SGB IX verbunden mit der Trennung von Fachleistungen nach dem SGB IX einerseits und existenzsichernden Leistungen nach dem SGB XII andererseits (s. § 4 Rn. 3 f.), ist darauf zu achten, dass die Leistungsbestandteile und die dafür geforderte Vergütung tatsächlich vergleichbar sind mit denen umliegender Leistungsangebote.

Zu berücksichtigen sind die Vergütungen für Leistungsangebote im **Einzugsbereich.** 371
Dieser Begriff wird weder näher im SGB IX erläutert noch findet er im Vertragsrecht des SGB XII Anwendung, so dass insoweit noch auf keine gerichtliche Auslegung zurückgegriffen werden kann. Gemäß Art. 19 b) und c) BRK haben die Unterzeichnerstaaten unter anderem zu gewährleisten, dass eine Reihe von **gemeindenahen Dienstleistungen und Einrichtungen** zur Unterstützung von Menschen mit Behinderung zur Verfügung stehen. Dies legt nahe, den Einzugsbereich für vergleichbare Leistungsangebote danach zu bemessen, soweit die darin befindlichen Leistungsangebote aus Sicht der Leistungsberechtigten eine **zumutbare Alternative** darstellen können. Orientierung kann insofern die Festlegung des Einzugsgebietes einer WfbM i.S.d. § 220 Abs. 1 SGB IX (bisher § 137 Abs. 1 SGB IX a.F.) bieten. Dieser muss gemäß § 8 Abs. 3 WVO so bemessen sein, dass die Werkstatt für Menschen mit Behinderungen mit öffentlichen oder sonstigen Verkehrsmitteln in zumutbarer Zeit erreichbar ist, wobei insoweit eine Beförderungsdauer von bis zu 45 Minuten pro Strecke als zumutbar angesehen wird.[475]

Hingegen wäre es **unangemessen,** pauschal auf den **Zuständigkeitsbereich** des Ein- 372
gliederungshilfeträgers zu verweisen, da sich dieser auf ein ganzes Bundesland erstrecken kann, sofern Landesrecht nach § 94 Abs. 1 SGB IX einen überörtlichen Eingliederungshilfeträger für zuständig erklärt. Leistungsangebote in u.U. mehreren hunderten Kilometern Entfernung sind jedenfalls nicht als „gemeindenah" und somit nicht als vergleichbar im Rahmen des externen Vergleichs anzusehen.

Liegt die Vergütung oberhalb des unteren Drittels des Marktpreises, ist zu differen- 373
zieren. Sofern die **Überschreitung der Drittel-Grenze** ausschließlich darauf zurückzuführen ist, dass das Personal des Leistungserbringers **tariflich oder anhand kirchlicher Arbeitsrechtsregelungen bezahlt** wird, gilt das Leistungsangebot gemäß Abs. 1 Satz 6 gleichwohl als wirtschaftlich angemessen. Lässt sich die Vergütung oberhalb des unteren Drittels hingegen nicht (allein) durch die Zahlung von Tarifgehältern erklären,

---

474  BT-Drs. 18/10523, 65.
475  BAGüS (2010), Punkt 3.3.2.

hängt die Wirtschaftlichkeit davon ab, ob sich der **höhere Kostenansatz plausibel erklären** lässt. Zu diesem Zweck muss der Leistungserbringer im Rahmen einer sog. **Gestehungskostenanalyse,** auch interner Vergleich genannt,[476] seine internen Kalkulationsgrundlagen offen legen. Dabei können beispielsweise besondere Leistungsangebote, die mit einem höheren Personaleinsatz einhergehen, aber auch die Lage und Größe eines Anbieters u.U. höhere Vergütungsforderung rechtfertigen.[477]

374 Die Vorgabe nach Abs. 3, wonach **bei mehreren geeigneten Leistungsanbietern** Vereinbarungen mit denjenigen abzuschließen sind, deren Vergütung nicht höher ist als die anderer Leistungserbringer, ist aus dem § 75 Abs. 2 Satz 10 SGB XII i.d.F. ab 1.1.2017 übernommen. Im Vertragsrecht der Sozialhilfe hat die Vorgabe einen Anwendungsbereich, da es dort keine Definition der Geeignetheit gibt und daher, wenn man insoweit auf die Einhaltung fachlicher Standards abstellt,[478] bei gleicher Eignung ein zusätzlicher wirtschaftlicher Aspekt bei der Auswahl sinnvoll sein kann. Demgegenüber ist in der Definition der Geeignetheit in § 124 Abs. 1 SGB IX das Kriterium der Wirtschaftlichkeit und Sparsamkeit bereits enthalten bzw. das ausschlaggebende Kriterium. Geeignet ist demnach nur der Leistungserbringer, dessen geforderte Vergütung entweder im unteren Drittel des Marktpreises liegt, oder aber der diesen Grenzwert wegen der Zahlung von Tariflöhnen und/ oder im Einzelnen inhaltlich begründeter Mehrkosten übersteigt. Nähme man Abs. 3 ernst, würde das darauf hinauslaufen, Leistungserbringern mit geforderter Vergütung oberhalb des unteren Drittels – trotz (auch wirtschaftlicher) Eignung im Sinne des Abs. 1 – den Abschluss der Vereinbarung zu verweigern, den Vergütungsdeckel des unteren Drittels ausnahmslos zu gestalten. Damit würde insbesondere die Berücksichtigung von Tarifgehältern nach Abs. 1 Satz 6 als wirtschaftlich, wie sie vergleichsweise auch im § 84 Abs. 2 Satz 5 SGB XI anerkannt ist, „hinten herum" wieder ausgehebelt. Dass es sich bei **Abs. 3** vielmehr um ein **redaktionelles Versehen** handelt, verdeutlicht auch die Gesetzesbegründung. Der zufolge sei bei mehreren gleich geeigneten Leistungserbringern eine vergleichende Bewertung im Wege eines externen Vergleiches erforderlich.[479] Dabei ist dieser externe Vergleich schon zur Feststellung der Geeignetheit gemäß Abs. 1 Satz 3 vorzunehmen. Der Anwendungsbefehl des Abs. 3 ist somit zu ignorieren.

375 Die Beurteilung der Eignung eines Leistungserbringers hängt neben der Wirtschaftlichkeit seines Leistungsangebotes davon ab, ob er über eine **quantitativ und qualitativ angemessene Personalausstattung** verfügt:

**§ 124 Geeignete Leistungserbringer**

(2) ¹Geeignete Leistungserbringer haben zur Erbringung der Leistungen der Eingliederungshilfe eine dem Leistungsangebot entsprechende Anzahl an Fach- und anderem Betreuungspersonal zu beschäftigen. ²Sie müssen über die Fähigkeit zur Kommunikation mit den Leistungsberechtigten in einer für die Leistungsberechtigten wahrnehmbaren Form verfügen und nach ihrer Persönlichkeit geeignet sein. ³Geeignete Leistungserbringer dürfen nur solche Personen beschäftigen oder ehrenamtliche Personen, die in Wahrnehmung ihrer Aufgaben Kontakt mit Leistungsberechtigten haben,

---

476  *Münder* in Bieritz-Harder/Conradis/Thie LPK-SGB XII § 75 Rn. 27.
477  BT-Drs. 18/9522, 294.
478  Vgl. *Münder* in Bieritz-Harder/Conradis/Thie LPK-SGB XII § 75 Rn. 14.
479  BT-Drs. 18/9522, 295.

mit Aufgaben betrauen, die nicht rechtskräftig wegen einer Straftat nach den §§ 171, 174 bis 174 c, 176 bis 180 a, 181 a, 182 bis 184 g, 225, 232 bis 233 a, 234, 235 oder 236 des Strafgesetzbuchs verurteilt worden sind. [4]Die Leistungserbringer sollen sich von Fach- und anderem Betreuungspersonal, die in Wahrnehmung ihrer Aufgaben Kontakt mit Leistungsberechtigten haben, vor deren Einstellung oder Aufnahme einer dauerhaften ehrenamtlichen Tätigkeit und in regelmäßigen Abständen ein Führungszeugnis nach § 30 a Absatz 1 des Bundeszentralregistergesetzes vorlegen lassen. [5]Nimmt der Leistungserbringer Einsicht in ein Führungszeugnis nach § 30 a Absatz 1 des Bundeszentralregistergesetzes, so speichert er nur den Umstand der Einsichtnahme, das Datum des Führungszeugnisses und die Information, ob die das Führungszeugnis betreffende Person wegen einer in Satz 3 genannten Straftat rechtskräftig verurteilt worden ist. [6]Der Leistungserbringer darf diese Daten nur verändern und nutzen, soweit dies zur Prüfung der Eignung einer Person erforderlich ist. [7]Die Daten sind vor dem Zugriff Unbefugter zu schützen. [8]Sie sind unverzüglich zu löschen, wenn im Anschluss an die Einsichtnahme keine Tätigkeit für den Leistungserbringer wahrgenommen wird. [9]Sie sind spätestens drei Monate nach der letztmaligen Ausübung einer Tätigkeit für den Leistungserbringer zu löschen. [10]Das Fachpersonal muss zusätzlich über eine abgeschlossene berufsspezifische Ausbildung und dem Leistungsangebot entsprechende Zusatzqualifikationen verfügen.

Hinsichtlich des **Personalschlüssels** macht Abs. 2 keine Vorgaben, wie dieser bemessen sein muss, um als angemessen zu gelten. Die Anzahl muss nach Satz 1 dem Leistungsangebot entsprechen. In den **Rahmenverträgen** sollen gemäß § 131 Abs. 1 Satz 2 Nr. 5 SGB IX **Personalrichtwerte** oder andere Methoden zur Bestimmung der personellen Ausstattung vereinbart werden (s. Rn. 387); die konkrete personelle Ausstattung ist Pflichtgegenstand der zu schließenden Leistungsvereinbarung (s. Rn. 380). Selbiges gilt auch für das Verhältnis von **Fachkräften**, welches gemäß Abs. 2 Satz 10 über eine abgeschlossene berufsspezifische Berufsausbildung – i.d.R. im pädagogischen, psycho-sozialen, psychiatrischen oder therapeutischen Bereich[480] – und dem Leistungsangebot entsprechende Zusatzqualifikationen verfügen muss, zu lediglich **angelernten Betreuungskräften** (zur Unterscheidung von einfacher und qualifizierter Assistenz s. Rn. 277 ff.). 376

Gemeinsam ist für Arbeitskräfte beider Personalgruppen, dass sie über die **Fähigkeit zur Kommunikation** mit den leistungsberechtigten Personen verfügen müssen. In Abhängigkeit von dem Personenkreis, für den das Leistungsangebot konzipiert ist, bedeutet das einschlägige Weiterbildungen in spezifischen Kommunikationsformen „wie Gebärdensprache und taktiles Gebärden, Lormen oder […] in Brailleschrift".[481] Zudem müssen sie von ihrer **Persönlichkeit** her für die Arbeit mit Menschen mit Behinderung geeignet sein, wovon sich der Leistungserbringer im nur individuell im Rahmen des Bewerbungsverfahrens und ggf. im Rahmen der Probezeit eine Überzeugung bilden kann. 377

**Ausschlussgrund** für eine Beschäftigung ist eine rechtskräftige Verurteilung wegen eines der in Abs. 2 genannten **Straftaten gegen die sexuelle und persönliche Selbstbestimmung**. Eine entsprechende Regelung ist in die Parallelvorschrift des § 75 Abs. 2 SGB XII bereits m.W.v. 1.1.2017 eingefügt worden.[482] Da die Regelungen sowohl hinsichtlich des Kataloges der relevanten Straftatbestände, der Anwendbarkeit auch auf dauerhaft ehrenamtlich tätige Personen als auch bezüglich der Pflichten zur Ein- 378

---

480  BT-Drs. 18/9522, 295.
481  BT-Drs. 18/9522, 294.
482  Art. 11 Nr. 4 BTHG.

sichtnahme in das erweiterte Führungszeugnis und dem diesbezüglichen Datenschutz identisch sind, wird an dieser Stelle auf die Ausführungen zu § 75 Abs. 2 SGB XII verwiesen (s. § 2 Rn. 73 ff.).

### 3. Inhalt der schriftlichen Vereinbarung (§ 125 SGB IX)

379 Im § 125 SGB IX werden die **Inhalte der Vereinbarung** konkretisiert, deren Abschluss i.d.R. Voraussetzung für die Vergütung erbrachter Leistungen durch den Eingliederungshilfeträger ist. Die Regelung der Abs. 1–3 weisen große inhaltliche Überschneidungen mit den §§ 75 Abs. 3 Satz 1 und 76 Abs. 1 und 2 SGB XII auf. Allerdings ist im Eingliederungshilferecht nach dem SGB IX **keine Prüfungsvereinbarung** mehr abzuschließen. Stattdessen sind in den §§ 128–130 SGB IX anlassbezogene Wirtschaftlichkeit- und Qualitätsprüfungen mit entsprechenden Sanktionen infolge festgestellter Verstöße vorgesehen (s. Rn. 402 ff), die einzuhaltenden Standards werden im Landesrahmenvertrag gemäß § 131 Abs. 1 Satz 1 Nr. 6 SGB IX bestimmt. **Gravierende Änderungen** bei der Ausgestaltung der Vereinbarung ergeben sich zudem aus der mit der personenorientierten Neuausrichtung der Eingliederungshilfe verbundenen **Trennung von Fachleistungen** einerseits und **existenzsichernden Leistungen** andererseits. Diese Aufteilung ist in den beiden Teilvereinbarungen abzubilden, die sich auf die Fachleistungen der Eingliederungshilfe zu beschränken haben. Die Vereinbarung hat sich weiterhin im Rahmen der Vorgaben des Landesrahmenvertrages nach § 131 Abs. 1 Satz 2 SGB IX (s. Rn. 417 f.) zu bewegen. Allerdings sieht § 125 Abs. 3 Satz 4 SGB IX die **Möglichkeit abweichender Vereinbarungen** zur Vergütung und Abrechnung der Fachleistungen vor (s. Rn. 386 ff.).

380 **§ 125 Inhalt der schriftlichen Vereinbarung**

(1) In der schriftlichen Vereinbarung zwischen dem Träger der Eingliederungshilfe und dem Leistungserbringer sind zu regeln:

1. Inhalt, Umfang und Qualität einschließlich der Wirksamkeit der Leistungen der Eingliederungshilfe (Leistungsvereinbarung) und
2. die Vergütung der Leistungen der Eingliederungshilfe (Vergütungsvereinbarung).

(2) [1]In die Leistungsvereinbarung sind als wesentliche Leistungsmerkmale mindestens aufzunehmen:

1. der zu betreuende Personenkreis,
2. die erforderliche sächliche Ausstattung,
3. Art, Umfang, Ziel und Qualität der Leistungen der Eingliederungshilfe,
4. die Festlegung der personellen Ausstattung,
5. die Qualifikation des Personals sowie
6. soweit erforderlich, die betriebsnotwendigen Anlagen des Leistungserbringers.

[2]Soweit die Erbringung von Leistungen nach § 116 Absatz 2 zu vereinbaren ist, sind darüber hinaus die für die Leistungserbringung erforderlichen Strukturen zu berücksichtigen.

Die Leistungsvereinbarung hat auch weiterhin **Inhalt, Umfang und Qualität der Leistung** zu beschreiben. Die im Vergleich zu § 75 Abs. 3 Satz 1 Nr. 1 SGB XII hinzugefügten Worte „einschließlich der Wirksamkeit der Leistungen" kann als Hinweis darauf verstanden werden, dass die Leistungsbeschreibung neben der Struktur- und Prozessqualität auch **Aussagen zur Ergebnisqualität** beinhalten soll. Zu berücksichtigen sind dabei die diesbezüglichen Vorgaben des Landesrahmenvertrages gemäß § 131 Abs. 1 Satz 1 Nr. 6 SGB IX. Dessen Vorgaben z.B. zu Leistungsmerkmalen und den

Personalrichtwerten sind auch bezüglich der in Abs. 2 aufgelisteten **Mindestinhalte der Leistungsvereinbarung** zu beachten, die dem Wortlaut nach mit denjenigen in § 76 Abs. 1 Satz 1 SGB XII genannten wesentlichen Leistungsmerkmalen übereinstimmen. Inhaltlich ergeben sich jedoch insoweit deutliche Änderungen daraus, dass dort **nur noch die Fachleistungen der Eingliederungshilfe** zu beschreiben sind. Leistungen, die sich auf die Versorgung von Menschen mit Behinderungen mit Unterkunft und Verpflegung beziehen, finden dort keine Berücksichtigung mehr.

Des Weiteren ist die **personenzentrierte Neuausrichtung** der Eingliederungshilfe gemäß § 95 SGB IX zu berücksichtigen, wonach die Deckung der Bedarfe der Leistungsberechtigten unabhängig vom Ort der Leistungserbringung sicherzustellen ist. D.h., anders als unter dem bisherigen einrichtungsbezogenen Fokus sind die Leistungen nicht als „all inclusive"-Leistungskomplexe zu beschreiben und nach Abs. 3 mit einem Gesamtpreis zu versehen, sondern sind **in Module** oder einzelne Leistungspakete zu **untergliedern,**[483] die von den Leistungsberechtigten **selbstbestimmt wähl- und kombinierbar** sind. Im § 62 SGB IX ist dies im Rahmen der Leistungen zur Teilhabe am Arbeitsleben für Menschen mit Anspruch auf Aufnahme in eine Werkstatt für Menschen mit Behinderungen gesetzlich ausdrücklich so vorgesehen.  381

Soweit Leistungen gemäß § 116 Abs. 2 SGB IX an mehrere Leistungsberechtigte gemeinsam erbracht werden sollen (sog. **Poolen von Leistungen,** s. § 4 Rn. 136 ff.), sind gemäß § 125 Abs. 2 Satz 2 SGB IX insoweit auch die erforderlichen Strukturen zu berücksichtigen. D.h. es sind die **speziellen strukturellen Anforderungen** des Leistungsangebotes zu beschreiben, die sich anhand der Mindestinhalte nach Abs. 2 Satz 1 nicht abbilden lassen. Vergessen wurde dabei, dass auch § 112 Abs. 4 SGB IX die gemeinsame Erbringung von Anleit- und Begleitleistungen in Schule und Hochschule vorsieht. Auch insoweit bestehende spezielle strukturelle Anforderungen sind in der Leistungsvereinbarung zu berücksichtigen. Hingegen bedarf es keiner vertraglichen Verpflichtung des Leistungserbringers zur Aufnahme und Betreuung von Leistungsberechtigten in der Leistungsvereinbarung, wie in § 76 Abs. 1 Satz 2 SGB XII vorgesehen, weil dies bereits gesetzlich in § 123 Abs. 3 SGB IX als allgemeiner Grundsatz verankert ist (s. Rn. 363).  382

**§ 125 Inhalt der schriftlichen Vereinbarung**  383

(3) [1]Mit der Vergütungsvereinbarung werden unter Berücksichtigung der Leistungsmerkmale nach Absatz 2 Leistungspauschalen für die zu erbringenden Leistungen unter Beachtung der Grundsätze nach § 123 Absatz 2 festgelegt. [2]Förderungen aus öffentlichen Mitteln sind anzurechnen. [3]Die Leistungspauschalen sind nach Gruppen von Leistungsberechtigten mit vergleichbarem Bedarf oder Stundensätzen sowie für die gemeinsame Inanspruchnahme durch mehrere Leistungsberechtigte (§ 116 Absatz 2) zu kalkulieren. [4]Abweichend von Satz 1 können andere geeignete Verfahren zur Vergütung und Abrechnung der Fachleistung unter Beteiligung der Interessenvertretungen der Menschen mit Behinderungen vereinbart werden.

(4) [1]Die Vergütungsvereinbarungen mit Werkstätten für behinderte Menschen und anderen Leistungsanbietern berücksichtigen zusätzlich die mit der wirtschaftlichen Betätigung in Zusammenhang stehenden Kosten, soweit diese Kosten unter Berücksichtigung der besonderen Verhältnisse beim Leistungserbringer und der dort beschäftigten Menschen mit Behinderungen nach Art und Umfang über die in einem Wirtschaftsunternehmen üblicherweise entstehenden Kosten hinausgehen. [2]Können die Kosten im Einzelfall nicht ermittelt werden, kann hierfür eine Vergütungspau-

---

483  Vgl. dazu BT-Drs. 18/9522 S. 256.

schale vereinbart werden. [3]Das Arbeitsergebnis des Leistungserbringers darf nicht dazu verwendet werden, die Vergütung des Trägers der Eingliederungshilfe zu mindern.

In der **Vergütungsvereinbarung** sind die in der Leistungsvereinbarung beschriebenen Leistungsmerkmale mit Preisen zu versehen. Wie schon bei der Leistungsvereinbarung wirkt sich die Trennung von Fach- und existenzsichernden Leistungen auch im Rahmen der Vergütungsvereinbarung aus. Es sind **nur noch Leistungspauschalen** zu vereinbaren. Die in § 76 Abs. 2 Satz 1 SGB XII vorgesehene Grundpauschale für Unterkunft und Verpflegung entfällt, da diese Leistungen vollständig der Existenzsicherung zuzurechnen sind, und der **Investitionsbetrag** ist entsprechend den Vorgaben des Landesrahmenvertrages gemäß § 131 Abs. 1 Satz 1 Nr. 1 SGB IX anteilig in die Leistungspauschale einzupreisen. Im Übrigen sind auch die Investitionen über die Existenzsicherung zu (re-)finanzieren, insbesondere im Rahmen der Kosten der Unterkunft und Heizung. § 42 a Abs. 5 Satz 2 und 3 SGB XII i.d.F. 2020 sieht für besondere Wohnformen mit persönlichen Räumlichkeiten und Gemeinschaftsräumlichkeiten die Möglichkeit einer bis zu 25-prozentige Überschreitung der im dortigen Satz 1 vorgegebenen Angemessenheitsgrenze vor, wenn in den Unterkunftskosten Zuschläge für eine (Teil-) Möblierung, Wohn- und Wohnnebenkosten, Instandhaltungskosten, Ausstattungskosten mit Haushaltsgroßgeräten oder Gebühren für Telekommunikation, Rundfunk, Fernsehen und Internet enthalten sind (s. § 4 Rn. 227 ff.).

384 Die **Leistungspauschalen** sind anhand von Leistungstypen und von Hilfebedarfsgruppen mit vergleichbarem Hilfebedarf oder vergleichbarem Betreuungsaufwand zu kalkulieren, welche gemäß § 131 Abs. 1 Satz 1 Nr. 2 SGB IX im Landesrahmenvertrag zu bestimmen sind. Zudem sind gesonderte Leistungspauschalen für die gemeinsame Leistungserbringung gegenüber mehreren Leistungsberechtigten i.S.d. § 116 Abs. 2 SGB IX zu berechnen, sofern diese Form der Leistungserbringung angeboten wird, z.B. in besonderen Wohnformen i.S.d. § 42 a Abs. 2 Nr. 2 SGB XII i.d.F. 2020. Unklar ist die Bedeutung des § 131 Abs. 1 Satz 2 Nr. 3 SGB IX, wonach die **Höhe der Leistungspauschale** nach § 125 Abs. 3 Satz 1 SGB IX **im Landesrahmenvertrag** zu bestimmen ist. Würde dies umgesetzt, bedürfte es keiner Kalkulation mehr durch den einzelnen Leistungserbringer. Auf Ebene der Einzelvereinbarung könnten sonst – entgegen dem Wortlaut des § 125 Abs. 3 Satz 1 SGB IX – keine Leistungspauschalen mehr festgelegt, sondern nur noch diejenigen aus dem Rahmenvertrag übernommen werden. Die Vergütungsvereinbarung wäre – sinn- und zweckwidrig – vollständig vom Rahmenvertrag ersetzt und somit überflüssig (s. Rn. 417).

385 Die Vorgabe in Abs. 3 Satz 2, wonach **Förderung aus öffentlichen Mitteln anzurechnen** sind, ist aus § 76 Abs. 2 Satz 2 SGB XII übernommen. Sie dient dem **Schutz des Wettbewerbs** und soll verhindern, dass Fördermittel in Form von Zuwendungen oder haushaltsinternen Umschichtungen bei Eigenbetrieben der öffentlichen Hand dazu führen, dass die so geförderten Einrichtungen im Rahmen des externen Vergleiches besser abschneiden als Leistungsanbieter mit vergleichbaren Angeboten ohne Fördermittel. D.h., die öffentlichen Fördermittel sind **im Rahmen des Kostenvergleichs** den Leistungspauschalen hinzuzurechnen.[484] Eine zusätzliche Herausforderung stellt in

---

484 Vgl. *Münder* in Bieritz-Harder/Conradis/Thie LPK-SGB XII § 76 Rn. 24.

diesem Zusammenhang die Trennung von Fach- und existenzsichernden Leistungen dar, sofern die Fördermittel ohne spezifische Zuordnung gewährt wurden, z.B. bezüglich der Errichtung oder Herrichtung eines Gebäudes. Insofern ist bei der Anrechnung der Fördermittel nur der Teil der Förderung einzubeziehen, der auf die Fachleistungen entfällt.

Abs. 3 Satz 4 ermächtigt dazu, **andere Vergütungs- und Abrechnungsmodalitäten** unabhängig von den Leistungspauschalen nach Satz 1 zu vereinbaren. Denkbar wäre es z.B., bei Bedarfslagen, die nur in wenigen Fällen auftreten, eine Einzelabrechnung anstelle einer Pauschalabrechnung zu vereinbaren, wenn insoweit keine verlässlichen und wirtschaftlich auskömmlichen Durchschnittskosten kalkulierbar sind. Wer diese abweichenden Vereinbarungen treffen kann, ist in Abs. 3 Satz 4 nicht ausdrücklich formuliert. Es ergibt sich jedoch aus dem systematischen Zusammenhang, wonach die Vereinbarung nach § 125 SGB IX gemäß dessen Abs. 1 **zwischen** dem **Träger der Eingliederungshilfe und** dem (einzelnen) **Leistungserbringer** zu treffen ist. Auch nur auf dieser Ebene ist sinnvoll zu entscheiden, ob angesichts des konkreten Leistungsangebotes eine Vergütung und Abrechnung der Fachleistung abweichend von Leistungspauschalen angebracht ist.  **386**

Zu der Abweichungsmöglichkeit auf einzelvertraglicher Ebene passt jedoch die in Abs. 3 Satz 4 am Ende vorgesehene **Beteiligung von Interessenvertretungen von Menschen mit Behinderungen** nicht. In dieser Vereinbarung geht es inhaltlich nicht um die Versorgung der Leistungsberechtigten, sondern nur um die leistungserbringerspezifische Vergütung, bei denen es sich um Betriebsgeheimnisse handelt, und die Abrechnungswege zwischen Leistungserbringer und Eingliederungshilfeträger. Praktikabel wäre die Beteiligung auch deswegen nicht, da in Abs. 3 Satz 4 anders als in § 131 Abs. 2 SGB IX nicht konkretisiert wird, welche Interessenvertretungen insoweit zu beteiligen wären. Es ist daher davon auszugehen, dass sich insoweit um ein **redaktionelles Versehen in der Gesetzgebung** handelt, und abweichende Vereinbarungen – ebenso wie die Vergütungsvereinbarung im Übrigen – **ohne Beteiligung** der Interessenvertretungen von Menschen mit Behinderung abgeschlossen werden.  **387**

Die These der Gesetzesbegründung, der zufolge es sich im Abs. 3 Satz 4 um eine Ermächtigung der Eingliederungshilfeträger **bezüglich länderspezifischer Abrechnungsverfahren** im Zusammenhang mit der Möglichkeit der Aufforderung an einen unbestimmten Kreis an Leistungserbringern zum Abschluss von Vereinbarung gemäß § 126 Abs. 1 Satz 3 SGB IX handeln soll,[485] findet weder im Gesetzeswortlaut noch im systematischen Zusammenhang der Regelung eine Stütze. Selbst wenn der Träger der Eingliederungshilfe gemäß landesrechtlicher Bestimmung nach § 92 Abs. 1 SGB IX ein überörtlicher Träger ist, der landesweit agieren kann, so ist die im § 125 SGB IX angesprochene Handlungsebene ausweislich dessen Abs. 1 diejenige der Einzelvereinbarung im Verhältnis zum einzelnen Leistungserbringer.  **388**

Bzgl. der **Vergütung für Leistungen im Arbeitsbereich** einer WfbM und bei anderen Leistungsanbietern durch den Eingliederungshilfeträger wurden in Abs. 4 die Regelungen aus dem § 41 Abs. 3 Satz 3 Nr. 2 und Satz 4 sowie Abs. 4 Satz 3 SGB IX a.F.  **389**

---

485  BT-Drs. 18/9522, 296.

übernommen, wonach die Vergütung auch die **spezifischen Werkstattkosten** in Anbetracht ihres sozialen Auftrages umfasst, die ggf. auch pauschaliert werden kann, und demzufolge das von der WfbM erwirtschaftete Arbeitsergebnis sich nicht mindernd auf die Vergütung des Eingliederungshilfeträgers auswirken darf.

#### 4. Verfahren und Inkrafttreten der Vereinbarung (§ 126 SGB IX)

390 Die Regelungen über das **Verfahren und Inkrafttreten der Vereinbarung** in § 126 SGB IX sind eng angelehnt an diejenigen des SGB XII-Vertragsrechts in § 77 Abs. 1 und 2 SGB XII, enthalten jedoch **punktuelle Änderungen** von z.T. erheblicher Tragweite:

- Die Eingliederungshilfeträger können einen unbestimmten Kreis an Leistungserbringern zur Aufnahme von Verhandlungen auffordern (Abs. 1 Satz 3, s. Rn. 391),
- zu den Verhandlungsgegenständen sind auf Verlangen einer Partei geeignete **Nachweise vorzulegen** (Abs. 1 Satz 4, s. Rn. 393),
- der **Verhandlungszeitraum** wird auf **drei Monate** ausgedehnt, bevor die Schiedsstelle angerufen werden kann (Abs. 2 Satz 1, s. Rn. 394),
- es sind alle strittigen Punkte der Vereinbarung **schiedsfähig** einschließlich derjenigen der **Leistungsvereinbarung** (Abs. 2 Satz 1) und
- ein **rückwirkendes Inkrafttreten** vor den Abschlusszeitpunkt ist auch im Wege der einvernehmlichen Vereinbarung **unzulässig** (Abs. 3 Satz 5).

391 § 126 Verfahren und Inkrafttreten der Vereinbarung

(1) [1]Der Leistungserbringer oder der Träger der Eingliederungshilfe hat die jeweils andere Partei schriftlich zu Verhandlungen über den Abschluss einer Vereinbarung gemäß § 125 aufzufordern. [2]Bei einer Aufforderung zum Abschluss einer Folgevereinbarung sind die Verhandlungsgegenstände zu benennen. [3]Die Aufforderung durch den Leistungsträger kann an einen unbestimmten Kreis von Leistungserbringern gerichtet werden. [4]Auf Verlangen einer Partei sind geeignete Nachweise zu den Verhandlungsgegenständen vorzulegen.

Abs. 1 regelt die **Aufnahme und die Durchführung der Verhandlungen** zum Abschluss der Vereinbarung nach § 125 SGB IX. Die schriftliche Initiative kann sowohl vom Leistungserbringer als auch vom Eingliederungshilfeträger ausgehen. Letzterer hat auch die Möglichkeit, durch **öffentliche Bekanntmachung** einen unbestimmten Kreis an Leistungserbringern zum Einreichen von Verhandlungsangeboten für bestimmte Leistungen aufzufordern.

392 Neu hinzugekommen ist die Vorgabe im Abs. 1 Satz 2, dass bereits in der Aufforderung zum Abschluss einer **Folgevereinbarung** konkret die **Verhandlungsgegenstände zu benennen** sind, über die im Vergleich zur bisherigen Vereinbarung neu verhandelt werden soll. Es ist davon auszugehen, dass dies der Beschleunigung der Verhandlungen dienen soll, in dem sich die andere Vertragspartei insbesondere auf die benannten Punkte vorbereiten kann, dies jedoch **keine Ausschlusswirkung** bezüglich weiterer Verhandlungsgegenstände entfaltet. Das ergibt sich daraus, dass auch noch im Schiedsverfahren uneingeschränkt Anträge geändert werden können, unabhängig davon, ob es sich um eine Erst- oder um eine Folgevereinbarung handelt.

Im Vergleich zum Vertragsrecht des SGB XII ebenfalls ergänzt wurde in Abs. 1 Satz 4    393
die Pflicht, im Rahmen der aufgenommenen Verhandlungen auf Verlangen der Gegenseite **geeignete Nachweise** zu den Verhandlungsgegenständen vorzulegen. Dies **betrifft beide Seiten**, kann sich also sowohl auf den Leistungserbringer beziehen, z.b.
bezüglich der Vorlage von Kalkulationsgrundlagen, als auch auf den Eingliederungshilfeträger, z.B. bezüglich der Ermittlung des unteren Drittels des Marktpreises nach
§ 124 Abs. 1 Satz 3 SGB IX im Rahmen des externen Vergleichs. Bezüglich der Frage,
wie weit die Nachweispflicht im Einzelnen geht, kann der **Landesrahmenvertrag** gemäß § 131 Abs. 1 Satz 2 Nr. 7 SGB IX entsprechende Vorgaben machen.[486] Der Begriff der Eignung der im Verlauf einer Verhandlung geforderten bzw. der vorgelegten
Nachweise ist ein unbestimmter Rechtsbegriff, dessen Auslegung im Rechtsschutzver-
fahren überprüft werden kann.

### § 126 Verfahren und Inkrafttreten der Vereinbarung    394

(2) ¹Kommt es nicht innerhalb von drei Monaten, nachdem eine Partei zu Verhandlungen aufgefordert wurde, zu einer schriftlichen Vereinbarung, so kann jede Partei hinsichtlich der strittigen Punkte die Schiedsstelle nach § 133 anrufen. ²Die Schiedsstelle hat unverzüglich über die strittigen Punkte zu entscheiden. ³Gegen die Entscheidung der Schiedsstelle ist der Rechtsweg zu den Sozialgerichten gegeben, ohne dass es eines Vorverfahrens bedarf. ⁴Die Klage ist gegen den Verhandlungspartner und nicht gegen die Schiedsstelle zu richten.

Wie im Vertragsrecht des SGB XII ist auch im Eingliederungshilferecht die **Entscheidung einer Schiedsstelle** vorgesehen, wenn und soweit sich die Vertragsparteien sich
nicht einigen können. Der Zeitraum, der nach schriftlicher Aufforderung zum Verhandeln verstrichen sein muss, ist **auf 3 Monate verlängert** worden, um einerseits genügend Zeit für die Verständigung über die komplexe Materie einzuräumen, andererseits aber auch einen zügigen Abschluss des Verfahrens zu gewährleisten.[487] Im Fall
der Aufforderung eines unbestimmten Kreises an Leistungserbringern durch den Eingliederungshilfeträger mittels öffentlicher Bekanntmachung (Abs. 1 Satz 3) ist davon
auszugehen, dass die Dreimonatsfrist nicht bereits mit der öffentlichen Bekanntmachung zu laufen beginnt, sondern erst mit der Vorlage eines Angebotes. Denn erst in
diesem Moment besteht die Möglichkeit konkreter Verhandlungen über eine Vereinbarung nach § 125 SGB IX.

Keine ausdrückliche Regelung hinsichtlich des Verhandlungszeitraumes sieht Abs. 2    395
für den Fall vor, wenn **Angebote während laufender Verhandlungen geändert** werden,
z.B. aufgrund zwischenzeitlicher Überarbeitung der kalkulatorischen Grundlagen
durch den Leistungserbringer. Bleibt es bei dem Dreimonatszeitraum nach schriftlicher Aufforderung zum Verhandeln, verkürzt das die Zeit, in der über den neuen
bzw. geänderten Antrag verhandelt werden kann – u.U. auf wenige Tage oder Stunden. Würde mit jeder Antragsänderung der Dreimonatszeitraum jeweils neu beginnen, könnte das Verfahren dadurch in die Länge gezogen werden – u.U. über Monate
hinweg; zudem wäre der Zeitpunkt für den Fristbeginn streitanfällig. Eine vermitteln-
de Lösung, mit jeder Antragsänderung ein eigenes Verfahren mit neuer Frist in Gang

---

486 *Kulenkampff* RdLH 2017, 175 weist zu Recht darauf hin, dass das Vertragsrecht ad absurdum geführt
wird, wenn sich eine Vertragspartei genauestens über die Interna der Gegenseite informieren kann.
487 BT-Drs. 18/9522, 296.

zu setzen, ist angesichts der Komplexität und der Abhängigkeit der Vereinbarungsgegenstände voneinander nicht praktikabel. Die „Schutzfunktion der Vorschrift, [...] [die] den beteiligten Verhandlungspartnern einen zügigen Abschluss des Verfahrens gewährleisten soll",[488] spricht ebenso wie die Rechtsklarheit für die **Unveränderlichkeit des Dreimonatszeitraums ab Verhandlungsaufforderung.** Dem Interesse der anderen Vertragspartei, auch über den geänderten Antrag noch angemessen verhandeln zu können, kann immer noch im Rahmen des Verfahrens vor der Schiedsstelle Rechnung getragen werden. Dies ist umso mehr angezeigt, je später im Dreimonatszeitraum der Antrag geändert oder ergänzt wurde. Insoweit ist es Aufgabe der der Schiedsstelle vorsitzenden Person, für einen Interessenausgleich zu sorgen.

396   Keine eindeutige Regelung wurde zudem darüber getroffen, **worüber** genau die **Schiedsstelle zu entscheiden** hat: ob nur über konkrete Vereinbarungsbestandteile, über die keine Einigung erzielt worden ist, oder auch über relevante Vorfragen, wie z.B. den Umfang der vorzulegenden Nachweise i.S.d. Abs. 1 Satz 4. Während dies im Sozialhilferecht gemäß § 77 Abs. 1 Satz 3 SGB XII „die Gegenstände sind, über die keine Einigung erreicht werden konnte", so kann gemäß § 126 Abs. 2 SGB IX jede Partei die Schiedsstelle „hinsichtlich der strittigen Punkte" anrufen, über die die Schiedsstelle unverzüglich zu entscheiden hat. Für eine insoweit **umfassende Entscheidungskompetenz der Schiedsstelle** spricht ihr gesetzlicher Auftrag, zügig einen weitgehenden Interessenausgleich zwischen den Verhandlungspartnern zu erzielen, „ohne dass es eines zeitaufwendigen Gerichtsverfahrens bedarf".[489] Ohne die Klärung strittiger Vorfragen, ob z.B. vorgelegte Nachweise „geeignet" i.S.d. Abs. 1 Satz 4 sind oder darüber hinaus weitere Unterlagen verlangt werden können, ist ein solcher weitgehender Interessenausgleich jedoch nicht möglich. Der Wortlaut des Abs. 2 Satz 2 spricht jedenfalls nicht gegen diese Auslegung, denn dort ist keine Eingrenzung der zwischen den Vertragsparteien strittigen Punkte vorgesehen,

397   Gegen die Entscheidung der Schiedsstelle ist auch weiterhin eine **Klage** ohne vorheriges Vorverfahren vorgesehen, die direkt **gegen den Verhandlungspartner** und nicht gegen die Schiedsstelle zu richten ist. Der **Rechtsweg** ist – ebenso wie im Vertragsrecht des SGB XII – gemäß Abs. 2 Satz 3 zur Sozialgerichtsbarkeit eröffnet. Angesichts der funktionellen Zuständigkeit der **Landessozialgerichte** für Entscheidungen der Schiedsstellen nach § 120 Abs. 4 SGB V, § 76 SGB XI und § 80 bzw. ab 2020 § 81 SGB XII im in § 29 Ab. 2 Nr. 1 SGG ist auch von einer Zuständigkeit für diejenigen der SGB IX Schiedsstelle auszugehen, auch wenn § 133 SGB IX noch nicht mit in den § 29 Ab. 2 Nr. 1 SGG aufgenommen worden ist.[490] Ohnehin wird die Zuständigkeit der Sozialgerichtsbarkeit auch für „Angelegenheiten nach Teil 2 des SGB IX" in § 51 Abs. 1 Nr. 6 a SGG ausdrücklich erst ab dem 1.1.2020 benannt.[491] Allerdings greift bis dahin die Regelung des § 51 Abs. 10 SGG, wonach die Sozialgerichtsbarkeit in den Angelegenheiten zur entscheiden hat, für die durch Gesetz – wie hier im Abs. 2 Satz 3 – der Rechtsweg vor diesen Gerichten eröffnet wird.

---

488   BT-Drs. 18/9522, 296.
489   BT-Drs. 18/9522, 296.
490   So auch *Kulenkampff* RdLH 2016, 176, dessen Mahnung auf Nachbesserung bisher ungehört blieb.
491   Art. 20 Abs. 2 i.V.m. Art. 26 Abs. 4 Satz 1 Nr. 4 BTHG.

§ 126 Verfahren und Inkrafttreten der Vereinbarung                                    398

(3) [1]Vereinbarungen und Schiedsstellenentscheidungen treten zu dem darin bestimmten Zeitpunkt in Kraft. [2]Wird ein Zeitpunkt nicht bestimmt, wird die Vereinbarung mit dem Tag ihres Abschlusses wirksam. [3]Festsetzungen der Schiedsstelle werden, soweit keine Festlegung erfolgt ist, rückwirkend mit dem Tag wirksam, an dem der Antrag bei der Schiedsstelle eingegangen ist. [4]Soweit in den Fällen des Satzes 3 während des Schiedsstellenverfahrens der Antrag geändert wurde, ist auf den Tag abzustellen, an dem der geänderte Antrag bei der Schiedsstelle eingegangen ist. [5]Ein jeweils vor diesem Zeitpunkt zurückwirkendes Vereinbaren oder Festsetzen von Vergütungen ist in den Fällen der Sätze 1 bis 4 nicht zulässig.

Die Regelung zum **Inkrafttreten der Vereinbarung** entsprechen im Grunde denjenigen im § 77 Abs. 2 SGB XII. Abs. 3 Satz 5 stellt jedoch klar, dass entgegen der Auslegung durch das Bundessozialgericht[492] ein **rückwirkendes Inkrafttreten** gegenüber den in Abs. 3 vorgesehenen Zeitpunkten sowohl durch einvernehmliche Vereinbarung als auch durch Schiedsspruch **unzulässig** ist. Die im Abs. 3 Satz 4 enthaltene Neuregelung legt fest, dass die Entscheidung der Schiedsstelle bei Änderungen des Antrags im laufenden Schiedsverfahren erst ab dem Zeitpunkt der Änderung in Kraft treten dürfen. Insoweit zeichnet sich bereits jetzt Streit darüber ab, ob es sich bei Aussagen der Verhandlungsparteien zu ihren Anträgen nur um Konkretisierung des Ausgangsantrages handelt, oder bereits um eine Antragsänderung. Zudem erschwert diese Regelung die Möglichkeit eines – im Verhandlungsgeschehen an sich sinnvollen – Entgegenkommens im Rahmen des Schiedsverfahrens: änderte der Leistungserbringer aufgrund von Hinweisen der vorsitzenden Person seinen Antrag z.B. in Gestalt einer reduzierten Vergütungsforderung, verringert sich zugleich die Rückwirkung einer entsprechenden späteren Festsetzung durch die Schiedsstelle auf den Tag dieser Antragsänderung.

### 5. Verbindlichkeit der vereinbarten Vergütung (§ 127 SGB IX)

Im § 127 SGB IX sind diejenigen Regelung zusammengestellt worden, die sich auf die    399
Wirkung und die Dauer der vereinbarten Vergütung beziehen:

§ 127 Verbindlichkeit der vereinbarten Vergütung

(1) [1]Mit der Zahlung der vereinbarten Vergütung gelten alle während des Vereinbarungszeitraumes entstandenen Ansprüche des Leistungserbringers auf Vergütung der Leistung der Eingliederungshilfe als abgegolten. [2]Die im Einzelfall zu zahlende Vergütung bestimmt sich auf der Grundlage der jeweiligen Vereinbarung nach dem Betrag, der dem Leistungsberechtigten vom zuständigen Träger der Eingliederungshilfe bewilligt worden ist. [3]Sind Leistungspauschalen nach Gruppen von Leistungsberechtigten kalkuliert (§ 125 Absatz 3 Satz 3), richtet sich die zu zahlende Vergütung nach der Gruppe, die dem Leistungsberechtigten vom zuständigen Träger der Eingliederungshilfe bewilligt wurde.

Mit Abs. 1 soll – wie schon in § 123 Abs. 2 SGB IX – zum Ausdruck kommen, dass –    400
nur die **im Vorhinein vereinbarte Vergütung** gezahlt wird und auch im neuen Eingliederungshilferecht ein **nachträglicher Ausgleich ausgeschlossen** ist.[493] D.h. eine pauschale Abgeltungswirkung noch offener Rechnungen im Rahmen der Abrechnung ist damit nicht beabsichtigt. **Grundlage der Vergütung** sind die den Leistungsberechtig-

---

492  BSG 23.7.2014 – B 8 SO 2/13 R.
493  BT-Drs. 18/9522, 297.

ten im Einzelfall tatsächlich **bewilligten Leistungen.**[494] I.d.R. werden den Leistungsberechtigten dabei nicht wie in Abs. 1 Satz 2 beschrieben, konkrete Geldbeträge bewilligt (mit Ausnahme insbesondere beim Persönlichen Budget,, s. Rn. 156, und der pauschalen Geldleistung, s. § 4 Rn. 136), sondern Sachleistungen z.B. in Form von Fachleistungsstunden oder durch Zuordnung der Bedarfe in Leistungstypen und Einstufung der leistungsberechtigten Person in eine Hilfebedarfsgruppe. Dementsprechend richtet sich die Abrechnung nach den in der Vergütungsvereinbarung nach § 125 Abs. 3 SGB IX getroffenen Absprachen entweder nach den erbrachten Stundensätzen oder aber nach dem Leistungstyp und der Hilfebedarfsgruppe, in die die leistungsberechtigte Person durch den Eingliederungshilfeträger eingestuft worden ist.

401 **§ 127 Verbindlichkeit der vereinbarten Vergütung**

(2) Einer Erhöhung der Vergütung auf Grund von Investitionsmaßnahmen, die während des laufenden Vereinbarungszeitraumes getätigt werden, muss der Träger der Eingliederungshilfe zustimmen, soweit er der Maßnahme zuvor dem Grunde und der Höhe nach zugestimmt hat.

(3) ¹Bei unvorhergesehenen wesentlichen Änderungen der Annahmen, die der Vergütungsvereinbarung oder der Entscheidung der Schiedsstelle über die Vergütung zugrunde lagen, ist die Vergütung auf Verlangen einer Vertragspartei für den laufenden Vereinbarungszeitraum neu zu verhandeln. ²Für eine Neuverhandlung gelten die Vorschriften zum Verfahren und Inkrafttreten (§ 126) entsprechend.

(4) Nach Ablauf des Vereinbarungszeitraumes gilt die vereinbarte oder durch die Schiedsstelle festgesetzte Vergütung bis zum Inkrafttreten einer neuen Vergütungsvereinbarung weiter.

Die Abs. 2–4 sind aus dem Vertragsrecht des SGB XII übernommen, nämlich die Regelung über die **Vergütungserhöhungen wegen Investitionen** (Abs. 2) aus § 76 Abs. 2 Satz 4 SGB XII, die Anpassungen wegen unvorhergesehener **Änderungen der Vertragsgrundlagen** (Abs. 3) aus § 77 Abs. 3 SGB XII und die **Fortwirkung der Vergütung** über das Endes des Vereinbarungszeitraumes hinaus (Abs. 4) aus § 77 Abs. 2 Satz 4 SGB XII. Die Regelungen sind also entsprechend der insoweit zu den Parallelregelungen entwickelten Praxis und Rechtsprechung anzuwenden.

## 6. Wirtschaftlichkeit und Qualitätsprüfung (§ 128 SGB IX)

402 Anstelle der im Vertragsrecht des SGB XII abzuschließenden Prüfungsvereinbarung verbunden mit einem Prüfrecht bezüglich der Wirtschaftlichkeit und Qualität der Leistungen nach §§ 75 Abs. 3 Satz 3 und 76 Abs. 3 SGB XII sieht das Eingliederungshilferecht insoweit eine **anlassbezogene Prüfungspflicht** vor. Die der Prüfung zu Grunde zu legenden Standards sind im Landesrahmenvertrag gemäß § 131 Abs. 1 Satz 2 Nr. 6 SG IX zu vereinbaren.

**§ 128 Wirtschaftlichkeits- und Qualitätsprüfung**

(1) ¹Soweit tatsächliche Anhaltspunkte dafür bestehen, dass ein Leistungserbringer seine vertraglichen oder gesetzlichen Pflichten nicht erfüllt, prüft der Träger der Eingliederungshilfe oder ein von diesem beauftragter Dritter die Wirtschaftlichkeit und Qualität einschließlich der Wirksamkeit der vereinbarten Leistungen des Leistungserbringers. ²Zur Vermeidung von Doppelprüfungen arbeiten die Träger der Eingliederungshilfe mit den Trägern der Sozialhilfe, mit den für die Heimaufsicht zuständigen Behörden sowie mit dem Medizinischen Dienst der Krankenversicherung zusammen. ³Durch Landesrecht kann von der Einschränkung in Satz 1 erster Halbsatz abgewichen werden.

---

494 BT-Drs. 18/10523, 66.

(2) Die Prüfung nach Absatz 1 kann ohne vorherige Ankündigung erfolgen und erstreckt sich auf Inhalt, Umfang, Wirtschaftlichkeit und Qualität einschließlich der Wirksamkeit der erbrachten Leistungen.

(3) ¹Der Träger der Eingliederungshilfe hat den Leistungserbringer über das Ergebnis der Prüfung schriftlich zu unterrichten. ²Das Ergebnis der Prüfung ist dem Leistungsberechtigten in einer wahrnehmbaren Form zugänglich zu machen.

Abs. 1 sieht **grundsätzlich** nur **anlassbezogene Prüfungen** der Wirtschaftlichkeit und Qualität der Leistung vor. D.h., es müssen Hinweise darauf vorliegen, dass der Leistungserbringer seine gesetzlichen und/ oder vertraglichen Pflichten nicht einhält. Jährliche **Regelprüfung** wie für Pflegeeinrichtungen nach § 114 Abs. 3 SGB XI sind im Eingliederungshilferecht des SGB IX **nicht vorgesehen.** Allerdings enthält § 128 Abs. 1 Satz 3 SGB IX eine Ermächtigung zugunsten der Landesgesetzgeber, **im Landesrecht auch anlasslose Prüfungen** und deren Voraussetzungen vorzusehen.[495] Indem Landesrecht nur von den Einschränkungen des 1. Halbsatzes abweichen darf, ist zugleich sichergestellt, dass dadurch die anlassbezogenen Prüfungen nicht erschwert, eingeschränkt oder gar ausgeschlossen werden dürfen. Und auch im **Landesrahmenvertrag** darf nur das **Verfahren zur Durchführung** von Wirtschaftlichkeit- und Qualitätsprüfung geregelt werden, nicht aber deren Voraussetzungen. **403**

Um die Prüfbelastung für den Leistungserbringer zu verringern, hat sich der Eingliederungshilfeträger **mit** den in Abs. 1 Satz 2 genannten **anderen Institutionen,** die zur Prüfung des Leistungserbringers berechtigt sind, **abzustimmen.** Die Prüfung kann der Eingliederungshilfeträger entweder selbst durchführen oder einen Dritten mit der Durchführung beauftragen, wobei die Vorgaben des Vergaberechts zu beachten sind. **404**

Die **Prüfung** selbst **kann** nach Abs. 2 **unangemeldet** durchgeführt werden. Laut der Gesetzesbegründung hat dies „**in geeigneten Fällen**" zu erfolgen.[496] Insoweit hat der Eingliederungshilfeträger eine Entscheidung nach pflichtgemäßem **Ermessen** zu treffen, auch wenn er einen Dritten mit der Prüfung beauftragt hat. Bei der Ermessensausübung hat der Eingliederungshilfeträger zu berücksichtigen, dass einerseits unangekündigte Prüfungen Betriebsabläufe erschweren und höheren Aufwand verursachen können, weil ggf. Dokumente erst zusammengesucht und aussagefähiges Personal herbeigeholt werden muss, andererseits bei zuvor angekündigten Prüfungen die Gefahr besteht, dass Mängel kurzfristig beseitigt und Sprachregelungen abgestimmt werden. Je gewichtiger die Rechtsgüter sind, die bei Nichteinhaltung der Pflichten durch den Leistungserbringer bedroht sind, desto mehr spricht für eine unangekündigte Prüfung. Die **Ergebnisse** der Prüfung sind nicht nur **dem Leistungserbringer** **schriftlich mitzuteilen,** sondern auch **den Leistungsberechtigten** in einer für sie wahrnehmbaren Form **zugänglich zu machen.** Anders als bei den Ergebnissen von Qualitätsprüfungen im Recht der sozialen Pflegeversicherung nach § 115 Abs. 1a SGB XI ist insoweit jedoch keine allgemeine Veröffentlichung im Internet noch auf sonstige kostenfreie Weise vorgeschrieben. **405**

---

495  BT-Drs. 18/9522, 297.
496  BT-Drs. 18/9522, 298.

### 7. Kürzung der Vergütung (§ 129 SGB IX)

406 Als Reaktion auf im Rahmen der Wirtschaftlichkeits- und Qualitätsprüfung festgestellte Verstöße des Leistungserbringers gegen gesetzliche oder vertragliche Pflichten ist eine **entsprechende Kürzung der vereinbarten Vergütung** vorgeschrieben, bis der oder die Pflichtverstöße behoben sind. Die Vergütungskürzung stellt zum einen den milderen Eingriff in die Berufsfreiheit des Leistungserbringers aus Art. 12 Abs. 1 GG dar als die außerordentliche Kündigung und ermöglicht eine Sanktion auch dann, wenn der oder die Pflichtverstöße nicht so schwerwiegend sind, als dass sie eine außerordentliche Kündigung rechtfertigen könnte(n). Eng angelehnt ist das Instrument der Vergütungskürzung an die Parallelvorschrift aus dem Recht der sozialen Pflegeversicherung in § 115 Abs. 3 Satz 1–6 SGB XI.

§ 129 Kürzung der Vergütung

(1) ¹Hält ein Leistungserbringer seine gesetzlichen oder vertraglichen Verpflichtungen ganz oder teilweise nicht ein, ist die vereinbarte Vergütung für die Dauer der Pflichtverletzung entsprechend zu kürzen. ²Über die Höhe des Kürzungsbetrags ist zwischen den Vertragsparteien Einvernehmen herzustellen. ³Kommt eine Einigung nicht zustande, entscheidet auf Antrag einer Vertragspartei die Schiedsstelle. ⁴Für das Verfahren bei Entscheidungen durch die Schiedsstelle gilt § 126 Absatz 2 und 3 entsprechend.

407 Der Kürzungsbetrag ist **einvernehmlich zwischen den Vertragsparteien** zu bestimmen. Gelingt dies nicht, ist er **von der Schiedsstelle** festzusetzen. Anders als im Recht der gesetzlichen Pflegeversicherung in § 115 Abs. 2 SGB XI ist im Eingliederungshilferecht kein Bescheid vorgesehen, mit dem die zur Abhilfe der Pflichtverstöße notwendigen Maßnahmen einschließlich einer Umsetzungsfrist vorgegeben werden. Hier bleibt es dem Leistungserbringer überlassen, welche Maßnahmen er wann trifft, um die gesetzlichen und vertraglichen Pflichten wieder zu erfüllen.

408 **Voraussetzung** für die Vergütungskürzung ist, dass die vollständige oder teilweise Nichteinhaltung gesetzlicher oder vertraglicher Pflichten durch den Leistungserbringer feststeht. Hinsichtlich des „ob" der vorzunehmenden Kürzung der Vergütung hat der Träger der Eingliederungshilfe keinerlei Ermessen. Bezüglich der mit dem Leistungserbringer einvernehmlich bzw. bei Nichtgelingen durch die Schiedsstelle zu bestimmenden **Höhe der Vergütungskürzung** sind im Gesetz keinerlei Vorgaben vorgesehen. Beispielhaft wird in der Gesetzesbegründung angeführt, dass bei einem Unterschreiten der Personalvorgaben die insoweit eingesparten Personalkosten anzusetzen sind.[497] Das wäre gleichbedeutend damit, dass die Sanktionswirkung der Vergütungskürzung begrenzt ist auf den „Minderwert" der erbrachten Leistungen im Vergleich zu demjenigen, den die Leistungen bei Einhaltung der gesetzlichen und vertraglichen Pflichten gehabt hätte, vergleichbar der Wirkung einer Minderung im Kaufvertragsrecht nach §§ 437 Nr. 1, 441 BGB. Dabei ist jedoch zu berücksichtigen, dass die Personalkosten aus der Kalkulation des Leistungserbringers nicht unbedingt ohne Abstriche in die Vergütungsvereinbarung übernommen worden sein müssen, insbesondere wenn es im Rahmen der Verhandlungen zu Abstrichen im Wege des Nachgebens gekommen ist.[498]

---

497 BT-Drs. 18/9522, 298.
498 *Kulenkampff* RdLH 2017, 175.

Im Fall der Nichteinigung bezüglich der Höhe der Vergütungskürzung entscheidet 409
darüber die **Schiedsstelle auf Antrag** einer der Parteien **entsprechend den Vorgaben in
§ 126 Abs. 2 SGB IX.** Das bedeutet, der Antrag kann erst nach Ablauf von drei Monaten gestellt werden, nachdem der Eingliederungshilfeträger den Leistungserbringer
zu Gesprächen über die Vergütungskürzung aufgefordert hat – der umgekehrte Fall
ist in der Praxis eher unwahrscheinlich. Da für die Höhe der Kürzung das **Ob und
der Umfang der Pflichtverletzung** mit entscheidend sind, hat die Schiedsstelle auch insoweit über diese Vorfragen mit zu entscheiden, soweit sie zwischen den Vertragsparteien strittig sind. Anders als im Recht der sozialen Pflegeversicherung hat die **gesamte Schiedsstelle** über die Höhe der Kürzung **zu entscheiden** und nicht lediglich deren
vorsitzende Person.[499]

Die entsprechende Anwendung des § 126 Abs. 3 SGB IX bei Entscheidung durch die 410
Schiedsstelle bedeutet – insbesondere unter Beachtung des verschärften Rückwir-
kungsverbotes in dessen Satz 4 (s. Rn. 398), dass die **Kürzung der Vergütung** frühes-
tens **ab dem Zeitpunkt der Antragstellung** bei der Schiedsstelle in Kraft treten kann.
Dies steht in einem Widerspruch zu der Anordnung des Abs. 1 Satz 1 Hs. 2, wonach
die Vergütung für die Dauer der Pflichtverletzung zu kürzen ist. Die Kürzung erst ab
Antragstellung setzt damit den Anreiz für Leistungserbringer, durch bewusste oder in
Kauf genommene Pflichtverletzungen ihre Kostenstrukturen und damit ihre Wettbe-
werbsposition zu verbessern. Dieser Anreiz wird noch dadurch verstärkt, dass der
Antrag erst gestellt werden kann, wenn aufgrund der entsprechenden Anwendung
des Abs. 2 der für die Verhandlung der Vertragsparteien über die Höhe vorgesehene
Dreimonatszeitraum ins Land gegangen ist. Da eine Vergütungskürzung vor dem
Zeitpunkt der Antragstellung den Wortlaut der entsprechenden Anwendung der
§ 126 Abs. 2 und 3 SGB IX zu überdehnen droht, erscheint eine Korrektur durch den
Gesetzgeber zur Vermeidung der genannten Fehlanreize geboten – z.B. dahingehend,
dass die Schiedsstellenentscheidung soweit rückwirkend in Kraft treten kann, als eine
Pflichtverletzung nach ihrer freien Überzeugung nachweisbar ist.

§ 129 Kürzung der Vergütung 411

(2) Der Kürzungsbetrag ist an den Träger der Eingliederungshilfe bis zu der Höhe zurückzuzahlen,
in der die Leistung vom Träger der Eingliederungshilfe erbracht worden ist und im Übrigen an die
Leistungsberechtigten zurückzuzahlen.

(3) [1]Der Kürzungsbetrag kann nicht über die Vergütungen refinanziert werden. [2]Darüber hinaus
besteht hinsichtlich des Kürzungsbetrags kein Anspruch auf Nachverhandlung gemäß § 127 Absatz
3.

Während im Recht der gesetzlichen Pflegeversicherung der vereinbarte oder festgesetzte Kürzungsbetrag nach § 115 Abs. 3 Satz 5 SGB XI vorrangig an die leistungsberechtigte Person bis zur Höhe des von ihr geleisteten Eigenanteils auszuzahlen ist und
die Pflegekasse erst von darüber hinausgehenden Beträgen profitiert, ist für das Eingliederungshilferecht die umgekehrte Reihenfolge vorgesehen. Nach dem 2. Teil des
SGB IX **erhält vorrangig der Eingliederungshilfeträger sein Geld zurück** und nur,
wenn und soweit der Erstattungsbetrag die Leistung des Eingliederungshilfeträgers

---

499 *Kulenkampff* RdLH 2017, 175 weist auf das Problem hin, dass dadurch sämtliche Mitglieder der Schiedsstelle Einblicke in Betriebsgeheimnisse des Leistungserbringers erhalten.

übersteigt, profitiert auch die leistungsberechtigte Person von der Rückzahlung, die einen Beitrag nach dem 9. Kapitel des SGB IX geleistet hat. Und das, **obwohl** eine unzureichende, unwirksame, unwirtschaftliche und/oder qualitativ **minderwertige Leistungserbringung** vor allem **zulasten der leistungsberechtigten Person** geht.

412 Durch Abs. 3 soll sichergestellt werden, dass der Leistungserbringer die Kürzung der Vergütung als Reaktion auf seine Pflichtverletzung nicht in den Preis seiner Leistungen einkalkuliert und auch nicht unter Berufung auf einen sogenannten „Wegfall der Geschäftsgrundlage" zu Nachverhandlung i.S.d. § 127 Abs. 3 SGB IX missbraucht.

### 8. Außerordentliche Kündigung der Vereinbarungen (§ 130 SGB IX)

413 Trotz leicht veränderten Wortlauts gegenüber § 78 SGB XII beinhaltet § 130 SGB IX inhaltsgleich das Recht des Eingliederungshilfeträgers, die Vereinbarung nach § 125 SGB IX bei **schwerwiegenden Verletzungen** gesetzlicher oder vertraglicher **Pflichten** des Leistungserbringers schriftlich **fristlos zu kündigen**. Die nunmehr in Listenform genannten **Kündigungsgründe** sind wie in § 78 Satz 2 SGB XII **nicht abschließend** formuliert, so dass Kündigungen auch weiterhin wegen anderer grober Pflichtverletzungen möglich sind.

§ 130 Außerordentliche Kündigung der Vereinbarungen

[1]Der Träger der Eingliederungshilfe kann die Vereinbarungen mit einem Leistungserbringer fristlos kündigen, wenn ihm ein Festhalten an den Vereinbarungen auf Grund einer groben Verletzung einer gesetzlichen oder vertraglichen Verpflichtung durch den Leistungserbringer nicht mehr zumutbar ist. [2]Eine grobe Pflichtverletzung liegt insbesondere dann vor, wenn

1. Leistungsberechtigte infolge der Pflichtverletzung zu Schaden kommen,
2. gravierende Mängel bei der Leistungserbringung vorhanden sind,
3. dem Leistungserbringer nach heimrechtlichen Vorschriften die Betriebserlaubnis entzogen ist,
4. dem Leistungserbringer der Betrieb untersagt wird oder
5. der Leistungserbringer gegenüber dem Leistungsträger nicht erbrachte Leistungen abrechnet.

[3]Die Kündigung bedarf der Schriftform. [4]§ 59 des Zehnten Buches gilt entsprechend.

### 9. Rahmenverträge zur Erbringung von Leistung (§ 131 SGB IX)

414 Wie im § 79 SGB XII ist in § 131 SGB IX der Abschluss jeweils eines **Landesrahmenvertrages** vorgeschrieben, um die Vereinbarungen nach § 125 SGB IX vorzustrukturieren und soweit zu vereinheitlichen, dass sie vergleichbar sind. Außer den Eingliederungshilfeträgern und den Verbänden der Leistungserbringer haben auch die maßgeblichen Interessenvertretungen der Menschen mit Behinderungen an der Erarbeitung und Beschlussfassung mitzuwirken (Abs. 2). Abs. 4 enthält inhaltsgleich wie im § 81 Abs. 1 SGB XII die Ermächtigung der Landesregierung, die Inhalte des Rahmenvertrages bei Nichtzustandekommen durch Rechtsverordnung festzusetzen. Die Vorgabe, dass die Vereinigungen der Eingliederungshilfeträger und jene der Leistungserbringer auf Bundesebene Empfehlungen vereinbaren, ist in Abs. 3 übernommen worden.

§ 131 Rahmenverträge zur Erbringung von Leistungen

(1) [1]Die Träger der Eingliederungshilfe schließen auf Landesebene mit den Vereinigungen der Leistungserbringer gemeinsam und einheitlich Rahmenverträge zu den schriftlichen Vereinbarungen nach § 125 ab. [2]Die Rahmenverträge bestimmen

1. die nähere Abgrenzung der den Vergütungspauschalen und -beträgen nach § 125 Absatz 1 zugrunde zu legenden Kostenarten und -bestandteile sowie die Zusammensetzung der Investitionsbeträge nach § 125 Absatz 2,
2. den Inhalt und die Kriterien für die Ermittlung und Zusammensetzung der Leistungspauschalen, die Merkmale für die Bildung von Gruppen mit vergleichbarem Bedarf nach § 125 Absatz 3 Satz 3 sowie die Zahl der zu bildenden Gruppen,
3. die Höhe der Leistungspauschale nach § 125 Absatz 3 Satz 1,
4. die Zuordnung der Kostenarten und -bestandteile nach § 125 Absatz 4 Satz 1,
5. die Festlegung von Personalrichtwerten oder anderen Methoden zur Festlegung der personellen Ausstattung,
6. die Grundsätze und Maßstäbe für die Wirtschaftlichkeit und Qualität einschließlich der Wirksamkeit der Leistungen sowie Inhalt und Verfahren zur Durchführung von Wirtschaftlichkeits- und Qualitätsprüfungen und
7. das Verfahren zum Abschluss von Vereinbarungen.

[3]Für Leistungserbringer, die einer Kirche oder Religionsgemeinschaft des öffentlichen Rechts oder einem sonstigen freigemeinnützigen Träger zuzuordnen sind, können die Rahmenverträge auch von der Kirche oder Religionsgemeinschaft oder von dem Wohlfahrtsverband abgeschlossen werden, dem der Leistungserbringer angehört. [4]In den Rahmenverträgen sollen die Merkmale und Besonderheiten der jeweiligen Leistungen berücksichtigt werden.

(2) Die durch Landesrecht bestimmten maßgeblichen Interessenvertretungen der Menschen mit Behinderungen wirken bei der Erarbeitung und Beschlussfassung der Rahmenverträge mit.

**Vertragsparteien des Landesrahmenvertrages** sind die Träger der Eingliederungshilfe 415 und die Vereinigungen der Leistungserbringer. Ob es im jeweiligen Land nur einen überörtlichen Träger der Eingliederungshilfe gibt oder mehrere örtliche Träger, hängt von der Festsetzung durch Landesrecht gemäß § 94 Abs. 1 SGB IX ab (s. Rn. 332 f.). In letzterem Fall sind alle örtlichen Eingliederungshilfeträger gemeinsam Vertragspartei. Es ist ihnen dabei unbenommen, entweder einzelne Träger aus ihrem Kreis oder aber einen Dritten, wie z.B. einen Verband auf Landesebene, gemäß §§ 164, 167 BGB zu bevollmächtigen, um stellvertretend den Landesrahmenvertrag zu verhandeln und abzuschließen. Auf Leistungserbringerseite sind wie bisher auch deren Vereinigungen Vertragspartei, wobei in Abs. 1 Satz 3 auch das bisherige Mandat zugunsten der öffentlich-rechtlichen Kirchen und Religionsgemeinschaften sowie der Wohlfahrtsverbände übernommen worden ist.

**Rechtlich verbindlich** ist ein Rahmenvertrag nur für diejenigen Leistungserbringer, die 416 **erstens in einer Vereinigung organisiert** sind, die an den Verhandlungen beteiligt ist, und die **zweitens** dieser Vereinigung auch **ein Mandat erteilt** haben, den Landesrahmenvertrag zugleich auch in ihrem Namen abzuschließen. Dies ist entweder durch eine entsprechende Ausgestaltung der Satzung der Vereinigung, durch die Ausgestaltung des Beitrittsformulars oder aber durch eine Einzelvollmacht möglich.[500] Die Mitgliedschaft allein bewirkt hingegen noch keine rechtliche Bindung – auch wenn die Gesetzesbegründung zu Abs. 3 etwas anderes nahelegt, der zufolge „[i]m Unterschied zur Landesebene [...] die Vereinigung der Leistungsträger und die der Leistungserbringer auf Bundesebene nur Empfehlungen ab[geben] und [...] keine für ihre Mitglieder verbindlichen Verträge" schließen.[501] Für ein solches Zwangsmandat findet sich weder im Wortlaut des Abs. 1 eine Stütze, noch besteht dafür eine praktische Notwendigkeit: Bei Leistungserbringern, für die der Rahmenvertrag nicht verbindlich

---

500  Vgl. *Münder* in Bieritz-Harder/Conradis/Thie LPK-SGB XII § 79 Rn. 13 m.w.N.
501  BT-Drs. 18/9522, 299.

ist, lässt sich die Verbindlichkeit entweder durch deren Beitritt zum Rahmenvertrag oder aber durch Bezugnahme auf den Rahmenvertrag in der Vereinbarung nach § 125 SGB IX herstellen.[502] Gegen ein Zwangsmandat spricht zudem auch das ausdrückliche Erfordernis des Vollmachtsnachweises beim Abschluss einer Vereinbarung stellvertretend durch einen Verband in § 123 Abs. 1 Satz 2 SGB IX.

417 Die im Abs. 1 Satz 2 abschließend aufgezählten **Inhalte**, die durch den Landesrahmenvertrag zu bestimmen sind, knüpfen zwar an die Formulierungen des § 79 Abs. 1 Satz 1 SGB XII an, gehen jedoch darüber hinaus. Und selbst in den Fällen wortgleicher Formulierungen kommt diesen aufgrund der personenzentrierten Neuausrichtung der Eingliederungshilfe und der Trennung von Fach- und existenzsichernden Leistungen z.T. eine neue Bedeutung zu, insbesondere im Rahmen der Nr. 1:

- ▪ zu 1.: Während es nach dessen gleichem Wortlaut im § 79 Abs. 1 SGB XII darum geht, die Kostenarten und -bestandteile den drei Elementen der Vergütungsvereinbarung (Grundpauschale, Maßnahmepauschale und Investitionsbetrag) zuzuordnen,[503] sieht § 125 Abs. 2 SGB IX aufgrund der Trennung von Fach- und existenzsichernden Leistungen nur noch die Vergütung von Leistungen der Eingliederungshilfe in Form von Leistungspauschalen vor (s. Rn. 379). D.h., dass die Bestandteile der bisherigen Leistungsvereinbarungen – insbesondere von bisherigen (teil-) stationären Angeboten – im Detail einer **Zuordnung in Fachleistungen einerseits und existenzsichernden Leistungen andererseits** bedürfen – eine Aufgabe, die insbesondere mit Blick auf nicht-fachspezifische Arbeitskräfte (z.B. Leitung und Wirtschaftskräfte), Räumlichkeiten (z.B. Flure, Multifunktionsräume, Schwimmbäder) und weitere Kostenarten (z.B. Energie- und Wasserversorgung, Platzfreihaltekosten) alles andere als trivial ist. Irreführend ist der Verweis auf die „Zusammensetzung der Investitionsbeträge nach § 125 Abs. 2 SGB IX", da der bezüglich der Vergütungsvereinbarung in § 76 Abs. 2 SGB XII gebräuchliche Fachbegriff des Investitionsbetrages im Eingliederungshilferecht keine Rolle mehr spielt. Insoweit ist bezüglich der unter dem Begriff des Investitionsbetrages zusammengefassten Kostenbestandteile zu differenzieren nach denjenigen **Investitionen** in betriebsnotwendige Anlagen, die für die Fachleistungen der Eingliederungshilfe i.S.d. § 125 Abs. 2 Satz 1 Nr. 6 SGB IX erforderlich sind, und jenen, die der Sicherung des Lebensunterhaltes dienen (s. Rn. 383).
- ▪ zu 2.: Bezüglich der Leistungspauschalen wird mit der Bildung von **Gruppen von Leistungsberechtigten** das bisherige System der qualitativen Unterscheidung von sog. Leistungstypen fortgeführt. Innerhalb der Leistungstypen erfolgt eine quantitative Differenzierung nach Hilfebedarfsgruppen anhand **vergleichbarer Bedarfe**.
- ▪ zu 3.: Dass die **Höhe der Leistungspauschale** nach § 125 Abs. 3 Satz 1 SGB IX durch den Landesrahmenvertrag bestimmen werden soll, ist neu im Vergleich zu § 79 Abs. 1 SGB XII hinzugekommen – und ein **systematischer Fremdkörper**, der **weder erklär- noch umsetzbar** ist. Aufgabe von Landesrahmenverträgen ist es, den Abschluss der Vereinbarung nach § 125 SGB IX mit einzelnen Leistungser-

---

502  Vgl. *Münder* in Bieritz-Harder/Conradis/Thie LPK-SGB XII § 79 Rn. 13.
503  Vgl. *Münder* in Bieritz-Harder/Conradis/Thie LPK-SGB XII § 79 Rn. 7.

bringern oder deren Verband zu erleichtern,[504] nicht aber, diese zu ersetzen.[505] Die Festsetzung der Höhe der Leistungspauschale auf Landesebene wäre gleichbedeutend mit Einheitspreisen und das genaue Gegenteil des Ansatzes, mithilfe des Wettbewerbsverfahrens innovative Betreuungsleistungen hervorzubringen und Wirtschaftlichkeitsreserven zu erschließen. Denn die Höhe der Leistungspauschalen soll gemäß § 125 Abs. 3 SGB IX gerade von den Leistungserbringern wirtschaftlich kalkuliert werden, bevor sie Gegenstand der Verhandlung und Vereinbarung mit den Eingliederungshilfeträgern werden. Wenn die Festlegung der Höhe der Leistungspauschalen tatsächlich Aufgabe der Parteien des Landesrahmenvertrages wäre, bedürfte es der Aufgabe der Nr. 2 nicht, Inhalte und Kriterien für die Ermittlung und Zusammensetzung der Leistungspauschalen zu bestimmen, weil dieses notwendiger Bestandteil der Festsetzung der Höhe der Leistungspauschalen wäre. Ohne die Festsetzung der Höhe der Leistungspauschalen stellen die nach Nr. 2 festgelegten Inhalte und Kriterien den Leistungserbringern gerade die Grundlage für die Zusammenstellung und Kalkulation des jeweiligen Leistungsangebotes dar. Auch unter praktischen Gesichtspunkten ist die Regelung der Nr. 3 schwerlich umsetzbar, da Rahmenverträge typischerweise auf längere Zeit geschlossen werden, um verlässliche Rahmenbedingungen für die Leistungserbringung im jeweiligen Land zu setzen. Die Grundlagen für die Höhen der Leistungspauschalen wie z.B. Personalkosten verändern sich jedoch i.d.R. jährlich, so dass dadurch eine jährliche Nachverhandlung des Landesrahmenvertrages erforderlich wäre. Da auch die Gesetzesbegründung nicht erkennen lässt, dass eine derartige Änderung der Umsetzungspraxis gewollt ist, ist hinsichtlich der Nr. 3 von einem **redaktionellen Versehen im Gesetzgebungsverfahren** auszugehen, aufgrund dessen diese Regelung nicht sinnvoll umzusetzen ist.[506]

■ Die Nr. 4 bezieht sich auf die **Vergütungsvereinbarungen mit WfbM** und entspricht dem Regelungsgehalt des § 79 Abs. 1 Satz 1 Nummer 3 SGB XII i.V.m. § 41 SGB IX a.F. Zu beachten ist, dass die diesbezüglichen nunmehr in § 125 Abs. 4 SGB IX geregelten Vorgaben auch für die Vergütungsvereinbarungen mit anderen Leistungsanbietern i.S.d. § 60 SGB IX zu berücksichtigen sind.

■ zu Nr. 5: Ebenfalls neu hinzugekommen sind die Vorgabe, Richtwerte oder andere Methoden, wie z.B. Personalschlüssel, für die Festlegung der **personellen Ausstattung** zu bestimmen. Wie die Bezeichnung als Richtwerte verdeutlicht, müssen die im Landesrahmenvertrag getroffenen Festlegungen den Leistungserbringern **Spielräume** in der Konzeption ihrer Leistungsangebote belassen, um auch insoweit einen Wettbewerb um Qualität und innovative Betreuungsansätze zu ermöglichen.

■ zu Nr. 6.: Wie schon bisher nach § 79 Abs. 1 Satz 1 Nr. 4 SGB XII sind im Landesrahmenvertrag zur Eingliederungshilfe **Inhalt und Ablauf der Wirtschaftlichkeits- und Qualitätsprüfungen** zu konkretisieren, soweit diese nicht durch § 128 SGB IX vorgegeben sind. Da in der Vereinbarung nach § 125 SGB IX keine Prüfungsver-

---

504  *Münder* in Bieritz-Harder/Conradis/Thie LPK-SGB XII § 79 Rn. 1.
505  LSG HES 25.2.2011 – L 7 SO 237/10 KL, Rn. 50; *Schumacher* RdLH 2011, 74.
506  IdS auch CBP (2016), 43 f.

einbarung i.S.d. § 76 Abs. 3 SGB XII mehr enthalten ist (s. Rn. 379), ist in der Nr. 6 die Verpflichtung hinzugekommen, im Landesrahmenvertrag die einzuhaltenden **Wirtschaftlichkeits- und Qualitätsstandards** allgemein zu bestimmen. Diese bilden dann u.a. die Grundlage für die Beurteilung von Pflichtverletzungen im Rahmen von Wirtschaftlichkeits- und Qualitätsprüfungen nach § 128 SGB IX.

■ Laut der neuen Nr. 7 ist im Landesrahmenvertrag auch das **Verfahren zum Abschluss von Vereinbarungen** zu regeln, soweit neben den Inhalten des § 126 SGB IX Raum dafür ist. Beispielhaft könnte hier geregelt werden, welche geeigneten Nachweise i.S.d. § 126 Abs. 1 Satz 4 SGB IX im Rahmen der Verhandlungen regelmäßig verlangt werden können.

418 Der Nachsatz in § 131 Abs. 1 Satz 4 SGB IX, dem zufolge Merkmale und Besonderheiten der jeweiligen Leistungen in den Landesrahmenverträgen berücksichtigt werden müssen, lässt sich als Hinweis verstehen, dass bei den Bestimmungen gemäß den Nr. 1–7 zu starre Festlegungen vermieden werden sollen, damit auf Ebene der Leistungserbringer-Vereinbarung nach § 125 SGB IX noch Spielraum für individuelle Konzepte und flexible Lösungen verbleibt.

419 Laut Abs. 2 wirken diejenigen **Interessenvertretungen der Menschen mit Behinderungen** an der Erarbeitung und Beschlussfassung des jeweiligen Landesrahmenvertrages mit, die durch Landesrecht als maßgeblich eingestuft worden sind. Die Länder haben in ihren **Ausführungsgesetzen zum SGB IX** – oder durch Delegation an ein Landesministerium zur Regelung dessen per Rechtsverordnung – insoweit entweder konkrete Organisationen namentlich zu benennen oder aber Kriterien festzulegen, die eine Interessenvertretung im jeweiligen Land als maßgeblich auszeichnet.

420 Konkrete Vorgaben, wie die Mitwirkung der Interessenvertretungen auszusehen hat, werden im Gesetz nicht gemacht. In der Gesetzesbegründung wird auf ihre **beratende Funktion** hingewiesen.[507] Die Mitwirkung an der Erarbeitung des Landesrahmenvertrages ist sowohl durch die Teilnahme an den Verhandlungen als auch durch die Möglichkeit schriftlicher Stellungnahmen umsetzbar. Schwerer darzustellen ist die Mitwirkung an der Beschlussfassung, da diese einzig und allein den Vertragsparteien des Landesrahmenvertrages obliegt. Für die Praxis lässt sich das dahin-gehend auslegen, dass die Mitwirkung an der Erarbeitung nicht auf ein frühes Stadium des Landesrahmenvertrages beschränkt ist, sondern auch die Möglichkeit zur Stellungnahme zu dem aus Sicht der Vertragsparteien ausverhandelten Vertragsentwurf einschließt.

421 Eine **Beteiligung der Träger der Sozialhilfe sowie der Jobcenter** an der Entstehung der Landesrahmenverträge ist hingegen **nicht vorgesehen.** Das ist formal auch nicht unbedingt geboten, da weder der Landesrahmenvertrag noch die Einzelvereinbarungen unmittelbare rechtliche Bindungswirkungen für die Träger der Sozialhilfe entfalten. **Faktische Wirkungen** entstehen jedoch dadurch, dass im Landesrahmenvertrag vorgegeben wird, welche Kostenarten und -bestandteile den Fachleistungen der Eingliederungshilfe zugeordnet werden. Die insoweit nicht berücksichtigten Kostenarten und Bestandteile hingegen werden vom Leistungserbringer der leistungsberechtigten Person auf der Grundlage ihres zivilrechtlichen Vertrages in Rechnung gestellt. Sofern

---

507 BT-Drs. 18/9522, 299.

letztere finanziell hilfebedürftig nach dem SGB II bzw. SGB XII ist, wird sie diese Kosten aus den ihr gewährten existenzsichernden Leistungen begleichen müssen – und zugleich deren Übernahme beantragen, entweder als Mehrbedarf i.S.d § 21 Abs. 6 SGB II, als abweichenden Bedarf nach § 27 a Abs. 4 SGB XII[508] oder aber als Teil der angemessenen Kosten der Unterkunft i.S.d. § 22 Abs. 1 SGB II bzw. nach dem neuen § 42 a Abs. 5 Satz 3 SGB XII i.d.F. ab 2020 (s. Rn. 225 ff.). Wenn bzw. soweit die Übernahme dieser Kosten durch den Träger der Sozialhilfe bzw. das Jobcenter abgelehnt werden, droht die **Entstehung von Versorgungslücken** zwischen den Fachleistungen der Eingliederungshilfe einerseits und den existenzsichernden Leistungen andererseits. Denn leistungsberechtigte Personen müssten regelmäßig anfallende Kosten aus ihren Regelbedarfsätzen bezahlen, obwohl diese Kosten bislang noch gar keine Berücksichtigung in der Einkommens- und Verbraucherstichprobe gefunden haben und daher auch nicht in die Berechnung der Regelbedarfsstufen eingeflossen sind – und die Empfänger*innen existenzsichernder Leistungen ohne Behinderungen nicht zu tragen haben. Dementsprechend müssten leistungsberechtigte Personen jeweils Klagen gegen den Eingliederungshilfeträger und den jeweiligen Träger der Existenzsicherung führen, um klären zu lassen, von welchem der beiden Träger der offene Bedarf zu decken ist. Die Einbindung der Träger der Sozialhilfe und der Jobcenter in die Erstellung der Landesrahmenverträge würde der Gefahr entgegenwirken, dass solche Versorgungslücken entstehen. Insofern besteht **gesetzgeberischer Handlungsbedarf**, um eine Unterversorgung von Menschen mit Behinderungen zu vermeiden. Solange eine Einbindung der Träger existenzsichernder Leistungen unterbleibt, wäre es sinnvoll, wenn die beteiligten Interessenvertretungen der Menschen mit Behinderungen dieser Problematik bei der Erstellung des Landesrahmenvertrages besondere Aufmerksamkeit widmen würden.

§ 131 Rahmenverträge zur Erbringung von Leistungen     422

(4) Kommt es nicht innerhalb von sechs Monaten nach schriftlicher Aufforderung durch die Landesregierung zu einem Rahmenvertrag, so kann die Landesregierung die Inhalte durch Rechtsverordnung regeln.

Wie bereits eingangs des Abschnitts erwähnt, wurde im Abs. 4 die Ermächtigung der Landesregierung aus § 81 Abs. 1 SGB XII übernommen, die Inhalte des jeweiligen **Landesrahmenvertrages durch Rechtsverordnung** festzulegen, sofern die Vertragsparteien nach Aufforderung durch die Landesregierung nicht binnen sechs Monaten einen Landesrahmenvertrag vereinbart haben.

§ 131 Rahmenverträge zur Erbringung von Leistungen     423

(3) Die Vereinigungen der Träger der Eingliederungshilfe und die Vereinigungen der Leistungserbringer vereinbaren gemeinsam und einheitlich Empfehlungen auf Bundesebene zum Inhalt der Rahmenverträge.

Ebenfalls übernommen wurde die Vereinbarung von **Bundesempfehlungen** in Abs. 3, wie sie in § 79 Abs. 2 SGB XII vorgesehen ist, allerdings in abgeschwächter Form als **Soll-Vorschrift**. Dies trägt vermutlich dem Umstand Rechnung, dass trotz der ver-

---

508   Vgl. BT-Drs. 18/9522, 200.

bindlicheren Regelung im Vertragsrecht des SGB XII seit dem 1.1.2001 keine Bundesempfehlung mehr zustande gekommen ist.[509]

### 10. Abweichende Zielvereinbarungen (§ 132 SGB IX)

424    Ähnlich wie bei der Vergütungsvereinbarung nach § 125 Abs. 3 Satz 4 SGB IX enthält auch § 132 SGB IX eine **Öffnungsklausel** gegenüber dem Vertragsrecht des 8. Kapitels durch **ergänzende oder abweichende Zielvereinbarungen**:

§ 132 Abweichende Zielvereinbarungen

(1) Leistungsträger und Träger der Leistungserbringer können Zielvereinbarungen zur Erprobung neuer und zur Weiterentwicklung der bestehenden Leistungs- und Finanzierungsstrukturen abschließen.

(2) Die individuellen Leistungsansprüche der Leistungsberechtigten bleiben unberührt.

(3) Absatz 1 gilt nicht, soweit auch Leistungen nach dem Siebten Kapitel des Zwölften Buches gewährt werden.

425    Abs. 1 ermächtigt dazu, durch eine Zielvereinbarung sowohl an den bestehenden Leistungs- und Finanzierungsstrukturen anzuknüpfen und diese weiterzuentwickeln, als auch davon abweichende Instrumente als Grundlage für die Leistungserbringung und -finanzierung zu vereinbaren. Das sozialrechtliche Dreiecksverhältnis darf der Gesetzesbegründung zufolge durch die Zielvereinbarung jedoch nicht in Frage gestellt werden, damit das **Wunsch- und Wahlrecht** der Leistungsberechtigten **gewährleistet** bleibt und nicht durch die Anwendung des Vergaberechts ausgehebelt wird[510] (vgl. Rn. 345 ff.). Die Zielvereinbarung darf zudem gemäß Abs. 2 die **Leistungsansprüche** der einzelnen leistungsberechtigten Person **nicht einschränken**. Die Eingliederungshilfeträger haben insoweit die Verpflichtung, diese Ansprüche unter Wahrung auch der verfahrensrechtlichen Gewährleistungen wie die Beteiligung am Gesamtplanverfahren (s. Rn. 496 ff.) und die Ausübung des Wunsch- und Wahlrechts zu erfüllen.

426    Ausgeschlossen sind Zielvereinbarungen zudem, wenn zugleich Leistungen der **Hilfe zur Pflege** nach dem 7. Kapitel des SGB XII gewährt werden. Hintergrund dürfte sein, dass das Vertragsrecht des SGB XII auch in der Neufassung ab dem Jahr 2020 keine abweichenden Zielvereinbarungen vorsieht und daher die zugrunde liegenden Vertragsregelungen möglichst einheitlich sein sollen. Der Ausschluss gilt allerdings nur, wenn die Hilfe zur Pflege tatsächlich von einem Träger der Sozialhilfe erbracht wird. Er greift demnach dann nicht, soweit die Leistungen der Hilfe zur Pflege von der Eingliederungshilfe gemäß § 103 Abs. 2 SGB IX mit umfasst sind (s. § 4 Rn. 28 ff.).

427    Auch bezüglich der abweichenden Zielvereinbarungen ist **nicht eindeutig geregelt, welche Akteure** durch die Öffnungsklausel zum Handeln ermächtigt werden sollen. Sowohl der Wortlaut, der Leistungsträger und Träger der Leistungserbringer im Plural anspricht, als auch die systematische Stellung des § 132 SGB XII im Anschluss an den Landesrahmenvertrag sprechen für eine **Zielvereinbarung auf Landesebene** in Ergänzung zum bzw. in Abweichung vom Landesrahmenvertrag. Wobei noch anzumer-

---

509    *Münder* in Bieritz-Harder/Conradis/Thie LPK-SGB XII § 79 Rn. 16.
510    BT-Drs. 18/9522, 299.

ken wäre, dass es „Träger der Leistungserbringer"[511] i.d.R. nicht gibt, da der einzelne Leistungserbringer typischerweise nur einen Träger (Verein, GmbH o.ä.) hat.[512] Insoweit könnte es sich um ein redaktionelles Versehen handeln und stattdessen wie in § 131 Abs. 1 SGB IX die Vereinigungen der Leistungserbringer gemeint sein.

Auch die verwendete Bezeichnung ist irreführend, denn Zielvereinbarungen dienen ihrem Begriff nach dazu, um ergänzend zu einer bestehenden vertraglichen Verbindung eine bestimmte Quantität und/oder Qualität der zu erbringenden Leistung festzuhalten, ein Messinstrument oder Kriterien bezüglich der Ziele zu vereinbaren und deren Erreichen bzw. Nicht-Erreichen mit einem positiven und/oder einem negativen Anreiz zu verbinden. Dafür ist die Ebene der Partner des Landesrahmenvertrags jedoch ungeeignet, da die konkrete Umsetzung des Leistungsgeschehens nicht in ihren Händen, sondern in jenen der Partner der Einzelvereinbarung nach § 125 SGB IX liegt.

Dagegen, dass durch § 132 SGB IX die Ebene der Einzelvereinbarung bezüglich des Abschlusses abweichender Zielvereinbarungen angesprochen werden soll, spricht neben den o.g. Argumenten des Wortlauts und der Systematik, dass für deren Akteure in § 125 Abs. 3 Satz 4 SGB IX bereits eine Öffnungsklausel vorgesehen ist. Hinzu kommt, dass mit dem vorgesehenen Gegenstand der abweichenden Zielvereinbarung, nämlich der Weiterentwicklung bestehender bzw. der Erprobung neuer Leistungs- und Finanzierungsstrukturen, nicht die einzelne nach § 125 SGB IX geschlossene Vereinbarung um Ziele und Anreize bezüglich deren Erreichung ergänzt, sondern **modellhaft erweiternde bzw. ersetzende Strukturen** im Vergleich zur Regelstruktur vereinbart werden sollen. Bei der Verhandlung und dem Abschluss einer abweichenden Zielvereinbarung auf Landesebene müssen konsequenterweise die nach Landesrecht **maßgeblichen Interessenvertretungen der Menschen mit Behinderungen** i.S.d. § 131 Abs. 2 SGB IX daran (wie in § 125 Abs. 3 Satz 4 SGB IX vorgesehen) **beteiligt werden**. Andernfalls würden deren vorgesehenen Mitsprache und -wirkungsrechte bezüglich der Rahmenbedingung der Leistungserbringung im Land ausgehebelt.

428

429

### 11. Schiedsstelle (§ 133 SGB IX)

Die Ausgestaltung der **Schiedsstelle**, die bei Nicht-Einigung der Vertragsparteien auf Antrag sowohl über strittigen Inhalte der Vereinbarung nach § 125 SGB IX (s. Rn. 394 ff.) als auch über die Höhe der Vergütungskürzung nach § 129 SGB IX (s. Rn. 407 ff) zu entscheiden hat, ist in Grundzügen im § 133 SGB IX geregelt. Trotz geringfügiger Abweichungen im Wortlaut und dessen Verteilung auf die mehrere Absätze, sind in § 133 Abs. 1–4 SGB IX **inhaltsgleich die Regelungen des § 80 SGB XII und** im Abs. 5 nahezu inhaltsgleich die Ermächtigung der Landesregierungen zur Ausgestaltung der Schiedsstelle auf Landesebene durch Rechtsverordnung wie in § 81 **SGB XII** enthalten.

430

§ 133 Schiedsstelle

(1) Für jedes Land oder für Teile eines Landes wird eine Schiedsstelle gebildet.

---

511   S. ebenso in der Gesetzesbegründung BT-Drs. 18/9522, 299.
512   Ausnahmen wären insoweit Gesellschaften des bürgerlichen Rechts (GbR) oder offene Handelsgesellschaften (oHG).

(2) Die Schiedsstelle besteht aus Vertretern der Leistungserbringer und Vertretern der Träger der Eingliederungshilfe in gleicher Zahl sowie einem unparteiischen Vorsitzenden.

(3) [1]Die Vertreter der Leistungserbringer und deren Stellvertreter werden von den Vereinigungen der Leistungserbringer bestellt. [2]Bei der Bestellung ist die Trägervielfalt zu beachten. [3]Die Vertreter der Träger der Eingliederungshilfe und deren Stellvertreter werden von diesen bestellt. [4]Der Vorsitzende und sein Stellvertreter werden von den beteiligten Organisationen gemeinsam bestellt. [5]Kommt eine Einigung nicht zustande, werden sie durch Los bestimmt. [6]Soweit die beteiligten Organisationen der Leistungserbringer oder die Träger der Eingliederungshilfe keinen Vertreter bestellen oder im Verfahren nach Satz 3 keine Kandidaten für das Amt des Vorsitzenden und des Stellvertreters benennen, bestellt die zuständige Landesbehörde auf Antrag eines Beteiligten die Vertreter und benennt die Kandidaten für die Position des Vorsitzenden und seines Stellvertreters.

(4) [1]Die Mitglieder der Schiedsstelle führen ihr Amt als Ehrenamt. [2]Sie sind an Weisungen nicht gebunden. [3]Jedes Mitglied hat eine Stimme. [4]Die Entscheidungen werden mit der Mehrheit der Mitglieder getroffen. [5]Ergibt sich keine Mehrheit, entscheidet die Stimme des Vorsitzenden.

(5) Die Landesregierungen werden ermächtigt, durch Rechtsverordnung das Nähere zu bestimmen über

1. die Zahl der Schiedsstellen,
2. die Zahl der Mitglieder und deren Bestellung,
3. die Amtsdauer und Amtsführung,
4. die Erstattung der baren Auslagen und die Entschädigung für den Zeitaufwand der Mitglieder der Schiedsstelle,
5. die Geschäftsführung,
6. das Verfahren,
7. die Erhebung und die Höhe der Gebühren,
8. die Verteilung der Kosten,
9. die Rechtsaufsicht sowie
10. die Beteiligung der Interessenvertretungen der Menschen mit Behinderungen.

431 Die Verordnungsermächtigung in Abs. 5 enthält nur **zwei Ergänzungen**. Zum einen kann durch eine Landesverordnung die **Zahl der Schiedsstellen** festgelegt werden, es kann also mehr als eine im jeweiligen Bundesland geben (Abs. 5 Nr. 1). Zudem kann die Rechtsverordnung eine **Beteiligung der Interessenvertretungen von Menschen mit Behinderungen** vorsehen (Abs. 5 Nr. 10). Wie im Rahmen der Mitwirkung am Landesrahmenvertrag gemäß § 131 Abs. 2 SGB IX kann es sich dabei nur um eine beratende Funktion handeln, denn die Mitglieder der Schiedsstelle und das Beschlussverfahren sind abschließend in § 133 SGB IX geregelt. Da es sich nur um eine Ermächtigung handelt, ist die Landesregierung nicht verpflichtet, überhaupt eine Schiedsstellen-Rechtsverordnung zu erlassen.[513]

### 12. Sonderregelung zum Inhalt der Vereinbarungen zur Erbringung von Leistungen für minderjährige Leistungsberechtigte und in Sonderfällen (§ 134 SGB IX)

432 Anders als bei volljährigen Leistungsberechtigten der Eingliederungshilfe werden bei minderjährigen Leistungsberechtigten die Leistungen nicht nach Fach- und existenzsichernden Leistungen getrennt erbracht, sondern es bleibt aufgrund der Sonderregelung des § 27 c SGB XII i.d.F. ab 2020 wie bisher bei der integrierten Komplexleistung durch den Leistungserbringer (s. Rn. 341 ff. auch bezüglich der Begründung). Damit einhergehend bildet § 134 SGB IX diese **Sonderregelung für minderjährige Leistungsberechtigte** auch im Vertragsrecht ab.

---

513 Allerdings haben im Sozialhilferecht alle Bundesländer entsprechende Verordnungen zur Schiedsstelle nach § 80 SGB XII erlassen, vgl. die Übersicht bei Münder in Bieritz-Harder/Conradis/Thie LPK-SGB XII § 81 Rn. 4.

§ 134 Sonderregelung zum Inhalt der Vereinbarungen zur Erbringung von Leistungen für minderjährige Leistungsberechtigte und in Sonderfällen

(1) In der schriftlichen Vereinbarung zur Erbringung von Leistungen für minderjährige Leistungsberechtigte zwischen dem Träger der Eingliederungshilfe und dem Leistungserbringer sind zu regeln:

1. Inhalt, Umfang und Qualität einschließlich der Wirksamkeit der Leistungen (Leistungsvereinbarung) sowie
2. die Vergütung der Leistung (Vergütungsvereinbarung).

(2) In die Leistungsvereinbarung sind als wesentliche Leistungsmerkmale insbesondere aufzunehmen:

1. die betriebsnotwendigen Anlagen des Leistungserbringers,
2. der zu betreuende Personenkreis,
3. Art, Ziel und Qualität der Leistung,
4. die Festlegung der personellen Ausstattung,
5. die Qualifikation des Personals sowie
6. die erforderliche sächliche Ausstattung.

(3) [1]Die Vergütungsvereinbarung besteht mindestens aus

1. der Grundpauschale für Unterkunft und Verpflegung,
2. der Maßnahmepauschale sowie
3. einem Betrag für betriebsnotwendige Anlagen einschließlich ihrer Ausstattung (Investitionsbetrag).

[2]Förderungen aus öffentlichen Mitteln sind anzurechnen. [3]Die Maßnahmepauschale ist nach Gruppen für Leistungsberechtigte mit vergleichbarem Bedarf zu kalkulieren.

Abs. 1 ist mit der Benennung der beiden Teilvereinbarungen identisch mit denjenigen des § 125 Abs. 1 SGB IX – abgesehen von der Einschränkung der Geltung der Vorschrift auf die Leistungserbringung für minderjährige Leistungsberechtigte. Auch die Auflistung der zu vereinbarenden Leistungsmerkmale in der Leistungsvereinbarung in Abs. 2 ist wortgleich mit derjenigen im § 125 Abs. 2 Satz 1 SGB IX. Hingegen ist im Sondervertragsrecht für minderjährige Leistungsberechtigte **keine** vertragliche Grundlage für die **gemeinsame Inanspruchnahme von Leistungen** i.S.d. § 116 Abs. 2 SGB IX zu vereinbaren. Dies ist die Konsequenz daraus, dass die Hilfen für minderjährige Leistungsberechtigte nach wie vor nicht personenorientiert erbracht werden, sondern einrichtungsbezogen ausgestaltet sind (s. Rn. 344), d.h., es wird eine komplette Rundum-Versorgung durch den Leistungserbringer vereinbart ohne Wahlmöglichkeiten der Leistungsberechtigten bezüglich einzelner Module der Leistungserbringung. Dementsprechend besteht die Vergütungsvereinbarung nach Abs. 3 nicht wie im § 125 Abs. 3 SGB IX nur aus einer Leistungspauschale, sondern – wie auch weiterhin im Vertragsrecht der Sozialhilfe in § 76 Abs. 2 SGB XII – aus einer **Maßnahmenpauschale** für die Fachleistungen, einer **Grundpauschale** für Unterkunft und Verpflegung und einem **Investitionsbetrag** für die Anlagen und die sächliche Ausstattung. Ebenso wie in § 125 Abs. 3 SGB IX sind Förderungen aus öffentlichen Mitteln anzurechnen (s. Rn. 385) und die Maßnahmepauschalen nach Leistungsgruppen von Menschen mit vergleichbarem Bedarf (Leistungstypen) zu bilden. Eine Öffnungsklausel zur Vereinbarung anderer geeigneter Modalitäten der Vergütung und Abrechnung, wie in § 125 Abs. 3 Satz 4 SGB IX enthalten, ist im Sondervertragsrecht für minderjährige Leistungsberechtigte nicht vorgesehen.

433

434    § 134 Sonderregelung zum Inhalt der Vereinbarungen zur Erbringung von Leistungen für minderjährige Leistungsberechtigte und in Sonderfällen

(4) Die Absätze 1 bis 3 finden auch Anwendung, wenn volljährige Leistungsberechtigte Leistungen
zur Schulbildung nach § 112 Absatz 1 Nummer 1 sowie Leistungen zur schulischen Ausbildung für
einen Beruf nach § 112 Absatz 1 Nummer 2 erhalten, soweit diese Leistungen in besonderen Ausbildungsstätten über Tag und Nacht für Menschen mit Behinderungen erbracht werden.

Gemäß Abs. 4 gilt das Sondervertragsrecht für minderjährige Leistungsberechtigte
auch für diejenigen **volljährigen Leistungsberechtigten** der Eingliederungshilfe, die die
Leistungen zur Teilhabe an Bildung **in speziellen Internatsschulen** erhalten, beispielsweise in solchen für blinde oder taubblinde Menschen.[514] Grund dafür soll laut der
Gesetzesbegründung sein, dass die Eltern der Leistungsberechtigten mit deren Volljährigkeit nicht vom Privileg des § 142 Abs. 3 SGB IX ausgeschlossen werden sollen
(s. § 4 Rn. 205 ff.),[515] demzufolge die Unterhaltsansprüche der Leistungsberechtigten
gegen ihre Eltern nur begrenzt auf den dort genannten Betrag auf den Träger der Eingliederungshilfe übergehen. Unabhängig von der Berechtigung dieses Kostenprivilegs
bedeutet die Einbeziehung der volljährigen leistungsberechtigten Internatsschüler,
dass auch ihnen die mit der Trennung von Fach- und existenzsichernden Leistungen
beabsichtigten Stärkung der Selbstbestimmung versagt bleibt.

## XX. Einführung in den Teil 3 SGB IX: besondere Regelung zur Teilhabe
## schwerbehinderter Menschen

435    Einzige strukturelle Veränderung im Recht von Menschen mit Schwerbehinderungen
zum 1.1.2018 ist die Verschiebung vom zweiten in den dritten Teil des SGB IX. Die
Regelungen befinden sich nunmehr in den §§ 151–241 SGB IX. **Aufbau und Systematik** innerhalb des Schwerbehindertenrechts sind hingegen **gleich geblieben**, ebenso die
Anzahl der Kapitel und Standorte der Regelungen innerhalb der Kapitel. Der überwiegende Anteil der ohnehin begrenzten Änderungen im Schwerbehindertenrecht ist
bereits zum 30.12.2016 in Kraft getreten, insbesondere im Bereich der Interessenvertretungen von Menschen mit Behinderungen (s. § 2 Rn. 1 ff.), 2018 kommen nur
noch vereinzelte Änderungen hinzu.

436    **Auffällig** ist hingegen vielmehr, was **nicht geändert** worden ist: dass nämlich trotz der
gesetzlichen Neubekanntmachung der gesamte **dritte Teil des SGB IX sprachlich nicht**
an das neue Verständnis von Behinderungen im Sinne des § 2 SGB IX **angepasst** worden ist. Dort ist weiterhin durchgängig von schwerbehinderten Menschen die Rede
anstelle von Menschen mit Schwerbehinderungen. Rechtliche Konsequenzen sind mit
der Beibehaltung dieser Terminologie weder beabsichtigt noch erkennbar. Sofern im
Folgenden der Begriff schwerbehinderte(r) Mensch(en) verwendet wird, dann im Zusammenhang mit der Wiedergabe einer gesetzlichen Formulierung.

437    Sprachlich ebenfalls unverändert geblieben sind die **Definitionen der Schwerbehinderten** im § 2 Abs. 2 SGB IX sowie der ihnen rechtlich „gleichgestellten behinderten
Menschen" im § 2 Abs. 3 SGB IX in Abhängigkeit vom Grad der Behinderung, der
weiterhin gemäß den Vorgaben der auf der Grundlage von § 153 Abs. 2 SGB IX er-

---

514    BT-Drs. 18/9522, 301.
515    BT-Drs. 18/9522, 301.

lassenen Versorgungsmedizin-Verordnung zu ermitteln ist. Inhaltliche Änderungen erben sich jedoch dadurch, dass der Grad der Behinderung anhand des neuen Behinderungsbegriffes (s. Rn. 9 ff.) zu bestimmen ist und dementsprechend die Wechselwirkungen der individuellen Beeinträchtigungen mit den Kontextfaktoren mit in den Blick zu nehmen sind.

In der Eingangsvorschrift zum Schwerbehindertenrecht, nunmehr § 151 SGB IX, ist **438** bereits m.W.v. 1.8.2016 ein neuer Abs. 4 SGB IX angefügt worden, wonach auch **Jugendliche und junge Erwachsene mit Behinderungen** auch ohne festgestellten Grad der Behinderung oder einem solchen von unter 30 **während** der Zeit einer **Berufsausbildung oder einer beruflichen Orientierung** aufgrund einer entsprechenden Stellungnahme der BA oder eines entsprechenden Leistungsbescheides Menschen mit Schwerbehinderungen **gleichgestellt** sind.[516] Auf dieser Rechtsgrundlage können Integrationsämter zur Unterstützung der beruflichen Orientierung junger Menschen mit Behinderungen Mittel aus der Ausgleichsabgabe einsetzen.[517]

Die **Darstellung der Änderungen** im 3. Teil des SGB IX ist auf tatsächliche **inhaltliche** **439** **Veränderungen beschränkt.** Auf redaktionelle Änderungen der Verweise auf Vorschriften innerhalb des SGB IX aufgrund dessen Neubekanntmachung wird im Folgenden nicht im Einzelnen hingewiesen. Diesbezüglich können die Synopsen im Anhang als Arbeitshilfe genutzt werden, um sich zu orientieren, auf welche Regelung des bisherigen SGB IX in der Fassung bis Ende 2017 sich die Verweise jeweils beziehen (s. § 6 Rn. 1 f.).

### XXI. Einzelregelungen in den Kapiteln 3 bis 7 des 3. Teils SGB IX

### 1. Meldung frei werdender Stellen durch öffentliche Arbeitgeber (§ 165 SGB IX)

Durch die Einfügung eines neuen Satz 2 im § 165 SGB IX wird geregelt, dass mit der **440** Meldung frei werdender Stellen gleichzeitig die Zustimmung zur Veröffentlichung als erteilt gilt. Dadurch soll eine schnellere Verbreitung der Stellenangebote u.a. über die Jobbörse der BA und darauf zurückgreifen der weitere Stellenbörsen ermöglicht werden.[518]

### 2. Prävention (§ 167 SGB IX)

Wenn Arbeitgeber einen möglichen Bedarf an Leistungen zur Teilhabe oder an begleitenden Hilfen im Arbeitsleben erkennen, hatten sie gemäß § 84 Abs. 2 Satz 4 **441** SGB IX a.F. die örtliche gemeinsame Servicestelle hinzuzuziehen. In der Folge der Aufgabe des Konzepts der gemeinsamen Servicestellen (s. Rn. 176) sind nunmehr stattdessen „die Reha-Träger" einzubeziehen, die ihrerseits gemäß § 167 Abs. 2 Satz 5 SGB IX auf eine Antragstellung der bzw. des betroffenen Beschäftigten hinzuwirken haben (s. auch § 10 Abs. 5 SGB IX, Rn. 41).

Unklar ist jedoch, an welchen bzw. welche Reha-Träger sich der Arbeitgeber künftig **442** wenden soll. Von den sieben Reha-Trägern können gemäß § 6 Abs. 1 SGB IX immer-

---

516  Art. 3 Abs. 12 Nr. 1 des Neunten Gesetzes zur Änderung des SGB II, BGBl. 2016 I 1837.
517  BT-Drs. 18/9522, 306 unter Hinweis auf zuvor geäußerte Bedenken des Bundesrechnungshofes.
518  BT-Drs. 18/10523, 67.

hin sechs grundsätzlich für die Leistungen zur Teilhabe am Arbeitsleben zuständig sein. Hier sind die Reha-Träger gefordert, durch entsprechende Aufklärung und Information über die von ihnen gemäß § 12 Abs. 1 Satz 3 SGB IX benannten Ansprechstellen für den Aufbau entsprechender Netzwerke zu sorgen. Denn die Ansprechstellen sollen gerade Informationen an Arbeitgeber vermitteln und untereinander so gut vernetzt sein, dass sie selber trägerübergreifend beraten können. Können sie das im Einzelfall nicht, sind sie zumindest verpflichtet, auf die Beratungsangebote und Leistungen anderer Reha-Träger hinzuweisen.[519]

### 3. Kündigungsschutz (§§ 170, 173 SGB IX)

443 Beabsichtigt ein Arbeitgeber die Kündigung eines Arbeitnehmers mit Schwerbehinderung, so kann er die nach § 168 SGB IX erforderliche **Zustimmung des Integrationsamtes** gemäß § 170 Absatz 1 Satz 1 SGB IX **auf elektronischem Wege** beantragen.[520] Die Unwirksamkeit der Kündigung bei unterlassener Beteiligung der Schwerbehindertenvertretung gilt bereits seit 30.12.2016 (s. dazu § 2 Rn. 17 ff.).

444 Die Ausnahmen vom Erfordernis der Zustimmung des Integrationsamtes in § 173 Abs. 1 stimmen inhaltlich mit § 90 SGB IX a.F. überein. Durch den formal neuen Satz 2 wird redaktionell klargestellt, dass die zusätzlichen Voraussetzungen der rechtzeitigen Mitteilung der Kündigungsabsicht durch den Arbeitgeber und der unterbliebene Widerspruch gegen die beabsichtigte Kündigung bis zu deren Ausspruch sich nur auf die **altersbedingten Kündigungen** in der Nr. 3 beziehen. Die bei der Neubekanntmachung des SGB IX redaktionell vergessene Zeile in Abs. 1 Satz 1 „3. deren Arbeitsverhältnis durch Kündigung beendet wird, sofern sie"[521] wurde zwischenzeitlich wieder eingefügt.[522]

### 4. Rechte und Pflichten der Schwerbehindertenvertretung (§ 179 SGB IX)

445 Bereits m.W.v. 30.1.2.2016 sind die Rechte der Schwerbehindertenvertretung in mehrfacher Hinsicht gestärkt worden (s. § 2 Rn. 12 ff.). Zum 1.1.2018 wird die **Geheimhaltungspflicht der Vertrauenspersonen** in § 179 Abs. 7 Satz 1 Nr. 1 SGB IX wie folgt neu gefasst:

§ 179 Persönliche Rechte und Pflichten der Vertrauenspersonen der schwerbehinderten Menschen

(7) [1]Die Vertrauenspersonen sind verpflichtet,

1. ihnen wegen ihres Amtes anvertraute oder sonst bekannt gewordene fremde Geheimnisse, namentlich zum persönlichen Lebensbereich gehörende Geheimnisse, nicht zu offenbaren ...

446 Der zunächst weiter gefasste **Begriff der fremden Geheimnisse** in der Nr. 1 wird durch den mit „namentlich" eingeleiteten Einschub, der im Wortlaut dem § 203 Abs. 1 StGB nachgebildet ist, eingegrenzt auf persönliche Geheimnisse, während die Pflicht zur Geheimhaltung von Betriebs- und Geschäftsgeheimnissen weiterhin in der

---

519  BT-Drs. 18/9522, 307.
520  Art. 23 Nr. 5 BVGuaÄndG, BGBl. 2017 I 2557. Dabei handelt es sich laut BT-Drs. 18/12611, 35 um eine Folgeänderung zum Gesetz zum Abbau verzichtbarer Anordnungen der Schriftform im Verwaltungsrecht des Bundes vom 29.3.2017 (BGBl. 2017 I 626).
521  Vgl. BGBl. 2016 I 3287; BT-Drs. 18/12611, 109.
522  Art. 23 Nr. 6 BVGuaÄndG, BGBl. 2017 I 2557.

Nr. 2 geregelt ist. Die Neuformulierung der Nr. 1 bildet die Grundlage der neuen Strafbarkeitsvorschrift des § 237 b SGB IX.

### 5. Inklusionsbeauftragter des Arbeitgebers (§ 181 SGB IX)

Zur Verdeutlichung des Inklusionsgedankens wird der Beauftragten des Arbeitgebers gemäß § 181 SGB IX in **Inklusionsbeauftragter** des Arbeitgebers umbenannt.[523]

447

### 6. Aufgaben des Integrationsamtes (§ 185 SGB IX)

Der Katalog der möglichen Verwendungszwecke der Mittel des Integrationsamtes in § 185 Abs. 3 SGB IX wurde redaktionell überarbeitet, die bisher in Abs. 3 Satz 2 genannten Maßnahmen werden nunmehr im einzigen Satz des Ab. 3 in den Ziffern 4 und 5 aufgeführt. Neu hinzugekommen ist mit der Ziffer 6 die Möglichkeit, einen **Anteil eines Budgets für Arbeit zu finanzieren.** Das Gesetz enthält jedoch keine Anhaltspunkte dazu, in welchen Fällen und ggf. in welcher Höhe die Anteilsfinanzierung in Frage kommt. Die Verschiebung der bisherigen Abs. 3 a–7 in die Abs. 4–8 ist lediglich redaktioneller Art.

448

Der Verweis im jetzigen Abs. 7 wurde angepasst auf das neue Verfahren zur Koordinierung der Leistungen (s. Rn. 58 ff.). D.h. auch das Integrationsamt kann zum **leistenden Reha-Träger** werden, wenn es einen bei ihm gestellten Antrag nicht innerhalb der zwei Wochen Frist des § 14 Abs. 1 Satz 1 SGB IX an den für zuständig gehaltenen Reha-Träger weiterleitet. Bestätigt wird dies durch die vorgeschriebene entsprechende Anwendbarkeit des § 15 Abs. 1 SGB IX, der die teilweise Weiterleitung eines Antrags vorsieht, für den der leistende Reha-Träger nicht zuständig sein kann (s. Rn. 69 ff.). Wenn aber das Integrationsamt die Rolle des leistenden Reha-Trägers innehaben kann, müssen konsequenter Weise auch die übrigen Vorschriften des 4. Kapitels des 1. Teils SGB IX über die Koordinierung von Leistungen entsprechend anwendbar sein (§§ 15 Abs. 2–4, 18–24 SGB IX), damit das Integrationsamt diese Rolle auch ausfüllen kann.

449

### 7. Aufgaben der Agentur für Arbeit (§ 187 SGB IX)

Die Agentur für Arbeit wird durch die Ergänzung in § 187 Abs. 1 Nr. 3 c) SGB IX auch für die Förderung von Menschen mit Schwerbehinderungen bei Einstellung auf dem ersten Arbeitsmarkt nach einer Tätigkeit bei einem anderen Leistungsanbieter i.S.d. § 60 SGB IX zuständig.

450

### 8. Wirtschaftlichkeit von Tariflöhnen bei Integrationsfachdiensten (§ 196 SGB IX)

In Übereinstimmung mit § 38 Abs. 2 SGB IX gilt auch bei Integrationsfachdiensten die **Tarifentlohnung** der Mitarbeiter*innen gemäß dem neu eingefügten § 196 Abs. 2 SGB IX **immer als wirtschaftlich.**

451

---

523  BT-Drs. 18/9522, 307.

### XXII. Inklusionsbetriebe (3. Teil SGB IX 11. Kapitel)

452  Das 11. Kapitel übernimmt die Regelungen der bisherigen §§ 132–135 SGB IX i.d.F. bis Ende 2017 mit dem Inhalt, den sie seit dem 1.8.2016 zur Umsetzung der Initiative „Integrationsbetriebe fördern – Neue Chancen für schwerbehinderte Menschen auf dem ersten Arbeitsmarkt eröffnen"[524] erhalten haben.[525] Der Begriff der Integrationsprojekte wird durchgängig durch den der Inklusionsbetriebe ersetzt.

453  Die **Mindestbeschäftigungsquote** bezüglich Menschen mit Schwerbehinderungen im § 215 Abs. 3 SGB IX wird von bisher 25 % **auf 30 % angehoben**. Grund für die Anhebung ist die im neu angefügten § 224 Abs. 2 SGB IX vorgesehene **Bevorzugung bei der Vergabe öffentlicher Aufträge**.[526] Gemäß der entsprechenden Regelung im Vergaberecht in § 118 Abs. 1 GWB können öffentliche Auftraggeber die Teilnahme an Vergabeverfahren auf WfbM und solche Unternehmen einschränken, „deren Hauptzweck die soziale und berufliche Integration von Menschen mit Behinderungen [...] sind". Voraussetzung dafür ist gemäß § 118 Abs. 2 GWB, dass mindestens 30 % der dort Beschäftigten Menschen mit Behinderungen sind. Wobei diese Mindestbeschäftigungsquote wiederum vorgegeben wurde durch Art. 20 Abs. 1 der Richtlinie 2014/24/EU vom 26.2.2014 über die öffentliche Auftragsvergabe.[527]

### XXIII. Regelungen betreffend Menschen in Werkstätten (3. Teil SGB IX 12. Kapitel und WVO)

454  Die Rechte der Interessenvertretung von Menschen im Arbeitsbereich einer WfbM durch die Werkstatträte sowie durch die verbindliche Einführung von Frauenbeauftragten in jeder Werkstatt wurden bereits m.W.v. 30.12.2016 deutlich gestärkt (s. § 2 Rn. 24 ff. und 31 ff.).

### 1. Öffnung der WfbM für Tagesförderung (§ 219 SGB IX)

455  Der neu angefügte Satz 2 im § 219 Abs. 3 SGB IX ermöglicht die **gemeinsame Betreuung und Förderung** von Werkstattbeschäftigten und Menschen, die in Ermangelung eines Mindestmaßes an wirtschaftlich verwertbarer Arbeitsleistung keinen Anspruch auf Aufnahme in eine WfbM haben, sondern nur in Tagesförderstätten unter dem „verlängerten Dach der WfbM".[528] Auch bei einer gemeinsamen Betreuung und Förderung soll es bei dem getrennten Status der beiden Gruppen bleiben, d.h. die Menschen mit Anspruch auf tagesstrukturierende Maßnahmen erlangen keine arbeitnehmerähnliche Rechtsstellung i.S.d. § 221 SGB IX und haben damit weder Anspruch auf Arbeitsentgelt oder Arbeitsförderungsgeld noch auf Einbeziehung in die Sozialversicherung. Also selbst **dieser Beschäftigungssektor** für Menschen mit Schwerbehinderungen wird **nicht inklusiv** ausgestaltet. Gleichwohl erhofft man sich laut der Gesetzesbegründung von der gemeinsamen Betreuung und Förderung eine Heranfüh-

---

524  Vgl. BT-Drs. 18/5377.
525  Art. 3 Abs. 12 Nr. 4 des Neunten Gesetzes zur Änderung des SGB II, BGBl. 2016 I 1837.
526  BT-Drs. 18/9522. 309 f.
527  ABl. EU 23.8.2014 L 94, 106.
528  BT-Drs. 18/9522, 310.

rung der Menschen mit Schwerstmehrfachbehinderungen an die berufliche Bildung und Beschäftigung in der WfbM[529] und somit vereinfachte Übergänge.

## 2. „Rückkehrrecht" in die WfbM (§ 220 SGB IX)

Der neu angefügte Abs. 3 im § 220 SGB IX verdeutlicht, dass der Anspruch auf Auf- **456** nahme in die WfbM nach § 220 Abs. 1 SGB IX nicht dadurch „verwirkt" wird, indem ein Menschen mit Behinderungen aus einer WfbM in eine Beschäftigung auf den ersten Arbeitsmarkt gewechselt ist oder aber statt der WfbM eine Beschäftigung bei einem anderen Leistungsanbieter i.S.d. § 60 SGB IX oder eine mit Hilfe eines Budgets für Arbeit nach § 61 SGB IX aufgenommen hat. Vielmehr kann diese Person immer in eine WfbM (ggf. zurück-) wechseln, solange sie die Aufnahmevoraussetzungen nach § 219 Abs. 2 SGB IX erfüllt.[530]

Der Wechsel zwischen der WfbM, anderen Leistungsanbietern und dem Budget für **457** Arbeit ist unschädlich bezüglich der Anwartschaft auf eine Erwerbsminderungsrente nach 20 Jahren ununterbrochener voller Erwerbsminderung i.S.d. § 43 Abs. 6 SGB VI. Hingegen bleibt es bei einem Wechsel auf eine Stelle am ersten Arbeitsmarkt bei der Hürde, dass die volle Erwerbsminderung dadurch unterbrochen wird und die Anwartschaft verloren geht.

## 3. Anerkennungsverfahren (§ 225 SGB IX)

Die Entscheidung über die Anerkennung einer WfbM trifft die Bundesagentur für Ar- **458** beit gemäß § 225 Satz 2 SGB IX künftig im **Einvernehmen mit dem Träger der Eingliederungshilfe**.[531] Zwar werden den durch Landesrecht zu bestimmenden Eingliederungshilfeträgern erst ab dem 1.1.2020 inhaltliche Aufgaben übertragen – mit Ausnahme derjenigen im Vertragsrecht (s. Rn. 332 f.), jedoch sollen die Träger der Sozialhilfe, die gemäß § 241 Abs. 8 SGB IX in der Zeit vom 1.1.2018 bis zum 31.12.2019 als Reha-Träger an die Stelle der Träger der Eingliederungshilfe treten (s. Rn. 23 f.), übergangsweise auch noch die Aufgabe aus § 225 Satz 2 SGB IX übernehmen.[532] Die Argumentation ist allerding deswegen schief, weil die Vertretungsregelung nur gilt, „soweit sie zur Erbringung von Leistungen der Eingliederungshilfe für Menschen mit Behinderung nach § 8 Nr. 4 des SGB XII bestimmt sind," welcher wiederum nur auf die §§ 53–60 SGB XII verweist.

## 4. Änderungen der Werkstättenverordnung

Die bisher vorgeschriebene **Stellungnahme des Fachausschusses** bezüglich der Auf- **459** nahme einer leistungsberechtigten Person in die WfbM in § 2 Abs. 2 WVO wird faktisch abgeschafft. Gemäß dem neuen Abs. 1 a ist diese nämlich **nur noch dann** erforderlich, **wenn** vor der Aufnahme in die Werkstatt **kein Teilhabeplanverfahren** durchgeführt worden ist.[533] Angesichts der Tatsache, dass Leistungen im Eingangsverfahren und im Berufsbildungsbereich einerseits sowie im Arbeitsbereich andererseits ty-

---

529  BT-Drs. 18/9522, 310.
530  BT-Drs. 18/9522, 310 f.
531  Art. 23 Nr. 7 BVGuaÄndG, BGBl. 2017 I 2557.
532  BT-Drs. 18/12611, 109.
533  So auch BMAS (2017 a), S. 13.

pischerweise von unterschiedlichen Reha-Trägern erbracht werden (s. § 63 SGB IX), ist in diesen Fällen gemäß § 19 Abs. 1 SGB IX zwingend die Erstellung eines Teilhabeplans erforderlich. Und selbst in den Fällen, in denen ausschließlich ein Unfallversicherungsträger oder ein Träger der Kriegsopferfürsorge leistender Reha-Träger ist, ist gemäß § 19 Abs. 2 Satz 2 SGB IX auch auf Wunsch der leistungsberechtigten Person ein solcher Teilhabeplan zu erstellen (s. Rn. 119). An der Erstellung von Teilhabeplänen, die u.a. auch die Aufnahme in eine WfbM vorsehen, ist gemäß § 22 Abs. 3 SGB IX das zuständige Integrationsamt zu beteiligen, eine Mitwirkung des Fachausschusses der Werkstatt und/oder anderer Leistungsanbieter i.S. des § 60 SGB IX ist hingegen nicht vorgesehen.

460 Die bisherigen Regelungen für Werkstätten im Beitrittsgebiet (§ 20 WVO) wurden angesichts des Zeitablaufes seit der Wiedervereinigung ersatzlos gestrichen. Die übrigen Änderungen der Werkstättenverordnung beinhaltet lediglich redaktionelle Anpassungen der Verweise auf die neue Nummerierung der Paragrafen im SGB IX[534] bzw. an den geänderten Fachbegriff des Inklusionsbetriebs im § 4 Abs. 6 Satz 1 Nr. 3 WVO.

### XXIV. Unentgeltliche Beförderung schwerbehinderter Menschen im öffentlichen Nahverkehr (3. Teil SGB IX 13. Kapitel)

461 Der Abs. 1 des bisherige § 145 SGB IX wird in der Neubekanntmachung im § 228 SGB IX redaktionell anders dargestellt. Abs. 1 endet nach den ersten beiden Sätzen, die bisherigen Sätze 3–7 werden im neuen Abs. 2 zusammengefasst. Der **Preis für die Wertmarke** wird auf 80 EUR pro Jahr bzw. 40 EUR pro Halbjahr **angehoben**. Die bisherigen Sätze 8 und 9 bilden den Abs. 3. Der bisherige Satz 9 mit der Aufzählung der Fälle von Wertmarkenabgabe ohne Eigenbetrag wird zu Abs. 4 und der neue Abs. 5 besteht aus den bisherigen Sätzen 10–13. Satz 10 ist dabei an die Änderung des Kraftfahrzeugsteuergesetzes angepasst worden, der zufolge die „zuständigen „Hauptzollämter die Inanspruchnahme der Kraftfahrzeugsteuerermäßigung nicht mehr in das Beiblatt zur Wertmarke des anspruchsberechtigten schwerbehinderten Menschen ein[tragen]".[535]

462 Die Vorschriften über die **Erstattung der Fahrgeldausfälle** im Nah- und im Fernverkehr in §§ 231 und 232 SGB IX übernehmen identisch die Regelungen der bisherigen §§ 148 und 149 SGB IX i.d.F. bis Ende 2017. Bei der Neubekanntmachung hatte es dabei ein redaktionelles Versehen gegeben. In den Formeln zur Berechnung des anzuwendenden Prozentsatzes in § 231 Abs. 4 Satz 3 und § 232 Abs. 2 Satz 3 SGB IX ist der Faktor am Ende der Formel „x 100" jeweils in den Nenner gerutscht.[536] Dieses Versehen ist aber bereits vor Inkrafttreten der Regelungen behoben worden.[537] Die Frist zur Geltendmachung der Fahrgeldausfälle ist bereits m.W.v. 30.12.2016 auf drei Jahre ausgedehnt worden (s. § 2 Rn. 44).

---

534 So in §§ 1 Abs. 1, 2 Abs. 2, 3 Abs. 1 S. 2, 4 Abs. 1 S. 2, § 4 Abs. 6 S. 3, 8 Abs. 1 S. 1, 12 Abs. 3, 4, 5 und 6, 13 Abs. 2, 14, 15 Abs. 2, 17 Abs. 1 S. 1 WVO.
535 BT-Drs. 18/9522, 311.
536 Vgl. BGBl. 2016 I 3304; BT-Drs. 18/12611, 109.
537 Durch Art. 23 Nr. 8 BVGuaÄndG, BGBl. 2017 I 2557.

## XXV. Straf-, Bußgeld- und Schlussvorschriften (3. Teil SGB IX 14. Kapitel)

### 1. Neufassung der Strafvorschriften (§§ 237 a und b SGB IX)

Im Gesetzesentwurf des BTHG war vorgesehen, die Strafbarkeit wegen Geheimnisverrats durch die Vertrauensperson nicht in die Neubekanntmachung des SGB IX zu übernehmen, da der Geheimnisverrat schon nach § 203 StGB strafbar sei.[538] Eine Prüfung auf Bitten des Bundesrates im Gesetzgebungsverfahren wies im Ergebnis auf mögliche Schutzlücken hin. Daher wurde der Gehalt des bisherigen § 155 SGB IX a.F. in die §§ 237 a und b SGB IX wieder aufgenommen; die Strafbarkeit des Geheimnisverrates soll durch die Neufassung weder eingeschränkt noch ausgedehnt werden.[539]

**463**

§ 237 a Strafvorschriften

(1) Mit Freiheitsstrafe bis zu zwei Jahren oder mit Geldstrafe wird bestraft, wer entgegen § 179 Absatz 7 Satz 1 Nummer 2, auch in Verbindung mit Satz 2 oder § 180 Absatz 7, ein Betriebs- oder Geschäftsgeheimnis verwertet.

(2) Die Tat wird nur auf Antrag verfolgt.

§ 237 b Strafvorschriften

(1) Mit Freiheitsstrafe bis zu einem Jahr oder mit Geldstrafe wird bestraft, wer entgegen § 179 Absatz 7 Satz 1, auch in Verbindung mit Satz 2 oder § 180 Absatz 7, ein dort genanntes Geheimnis offenbart.

(2) Handelt der Täter gegen Entgelt oder in der Absicht, sich oder einen anderen zu bereichern oder einen anderen zu schädigen, so ist die Strafe Freiheitsstrafe bis zu zwei Jahren oder Geldstrafe.

(3) Die Tat wird nur auf Antrag verfolgt.

### 2. Bußgeldvorschriften (§ 238 SGB IX)

Aus dem Katalog der bußgeldbewehrten **Ordnungswidrigkeiten** des § 238 Abs. 1 ist die bisherige Nr. 8 gestrichen worden, die das Unterlassen der Erörterung einer Entscheidung durch den Arbeitgeber mit der Schwerbehindertenvertretung und der betrieblichen Interessenvertretung als ordnungswidrig eingestuft hatte, da dies unverhältnismäßig sei im Vergleich mit den anderen Ordnungswidrigkeiten.[540] Die Bußgelder sollen künftig gemäß dem neu gefassten Abs. 4 nicht mehr pauschal den Integrationsämtern zufließen, sondern jeweils der Behörde, die den Bußgeldbescheid erlassen hat. Diese hat gemäß dem neuen Abs. 5 auch die eigenen Auslagen zu tragen und muss auch für eine ggf. erforderliche Erstattung nach § 110 OWiG aufkommen.

**464**

### 3. Übergangsregelungen (§ 241 SGB IX)

Die Übergangsregelungen in § 241 SGB IX sind im Vergleich zum bisherigen § 159 SGB IX a.F. verändert worden. Der bisherige Abs. 2 wurde gestrichen, weil er aus zeitlichen Gründen keine Anwendung mehr finden kann, ebenso der bisherige Abs. 5, da der Rechtsanspruch auf ein Persönliches Budget nunmehr im § 29 Abs. 1 SGB IX geregelt ist (s. Rn. 155). Die bisherigen Abs. 1,3, 4 und 6–8 gelten als Abs. 1–6 fort.

**465**

Die bereits m.W.v. 30.12.2016 eingefügte Übergangsregelung des künftigen Abs. 6, der die **Fortgeltung früherer Integrationsvereinbarungen** anordnet (s. § 2 Rn. 45),

**466**

---

538 BT-Drs. 18/9522, 312.
539 BT-Drs. 18/10523, 68.
540 BT-Drs. 18/9522, 312.

wurde redaktionell korrigiert, da bei der Neubekanntmachung des § 241 Abs. 6 SGB IX auf den § 166 SGB IX verwiesen worden war, Integrationsvereinbarungen aber nur auf der Grundlage des § 83 SGB IX i.d.F. bis zum 30.12.2016 geschlossen werden konnten.[541] Abs. 7 enthält eine Übergangsregelung für das Auslaufen der Tätigkeit der **gemeinsamen Servicestellen** bis zum 31.12.2018, um insoweit den Reha-Trägern einen nahtlosen Wechsel der Zusammenarbeitsstrukturen hin zu den Ansprechstellen i.S.d. § 12 SGB IX zu ermöglichen.[542]

467  Der nachträglich eingefügte Abs. 8[543] enthält eine **übergangsweise** Regelung der **Zuständigkeit für die Eingliederungshilfe.** Die „neuen" Träger der Eingliederungshilfe sind zwar bereits ab dem 1.1.2018 durch Landesrecht gemäß § 94 Abs. 1 SGB IX zu bestimmen, haben aber bis zum Beginn des Jahres 2020 nur die Aufgabe der Verhandlung und des Abschlusses neuer Leistungserbringungsvereinbarungen (s. Rn. 331 ff.). Da die Sozialhilfeträger mit der Änderung des § 6 Abs. 1 Nr. 7 SGB IX aber bereits ab dem 1.1.2018 nicht mehr als Reha-Träger benannt werden, wird im Abs. 8 festgelegt (vgl. Rn. 24 f.), dass die überörtlichen Träger der Sozialhilfe bis zum 31.12.2019 an Stelle der Eingliederungshilfeträger für die Durchführung der bisherigen Eingliederungshilfe nach dem 6. Kapitel des SGB XII zuständig sind (§ 97 Abs. 3 Nr. 1 SGB XII) sind, sofern dieser Leistungsbereich nicht landesrechtlich den örtlichen Träger der Sozialhilfe zugeordnet ist.

## B. Änderungen im SGB XII

468  Mit der Neubekanntmachung des SGB IX zum 1.1.2018 werden die **Träger der Sozialhilfe** nicht mehr als Reha-Träger geführt, sondern sind im § 6 Abs. 1 Nr. 7 SGB IX bereits durch die Träger der Eingliederungshilfe ersetzt. Auf der Grundlage der Übergangsregelung in § 241 Abs. 8 SGB IX[544] treten die Träger der Sozialhilfe **bis zum 31.12.2019** als Reha-Träger **an die Stelle der Eingliederungshilfeträger** bezüglich der Leistungen der Eingliederungshilfe gemäß § 8 Nr. 4 SGB XII (s. Rn. 24 f.). In dieser Zeit sind die Sozialhilfeträger bezüglich der Leistung der Eingliederungshilfe weiterhin gemäß § 7 Abs. 1 SGB IX an die Vorschriften des SGB IX gebunden, soweit das SGB XII keine abweichenden Regelungen vorsieht (s. Rn. 27 ff.).

469  In der Eingliederungshilfe werden die **Leistungen zur Teilhabe am Arbeitsleben neu** geregelt, insbesondere werden die in §§ 60 f. SGB IX eingeführten **alternativen Leistungsformen** zu den Angeboten der WfbM nicht nur übergangsweise im Leistungsrecht des SGB XII, sondern auch bei den Vorschriften über die Berücksichtigung von Einkommen und Vermögen berücksichtigt. Die im **Vertragsrecht vereinbarten Vergütungen** von Leistungen der Eingliederungshilfe werden grundsätzlich **bis zum Ende 2019** „eingefroren"; vorrangig sollen die Leistungserbringer mit den durch Landesrecht bestimmten Trägern der Eingliederungshilfe (s. Rn. 332 f.) Vereinbarung nach dem neuen Vertragsrecht des SGB IX schließen (s. Rn. 337 ff.). Schließlich wird im neuen 18. Kapitel des SGB XII anstelle des bisherigen § 58 SGB XII ein **Gesamtplan-**

---

541  Vgl. BGBl. 2016 I 3307; Art. 23 Nr. 10 a BVGuaÄndG, BGBl. 2017 I 2557.
542  BT-Drs. 18/10523, 68.
543  Art. 23 Nr. 10 b BVGuaÄndG, BGBl. 2017 I 2557 f.
544  Eingefügt durch Art. 23 Nr. 10 b BVGuaÄndG v. 17.7.2017, BGBl. 2017 I 2257 f.

verfahren eingeführt, welches als neues Steuerungsinstrument in jedem Einzelfall der Eingliederungshilfe durchzuführen ist. Das Gesamtplanverfahren wird zum 1.1.2020 zusammen mit den übrigen Vorschriften der Eingliederungshilfe aus dem SGB XII herausgelöst und in den 2. Teil des SGB IX überführt. Eine Anwendung dieses Planungsverfahrens auch auf die nach § 68 Abs. 1 Satz 2 SGB XII zu erstellenden Gesamtpläne bei den Hilfen zur Überwindung besonderer sozialer Schwierigkeiten ist zu keinem Zeitpunkt vorgesehen, obwohl es gemäß § 2 Abs. 1 der Durchführungsverordnung auch bei dieser Hilfeart darum geht, den Leistungsberechtigten die Teilnahme am Leben in der Gemeinschaft zu ermöglichen, die Führung eines menschenwürdigen Lebens zu sichern und die Hilfesuchenden in die Lage zu versetzen, ihr Leben entsprechend ihren Bedürfnissen, Wünschen und Fähigkeiten zu organisieren und selbstverantwortlich zu gestalten.

## I. Leistungen der Eingliederungshilfe (6. Kapitel SGB XII)

### 1. Leistungen der Eingliederungshilfe (§ 54 SGB XII)

Im Leistungskatalog der Eingliederungshilfe im § 54 Abs. 1 Satz 1 SGB XII wird der Verweis auf § 33 SGB IX, die Einführungsvorschrift über die Leistungen zur Teilhabe am Arbeitsleben mit dem **offenen Leistungskatalog**, sowie auf § 41 SGB IX, der die Leistungen im Arbeitsbereich einer WfbM enthält, **gestrichen**. Stattdessen wird auf den neu eingefügten § 140 SGB XII verwiesen, der einen **abschließenden Katalog von Leistungen zur Teilhabe am Arbeitsleben** enthält (s. Rn. 474 ff.).   470

### 2. Hilfe in einer sonstigen Beschäftigungsstätte (§ 56 SGB XII)

Die Regelung des § 56 SGB XII über die Hilfe in einer sonstigen Beschäftigungsstätte wird **aufgehoben**, da mit Einführung der anderen Leistungsanbieter im § 60 SGB IX entsprechende Alternativen zur Beschäftigung im Arbeitsbereich einer WfbM eingeführt worden sind (s. Rn. 231 ff.), auf die § 140 SGB XII auch verweist. Dass im § 17 Abs. 2 EGH-VO, der noch bis zum 1.1.2020 gilt, weiterhin auf die Hilfe in einer sonstigen Beschäftigungsstätte nach § 56 SGB XII verweist, ist als redaktionelles Versehen anzusehen.   471

### 3. Persönliches Budget (§ 57 SGB XII)

Der Wortlaut des § 57 SGB XII wird an die Neuregelungen zum Persönlichen Budget im § 29 SGB IX (s. Rn. 154 ff.) angepasst.[545] Der Begriff trägerübergreifend wurde aus dem Wortlaut gestrichen, da das Persönliche Budget auch bei Leistungen von nur einem Reha-Träger in Anspruch genommen werden kann. Ebenfalls berücksichtigt wurde, dass auf die Leistungsformen eines persönlichen Budgets auf Antrag ein Rechtsanspruch besteht. Der Verweis auf die Budgetverordnung ist entfallen, da diese m.W.v. vom 1.1.2018 aufgehoben worden ist (s. Rn. 2)   472

---

545   Durch Art. 25 Nr. 5 des BVGuaÄndG, BGBl. 2017 I 2571.

## 4. Gesamtplan (§ 58 SGB XII)

473 Die bisherige Vorgabe zur frühzeitigen Aufstellung eines Gesamtplanes in Zusammenarbeit mit der leistungsberechtigten Person und anderen Akteuren in nach § 58 SGB XII i.d.F. bis 31.12.2017 wird aufgehoben.[546] Stattdessen wird in den §§ 141–145 SGB XII für eine Übergangszeit bis Ende 2019 ein komplexes Gesamtplanverfahren eingefügt (s. Rn. 489 ff.).

## 5. Teilhabe am Arbeitsleben (§ 140 SGB XII)

474 Der neu eingefügten § 140 SGB XII[547] enthält eine Übergangsregelung für die Leistungen zur **Teilhabe am Arbeitsleben** für Leistungsberechtigte der Eingliederungshilfe. Die Regelung ist bis zum 31.12.2019 befristet, anschließend wird der Wortlaut der Abs. 2–4 in § 111 SGB IX i.d.F. ab 2020 übernommen.

475 Anders als noch in § 54 Abs. 1 SGB XII i.d.F. bis Ende 2017 enthält § 140 SGB XII einen **abschließenden Leistungskatalog**.[548] D.h. neben den hier ausdrücklich genannten **Leistungen zur Beschäftigung** einschließlich der **erforderlichen Hilfsmittel** sind auf der Grundlage von § 140 SGB XII **keine weitere Leistung** vorgesehen. Allerdings ist diese Neufassung des Leistungskataloges nicht zugleich auch in der Eingliederungshilfe-Verordnung nachvollzogen worden, in der durch das BTHG zum 1.1.2018 außer der Anpassung der numerischen Verweise auf die neugefassten Vorschriften des SGB IX keine weiteren Änderungen vorgenommen worden sind.[549] Während der Gesetzesbegründung zu § 111 SGB IX i.d.F. ab 2020 zufolge die **Ausbildung für eine sonstige angemessene Tätigkeit** bewusst nicht in das Eingliederungshilferecht ab 2020 übernommen und stattdessen auf die vorrangige Zuständigkeit der Bundesagentur für Arbeit verwiesen werden wird,[550] bleibt die die Regelung des § 13 a EGH-VO bis zur Aufhebung der EGH-VO zum 1.1.2020[551] weiterhin in Kraft. Da die Ermächtigung zum Erlass der Eingliederungshilfeverordnung in § 60 SGB XII zum 1.1.2018 unverändert geblieben ist und somit der Verordnungsgeber auch weiterhin den Umfang der Leistungen der Eingliederhilfe regeln kann, gehören bis zur Aufhebung der Eingliederungshilfeverordnung m.W. ab 1.1.2020 auch alle dort geregelten Leistungen zur Teilhabe am Arbeitsleben zum Leistungskatalog der Eingliederungshilfe (zur Hilfe in einer sonstigen Beschäftigungsstätte nach § 56 SGB XII s. Rn. 471).

476 Die Bezeichnung als **Leistungen zur Beschäftigung** im § 140 soll bereits deutlich machen, dass es sich um Leistungen **für nicht erwerbsfähige Personen** handelt.[552] Daher verweist § 140 SGB IX anders als noch § 54 Abs. 1 Satz 1 SGB XII a.F. auch nicht mehr auf den allgemeinen Leistungskatalog der beruflichen Reha nach § 49 SGB IX n.F.

---

546 Durch Art. 25 Nr. 6 des BVGuaÄndG, BGBl. 2017 I 2571.
547 Art. 12 Nr. 7 BTHG.
548 BT-Drs. 18/9255, 282 zu § 111 SGB IX i.d.F. 2020.
549 Art. 21 BTHG, BGBl. 2016 I 3334, vgl. dazu auch BT-Drs. 18/9522, 356.
550 BT-Drs. 18/9255, 282 zu § 111 SGB IX i.d.F. 2020.
551 Art. 26 Abs. 4 Satz 2 BTHG, BGBl. 2016 I 3340.
552 BT-Drs. 18/9255, 282 zu § 111 SGB IX i.d.F. 2020.

Mögliche Leistungen zur Beschäftigung sind:  477

a) Leistungen im **Arbeitsbereich** einer anerkannten WfbM (s. Rn. 227 ff.) einschließlich des **Arbeitsförderungsgeld**es nach § 59 SGB IX (s. Rn. 230),

b) Leistungen bei so genannten **anderen Leistungsanbietern** (s. Rn. 231 ff.), einschließlich des **Arbeitsförderungsgeld**es nach § 59 SGB IX (s. Rn. 230),

c) Leistungen bei privaten und öffentlichen Arbeitgebern unter Nutzung eines **Budgets für Arbeit** (s. Rn. 238 ff.) sowie

d) **Gegenstände und Hilfsmittel,** die zur Ausübung der vorgenannten Beschäftigungen erforderlich sind.

Bei den Leistungen bei anderen Leistungsanbietern handelt es ebenso wie bei dem Budget für Arbeit um Leistungen, die durch das BTHG neu zum 1.1.2018 in das SGB IX eingeführt worden sind. Der **Kreis der Leistungsberechtigten** wird in § 140 Abs. 1 SGB XII **ausdrücklich** auf Personen **beschränkt**, die die Voraussetzungen für eine Tätigkeit im **Arbeitsbereich einer WfbM** nach § 58 Abs. 1 Satz 1 SGB IX erfüllen. Während die Leistungen des Arbeitsförderungsgeldes nach § 59 SGB IX als auch die des Budgets für Arbeit gemäß § 61 SGB IX ohnehin auf diesen Personenkreis beschränkt sind, wird durch Abs. 1 die Zuständigkeit der Sozialhilfeträger für das Leistungsspektrum auch bei **anderen Leistungsanbietern** auf diejenigen Leistungen begrenzt, die dem Arbeitsbereich einer WfbM zuzuordnen sind.  478

Zudem steht der Anspruch auf die Leistungen im Arbeitsbereich anderer Leistungsanbieter unter dem Vorbehalt vorhandener und verfügbarer Platzkapazitäten. Gemäß § 60 Abs. 3 SGB IX sind die Sozialhilfeträger nicht verpflichtet, Leistungsangebote durch andere Leistungsanbieter zu ermöglichen. Die gleiche Beschränkung auf das tatsächlich vorhandene Angebot gilt gemäß § 61 Abs. 5 SGB IX auch für die Beschäftigung im Rahmen eines sozialversicherungspflichtigen Arbeitsverhältnisses vermittels eines Budgets für Arbeit.  479

Die Voraussetzungen und der Umfang der Versorgung, der Unterweisung, der Instandhaltung und der Ersatzbeschaffung mit für die berufliche Reha **erforderlichen Gegenständen und Hilfsmitteln** in § 140 Abs. 3 SGB XI decken sich mit § 17 Abs. 1 EGH-VO, umfassen aber auch diejenigen zur Aufnahme oder Fortsetzung einer Beschäftigung im Arbeitsbereich eines anderer Leistungsanbieters oder bei privaten und öffentlichen Arbeitgebern im Rahmen eines Budgets für Arbeit.  480

## II. Anrechnung von Einkommen und Vermögen (§§ 82, 92 SGB IX)

Bei den vom Einkommen abzusetzenden Posten im § 82 Abs. 2 SGB XII wird die bisherige Nr. 5 vollständig gestrichen. Hinsichtlich der Erhöhungsbeträge des Arbeitsentgeltes im Sinne des § 43 Satz 4 SGB IX ist dies konsequent, da diese Erhöhungsbeträge nicht in die Neufassung im § 59 SGB IX übernommen worden ist (s. Rn. 230). Auch mit Blick auf das **Arbeitsförderungsgeld** ist die Regelung nicht mehr zwingend geboten, da dessen **Nichtberücksichtigung als Einkommen** spezialgesetzlich im § 59 Abs. 2 SGB IX angeordnet ist (s. Rn. 230). Aus Gründen der Transparenz und der Übersichtlichkeit hätte es hingegen nahegelegen, die Regelung zur Absetzung des Arbeitsförderungsgeldes vom Einkommen im § 82 Abs. 2 SGB XII beizubehalten.  481

482   § 82 Abs. 3 Satz 2 SGB XII wird dahingehend ergänzt, dass die zum 1.1.2017 verbesserte **Freibetragsregelung** (s. § 2 Rn. 65) auch für das Arbeitsentgelt aus einer Beschäftigung bei einem **anderen Leistungsanbieter** gilt.

483   Im § 92 Abs. 2 Satz 1 Nr. 7 SGB XII werden die „vergleichbaren sonstigen Beschäftigungsstätten (§ 56)" ersetzt durch andere Leistungsanbieter nach § 60 SGB IX und das Budget für Arbeit nach § 61 SGB IX.[553] D.h. auch die **Leistungen zur Beschäftigung im Arbeitsbereich bei anderen Leistungsanbietern** werden ohne Berücksichtigung des **Vermögens** erbracht und der **Einsatz von Einkommen** ist **nur** dann **zumutbar**, wenn das Einkommen des Menschen mit Behinderungen über dem doppelten Betrag der Regelbedarfsstufe 1 liegt.

### III.  Vertragsrecht (§ 139 SGB XII)

484   Mit dem eingefügten § 139 SGB XII wird im Vertragsrecht bezüglich der Eingliederungshilfe eine **Übergangsregelung** für die Zeit vom 1.1.2018 bis zum 31.12.2019 geregelt. Für diesen Zeitraum wird durch Abs. 1 Satz 1 die **Fortgeltung** der am 31.12.2017 durch Vereinbarung oder durch Schiedsspruch festgelegten Höhe **der Vergütungspauschalen** angeordnet unabhängig von der Laufzeit der jeweiligen Vereinbarung bzw. des jeweiligen Schiedsspruches. Das gleiche gilt gemäß Abs. 3 für die **Landesrahmenverträge** soweit sie sich auf Leistungen der Eingliederungshilfe beziehen. Mit diesem „Einfrieren" soll den Vertragsparteien Planungssicherheit gegeben werden, um bereits auf der Grundlage des zum 1.1.2018 in Kraft tretenden neuen Vertragsrechts der Eingliederungshilfe nach den §§ 123 ff. SGB IX (s. Rn. 337 ff.) (Rahmen-)Verträge für die Zeit ab 2020 schließen zu können.[554]

485   Die Übergangsregelung betrifft **ausschließlich die Vergütungsvereinbarungen**, d.h. sowohl Leistungsvereinbarungen als auch Prüfungsvereinbarungen müssen neu verhandelt werden, sofern sie im Zeitraum 2018/2019 auslaufen oder gekündigt werden sollten. Die Übergangsregelung betrifft zudem **nur das Vertragsrecht der Eingliederungshilfe**, d.h. für die Vergütungen von Diensten und Einrichtungen betreffend Leistungen nach den Kapiteln 5 und 7 bis 9 SGB XII gilt sie nicht. Diese sind nach den gewohnten Regularien im Fall des Auslaufens neu zu verhandeln und gelten auf der Grundlage von § 77 Abs. 2 Satz 4 SGB XII nur bis zum Inkrafttreten neuer Vergütungen weiter.

486   Aber auch für am 31.12.2017 bestehende Vergütungsvereinbarungen der Eingliederungshilfe ist die **Fortgeltung nicht ausnahmslos** angeordnet. Vielmehr räumt Abs. 2 jeder Vertragspartei das Recht ein, auch im Zeitraum 2018/2019 neue Vergütungsverhandlungen zu verlangen. Gedacht ist diese Öffnungsklausel für solche Fälle, in denen sich Kostenfaktoren – insbesondere Personalkosten – erhöhen.[555] Allerdings wird das **Recht auf Neuverhandlungen** voraussetzungslos gewährt, die Vertragspartei muss nicht – wie vergleichsweise in § 77 Abs. 4 Satz 1 SGB XII vorgeschrieben – darlegen, dass unvorhergesehene, wesentliche Änderungen eingetreten seien. Ungeregelt

---

553  Letzteres ergänzt durch Art. 25 Nr. 7 b) BVGuaÄndG, BGBl. 2017 I 2571.
554  BT-Drs. 18/9522, 330.
555  BT-Drs. 18/9522, 330.

ist das **Verhältnis des Anspruchs** auf Neuverhandlung **zu noch laufenden Vereinbarungen**. Aus systematischen Gründen ist Abs. 2 dahingehend auszulegen, dass der Anspruch auf Neuverhandlung nur besteht, wenn die Befristung der bisherigen Vereinbarung abgelaufen oder aber die Laufzeit aufgrund einer Kündigung beendet wurde. Denn Abs. 2 soll erkennbar den Vertragsparteien die Möglichkeit zu Neuverhandlungen einräumen, die nur aufgrund der durch Abs. 1 angeordneten Fortgeltung an die bisherigen Vergütungen gebunden sind, und nicht auch jenen, die dies aufgrund eigener, noch laufender Vereinbarungen sind, ein außerordentliches Kündigungsrecht gewähren.

Um einerseits den Marktzugang für neue Dienstleister in der Eingliederungshilfe nicht zu versperren, andererseits auch diesbezüglich das Verhandlungsgeschehen auf die Verträge für die Zeit ab 2020 zu fokussieren, trifft § 139 Abs. 1 Satz 2–4 SGB XII eine **Sonderregelung für neue Leistungserbringer**. Auch wenn insoweit nur von Einrichtungen die Rede ist, ist analog § 75 Abs. 1 Satz 2 SGB XII auch von einer Geltung dieser Regelungen für neue ambulante Dienste auszugehen. Für die erstmalig abzuschließenden Vergütungsvereinbarungen sind gemäß Abs. 1 Satz 2 „als Basis" die vereinbarten Grund- und Maßnahmepauschalen sowie die Investitionsbeträge des Jahres 2017 „vergleichbarer Einrichtungen zugrunde zu legen". Dabei kommt es auf die **Vergleichbarkeit der Leistungsprofile** und nicht etwa die Rahmenbedingungen der Einrichtungen wie Größe oder Rechtsform an, um auf vereinfachtem Wege zu einer wirtschaftlich auskömmlichen Vergütung mit Geltung bis zum 31.12.2019 zu kommen. Auslegungsbedürftig ist zudem der Begriff der Basis, der als Sockelbetrag mit der Möglichkeit der Verhandlung höherer Pauschalen und Investitionsbeträge verstanden werden kann, oder aber als Fixum, wobei die durchschnittlichen Vergütungssätze vergleichbarer Einrichtungen in Ansatz zu bringen wären. Der Sinn und Zweck des § 139 Abs. 1 SGB XII spricht für eine **Auslegung der „Basis" als Fixbetrag**, denn er soll den Verhandlungsaufwand nach auslaufendem Recht minimieren, damit „den Vertragsparteien ausreichend Kapazitäten für Verhandlungen der Vereinbarungen nach Teil 2 des Neunten Buches zur Verfügung stehen".[556] Für diese Auslegung spricht zudem die vorgesehene Möglichkeit nach Abs. 2, Neuverhandlungen zu verlangen, wenn die Durchschnittsvergütungen nicht ausreichend sein sollten. Denn der Anspruch auf Neuverhandlung ist nicht auf Leistungserbringer beschränkt, die schon am 31.12.2017 Vereinbarungen geschlossen hatten.

Die einzige **Abweichungsmöglichkeit** von diesen Fixbeträgen ergibt sich aus § 139 Abs. 1 Satz 3 SGB XII, demzufolge **Tarif- und nach kirchlichem Arbeitsrecht festgesetzte Löhne** als wirtschaftlich anzusehen sind. Liegt also die vom neuen Leistungserbringer aufgrund von Tariflöhnen kalkulierte Maßnahmenpauschale oberhalb des Durchschnitts vergleichbarer Einrichtungen, ist eine dementsprechend höhere Pauschale als wirtschaftlich anzuerkennen. Durch die entsprechende Geltung des § 77 Abs. 1 und 2 SGB XII unterliegen auch die erstmaligen Verträge u.a. dem **Grundsatz der Prospektivität**. Auch die **Schiedsstelle** kann wegen der Vergütungsvereinbarung angerufen werden. Angesichts der hier favorisierten Auslegung des § Abs. 1 Satz 2 als

---

556 BT-Drs. 18/9522, 330.

Fixbeträge kann dies dann relevant werden, wenn sich die Vertragsparteien entweder nicht auf die in den Vergleich einzubeziehenden Einrichtungen verständigen können oder aber Uneinigkeit bestehen bleibt über eine Erhöhung der durchschnittlichen Maßnahmenpauschale wegen höherer Tariflöhne.

### IV. Gesamtplanverfahren (18. Kapitel SGB XII)

489 Für eine Übergangszeit vom 1.1.2018 bis zum 31.12.2019 wird im neuen 18. Kapitel des SGB XII ein ausführliches **Gesamtplanverfahren** geregelt. Dieses bezieht sich **ausschließlich** auf die Leistungen der **Eingliederungshilfe**.[557] Auch wenn diese Beschränkung auf die Eingliederungshilfe nicht ausdrücklich im Wortlaut der §§ 141–145 SGB IX angeordnet ist, ergibt sich dies jedoch aus dem Kontext der Regelungen, die nur Bezug nehmen auf die Leistungen nach § 54 SGB XII (so z.B. in §§ 141 Abs. 3 und 4, 142 Abs. 1 SGB XII). Zudem werden die Vorschriften über das Gesamtplanverfahren **zum 1.1.2020** gemeinsam mit den Vorschriften über die Eingliederungshilfe **in den 2. Teil des SGB IX übertragen**, während die Hilfe zur Überwindung besonderer sozialer Schwierigkeiten im SGB XII verbleibt.

490 Das Gesamtplanverfahren ersetzt den bisherigen § 58 SGB XII i.d.F. bis 31.12.2017[558] und knüpft an die Vorschriften zur Bedarfsermittlung und der Leistungskoordinierung in den **Kapiteln 3 und 4 im 1. Teil des SGB IX** an, insbesondere an die Regelungen zur Erstellung eines Teilhabeplans. Gemäß § 7 Abs. 2 SGB IX **gehen** die **Regelungen dieser beiden Kapitel** des SGB IX den Vorschriften der Leistungsgesetze, also auch denjenigen in §§ 141–145 SGB XII **vor**. D.h., die Instrumente der Bedarfsermittlung nach § 142 SGB XII müssen zugleich den Vorgaben des § 13 SGB IX entsprechen und, sofern ein Teilhabeplanverfahren durchzuführen ist (s. Rn. 117 ff.), wird dieses nicht etwa durch die spezielleren Regelungen des Gesamtplanverfahrens verdrängt oder abgeändert, sondern nur ergänzt. Gemäß § 21 Abs. 1 SGB IX ist das Gesamtplanverfahren Gegenstand des Teilhabeplanverfahrens, wenn der Eingliederungshilfeträger leistender Reha-Träger i.S.d. § 14 SGB IX und damit auch für dessen Durchführung verantwortlich ist.

491 Auch wenn der Gesamtplan dann auf dem Teilhabeplan „aufsetzt" (s. § 144 Abs. 4 SGB XII), unterscheiden sich beide Pläne in ihrer Funktion:

- Der **Teilhabeplan** nach § 19 SGB IX hat als Bestandteil der Regelung über die Koordinierung der Leistungen vorrangig die Funktion, bei erforderlichen Komplexleistungen für die **Abstimmung der Einzelleistungen** aufeinander zu sorgen und dadurch den Grundsatz der **Nahtlosigkeit des Leistungsgeschehens** wie aus einer Hand zu gewährleisten. Dementsprechend ist die Erstellung eines Teilhabeplans auch nur bei der Beteiligung mehrerer Reha-Träger oder bei einem Bedarf von Leistungen aus mehreren Leistungsgruppen verpflichtend zu erstellen, ansonsten nur auf ausdrücklichen Wunsch der leistungsberechtigten Person (s. Rn. 117 ff.).

---

557 BT-Drs. 18/9522, 331.
558 § 58 SGB XII ist durch Art. 25 Nr. 1 d) des BVGuaÄndG mit Wirkung zum 1.1.2018 aufgehoben worden.

■ Dem **Gesamtplan** im Rahmen der Eingliederungshilfe wird „im Kontext perso-
nenorientierter Leistungsgewährung und -erbringung eine **Schlüsselfunktion**"[559]
zugesprochen. Da die Leistungen der Eingliederungshilfe in besonderem Maße die
Leistungsberechtigten zu einer selbstbestimmten Lebensführung befähigen bzw.
sie darin unterstützen sollen, liege die Funktionen des Gesamtplans im Interesse
aller Beteiligten in der Steuerung, der Wirkungskontrolle und Dokumentation des
Teilhabeprozesses[560] (s. § 144 Abs. 2 SGB XII). Daher ist **in jedem Einzelfall der
Eingliederungshilfe** ein Gesamtplan aufzustellen, auch wenn keine Beteiligung
weiterer Reha-Träger erforderlich ist und nur Leistungen einer Leistungsgruppe –
z.B. der Sozialen Teilhabe – zu erbringen sind. Das Gesamtplanverfahren stärkt
zugleich die Verfahrensrechte der leistungsberechtigten Person und bewirkt somit
zugleich eine stärkere **Teilhabe am Verfahren.**

Das Gesamtplanverfahren besteht in Ergänzung zum Teilhabeplanverfahren (§§ 19–     492
23 SGB IX, s. Rn. 116 ff.) aus:

■ Verfahrensgrundsätzen, Beteiligungsrechten und Beteiligungspflichten (§ 141
SGB XII);

■ der Bedarfsermittlung anhand eines vom zuständigen Sozialhilfeträger zu entwi-
ckelnden Instruments, das sich am ICF-Modell der WHO zu orientieren hat und
ggf. an den Vorgaben einer Rechtsverordnung des Landes (§ 142 SGB XII);

■ einer i.d.R. optionalen Gesamtplankonferenz im Ermessen des Sozialhilfeträgers
(§ 143 SGB XII);

■ der Aufstellung eines Gesamtplanes (§ 144 SGB XII);

■ der Feststellung der im Einzelfall erforderlichen Leistungen (§ 143 a Abs. 1
SGB XII);

■ dem Erlass eines Verwaltungsaktes über die festgestellten Leistungen (§ 143
Abs. 2 SGB XII);

■ einer optionalen Teilhabezielvereinbarung (§ 145 SGB XII) sowie

■ ergänzenden Vorschriften über die Verknüpfung des Gesamtplanverfahrens mit
den Vorschriften über die Koordinierung der Leistungen nach dem 4. Kapitel im
1. Teil des SGB IX (§§ 142 Abs. 3, 143 a Abs. 2, 3 und 4 SGB XII).

Am Ende liegt außer dem **Gesamtplan** mit den Mindestinhalten nach § 144 Abs. 4     493
SGB XII, an dem u.a. die leistungsberechtigte Person sowie ggf. eine weitere Person
ihres Vertrauens mitgewirkt hat, ein **Verwaltungsakt** über die Gewährung der festgestellten Leistungen vor. Hinzu kommen kann ggf. noch eine zusätzliche **Teilhabezielvereinbarung.** Zwar werden die Rechte der Leistungsberechtigten zur Beteiligung am
Verfahren durch das Gesamtplanverfahren zweifellos gestärkt, jedoch ist das **Verfahren sehr komplex** und erfordert schon von daher sehr viel Energie und Selbstbewusst-
sein der leistungsberechtigten Person, der von ihr hinzugezogenen Person ihres Vertrauens (§ 141 Abs. 2 SGB XII) und/ oder ihres gesetzlichen Vertreters, um auf Augenhöhe an dem Verfahren teilzunehmen. Hinzu kommt, dass insbesondere bei Betei-

---

559 BT-Drs. 18/9522, 286 zum 7. Kap. des 2. Teils des SGB IX i.d.F. ab 2020.
560 BT-Drs. 18/9522, 286.

ligung mehrerer Reha-Träger mit jeweils eigenständigen Systemlogiken und Interessen Transparenz und Konsensorientierung nur schwer zu erreichen sein werden.[561]

## 1. Gesamtplanverfahren (§ 141 SGB XII)

494 § 141 SGB XII beginnt mit der Feststellung, dass ein Gesamtplanverfahren durchzuführen ist, insoweit also eine **Pflicht** des Sozialhilfeträgers **zur Durchführung** des Verfahrens besteht und es nicht seinem Ermessen unterliegt. Da das Gesamtplanverfahren auch dazu dient, Verfahrensrechte der leistungsberechtigten Person zu sichern und somit ihre Position „sowohl gegenüber dem Leistungsträger wie auch gegenüber dem Leistungserbringer" zu stärken,[562] besteht ein **individueller Rechtsanspruch** auf die Durchführung des Gesamtplanverfahrens. Abs. 1 gibt folgende Maßstäbe für das gesamte Verfahren vor:

§ 141 Gesamtplanverfahren

(1) Das Gesamtplanverfahren ist nach den folgenden Maßstäben durchzuführen:
1. Beteiligung der Leistungsberechtigten in allen Verfahrensschritten, beginnend mit der Beratung,
2. Dokumentation der Wünsche der Leistungsberechtigten zu Ziel und Art der Leistungen,
3. Beachtung der Kriterien
    a) transparent,
    b) trägerübergreifend,
    c) interdisziplinär,
    d) konsensorientiert,
    e) individuell,
    f) lebensweltbezogen,
    g) sozialraumorientiert und zielorientiert,
4. Ermittlung des individuellen Bedarfes,
5. Durchführung einer Gesamtplankonferenz,
6. Abstimmung der Leistungen nach Inhalt, Umfang und Dauer in einer Gesamtplankonferenz unter Beteiligung betroffener Leistungsträger.

495 Beachtenswert ist die Ausgestaltung der **Teilhabe** der leistungsberechtigten Person **am Verfahren**, die an allen Verfahrensschritten zu beteiligen ist (Nr. 1) und deren Wünsche bezüglich Ziel und Art der Leistung zu dokumentieren sind (Nr. 2). Dadurch wird gewährleistet, dass die leistungsberechtigte Person überhaupt von ihrem Wunsch und Wahlrecht erfährt. Die in der Nr. 3 aufgelisteten Kriterien sollen für eine fachliche Fundierung des Verfahrens sorgen.[563] Während die in den Buchstaben a)–f) verwendeten Begriffe entsprechend fachlich eindeutig hinterlegt sind, bleibt jedoch unklar, was mit der in Buchstabe g) genannten **Sozialraumorientierung** des Gesamtplanverfahrens gemeint ist. Denn trotz der mehrfachen Verwendung des Begriffes – insbesondere im Rahmen der ab dem Jahr 2020 geltenden Regelungen der Eingliederungshilfe – wird an keiner Stelle deutlich, welches Handlungskonzept der Gesetzgeber damit verbindet und welche Akteure insoweit einzubeziehen sind (s. § 4 Rn. 47). Während sich Abs. 1 Nr. 4 bis 6 unterschiedslos so lesen, als seien in jedem Fall der Bedarf zu ermitteln und eine Gesamtplankonferenz durchzuführen, gilt das im Folgenden nur für die Bedarfsermittlung (§ 142 SGB XII), während die Durchführung

---

561 *Keil* SGb 2017, 449.
562 BT-Drs. 18/9522, 286 zu der Parallelvorschrift des § 117 SGB IX i.d.F. ab 2020.
563 BT-Drs. 18/9522, 286 zu der Parallelvorschrift des § 117 SGB IX i.d.F. ab 2020.

einer Gesamtplankonferenz im Rahmen des § 143 SGB XII – mit einer Ausnahme – in das Ermessen des Sozialhilfeträgers gestellt ist (s. Rn. 507 f.).

Die Abs. 2–4 des § 141 SGB XII beinhalten Beteiligungsrechte weiterer Personen auf Wunsch der leistungsberechtigten Person bzw. Beteiligungspflichten weiterer Institutionen bei Erkennbarkeit weiterer Bedarfe:    **496**

§ 141 Gesamtplanverfahren

(2) Am Gesamtplanverfahren wird auf Verlangen des Leistungsberechtigten eine Person seines Vertrauens beteiligt.

(3) Bestehen im Einzelfall Anhaltspunkte für eine Pflegebedürftigkeit nach dem Elften Buch, soll der Träger der Sozialhilfe die zuständige Pflegekasse mit Zustimmung der Leistungsberechtigten informieren und am Gesamtplanverfahren beteiligen, soweit dies zur Feststellung der Leistungen nach § 54 und § 141 erforderlich ist. Bestehen im Einzelfall Anhaltspunkte, dass Leistungen der Hilfe zur Pflege nach dem Siebten Kapitel erforderlich sind, so soll der Träger dieser Leistungen mit Zustimmung der Leistungsberechtigten informiert und am Gesamtplanverfahren beteiligt werden, soweit dies zur Feststellung der Leistungen nach § 54 und § 141 erforderlich ist.

(4) Bestehen im Einzelfall Anhaltspunkte für einen Bedarf an notwendigem Lebensunterhalt, soll der Träger dieser Leistungen mit Zustimmung der Leistungsberechtigten informiert und am Gesamtplanverfahren beteiligt werden, soweit dies zur Feststellung der Leistungen nach § 54 und § 141 erforderlich ist.

Bestehen Anhaltspunkte für einen Pflegebedarf der leistungsberechtigten Person, regelt § 141 Abs. 3 SGB IX die **Einbeziehung der für Pflegeleistungen zuständigen Träger**, die auch nach der Reform des SGB IX durch das BTHG keine Reha-Träger sind (s. Rn. 21), zur Feststellung der nach § 54 SGB XII erforderlichen Leistung. Während jedoch die Information der zuständigen Pflegekasse und deren Beteiligung am Verfahren – wie in § 22 Abs. 2 SGB IX – zwingend vorgeschrieben ist, ist die Einbeziehung des Trägers der Hilfe zur Pflege nur als Sollvorschrift ausgestaltet und seine Beteiligung am Verfahren überhaupt nicht geregelt. Unterbleibt hier eine Abstimmung in der Praxis, drohen insoweit Lücken in der Versorgung der leistungsberechtigten Person; insbesondere in der Zeit ab 2020, wenn die „Eingliederungshilfe neu" die Leistungen der Hilfe zur Pflege unter bestimmten Voraussetzungen gemäß § 103 Abs. 2 SGB IX mit umfasst (s. § 4 Rn. 18 ff.). In beiden Fällen ist die Einbeziehung des Trägers der Pflegeleistung von einer **vorherigen Zustimmung** der leistungsberechtigten Person abhängig.    **497**

Auch die Beteiligung des **Trägers existenzsichernder Leistungen** bei entsprechend erkennbarem Bedarf nach Abs. 4 ist ohne Zustimmung der leistungsberechtigten Person unzulässig. Wie beim Träger der Hilfe zur Pflege ist die Informationspflicht nur als „Soll"-Vorschrift ausgestaltet und seine Mitwirkung am Verfahren überhaupt nicht geregelt.    **498**

Die **Verständigung der Betreuungsbehörde** bei erkennbarem Betreuungsbedarf, wie sie in § 117 Abs. 5 SGB XII i.d.F. ab 2020 vorgeschrieben ist, ist zwar in § 141 SGB XII nicht erwähnt. Jedoch ergibt sich diese Pflicht bereits aus der vorrangig anzuwendenden Vorschrift des § 22 Abs. 5 SGB IX (s. Rn. 141).    **499**

## 2. Instrumente der Bedarfsermittlung (§ 142 SGB XII)

**500**  § 142 SGB XII regelt nicht etwa die Bedarfsermittlung selbst, sondern macht Vorgaben für die **Entwicklung** eines entsprechenden Instrumentes durch den Sozialhilfeträger. In der Gesetzesbegründung wird diesbezüglich darauf verwiesen, dass die **Länder die Eingliederungshilfe als eigene Angelegenheiten** ausführen, weswegen ihnen durch ein Bundesgesetz keine Vorgaben bezüglich des Verwaltungsverfahrens mit Blick auf die Bedarfsermittlung gemacht werden dürften.[564] Das Grundgesetz sieht in Art. 84 Abs. 1 Satz 1 GG diese Kompetenzverteilung vor, allerdings erlaubt Art. 84 Abs. 1 Satz 5 GG dem Bund ausnahmsweise die Ausgestaltung des Verwaltungsverfahrens, sofern ein besonderes Bedürfnis nach bundeseinheitlicher Regelung besteht.[565] Eben dieses Bedürfnis wurde u.a. im Rahmen der Arbeitsgruppe Bundesteilhabegesetz, die im Vorfeld des Gesetzgebungsprozesses mehrfach getagt hatte (s. § 1 Rn. 30 ff.), geltend gemacht, um künftig Mehrfachbegutachtungen in der Verantwortung verschiedener Reha-Träger und dadurch „Reibungsverluste und Nachteile für die betroffenen Menschen mit Behinderungen [zu] vermeiden bzw. reduzieren."[566] Doch obwohl es erklärtes Ziel des BTHG sein soll, unter anderem die Regelung zur Bedarfsermittlung zu schärfen und für alle Reha-Träger verbindlich auszugestalten,[567] sind weder die Träger der Sozialhilfe noch ab 2020 die Eingliederungshilfeträger verpflichtend in die Erarbeitung Gemeinsamer Empfehlungen für Grundsätze der Instrumente für die Ermittlung des Rehabilitationsbedarfes nach § 26 Abs. 2 Nr. 7 SGB IX eingebunden (s. auch §§ 13 Abs. 4 und 26 Abs. 5 SGB IX, Rn. 54 ff.). Vielmehr kann jeder Sozialhilfeträger sein eigenes Instrument entwickeln:

§ 142 Instrumente der Bedarfsermittlung

(1) ¹Der Träger der Sozialhilfe hat die Leistungen nach § 54 unter Berücksichtigung der Wünsche des Leistungsberechtigten festzustellen. ²Die Ermittlung des individuellen Bedarfes erfolgt durch ein Instrument, das sich an der Internationalen Klassifikation der Funktionsfähigkeit, Behinderung und Gesundheit orientiert. ³Das Instrument hat die Beschreibung einer nicht nur vorübergehenden Beeinträchtigung der Aktivität und Teilhabe in den folgenden Lebensbereichen vorzusehen:

1. Lernen und Wissensanwendung,
2. allgemeine Aufgaben und Anforderungen,
3. Kommunikation,
4. Mobilität,
5. Selbstversorgung,
6. häusliches Leben,
7. interpersonelle Interaktionen und Beziehungen,
8. bedeutende Lebensbereiche und
9. Gemeinschafts-, soziales und staatsbürgerliches Leben.

(2) Die Landesregierungen werden ermächtigt, durch Rechtsverordnung das Nähere über das Instrument zur Bedarfsermittlung zu bestimmen.

**501**  Abs. 1 Satz 1, der die Pflicht des Sozialhilfeträgers zur **Feststellung der Leistungen** unter **Berücksichtigung der Wünsche** der leistungsberechtigten Personen vorschreibt, passt nicht in den Regelungszusammenhang der Bedarfsermittlung. Denn letztere hat

---

564  BT-Drs. 18/9522, 287 zu der Parallelvorschrift des § 118 SGB IX i.d.F. ab 2020.
565  Im Abweichungsverbot des § 7 Abs. 2 Satz 2 SGB IX hat der Gesetzgeber bzgl. der Vorschriften zur Koordinierung der Leistungen davon sogar explizit Gebrauch gemacht.
566  BMAS (2015), S. 18.
567  BT-Drs. 18/9522, 4 (192).

sachlogisch vor der Feststellung der Leistungen zu erfolgen, um eine Bedarfsdeckung durch die Leistungen sicherstellen zu können. Vielmehr ist Satz 1 – insbesondere mit Blick auf das Wunsch und Wahlrecht – anzuwenden bei der Feststellung der Leistung nach § 143 a SGB XII.

Abs. 1 Satz 2 SGB XII gibt vor, dass sich die Instrumente an der **Internationalen Klas-**    502
**sifikation der Funktionalität, Behinderung und Gesundheit** (ICF) der WHO[568] zu orientieren haben. Unter einem **Instrument** ist ein standardisiertes Arbeitsmittel (s. § 13 Abs. 1 Satz 1 SGB IX) zu verstehen, das auf wissenschaftlicher Grundlage entwickelt worden ist, z.B. in Gestalt eines Fragebogens, einer Checkliste oder eines Leitfadens.[569] Jeder Sozialhilfeträger hat den Bedarf leistungsberechtigter Personen anhand eines solchen Instruments zu ermitteln. Dementsprechend hat er zuvor dafür Sorge zu tragen, dass es ein solches Instrument gibt. Der ICF sind auch die in Abs. 1 Satz 3 aufgeführten neun Lebensbereiche entnommen, die nicht nur der Bedarfsbestimmung in dem Instrument zu Grunde zu legen sind, sondern anhand derer künftig auch maßgebend der Personenkreis der Leistungsberechtigten der ab 2023 nach § 99 SGB IX definiert werden soll (s. § 5). So sind in dem Instrument **nicht nur vorübergehende Beeinträchtigungen der Aktivitäten und Teilhabe** in diesen Bereichen zu beschreiben. Die Mehrzahl dieser Begriffe ist in der ICF wie folgt definiert:

- *„Eine Aktivität ist die Durchführung einer Aufgabe oder einer Handlung (Aktion) durch einen Menschen.*
- *Partizipation [Teilhabe] ist das Einbezogensein in eine Lebenssituation.*
- *Eine Beeinträchtigung der Aktivität ist eine Schwierigkeit oder die Unmöglichkeit, die ein Mensch haben kann, die Aktivität durchzuführen.*
- *Eine Beeinträchtigung der Partizipation [Teilhabe] ist ein Problem, das ein Mensch in Hinblick auf sein Einbezogensein in Lebenssituationen erleben kann."*[570]

Hinsichtlich des relevanten Zeitraumes ist nicht die im Behinderungsbegriff des § 2    503
SGB IX enthaltene 6 Monatsfrist übernommen worden, sondern der unbestimmte Rechtsbegriff der nicht nur **vorübergehenden Beeinträchtigung**, der auch nicht in der ICF definiert ist. Somit können **auch kurzfristigere Beeinträchtigungen** erfasst werden, die für sich allein genommen die Sechs-Monatsfrist des Behinderungsbegriffes nicht erreichen. Eine längere Fristsetzung über sechs Monate hinaus wäre hingegen unzulässig.

Sowohl bezüglich der Auslegung dieses unbestimmten Rechtsbegriffes als auch der    504
Ausgestaltung des Instruments zur Bedarfsermittlung im Übrigen haben die Sozialhilfeträger einen weiten Spielraum. Die Vorgabe, sich an der ICF zu orientieren, lässt ihnen große Freiheiten. Denn die „Orientierung" an einem anderen Regelungswerk ist kein juristischer Begriff (zur vergleichbaren Problematik zur Anwendung der KfzHV im Rahmen der Mobilitätshilfen s. Rn. 315.). Dadurch bleibt offen, wie eng sich das

---

568   Das ICF ist abrufbar beim Deutschen Institut für Medizinische Dokumentation und Information (DIMDI) unter: www.dimdi.de.
569   BT-Drs. 18/9522, 287 zu der Parallelvorschrift des § 118 SGB IX i.d.F. ab 2020.
570   DIMDI (2005), S. 95.

Instrument an den detaillierten Klassifikationen der Aktivitäten und der Partizipation der ICF anlehnt.

505     Bei der Entwicklung der Instrumente zur Bedarfsermittlung ist weder eine Abstimmung mit anderen Sozialhilfeträgern oder anderen Reha-Trägern nach § 13 SGB IX vorgeschrieben. Somit **drohen** schon allein im Bereich der Eingliederungshilfe **Unterschiede bei der Bedarfsermittlung**, die zu Unterschieden in der Versorgung und zu Abstimmungsschwierigkeiten bei trägerübergreifenden Komplexleistungen. § 142 Abs. 2 SGB IX enthält eine Ermächtigung der Landesregierungen, „das Nähere" über das Instrument der Bedarfsermittlung durch Rechtsverordnung zu bestimmen. Auch insoweit bleibt offen, ob und inwieweit dem Träger bzw. den Trägern der Sozialhilfe Vorgaben bezüglich der einheitlichen Erstellung des Instrumentes zur Bedarfsermittlung gemacht werden.

### 3. Gesamtplankonferenz (§ 143 SGB XII)

506     Während in den Abs. 1 und 4 des § 143 SGB XII festgelegt ist, ob bzw. unter welchen Voraussetzungen eine Gesamtplankonferenz stattzufinden hat, regeln Abs. 2 deren Inhalte und Abs. 3 das Verfahren zur Abstimmung mit der Teilhabeplankonferenz nach § 20 SGB IX.

§ 143 Gesamtplankonferenz

(1) [1]Mit Zustimmung der Leistungsberechtigten kann der Träger der Sozialhilfe eine Gesamtplankonferenz durchführen, um die Leistungen für Leistungsberechtigte nach § 54 sicherzustellen. [2]Die Leistungsberechtigten und die beteiligten Rehabilitationsträger können dem nach § 15 des Neunten Buches verantwortlichen Träger der Sozialhilfe die Durchführung einer Gesamtplankonferenz vorschlagen. [3]Von dem Vorschlag auf Durchführung einer Gesamtplankonferenz kann abgewichen werden, wenn der Träger der Sozialhilfe den maßgeblichen Sachverhalt schriftlich ermitteln kann oder der Aufwand zur Durchführung nicht in einem angemessenen Verhältnis zum Umfang der beantragten Leistung steht.

(4) [1]Beantragt eine leistungsberechtigte Mutter oder ein leistungsberechtigter Vater Leistungen zur Deckung von Bedarfen bei der Versorgung und Betreuung eines eigenen Kindes oder mehrerer eigener Kinder, so ist eine Gesamtplankonferenz mit Zustimmung des Leistungsberechtigten durchzuführen. [2]Bestehen Anhaltspunkte dafür, dass diese Bedarfe durch Leistungen anderer Leistungsträger, durch das familiäre, freundschaftliche oder nachbarschaftliche Umfeld oder ehrenamtlich gedeckt werden können, so informiert der Träger der Sozialhilfe mit Zustimmung der Leistungsberechtigten die als zuständig angesehenen Leistungsträger, die ehrenamtlich tätigen Stellen und Personen oder die jeweiligen Personen aus dem persönlichen Umfeld und beteiligt sie an der Gesamtplankonferenz.

507     Anders als es § 141 Abs. 1 Nr. 5 und 6 SGB XII nahezulegen scheinen, ist nicht in jedem Einzelfall eine Gesamtplankonferenz durchzuführen. **Zwingend** ist die Durchführung nach Abs. 4 nur dann, wenn ein leistungsberechtigter Elternteil mit Behinderungen Leistungen zur **Versorgung und Betreuung** eines eigenen **Kindes** oder mehrerer eigener **Kinder** beantragt – ebenso wie bei der Teilhabeplankonferenz nach § 20 Abs. Abs. 2 Satz SGB IX (zur Auslegung der Vorschrift s. Rn. 128). In Abweichung zur Teilhabeplankonferenz hat der Sozialhilfeträger die in § 143 Abs. 4 Satz 2 SGB IX genannten **Personen und Leistungsträger**, die für die **Deckung des Versorgung- und Betreuungsbedarf** in Frage kommen, zu informieren und an der Gesamtplankonferenz zu beteiligen. Allerdings hängt dies von der **Zustimmung** der leistungsberechtigten Person ab. Aufgrund des Selbstbestimmungsrechts nach § 1 SGB IX ist dies so

auszulegen, dass sich das Zustimmungserfordernis auf jeden einzelnen der potenziell zu Beteiligenden bezieht. Denn die leistungsberechtigte Person kann z.B. ein Interesse daran haben, dass zwar die Versorgung und Betreuung des Kindes bzw. der Kinder sichergestellt wird, aber bestimmte Personen im familiären und/oder nachbarschaftlichen Umfeld nichts von dem diesbezüglichen Bedarf erfahren.

In allen übrigen Fällen ist die Durchführung einer Gesamtplankonferenz nach Abs. 1 zur Sicherstellung der Leistungen nach § 54 SGB XII in das **Ermessen des Sozialhilfeträgers** gestellt („kann"). Dies kann jedoch nicht gegen den Willen der leistungsberechtigten Person erfolgen; vielmehr ist ihre **Zustimmung** erforderlich. Ebenfalls wie bei der Teilhabeplankonferenz hat die leistungsberechtigte Person keinen Rechtsanspruch auf eine solche Zusammenkunft, sondern nur ein **Vorschlagsrecht** (s. dazu Rn. 129).    508

Die Durchführung einer Gesamtplankonferenz richtet sich nach den Abs. 2 und 3 des § 143 SGB XII:    509

§ 143 Gesamtplankonferenz

(2) In einer Gesamtplankonferenz beraten der Träger der Sozialhilfe, der Leistungsberechtigte und beteiligte Leistungsträger gemeinsam auf der Grundlage des Ergebnisses der Bedarfsermittlung mit den Leistungsberechtigten insbesondere über

1. die Stellungnahmen der beteiligten Leistungsträger und der gutachterlichen Stellungnahme des Leistungserbringers bei Beendigung der Leistungen zur beruflichen Bildung nach § 57 des Neunten Buches,
2. die Wünsche der Leistungsberechtigten nach § 9,
3. den Beratungs- und Unterstützungsbedarf nach § 11,
4. die Erbringung der Leistungen.

(3) ¹Ist der Träger der Sozialhilfe Leistungsverantwortlicher nach § 15 des Neunten Buches, soll er die Gesamtplankonferenz mit einer Teilhabeplankonferenz nach § 20 des Neunten Buches verbinden. ²Ist der Träger der Eingliederungshilfe nicht Leistungsverantwortlicher nach § 15 des Neunten Buches, soll er nach § 19 Absatz 5 des Neunten Buches den Leistungsberechtigten und den Rehabilitationsträgern anbieten, mit deren Einvernehmen das Verfahren anstelle des leistenden Rehabilitationsträgers durchzuführen.

Als Teilnehmer der Gesamtplankonferenz kommen neben der leistungsberechtigten Person und dem Sozialhilfeträger je nach Einzelfall weitere beteiligte Reha-Träger, der für Pflegeleistungen zuständige Leistungsträger (s. Rn. 497), der für existenzsichernde Leistungen zuständige Leistungsträger (s. Rn. 498) sowie die zur Sicherung der Versorgung und Betreuung eigener Kinder der leistungsberechtigten Person in Frage kommenden Institutionen und Personen (s. Rn. 507) in Betracht. Gesprächsgrundlage sind die Ergebnisse der bisherigen Bedarfsermittlung; die Gesprächsgegenstände sind in Abs. 2 Nr. 1–4 exemplarisch genannt, d.h. weitere Themen sind möglich, soweit einer der Beteiligten entsprechenden Gesprächsbedarf hat. An welchem **Ort und** in welcher **Form** die Gesamtplankonferenz durchzuführen ist, wird nicht explizit vorgegeben. Voraussetzung ist, dass insoweit eine adäquate **Beteiligung der leistungsberechtigten Person möglich** ist und die **Kommunikation** in einer **für sie wahrnehmbar**en Form erfolgt.[571] Infrage kommen insoweit neben einem Treffen aller Beteiligten auch eine Telefonkonferenz oder eine virtuelle Konferenz unter Nutzung    510

---

571 BT-Drs. 18/9522, 287 zu der Parallelvorschrift des § 119 SGB IX i.d.F. ab 2020.

neuer Medien („Web-Konferenz" bzw. „Video-Konferenz").[572] Die **Ergebnisse** der Gesamtplan Konferenz sind zu protokollieren. Die Ergebnisse sind zum einen gemäß § 144 Abs. 4 SGB XII i.V.m. § 19 Abs. 2 Satz 2 Nr. 9 SGB IX Bestandteil des zu erstellenden **Gesamtplans**, zum anderen sind sie dem zu erlassenden **Verwaltungsakt** gemäß § 143 a Abs. 2 Satz 4 SGB XII zugrunde zu legen.

511    Abs. 3 schreibt für den Regelfall eine Kombination der Gesamtplankonferenz mit der Teilhabekonferenz nach § 20 SGB IX vor; allerdings nur in den Fällen, in denen ohnehin ein Teilhabeplanverfahren durchzuführen ist (§ 19 Abs. 1 und Abs. 2 Satz 2 SGB IX, s. Rn. 128 ff.). Ist der Sozialhilfeträger – im Gesetzestext heißt es hier versehentlich „Träger der Eingliederungshilfe" – nicht ohnehin als leistender Reha-Träger nach § 14 SGB IX „Herr des Verfahrens", so soll er der leistungsberechtigten Person und den beteiligten Reha-Trägern die Übernahme der Durchführung anstelle des leistenden Reha-Trägers anbieten (s. Rn. 126). Lehnt einer der Beteiligten dies ab, sind Teilhabe- und Gesamtplankonferenz getrennt durchzuführen.

## 4. Feststellung der Leistungen, Gesamtplan und Verwaltungsakt (§§ 143 a, 144 SGB XII)

512    § 143 a Abs. 1 und 2 regeln die abschließenden Schritte des Gesamtplanverfahrens: Feststellung der Leistungen, Aufstellung eines Gesamtplans, der in § 144 SGB XII näher ausgeführt wird, und Erlass eines Verwaltungsaktes. Da die Verfahrensschritte nach den §§ 143 a, 144 SGB XII miteinander verwoben sind, werden Regelungsgegenstände in diesem Abschnitt gemeinsam behandelt.

### a) Feststellung der Leistung

513    **§ 143 a Feststellung der Leistungen**

(1) Nach Abschluss der Gesamtplankonferenz stellen der Träger der Sozialhilfe und die beteiligten Leistungsträger ihre Leistungen nach den für sie geltenden Leistungsgesetzen innerhalb der Fristen nach den §§ 14 und 15 des Neunten Buches fest.

Die **Feststellung der Leistungen** ist als **verwaltungsinterner Arbeitsschritt** angelegt. Der Eingliederungshilfeträger stellt fest, welche Leistungen zur Deckung des ermittelten Bedarfes erforderlich sind. Sofern mehrere Reha-Träger am Verfahren beteiligt sind, haben diese die Leistung aufeinander abzustimmen. Vom Ablauf des Verfahrens her hat die Feststellung der Leistung **nach Abschluss der Gesamtplankonferenz** zu erfolgen. Da diese jedoch nicht in jedem Fall durchgeführt werden muss (s. Rn. 507 f.), ist in den übrigen Fällen entsprechend auf den **Abschluss des schriftlichen Berichtes** des Sozialhilfeträgers nach § 143 Abs. 1 Satz 3 SGB XII abzustellen, der die Ergebnisse der Bedarfsermittlung und die in § 143 Abs. 2 SGB XII genannten Aspekte zu beinhalten hat. Die Anordnung in Abs. 1 am Ende, wonach die Feststellung der Leistungen binnen der Fristen der §§ 14, 15 Abs. 4 SGB IX, also maximal binnen zwei Monaten (s. Rn. 105), festzustellen sind, ist missverständlich. Denn bei diesen, in diesen vorrangigen Regelungen genannten Fristen handelt es sich um **Entscheidungsfristen**. D.h., bis zum Ablauf dieser Fristen müssen nicht nur die Leistungen festgestellt,

---

572   BT-Drs. 18/9522, 287 zu der Parallelvorschrift des § 119 SGB IX i.d.F. ab 2020.

sondern auch der Gesamtplan aufgestellt und der abschließende Verwaltungsakt erlassen sein.

### b) Gesamtplan

Unverzüglich im Anschluss an die Feststellung der Leistung ist als nächster Verfahrensschritt gemäß § 144 Abs. 1 SGB XII der **Gesamtplan** vom Sozialhilfeträger aufzustellen, der insbesondere die Durchführung der erforderlichen Leistungen bzw. Leistungen zum Gegenstand hat:

**§ 144 Gesamtplan**

(1) Der Träger der Sozialhilfe stellt unverzüglich nach der Feststellung der Leistungen einen Gesamtplan insbesondere zur Durchführung der einzelnen Leistungen oder einer Einzelleistung auf.

(2) [1]Der Gesamtplan dient der Steuerung, Wirkungskontrolle und Dokumentation des Teilhabeprozesses. [2]Er geht der Leistungsabsprache nach § 12 vor. [3]Er bedarf der Schriftform und soll regelmäßig, spätestens nach zwei Jahren, überprüft und fortgeschrieben werden.

(3) Bei der Aufstellung des Gesamtplanes wirkt der Träger der Sozialhilfe zusammen mit
1. dem Leistungsberechtigten,
2. einer Person ihres Vertrauens und
3. den im Einzelfall Beteiligten, insbesondere mit
   a) dem behandelnden Arzt,
   b) dem Gesundheitsamt,
   c) dem Landesarzt,
   d) dem Jugendamt und
   e) den Dienststellen der Bundesagentur für Arbeit.

(4) Der Gesamtplan enthält neben den Inhalten nach § 19 des Neunten Buches mindestens
1. die im Rahmen der Gesamtplanung eingesetzten Verfahren und Instrumente sowie die Maßstäbe und Kriterien der Wirkungskontrolle einschließlich des Überprüfungszeitpunkts,
2. die Aktivitäten der Leistungsberechtigten,
3. die Feststellungen über die verfügbaren und aktivierbaren Selbsthilferessourcen des Leistungsberechtigten sowie über Art, Inhalt, Umfang und Dauer der zu erbringenden Leistungen,
4. die Berücksichtigung des Wunsch- und Wahlrechts nach § 9 im Hinblick auf eine pauschale Geldleistung und
5. die Erkenntnisse aus vorliegenden sozialmedizinischen Gutachten.

(5) Der Träger der Sozialhilfe hat der leistungsberechtigten Person Einsicht in den Gesamtplan zu gestatten.

An der **Aufstellung des Gesamtplans** sind neben der leistungsberechtigten Person und ggf. deren Vertrauensperson nach § 144 Abs. 3 Nr. 3 Buchstaben a)–e) SGB XII **diejenigen zu beteiligen**, die in die Durchführung der Leistung eingebunden sind. Die Aufzählung entspricht derjenigen im bisherigen § 58 Abs. 2 SGB XII i.d.F. bis 31.12.2017. Am Signalwort „insbesondere" wird deutlich, dass die Beteiligung weiterer Personen/Institutionen möglich ist, u.a. diejenige von Rehabilitationsdiensten und -einrichtungen. Zu beachten ist auch § 22 SGB IX, der die Einbeziehung in den das Teilhabeplanverfahren folgender öffentlicher Stellen im Einzelfall unter bestimmten Voraussetzungen vorschreibt:

■ die zuständige Pflegekasse (s. auch § 141 Abs. 3 SGB XII),

■ das zuständige Integrationsamt und

■ das zuständige Jobcenter.

Soweit Anhaltspunkte für einen Betreuungsbedarf i.S.d. Betreuungsrechts nach § 1896 BGB bestehen, ist die zuständige Betreuungsbehörde über die Planerstellung zu informieren, jedoch nicht ausdrücklich an der Erstellung zu beteiligen. Eine ausdrückliche **Beteiligung anderer Reha-Träger** an der Aufstellung des Gesamtplans ist zwar nicht vorgesehen; sofern dieser jedoch gemäß § 21 SGB IX zugleich die Funktion des Teilhabeplans zu erfüllen hat, ist dieser gemäß § 19 Abs. 1 SGB IX auch im Benehmen der beteiligten Reha-Träger miteinander so zu erstellen, dass die festgestellten Leistungen nahtlos ineinandergreifen.

517  Die **Art und Weise der Beteiligung** an der Planerstellung ist im Gesetz nicht festgelegt. Während eine Gesamtplankonferenz eine tatsächliche oder zumindest virtuelle Zusammenkunft aller Beteiligten zur gemeinsamen Beratung voraussetzt (s. Rn. 510), kann die Beteiligung auch schriftlich z.B. im Wege eines Umlaufverfahrens erfolgen.[573] Wie bei der Gesamtplankonferenz auch muss bei der Wahl der Art und Weise jedoch gewährleistet sein, dass sich die leistungsberechtigte Person adäquat an der Aufstellung beteiligen kann.

518  **Abs. 4** regelt die **Mindestinhalte des Gesamtplans.** So hat der Gesamtplan die Inhalte des Teilhabeplans nach § 19 SGB IX wiederzugeben (s. Rn. 120 f.) und dabei insbesondere die **Teilhabeziele** zu benennen[574] – unabhängig davon, ob der Eingliederungshilfeträger für die Erstellung des Teilhabeplans verantwortlich ist oder nicht. Sofern eine Gesamtplankonferenz durchgeführt worden ist, sind deren Ergebnisse gemäß § 143 a Abs. 2 Satz 4 SGB XII dem Gesamtplan „zu Grunde zu legen", müssen in diesen also einfließen und Berücksichtigung finden.

519  Zusätzlich hat der Gesamtplan unter Orientierung an der ICF (zur Bedeutung der „Orientierung" s. Rn. 315)[575] Feststellungen bezüglich der Handlungen zu enthalten, bei denen die leistungsberechtigte Person zur Erreichung der Teilhabeziele der Unterstützung bedarf (Nr. 2), **welche Selbsthilfepotentiale** insoweit vorhanden sind und **welche Leistungen** es nach Art, Inhalt, Umfang und Dauer bedarf (Nr. 3), um diese einerseits zu aktivieren und andererseits diejenigen Bedarfe zu decken, bezüglich derer aktuell keine Ressourcen bei der leistungsberechtigten Person gegeben sind. Zu berücksichtigen ist, dass die erforderlichen Feststellungen gemäß § 144 Abs. 1 SGB XII bereits vor Aufstellung des Gesamtplanes vom Sozialhilfeträger getroffen worden sein müssen (s. Rn. 512 f.). Des Weiteren hat der Gesamtplan die eingesetzten Verfahren und Instrumente der Planung, die Maßstäbe und Kriterien der Wirkungskontrolle und den jeweiligen Überprüfungszeitpunkt zu enthalten (Nr. 1) und, soweit vorhanden, die Ergebnisse sozialmedizinischer Gutachten (Nr. 5). Die in Nr. 4 aufgeführte Berücksichtigung des Wunsch- und Wahlrechts im Hinblick auf pauschale Geldleistungen macht im Übergangszeitraum bis zum 31.12.2019 keinen Sinn, weil diese Form der Leistungserbringung erst ab dem 1.1.2020 – beschränkt auf bestimmte Leistungen der Sozialen Teilhabe – in den §§ 105 Abs. 3, 116 Abs. 1 SGB IX eingeführt wird (s. § 4 Rn. 136 f.).

520  Im Ergebnis ist der Gesamtplan gemäß § 144 Abs. 2 Satz 3 SGB XII **schriftlich zu verfassen**, regelmäßig – spätestens alle zwei Jahre – zu überprüfen und fortzuschreiben.

---

573  Vgl. BT-Drs. 18/9522, 238 zur Aufstellung des Teilhabeplans nach § 19 SGB IX.
574  BT-Drs. 18/9522, 288.
575  BT-Drs. 18/9522, 288.

Schon bzgl. der Regelung des bisherigen § 58 SGB XII i.d.F. bis zum 31.12.2017 wurde der leistungsberechtigten Person seitens der Rechtsprechung ein einklagbarer **Anspruch auf Aufstellung und Anpassung** eines Gesamtplans zugestanden,[576] wovon auch weiterhin auszugehen ist.

Gemäß Abs. 2 Satz 2 geht der Gesamtplan der Leistungsabsprache nach § 12 SGB XII    521
vor. Die Bedeutung ist jedoch nicht klar. Während es sich bei der **Leistungsabsprache** um eine Vereinbarung handelt, die vom Sozialhilfeträger und der leistungsberechtigten Person zu unterzeichnen ist, wird der Gesamtplan allein vom Sozialhilfeträger unter Beteiligung u.a. der leistungsberechtigten Person erstellt. Vielmehr entspricht der Gesamtplan seiner Funktion nach dem Instrument des Förderplans nach § 12 Satz 2 SGB XII und sollte daher an dessen statt Bestandteil der Leistungsabsprache werden.

Gemäß Abs. 5 hat der Sozialhilfeträger der leistungsberechtigten Person Einsicht in    522
den Gesamtplan zu gestatten. Dadurch solle dem „Kriterium der Transparenz Rechnung getragen" werden.[577] Zum einen kann sich dies nur auf den fertigen Gesamtplan beziehen, denn ohne der leistungsberechtigten Person einen Entwurf zur Verfügung zu stellen, kann sie sich an dessen Aufstellung logischerweise auch nicht beteiligen. Zum anderen steht die geradezu dünkelhaft anmutende **Gestattung der Einsichtnahme** in einem krassen Gegensatz zum Ziel der vollen, wirksamen und gleichberechtigten Teilhabe und den im § 141 SGB XII gestärkten Verfahrensrechten der leistungsberechtigten Person (s. Rn. 495). In der Parallelvorschrift des § 121 SGB IX, in der ab dem 1.1.2020 der Gesamtplan geregelt ist (s. § 4 Rn. 151), ist im Verlauf des Gesetzgebungsverfahren die Möglichkeit der Einsichtnahme verschärft worden zur **Pflicht des Trägers der Eingliederungshilfe,** der leistungsberechtigten Person den **Gesamtplan zur Verfügung zu stellen,** um dadurch die Partizipation der leistungsberechtigten Person zu stärken.[578] Sofern der Sozialhilfeträger der o.g. Auslegung folgend, den Gesamtplan der Leistungsabsprache nach § 12 SGB XII beizufügen, trüge dies dazu bei, Streit um die Anwendung des § 144 Abs. 5 SGB XII zu vermeiden.

### c) Verwaltungsakt

Der Gesamtplan bildet die Grundlage für den vom Sozialhilfeträger zum Abschluss    523
des Verwaltungsverfahrens zu erlassenden Verwaltungsakt:

§ 143 a Feststellung der Leistungen

(2) ¹Der Träger der Sozialhilfe erlässt auf Grundlage des Gesamtplans nach § 145 den Verwaltungsakt über die festgestellte Leistung nach § 54. ²Der Verwaltungsakt enthält mindestens die bewilligten Leistungen und die jeweiligen Leistungsvoraussetzungen. ³Die Feststellungen über die Leistungen sind für den Erlass des Verwaltungsaktes bindend. ⁴Ist eine Gesamtplankonferenz durchgeführt worden, sind deren Ergebnisse der Erstellung des Gesamtplans zugrunde zu legen. ⁵Ist der Träger der Sozialhilfe Leistungsverantwortlicher nach § 15 des Neunten Buches, sind die Feststellungen über die Leistungen für die Entscheidung nach § 15 Absatz 3 des Neunten Buches bindend.

(3) Wenn nach den Vorschriften zur Koordinierung der Leistungen nach Teil 1 Kapitel 4 des Neunten Buches ein anderer Rehabilitationsträger die Leistungsverantwortung trägt, bilden die auf

---

576 *Bieritz-Harder* in Bieritz-Harder/Conradis/Thie LPK-SGB XII § 58 Rn. 4.
577 BT-Drs. 18/9522, 288 zu der im Gesetzentwurf noch gleichlautenden Parallelvorschrift des § 121 Abs. 5 SGB IX.
578 BT-Drs. 18/10523, 13 (64).

Grundlage der Gesamtplanung festgestellten Leistungen nach § 54 die für den Teilhabeplan erforderlichen Feststellungen nach § 15 Absatz 2 des Neunten Buches.

524 Bei dem Verweis in Abs. 2 auf den Gesamtplan nach § 145 SGB XII handelt es sich um ein redaktionelles Versehen; vielmehr hätte auf den § 144 SGB XII verwiesen werden müssen. Als **Mindestinhalt** hat der Verwaltungsakt **die bewilligten Leistungen** der Eingliederungshilfe nach § 54 SGB XII und deren Leistungsvoraussetzungen zu enthalten. Sofern von der leistungsberechtigten Person weitere Leistungen beantragt worden sind, die der Sozialhilfeträger nicht festgestellt hat, sind diese ebenso im Verwaltungsakt aufzuführen verbunden mit den **Ablehnungsgründen**.

525 Die vom Sozialhilfeträger nach § 143 a Abs. 1 SGB XII vor Aufstellung des Gesamtplanes getroffenen **Feststellungen bezüglich der Leistung** (s. Rn. 513) sind laut Abs. 2 Satz 3 **bindend**, d.h. sie sind unverändert in den Verwaltungsakt zu übernehmen, unabhängig davon, ob Beteiligte an der Aufstellung des Gesamtplans insoweit Vorbehalte geäußert haben. Das bedeutet, dass die leistungsberechtigte Person derartige Vorbehalte erst im Wege des Widerspruches gegen den erlassenden Verwaltungsakt geltend machen könnte.

526 Ist der Sozialhilfeträger leistender Reha-Träger i.S.d. § 14 SGB IX (s. Rn. 59 ff.), sind die Feststellungen der Leistungen gemäß § 143 a Abs. 2 Satz 5 SGB XII zugleich bindend für seine Leistungsgewährung i.S.d. § 15 Abs. 3 SGB IX. Ist er hingegen nur beteiligter Reha-Träger, sind seine Feststellungen nach § 143 a Abs. 1 SGB XII zugleich bindend für den leistenden Reha-Träger nach § 15 Abs. 2 SGB IX.

### d) Vorläufige Leistungen

527 § 143 Abs. 4 SGB XII eröffnet dem Sozialhilfeträger die Möglichkeit, in Eilfällen bereits vor Abschluss des Gesamtplanverfahrens **vorläufige Leistungen** der Eingliederungshilfe nach pflichtgemäßem Ermessen zu erbringen:

§ 143 a Feststellung der Leistungen

(4) In einem Eilfall erbringt der Träger der Sozialhilfe Leistungen der Eingliederungshilfe nach § 54 vor Beginn der Gesamtplankonferenz vorläufig; der Umfang der vorläufigen Gesamtleistung bestimmt sich nach pflichtgemäßem Ermessen.

### 5. Teilhabezielvereinbarung (§ 145 SGB XII)

528 § 145 SGB XII stellt es in das pflichtgemäßem Ermessen des Sozialhilfeträgers, zusätzlich zum Gesamtplan und dem erlassenen Verwaltungsakt mit der leistungsberechtigten Person eine Teilhabezielvereinbarung abzuschließen:

§ 145 Teilhabezielvereinbarung

[1]Der Träger der Sozialhilfe kann mit dem Leistungsberechtigten eine Teilhabezielvereinbarung zur Umsetzung der Mindestinhalte des Gesamtplanes oder von Teilen der Mindestinhalte des Gesamtplanes abschließen. [2]Die Teilhabezielvereinbarung wird für die Dauer des Bewilligungszeitraumes der Leistungen der Eingliederungshilfe abgeschlossen, soweit sich aus ihr nichts Abweichendes ergibt. [3]Bestehen Anhaltspunkte dafür, dass die Vereinbarungsziele nicht oder nicht mehr erreicht werden, hat der Träger der Sozialhilfe die Teilhabezielvereinbarung anzupassen. [4]Die Kriterien nach § 141 Absatz 1 Nummer 3 gelten entsprechend.

529 Anders als der Gesamtplan ist die Teilhabezielvereinbarung ein der Leistungsabsprache nach § 12 SGB XII vergleichbares Instrument. Die leistungsberechtigte Person ist

daran nicht nur zu beteiligen, sondern die Teilhabezielvereinbarung kommt nur mit ihrer Zustimmung zustande. Eine Abstimmung dieser beiden Instrumente – vergleichbar derjenigen in § 144 Abs. 2 Satz 2 SGB XII – ist jedoch unterblieben. Laut der Gesetzesbegründung soll die Teilhabezielvereinbarung die „Überprüfung bewilligter Leistungen nach Zeitabläufen ermöglichen".[579] Ob und ggf. welche praktische Relevanz dieses Instrument entfalten wird, ist vorab schwer einzuschätzen (speziell für die Eingliederungshilfe ab 2020 s. § 4 Rn. 152).[580]

## C. Weitere Änderungen durch das BTHG im Überblick

### I. Umsetzungsunterstützung durch das BMAS (Art. 25 Abs. 1 BTHG)

Die meisten der in Artikel 25 BTHG vorgesehenen Vorgaben für Maßnahmen des BMAS zur Unterstützung der Länder bei der Umsetzung des BTHG sind bereits am 25.7.2017 bzw. sogar schon am 30.12.2016 in Kraft getreten.[581] Ausgenommen ist die in Abs. 1 enthaltene **Ermächtigung** das BMAS **zur Neubekanntmachung des SGB XII** zum 1.1.2020. Durch die Aufhebung der Vorschriften der Eingliederungshilfe entstehen einerseits Lücken im Gesetzestext, andererseits ist durch die Neuregelung der Hilfe zur Pflege durch das PSG III im 7. Kapitel ein unübersichtliches Gedränge von Paragrafen mit Kleinbuchstaben entstanden. Durch eine Neubekanntmachung würde sich die bisherige Nummerierung der Paragrafen verändern – wie im SGB IX aufgrund der Neubekanntmachung zum 1.1.2018 auch. Da es sich um eine „Kann-Vorschrift" handelt, ist das BMAS nicht zu einer Neubekanntmachung verpflichtet.

530

### II. Änderungen im Teilhaberecht in anderen SGBs und sonstigen Gesetzen

Nachfolgend finden diejenigen Änderungen Erwähnungen, die über die Anpassungen der Verweise auf das neu gefasste SGB IX hinausgehen.

531

### 1. Änderungen im SGB I[582]

Die Eingliederungshilfe wird im § 28 SGB I gestrichen und stattdessen in einem **neuen** **§ 28 a SGB I** separat geregelt. Neben der Liste der Leistungen der Eingliederungshilfe im Abs. 1 enthält Abs. 2 den Hinweis auf die Bestimmung der Zuständigkeit durch Landesrecht gemäß § 94 SGB IX. Bei den Leistungen zur Rehabilitation im § 29 Abs. 1 SGB I wird mit der neuen Nr. 2 a die Leistungsgruppe der Teilhabe an Bildung ergänzt und in der Nr. 3 die Leistungsgruppe der Leistungen zur Sozialen Teilhabe an den neuen Wortlaut des § 76 SGB IX angepasst. Aufgrund der **Streichung der gemeinsamen Servicestellen** werden diese aus der Pflicht zur **Wahrung des Sozialgeheimnisses** gemäß § 35 Abs. 1 Satz 4 SGB I gestrichen. Dies erfolgt allerdings verfrüht, da gemäß der Übergangvorschrift des § 241 Abs. 7 SGB IX die gemeinsamen Servicestellen ihre Arbeit noch bis zum 31.12.2018 fortführen können (s. Rn. 466).

532

---

579  BT-Drs. 18/9522, 288.
580  So auch *Keil* SGb 2017, 450.
581  Art. 26 Abs. 2 BTHG, BGBl. 2016 I 3340; Art. 31 Abs. 6 BVGuaÄndG, BGBl. 2017 I 2573.
582  Änderung durch Art. 3 und 26 Abs. 1 BTHG.

### 2. Änderungen im SGB III[583]

533 Im § 117 Abs. 2 SGB III wird ergänzt, dass Leistungen im Eingangsverfahren und im Berufsbildungsbereich neben der WfbM auch bei anderen Leistungsanbietern nach §§ 57, 60 und 62 in Anspruch genommen werden können. Die Regelungen zum Ausbildungsgeld in einem der Bereiche bei einem anderen Leistungsanbieter nach § 60 SGB IX sind dieselben wie die in einer WfbM (§§ 122 Abs. 1 Nr. 3, 125, 126 Abs. 1, 346 Abs. 2 SGB III). In § 118 Satz 2 wird der Verweis auf das Persönliche Budget als Rechtsanspruch auf Antrag gemäß § 29 SGB IX neu gefasst.

### 3. Änderungen im SGB V[584]

534 In § 2 Abs. 2 SGB V wird der Verweis auf das Persönliche Budget als Rechtsanspruch auf Antrag gemäß § 29 SGB IX neu gefasst. In §§ 5 Abs. 1 Nr. 7, 251 Abs. 2 SGB V wird ergänzt, dass auch eine Tätigkeit bei einem anderen Leistungsanbieter nach § 60 SGB IX zur Versicherungspflicht in der gesetzlichen Krankenversicherung führt. § 13 Abs. 3 a Satz 9 SGB V wird dahingehend neu gefasst, dass für die **Fristen zur Entscheidung** über die Leistungen der **medizinischen Reha** und die Kostenerstattung die §§ 14–24 SGB IX gelten. Dieselben Vorschriften kommen gemäß der Neufassung des § 275 Abs. 1 Satz 1 Nr. 2 SGB V zur Anwendung, wenn die Krankenkasse zur Einleitung von Reha-Maßnahmen verpflichtet ist und dafür eine gutachterliche Stellungnahme des MDK einholen muss. Dies stellt einen der Ausnahmefälle des § 17 Abs. 1 Satz 2 SGB IX dar, in denen vom Reha-Träger nicht drei Sachverständige zur Wahl benannt werden müssen. Im § 284 Abs. 1 Nr. 17 SGB V wird eine Ermächtigungsgrundlage zur Erhebung, Speicherung und Nutzung der Sozialdaten zur Durchführung der Aufgaben als Reha-Träger eingefügt.

### 4. Änderungen im SGB VI[585]

535 Auch im SGB VI werden an mehreren Stellen die Leistungen bei anderen Leistungsanbietern i.S.d. § 60 SGB IX ergänzt neben jenen in einer WfbM (§§ 1 Satz 1, 16, 162 Nr. 2 a, 168 Abs. 1 Nr. 2 und Nr. 2 a, 176 Abs. 3 Satz 2, 179, 180 SGB VI) und der Verweis im § 13 Abs. 1 Satz 2 SB VI auf das Persönliche Budget an die Neufassung des § 29 SGB IX angepasst. Die Umbenennung der Integrationsprojekte in Inklusionsbetriebe gemäß § 215 SGB IX wird in den §§ 162 Nr. 2 a, 168 Abs. 1 Nr. 2 a, 179. 180 SGB VI nachvollzogen.

### 5. Änderungen im SGB VII[586]

536 In § 2 Abs. 1 Nr. 4 GB VII wird die Tätigkeit auch bei einem anderen Leistungsanbieter nach § 60 SGB IX ergänzend in Bezug genommen, der Verweis auf das Persönliche Budget in § 29 SGB IX in § 26 Abs. 1 Satz 2 SGB VII angepasst. Der Katalog der Leistungen zur Teilhabe am Arbeitsleben in § 35 Abs. 1 SGB VII wird erweitert um

---

583  Änderung durch Art. 5 und 26 Abs. 1 BTHG.
584  Änderung durch Art. 6 und 26 Abs. 1 BTHG mit Ausnahme der Nr. 2 b und Nr. 13 a i.V.m. Art. 26 Abs. 4 Nr. 2 BTHG, die erst am 1.1.2020 in Kraft treten.
585  Änderung durch Art. 7 und 26 Abs. 1 BTHG mit Ausnahme der Nr. 4 a, die bereits am 30.12.2016, am Tag nach der Verkündung in Kraft getreten ist gem. Art. 26 Abs. 2 BTHG.
586  Änderung durch Art. 8 und 26 Abs. 1 BTHG.

die neuen Leistungen in §§ 60, 61 SGB IX (s. Rn. 231 ff.). Im § 162 Abs. 2 Satz 2 SGB VII wird die Umbenennung von Integrationsvereinbarung in Inklusionsvereinbarung des § 166 SGB IX nachvollzogen.

### 6. Änderungen im SGB XI[587]

Die Pflegeberatungsstellen haben künftig gemäß § 7 a Abs. 1 Satz 7 SGB XI mit den Ansprechstellen der Reha-Träger nach § 12 Abs. 1 Satz 3 SGB IX (s. Rn. 50) zusammen zu arbeiten anstelle der gemeinsamen Servicestellen. Die Möglichkeit der Tätigkeit auch bei einem anderen Leistungsanbieter nach § 60 SGB IX wird in § 20 Abs. 1 Satz 7 SGB XI aufgenommen. § 35 a SGB XI zur Geltung des Persönlichen Budgets auch in der Sozialen Pflegeversicherung wird dahingehend angepasst, dass auf ein Persönliches Budget ein Rechtsanspruch besteht, dieses nicht nur trägerübergreifend, sondern auch von einem einzelnen Reha-Träger beansprucht werden kann und der leistende Reha-Träger das Budget künftig in eigenem Namen und nicht mehr im Auftrag der anderen beteiligten Reha-Träger erbringt. Gemäß § 29 Abs. 3 Satz 2 SGB IX können auch die Pflegekassen zuständiger Träger für das Persönliche Budget sein.[588] **Nicht geändert** wird im § 35 a Satz 1 die Regelungen, dass die Pflegesachleistungen der häuslichen Pflege nach §§ 36 und 38 SGB XI sowie der teilstationären Pflege nach § 41 SGB XI auch bei einem Persönlichen Budget **nur in Form von Gutscheinen** erbracht werden dürfen (s. Rn. 157).

### 7. Änderungen im Bundesversorgungsgesetz[589]

Der Verweis im § 9 Abs. 2 BVG auf das Persönliche Budget wird an die Änderungen durch § 29 SGB IX angepasst. In § 25 d Abs. 3 d Nr. 5 BVG wird – wie bei § 82 Abs. 2 Nr. 5 SGB XII – die Absetzung des Arbeitsförderungsgeldes und des Erhöhungsbetrages des Arbeitsentgeltes bei der Einkommensanrechnung auf Geldleistungen nach dem BVG gestrichen (s. Rn. 481). In § 26 Abs. 1 und Abs. 4 BVG wird der Wortlaut angepasst an die Änderungen bezüglich der beruflichen Reha im SGB IX.

### 8. Änderungen der Schwerbehinderten-Ausgleichsabgabeverordnung[590]

Der Katalog der Verwendungszwecke für die Mittel aus der Ausgleichsabgabe durch die Integrationsämter wird – in Übereinstimmung mit § 185 Abs. 3 Nr. 6 SGB IX (s. Rn. 448) – ergänzt um die Deckung eines Teils der Aufwendungen für ein Budget für Arbeit in § 14 Abs. 1 Nr. 6 SchwbAV. Die Umbenennung von Integrationsprojekten in Inklusionsbetrieben wird in den §§ 17 Abs. 1, 28 a und 46 SchwbAV nachvollzogen. Die Möglichkeit zur Gewährung von Zuschüssen zum Ausgleich außergewöhnlicher Belastungen an Arbeitgeber in § 27 Abs. 1 Satz 1 SchwbAV wird erweitert auf eine Beschäftigung im Anschluss an eine Tätigkeit bei anderen Leistungsanbietern neben der WfbM.

537

538

539

---

587  Änderung durch Art. 10 und 26 Abs. 1 BTHG.
588  So auch ausdrücklich BT-Drs. 18/9522, 326.
589  Änderung durch Art. 14 und 26 Abs. 1 BTHG.
590  Änderung durch Art. 19 Abs. 19 und 26 Abs. 1 BTHG.

### 9. Änderungen der Schwerbehindertenausweisverordnung[591]

540   § 3 a Abs. 3 Satz 2 SchwbAwV wird aufgehoben, da die Pflicht zur Eintragung der Kraftfahrzeugsteuerermäßigung im Beiblatt durch die Hauptzollämter bereits durch das Zweite Verkehrssteueränderungsgesetz entfallen ist..[592] Damit einhergehend werden im § 3 a Abs. 4 Satz 1 die Worte „nach Löschung des Vermerks durch das Finanzamt" gestrichen.

### 10. Änderung des Gesetzes zur Kooperation und Information im Kinderschutz[593]

541   Die gemeinsamen Servicestellen werden aus dem Kreis der in das Kinderschutz-Netzwerk einzubeziehenden Einrichtungen im § 3 Abs. 2 KKG gestrichen. Da aber stattdessen die **Ansprechstellen der Reha-Träger** nach § 12 Abs. 1 Satz 3 SGB IX (Rn. 50) **nicht aufgenommen** worden sind, ist die Gesamtheit der Reha-Träger somit nicht mehr in das Netzwerk eingebunden.

---

591   Änderung durch Art. 19 Abs. 20 und 26 Abs. 1 BTHG.
592   Vom 8.6.2015, BGBl. 2015 I 901; s. BT-Drs. 18/9522, 354 f.
593   Änderung durch Art. 19 Abs. 22 und 26 Abs. 1 BTHG.

# § 4 Änderungen im Jahr 2020

## A. Änderungen im SGB IX

### I. Einführung in den Teil 2 SGB IX (Eingliederungshilfe neu)

Die **Einfügung der Eingliederungshilfe** in den neuen 2. Teil des SGB IX unter gleich- 1
zeitiger Streichung des 6. Kapitels im SGB XII (s. Rn. 236) stellt einen **Schwerpunkt
der Reform** des Rehabilitationsrechts durch das BTHG dar. Der neue 2. Teil ist jedoch nicht nur auf die leistungsrechtlichen Vorschriften beschränkt, die bis 2020 in
den §§ 53–61 SGB XII zu finden sind, sondern beinhaltet ein vollständiges **Leistungsgesetz**, dass u. a. die Zuständigkeit und die Voraussetzungen für die Leistungen zur
Teilhabe umfassend und unabhängig vom SGB XII regelt (vgl. § 7 Abs. 1 S. 3
SGB IX).

Dadurch soll das Versprechen aus dem Koalitionsvertrag umgesetzt werden, die Ein- 2
gliederungshilfe **aus dem „Fürsorgesystem" herauszuführen** und zu einem modernen
Teilhaberecht weiterzuentwickeln (s. § 1 Rn. 20 ff.).[594] Dies erfolgt u. a. durch die
Neuregelung des Einkommens- und Vermögenseinsatzes im 9. Kapitel, welche durch
ein transparenteres Beitragsverfahren in Abhängigkeit vom Gesamteinkommen mit
prozentualen Sätzen, einen deutlich höheren Vermögensfreibetrag und der Außerachtlassung des Partnervermögens zweifellos zu einer geringeren finanziellen Belastung der leistungsberechtigten Personen als bisher führen wird (s. Rn. 154 ff.). Jedoch
bleibt das Strukturmerkmal des Fürsorgerechts erhalten, dass die Bedarfe nur insoweit gedeckt werden, als die einzelne Person dazu nicht aus eigenen Mitteln in der
Lage sind. Im Koalitionsvertrag fand sich hingegen noch ein Prüfauftrag bezüglich
der Einführung eines **Bundesteilhabegeldes**.[595] Durch einen entsprechenden Pauschal-
betrag hätten Menschen mit Behinderungen ihre Bedarfe (zumindest teilweise) unabhängig von einer Einzelfallprüfung selbstständig decken können.[596] Wenigstens bis
zur Höhe eines solchen einkommens- und vermögensunabhängigen **Nachteilsausgleiches** wäre das Rehabilitationsrecht dem Versorgungssystem im Rahmen der sozialen
Sicherung zuzuordnen gewesen. Die Idee des Teilhabegeldes wurde jedoch unter Hinweis auf mangelnde Zielgenauigkeit, Mitnahmeeffekte, Ausweitung des berechtigten
Kreises und die daraus resultierenden Mehrkosten im Rahmen des BTHG verwor-
fen.[597] So stellt die Gesetzesbegründung des BTHG selber zutreffend fest, dass die
Eingliederungshilfe **weiterhin Teil der öffentlichen Fürsorge** nach Art. 74 Abs. 1 Nr. 7
GG bleibt und nur „formal aus dem Recht der Sozialhilfe ausgegliedert" wird, inhalt-
lich aber weiterhin deren Wesensmerkmale aufweist.[598]

Jedoch enthält die „Eingliederungshilfe neu" auch neue Strukturmerkmale, die das 3
**Sozialhilferecht** nicht kennt. Dort werden die Leistungen auch weiterhin **einrich-
tungszentriert** erbracht. D. h. die erforderlichen Leistungen werden von den Leistungsanbietern in kompletten Paketen erbracht, die für bestimmte Bedarfsgruppen

---

594  CDU, CSU und SPD (2013), S. 111; BT-Drs. 18/9522,196 f..
595  CDU, CSU und SPD (2013), S. 111.
596  Vgl. dazu *Deutscher Verein* NDV 2013, 484 f.
597  BT-Drs. 18/9522, 202 f.
598  BT-Drs. 18/9522, 196; BT-Drs. 18/10523, 42 f. Vgl. auch *Schütte* NDV 2016, 436 ff.

entsprechende Gesamtlösungen vorsehen, die in stationären Einrichtungen die Versorgung und Betreuung umfassen. Dadurch sind die Leistungen sehr stark an bestimmte Wohnformen gebunden und die Wahlmöglichkeiten der leistungsberechtigten Personen stark beschränkt. So leben bislang rund 2/3 der Menschen mit (Schwer-)Behinderungen in stationären Einrichtungen.[599] Im Lichte des Art. 19 BRK, der das Recht auf eine selbstbestimmte Lebensführung unabhängig von besonderen Wohnformen sowie auf Zugang zu gemeindenahen Unterstützungsdiensten zu Hause und in Einrichtungen beinhaltet, sollen die Leistungen der **Eingliederungshilfe** künftig **personenzentriert** ausgerichtet und erbracht werden. D.h., die Leistungen sollen so ausgestaltet und modularisiert werden, dass sie unabhängig vom jeweiligen Wohnort bzw. der jeweiligen Wohnform in Anspruch genommen und von den leistungsberechtigten Personen selbst zusammengestellt werden können.[600]

4    Bestandteil dieser Neuausrichtung ist die **Trennung von Fachleistungen** der Eingliederungshilfe und der **existenzsichernden Hilfen** zur Sicherung des Lebensunterhalts. Letztere umfassen diejenigen Bedarfe der Lebensführung unabhängig von einer Behinderung und werden auch künftig von den Jobcentern bzw. den Sozialhilfeträgern durch Regel- und Mehrbedarfe sowie angemessene Kosten der Unterkunft gedeckt (zum Inhalt vgl. §§ 19 Abs. 1, 20 Abs. 1 SGB II bzw. §§ 27a, 42 SGB XII). Um dies auch für leistungsberechtigte Personen in kollektiven Wohnformen umsetzen zu können, wird ab 2020 in einem neuen § 42a Abs. 5 und 6 SGB XII der angemessene Bedarf für Unterkunft und Heizung in solchen Wohnformen definiert (s. Rn. 225 ff.).[601] Alle darüber hinausgehenden, behinderungsspezifischen Bedarfe sollen künftig durch spezielle Fachleistungen der Eingliederungshilfe abgedeckt und vom jeweiligen Eingliederungshilfeträger getragen werden. So werden auch im künftigen Vertragsrecht der Eingliederungshilfe im 8. Kapitel nur noch Leistungspauschalen für die Fachleistungen vereinbart, jedoch keine Grund- und Investitionspauschalen mehr (s. Rn. 379 ff.).

5    Das Recht der Eingliederungshilfe neu ist wie folgt aufgebaut: Nach den allgemeinen Vorschriften im 1. Kapitel und den Grundsätzen der Leistungen im 2. Kapitel, die die Wesensverwandtschaft der Eingliederungshilfe neu mit dem Sozialhilferecht verdeutlichen, werden in den Kapiteln 3–6 die **Leistungen der Eingliederungshilfe** unterteilt nach den Leistungsgruppen näher ausgestaltet. Wie schon nach bisherigem Recht fällt die Leistungsgruppe der unterhaltssichernden und anderen ergänzenden Leistungen (s. § 3 Rn. 251 f.) nicht in die Zuständigkeit der Eingliederungshilfeträger. Allerdings wird der Teil der **ergänzenden Leistungen** (§ 64 Abs. 1 Nr. 3–6 SGB IX) – entgegen der Systematik der Leistungsgruppen – laut § 109 Abs. 1 SGB IX im Rahmen der Eingliederungshilfe der Leistung der medizinischen Rehabilitation zugeordnet (s. Rn. 100).

6    In den jeweiligen Leistungskatalogen wurden z.T. bisher nicht benannte Leistungen ausdrücklich in den Leistungskatalog aufgenommen, wie z.B. die Assistenzleistungen und Leistungen zur Mobilität im Rahmen der Sozialen Teilhabe. Mit Ausnahme der Leistungen bei anderen Leistungsanbietern und dem Budget für Arbeit im Rahmen

---

599    destatis 2015a, 9; destatis 2015b, 8.
600    Vgl. BT-Drs. 18/9522, 197.
601    Art. 13 Nr. 15 BTHG.

der Teilhabe am Arbeitsleben (s. Rn. 103) ist damit eine Leistungsausweitung jedoch ausdrücklich nicht beabsichtigt; vielmehr sollen nur solche Leistungen aufgenommen worden sein, die sich in der Praxis im Rahmen des offenen Leistungskataloges der Eingliederungshilfe bereits etabliert haben.[602] Anders als bisher sieht das Eingliederungshilferecht in Anlehnung an die aktuelle Praxis bei Beförderungsleistungen die Möglichkeit vor, bestimmte Leistungen als **pauschale Geldleistungen** zu gewähren. Anders als beim Persönlichen Budget, bei dem sich die Höhe des Budgets nach dem individuellen Bedarf bemisst (s. § 3 Rn. 160), soll für einfache und wiederkehrenden Leistungen mit Zustimmung eine Pauschale anstelle einer individuellen Leistungsbemessung erfolgen (s. Rn. 136). Als weitere Neuerung bei den Leistungen zur Sozialen Teilhabe und den Leistungen zur Teilhabe an Bildung ist das sog. **Poolen von Leistungen** vorgesehen, worunter die gemeinsame Erbringung von Leistungen an mehrere leistungsberechtigte Personen durch einen Leistungserbringer gemeint ist, u.U. auch gegen den Willen der Betroffenen, sofern ihnen dies zumutbar ist (s. Rn. 139). In Kapitel 7 werden die Vorschriften zum **Gesamtplanverfahren** aus den §§ 141–145 SGB XII übernommen, die dort mit Wirkung vom 1.1.2018 bis zum 31.12.2019 eingefügt worden sind (s. § 3 Rn. 489 ff.). Das im Kapitel 8 enthaltene **Vertragsrecht** als Grundlage der Zusammenarbeit von Eingliederungshilfeträgern mit Rehabilitationsdiensten und -einrichtungen tritt bereits zum 1.1.2018 in Kraft, um den Beteiligten eine Vorlaufzeit für den Abschluss neuer Vereinbarungen auf der Grundlage der neuen Regelungen zu ermöglichen (s. § 3 Rn. 337 ff.). Die neuen Regeln über **die Berücksichtigung von Einkommen und Vermögen** sind im Kapitel 9 enthalten. Abgeschlossen wird die Eingliederungshilfe neu durch Vorschriften bzgl. der Statistik und Übergangsregelung im Kapitel 10.

## II. Allgemeine Vorschriften (2. Teil Kapitel 1)

### 1. Aufgaben der Eingliederungshilfe (§ 90 SGB IX)

§ 90 Aufgabe der Eingliederungshilfe                                                 7

(1) ¹Aufgabe der Eingliederungshilfe ist es, Leistungsberechtigten eine individuelle Lebensführung zu ermöglichen, die der Würde des Menschen entspricht, und die volle, wirksame und gleichberechtigte Teilhabe am Leben in der Gesellschaft zu fördern. ²Die Leistung soll sie befähigen, ihre Lebensplanung und -führung möglichst selbstbestimmt und eigenverantwortlich wahrnehmen zu können.

(2) Besondere Aufgabe der medizinischen Rehabilitation ist es, eine Beeinträchtigung nach § 99 Absatz 1 abzuwenden, zu beseitigen, zu mindern, auszugleichen, eine Verschlimmerung zu verhüten oder die Leistungsberechtigten soweit wie möglich unabhängig von Pflege zu machen.

(3) Besondere Aufgabe der Teilhabe am Arbeitsleben ist es, die Aufnahme, Ausübung und Sicherung einer der Eignung und Neigung der Leistungsberechtigten entsprechenden Beschäftigung sowie die Weiterentwicklung ihrer Leistungsfähigkeit und Persönlichkeit zu fördern.

(4) Besondere Aufgabe der Teilhabe an Bildung ist es, Leistungsberechtigten eine ihren Fähigkeiten und Leistungen entsprechende Schulbildung und schulische und hochschulische Aus- und Weiterbildung für einen Beruf zur Förderung ihrer Teilhabe am Leben in der Gesellschaft zu ermöglichen.

(5) Besondere Aufgabe der Sozialen Teilhabe ist es, die gleichberechtigte Teilhabe am Leben in der Gemeinschaft zu ermöglichen oder zu erleichtern.

---

602  BT-Drs. 18/9522, 266.

Die Aufgabenbeschreibung der Eingliederungshilfe in § 90 SGB IX knüpft an diejenige in §§ 1 und 53 Abs. 3 a.F. SGB XII an. Wurde dort bisher die besondere Aufgabe der Eingliederungshilfe darin gesehen, der personenbezogen und defizitorientiert definierten Behinderung entgegenzuwirken, wird nunmehr der **Aspekt der Teilhabe und Selbstbestimmung** der Menschenwürde **in den Vordergrund** gestellt. Diese Neuausrichtung beruht auf dem gewandelten Verständnis von Behinderung (s. § 3 Rn. 6) und dem u.a. durch Art. 3 Buchstabe a) und c) BRK zum Ausdruck gebrachten **Menschenrecht** auf **individuelle Autonomie** und auf **gleichberechtigte Verwirklichungschancen** in einer **inklusive Gesellschaft.** Die Aussage in der Gesetzesbegründung, wonach mit diesem neuen Aufgabenverständnis grundsätzlich keine inhaltliche Änderung der Aufgabe der Eingliederungshilfe verbunden sein soll,[603] ist wohl nur mit dem gesetzgeberischen Ziel zu erklären, die Teilhabe von Menschen mit Behinderung so ausgestalten zu wollen, dass „keine neue Ausgabendynamik entsteht".[604] Auch wenn die Herausforderungen des Alltags für Menschen mit Behinderung wohl noch lange dieselben bleiben werden wie bisher, macht es von der Aufgabenstellung her sehr wohl einen Unterschied, ob Menschen mit Behinderungen geholfen werden soll, sich in vorhandene Strukturen einzugliedern, oder ob sie dazu befähigt bzw. darin unterstützt werden, ihr eigenes Leben selbstbestimmt und eigenverantwortlich zu planen und die Planung auch umzusetzen. Konsequenterweise bedeutet dies auch das Infragestellen und Weiterentwickeln bestehender Strukturen. Zu Ende gedacht ist die Übernahme des **Begriffs des Eingliederungshilferechts** als Titel des neuen 2. Teils **unpassend und zu eng gefasst,** weil dem alten Begriffsverständnis entsprechend. Denn die Aufgabe dieses Teils des SGB IX ist es gerade nicht mehr, Menschen mit Behinderungen einzugliedern in das von Menschen ohne Behinderung konzipierte Gesellschaftsmodell, sondern ihre Selbstverwirklichung zu ermöglichen und darüber auch zu einem neuen gesellschaftlichen Verständnis zu kommen.

8 Abs. 1 definiert die allgemeinen und **übergeordneten Aufgaben** der Eingliederungshilfe, die für die Ausführung sämtlicher Leistungen unabhängig von der jeweiligen Leistungsgruppe als Ziele zu berücksichtigen sind. Von der Funktion für die Eingliederungshilfe ist der Abs. 1 vergleichbar mit derjenigen des § 4 Abs. 1 für die Gesamtheit aller Reha-Leistungen (s. § 3 Rn. 18). Alle Eingliederungshilfeleistungen sollen darauf ausgerichtet sein, eine **individuelle und würdevolle Lebensführung** zu ermöglichen, die **volle, wirksame und gleichberechtigte Teilhabe** zu fördern zu einer möglichst selbstbestimmten und eigenverantwortlichen Lebensplanung und -führung zu befähigen. Wie schon zu den Assistenzleistungen in § 77 SGB IX ausgeführt, setzt das insbesondere im Rahmen der bisherigen stationären Einrichtungen – ab 2020 besondere Wohnformen genannt (§ 42 a Abs. 2 Nr. 2 SGB XII, s. Rn. 225) – eine stärker individualisierte Ausrichtung der Arbeitsabläufe und z.T. einen Wechsel in der Haltung gegenüber den Bewohner*innen voraus, was schwerlich mit den bisherigen Personalschlüsseln zu bewerkstelligen sein dürfte (s. § 3 Rn. 274).

---

603 BT-Drs. 18/9522, 269.
604 BT-Drs. 18/9522, 2 (3, 6, 191, 199, 202, 207, 363).

Abs. 2 weist der **medizinischen Rehabilitation** die besonderen Aufgaben zu, einer Be- 9
einträchtigung nach § 99 Abs. 1 entgegenzuwirken und von Pflege möglichst unabhängig zu machen. Diese Aufgabenbeschreibung deckt sich weitgehend mit der Aus-
gabenbeschreibung in § 42 Abs. 1 SGB XII, wobei in § 90 Abs. 2 weder chronische
Erkrankungen Erwähnung finden noch die Aufgabe, Einschränkungen der Erwerbsfähigkeit entgegenzuwirken. Letzteres ergibt sich allerdings bereits aus der Aufgabenstellung des § 4 Abs. 1 Nr. 2 SGB IX, der für alle Reha-Leistungen einschließlich der
Eingliederungshilfe Geltung beansprucht. Problematisch ist jedoch der Verweis in
Abs. 2 auf die Beeinträchtigung nach § 99 Abs. 1 SGB IX. Die dort vorgesehene Neudefinition des berechtigten Personenkreises ist im Gesetzgebungsverfahren auf das
Jahr 2023 verschoben worden.[605] § 99 SGB IX in der Fassung ab 1.1.2020 hat keine
getrennten Absätze mehr, sondern verweist zur Bestimmung der Leistungsberechtigten auf die Bestimmungen des § 53 SGB XII und §§ 1–3 der EGH-VO in der Fassung
vom 31.12.2019 (s. Rn. 67; zu den Leistungen s. Rn. 99 ff.).

Angesichts des abschließenden Leistungskataloges bei den Leistungen zur **Teilhabe-** 10
**habe am Arbeitsleben** nach § 111 SGB, der auf nicht erwerbsfähige Personen beschränkt ist[606] (s. Rn. 104), deckt sich die besondere Aufgabe der beruflichen Reha
im Rahmen der Eingliederungshilfe nicht mit den Zielen nach § 49 Abs. 1 SGB IX,
sondern orientiert sich an denen der Leistungen im **Arbeitsbereich einer WfbM nach**
**§ 58 Abs. 2 SGB IX.** Allerdings werden in § 90 Abs. 3 SGB IX weder die Erhaltung
und Verbesserung der Leistungsfähigkeit erwähnt, noch die Förderung des Übergangs
geeigneter Menschen mit Behinderung auf den allgemeinen Arbeitsmarkt. Der Arbeitsbereich in Werkstätten und bei anderen Leistungsanbietern soll aber ausdrücklich in die Zuständigkeit der Eingliederungshilfe fallen (s. §§ 63 Abs. 2 Nr. 4 und 111
Abs. 1 SGB IX), deshalb sind auch diese Ziele bei der Entscheidung über die geeigneten Maßnahmen zu berücksichtigen (zu den Leistungen s. Rn. 104 ff.).

Die besondere Aufgabe der **Leistungen zur Teilhabe an Bildung** nach Abs. 4 besteht 11
darin, den Leistungsberechtigten die Teilnahme an den § 75 Abs. 2 Satz 1 genannten
(hoch-) schulischen Bildungsmaßnahmen zu ermöglichen (zu den Leistungen
s. Rn. 107 ff.).

Die besondere Aufgabe der **Sozialen Teilhabe** der Ermöglichung oder Erleichterung 12
der gleichberechtigten Teilhabe am Leben in der Gemeinschaft nach Abs. 5 bleibt
dem Wortlaut nach hinter der allgemeinen, leistungsgruppenübergreifenden Aufgabenstellung des Abs. 1 zurück. Dabei ist die dort genannte Befähigung zu einer selbstbestimmten und eigenverantwortlichen Lebensplanung und -führung gerade mithilfe
der Leistungen der Sozialen Teilhabe zu realisieren. Da Abs. 1 auch für die Soziale
Teilhabe gilt, sind die dort umfassender formulierten Aufgaben auch für die Soziale
Teilhabe als verbindlich anzusehen (zu den Leistungen s. Rn. 122 ff.).

---

605   S. Art. 25 BTHG.
606   Vgl. *Bieritz-Harder* in Bieritz-Harder/Conradis/Thie LPK-SGB XII § 54 Rn. 34.

## 2. Verhältnis der Eingliederungshilfe zu anderen Sozialleistungen (§§ 91 Abs. 1 und 2, 93 SGB IX) und zur Selbsthilfe (§ 92 SGB IX)

13 Aus dem Sozialhilferecht wurde der **Grundsatz des Nachrangs** (vgl. § 2 SGB XII) in den 2. Teil des SGB IX übernommen:

§ 91 Nachrang der Eingliederungshilfe

(1) Eingliederungshilfe erhält, wer die erforderliche Leistung nicht von anderen oder von Trägern anderer Sozialleistungen erhält.

(2) [1]Verpflichtungen anderer, insbesondere der Träger anderer Sozialleistungen, bleiben unberührt. [2]Leistungen anderer dürfen nicht deshalb versagt werden, weil dieser Teil entsprechende Leistungen vorsieht; dies gilt insbesondere bei einer gesetzlichen Verpflichtung der Träger anderer Sozialleistungen oder anderer Stellen, in ihrem Verantwortungsbereich die Verwirklichung der Rechte für Menschen mit Behinderungen zu gewährleisten oder zu fördern.

14 Danach bekommt Eingliederungshilfe nur diejenigen, die die Hilfe nicht **von anderen Sozialleistungsträgern** erhalten (speziell zur Pflege s. Rn. 18 ff.); zugleich dürfen diese ihrerseits Leistungen nicht unter Hinweis auf die Eingliederungshilfe verweigern. Dieser Nachrang verortet die **Eingliederungshilfe** weiterhin als **Teil des „untersten sozialen Netzes".**[607] Da im Zuge der Reform durch das BTHG außer der Ersetzung der Sozialhilfe- durch die Eingliederungshilfeträger keine neue Zuordnung der Leistungsgruppen zu den Reha-Trägern vorgenommen worden ist, wird es dabei bleiben, dass eine Vielzahl von Menschen mit Behinderungen, insbesondere mit Schwerst- und Mehrfachbehinderungen, auch weiterhin von vornherein auf dieses unterste soziale Netz angewiesen sein wird, sofern sie auf Leistungen zur Sozialen Teilhabe oder zur Teilhabe am Arbeitsleben angewiesen sind.

15 Nicht in § 91 SGB IX mit aufgenommen wurde aus dem § 2 SGB XII der Nachrang bezüglich eigenen Einkommens und Vermögens sowie dessen von Angehörigen. Allerdings ist die Eingliederungshilfe trotzdem **nicht als Nachteilsausgleich unabhängig von** der jeweiligen **Bedürftigkeit** ausgestaltet. Vielmehr ist gemäß § 92 SGB IX **ein Beitrag** zu den Leistungen aufzubringen. Damit ist kein monatlicher Beitrag i.S.e. Sozialversicherungsmodells unabhängig vom Erhalt von Leistungen gemeint, sondern ein konkreter Kostenbeitrag bei Inanspruchnahme. Bezüglich des Einkommens wird dieser nunmehr anhand der einkommensteuerrechtlichen Einkünfte des Vorjahres bemessen und beträgt 2 % oberhalb einer Einkommensgrenze, deren Höhe in Abhängigkeit von der Art der Einkünfte variiert (s. Rn. 154 ff.). Auch das Vermögen ist grundsätzlich weiterhin vorrangig einzusetzen, wobei der nicht zu berücksichtigende Vermögensfreibetrag deutlich höher ist als im Sozialhilferecht und das Partnervermögen unberücksichtigt bleibt (s. Rn. 195 ff.). Trotz dieser deutlichen Unterschiede gegenüber dem SGB XII bleibt es im Grunde nach beim **vorrangigen Einsatz von Einkommen und Vermögen** und somit die Eingliederungshilfe auch **weiterhin Teil des Fürsorgesystems.** Details der Beitragsregelungen sind im 9. Kapitel ausgestaltet.

16 Im § 93 SGB IX wird **das Verhältnis** der Eingliederungshilfe zu den Hilfen nach dem **SGB II und SGB XII** festgelegt. Dass nach § 93 Abs. 1 SGB IX die Vorschriften über die **existenzsichernden Leistungen** nach dem SGB II und dem 3. und 4. Kapitel des

---

607 BT-Drs. 18/9522, 269.

SGB XII unberührt bleiben, bedeutet, dass diese bei Vorliegen der Voraussetzungen **neben den Leistungen der Eingliederungshilfe** zu gewähren sind. Zwar ist die Ausgestaltung der Eingliederungshilfe neu so angelegt, dass Fachleistungen und existenzsichernde Leistungen getrennt gewährt werden, jedoch werden sich auch künftig Abgrenzungsfrage stellen, insbesondere bei der Zuordnung von Bestandteilen im Rahmen der Kosten der Unterkunft und Heizung (s. § 3 Rn. 417, 421).

Ebenso unberührt von der Eingliederungshilfe sollen nach § 93 Abs. 2 SGB IX die **Hilfen zur Überwindung besonderer sozialer Schwierigkeiten**, die **Alten-** und die **Blindenhilfe** bleiben. Ein Vorrang/Nachrang müsse insofern nicht festgelegt werden, da es „keine Überschneidungen zwischen den Hilfen nach dem 2. Teil des Neunten Buches und dem Zwölften Buch gibt".[608] Das ist zumindest für die Hilfen zur Überwindung besonderer sozialer Schwierigkeiten überraschend, weil in § 67 S. 2 SGB XII i.d.F. ab 2020 ausdrücklich die Eingliederungshilfe nach dem SGB IX in die dortige Nachrangregelung aufgenommen worden ist.[609] Dadurch soll sichergestellt werden, dass erbrachte Leistungen der Eingliederungshilfe auch nach der Neuregelung im Neunten Buch weiterhin vorrangig zu gewähren sind und Leistungen der Hilfe zur Überwindung besonderer sozialer Schwierigkeiten nur dann und insoweit in Frage kommen, als die Eingliederungshilfe diese Leistungen nicht bereits abdeckt.[610] Trotz dieser nicht widerspruchsfreien Formulierungen wird sich im Konfliktfall der Sozialhilfeträger auf die Fortführung des bisherigen Nachrangs der Sozialhilfe berufen können. Allerdings – wie schon bisher – nicht durch den Verweis auf eine abstrakt vorrangige Zuständigkeit Eingliederungshilfeträgers, sondern nur dann und soweit, als die Bedarfe der Personen in besonderen sozialen Schwierigkeiten tatsächlich durch Eingliederungshilfeleistungen gedeckt werden.[611] Es ist allerdings zu befürchten, dass die Übergänge zwischen bzw. die Koordinierung von diesen beiden Sozialleistungen durch die Verlagerung der Eingliederungshilfe in das SGB IX sowie die Zuständigkeit eines anderen Trägers (s. § 3 Rn. 332 ff.) eher (noch) schwieriger werden als bisher. Der in § 93 Abs. 3 SGB IX formulierte Nachrang der Eingliederungshilfe gegenüber den **Hilfen zur Gesundheit**, wenn diese geeignet sind, eine drohende Behinderung abzuwenden, dürfte angesichts der eingeschränkte Bedeutung dieser Hilfen in der Praxis[612] i.d.R. keine große Relevanz entfalten.

### 3. Verhältnis der Eingliederungshilfe zu Pflegeleistungen (§§ 91 Abs. 3 und 103 SGB IX)

§ 91 Nachrang der Eingliederungshilfe

(3) Das Verhältnis der Leistungen der Pflegeversicherung und der Leistungen der Eingliederungshilfe bestimmt sich nach § 13 Absatz 3 des Elften Buches.

---

608  BT-Drs. 18/9522, 271.
609  Art. 13 Nr. 22 BTHG.
610  BT-Drs. 18/9522, 337.
611  *Roscher* in Bieritz-Harder/Conradis/Thie LPK-SGB XII § 67 Rn. 29.
612  *Bieritz-Harder* in Bieritz-Harder/Conradis/Thie LPK-SGB XII § 48 Rn. 2 ff.

§ 103 Regelung für Menschen mit Behinderungen und Pflegebedarf

(1) [1]Werden Leistungen der Eingliederungshilfe in Einrichtungen oder Räumlichkeiten im Sinne des § 43 a des Elften Buches in Verbindung mit § 71 Absatz 4 des Elften Buches erbracht, umfasst die Leistung auch die Pflegeleistungen in diesen Einrichtungen oder Räumlichkeiten.

Im **Verhältnis zur Pflegeversicherung** wird der Nachranggrundsatz durchbrochen. Obwohl im § 91 Abs. 3 SGB IX unter der Überschrift „Nachrang der Eingliederungshilfe" geregelt, ergibt sich dies durch den dortigen Verweis auf § 13 Abs. 3 SGB IX. Dessen hier relevanter 3. Satz, der zum 1.1.2020 um die unterstrichenen Worte ergänzt wird,[613] lautet:

„(3) …Die Leistungen der Eingliederungshilfe für Menschen mit Behinderungen nach dem Neunten Buch, dem Bundesversorgungsgesetz und dem Achten Buch bleiben unberührt, sie sind im Verhältnis zur Pflegeversicherung nicht nachrangig; die notwendige Hilfe in den Einrichtungen *und Räumlichkeiten nach § 71 Abs. 4 ist einschließlich der Pflegeleistungen zu gewähren.*"

19 Diese Regelung geht von einem **grundsätzlichen Nebeneinander** der Zuständigkeit der Eingliederungshilfe und der sozialen Pflegeversicherung aus. Zur Begründung wird darauf verwiesen, dass beide unterschiedliche Aufgaben verfolgen: „Aufgabe der Eingliederungshilfe ist die Förderung der vollen, wirksamen und gleichberechtigten Teilhabe am Leben in der Gesellschaft. Aufgabe der Pflege ist die Kompensation von gesundheitlich bedingten Beeinträchtigungen der Selbstständigkeit oder der Fähigkeiten."[614]

20 Die leistungsberechtigte Person soll trotz dieses Nebeneinanders in der Praxis die **Leistungen aus einer Hand** bekommen. Sofern im Einzelfall Anhaltspunkte für einen Bedarf **sowohl an Leistungen der Eingliederungshilfe als auch der Pflege** bestehen, hat gemäß § 13 Abs. 4a SGB XI der für das Teilhabe- bzw. Gesamtplan-Verfahren zuständige Träger die zuständige Pflegekasse beratend in das Verfahren einzubinden. Das Verfahren weicht insoweit von den §§ 14 und 15 SGB IX ab. Das ist trotz des Abweichungsverbotes des § 7 Abs. 1 SGB IX zulässig, da die Pflegekassen nach wie vor keine Reha-Träger sind. Nachdem von der Pflegekasse bzw. durch den von ihr beauftragten Gutachter (vgl. § 18 SGB XI) eine Pflegebedürftigkeit i.S.d. § 14 SGB XI festgestellt und ein Pflegegrad i.S.d. § 15 SGB XI ermittelt worden ist, hat **in der Regel** der **Eingliederungshilfeträger** auf der Grundlage des Bescheides der Pflegekasse die Leistungen der Pflegeversicherung zu übernehmen.[615] Wobei die **Wunsch- und Wahlrechte** der leistungsberechtigten Person zu beachten sind, z.B. hinsichtlich der Wahl zwischen Pflegesachleistungen und Pflegegeld (§ 13 Abs. 4 Satz 2 SGB XI).[616] Die dem Eingliederungshilfeträger entstehenden **Kosten** sind ihm gemäß § 13 Abs. 4 Satz 1 SGB XI vom Träger der Pflegeversicherung auf der Grundlage einer im Einzelfall und **mit Zustimmung des Leistungsberechtigten** zu treffenden Vereinbarung **zu erstatten.** Der Spitzenverband Bund der Pflegekassen, der nach außen unter der Bezeichnung GKV-Spitzenverband auftritt, hat gemäß § 13 Abs. 4 Satz 5 SGB XI den

---

613 Änderungen durch Art. 10 Nr. 3 BTHG.
614 BT-Drs.18/10523, 59.
615 S. auch *GKV-Spitzenverband*, S. 25 f. (bzw. S. 38 f. des pdf-Dokuments).
616 S. auch BT-Drs. 18/10510, 107.

Auftrag, bis zum 1.1.2018 mit der Bundesarbeitsgemeinschaft der überörtlichen Träger der Sozialhilfe (BAGüS) in einer **gemeinsamen Empfehlung** „Näheres zu den Modalitäten der Übernahme und der Durchführung der Leistung sowie der Erstattung zu der Beteiligung des Hilfe zur Pflege zuständigen Trägers" zu beschließen. Im Rahmen der Erstellung der Empfehlung sind nach § 13 Abs. 4 Satz 6 SGB IX eine Reihe von Institutionen anzuhören und die Empfehlungen bedürfen gemäß dessen Satz 7 der Zustimmung des BMAS und des BMG.[617]

Beim Zusammentreffen von Leistungen der Eingliederungshilfe und der Pflegeversicherung in **vollstationären Einrichtungen** der Hilfe für Menschen mit Behinderung wird im **§ 103 Abs. 1 SGB IX** die bisherige Regelung des § 55 SGB XII beibehalten, der zufolge die Eingliederungshilfe die Pflegeleistungen mit zu erbringen hat (so auch § 13 Abs. 3 Satz 3 SGB XI, s.o.). Im Gegenzug hat die Pflegeversicherung zur **Abgeltung** der pflegebedingten Aufwendungen gemäß § 43 a SGB XI – anders als nach § 13 Abs. 4 SGB XI – auch weiterhin **nicht die vollen Kosten**, sondern nur einen Betrag in Höhe von 15 % der nach dem Vertragsrecht der Eingliederungshilfe nach Kapitel 8 (s. § 3 Rn. 383 ff.) vereinbarten Vergütung, **maximal jedoch 266 EUR**, monatlich zu **erstatten,**[618] um einen Beitragsanstieg in der Pflegeversicherung zu verhindern.[619] Der höhere Prozentsatz von 15 % gegenüber den 10 % des vereinbarten Heimentgeltes in der Fassung des § 43 a SGB XI bis zum 31.12.2019 bedeutet keine Erhöhung des übernommenen Anteils. Vielmehr soll der höhere Prozentsatz dem Umstand Rechnung tragen, dass im Vertragsrecht der Eingliederungshilfe künftig nur noch die Vergütung für Fachleistungen zu vereinbaren sind, so dass die Vergütung niedriger ausfällt als bisher (vgl. § 123 Abs. 3 SGB IX, s. Rn. 383).[620]

Angesichts der Aufgabe der Differenzierung zwischen ambulanten, teil- und vollstationären Leistungen in der Eingliederungshilfe werden in der Definition des § 71 Abs. 4 SGB XI i.d.F. ab 2020 (auf den §§ 13 Abs. 3 S. 3 und 43 a Satz 1 SGB XI verweisen) neben den „Einrichtungen" auch **„Räumlichkeiten"** erwähnt, die die besonderen Wohnformen i.S.d. § 42 a Abs. 2 Nr. 2 und Abs. 5 SGB XII i.d.F. ab 2020, bestehend aus Privat- und Gemeinschaftsräumen, mit erfassen. Der **Anwendungsbereich des § 43 a SGB IX** wird aufgrund einer Ergänzung § 71 Abs. 4 Satz 1 Nr. 3 SGB XI i.d.F. ab 2020 sogar noch **ausgeweitet auf ambulante Wohnformen**, die dem WBVG unterfallen, sofern deren Leistungsangebote einer stationären Vollversorgung vergleichbar sind.[621] Details zur Abgrenzung und Kriterien zur deren Prüfung hat der SpiBuKK bis zum 31.7.2019 in einer Richtlinie festzulegen, die der Beteiligung weiterer Organisationen und der einvernehmlichen Genehmigung durch das BMG und das BMAS bedarf. Allerdings tritt die mit dem PSG III geschaffene Rechtsgrundlage für den SpiBuKK erst am 1.1.2020 in Kraft.[622] Aufgrund einer **Bestandschutzregelung** in

21

22

---

617 Die gemeinsamen Empfehlungen werden nach Abschluss des Prozesses voraussichtlich unter www.gkv-spiz enverband.de abrufbar sein, lagen zum Zeitpunkt des Abschlusses dieses Buches aber noch nicht vor.

618 § 43 a SGB XI i.d.F. ab 1.1.2020 durch das PSG III; zur konkreten Umsetzung von § 43 a SGB XI s. *GKV-Spitzenverband*, S. 217 ff (bzw. 229 ff. des pdf-Dokuments).

619 BMAS (2017 a), S. 29.

620 BT-Drs. 18/9518, 69.

621 *Axmann* RdLH 2017, 1 f.

622 S. Art. 1 Nr. 15 i.V.m. Art. 18 Abs. 3 PSG III, BGBl. 2016 I 3196 (3219).

§ 145 SGB XI gilt diese Ausweitung nicht für Menschen mit Behinderungen in besonderen Wohnformen, die vor dem 1.1.2017 häusliche Pflege erhalten haben.

23  Die Kostenerstattungsregelung des § 43 a SGB XI greift jedoch nur ein, sofern der leistungsberechtigten Person **zumindest der Pflegegrad 2** zuerkannt worden ist. **Nicht ausdrücklich geregelt** ist hingegen die Kostenerstattung des Pflegeaufwandes im Fall einer leistungsberechtigten Person mit dem **Pflegegrad 1**. Z.T. wird aus der Nichterwähnung gefolgert, dass sich die Pflegeversicherung überhaupt nicht an pflegebedingten Aufwendungen bei Pflegegrad 1 zu beteiligen hat..[623] Erklärbar ist diese Haltung aus der Logik der Pflegeversicherung, wonach Pflegebedürftige des Pflegegrades 1 nach § 43 Abs. 1 SGB XI keinen Anspruch auf Pflege in vollstationären Einrichtungen haben. Doch selbst nach dieser Logik wäre die Pflegeversicherung nicht von jeglicher Leistung befreit, denn § 43 Abs. 3 SGB XI schreibt für die Fälle, in denen Pflegebedürftige des Pflegegrades 1 gleichwohl vollstationäre Pflege wählen, zumindest einen Zuschuss i.H.v. 125 EUR monatlich vor, welcher konsequenter Weise dann auch von der Pflegekasse für die Versorgung in einer vollstationären Einrichtung der Hilfe für behinderte Menschen zu übernehmen wäre.

24  Die Auslegung, die Pflegekasse habe sich an den pflegerischen Aufwendungen bei Pflegerad 1 in Einrichtungen und Räumlichkeiten nach § 71 Abs. 4 SGB XI nicht zu beteilige, findet jedoch weder in den Gesetzesmaterialien zum PSG III oder dem BTHG eine Stütze, noch ist sie sachgerecht. Gemäß § 13 Abs. 4 SGB XI hat die Pflegekasse dem Eingliederungshilfeträger die Kosten der Erbringung der Pflegeleistungen (voll) zu erstatten, ohne dass dabei eine Differenzierung nach der Wohnform der leistungsberechtigten Person erfolgt, so dass die Regelung grundsätzlich auch für Pflegeleistungen in stationären Einrichtungen i.S.d. § 71 Abs. 4 SGB XI gilt. § 43 a SGB XI macht davon eine Ausnahme für Pflegeleistungen in vollstationären Einrichtungen und Räumlichkeiten, in denen der Zweck der Eingliederungshilfe im Vordergrund steht – aber nur dann, wenn die leistungsberechtigte Person mindestens den Pflegegrad 2 zuerkannt bekommen hat. Systematisch sind und bleiben Pflegebedürftige mit Behinderungen und dem Pflegegrad 1 von der Kostenerstattungsregelung des § 13 Abs. 4 SGB XI erfasst. Auch vom Zweck her machte es keinen Sinn, Pflegeleistungen im häuslichen Umfeld unabhängig vom Pflegegrad der Betroffenen -- also einschließlich derjenigen mit Pflegegrad 1 – voll zu erstatten, im stationären Kontext aber für die Betroffenen mit Pflegegrad 1 keinerlei Erstattung und ab dem Pflegegrad 2 aufwärts wieder eine Erstattung vorzusehen (wenn auch die Beibehaltung der Kostendeckelung weder mit Blick auf eine fachgerechte Pflege der Leistungsberechtigten, noch mit Blick auf eine angemessene Lastenverteilung zwischen den Sozialleistungsträgern nachzuvollziehen ist). Eine Auslegung in dieser Weise droht auch das **Wunsch- und Wahlrecht** der leistungsberechtigten Personen **auszuhebeln**, denn die personenzentrierte Neuausrichtung der Eingliederungshilfe durch das BTGH sieht eine Erbringung der Fachleistungen unabhängig von der vom Menschen mit Behinderung gewählten Wohnform vor (s. Rn. 42 f., zum insoweit bestehenden Angemessenheitsvorbehalt s. Rn. 79 ff.). Wenn aber ein Eingliederungshilfeträger für Menschen

---

623  *GKV-Spitzenverband*, S. 216 (bzw. 228 des pdf-Dokuments).

mit Behinderungen mit Pflegegrad 1 keine Erstattung der pflegebedingten Aufwendungen im Rahmen einer Betreuung über Tag und Nacht (so die neue Umschreibung für stationäre Einrichtungen – vgl. § 98 Abs. 1 und 3 und § 115 SGB XI) erhält, wird er im Rahmen des Gesamtplanverfahrens (s. Rn. 148 ff.) seine Möglichkeiten nutzen, um die leistungsberechtigte Person in Richtung einer ambulanten Betreuung zu steuern. Denn die Steuerung des Teilhabeprozesses ist ausdrücklich eine der Aufgaben des Gesamtplans (s. § 121 Abs. 2 SGB XI) mit dem Ziel der Kostenkontrolle.[624] Dieser Anreiz für den Eingliederungshilfeträger ist durch die unterschiedlichen Kostenerstattungsregelungen des § 13 Abs. 4 SGB XI und § 43 a SGB XI ohnehin gesetzt. Das mag zwar grundsätzliche der z.T. immer noch vorherrschenden einrichtungsbezogenen Leistungserbringung entgegenwirken, ist aber gleichwohl geeignet, das Wunsch- und Wahlrecht zu beschränken. Durch einen Ausfall der Kostenerstattung für Pflegebedürftige mit Pflegegrad 1 würde dieser Anreiz des Eingliederungshilfeträgers nochmals verstärkt, obwohl die Wunsch- und Wahlrechte nach § 13 Abs. 4 Satz 2 SGB XI auch und gerade beim Nebeneinander von Pflege und Eingliederungshilfe gewährleistet werden sollen. Angesichts des eingeschränkten Umfangs der bei Pflegegrad 1 gemäß § 28 a SGB XI gewährten Leistungen lässt sich die Notwendigkeit eines solchen Ausfalls der Kostenerstattung auch nicht mit andernfalls drohenden finanziellen Mehrbelastungen begründen.

Bereits für den **31.7.2019** ordnet § 13 Abs. 4 b SGB XI eine **Evaluation** der Vorschriften über das Verhältnis der Leistungen der Eingliederungshilfe zu denen der Pflegeversicherung nach Abs. 3 Satz 3 und des Verfahrens nach Abs. 4 und 4 a SGB XI an. Somit könnte sich zum Start der Eingliederungshilfe neu am 1.1.2020 zumindest schon Tendenzen erkennbar sein, ob es bei dieser Form des Nebeneinanders von Eingliederungshilfe und sozialer Pflegeversicherung bleibt. 25

Ebenfalls aus § 55 SGB XII in den § 103 Abs. 1 Satz 2 SGB XI übernommen ist die Regelung, dass der Mensch mit Behinderung die **Einrichtung** zur Betreuung über Tag und Nacht **verlassen muss**, wenn der Träger der Einrichtung feststellt, dass der **Pflegebedarf dort nicht mehr gedeckt** werden kann und ein Wechsel zu einem anderen Leistungsanbieter erfolgen muss: 26

§ 103 Regelung für Menschen mit Behinderungen und Pflegebedarf

(1) [1]Werden Leistungen der Eingliederungshilfe in Einrichtungen oder Räumlichkeiten im Sinne des § 43 a des Elften Buches in Verbindung mit § 71 Absatz 4 des Elften Buches erbracht, umfasst die Leistung auch die Pflegeleistungen in diesen Einrichtungen oder Räumlichkeiten.[3]Die Entscheidung zur Vorbereitung der Vereinbarung nach Satz 2 erfolgt nach den Regelungen zur Gesamtplanung nach Kapitel 7.

Dabei steht der Umstand, dass sich nicht die Einrichtungen den Bedürfnissen der Menschen mit Behinderungen anzupassen haben, sondern sich letztere umgekehrt „nach dem Angebot der Einrichtungen ausrichten müssen", in deutlichem **Widerspruch zum personenzentrierten Ansatz** der Eingliederungshilfe neu **und zum Selbstbestimmungsrecht** des § 1 SGB IX.[625] Das gilt ebenso für die Regelung, dass der Träger der bisherigen Einrichtung dies einfach nur festzustellen hat – während eine Kün- 27

---

624 BT-Drs. 18/9522, 3.
625 *Schneider* WZS 2017, 72.

digung der entsprechenden Wohn- und Betreuungsverträge durch einen Unternehmen nach § 12 Abs. 1 Satz 3 Nr. 2 b) WBVG voraussetzt, dass er zuvor vertraglich die Übernahme der erforderlichen fachgerechte Pflege- oder Betreuungsleistung nach § 8 Abs. 4 WBVG ausgeschlossen hat und ihm daher ein Festhalten an dem Vertrag nicht zumutbar ist. Zudem ist mit den o.g. Leitgedanken auch die **Verfahrensregelung unvereinbar**, wonach der Eingliederungshilfeträger den Wechsel mit der Pflegekasse und dem Leistungserbringer zu vereinbaren hat. Zwar ist die leistungsberechtigte Person über § 103 Abs. 1 Satz 3 SGB XI in die Vorbereitung dieser Vereinbarung einzubinden, da diese im Rahmen der Gesamtplanung nach Kapitel 7 zu erfolgen hat, im Rahmen welcher u.a. eine Dokumentation der Wünsche nach Ziel und Art der Leistung vor zu erfolgen hat (§ 117 Abs. 1 Nr. 1 und 2 und Abs. 2 SGB IX), was sicher die Wünsche nach dem bzw. den bevorzugten (alternativen) Leistungserbringern umfasst. Jedoch wird der leistungsberechtigten Person in § 103 Abs. 1 SGB IX hinsichtlich des „Ob" des Wechsels **kein ausdrückliches Mitspracherecht** eingeräumt[626] und bezüglich des „Wohin" bzw. „zu wem" ist ihren Wünschen nur zu entsprechen, soweit diese angemessen sind. Diese Stellung der leistungsberechtigten Person bleibt insoweit deutlich hinter derjenigen im Rahmen von § 13 Abs. 4 Satz 1 SGB XI zurück, wo sie der Vereinbarung von leistendem Reha-Träger und Pflegekasse bezüglich der Erbringung der Leistung und der Kostenerstattung ausdrücklich zustimmen muss, während sie in § 103 Abs. 1 Satz 2 SGB XI nur nach ihren Wünschen bezüglich eines neuen Leistungserbringers gefragt werden muss, die zudem ignoriert werden können, wenn sie unangemessen sind. Dies festzustellen obliegt wohl dem Eingliederungshilfeträger im Rahmen des Gesamtplanverfahrens. Zur Wahrung des Selbstbestimmungsrechts und des personenzentrierten Ansatzes der Leistungen ist mit Blick auf die Regelung des § 13 Abs. 4 Satz 1 SGB XI im Wege des Erst-Recht-Schlusses auch bei der Vereinbarung nach § 103 Abs. 1 Satz 2 SGB XI von einem **Zustimmungserfordernis der leistungsberechtigten Person** auszugehen. Der Abschluss der Vereinbarung ohne deren Zustimmung wäre umso weniger nachvollziehbar, als sowohl die Gründe für die Beteiligung der Pflegekasse daran als auch für jene des bisherigen Leistungserbringers unklar sind. Denn die Interessen der Pflegekassen können über die nach § 13 Abs. 4 Satz 1 SGB XI zu schließende Vereinbarung, in der auch die Modalitäten bei einem Wechsel des Leistungserbringers geregelt werden können, hinreichend gewahrt werden. Und der Leistungserbringer kann seine Interessen durch eine Kündigung des Wohn- und Betreuungsvertrages unter den o.g. Voraussetzungen durchsetzen. Einzig die Berücksichtigung der Belange der leistungsberechtigten Person ist in diesem Zusammenhang ohne ein Zustimmungserfordernis ihrerseits nicht hinlänglich gewährleistet.

28 Im § 102 Abs. 2 wird zudem das **Verhältnis der Eingliederungshilfe zur Hilfe zur Pflege** nach dem 7. Kapitel des SGB XII geregelt. Die Regelung unterscheidet einerseits zwischen häuslicher und stationärer Pflege und andererseits zwischen Altersgruppen der Hilfeempfänger anhand der Regelaltersgrenze.

---

626 Ebenso *Schütte* NDV 2016, 439. Auch die Gesetzesbegründung spricht insoweit nur von einer Beteiligung im Rahmen des Gesamtplanverfahrens, s. BT-Drs. 18/10523, 60.

§ 103 Regelung für Menschen mit Behinderungen und Pflegebedarf

(2) [1]Werden Leistungen der Eingliederungshilfe außerhalb von Einrichtungen oder Räumlichkeiten im Sinne des § 43 a des Elften Buches in Verbindung mit § 71 Absatz 4 des Elften Buches erbracht, umfasst die Leistung auch die Leistungen der häuslichen Pflege nach den §§ 64 a bis 64 f, 64 i und 66 des Zwölften Buches, solange die Teilhabeziele nach Maßgabe des Gesamtplanes (§ 121) erreicht werden können, es sei denn der Leistungsberechtigte hat vor Vollendung des für die Regelaltersrente im Sinne des Sechsten Buches erforderlichen Lebensjahres keine Leistungen der Eingliederungshilfe erhalten. [2]Satz 1 gilt entsprechend in Fällen, in denen der Leistungsberechtigte vorübergehend Leistungen nach den §§ 64 g und 64 h des Zwölften Buches in Anspruch nimmt. [3]Die Länder können durch Landesrecht bestimmen, dass der für die Leistungen der häuslichen Pflege zuständige Träger der Sozialhilfe die Kosten der vom Träger der Eingliederungshilfe erbrachten Leistungen der häuslichen Pflege zu erstatten hat.

Im Grundsatz ist das Verhältnis so ausgestaltet, dass die Eingliederungshilfe die ambulante **Hilfe zur häuslichen Pflege** einschließlich des Entlastungsbetrages (§§ 64 a–64 f, 64 i und 66 SGB XII) **mit umfasst.** Dies ist für Betroffene insoweit vorteilhaft, als dass die Anforderung an den Einsatz des eigenen Einkommens und Vermögens im Rahmen des neuen Beitragssystems der Eingliederungshilfe neu (s. Rn. 15) weniger streng sind als nach §§ 82 ff. SGB XII. Voraussetzung ist, dass die im Gesamtplan nach § 121 SGB IX formulierten **Teilhabeziele erreichbar** sind. In dieser Vorschrift ist die Formulierung von Teilhabezielen zwar nicht ausdrücklich enthalten, jedoch über den Verweis auf die Mindestinhalte des Teilhabeplans nach § 19 SGB IX geregelt. Gemäß § 19 Abs. 2 Nr. 6 SGB IX sind im Teilhabeplan erreichbare und überprüfbare Teilhabeziele zu dokumentieren. Diese Voraussetzung sollte jedoch keine Hürde darstellen, denn selbst wenn die aktuellen Teilhabeziele nicht mehr erreichbar sein sollten, z.B. wegen eines fortschreitenden Verlustes von Fähigkeiten, so ist der Teilhabeplan gemäß § 19 Abs. 3 SGB IX dem Verlauf der Reha anzupassen, um der leistungsberechtigten Person in ihrem jeweiligen Einzelfall eine umfassende Teilhabe zu ermöglichen. Da es gemäß den übergeordneten Zielen des § 4 Abs. 1 Nr. 1 SGB IX auch Aufgabe der Leistungen zur Teilhabe ist, die Verschlimmerung einer Behinderung zu verhüten oder ihre Folgen zu mildern sowie nach dessen Nr. 2 die Pflegebedürftigkeit zumindest zu mindern, werden sich i.d.R. entsprechend angepasste Teilhabeziele formulieren lassen.[627]

29

Leistungen der **stationären Pflege** im Rahmen der Hilfe zur Pflege nach § 65 SGB XII sind hingegen von der Eingliederungshilfe nicht mit umfasst. Diesbezüglich weicht der Gesetzgeber von seinem Leitgedanken der Leistungserbringung aus einer Hand ab. Eine Vereinbarung zwischen dem Eingliederungshilfe- und dem Sozialhilfeträger mit Zustimmung der leistungsberechtigten Person über die Modalitäten der Leistungserbringung wie in § 13 Abs. 4 SGB XI (s. Rn. 20) ist in diesem Fall nicht vorgesehen. Allerdings ist die **Beteiligung des Sozialhilfeträgers** beim Gesamtplanverfahren nach § 117 Abs. 3 Satz 2 SGB IX vorgesehen, sobald Anhaltspunkte für einen Bedarf an Leistungen der Hilfe zur Pflege bestehen. Im Unterschied zur Beteiligung einer Pflegekasse nach § 117 Abs. 3 Satz 1 SGB IX ist aber weder dessen Einbindung durch den Eingliederungshilfeträger („soll … informiert und am Gesamtplanverfahren beteiligt werden") noch dessen beratende Teilnahme zwingend vorgeschrieben. Und

30

---

627 Vgl. *Bieritz-Harder* in Bieritz-Harder/Conradis/Thie LPK-SGB XII § 53 Rn. 20.

das, obwohl der Abstimmungsbedarf angesichts unterschiedlicher Träger und unterschiedlicher Leistungserbringer gerade besonders hoch ist.

31 Leistungen der **Tagespflege** nach § 64 g SGB XII und die der **Kurzzeitpflege** nach § 64 h SGB XII werden grundsätzlich ebenso wie diejenigen der stationären Pflege **getrennt** von den Leistungen der Eingliederungshilfe **erbracht.** Denn anders als die gleichnamigen Leistungen der Sozialen Pflegeversicherung (§§ 41 f. SGB XI) sind diese Leistungen im Rahmen der Hilfe zur Pflege nicht zeitlich befristet bzw. betragsmäßig begrenzt und können daher eine längerfristige bzw. dauerhafte Leistung außerhalb des häuslichen Umfeldes darstellen. § 103 Abs. 2 Satz 2 SGB IX ordnet allerdings an, dass Leistungen der Tages- und der Kurzzeitpflege nach Satz 1 auch **von der Eingliederungshilfe umfasst** sind, also vom Eingliederungshilfeträger zu gewährlisten sind, wenn sie **nur vorübergehend** erbracht werden, wobei die Gesetzesbegründung zur Auslegung dieses unbestimmten Rechtsbegriffes einen Zeitraum vom bis zu acht Wochen in Anlehnung an die Dauer der Kurzzeitpflege nach § 42 SGB XI nennt.[628]

32 Neben der Zuordnung der Leistungsverantwortung anhand der Unterscheidung ambulanter und (teil-)stationärer Leistungen kommt nach § 103 Abs. 2 Satz 1 noch eine weitere **Unterscheidung anhand des Alters** der leistungsberechtigten Person zu Beginn der Inanspruchnahme der Eingliederungshilfe hinzu. Die Eingliederungshilfe umfasst nur dann auch die Leistungen der Hilfe zur häuslichen Pflege und ggf. zur Tages- und Kurzzeitpflege, wenn die leistungsberechtigte Person bereits **vor Erreichen der Regelaltersgrenze** nach dem SGB VI[629] Eingliederungs-hilfeleistungen erhalten hat. D.h. beginnt die Inanspruchnahme von Leistungen der Eingliederungshilfe erst im Rentenalter, ist die leistungsberechtigte Person doppelt benachteiligt: erstens, weil bezüglich der Hilfe zur Pflege die ungünstigeren Anrechnungsregelungen bezüglich des Einkommens und Vermögens nach §§ 82 ff. SGB XII zur Anwendung kommen und zweitens, sofern ein sozialhilferechtlicher Bedarf dann noch gegeben ist, die Leistungen von unterschiedlichen Trägern zu verantworten sind und von unterschiedlichen Anbietern erbracht werden.[630] Zur Begründung für die Ungleichbehandlung werden im Wesentlichen zwei Gründe angeführt: Zum einen stehe bei Leistungen der Eingliederungshilfe, die typischer Weise bereits in jüngeren Jahren in Anspruch genommen wird, neben der Sozialen Teilhabe insbesondere die Teilhabe an Bildung und am Arbeitsleben im Vordergrund, so dass in dieser Lebenslage die ggf. notwendige Pflege inhaltlich Teil der Leistungen zur Teilhabe sei, während Pflegebedürftigkeit für sich genommen typischerweise erst im hohen Alter eintrete, in dem kein Bezug zum Erwerbsleben mehr bestehe.[631] Zum anderen könnten Personen, die erst im Rentenalter eine Behinderung

---

628 BT-Drs. 18/10523, 61 f.
629 Die Regelaltersgrenze wird gem. § 35 S. 2 SGB VI mit Vollendung des 67. Lebensjahres erreicht. Allerdings gilt diese Grenze erst ab dem Jahr 2030, weil bis dahin gem. § 235 SGB VI die Regelaltersgrenze jährlich in Ein- bzw. Zweimonatsschritten von vormals 65 Lebensjahren auf 67 Lebensjahre angehoben wird. Die jeweils gültige Regelaltersgrenze ist der Tabelle des § 235 Abs. 2 SGB VI zu entnehmen, die sich auch in § 7 a SGB II und in § 42 SGB XII findet.
630 Die Gesetzesbegründung enthält die Aussage, auch bei Inanspruchnahme der Eingliederungshilfe erst im Rentenalter und Pflegebedarf erfolge die Leistungserbringung aus einer Hand, BT-Drs. 18/10523, 62. Durch welche Regelung oder welches Verfahrensinstrument dieses gewährleistet sein soll, erschließt sich jedoch nicht.
631 BT-Drs. 18/10523, 60 f.

i.S.d. § 2 SGB IX erfahren, im Verlauf ihres Berufslebens hinreichende Vorsorge für den Fall der Pflegebedürftigkeit im Alter treffen, was Menschen, die bereits in jüngeren Jahren mit Behinderungen konfrontiert seien, nicht oder nur deutlich schwerer möglich sei.[632]

Beide Argumente vermögen nicht zu überzeugen. Gegen den am Lebenslagenmodell 33 orientierten Gedanken der Besitzstandswahrung[633] lässt sich anführen, dass auch bei Beziehern von Eingliederungshilfeleistungen in jüngeren Jahren mit Erreichen der Regelaltersgrenze der Bezug zum Erwerbsleben endet. Schwerer wiegt jedoch, dass die Soziale Teilhabe, also die Alltagsbewältigung und das Eingebunden-Sein in gesellschaftliche Prozesse und Netzwerke, unabhängig vom Alter von gleichbleibend hohem Stellenwert ist, in der Begründung aber außen vor bleibt. Gegen das zweite Argument spricht, dass dies ein entsprechendes Einkommen in der Erwerbsphase voraussetzt, um entsprechende Vorsorge treffen zu können. Angesichts des seit Mitte der 1990er Jahre zunächst stark angewachsenen und seit 2009 auf hohem Niveau nahezu konstanten Niedriglohnsektor,[634] des seit 1991 gestiegenen Anteils atypischer Beschäftigungen und dem daraus erwachsenden Armutsrisiko[635] und der – trotz Einführung des Mindestlohns zum 1.1.2015 – konstant hohen Anzahl von über eine Million sog. „Aufstockern" im SGB II-Bezug[636] ist dies eine für einen erheblichen Teil der Bevölkerung unrealistische Annahme, die zu einer Schlechterstellung von Geringverdienern im Alter führt. Gleichwohl ist davon auszugehen, dass Sozialgerichte diese typisierende Differenzierung anhand der Regelaltersgrenze als für noch vom gesetzgeberischen Spielraum gedeckt bewerten werden.

### 4. Aufgaben der Länder (§ 94 SGB IX)

Die den Ländern zugewiesene **Bestimmung der Träger der Eingliederungshilfe** durch 34 Landesrecht (Abs. 1) tritt bereits 2018 in Kraft, um die Eingliederungshilfe neu ab dem Jahr 2020 administrativ vorzubereiten – insbesondere durch den Abschluss von Verträgen mit Leistungserbringern auf der Grundlage des neuen Vertragsrechts (s. § 3 Rn. 337 ff). Die Vorgaben für die Bestimmung der Eingliederungshilfeträger in Abs. 2 gehören untrennbar zu Abs. 1 und sind bereits bei dessen Umsetzung zu berücksichtigen (s. § 3 Rn. 333).

§ 94 Abs. 3 weist den Ländern eine **Planungs- und Steuerungsverantwortung** bezüg- 35 lich eines **flächen- und bedarfsdeckenden Angebotes**[637] an inklusiv ausgerichteten und sozialraumorientierten Leistungen zu. Im Verhältnis zu § 36 Abs. 1 SGB IX, der diese Aufgabe in allgemeiner Form den Reha-Träger unter Beteiligung der Länder und der Bundesregierung zuweist (s. § 3 Rn. 186), geht § 94 Abs. 3 SGB IX als speziellere Vorschrift vor, verengt diese Verantwortung also auf die Länder. Der konkrete

---

632  BT-Drs. 18/10523, 61.
633  So die gut nachvollziehbare Interpretation von *Schneider* WzS 2017, 72.
634  Bundesregierung, S. 66 f.
635  Bundesregierung, S. 81 ff.
636  Bundesagentur für Arbeit: Grundsicherung für Arbeitsuchende (SGB II) – Die aktuellen Entwicklungen in Kürze – Juni 2017, abrufbar unter https://statistik.arbeitsagentur.de/Navigation/Statistik/Statistik-nach-Themen/Grundsicherung-fuer-Arbeitsuchende-SGBII/Grundsicherung-fuer-Arbeitsuchende-SGBII-Nav.html (Abruf am 20.7.2017).
637  BT-Drs. 18/9522, 272.

Sicherstellungsauftrag, also die Verantwortung für das tatsächliche Zur-Verfügung-Stehen bedarfsdeckender Leistungsangebote, obliegt hingegen den Eingliederungshilfeträgern gemäß § 95 SGB IX, wobei sie hinsichtlich der Umsetzung von den Ländern zu unterstützen sind.

36   Die Planungs- und Steuerungsverantwortung der Länder **stellt keine einklagbare Verpflichtung** gegenüber der einzelnen leistungsberechtigten Person dar, sondern eine objektiv-rechtliche Verpflichtung mit Ziel- und Verfahrenscharakter.[638] Abgesehen von dem Auftrag, in irgendeiner Form eine Planung hinsichtlich einer flächendeckenden und bedarfsgerechten Angebotsstruktur vorzunehmen und an die Bevölkerungsentwicklung anzupassen, ist angesichts der Vorgabe des „Daraufhin-Wirkens" unklar bzw. nicht vorgegeben, was die Länder zu tun haben, wenn sie entsprechende Lücken in der Gesamtheit der Angebote der Leistungserbringer feststellen. Denkbar sind insoweit der bloße Hinweis an den Träger der Eingliederungshilfe, entsprechend ergänzende Verträge mit Leistungserbringern nach dem 8. Kapitel abzuschließen, bis hin zu entsprechenden aufsichtsrechtlichen Maßnahmen, wenn Eingliederungshilfeträger ihrem Sicherstellungsauftrag § 95 SGB IX nicht nachkommen. Das „Daraufhin-Wirken" kann jedoch auch die Bereitstellung von Fördermitteln umfassen, mithilfe derer die Träger der Eingliederungshilfe gemäß § 36 Abs. 3 SGB IX die Entwicklung neuer Leistungsangebote initiieren können, insbesondere, weil die Länder nach Abs. 3 die Träger der Eingliederungshilfe bei ihrem Sicherstellungsauftrag zu unterstützen haben.

37   Abs. 4 verpflichtet jedes Bundesland zur **Bildung einer Arbeitsgemeinschaft** zur Förderung und Weiterentwicklung der Strukturen der Eingliederungshilfe mit Mitgliedern aus dem zuständigen Ministerium, den Trägern der Eingliederungshilfe, den Leistungserbringern sowie Vertretern der Verbände für Menschen mit Behinderungen. Die konkrete Ausgestaltung der Zusammensetzung sowie des Verfahrens dieser Arbeitsgemeinschaften können die Landesregierungen durch Rechtsverordnung regeln. Da die Reha-Dienste und -Einrichtungen derselben Fachrichtung nach § 36 Abs. 4 SGB IX ebenfalls Arbeitsgemeinschaften bilden sollen, ist es nahe liegend, diese in die vom jeweiligen Land zu bildenden AG mit einzubinden.

38   Außerdem sind die Länder **zur Evidenzbeobachtung** und **zu einem Erfahrungsaustausch** im Rahmen regelmäßiger Treffen unter Beteiligung des Bundes verpflichtet, „um eine weitgehend bundeseinheitliche Umsetzung des Rechts der Eingliederungshilfe zu erreichen".[639] Eine Beteiligung der Verbände der Leistungserbringer sowie derjenigen von Menschen mit Behinderungen ist möglich. In welchem zeitlichen Abstand diese Treffen zu veranstalten sind, wird nicht unmittelbar vorgegeben. Mittelbar erwächst jedoch aus den Zielen der Treffen, eine Wirkungskontrolle der im Einzelnen aufgelisteten Gegenstände vorzunehmen, ein gewisser Mindestturnus. Angesichts der Änderung vieler Strukturen und Verfahrensabläufe durch das BTHG empfiehlt sich zumindest in der Anfangszeit ein Turnus von mehr als einer Sitzung im Jahr.

---

638   *O'Sullivan* in Schlegel/ Voelzke jurisPK-SGB IX § 19 SGB IX Rn. 17 bzgl. der Vorgängervorschrift des § 36 Abs. 1 SGB IX.
639   BT-Drs. 18/9522, 272.

Gegenstände der Evidenzbeobachtung und des Erfahrungsaustausches sollen insbesondere sein: 39

- die Wirkung der Steuerinstrumente, insbesondere derjenigen des Vertragsrechts (Nr. 1);[640]
- die Wirkung der Regelungen zum leistungsberechtigten Personenkreis nach § 99 (Nr. 2);[641] auch wenn dies ausweislich der Gesetzesbegründung auf die Neudefinition des Personenkreises abzielt, die auf das Jahr 2023 verschoben wurde (s. Rn. 65 f.), sind entsprechende Auswertungen insbesondere anhand der vom BMAS gemäß Art. 25 Abs. 3 BTHG geförderten modellhaften Fallbearbeitung (s. § 2 Rn. 83) bereits zuvor sinnvoll, ob sich durch die Neuregelungen Änderung am Personenkreis ergeben;
- damit im Zusammenhang steht der Austausch zu Wirkungen der neuen Leistungen und Leistungsstrukturen (Nr. 2) wie beispielsweise die Soziale Teilhabe,[642] aber z.B. auch die tatsächlich neuen Leistungen des Budgets für Arbeit (§ 61 SGB IX) und die neuen Strukturen der anderen Leistungsanbieter (§ 60 SGB IX);
- die Umsetzung des Wunsch- und Wahlrechts nach § 104 SGB IX in der Praxis (Nr. 3);
- das Funktionieren der Regelungen über die Koordinierung der Leistung und der einheitlichen Bedarfsermittlung und -feststellung durch die Reha-Träger nach dem 4. Kapitel des 1. Teils SGB IX (Nr. 4), insbesondere die Wirkungen und Qualifizierung der Teilhabe- und Gesamtplanung,[643] sowie
- die Auswirkung der neuen Regelungen zum Einsatz von Einkommen und Vermögen in Form der von den Leistungsberechtigten aufzubringender Beiträge (Nr. 5).

In die Evidenzbeobachtung einfließen sollen die **Ergebnisse der Umsetzungsunterstüt-** 40 **zungen** durch das BMAS (s. § 2 Rn. 78), welches im Einvernehmen mit den Ländern die Ausführung der Eingliederungshilfeleistungen untersuchen (lassen) und die Träger der Eingliederungshilfe bei der Umsetzung begleiten kann. Zudem sollen die **Erkenntnisse aus** der Förderung einer begrenzten Anzahl von **Modellprojekten** zur Erprobung der Verfahren und Leistungen nach dem 2. Teil SGB IX in einer begrenzten Anzahl von ausgewählten Trägern der Eingliederungshilfe in der Zeit von 2017–2021 dort eingebracht und berücksichtigt werden.[644]

### 5. Sicherstellungsauftrag der Eingliederungshilfeträger (§ 95 SGB IX)

Während den Ländern durch § 94 Abs. 3 SGB IX eine Planungs- und Steuerungsver- 41 antwortung bezüglich eines flächen- und bedarfsdeckenden Angebotes und am sozialraumorientierten Leistungsangeboten zugeschrieben wird, wird die Eingliederungshilfeträgern ein konkreter **Sicherstellungsauftrag** erteilt:

---

640 BT-Drs. 18/9522, 272.
641 BT-Drs. 18/9522, 272.
642 BT-Drs. 18/9522, 272.
643 BT-Drs. 18/9522, 272.
644 BT-Drs. 18/9522, 273 i.V.m. Art. 25 Abs. 2 und 3 BTHG.

§ 95 Sicherstellungsauftrag

[1]Die Träger der Eingliederungshilfe haben im Rahmen ihrer Leistungsverpflichtung eine personenzentrierte Leistung für Leistungsberechtigte unabhängig vom Ort der Leistungserbringung sicherzustellen (Sicherstellungsauftrag), soweit dieser Teil nichts Abweichendes bestimmt. [2]Sie schließen hierzu Vereinbarungen mit den Leistungsanbietern nach den Vorschriften des Kapitels 8 ab. [3]Im Rahmen der Strukturplanung sind die Erkenntnisse aus der Gesamtplanung nach Kapitel 7 zu berücksichtigen.

42 Satz 1 beinhaltet eine sogenannte **Legaldefinition** des Begriffs des Sicherstellungsauftrages der Eingliederungshilfeträger. Sie müssen gewährleisten, dass in ihrem Zuständigkeitsbereich (s. § 98, Rn. 55 ff.) jeder leistungsberechtigten Person die zur Deckung des individuellen festgestellten Bedarfes erforderlichen Leistungen zur Verfügung stehen und dass dies **personenorientiert** erfolgt, also nicht an einen bestimmten Ort der Leistungserbringung bzw. eine bestimmte Wohnform geknüpft ist. Dieser Sicherstellungsauftrag diente der Umsetzung des Artikels 19 BRK, der eine **unabhängige Lebensführung und Einbeziehung in die Gemeinschaft** von Menschen mit Behinderungen vorsieht, unter freier Wahl des Aufenthaltsortes und der Freiheit zu entscheiden, wo und mit wem sie leben wollen. Zu diesem Zweck ist gemäß Art. 19 c) BRK der Zugang zu einer Reihe von gemeindenahen Unterstützungsdiensten zu Hause und in Einrichtungen sowie zu sonstigen „gemeindenahen Dienstleistungen und Einrichtungen" zu gewährleisten. Die Vorgaben des Art. 19 BRK, die in Deutschland den Rang eines Bundesgesetzes hat (s. § 1 Rn. 14), sind bei der Auslegung und bei der Kontrolle des Sicherstellungsauftrages maßgeblich zu berücksichtigen.

43 D.h., die Eingliederungshilfeträger haben in ihrem Zuständigkeitsbereich dafür Sorge zu tragen, dass es – gemessen an den in ihren Zuständigkeitsbereich erwartbaren Bedarfen – ausreichend ambulante, teilstationäre und stationäre Leistungsangebote gibt. Ziel des Sicherstellungsauftrages ist es, dass alle Leistungsberechtigten im Sinne einer selbstbestimmten Lebensplanung und -gestaltung die notwendigen Unterstützungsleistungen im Rahmen der von ihnen gewählten Wohnform erhalten können – ggf. zusammengesetzt aus Angeboten unterschiedlicher Leistungsanbieter nach einem Baukastenprinzip (z.B. Wohnen und Versorgung von einem Anbieter, Tagesstruktur bzw. Beschäftigung von einem zweiten, Begleitung bei der Freizeitgestaltung durch einen dritten Anbieter). Praktisch umzusetzen ist dies nach Satz 2 durch den **Abschluss** entsprechender **Vereinbarungen mit Leistungserbringen** nach dem neuen Vertragsrecht. Satz 2 stellt eine Regelung der Zuständigkeit dar,[645] die sich in den §§ 123 ff. SGB IX nicht findet, sondern dort vorausgesetzt wird.

44 Der Sicherstellungsauftrag der Eingliederungshilfeträger ist rechtlich gesehen als **objektiv-rechtliche Verpflichtung** anzusehen, d.h. der Eingliederungshilfeträger muss diesen Auftrag umsetzen, aber es besteht kein individueller, von leistungsberechtigten Personen einklagbarer Rechtsanspruch[646] auf eine bestimmte Versorgungsform. **Davon zu trennen** ist die **Fallverantwortung** des Eingliederungshilfeträgers. Sofern die Voraussetzungen des § 99 SB IX erfüllt sind, hat die betroffene Person sehr wohl einen **einklagbaren Rechtsanspruch** auf die Deckung ihres festgestellten Bedarfes –

---

645 *Siefert* jurisPR-SozR 6/2017 Anm. 2 C.II.
646 BT-Drs. 18/9522, 273.

aber eben nicht auf eine bestimmte Versorgungsform. Hier kann der Eingliederungshilfeträger im Rahmen seines pflichtgemäßen Ermessens entscheiden, wie der Bedarf angesichts vorhandener oder gegebenenfalls neu zu erschließender Leistungsangebote zu decken ist. Kommt ein Eingliederungshilfeträger seinem Sicherstellungsauftrag nicht oder nicht hinreichend nach, kann nur die rechtsaufsichtsführende Behörde auf den Eingliederungshilfeträger einwirken, den Gesetzesauftrag ordnungsgemäß zu vollziehen. Wer die Rechtsaufsicht innehat, wird durch die Ausführungsgesetze der Länder zum SGB IX festgelegt. Leistungsberechtigte haben die Möglichkeit, die Rechtsaufsicht durch Hinweise auf Defizite bei der Umsetzung durch Eingliederungshilfeträger und/ oder konkrete Beschwerden zum Tätigwerden zu veranlassen.

Durch den Nachsatz „soweit dieser Teil nichts Abweichendes bestimmt" werden konkret die neuen Leistungsformen der so genannten **anderen Leistungsanbieter** (§ 111 Abs. 1 Nr. 2 IX i.V.m. § 60 Abs. 3 SGB IX) und die Beschäftigung bei privaten oder öffentlichen Arbeitgebern mithilfe des neuen **Budgets für Arbeit** (§ 111 Abs. 1 Nr. 2 IX i.V.m. § 61 Abs. 5 SGB IX) vom Sicherstellungsauftrag **ausgenommen**. So ist im § 60 Abs. 3 SGB IX bzw. § 61 Abs. 5 SGB IX ausdrücklich geregelt, dass der zuständige Leistungsträger **keine Verpflichtung** hat, für entsprechende Alternativen zur Beschäftigung in einer Werkstatt für behinderte Menschen zu sorgen. Das kann in der Konsequenz dazu führen, dass in Ermangelung von anderen Leistungsanbietern bzw. von Arbeitsplätzen bei öffentlichen oder privaten Arbeitgebern keine tatsächliche Wahlmöglichkeit der leistungsberechtigten Person besteht.[647] Das bedeutet zugleich aber auch, dass der Eingliederungshilfeträger sehr wohl eine Sicherstellungspflicht bezüglich ausreichender Plätze in WfbMs hat.   45

Laut § 95 Satz 3 SGB XII muss der Eingliederungshilfeträger im Rahmen seines Sicherstellungsauftrages eine **Strukturplanung** erstellen: D.h. er hat die Pflicht zur Vorausschau, welche Leistungen und welche Angebotsformen aufgrund der Strukturentwicklungen in seinem Zuständigkeitsbereich absehbar sind, um rechtzeitig für ein entsprechendes Leistungsangebot Sorge tragen zu können. Bei der Aufstellung und Fortschreibung seines Strukturplanes hat der Eingliederungshilfeträger die Erkenntnisse aus den in seinem Bereich durchgeführten Gesamtplanverfahren nach Kapitel 7 (s. Rn. 148 ff.) einfließen zu lassen, um aus diesen eine Bedarfsprognose ableiten zu können. Aufgrund der Verpflichtung des Landes zu einer landesweiten Planung bedarfsgerechter und flächendeckender Leistungsangebote liegt es nahe, die beiden Planverfahren aufeinander abzustimmen, umso mehr, als die Länder die Eingliederungshilfeträger bei der Umsetzung ihres Sicherstellungsauftrages zu unterstützen haben (§ 94 Abs. 3 am Ende SGB IX).   46

Auffällig ist, dass im Rahmen des Sicherstellungsauftrages – anders als bei der Landesplanung – die **Sozialraumorientierung keine Erwähnung** findet; und das, obwohl es dabei um die konkreten Leistungsangebote vor Ort geht und die vom Eingliederungshilfeträger zu beschäftigenden Fachkräfte gemäß § 97 Satz 2 Nr. 2 SGB IX umfassende Kenntnisse über den regionalen Sozialraum haben sollen und dieser bei der Leistungsentscheidung nach § 104 Abs. 1 SGB IX einer der zu berücksichtigenden As   47

---

647 BT-Drs. 18/9522, 273.

pekte sein soll. Das lässt die Befürchtung zu, dass die Sozialraumorientierung **kein Handlungskonzept** sein soll, welches der Eingliederungshilfeträger umzusetzen und zu verantworten hat, sondern die Kenntnisse des Sozialraumes dafür genutzt werden sollen, um im Rahmen der Beratung und Unterstützung nach § 106 Abs. 2 Nr. 5 und 6 SGB IX auf andere sozialräumliche Hilfemöglichkeiten und Beratungsangebote hinzuweisen. Eine Belebung des Sozialraumes im Sinne aktiver nachbarschaftlich- zivilgesellschaftlicher Vernetzung ist wünschenswert und zweifelsohne hilfreich bei der Weiterentwicklung einer inklusiven Gesellschaft. Der Verweis auf Angebote im Sozialraum ist jedoch nur dann fachgerecht und rechtmäßig, wenn diese geeignet und bedarfsdeckend sind.

### 6. Zusammenarbeit (§ 96 SGB IX)

48  Die Vorgaben in § 96 SGB IX über die Zusammenarbeit der Träger der Eingliederungshilfe sind aus den §§ 4, 5 SGB XII übernommen. Sie betreffen nach Abs. 1 die Zusammenarbeit mit Leistungserbringern und anderen Stellen, deren Aufgabe die Lebenssituation von Menschen mit Behinderung betrifft. Neben Selbsthilfeorganisationen und Interessenvertretungen von Menschen mit Behinderungen betrifft das jedenfalls die Stellen ergänzender unabhängiger Teilhabeberatung, Pflegestützpunkte, andere Pflegeberatungsstellen und andere Reha-Träger. Abs. 2 enthält die Verpflichtung aus § 5 Abs. 1 Satz 1 SGB XII zur Achtung der Stellung der Kirchen, Religionsgesellschaften und der Verbände der freien Wohlfahrtspflege und ihrer sozialen Aufgaben.

49  Auch Eingliederungshilfeträger sollen laut Abs. 3 **Arbeitsgemeinschaften** zur Beratung und Sicherung der gleichmäßigen, gemeinsamen oder ergänzenden Erbringung von Leistungen bilden. Dieser aus § 4 Abs. 2 SGB XII übernommene Auftrag richtet sich an die Träger der Eingliederungshilfe und sieht regelhaft die Einrichtung solcher Arbeitsgemeinschaften vor, macht dies jedoch nicht zur zwingenden Vorgabe.[648] Auch wird (laut der Gesetzesbegründung bewusst) offengelassen, ob es sich dabei um Arbeitsgemeinschaften auf Bundes-, Landes- und/oder Kommunalebene und nur um solche der Eingliederungshilfeträger untereinander (sofern mehrere in einem Land vorhanden sind, s. § 3 Rn. 333) oder aber um solche des Eingliederungshilfeträgers mit Leistungserbringern aus seinem Zuständigkeitsbereich handeln soll.[649] Diese Beliebigkeit macht es schwierig, die Arbeitsgemeinschaft der Eingliederungshilfeträger mit denjenigen der Reha-Dienste und -einrichtungen nach § 36 Abs. 3 SGB IX strukturell zu vernetzen.

50  Abs. 4 stellt klar, dass allein der Auftrag zur Zusammenarbeit nicht dazu berechtigt, dass **Sozialdaten** erhoben, verarbeitet und genutzt werden. Vielmehr bedarf es dafür einer ausdrücklichen Rechtsgrundlage im Rahmen der Leistungsgesetze. Zudem sind die Leistungsberechtigten über die Erhebung, Verarbeitung und Nutzung ihrer Daten sowie ihr Widerspruchsrecht hiergegen zu informieren

---

648  Vgl. *Münder* in Bieritz-Harder/Conradis/Thie LPK-SGB XII § 4 Rn. 5.
649  BT-Drs. 18/9522, 273.

## 7. Fachkräfte (§ 97 SGB IX)

Auch die Vorgabe zum Einsatz von Fachkräften bei der Durchführung der Eingliede-  51
rungshilfe ist bereits in § 6 SGB XII enthalten, im Rahmen der Eingliederungshilfe
aber deutlich konkretisiert worden:

§ 97 Fachkräfte

[1]Bei der Durchführung der Aufgaben dieses Teils beschäftigen die Träger der Eingliederungshilfe
eine dem Bedarf entsprechende Anzahl an Fachkräften aus unterschiedlichen Fachdisziplinen. [2]Die-
se sollen

1. eine ihren Aufgaben entsprechende Ausbildung erhalten haben und insbesondere über umfassende Kenntnisse
   a) des Sozial- und Verwaltungsrechts,
   b) über den leistungsberechtigten Personenkreis nach § 99 oder
   c) von Teilhabebedarfen und Teilhabebarrieren
   verfügen,
2. umfassende Kenntnisse über den regionalen Sozialraum und seine Möglichkeiten zur Durchführung von Leistungen der Eingliederungshilfe haben sowie
3. die Fähigkeit zur Kommunikation mit allen Beteiligten haben.

[3]Soweit Mitarbeiter der Leistungsträger nicht oder nur zum Teil die Voraussetzungen erfüllen, ist
ihnen Gelegenheit zur Fortbildung und zum Austausch mit Menschen mit Behinderungen zu geben.
[4]Die fachliche Fortbildung der Fachkräfte, die insbesondere die Durchführung der Aufgaben nach
den §§ 106 und 117 umfasst, ist zu gewährleisten.

So ist eine Beschäftigung von **Fachkräften** unterschiedlicher Fachdisziplinen vorge-  52
schrieben. Diese Multi-Disziplinarität ist erforderlich, um angesichts der Vielgestalt
von Beeinträchtigungen und deren Wechselwirkungen mit Umweltfaktoren i.S.d. § 2
SGB IX einerseits und der thematischen Bandbreite des Reha-Leistungsgeschehens
andererseits arbeits- bzw. entscheidungsfähig zu sein. Die Anzahl an Fachkräften hat
dem Bedarf zu entsprechen. Angesichts der in Satz 2 genannten erforderlichen Qualifikationen, die unter anderem **Kenntnisse der BRK** und des **ICF-Modells der WHO**
und der dort genannten Lebensbereiche beinhalten, geht auch die Gesetzesbegründung von der **Erforderlichkeit zusätzlichen Personals** und deren weiterer Qualifizierung aus.[650]

Aus der Vorgabe der **Fähigkeit zur Kommunikation** mit allen Beteiligten (Nr. 3) wird  53
sich schwerlich schließen lassen, dass das gesamte Personal eines Eingliederungshilfeträgers sämtliche Sprachen und speziellen Kommunikationsformen zur Verständigung mit Menschen mit Beeinträchtigungen beherrschen müsse. Vielmehr muss eine
entsprechende Bandbreite im Haus vorhanden sein. Sofern es im Einzelfall an der erforderlichen Kommunikationskompetenz des Eingliederungshilfeträgers fehlt, ist auf
dessen Verpflichtung nach § 17 Abs. 2 Satz 2 SGB I hinzuweisen, die Kosten einer externen Kommunikationshilfe zu tragen.

Soweit beim Personal Lücken bezüglich der vorgeschriebenen Kenntnisse vorhanden  54
sind, muss der Eingliederungshilfeträger den Betroffenen eine entsprechende **Nach-
qualifizierung** ermöglichen. Zudem hat er die Gewährleistungspflicht, auch die **Fachkräfte fortzubilden,** insbesondere in Sachen Beratung und Unterstützung (§ 106
SGB IX) sowie Gesamtplanung (§ 117 SGB IX).

---

650   BT-Drs. 18/9522, 274.

### 8. Örtliche Zuständigkeit (§ 98 SGB IX)

55 Die Bestimmung der örtlichen Zuständigkeit erfolgt in Anlehnung an die Regelung des § 98 Abs. 2 SGB XII, die dort allerdings nur für stationäre Leistungen gilt, im Rahmen der Eingliederungshilfe aber für sämtliche Leistungen:

§ 98 Örtliche Zuständigkeit

(1) [1]Für die Eingliederungshilfe örtlich zuständig ist der Träger der Eingliederungshilfe, in dessen Bereich die leistungsberechtigte Person ihren gewöhnlichen Aufenthalt zum Zeitpunkt der ersten Antragstellung nach § 108 Absatz 1 hat oder in den zwei Monaten vor den Leistungen einer Betreuung über Tag und Nacht zuletzt gehabt hatte. [2]Bedarf es nach § 108 Absatz 2 keines Antrags, ist der Beginn des Verfahrens nach Kapitel 7 maßgeblich. [3]Diese Zuständigkeit bleibt bis zur Beendigung des Leistungsbezuges bestehen. [4]Sie ist neu festzustellen, wenn für einen zusammenhängenden Zeitraum von mindestens sechs Monaten keine Leistungen bezogen wurden. [5]Eine Unterbrechung des Leistungsbezuges wegen stationärer Krankenhausbehandlung oder medizinischer Rehabilitation gilt nicht als Beendigung des Leistungsbezuges.

(2) [1]Steht innerhalb von vier Wochen nicht fest, ob und wo der gewöhnliche Aufenthalt begründet worden ist, oder ist ein gewöhnlicher Aufenthalt nicht vorhanden oder nicht zu ermitteln, hat der für den tatsächlichen Aufenthalt zuständige Träger der Eingliederungshilfe über die Leistung unverzüglich zu entscheiden und sie vorläufig zu erbringen. [2]Steht der gewöhnliche Aufenthalt in den Fällen des Satzes 1 fest, wird der Träger der Eingliederungshilfe nach Absatz 1 örtlich zuständig und hat dem nach Satz 1 leistenden Träger die Kosten zu erstatten. [3]Ist ein gewöhnlicher Aufenthalt im Bundesgebiet nicht vorhanden oder nicht zu ermitteln, ist der Träger der Eingliederungshilfe örtlich zuständig, in dessen Bereich sich die leistungsberechtigte Person tatsächlich aufhält.

(3) Werden für ein Kind vom Zeitpunkt der Geburt an Leistungen nach diesem Teil des Buches über Tag und Nacht beantragt, tritt an die Stelle seines gewöhnlichen Aufenthalts der gewöhnliche Aufenthalt der Mutter.

(4) [1]Als gewöhnlicher Aufenthalt im Sinne dieser Vorschrift gilt nicht der stationäre Aufenthalt oder der auf richterlich angeordneter Freiheitsentziehung beruhende Aufenthalt in einer Vollzugsanstalt. [2]In diesen Fällen ist der Träger der Eingliederungshilfe örtlich zuständig, in dessen Bereich die leistungsberechtigte Person ihren gewöhnlichen Aufenthalt in den letzten zwei Monaten vor der Aufnahme zuletzt hatte.

56 Entscheidend wird dabei auf den **gewöhnlichen Aufenthalt** der leistungsberechtigten Person abgestellt, der gemäß § 30 Abs. 3 Satz 2 SGB I danach zu bestimmen ist, wo sich die Person unter Umständen aufhält, die erkennen lassen, dass sie an diesem Ort oder in diesem Gebiet nicht nur vorübergehend verweilt. Dies ist vorrangig anhand von objektiven Lebensumständen und einem zeitlichen Element zu entscheiden; die subjektiven Vorstellungen der leistungsberechtigten Person finden nur nachrangige Berücksichtigung.[651]

57 Im Unterschied zu § 98 SGB XII kommt es in der der Neuregelung auf den gewöhnlichen Aufenthalt **zum Zeitpunkt der ersten Antragstellung** an, da die Gewährung von Eingliederungshilfeleistungen nach § 108 Abs. 1 SGB IX künftig i.d.R. von der Stellung eines Antrages abhängig ist (s. Rn. 95 f.). Die durch die erste Antragstellung begründete örtliche **Zuständigkeit** bleibt **bis zum Ende des Leistungsbezuges** bestehen, wobei kurzzeitige Unterbrechungen mit einer Dauer von bis zu sechs Monaten am Stück diesen nicht beenden. Dabei zählt stationäre Krankenhausbehandlung sowie stationäre medizinische Rehabilitation (gemeint sein kann nur diejenige, die in die Zuständigkeit eines anderen Reha-Trägers fällt) nicht als Beendigung des Leistungsbezuges (Abs. 1 Satz 6).

---

651 *Schoch* in Bieritz-Harder/Conradis/Thie LPK-SGB XII § 98 Rn. 23 m.w.N.

Eine andere Zuständigkeit kann also erst dann begründet werden, wenn ein neuer    58
Antrag gestellt wird, nachdem **ununterbrochen mindestens sechs Monate keine Leis-**
**tungen** der Eingliederungshilfe bezogen wurden. Es ist also ersichtlich gewollt, es bei
dauerhaftem Leistungsbezug bei ein- und derselben örtlichen Zuständigkeit zu belassen, selbst wenn die leistungsberechtigte Person zwischenzeitlich in den Bereich eines
anderen Eingliederungshilfeträgers verzieht. Angesichts dieser deutlich erkennbaren
gesetzgeberischen Absicht ist davon auszugehen, dass auch eine Änderung des Bedarfs ebenso wie ein Ortswechsel den Leistungsbezug und damit die örtliche Zuständigkeit nicht beenden.

Lässt sich bei **Leistungen einer Betreuung über Tag und Nacht,** der neuen Sprachre-    59
gelung für vollstationäre Einrichtungen, der gewöhnliche Aufenthalt der leistungsberechtigten Person zum Zeitpunkt der Antragstellung nicht feststellen, kommt es auf
den gewöhnlichen Aufenthalt in den zwei Monaten vor Beginn dieser Leistungen an
(sog. **Herkunftsprinzip**).[652] Befand sich die leistungsberechtigte Person in diesem
Zeitraum in einer stationären Einrichtung oder aber in einer Haftanstalt, bestimmt
sich die örtliche Zuständigkeit nach dem Ort des gewöhnlichen Aufenthaltes in den
letzten zwei Monaten vor der Aufnahme in diese(n) Anstalt(en) (§ 98 Abs. 4 SGB IX).

Sofern ausnahmsweise nach § 108 Abs. 2 SGB IX kein Antrag erforderlich ist, soll es    60
auf den Beginn des Gesamtplanverfahrens ankommen (§ 98 Abs. 1 Satz 2 SGB IX).
Gemeint sind Bedarfe, bezüglich derer kein Antrag gestellt worden ist, die dann im
Rahmen des Gesamtplanverfahrens ermittelt worden sind. Gleichwohl muss zu Beginn des Gesamtplanverfahrens ein Antrag gestellt worden sein, so dass ein Anwendungsbereich für diese Ausnahme nicht erkennbar ist.

Die Regelung über die **vorläufige Zuständigkeit** nach Abs. 2, wenn sich der gewöhnli-    61
che Aufenthalt nicht binnen 4 Wochen feststellen lässt, und die **Zuständigkeit bei**
**Kindern,** die von Geburt an stationär betreut werden (Abs. 3), entsprechen den Regelungen in § 98 Abs. 2 Satz 3 und 4 SGB XII.

### III. Grundsätze der Leistungen (2. Teil Kapitel 2)

Die Überschrift des 2. Kapitels mit „Grundsätze der Leistungen" ist insofern etwas    62
irreführend, weil sich darin nicht nur die Grundsätze wiederfinden, die den Überschriften der §§ 8–11 SGB XII im gleichnamigen 1. Abschnitt des SGB XII entsprechen. Zum einen sind dort mit der Bestimmung des leistungsberechtigten Personenkreises, Regelungen zur Eingliederungshilfe für Ausländer und für Deutsche im Ausland und zur Übertragung, Verpfändung oder Pfändung sowie zum Auswahlermessen
enthalten, die im SGB XII dem separaten Abschnitt „Anspruch auf Leistung" vorbehalten waren bzw. sind. Zum anderen findet sich dort eine Regelung für Menschen
mit Behinderung und Pflegebedarf, die im Zusammenhang mit der Festlegung des
Verhältnisses der Eingliederungshilfe zu anderen Sozialleistungen, speziell zu Pflegeleistungen, steht, das bereits im 1. Kapitel geregelt ist (s. Rn. 18 ff.).

---

652 *Wahrendorf* in Grube/Wahrendorf SGB XII § 98 Rn. 3.

63   Bemerkenswert ist auch, welche **Regelungen** aus den beiden genannten Abschnitten des Sozialhilferechts in den 2. Teil des SGB IX **nicht übernommen** worden sind. Aus dem Grundsätze-Abschnitt des SGB XII sind das die §§ 12–16. Die Regelung zur **Leistungsabsprache** finden sich sinngemäß im Gesamtplanverfahren wieder, insbesondere in Gestalt der Teilhabezielvereinbarung nach § 122 IX s. § 3 Rn. 529). Der Einrichtungsbegriff und die Definition von ambulanten, teil- und stationären Leistungen aus § 13 SGB XII wurden angesichts der personenzentrierten Neuausrichtung der Hilfen unabhängig vom Ort der Leistungserbringung bewusst nicht übernommen; ebenso wenig der dort verankerte sog. **Mehrkostenvorbehalt**, an dessen Stelle jetzt eine Angemessenheitsobergrenze im Rahmen des Wunsch und Wahlrechts nach § 104 Abs. 2 SGB IX getreten ist (s. Rn. 79 ff.). Die Übernahme des Vorrangs von Prävention und Rehabilitation (§ 14 SGB XII) in die Eingliederungshilfe als Teil der Rehabilitation passt systematisch nicht. Das Gebot vorbeugender Leistungen ist im Präventionsgebot des § 3 SGB IX enthalten. Nicht mit ins SGB IX aufgenommen wurden die **nachgehenden Hilfen** (§§ 15 Abs. 2 und 54 Abs. 1 Nr. 5 SGB XII). Nach der Gesetzesbegründung bestehe dafür „keine Notwendigkeit mehr", da die Wirkungskontrolle Bestandteil der Gesamtplanung sei und darüber notwendige Leistungen sichergestellt würden, wenn insoweit ein Bedarf gesehen würde.[653] Da im Fall nachgehender Hilfen notwendigerweise die Anspruchsvoraussetzungen der Hilfegewährung nicht mehr vorliegen (also noch nicht einmal eine drohende Behinderung), entbehren Zweifel an dieser Aussage wohl nicht jeglicher Grundlage. In der Praxis wird somit voraussichtlich ein erhöhter Argumentationsaufwand unter Hinweis auf das Präventionsgebot erforderlich. Das **Gebot familiengerechter Leistungen** ist bei der Übertragung der Sozialhilfegrundsätze ins SGB IX hingegen **kommentarlos entfallen**. Auch wenn sich der Gesetzgeber dadurch seiner aus Art. 6 GG folgenden Verpflichtung zum Schutz und zur Förderung der Familie[654] nicht entziehen kann, wäre die ausdrückliche Erwähnung der Familie im Zusammenhang mit der Leistungsentscheidung auch angesichts der Verpflichtung aus Art. 23 BRK, die Achtung der Wohnung und der Familie, dringend geboten. Dies umso mehr, als die ausdrückliche Erwähnung familienentlastender und -unterstützender Dienste (vormals in § 19 Abs. 2 a.E. SGB IX) in § 36 SGB IX nicht übernommen worden ist (s. § 3 Rn. 187).

64   Nicht nur die Abschnittsüberschrift „Anspruch auf Leistung" aus dem SGB XII wurde nicht in den 2. Teil des SGB IX übernommen; dort findet sich auch kein Paragraf mit „Anspruch" als prägnanter Überschrift wie in § 17 SGB XII. Dessen Regelungen sind weitgehend in den § 107 SGB IX aufgenommen worden. Das auf **Leistungen der Eingliederungshilfe auch weiterhin ein Rechtsanspruch** besteht ergibt sich daraus nur mittelbar (s. Rn. 93). Setzte Eingliederungshilfe gemäß § 18 SGB XII bisher ein, sobald der Sozialhilfeträger Kenntnis vom Vorliegen der Leistungsvoraussetzungen erlangte, ist nunmehr gemäß § 108 SGB IX ein **Antrag Voraussetzung**, der längstens auf den Ersten des Antragsmonats zurückwirkt. Die dafür u.a. vorgebrachte Begründung, dies korrespondiere „mit dem Anliegen, die Eingliederungshilfe aus dem System der

---

653  BT-Drs. 18/9522, 284.
654  BVerfG 23.6.1982 – 1 BvR 1343/81, BverfGE 61, 18.

Sozialhilfe herauszulösen",[655] wirkt angesichts der Beibehaltung der fürsorgerechtlichen Grundsätze im Übrigen geradezu zynisch. Das Besserstellungsverbot bezüglich eheähnlicher Gemeinschaften (§ 20 SGB XII), Sonderregelung für Leistungsberechtigte nach dem SGB II (§ 21 SGB XII) sowie Sonderregelungen für Auszubildende (§ 22 SGB XII) wurden nicht übernommen, da sie auf existenzsichernde Leistungen abzielen, die nicht (mehr) Teil der Eingliederungshilfe sind. Der Gedanke der **Erstattung von Aufwendungen anderer** gem. § 25 SGB XII findet sich ansatzweise im Rahmen der Kostenerstattung für selbst beschaffte Leistungen nach § 18 Abs. 6 SGB IX wieder (s. § 3 Rn. 113 ff.). Die Möglichkeit zur Einschränkung bzw. Aufrechnung nach § 26 SGB XII wurden nicht übernommen, da Leistungen der Eingliederungshilfe typischerweise als Sachleistungen erbracht werden. Unwirtschaftliches Verhalten im Zusammenhang mit der Verwendung eines Persönlichen Budgets berechtigt gemäß § 29 Abs. 4 Satz 6 SGB IX zur Kündigung der Zielvereinbarung und zur Aufhebung des Verwaltungsaktes. Etwaige **Folgen unwirtschaftlichen Verhaltens** im Umgang mit pauschalen Geldleistungen nach § 116 Abs. 1 SGB IX sind im SGB IX selber nicht geregelt. Allerdings sind die zuständigen Träger der Eingliederungshilfe ermächtigt, das Nähere zur Höhe und Ausgestaltung der pauschalen Geldleistung zu regeln, was auch die Folgen unwirtschaftlichen Verhaltens umfassen könnte.

### 1. Leistungsberechtigter Personenkreis (§ 99 SGB IX)

**Ursprünglich** war im BTHG eine **neue Definition** des berechtigten Personenkreises bezüglich Leistungen der Eingliederungshilfe bereits zum 1.1.2020 **vorgesehen**, die sich nach dem Ausmaß des Unterstützungsbedarfes bei der Teilhabe an neun aus der ICF der WHO übernommen Lebensbereichen ausrichten sollte.     65

Im Verlauf des Gesetzgebungsverfahrens wurde dieser Ansatz zwar allgemein begrüßt, jedoch wurden zugleich von verschiedenen Seiten Bedenken geäußert, dass die konkrete Ausgestaltung dieser Regelung bestimmte Personengruppen von Leistungen der Eingliederungshilfe ausschließe, die bisher Empfänger dieser Leistungen seien.[656] Im Ergebnis der Beratungen im federführenden Bundestagsausschuss für Arbeit und Soziales wurde der Konsens betont, „dass der bisherige leistungsberechtigte Personenkreis der Eingliederungshilfe nicht verändert werden soll".[657] Um sicherzustellen, dass dies auch unter Geltung der Regelung des § 99 SGB IX gewährleistet bleibt, wurde die Neudefinition des Berechtigtenkreises **auf das Jahr 2023 verschoben**[658] (s. § 5) und das BMAS beauftragt, mittels wissenschaftlicher Untersuchungen und modellhafter Erprobung die Auswirkungen der Neudefinition auf den leistungsberechtigten Personenkreis der Eingliederungshilfe in den Jahren 2017 und 2018 zu ermitteln und bis zum Ende Juni 2018 einen Ergebnisbericht vorzulegen[659] (s. § 2 Rn. 79).     66

---

655  BT-Drs. 18/9522, 281.
656  BT-Drs. 18/9954, 21 f.; BT-Drs. 18/10523, 47 49, 51.
657  BT-Drs. 18/10523, 84.
658  S. Art. Art. 25 a BTHG.
659  Art. Art. 25 Abs. 5 BTHG.

67 Übergangsweise – voraussichtlich bis zum 31.12.2022 – wird in § 99 SGB IX durch einen Verweis **an der bisher geltenden Regelung** zum leistungsberechtigten Personenkreis **festgehalten:**

§ 99 Leistungsberechtigter Personenkreis

Leistungen der Eingliederungshilfe erhalten Personen nach § 53 Absatz 1 und 2 des Zwölften Buches und den §§ 1 bis 3 der Eingliederungshilfe-Verordnung in der am 31. Dezember 2019 geltenden Fassung.

68 Gesetzestechnisch ist diese Lösung kurios, weil § 99 SGB IX auf diejenigen Normen verweist, die er ersetzt und die gleichzeitig mit seinem Inkrafttreten aufgehoben werden[660] und damit ihre eigenständige rechtliche Wirkung verlieren. Nur über den sog. statischen Verweis in § 99 SGB IX auf die am 31.12.2019 geltenden Fassungen dieser Normen wird ihr Regelungsgehalt bis zum Inkrafttreten der Neufassung des § 99 SGB IX (s. § 5) fortgeführt.

**2. Eingliederungshilfe für Ausländer\*innen (§ 100 SGB IX)**

69 In § 100 SGB IX wurden wort- und inhaltsgleich die Vorschriften des § 23 Abs. 1 Satz 3–5, Abs. 2 und Abs. 3 Satz 1 Nr. 4 SGB XII übernommen. Danach haben nur **Ausländer\*innen** mit **Niederlassungserlaubnis** oder mit einem befristeten **Aufenthaltstitel mit Bleibeperspektive** einen **Rechtsanspruch** auf Eingliederungshilfe. Da andere Rechtsvorschriften, nach denen Leistungen der Eingliederungshilfe zu erbringen sind, unberührt bleiben, haben auch Unionsbürger mit einem Recht auf Daueraufenthalt (i.d.R. nach fünf Jahren rechtmäßigen Aufenthalts) diesen Anspruch.[661] **Im Übrigen** wird Eingliederungshilfe nur als **Ermessensleistung** erbracht, sofern das im Einzelfall gerechtfertigt ist.

70 Gemäß dem Wortlaut des Abs. 2 erhalten Leistungsberechtigte nach § 1 AsylbLG keine Leistungen nach dem 2. Teil des SGB IX. D.h. **Flüchtlinge und Asylbewerber\*innen mit (drohenden) Behinderungen** bleiben trotz des Gebotes der Gleichberechtigung und des Verbotes der Nichtdiskriminierung in Art. 5 BRK von den Teilhabeleistungen der Eingliederungshilfe **ausgeschlossen**, ohne dass zugleich ihre Bedarfe besondere Berücksichtigung im AsylbLG finden.[662] In der Gesetzesbegründung wird nur darauf hingewiesen, dass für diejenigen, die sich seit 15 Monaten ohne wesentliche Unterbrechung und nicht rechtsmissbräuchlich im Bundesgebiet aufhalten und daher gemäß § 2 Abs. 1 AsylbLG Leistungen in entsprechender Anwendung des SGB XII erhalten (sog. „**Analogleistungsberechtigte**"), die Vorschriften so angepasst werden sollen, dass sie auch künftig Leistungen der Eingliederungshilfe erhalten.[663]

**3. Eingliederungshilfe für Deutsche im Ausland (§ 101 SGB IX)**

71 Die Überschrift der Regelung ist insofern irreführend, als sie sich nur auf **Deutsche mit gewöhnlichem Aufenthalt im Ausland** bezieht. Diese können gemäß § 101 SGB IX nur in außergewöhnlichen Notlagen im Ausland Eingliederungshilfe erhalten.

---

660 S. Art. 26 Abs. 4 Satz 1 Nr. 1 und Nr. 4 sowie Satz 2.
661 *Birk* in Bieritz-Harder/Conradis/Thie LPK-SGB XII § 23 Rn. 4.
662 Vgl. *Schütte* NDV 2016, 436.
663 BT-Drs. 18/9522, 277.

Die Regelung wurde nahezu unverändert aus § 24 SGB XII übernommen, jedoch mit einer abweichenden Bestimmung der örtlichen Zuständigkeit in Abs. 4.

Unter welchen Voraussetzungen Leistungsberechtigte mit gewöhnlichem Aufenthalt 72 in Deutschland Eingliederungshilfeleistungen im Ausland in Anspruch nehmen können, ist hingegen in § 104 Abs. 5 SGB IX geregelt (s. Rn. 86).

### 4. Leistungen der Eingliederungshilfe (§ 102 SGB IX)

§ 102 Abs. 1 SGB IX listet – vergleichbar der Regelung des bisherigen § 54 Abs. 1 73 Satz 1 SGB XII – die Leistungen der Eingliederungshilfe **untergliedert nach Leistungs-gruppen** auf, einschließlich der neuen **Leistungen zur Teilhabe an Bildung**. Welche Leistungen zu diesen Leistungsgruppen gehören, wird in den Kapiteln 3–6 des 2. Teils SGB IX ausgeführt; die bisher relevante Eingliederungshilfeverordnung wird mit Wirkung zum 1.1.2020 aufgehoben.[664] Wie bisher schon fällt die Leistungsgruppe der unterhaltssichernden und anderen ergänzenden Leistungen nicht in die Zuständigkeit der Eingliederungshilfe. Abs. 2 wiederholt klarstellend, dass die **Leistungen zur Sozialen Teilhabe** auch im Rahmen der Eingliederungshilfe – wie in § 76 Abs. 1 SGB IX angeordnet – **nur nachrangig** gegenüber den Leistungen anderer Leistungsgruppen erbracht werden.

### 5. Regelung für Menschen mit Behinderung und Pflegebedarf (§ 103 SGB IX)

Abs. 1 des § 103 SGB IX übernimmt die Schnittstellenregelung zwischen Eingliede- 74 rungshilfe und Pflege, wie sie schon in § 55 SGB XII angeordnet war. Abs. 2 bestimmt zur Abgrenzung der Eingliederungshilfe von der Hilfe zur Pflege nach dem 7. Kapitel SGB XII für Pflegeleistungen außerhalb von vollstationären Einrichtungen, dass die Leistung der Eingliederungshilfe auch die Leistungen zur häuslichen Pflege (§§ 64 a ff. SGB XII) umfassen, solange das Erreichen der im Gesamtplan festgelegten Teilhabeziele noch möglich ist. Ausgenommen sind Leistungen der teilstationären und der Kurzzeitpflege, es sei denn, diese werden nur kurzzeitig benötigt. Aufgrund des sachlichen **Zusammenhang**es mit der Bestimmung **des Verhältnisses der Eingliederungshilfe zur Pflegeversicherung** gemäß **§ 91 Abs. 3** SGB IX werden die Details des § 103 SGB IX dort erläutert (s. Rn. 18 ff.).

### 6. Leistungen nach der Besonderheit des Einzelfalls (§ 104 SGB IX)

Über Art und Umfang der Leistungen der Eingliederungshilfe hat der Träger der Ein- 75 gliederungshilfe gemäß § 107 Abs. 2 SGB IX i.d.R. nach pflichtgemäßem Ermessen zu entscheiden (s. Rn. 94). § 104 SGB IX gibt das **Verfahren und die Kriterien für die Ausübung dieses Ermessens** vor. Abs. 1 macht dabei, wie auch § 9 Abs. 1 SGB XII, die **Besonderheit des Einzelfalls** zum Maßstab:

§ 104 Leistungen nach der Besonderheit des Einzelfalles

(1) [1]Die Leistungen der Eingliederungshilfe bestimmen sich nach der Besonderheit des Einzelfalles, insbesondere nach der Art des Bedarfes, den persönlichen Verhältnissen, dem Sozialraum und den eigenen Kräften und Mitteln; dabei ist auch die Wohnform zu würdigen. [2]Sie werden so lange geleistet, wie die Teilhabeziele nach Maßgabe des Gesamtplanes (§ 121) erreichbar sind.

---

[664] S. Art. 26 Abs. 4 Satz 2.

76  Im Unterschied zur Einzelfallbetrachtung nach § 9 Abs. 1 SGB XII sind bei der Leistungsentscheidung der Eingliederungshilfe außer der Art des Bedarfes und den eigenen Kräften und Mitteln auch die **persönlichen Verhältnisse** zu berücksichtigen. Gemeint ist damit ausweislich der Gesetzesbegründung das **familiäre, freundschaftliche und nachbarschaftliche Umfeld**.[665] Diese Auslegung ist aufgrund der Verpflichtung durch **Art. 23 BRK zur Achtung der Wohnung und der Familie** dringend geboten, da im 2. Teil des SGB IX – anders als in § 16 SGB XII – weder eine Berücksichtigung der Belange der Familie noch eine familiengerechte Ausgestaltung der Leistungen ausdrücklich vorgegeben werden (s. Rn. 63).

77  Auch neu aufgenommen bezüglich der Einzelfallbetrachtung ist die **Berücksichtigung des Sozialraums** anstelle der „örtlichen Verhältnisse" in § 9 Abs. 1 SGB XII. Laut Begründung sei es auch bedeutsam, wo und wie „Menschen mit erheblich eingeschränkter Teilhabefähigkeit" leben.[666] Dabei wird weder aus dieser Norm noch aus dem Zusammenhang mit den übrigen Vorschriften des SGB IX deutlich, von was für einem Konzept des Sozialraumes hinsichtlich geographischer Größe, Anzahl der Bewohner*innen und/oder sozialer Struktur auszugehen ist. Damit ist zugleich unklar, unter welchem Gesichtspunkt der Sozialraum in die Einzelfallbetrachtung einzubeziehen ist. Hinweise lassen sich lediglich daraus ableiten, dass die Beratung nach § 106 Abs. 2 Nr. 5 und 6 SGB IX u.a. Hinweise auf andere Hilfsmöglichkeiten und andere Beratungsangebote im Sozialraum umfassen soll. D.h., die für die leistungsberechtigte Person in zumutbarer Weise erreichbare soziale Infrastruktur ist jedenfalls in die Betrachtung mit einzubeziehen. Die als Ergebnis der Ausschussberatungen eingefügte Vorgabe in § 104 Abs. 1 Satz 1 2. HS. auch die Wohnform zu würdigen,[667] soll die „Bedeutung der Wohnform als elementarer Lebensraum" im Sinne der BRK hervorheben.[668] Gemeint sein dürfte die Wohnform, in der die leistungsberechtigte Person zum Zeitpunkt der Ermessensentscheidung lebt.

78  Satz 2 des 1. Absatzes, der die **Dauer der Leistungen** von der Erreichbarkeit der Teilhabeziele abhängig macht, soll darauf abzielen, dass es **keine Altersbeschränkung** für die Inanspruchnahme von Eingliederungshilfeleistungen gibt.[669] Diese Klarstellung ist insbesondere hinsichtlich der umstrittenen Frage nach dem Anspruch auf **Leistungen zur Tagesstrukturierung im Rentenalter** hilfreich (s. auch § 3 Rn. 229).

79  Abs. 2 konkretisiert das **Wunsch- und Wahlrecht** der Leistungsberechtigten und geht als speziellere Regelung sowohl dem § 8 SGB IX (s. § 3 Rn. 33) als auch dem § 33 Satz 2 SGB I vor, soweit er davon abweichende Inhalte vorgibt:

§ 104 Leistungen nach der Besonderheit des Einzelfalles

(2) ¹Wünschen der Leistungsberechtigten, die sich auf die Gestaltung der Leistung richten, ist zu entsprechen, soweit sie angemessen sind. ²Die Wünsche der Leistungsberechtigten gelten nicht als angemessen,

---

665  BT-Drs. 18/9522, 278.
666  BT-Drs. 18/9522, 278.
667  BT-Drs. 18/10523, 11.
668  BT-Drs. 18/10523, 62.
669  BT-Drs. 18/9522, 278.

1. wenn und soweit die Höhe der Kosten der gewünschten Leistung die Höhe der Kosten für eine vergleichbare Leistung von Leistungserbringern, mit denen eine Vereinbarung nach Kapitel 8 besteht, unverhältnismäßig übersteigt und
2. wenn der Bedarf nach der Besonderheit des Einzelfalles durch die vergleichbare Leistung gedeckt werden kann.

(3) ¹Bei der Entscheidung nach Absatz 2 ist zunächst die Zumutbarkeit einer von den Wünschen des Leistungsberechtigten abweichenden Leistung zu prüfen. ²Dabei sind die persönlichen, familiären und örtlichen Umstände einschließlich der gewünschten Wohnform angemessen zu berücksichtigen. ³Kommt danach ein Wohnen außerhalb von besonderen Wohnformen in Betracht, ist dieser Wohnform der Vorzug zu geben, wenn dies von der leistungsberechtigten Person gewünscht wird. ⁴Soweit die leistungsberechtigte Person dies wünscht, sind in diesem Fall die im Zusammenhang mit dem Wohnen stehenden Assistenzleistungen nach § 113 Absatz 2 Nummer 2 im Bereich der Gestaltung sozialer Beziehungen und der persönlichen Lebensplanung nicht gemeinsam zu erbringen nach § 116 Absatz 2 Nummer 1. ⁵Bei Unzumutbarkeit einer abweichenden Leistungsgestaltung ist ein Kostenvergleich nicht vorzunehmen.

Die Wünsche der leistungsberechtigten Person bezüglich der **Gestaltung der Leistung** 80 können sich dabei sowohl auf die Wahl der Leistung selber, mit der der festgestellte Bedarf zu decken ist, als auch auf den Ort der Leistungserbringung (zum Ausland s. Rn. 86), die damit verbundene Wohnform als auch auf die Auswahl des Leistungserbringers erstrecken.

Wie in § 9 Abs. 2 Satz 1 SGB XII wird das Wunsch- und Wahlrecht unter den Vorbe- 81 halt einer **Angemessenheitsprüfung** gestellt. Aufgrund der personenorientierten Neuausrichtung der Eingliederungshilfe hat diese Prüfung – anders als im § 9 Abs. 2 Satz 2 SGB XII – unabhängig von der Wohnform bzw. dem Ort der Leistungserbringung zu erfolgen. Vielmehr soll die Prüfung neben dem Kostenaspekt „auch die Qualität der Leistung und deren Erfolgswahrscheinlichkeit im Hinblick auf die im Gesamtplan festgehaltenen Teilhabeziele" umfassen, wobei alle Merkmale des Abs. 1 „im Verhältnis zu den geäußerten Wünschen" zu bewerten seien.[670] Als **Teil der Angemessenheitsprüfung** schreibt § 104 Abs. 2 Satz 2 SGB IX einen **Vergleich der Kosten zwischen** denen der **gewünschten Leistung** und denen einer **vergleichbar bedarfsdeckenden Leistung** vor, mit denen der Eingliederungshilfeträger eine vertragliche Vereinbarung nach den §§ 123 ff. SGB IX hat. Hinsichtlich des Maßstabes ist zu berücksichtigen, dass in § 104 Abs. 2 Nr. 1 SGB IX zwar nur von „den Kosten für eine vergleichbare Leistung" gesprochen wird, aber zugleich von „Leistungserbringern". D.h., der Eingliederungshilfeträger muss sich für den Vergleich auf eine Leistung beziehen, die genauso geeignet ist, den Bedarf der leistungsberechtigten zu decken, und muss dafür die **Durchschnittskosten** aller Angebote für diese Leistung in seinem Zuständigkeitsbereich berücksichtigen. Unzulässig wäre demnach, wenn der Eingliederungshilfeträger nur die Kosten der Leistung eines (besonders günstigen) Leistungserbringers zum Vergleich heranziehen würde.

Wenn die **Kosten** der gewünschten Leistung jene der vergleichbaren Leistung **unver-** 82 **hältnismäßig übersteigen**, gelten die Wünsche jedenfalls als unangemessen.[671] Dies ist dem in § 9 Abs. 2 Satz 3 SGB XII formulierten Mehrkostenvorbehalt nicht unähnlich, wobei letzterer dem Sozialhilfeträger immerhin noch einen Entscheidungsspielraum

---

670 BT-Drs. 18/9522, 278.
671 Trefflich weist *Siefert* in jurisPR-SozR 6/2017 Anm. 2 C.III darauf hin, dass Wünsche begrifflich schwerlich unangemessen sein können.

einräumt („soll in der Regel Wünschen nicht entsprechen"), während § 104 Abs. 2 Satz 2 SGB IX die Wünsche in diesem Fall **unwiderlegbar**[672] **als nicht angemessen** einstuft.[673]

83  Bevor jedoch überhaupt ein Kostenvergleich anzustellen ist, ist **vorab** nach Abs. 3 die **Zumutbarkeit** einer von den Wünschen der leistungsberechtigten Person **abweichenden Leistung** zu **prüfen.** Auch dieser Prüfschritt ist bereits aus dem Sozialhilferecht bekannt(, ist dort nach § 13 Abs. 1 Satz 3–6 SGB XII allerdings auf den Vergleich zwischen ambulanter und stationärer Leistung beschränkt). Erweist sich bei einer Abwägung unter Berücksichtigung der persönlichen, familiären und Umstände einschließlich der gewünschten Wohnformen (zum Grund für die Einfügung dieses Aspektes s. Rn. 73) die vom Eingliederungshilfeträger als vergleichbar in Betracht gezogene Leistung als **unzumutbar,** ist laut Abs. 3 Satz 5 die Angemessenheitsprüfung **ohne** den **Kostenvergleich** nach Abs. 2 Satz 2 vorzunehmen. Sie beschränkt sich dann auf andere Aspekte der gewünschten Leistung wie die „Qualität und Geeignetheit zur Erreichung der Teilhabeziele".[674]

84  Eine **Sonderregelung** bezüglich der **Wahl der Wohnform** wurde im Zuge der Ausschussberatungen in Abs. 3 Satz 3 und 4 eingefügt.[675] Diese räumen Leistungen **in eigenen Wohnungen** und **inklusiven Wohnangeboten** für Menschen mit und ohne Behinderungen im „Licht der BRK" und im Sinne der Selbstbestimmung den **Vorrang** gegenüber Leistungen in besonderen Wohnformen (i.S.d. § 42 a Abs. 2 Nr. 2 SGB XII i.d.F. ab 2020) ein.[676] Voraussetzungen der Vorrangregelungen sind, dass erstens ein Wohnen außerhalb besonderer Wohnformen von der leistungsberechtigten Person gewünscht wird und dies zweitens in dem Sinne „in Betracht kommt", dass die Deckung der individuellen Bedarfe dabei sichergestellt wird.[677] Auch wenn sich diese Vorrangregelung sprachlich und systematisch nicht nahtlos in die Zumutbarkeitsprüfung des Abs. 3 einfügt, ist der Anwendungsbefehl, dass „dieser Wohnform der Vorzug zu geben" ist in Satz 3 in Anbetracht der besonderen Bedeutung, die dem Wunsch nach einem Wohnen außerhalb besonderer Wohnformen beigemessen wird, so auszulegen, dass bei Vorliegen der o.g. Voraussetzungen die Gewährung einer **abweichenden Leistung** unzumutbar ist.[678] Somit wäre gemäß Abs. 3 Satz 5 auch **kein Kostenvergleich** im Rahmen der Angemessenheitsprüfung nach Abs. 2 mehr anzustellen, sondern dem Wunsch der leistungsberechtigten Person zu entsprechen.

85  „In diesem Fall", wenn also bezüglich des Wohnens demjenigen außerhalb besonderer Wohnformen der Vorzug gegeben wurde, räumt Abs. 3 Satz 4 der leistungsberechtigten Person ein **Wahlrecht** bezüglich der **gemeinsamen Erbringung** von **wohnbezo-**

---

672  *Siefert* in jurisPR-SozR 6/2017 Anm. 2 C.III.
673  Zur Bestimmung der Unverhältnismäßigkeit der übersteigenden Kosten vgl. *Roscher* in Bieritz-Harder/Conradis/Thie LPK-SGB XII § 9 Rn. 36; *Höfer/Krahmer* in Bieritz-Harder/Conradis/Thie LPK-SGB XII § 13 Rn. 12 f.; *Müller-Grune* in Schlegel/Voelzke jurisPK-SGB XII § 9 Rn. 35.
674  BT-Drs. 18/9522, 278 f.
675  BT-Drs. 18/10523, 11 f. Einen Vorstoß in dieser Richtung hatte bereits der Bundesrat in seiner Stellungnahme unternommen, vgl. BT-Drs. 18/9954, 22.
676  BT-Drs. 18/10523, 62.
677  In diesem Sinne auch *Siefert* in jurisPR-SozR 6/2017 Anm. 2 C.III.
678  Vgl. auch *Siefert* in jurisPR-SozR 6/2017 Anm. 2 C.III, die aus der Vorzugsregelung „eine bindende Entscheidung für eine Leistung in der vom behinderten Menschen gewählten Form" folgert.

genen **Assistenzleistungen** an mehrere Leistungsberechtigte (sog. Poolen von Leistungen, s. Rn. 139 ff.) ein. Gemäß §§ 116 Abs. 2 Nr. 1 i.V.m. 113 Abs. 2 Satz 2 SGB IX kann der Eingliederungshilfeträger diese Entscheidung grundsätzlich auch gegen den Willen der Leistungsberechtigten treffen, sofern ihnen das zumutbar ist (s. Rn. 143). Im Zusammenhang mit dem Wohnen wird jedoch der Privatsphäre der leistungsberechtigten Person die größere Bedeutung gegenüber der Leistungssteuerung durch den Eingliederungshilfeträger beigemessen trotz der damit vermuteten Mehrbelastung der Eingliederungshilfeträger von „rund 3,6 Mio. Euro jährlich".[679] Erfasst sind die Assistenzleistungen bezüglich der Gestaltung sozialer Beziehungen und der persönlichen Lebensplanung.

In Abs. 4 wurde die Regelung des § 9 Abs. 3 SGB XII übernommen, die im Rahmen  86
der Leistungsentscheidung auf Wunsch der leistungsberechtigten Person eine **Berücksichtigung deren religiösen Bekenntnisses** vorschreibt. Abs. 5 enthält inhaltsgleich die Regelung des 23 EGH-VO bzgl. der Voraussetzungen, unter denen Leistungsberechtigte mit gewöhnlichem Aufenthalt in Deutschland Leistungen der **Eingliederungshilfe auch im Ausland** erhalten können.

### 7. Leistungsformen (§ 105 SGB IX)

Die Regelungen über die Formen der zu erbringenden Leistungen sind überwiegend  87
inhaltsgleich aus dem Sozialhilferecht übernommen. So entsprechen die Absätze 1 und 2 des § 105 IX denjenigen in § 10 SGB XII.

Neu ist die Regelung des Abs. 3, wonach **Leistungen zur Sozialen Teilhabe** auch in  88
Form von **pauschalen Geldleistungen** erbracht werden können. Diese Form wird unter Hinweis auf Praxiserfahrungen mit diesem Instrument im Bereich der Beförderungsleistungen eingeführt.[680] Aufgrund der Einschränkung „soweit es dieser Teil vorsieht" ist die Pauschalierung gemäß § 116 Abs. 1 SGB IX nur für Leistungen der Assistenz, zur Förderung der Verständigung und zur Beförderung zulässig (s. Rn. 136 ff.). Voraussetzungen sind zum einen die Feststellung des individuellen Bedarfs an mindestens eine dieser Leistungen sowie die **Zustimmung** der leistungsberechtigten Person.

**Details zu den Pauschalen** haben die Eingliederungshilfeträger zu regeln. Da § 105  89
Abs. 3 Satz 2 SGB IX soweit keine Ermächtigung zum Erlass einer Satzung enthält, hat dies in Form von **Verwaltungsvorschriften** zu erfolgen. Sofern das Landesrecht nach § 94 Abs. 1 SGB IX die Zuständigkeit der Eingliederungshilfeträger auf der örtlichen Ebene verortet, erscheint eine Abstimmung der Träger bei der Abfassung dieser Verwaltungsvorschriften sinnvoll. Die **Bemessung** der Höhe der Pauschalen darf nicht willkürlich erfolgen. Vielmehr hat sie **anhand von nachvollziehbaren Erfahrungswerten und Angaben** über erforderliche Aufwendungen zu erfolgen – vergleichbar insoweit §§ 31 Abs. 3 und 35 Abs. 3 SGB XII –, um plausibel zu machen, dass mit der Pauschale ein durchschnittlicher Bedarf gedeckt werden kann. Bezüglich der Ausgestaltung sollten u.a. Regelung getroffen werden, wie lange die leistungsberech-

---

679  BT-Drs. 18/10523, 62.
680  BT-Drs. 18/9522, 280. Hinweise zu Orten und Umfang dieser Erfahrungen finden sich dort allerdings ebenso wenig wie Auswertungsergebnisse oder wissenschaftliche Evaluationen dieser Praxismodelle.

tigte Person an ihre Zustimmung gebunden ist bzw. unter welchen Voraussetzungen sie zum Sachleistungsbezug zurückkehren kann, und wie bei unabweisbaren Bedarfen trotz bereits erfolgter Verwendung der Pauschale vorzugehen ist. In den Verwaltungsvorschriften ist auch zu regeln, ob überhaupt und wenn ja, in welcher Form **Nachweise bezüglich der zweckentsprechenden Verwendung** der Pauschalen Geldleistungen gefordert werden.[681] Gegen ein Nachweiserfordernis spricht, dass eine niedrigschwellige Unterstützung durch das familiäre, nachbarschaftliche oder zivilgesellschaftliche Umfeld, die die Gesetzesbegründung beispielhaft anfügt,[682] dadurch erschwert würde. Zudem entfällt ansonsten der Anreiz für die leistungsberechtigte Person, der Pauschalen Geldleistung zuzustimmen, wenn sie ebenso mit bürokratischem Aufwand verbunden ist wie das – individuell zu bemessende – Persönliche Budget.

90 Dass die Leistungen der Eingliederungshilfe nach Abs. 4 auf Antrag auch als **Persönliches Budget** nach den Vorschriften des § 29 SGB IX gewährt werden (s. § 3 Rn. 152 ff), war bisher in § 57 SGB XII geregelt. Dass nicht mehr von einem trägerübergreifenden Budget gesprochen wird, bedeutet, dass das Budget auch allein bezogen auf Eingliederungshilfeleistungen beansprucht werden kann.

### 8. Beratung und Unterstützung (§ 106 SGB IX)

91 Das Gebot bezüglich der Eingliederungshilfeträger, die leistungsberechtigten Personen zu beraten und, soweit erforderlich, zu unterstützen, ist dem § 11 SGB XII nachgebildet. Die Inhalte der Beratungs- bzw. Unterstützungspflicht sind jedoch deutlich ausführlicher formuliert und den Bedürfnissen von Menschen angepasst. Der Katalog dieser Pflichten konkretisiert zugleich die inhaltlichen Anforderungen an das **Fachkräftegebot** in § 97 SGB XII, denn zu den in § 106 Abs. 2 und 3 SGB IX genannten Punkten muss der Eingliederungshilfeträger sprach- bzw. handlungsfähig sein. Der Beratung und Unterstützung kommen **zentrale Bedeutung** bei der Umsetzung der Leitziele der **Selbstbestimmung und** der vollen, wirksamen und gleichberechtigten **Teilhabe** am Leben in der Gesellschaft zu (s. § 90 Abs. 1 Satz 1 SGB IX). Denn nur der, wer seine Rechte und Möglichkeiten kennt und ggf. die nötige Unterstützung bei der Wahl zwischen Alternativen und bei der Inanspruchnahme von Dienstleistern erhält, ist in der Lage zu einer selbstbestimmten Lebensplanung und -führung.

§ 106 Beratung und Unterstützung

(1) [1]Zur Erfüllung der Aufgaben dieses Teils werden die Leistungsberechtigten, auf ihren Wunsch auch im Beisein einer Person ihres Vertrauens, vom Träger der Eingliederungshilfe beraten und, soweit erforderlich, unterstützt. [2]Die Beratung erfolgt in einer für die Leistungsberechtigten wahrnehmbaren Form.

(2) Die Beratung umfasst insbesondere

1. die persönliche Situation des Leistungsberechtigten, den Bedarf, die eigenen Kräfte und Mittel sowie die mögliche Stärkung der Selbsthilfe zur Teilhabe am Leben in der Gemeinschaft einschließlich eines gesellschaftlichen Engagements,
2. die Leistungen der Eingliederungshilfe einschließlich des Zugangs zum Leistungssystem,
3. die Leistungen anderer Leistungsträger,
4. die Verwaltungsabläufe,

---

681 BT-Drs. 18/9522, 285.
682 BT-Drs. 18/9522, 280.

5. Hinweise auf Leistungsanbieter und andere Hilfemöglichkeiten im Sozialraum und auf Möglichkeiten zur Leistungserbringung,
6. Hinweise auf andere Beratungsangebote im Sozialraum,
7. eine gebotene Budgetberatung.

(3) Die Unterstützung umfasst insbesondere

1. Hilfe bei der Antragstellung,
2. Hilfe bei der Klärung weiterer zuständiger Leistungsträger,
3. das Hinwirken auf zeitnahe Entscheidungen und Leistungen der anderen Leistungsträger,
4. Hilfe bei der Erfüllung von Mitwirkungspflichten,
5. Hilfe bei der Inanspruchnahme von Leistungen,
6. die Vorbereitung von Möglichkeiten der Teilhabe am Leben in der Gemeinschaft einschließlich des gesellschaftlichen Engagements,
7. die Vorbereitung von Kontakten und Begleitung zu Leistungsanbietern und anderen Hilfemöglichkeiten,
8. Hilfe bei der Entscheidung über Leistungserbringer sowie bei der Aushandlung und dem Abschluss von Verträgen mit Leistungserbringern sowie
9. Hilfe bei der Erfüllung von Verpflichtungen aus der Zielvereinbarung und dem Bewilligungsbescheid.

(4) Die Leistungsberechtigten sind hinzuweisen auf die ergänzende unabhängige Teilhabeberatung nach § 32, auf die Beratung und Unterstützung von Verbänden der Freien Wohlfahrtspflege sowie von Angehörigen der rechtsberatenden Berufe und von sonstigen Stellen.

Die Beratung hat gemäß § 106 Abs. 1 Satz 2 SGB IX in einer für die leistungsberech-  92
tigte Person **wahrnehmbaren Form** zu erfolgen. Art. 21 BRK, dessen Umsetzung dies
dienen soll,[683] verpflichtet unter Buchstabe b) bezüglich des freien Zugangs zu Informationen im Umgang mit Behörden zur Akzeptanz und zur Erleichterung der „Verwendung von Gebärdensprache, Brailleschrift, ergänzenden und alternativen Kommunikationsformen und allen sonstigen selbst gewählten Mitteln, Formen und Formaten der Kommunikation durch Menschen mit Behinderungen". Der Gesetzesbegründung zur Folge umfasst dies insbesondere auch die **Beratung in leichter Sprache**.[684] Nicht nachzuvollziehen ist, warum das Gebot, in wahrnehmbarer Form zu agieren, auf die Beratung beschränkt ist. Denn nicht nur bezüglich des Empfangs von Informationen, sondern auch bei der Entgegennahme von Hilfeleistungen im Antrags-, Entscheidungs- sowie im Prozess der Inanspruchnahme von Leistungen ist Voraussetzung, dass die leistungsberechtigte Person die dargebotenen Hilfen wahrnehmen kann, um sie annehmen zu können. Es ist daher davon auszugehen, dass **auch die Unterstützungsleistungen** in entsprechender Anwendung des § 106 Abs. 1 Satz 2 SGB IX in einer für die leistungsberechtigte Person wahrnehmbaren Form zu erfolgen haben. Gemäß § 106 Abs. 4 SGB IX sind leistungsberechtigte Person auch auf andere Beratungs- und Unterstützungsangebote, u.a. die ergänzende unabhängige Teilhabeberatung (s. § 3 Rn. 176 ff.), hinzuweisen.

### 9. Übertragung, Verpfändung oder Pfändung, Auswahlermessen (§ 107 SGB IX)

Die Regelungen über die Nicht-Übertragbar-, Verpfändbar- und Pfändbarkeit von  93
Ansprüchen auf Leistungen der Eingliederungshilfe sind § 17 SGB XII entnommen.
Überraschend ist, dass weder dessen Überschrift noch dessen 1. Satz übernommen
worden sind, der einen Anspruch auf die Hilfeleistung formuliert, soweit bestimmt

---

683  BT-Drs. 18/9522, 280.
684  BT-Drs. 18/9522, 280.

wird, dass die Leistung zu erbringen ist. Dabei besteht auf Leistungen der **Eingliederungshilfe** weiterhin ein **Rechtsanspruch**, wenn die Voraussetzungen des § 99 SGB IX i.V.m. § 53 Abs. 1 und 2 SG XII und den §§ 1 – 3 EGH-VO erfüllt sind (s. Rn. 64).

94 Dementsprechend ist die Ausübung des **pflichtgemäßen Ermessens** nach § 107 Abs. 2 SGB IX **beschränkt auf** die Art das Maß der Leistungserbringung, also **das „Wie"** und nicht das „Ob". Nur dann, wenn zwar eine Behinderung i.S.d. § 2 Abs. 1 SGB IX vorliegt, die jedoch die Schwelle der wesentlichen Teilhabeeinschränkung nach § 53 SGB XII nicht erreicht, steht es im Ermessen des Eingliederungshilfeträgers gemäß § 99 SGB IX i.V.m. § 53 Abs. 1 Satz 2 SGB XII, ob Leistungen der Eingliederungshilfe zu erbringen sind. Gemäß § 99 Abs. 1 und 2 SGB IX i.d.F. ab 2023 sieht eine Fortsetzung dieser Differenzierung nach Anspruchs- und Ermessensregelung vor (s. § 5 Rn. 9).[685]

### 10. Antragserfordernis (§ 108 SGB IX)

95 Anders als im bisherigen Sozialhilferecht ist **Voraussetzung** der Eingliederungshilfe, dass ein **Antrag gestellt** wird. Dieser wirkt längstens auf den Ersten des Monats der Antragstellung zurück, eine vergleichbare Regelung wie bei den existenzsichernden Grundsicherungs-Leistungen nach § 37 Abs. 2 Satz 2 SGB II und § 44 Abs. 2 SGB XII. Dadurch würde sichergestellt, dass „für zurückliegende Zeiträume keine Leistungen erbracht werden dürfen",[686] was wohl als eine der Maßnahmen zur Beschränkung der Ausgabendynamik verstanden werden darf.

96 Eine besondere Würdigung haben die Gründe für die Einführung eines Antragserfordernisses verdient:

- Der Bedarf nach Eingliederungshilfeleistungen stelle keine vergleichbare „gegenwärtige Notlage" wie im Rahmen der Hilfe zum Lebensunterhalt nach dem 3. Kapitel des SGB XII dar, zumal der Bedarf „erst im Rahmen eines umfassenden Gesamtplanverfahrens ermittelt werden kann".[687] Mit der Gegenüberstellung von Eingliederungshilfe mit existenzsichernden Hilfen vergleicht der Gesetzgeber Äpfel mit Birnen. Andere besondere Hilfen im Rahmen des SGB XII, wie die Hilfe zur Pflege oder die Hilfen zur Überwindung, besonderer sozialer Schwierigkeiten sind auch weiterhin nach § 18 Abs. 1 SGB XII ab dem Moment der Kenntniserlangung durch den Sozialhilfeträger zu erbringen, obwohl der jeweilige Bedarf auch nicht ad hoc offensichtlich ist und erst ermittelt werden muss.

- Mit der Einführung des Antragserfordernisses würde „Kompatibilität mit den Vorschriften der §§ 14 und 15 in Teil 1 hergestellt".[688] Zwar trifft zu, dass § 14 SGB IX das Verfahren zur Weiterleitung eines Antrags ab Antragstellung regelt. Allerdings bestimmt § 14 Abs. 4 SGB IX ausdrücklich, dass dies Verfahren sinngemäß auf Leistungen Anwendung findet, die von Amts wegen zu erbringen sind (wie z.B. auch weiterhin die Leistungen der Gesetzlichen Unfallversicherung), und

---

685 S. Art. 25 a BTHG.
686 BT-Drs. 18/9522, 281.
687 BT-Drs. 18/9522, 281.
688 BT-Drs. 18/9522, 281.

dass anstelle des Tags der Antragstellung der Tag der Kenntnis des voraussichtlichen Reha-Bedarfs tritt.

■ Schließlich korrespondiere die Einführung des Antragsprinzips „darüber hinaus mit dem Anliegen, die Eingliederungshilfe aus dem System der Sozialhilfe herauszulösen. In Konsequenz hat dies auch eine Abkehr [von] der Regelung des § 18 SGB XII zur Folge, der allein in der Besonderheit des Fürsorgerechts begründet ist."[689] Dass das Vorhaben des Koalitionsvertrages vom 27.11.2013, die Eingliederungshilfe aus der Sozialhilfe herauszulösen und „zu einem modernen Teilhaberecht weiterzuentwickeln[690] erfolgreich umgesetzt worden ist, soll also daran deutlich werden, dass die Zugangsschwelle zu den Hilfeleistungen durch ein Antragserfordernis erhöht worden ist! Und das, obwohl die Eingliederungshilfe nicht nur aufgrund ihrer Strukturmerkmale (s. Rn. 2), sondern auch der Gesetzesbegründung zufolge „Teil der öffentlichen Fürsorge nach Artikel 74 Absatz 1 Nummer 7 des Grundgesetzes" bleibt.[691]

Die Einführung eines Antragserfordernisses ist vom gesetzgeberischen Gestaltungs-    97
spielraum umfasst. Jedoch wird entgegen „[d]em neuen gesellschaftlichen Verständnis einer inklusiven Gesellschaft"[692] der Handlungsauftrag für Veränderungen den Menschen mit Behinderungen zugewiesen. Anders als in den §§ 7 ff. Behindertengleichstellungsgesetz, denen zufolge Träger öffentlicher Gewalt für Abhilfe sorgen sollen, wenn sie bauliche, kommunikative oder andere Barrieren wahrnehmen, sind Träger der Eingliederungshilfe nicht mehr zum Handeln verpflichtet, wenn sie Kenntnis von Behinderungen durch einstellungs- oder umweltbedingte Barrieren erhalten. Sie müssen erst dann tätig werden, wenn von der Teilhabe Ausgeschlossene dies per Antrag einfordern. Ein Antrag ist eine **Willenserklärung**, die **auf ein Leistungsverlangen gerichtet** ist.[693] Er ist auch formlos möglich und gilt als gestellt, wenn die **Identität des Antragstellers** feststeht und sein **Leistungsbegehren deutlich** geworden ist.

§ 108 Abs. 2 SGB IX macht eine **Ausnahme vom Antragserfordernis**, wenn im Rah-    98
men des – durch einen Antrag eingeleitetes – Gesamtplanverfahrens nach dem 7. Kapitel weitere Bedarfe offenkundig werden. In diesem Fall sind Leistungen **von Amts wegen** zu erbringen, ohne dass es eines gesonderten Antrages bedarf.

### IV. Medizinische Rehabilitation (2. Teil Kapitel 3)

§ 109 SGB IX konkretisiert die bereits in § 102 Abs. 1 Nr. 1 SGB IX erwähnten Leis-    99
tungen zur **medizinischen Reha** im Rahmen der Eingliederungshilfe. Anhand der Formulierung, welche Leistungen „insbesondere" dazugehören, verdeutlicht der Gesetzgeber, dass es sich um einen sog. **offenen Leistungskatalog** handelt (zum Begriff s. § 3 Rn. 265). Dessen hätte es gar nicht bedurft, denn § 42 Abs. 2 SGB IX, auf den ausdrücklich verwiesen wird, beinhaltet den seinerseits offenen Leistungskatalog der medizinischen „Kernleistungen", während der ebenfalls in Bezug genommene Absatz 3

---

689 BT-Drs. 18/9522, 281.
690 BT-Drs. 18/9522, 3 (190, 191, 267).
691 BT-Drs. 18/9522, 196.
692 BT-Drs. 18/9522, 2, 191 (269).
693 *Hampel* in Schlegel/Voelzke jurisPK SGB IV § 19 Rn. 23.

des § 42 SGB IX den offenen Leistungskatalogs der **psychosozialen Begleitleistungen** umfasst.

100 Dass darüber hinaus in § 109 SGB IX auch auf die Leistungen nach § 64 Abs. 1 Nr. 3–6 SGB IX verwiesen wird (**Reha-Sport und Funktionstraining** in Gruppen auf ärztliche Verordnung, **Reisekosten** sowie **Betriebs- oder Haushaltshilfe, Kinderbetreuungskosten** (s. Rn. 5), überrascht unter systematischen Gesichtspunkten. Denn diese Leistung sind Teil der Leistungsgruppe der unterhaltssichernden und anderen ergänzenden Leistungen (§§ 64 ff. SGB IX), die gemäß § 102 Abs. 1 SGB IX nicht in die Zuständigkeit der Eingliederungshilfe fällt. Durch diesen Verweis werden die genannten Leistungen zu Leistungen der medizinischen Rehabilitation „umetikettiert". Für den Reha-Sport hat dies schon Tradition, da dieser bereits im § 6 EGH-VO der medizinischen Reha der Eingliederungshilfe zugeordnet war.

101 Die aus § 54 Abs. 1 Satz 2 SGB XII übernommene Regelung in § 109 Abs. 2 SGB IX, wonach die Leistung der medizinischen Reha den Leistungen der gesetzlichen Krankenversicherung entsprechen, stellt klar, dass die Leistungskataloge sich in diesem Punkt decken. D.h. trotz des offenen Leistungskatalogs können daher keine Leistungen als medizinische Reha der Eingliederungshilfe in Anspruch genommen werden, die nicht auch von den gesetzlichen Krankenkassen erbracht werden dürfen.

102 In § 110 IX ist die **freie Wahl unter den Leistungserbringern** entsprechend den Bestimmungen der **gesetzlichen Krankenversicherung** geregelt, die auch in § 52 Abs. 2 SGB XII zu finden ist. Auch bezüglich der Leistungserbringung, Leistungsvergütung und Abrechnungspflichten der Leistungserbringer nehmen die Abs. 2 und 3 Bezug auf entsprechende Regelungen des SGB V.

**V. Teilhabe am Arbeitsleben (2. Teil Kapitel 4)**

103 Anders als bei der medizinischen Reha (s. Rn. 99) enthält § 111 SGB IX zur Ausgestaltungen der Leistungen zur Teilhabe am Arbeitsleben nach § 102 Abs. 1 Nr. 2 SGB IX einen **abschließenden Leistungskatalog**, der aus den Abs. 2–4 der Übergangsregelung des § 140 SGB XII übernommen wird (zu den unverändert übernommenen Regelungen s. daher § 3 Rn. 474 ff.). D.h. die **Leistungen zur Beschäftigung** sind beschränkt auf die Leistungen im Arbeitsbereich einer anerkannten WfbM (s. § 3 Rn. 227 ff.) und die Leistungen bei anderen Leistungsanbietern (s. § 3 Rn. 231 ff.), jeweils einschließlich des Arbeitsförderungsgeldes nach § 59 SGB IX (s. § 3 Rn. 230), das Budget für Arbeit (s. § 3 Rn. 238 ff.) sowie Gegenstände und Hilfsmittel, die zur Ausübung der vorgenannten Beschäftigungen erforderlich sind (s. § 3 Rn. 480).

104 Anders als im § 140 Abs. 1 SGB XII i.d.F. 2018 bis 2019 werden die **Leistungen** zur Teilhabe am Arbeitsleben in § 111 SGB IX ab 2020 **nicht ausdrücklich** auf Personen **beschränkt** (s. § 3 Rn. 476), die wegen Art oder Schwere der Behinderung nicht oder noch nicht (wieder) auf dem allgemeinen Arbeitsmarkt, in einem Inklusionsbetrieb oder im Rahmen einer Qualifizierungsmaßnahme tätig werden können (§ 58 Abs. 1 Satz 1 SGB IX). Die entsprechende Regelung war im Gesetzentwurf vorgezogen wor-

den in die Definition der Leistungsberechtigten in § 99 Abs. 4 SGB IX,[694] der allerdings im Gesetzgebungsverfahren geändert worden ist (s. Rn. 65 f.). Vorgesehen ist die Regelung jetzt erst in der Neufassung des § 99 Abs. 6 SGB IX i.d.F. ab 2023 (s. § 5 Rn. 10). Allerdings ist die Erfüllung der Kriterien des § 58 Abs. 1 Satz 1 SGB XI für die **Leistungen im Arbeitsbereich** einer WfbM ohnehin Voraussetzung, ebenso für das Arbeitsförderungsgeld nach § 59 SGB IX und für das Budget für Arbeit gemäß § 61 SGB IX. **Andere Leistungsanbieter** können gemäß § 60 Abs. 2 Nr. 3 SGB IX wahlweise auch Leistungen des Eingangsverfahrens und/oder des Berufsbildungsbereiches oder aber auch nur Teile davon erbringen. Aufgrund des uneingeschränkten Verweises auf § 60 SGB IX in § 111 Abs. 1 Nr. 2 SGB IX ließe sich schlussfolgern, dass die Teilhabe am Arbeitsleben im Rahmen der Eingliederungshilfe auch die Leistungen des Eingangsverfahrens und des Berufsbildungsbereiches bei anderen Leistungsanbietern umfasst. Für eine Beschränkung auf die Leistungen im Arbeitsbereich spricht jedoch der Kontext der Norm, da alle anderen Leistungen zur Beschäftigung auch nur für erwerbsunfähige Menschen mit Behinderungen ausgelegt sind. Auch der Zuständigkeitsregelung des § 63 Abs. 2 Nr. 4 i.V.m. Abs. 3 Satz 2 SGB IX zufolge sind die Träger der Eingliederungshilfe auch bei anderen Leistungsanbietern nur für die Leistungen zuständig, die dem Arbeitsbereich einer WfbM zuzuordnen sind. Schließlich ist auch der Gesetzesbegründung zu entnehmen, dass nicht nur keine Leistungsausweitung beabsichtigt war, sondern im Gegenteil die Leistungen begrenzt sein sollen auf erwerbsunfähige Leistungsberechtigte.[695] Für Leistungsberechtigte im Eingangsverfahren und im Berufsbildungsbereich hat aufgrund der Klarstellungen im § 45 Satz 3 Nr. 3 SGB XII aber gerade keine Feststellung der dauerhaft vollen Erwerbsminderung zu erfolgen(s. § 2 Rn. 58), so dass diese Leistungsbereiche in die vorrangige Zuständigkeit insbesondere der Rentenversicherungsträger und der Bundesagentur für Arbeit fallen.

Durch die Fokussierung auf Erwerbsunfähige umfasst die Teilhabe am Arbeitsleben im Rahmen der Eingliederungshilfe auch **keine Ausbildungsleistungen mehr** (vgl. § 54 Abs. 2 Satz 1 Nr. 3 SGB XII und § 13 a EGH-VO i.d.F. bis 31.12.2019).[696] Berufliche Aus- und Weiterbildung ist von anderen Reha-Trägern, insbesondere der Bundesagentur für Arbeit, zu erbringen. Hilfen für zur Teilnahme an schulischen Aus- und Weiterbildungen sind zudem in der neuen Leistungsgruppe der Leistungen zur Teilhabe an Bildung geregelt (s. Rn. 107 ff.). **105**

Durch die Aufhebung der Eingliederungshilfeverordnung zum 1.1.2020 ist auch die **Hilfe zur Beschaffung eines Kfz** nicht mehr ausdrücklich als Leistung der Eingliederungshilfe zur Teilhabe am Arbeitsleben geregelt. Da mit der Übernahme der Regelung aus § 17 Abs. 1 EGH-VO zur Versorgung mit Hilfsmitteln und Gegenständen in § 111 Abs. 2 SGB IX der bisherige Umfang der Leistungen nicht verändert, sondern nur auf die neuen Beschäftigungsmöglichkeiten nach § 60 und § 61 SGB IX ausgedehnt werden soll,[697] gehört die Hilfe zur Beschaffung eines Kfz **auch weiterhin** dazu, **106**

---

694 BT-Drs. 18/9522, 72 und S. 276.
695 BT-Drs. 18/9522, 282.
696 BT-Drs. 18/9255, 282.
697 BT-Drs. 18/9522, 282.

soweit die leistungsberechtigte Person zur Aufnahme oder Fortsetzung der Beschäftigung darauf angewiesen ist. Von der **Anwendung der Kraftfahrzeughilfe-Verordnung,** wie sie in § 8 Abs. 1 EGH-VO i.d.F. bis 31.12.2019 bei Leistungen zur Teilhabe am Arbeitsleben speziell für die Eingliederungshilfe vorgeschrieben war und es allgemein nach § 49 Abs. 8 Nr. 1 SGB IX nach wie vor ist, ist auch weiterhin auszugehen.

### VI. Teilhabe an Bildung (2. Teil Kapitel 5)

107 Der § 112 SGB IX konkretisiert die Leistungspflichten der Eingliederungshilfe bezüglich der **Leistungen zur Teilhabe an Bildung** aus § 102 Abs. 1 Nr. 3 SGB IX. Die Leistungen zur Teilhabe an Bildung umfassen gemäß § 75 Abs. 1 SGB IX **nur unterstützende Maßnahmen,** um die Wahrnehmung von Bildungsangeboten zu ermöglichen, aber keine Bildungsleistungen als solche (s. § 3 Rn. 254). Der im Abs. 1 genannte **Katalog der Leistungen** begrenzt den Kontext auf die Teilhabe an (hoch-)schulischen Bildungsangeboten, ist inhaltlich jedoch **offen ausgestaltet.** Es kommen mithin alle Leistungen in Betracht, die geeignet und wirtschaftlich sind, um das Ziel der Teilhabe an Bildung sowohl an allgemeinbildenden Schulen als auch im Rahmen der (hoch-)schulischen Erstaus- und Weiterbildung in den durch § 112 SGB IX vorgegebenen Rahmenbedingungen zu verwirklichen. Gegenüber den Leistungen des bisherigen § 54 Abs. 1 Satz 1 Nr. 1 SGB XII i.V.m. § 12 EGH-VO ist der Leistungsumfang somit weiter gefasst.[698] Obwohl der Leistungskatalog in § 112 Abs. 1 SGB IX nur zwei Ziffern umfasst, ist er deckungsgleich mit demjenigen des § 75 Abs. 2 Satz 1 SGB IX, da unter 2. mit der schulischen sowie hochschulischen Aus- und Weiterbildung gleich mehrere Leistungen zusammengefasst sind. Abs. 2 konkretisiert die Voraussetzungen, unter denen die neuen Leistungen der (hoch-)schulischen Weiterbildung einschließlich eines Masterstudiums erbracht werden, Abs. 3 ergänzt das Spektrum der zu unterstützenden (hoch-)schulischen Aus- und Weiterbildungsmaßnahmen. Abs. 4 ermöglicht die gemeinsame Leistungserbringung an mehrere Leistungsberechtigte (sog. „Poolen") in allen schulischen Kontexten.

### 1. Hilfen zur Bildung an allgemeinbildenden Schulen

§ 112 Leistungen zur Teilhabe an Bildung

(1) [1]Leistungen zur Teilhabe an Bildung umfassen

1. Hilfen zu einer Schulbildung, insbesondere im Rahmen der allgemeinen Schulpflicht und zum Besuch weiterführender Schulen einschließlich der Vorbereitung hierzu; die Bestimmungen über die Ermöglichung der Schulbildung im Rahmen der allgemeinen Schulpflicht bleiben unberührt, und
2. Hilfen zur schulischen oder hochschulischen Ausbildung oder Weiterbildung für einen Beruf.

[2]Die Hilfen nach Satz 1 Nummer 1 schließen Leistungen zur Unterstützung schulischer Ganztagsangebote in der offenen Form ein, die im Einklang mit dem Bildungs- und Erziehungsauftrag der Schule stehen und unter deren Aufsicht und Verantwortung ausgeführt werden, an den stundenplanmäßigen Unterricht anknüpfen und in der Regel in den Räumlichkeiten der Schule oder in deren Umfeld durchgeführt werden. [3]Hilfen nach Satz 1 Nummer 1 umfassen auch heilpädagogische und sonstige Maßnahmen, wenn die Maßnahmen erforderlich und geeignet sind, der leistungsberechtigten Person den Schulbesuch zu ermöglichen oder zu erleichtern. [4]Hilfen zu einer schulischen oder hochschulischen Ausbildung nach Satz 1 Nummer 2 können erneut erbracht werden, wenn

---

698 *Hellrung* (2017), S. 256.

dies aus behinderungsbedingten Gründen erforderlich ist. [5]Hilfen nach Satz 1 umfassen auch Gegenstände und Hilfsmittel, die wegen der gesundheitlichen Beeinträchtigung zur Teilhabe an Bildung erforderlich sind. [6]Voraussetzung für eine Hilfsmittelversorgung ist, dass die leistungsberechtigte Person das Hilfsmittel bedienen kann. [7]Die Versorgung mit Hilfsmitteln schließt eine notwendige Unterweisung im Gebrauch und eine notwendige Instandhaltung oder Änderung ein. [8]Die Ersatzbeschaffung des Hilfsmittels erfolgt, wenn sie infolge der körperlichen Entwicklung der leistungsberechtigten Person notwendig ist oder wenn das Hilfsmittel aus anderen Gründen ungeeignet oder unbrauchbar geworden ist.

Die **Hilfen zur Schulbildung** an allgemeinbildenden Schulen in Nr. 1 sind weitgehend deckungsgleich mit der Vorgängervorschrift in § 54 Abs. 1 Nr. 1 SGB XII a.F. ausformuliert. Wie schon bisher ist Schuldbildung **auch über die Schulpflicht hinaus** an weiterführenden Schulen bis zur Erlangung der Hochschulreife umfasst. Abs. 1 Satz 4 SGB IX stellt klar, dass auch eine (hoch-)schulische **Zweitausbildung** unterstützt werden kann (Ermessen), sofern dies aus „behinderungstechnischen Gründen" erforderlich ist, also wenn der Ausübung des erlernten Berufes Barrieren entgegenstehen. 108

Entfallen ist hingegen die Beschränkung auf eine „angemessene" Schulbildung. Und auch die im Gesetzesentwurf noch vorgesehene, an § 12 Nr. 3 Halbsatz 2 EGH-VO angelehnte Voraussetzung, wonach „Hilfen nach Satz 1 [...] geleistet [werden], wenn zu erwarten ist, dass der Leistungsberechtigte das Teilhabeziel nach der Gesamtplanung erreicht",[699] ist im Zuge der Ausschussberatungen gestrichen worden. Zur Begründung für die Streichung wurde ausgeführt, dass sich auch Menschen mit Behinderungen „für weiterführende schulische und hochschulische Angebote entscheiden können [sollen], ohne zuvor einen Leistungs- und Befähigungsnachweis erbringen zu müssen".[700] Durch diesen Schritt wird in begrüßenswerter Weise die Unterstützungsfunktion der Eingliederungshilfe bei der selbstbestimmten individuellen Lebensplanung – hier speziell bezogen auf den Bildungsweg – betont. Entscheidend für den Bildungsverlauf sind neben den **individuellen Bildungs- und Berufszielen** (vgl. § 112 Abs. 2 Satz 1 Nr. 3 SGB IX) nur noch die schulrechtlichen Vorgaben **ohne gesonderte Eignungsprüfung** durch den Eingliederungshilfeträger. 109

Das bedeutet jedoch nicht, dass keine bildungsbezogenen Teilhabeziele mehr in der Gesamtplanung festgelegt werden, die **Gesamtplanung** soll vielmehr „unberührt" bleiben,[701] so dass Bildungsziele dort aufgenommen werden können, aber nicht müssen. Die **Beteiligung** der jeweiligen **Schule** an der Aufstellung des Gesamtplans ist zwar angesichts der offenen Formulierungen möglich (s. §§ 22 Abs. 1, 121 Abs. 3 SGB IX), aber weder sind der Eingliederungshilfeträger verpflichtet, die Schule einzubinden, noch diese, ihrerseits mitzuwirken. Eine strukturelle Zusammenarbeit und konsequente Abstimmung der beiden für die Schulbildung von Kindern und Jugendlichen mit Behinderungen entscheidenden Trägern ist weder auf der abstrakt-planerischen noch auf der Ebene des individuellen Bildungsweges bundeseinheitlich vorgegeben. 110

Bezogen auf die Hilfen zur Schuldbildung schreibt Abs. 1 Satz 3 die Regelung des § 12 Nr. 1 EGH-VO fort, wonach zur Ermöglichung oder auch zur Erleichterung des 111

---

699  BT-Drs. 18/9522, 77.
700  BT-Drs. 18/10523, 63.
701  BT-Drs. 18/10523, 63.

Schulbesuchs **heilpädagogische sowie sonstige Maßnahmen** umfasst sind, wobei die **bisherige Beschränkung** auf körperlich und geistige Beeinträchtigungen **entfallen** ist, als auch für Kinder und Jugendliche mit seelischen und mit Sinnesbeeinträchtigungen erbracht werden können. Außerdem erweitert Abs. 1 Satz 2 den Bereich der Schulbildung auf **schulische Ganztagsangebote** in der offenen Form, deren Besuch mit Maßnahmen der Eingliederungshilfe im Rahmen des Wunsch- und Wahlrechts nach § 104 SGB IX zu unterstützen ist. Da die Hilfe zur Schuldbildung nach Abs. 1 Nr. 1 gemäß § 138 Abs. 1 Nr. 4 SGB IX ohne Erhebung eines Beitrags aus dem Einkommen erbracht wird, gilt das auch für die nachmittäglichen Leistungen des Schulbegleiters im Rahmen der Ganztagsschule. Da Voraussetzung ist, dass das Ganztagsschulangebot an den stundenplanmäßigen Unterricht anknüpft, ist unklar, ob der in der Rechtsprechung bestehende Streit um die Bewilligung von Integrationshelfer\*innen für den Besuch offener Ganztagsschulangebote aufgrund von Abs. 1 Satz 2 erledigt ist oder andauern wird.[702]

112 Allerdings stößt das Sozialrecht bei der Verwirklichung von Teilhabechancen an der Schnittstelle zur Schulbildung auf Grenzen. Zur Erreichung des Ziels der Inklusion und der Umsetzung des Rechts auf Bildung nach Art. 24 BRK hat der Ausschuss der Vereinten Nationen für die Rechte von Menschen mit Behinderungen den **Abbau der Förderschulen** und die Festschreibung des (Wahl-)Rechts zum **Besuch einer Regelschule** empfohlen.[703] Allerdings reicht es für ein inklusives Bildungssystem nicht aus, Förderschulen zu schließen und die Regelschulen zu „öffnen", ohne aber dabei die Lehrerinnen und Lehrer zu schulen, Klassengrößen anzupassen und zusätzliches Personal zu beschäftigen. Derartige Rahmenbedingungen, die unter die Länderhoheit fallen, stellen aber umwelt- und – in Ermangelung entsprechender Fortbildungen – z.T. einstellungsbedingte Barrieren dar, die nicht zu Inklusion, sondern zu Frustration bei allen Beteiligten führen werden.

113 Sowohl für den **schulischen wie auch für den hochschulischen Bereich** umfassen die Leistungen zur Teilhabe an Bildung gemäß § 112 Abs. 1 Satz 5 ff. SGB IX – wie bei der Teilhabe am Arbeitsleben (s. § 3 Rn. 480) – auch die **Versorgung mit Gegenständen und Hilfsmitteln**, die Gebrauchsunterweisung, die Instandhaltung, Änderung und ggf. die Ersatzbeschaffung, soweit dies jeweils zur Teilhabe an Bildung erforderlich ist.

**2. (Hoch-)schulische Aus- und Weiterbildung für einen Beruf**

114 Sowohl Hilfen für eine schulische wie für eine hochschulische **Erstausbildung für einen Beruf** unterliegen – außer den in § 104 SGB IX genannten (s. Rn. 79 ff.) – keinen weiteren sozialrechtlichen Beschränkungen (zur Zweitausbildung s.o. Rn. 108). Die **einschränkenden Voraussetzungen** des § 13 Abs. 2 EGH-VO – erwartbare Zielerreichung, Erforderlichkeit des Ausbildungsweges, Prognose der Rentabilität – **sind entfallen**. Hingegen werden die Leistungen für den neu (ausdrücklich) in die Teilhabe

---

702 *Keil* SGb 2017, 452 m.w.N.
703 Ausschuss der Vereinten Nationen für die Rechte von Menschen mit Behinderungen, S. 9.

an Bildung aufgenommenen Bereich der schulischen und **hochschulischen beruflichen Weiterbildung** von bestimmten Voraussetzungen abhängig gemacht:

**§ 112 Leistungen zur Teilhabe an Bildung**

(2) [1]Hilfen nach Absatz 1 Satz 1 Nummer 2 werden erbracht für eine schulische oder hochschulische berufliche Weiterbildung, die

1. in einem zeitlichen Zusammenhang an eine duale, schulische oder hochschulische Berufsausbildung anschließt,
2. in dieselbe fachliche Richtung weiterführt und
3. es dem Leistungsberechtigten ermöglicht, das von ihm angestrebte Berufsziel zu erreichen.

[2]Hilfen für ein Masterstudium werden abweichend von Satz 1 Nummer 2 auch erbracht, wenn das Masterstudium auf ein zuvor abgeschlossenes Bachelorstudium aufbaut und dieses interdisziplinär ergänzt, ohne in dieselbe Fachrichtung weiterzuführen. [3]Aus behinderungsbedingten oder aus anderen, nicht von der leistungsberechtigten Person beeinflussbaren gewichtigen Gründen kann von Satz 1 Nummer 1 abgewichen werden.

Klargestellt ist damit, dass Menschen mit Behinderungen nicht entgegengehalten werden kann, sich mit dem Abschluss einer Erstausbildung zufrieden geben zu müssen. Vielmehr besteht in Abhängigkeit von dem **individuell angestrebten Berufsziel** grundsätzlich auch ein **Anspruch auf Hilfen zur Weiterbildung** im Anschluss an eine duale oder schulische Berufsausbildung bzw. zu einer akademischen Laufbahnen im Anschluss an ein Bachelorstudium, und zwar unabhängig davon, ob bereits Hilfen zur Teilhabe an Bildung durch die Eingliederungshilfe geleistet worden ist oder nicht.[704] D.h. vorausgesetzt wird eine konkrete Vorstellung, welcher Berufswunsch auf der Grundlage der Erstausbildung verbunden mit der Weiterbildung erreicht werden soll.   115

Voraussetzung ist zudem, dass die Weiterbildung **in dieselbe Fachrichtung** führt. Für ein **Masterstudium** wird diese Voraussetzung nach Abs. 2 Satz 2 gelockert: insoweit ist es ausreichend, dass es an ein Bachelorstudium anknüpft und dieses **interdisziplinär ergänzt**, ohne in dieselbe Fachrichtung zu führen. Allerdings ist die Beschränkung auf Masterstudiengänge nicht nachvollziehbar. Angesichts der erkennbaren gesetzgeberischen Absicht, durch den Abs. 2 nur weiterführende Qualifizierungen, aber keine Fachwechsel unterstützen zu wollen, sind aus Gründen der Gleichbehandlung auch andere Weiterbildungen jenseits eines Masterstudiums zu unterstützen, die – in Abhängigkeit von dem konkreten Berufsziel – die Erstausbildung um Kompetenzen aus anderen Fachrichtungen ergänzen.   116

Mit dem **zeitlichen Zusammenhang**, der nach Abs. 2 Satz 1 Nr. 1 zwischen der Erstausbildung und der Weiterbildung bestehen muss, sind ausweislich der Gesetzesbegründung keine maximale Zeitspanne zwischen diesen beiden Bildungsabschnitten gemeint, sondern vielmehr **Altersgrenzen**; in „Orientierung" an § 10 Abs. 3 Satz 1 BAföG sollen Weiterbildungen im Anschluss an eine Erstausbildung förderfähig sein, sofern die leistungsberechtigte Person zu deren Beginn das 30. Lebensjahr bzw. bei einem Masterstudium das 35. Lebensjahr **noch nicht vollendet** hat.[705] Aufgrund der Tatsache, dass im Gesetzestext selbst weder die Altersgrenzen genannt noch auf § 10 BAföG verwiesen wird und dessen Altersgrenzen laut der Gesetzesbegründung auch nur eine „Orientierung" darstellen sollen, handelt es sich jedoch um **keine strikten**   117

704 BT-Drs. 18/9522, 283 f.
705 BT-Drs. 18/9522, 283.

**Stichtagsregelungen**, sondern um Anhaltspunkte für eine Ermessensausübung, wobei eine Versagung der Weiterbildung vor Erreichen dieser Altersgrenzen jedenfalls als rechtswidrig anzusehen ist. Nach Abs. 2 Satz 3 kann der zeitliche Zusammenhang gänzlich außer Betracht bleiben, sofern für die Weiterbildung gewichtige Gründe bestehen, die von der leistungsberechtigten Person nicht zu beeinflussen sind. Neben den in § 10 Abs. 3 Satz 2 BAföG genannten Gründen für die Ausnahme von den o.g. Altersgrenzen kommen im Lebenslauf auftretende Barrieren in Betracht, die die weitere Ausübung des erlernten Berufes verhindern und die auch eine Zweitausbildung rechtfertigen würden (s. Rn. 108).

118 In Absatz 3 wurden die Regelungen aus § 13 Abs. 1 Nr. 7–9 EGH-VO übernommen, wonach die Hilfen zur (hoch-) schulischen Aus- und Weiterbildung auch die Hilfen zu solchen Leistungen umfassen, die die Bildungsmaßnahme zwingend voraussetzt (**Praktika**), diese sinnvoll vorbereitet (**Vorbereitungsmaßnahmen**) oder aber diese in alternativen Formen ermöglichen (**Fernstudium**).

### 3. Gemeinsame Erbringung an mehrere Leistungsberechtigte

119 Abs. 4 ermöglicht die gemeinsame Erbringung der **Leistungen zur Teilhabe an Bildung** an mehrere leistungsberechtigte Personen (sog. „Poolen" von Leistungen).

§ 112 Leistungen zur Teilhabe an Bildung

(4) [1]Die in der Schule oder Hochschule wegen der Behinderung erforderliche Anleitung und Begleitung können an mehrere Leistungsberechtigte gemeinsam erbracht werden, soweit dies nach § 104 für die Leistungsberechtigten zumutbar ist und mit Leistungserbringern entsprechende Vereinbarungen bestehen. [2]Die Leistungen nach Satz 1 sind auf Wunsch der Leistungsberechtigten gemeinsam zu erbringen.

120 Beschränkt ist die gemeinsame Erbringung auf Leistungen der **Anleitung und Begleitung**. Hilfeleistungen, die sich diesen Aspekten nicht zuordnen lassen, müssen individuell erbracht werden. Sofern das Poolen nicht dem Wunsch der Leistungsberechtigten entspricht (s. Abs. 4 Satz 2), ist es gleichwohl möglich, wenn es diesen nach § 104 SGB IX zumutbar ist (zur Zumutbarkeitsprüfung s. Rn. 83 ff.). Zudem ist Voraussetzung, dass die gemeinsame Leistungserbringung in Vereinbarungen des Eingliederungshilfeträgers mit Leistungserbringern nach dem 8. Kapitel des 2. Teils vorgesehen ist.

### VII. Soziale Teilhabe (2. Teil Kapitel 6)

121 Die Leistungen zur **Sozialen Teilhabe**, im bisherigen Recht noch als Leistungen zur Teilhabe am Leben in der Gemeinschaft bezeichnet (§ 55 SGB IX i.d.F. bis 31.12.2017), machen vom Umfang her den Großteil der Eingliederungshilfeleistungen aus.[706] Trotz des Nachranggrundsatzes der Sozialhilfe (§ 2 SGB XII), der mit Wirkung ab dem 1.1.2020 in die Eingliederungshilfe im 2. Teil des SGB IX übernommen wird (§ 91 SGB IX, s. Rn. 13 ff.), bleibt es angesichts des beschränkten Kreises der Leistungsberechtigten in der für die Soziale Teilhabe ebenfalls zuständigen Gesetzlichen Unfallversicherung, der Kriegsopferversorgung und der Kinder- und Ju-

---

706 Quelle: destatis 2015 b, 10.

gendhilfe (vgl. § 6 Abs. 1 Nr. 3, 4 und 6 i.V.m. § 5 Nr. 5 SGB IX) auch nach 2020 **faktisch** bei einer **Erstzuständigkeit der Eingliederungshilfe** für diese Leistungsgruppe. Dass das 6. Kapitel im 2. Teil des SGB IX dennoch nur drei Paragrafen umfasst, ist dadurch zu erklären, dass die Leistungsgruppe der Sozialen Teilhabe bereits im 1. Teil des SGB IX in den §§ 76–84 SGB IX sehr ausführlich ausgestaltet worden ist, so dass sich das entsprechende Kapitel in der Eingliederungshilfe darauf bezieht und nur Abweichungen bzw. Ergänzungen dazu regelt (vgl. § 113 Abs. 3 SGB IX). Während die Leistungen zur Mobilität eingeschränkt werden, wird mit den Besuchsbeihilfen ergänzend eine im 1. Teil nicht aufgeführte Leistung benannt. Hinsichtlich der Erbringung bestimmter Leistungen der Sozialer Teilhabe werden mit der Möglichkeit **Pauschaler Geldleistungen** sowie derjenigen des **Poolens von Leistungen** zwei Leistungsformen beschrieben, die **ausschließlich im Recht der Eingliederungshilfe** vorkommen und daher nicht bereits im 6. Kapitel des 1. Teils des SGB IX aufgenommen worden sind. Einen Fremdkörper bilden die in § 113 Abs. 4 SGB IX geregelte Übernahme der **Ausstattungskosten** für die Bereitstellung einer **Mittagsverpflegung** im Rahmen tagesstrukturierender Angebote (s. Rn. 126 ff.).

### 1. Leistungen der Sozialen Teilhabe (§ 113 SGB IX)

Anders als bei den anderen Leistungsgruppen im Rahmen der Eingliederungshilfe wird bei den **Leistungen zur Sozialen Teilhabe** deren bereits in § 90 Abs. 4 SGB IX definierte besondere Aufgabe in § 113 Abs. 1 SGB IX erneut aufgegriffen und konkretisiert:  122

§ 113 Leistungen zur Sozialen Teilhabe

(1) [1]Leistungen zur Sozialen Teilhabe werden erbracht, um eine gleichberechtigte Teilhabe am Leben in der Gemeinschaft zu ermöglichen oder zu erleichtern, soweit sie nicht nach den Kapiteln 3 bis 5 erbracht werden. [2]Hierzu gehört, Leistungsberechtigte zu einer möglichst selbstbestimmten und eigenverantwortlichen Lebensführung im eigenen Wohnraum sowie in ihrem Sozialraum zu befähigen oder sie hierbei zu unterstützen. [3]Maßgeblich sind die Ermittlungen und Feststellungen nach Kapitel 7.

Teil der Aufgabe ist demnach die **Befähigung zu und die Unterstützung** bei einer möglichst **selbstbestimmten und eigenverantwortlichen Lebensführung** (s. schon § 90 Abs. 1 SGB IX) im **eigenen Wohnraum** sowie in **ihrem Sozialraum**. Der eigene Wohnraum ist dabei ein Oberbegriff für sämtliche Formen des Wohnens von der eigenen Wohnung i.S.d § 42 a Abs. 2 Satz 2 SGB XII i.d.F. ab 1.7.2017 (s. § 2 Rn. 50) bis hin zu den besonderen Wohnformen, die gemäß § 42 a Abs. 2 Satz 3 SGB XII i.d.F. ab 2020 aus einem persönlichen Wohnraum und zusätzlichen Räumen zur gemeinsamen Nutzung bestehen (s. Rn. 225 ff.). D.h. diese Aufgabenstellung besteht auch im Kontext bisher als vollstationäre bezeichneter Einrichtungen und wird vielerorts eine Überarbeitung des bisherigen Arbeitskonzepts ebenso wie des Personalschlüssels erfordern (s. § 3 Rn. 273 f.). Ob in besonderen Wohnformen die Gemeinschaftsräume noch dem Begriff des „eigenen Wohnraums" unterfallen oder nicht, ist für die Teilhabeleistungen ohne Belang, denn jedenfalls sind sie Bestandteil des Sozialraums der leistungsberechtigten Person. Wie weit dieser reicht, ist hingegen unklar, da der Begriff trotz mehrfacher Verwendung (vgl. §§ 94 Abs. 3, 97 Satz 2 Nr. 2, 104 Abs. 1, 106 Abs. 2 Nr. 5 und 6 SGB IX) weder definiert noch mit einem Handlungskonzept  123 verbunden wird (s. Rn. 47). Dementsprechend ist der Begriff in § 113 Abs. 1 SGB IX im Einzelfall danach auszulegen, welche Angebote der örtlichen Infrastruktur die leistungsberechtigte Person erreichen möchte und in zumutbarer Weise mit Unterstützung erreichbaren kann.

124 Maßgeblich für die Leistungsentscheidung bezüglich der im Einzelfall erforderlichen Hilfen sind gemäß § 113 Abs. 1 Satz 3 SGB IX die im **Gesamtplanverfahren** vorgenommen Ermittlungen und getroffenen Feststellungen (s. § 3 Rn. 513). Dabei ist auch der weiterhin bestehende **Nachrang** der Leistungen der Sozialen Teilhabe gegenüber denjenigen der übrigen Leistungsgruppen in Kapitel 3–5 zu berücksichtigen.

125 Der **Leistungskatalog** in § 113 Abs. 2 SGB IX wiederholt wortgleich denjenigen des § 76 Abs. 2 SGB IX, ergänzt um die Besuchshilfen in der Ziffer 9. Laut Abs. 3 bestimmen sich die Leistungen nach den §§ 77–84 SGB IX, soweit in den §§ 114–116 SGB IX keine Abweichungen davon vorsehen. Auch im Rahmen der Eingliederungshilfe ist der Leistungskatalog der Sozialen Teilhabe – erkennbar am Signalwort „insbesondere" – **offen ausgestaltet**, um mit weiteren, unbenannten Leistungen alle anfallenden Bedarfe decken zu können. Insofern sind auch diejenigen Leistungen weiterhin Bestandteil der Eingliederungshilfe, die bis 2020 ausdrücklich in der EGH-VO ausformuliert waren, aber nicht in den Leistungskatalog der Eingliederungshilfe übernommen worden sind, u.a.

- der ausführliche Katalog der Hilfsmittel (§ 9 EGH-VO a.F.),
- die Allgemeine Ausbildung (§ 16 EGH-VO a.F.) und
- die Anleitung von Betreuungspersonen (§ 20 EGH-VO a.F.).

126 **§ 113 Leistungen zur Sozialen Teilhabe**

(4) Zur Ermöglichung der gemeinschaftlichen Mittagsverpflegung in der Verantwortung einer Werkstatt für behinderte Menschen, einem anderen Leistungsanbieter oder dem Leistungserbringer vergleichbarer anderer tagesstrukturierender Maßnahmen werden die erforderliche sächliche Ausstattung, die personelle Ausstattung und die erforderlichen betriebsnotwendigen Anlagen des Leistungserbringers übernommen.

Abs. 4 ist im Zusammenhang mit der Einführung der **neuen Mehrbedarfsregelung** im § 42 b Abs. 2 SGB XII i.d.F. ab 2020 (s. Rn. 235) zu sehen. Danach wird Leistungsberechtigten – ähnlich wie bei Schüler*innen nach § 34 Abs. 6 SGB XII bzw. § 28 Abs. 6 SGB II – für Mehraufwendungen bei gemeinsamer Mittagsverpflegung im Rahmen tagesstrukturierender Angebote ein Mehrbedarf gewährt. Diese Neuregelung entspricht dem Grundgedanken der Reform des BTHG, existenzsichernde Leistungen und Fachleistungen zu trennen. Bisher waren die Kosten der gemeinsamen Mittagsverpflegung Bestandteil der Eingliederungshilfe[707] und wurden dem Leistungserbringer im Rahmen der Grundpauschale mit vergütet.[708] Nunmehr wird die Bezahlung des Essens als Mehrbedarf dem Lebensunterhalt der Leistungsberechtigten zugeordnet. Dieser Mehrbedarf trägt dem Umstand Rechnung, dass im notwendigen Lebensunterhalt nach § 27 a SGB XII bzw. § 20 SGB II nur der Warenwert der Le-

---

707 BSG 9.12.2008 – B 8/9 b SO 10/07 R.
708 BT-Drs. 18/10523, 78.

bensmittel eingepreist ist, nicht aber der zusätzliche Kostenaufwand einer außerhäus-
lichen Verpflegung.[709]

Anders als bei der Schüler*innenversorgung ist der **Mehrbedarf** für die gemeinsame    127
Mittagsverpflegung von Menschen mit Behinderungen **pauschaliert** auf einen Betrag
von werktäglich rund 2,10 EUR (s. Rn. 235). Der Betrag wird in Anlehnung an den
Wert des Sachbezuges für das Mittagessen nach der Sozialversicherungsentgeltverord-
nung festgesetzt, abzüglich eines Eigenanteils für ersparte häusliche Aufwendungen
von 1 EUR je Mittagessen gemäß § 9 Abs. 3 RBEG i.d.F. ab 2020. Diese Pauschalierung soll der Verwaltungsvereinfachung dienen,[710] **deckt die Kosten** Zubereitung und
Bereitstellung des Mittagessens aber **lediglich anteilig** ab. Die dadurch nicht gedeck-
ten Kosten werden den **Fachleistungen der Eingliederungshilfe** zugeordnet,[711] wodurch die Träger der Eingliederungshilfe anteilig an den Kosten existenzsichernder
Leistungen beteiligt werden.

Die Kostenteilung läuft der beabsichtigten Trennung von Fach- und existenzsichern-    128
den Leistungen zu wider. Die Begründung dafür lautet, dass die „Finanzierung der im
Preis für ein Mittagessen enthaltenen Kosten für dessen Herstellung und Bereitstellung [...] im Rahmen der Lebensunterhaltsleistungen nach SGB XII und SGB II im
Sinne einer Ausnahmeregelung nur in begrenztem Umfang möglich" sei.[712] Diese Begrenzung wird allerdings bei Schüler*innen nicht vorgenommen, bei denen die Mehraufwendungen der gemeinschaftlichen Mittagsverpflegung in schulischer Verantwortung – abgesehen dem Eigenanteil gemäß § 9 Abs. 1 RBEG i.H.v. 1 EUR – ohne pau-
schalierende Begrenzung berücksichtigt wird. Während also die verbleibenden Kosten
der Mittagsverpflegung von Schüler*innen mit Anspruch nach § 34 Abs. 6 SGB XII
bzw. § 28 Abs. 6 SGB II vollständig vom jeweiligen Kostenträger der existenzsichernden Leistungen zu tragen sind, ist das bei den betroffenen Menschen mit Behinderungen nicht der Fall.

Ein Grund für die Ungleichbehandlung der Kostentragung könnte in der Leistungser-    129
bringung liegen. Während bei Schüler*innen die Mittagsverpflegung i.d.R. durch per-
sonalisierte Gutscheine oder aber durch Direktzahlungen an die Anbieter erbracht
werden (§ 34 a Abs. 2 Satz 1 SGB XII bzw. § 29 Abs. 1 Satz 1 SGB II), werden Mehrbedarfe wie derjenige nach § 42 b Abs. 2 SGB XII als Geldleistung an die leistungsberechtigte Person ausgezahlt. Aufgrund der Ausgestaltung der Mehrbedarfsregelung als
Pauschale ist die leistungsberechtigte Person frei in der Entscheidung über die Verwendung dieser Mittel ohne die Notwendigkeit eines Nachweises. D.h. der Kostenträger hat diesbezüglich auch keine Möglichkeit der Kostensteuerung. Indem die Kosten der gemeinsamen Mittagsverpflegung jedenfalls zum Teil in § 113 Abs. 4 SGB IX
zu Fachleistungen erklärt werden, werden sie hingegen anteilig zu Sachleistungen gemacht, deren Finanzierung vom Eingliederungshilfeträger mit dem Träger des Leistungserbringers im Rahmen des Vertragsrechts nach Kapitel 8 zu vereinbaren ist. Der

---

709  BT-Drs. 18/9522, 327. Hierbei ist zu berücksichtigen, dass im Gesetzesentwurf die Mehrbedarfsregelung
     noch im § 42 a SGB XII vorgesehen war.
710  BT-Drs. 18/9522, 327.
711  BT-Drs. 18/9522, 284. Bzgl. der Kostenbestandteile s. BT-Drs. 18/9522, 327.
712  BT-Drs. 18/9522, 327.

**Kostensteuerung** in der Eingliederungshilfe, einem erklärten Ziel des BTHG,[713] wäre somit der **Vorrang** vor der Selbstbestimmung der Leistungsberechtigten eingeräumt.

130 Der Vorrang der Selbstbestimmung wäre durch die leistungsberechtigte Person, die einen Anspruch auf den Mehrbedarf nach § 42 b Abs. 2 SGB XII hat, herstellbar, indem sie die Auszahlung des Kostenanteils nach § 113 Abs. 4 SGB IX für die Bereitstellung der gemeinsamen Mittagsverpflegung im Rahmen eines **Persönliches Budgets** an sich selbst beantragt. Denn dieser Anteil ist in § 113 Abs. 4 SGB IX als Fachleistung der Sozialen Teilhabe ausgestaltet, mit deren Hilfe die Versorgung von Menschen mit Behinderungen in tagesstrukturierenden Leistungsangeboten in Kombination mit § 42 b Abs. 2 SGB XII sichergestellt wird. Auf diesen Kostenanteil haben also Berechtigte bezüglich des genannten Mehrbedarfs einen Rechtsanspruch. Der Antrag auf solch ein Persönliches Budget nach §§ 105 Abs. 4, 29 SGB IX ist vor allem dann sinnvoll, wenn die leistungsberechtigte Person mit der angebotenen Sachleistung unzufrieden ist – sei es, weil das Essensangebot nicht ihren Präferenzen entspricht, oder weil sie es, wie andere Berufstätige auch, vorzieht, ihr Versorgung in der Mittagspause anderweitig außerhalb des Kreises der Kolleg*innen selber sicherzustellen.

## 2. Leistungen zur Mobilität (§ 114 SGB IX)

131 Die **Leistungen zur Mobilität** sind die einzigen der in den §§ 77–84 SGB IX genannten Leistungen der Sozialen Teilhabe, die im Rahmen der Eingliederungshilfe nur unter zusätzlich **einschränkenden Bedingungen** erbracht werden:

§ 114 Leistungen zur Mobilität

Bei den Leistungen zur Mobilität nach § 113 Absatz 2 Nummer 7 gilt § 83 mit der Maßgabe, dass

1. die Leistungsberechtigten zusätzlich zu den in § 83 Absatz 2 genannten Voraussetzungen zur Teilhabe am Leben in der Gemeinschaft ständig auf die Nutzung eines Kraftfahrzeugs angewiesen sind und

2. abweichend von § 83 Absatz 3 Satz 2 die Vorschriften der §§ 6 und 8 der Kraftfahrzeughilfe-Verordnung nicht maßgeblich sind.

132 Zum einen wird die zusätzliche Voraussetzung des **ständig Angewiesen-Seins** auf die Nutzung des Kfz aufgestellt. Begründet wird diese Einschränkung mit der **Sorge vor einer Leistungsausweitung** durch Inanspruchnahme von Leistungen zur Versorgung mit einem Kfz trotz nur vereinzelten oder gelegentlichen Bedarfs.[714] Hergeleitet wird die zusätzliche Anforderung aus § 8 Abs. 1 EGH-VO i.d.F. bis 31.12.2019, dem zufolge die Hilfe zur Beschaffung eines Kfz in angemessenem Umfang geleistet wird, wenn die leistungsberechtiget Person wegen Art oder Schwere ihrer Behinderung „insbesondere zur Teilhabe am Arbeitsleben" auf dessen Benutzung angewiesen ist.[715] Allerdings ist dort nur das Angewiesen-Sein Voraussetzung, die schon in der in § 83 Abs. 2 Satz 1 SGB IX genannten Voraussetzung der Unzumutbarkeit der Nutzung öffentlicher Verkehrsmittel implizit enthalten ist, ohne dabei eine zeitliche Kom-

---

713 BT-Drs. 18/9522, 3 (5, 191).

714 BT-Drs. 95/9522, 285.

715 Mach der Rechtsprechung des BSG bedeutet das Angewiesen-Sein auf ein Kfz, dass es „unentbehrlich zum Erreichen der Eingliederungsziele ist [...], die darin liegen (vgl § 53 Abs. 3 Satz 1 SGB XII), eine Behinderung oder deren Folgen zu beseitigen oder zu mildern und den behinderten Menschen in die Gesellschaft einzugliedern" (BSG 12.12.2013 – B 8 SO 18/12 R, Rn. 15 m.w.N.).

ponente zu enthalten. Hinzu kommt, dass dies gleichermaßen Voraussetzung für die berufliche wie für die soziale Reha ist. Somit ist die Hinzufügung des zeitlichen Kriteriums des ständig Angewiesen-Seins keine Schranke gegenüber Leistungsausweitungen, sondern eine **deutliche Leistungseinschränkung** gegenüber dem Rechtsstand vor 2020. Angesichts der Tatsache, dass Teilhabe am Arbeitsleben keine werktägliche Anwesenheit am Arbeitsplatz voraussetzt (z.B. bei Teilzeitbeschäftigung, vgl. § 164 Abs. 5 SGB IX), wäre auch eine entsprechende Anforderung eines werktäglichen Angewiesen-Seins im Rahmen der Sozialen Teilhabe unzulässig.

Des Weiteren ist darauf hinzuweisen, dass die Regelung des § 114 Nr. 1 SGB IX redaktionell unsauber formuliert ist, indem in der Ziffer 1 auf den gesamten Absatz 2 des § 83 SGB IX verweist. Die in dessen Satz 1 genannte Voraussetzung, die Unzumutbarkeit der Nutzung öffentlicher Verkehrsmittel, gilt gleichermaßen für die Beförderung durch Beförderungsdienste wie für die Leistungen für ein (eigenes) Kraftfahrzeug. Da auch Beförderungsdienste Kraftfahrzeuge verwenden und auch die Überschrift des § 114 SGB IX begrifflich diese Leistungen erfasst, besteht die Gefahr einer falschen Auslegung des § 114 Nr. 1 SGB IX dahingehend, dass auch Leistungen der Beförderungsdienste nur dann gewährt werden, wenn der Mensch mit Behinderungen ständig auf den Transport mit einem von deren Kraftfahrzeugen angewiesen ist. Dabei zielt die Regelung ausweislich der Gesetzesbegründung erkennbar nur auf die Leistungen für ein Kfz nach § 83 Abs. 1 Nr. 2 und Abs. 2 Satz 2 SGB IX ab.[716] **133**

§ 114 Nr. 2 SGB IX schränkt den Anwendungsbereich der Kraftfahrzeughilfe-Verordnung ein, die über § 83 Abs. 3 Satz 2 SGB IX auch im Rahmen der Sozialen Teilhabe zur Geltung kommt (bezüglich der Teilhabe am Arbeitsleben s. Rn. 106). Bezüglich der **Hilfe zur Beschaffung eines Kfz** sowie der **Hilfe zur Erlangung der Fahrerlaubnis** sollen nicht die Zuschussregelungen des § 6 bzw. des § 8 KfzHV Anwendung finden, sondern die **neuen Beitragsregelungen** nach dem 9. Kapitel des 2. Teils SGB IX (s. Rn. 154). **134**

### 3. Besuchsbeihilfen (§ 115 SGB IX)

Die bisher in § 54 Abs. 2 SGB XII geregelten **Besuchsbeihilfen**, mit Hilfe derer der Kontakt einer außerhäusig untergebrachten leistungsberechtigten Person zu seiner Herkunftsfamilie gewährleistet wird, werden inhaltsgleich in § 115 SGB IX übernommen. Wie schon bisher sind die Besuchsbeihilfen als **Ermessensleistungen** ausgestaltet („können … geleistet werden"). Da die Eingliederungshilfe mit dem Wechsel ins SGB IX ortsunabhängig und personenzentriert erbracht werden soll (s. Rn. 3), wird im Wortlaut nicht mehr auf die Inanspruchnahme von Hilfen in einer stationären Einrichtung abgestellt, sondern auf Leistungen für **Anbieter über Tag und Nacht**. D.h., im Fall einer eigenen Wohnung i.S.d. § 42 a Abs. 2 Satz 2 SGB XII kommen Besuchsbeihilfen auf der Grundlage des § 115 SGB IX nicht in Betracht. **135**

---

716 BT-Drs. 95/9522, 285.

### 4. Besondere Formen der Leistungserbringung (§ 116 SGB IX)

136 Im § 116 SGB IX sind mit den Regelungen über pauschale Geldleistungen und über die Gemeinsame Inanspruchnahme von Leistungen, dem sog. Poolen, **zwei besondere Formen der Leistungserbringung** vorgesehen, die nur innerhalb der Eingliederungshilfe und dort nur für einen jeweils **abgeschlossenen Katalog an Leistungen** der Sozialen Teilhabe erbracht werden können. D.h. andere als die in § 116 Abs. 1 und Abs. 2 SGB IX genannten Leistungen dürfen nicht in diesen Formen erbracht werden. Während die Erbringung durch pauschale **Geldleistungen nur mit Zustimmung** der leistungsberechtigten Person erfolgen kann, ist das **Poolen von Leistungen ggf. auch gegen den Willen** der Beteiligten möglich, sofern es ihnen zumutbar ist.

§ 116 Pauschale Geldleistung, gemeinsame Inanspruchnahme

(1) [1]Die Leistungen

1. zur Assistenz zur Übernahme von Handlungen zur Alltagsbewältigung sowie Begleitung der Leistungsberechtigten (§ 113 Absatz 2 Nummer 2 in Verbindung mit § 78 Absatz 2 Nummer 1 und Absatz 5),
2. zur Förderung der Verständigung (§ 113 Absatz 2 Nummer 6) und
3. zur Beförderung im Rahmen der Leistungen zur Mobilität (§ 113 Absatz 2 Nummer 7 in Verbindung mit § 83 Absatz 1 Nummer 1)

können mit Zustimmung der Leistungsberechtigten als pauschale Geldleistungen nach § 105 Absatz 3 erbracht werden. [2]Die zuständigen Träger der Eingliederungshilfe regeln das Nähere zur Höhe und Ausgestaltung der pauschalen Geldleistungen sowie zur Leistungserbringung.

137 Gemäß Abs. 1 wird der leistungsberechtigten Person ein pauschaler Geldbetrag zur eigenverantwortlichen Deckung ihres Bedarfes an den abschließend genannten Leistungen zur Verfügung gestellt. Anders als bei einem Persönlichen Budget wird dabei die Höhe der Pauschale nicht individuell bestimmt. Insoweit ist diese Form im Ansatz mit dem Pflegegeld nach § 37 SGB XI vergleichbar. Trotz des damit verbundenen Verzichts auf eine individuelle Leistungsbemessung kann die Form der pauschalen Geldleistung im Einzelfall vorteilhaft sein, wenn damit der **Bedarf verlässlich abgedeckt** wird und z.B. ein **geringerer bürokratischer Aufwand** einhergehen sollte. Es wird daher entscheidend auf die **Ausgestaltung** der Details der Pauschalen vor Ort, u.a. auf die Höhe, die Bindungsdauer und die Frage der Nachweispflichten, durch den zuständigen Eingliederungshilfeträger in Gestalt von **Verwaltungsvorschriften** ankommen (s. Rn. 89). Die Gewährung der o.g. Leistungen in Form von pauschalen Geldleistungen steht – nach erteilter **Zustimmung der leistungsberechtigten Person** – im **Ermessen des Eingliederungshilfeträgers**; ein Rechtsanspruch auf diese besondere Form der Leistungserbringung besteht nicht.

138 Durch pauschale Geldleistungen können nach Abs. 1 Leistungen der sog. „einfachen" **Assistenz** (§ 78 Abs. 2 Nr. 1 SGB IX, s. § 3 Rn. 277), die keine Fachkraftqualifikation erfordern, sowie die **Unterstützung einer ehrenamtlichen Tätigkeit** (§ 78 Abs. 5 SGB IX, s. § 3 Rn. 285 ff.), die **Förderung der Kommunikation aus besonderen Anlässen** (§ 82 SGB IX, s. § 3 Rn. 305 ff.), die zumindest Qualifikationen bezüglich spezieller Sprachen und Kommunikationsformen erfordern, und die **Beförderung** durch Beförderungsdienste (§ 83 Abs. 1 Nr. 1 SGB IX, s. § 3 Rn. 312 ff.) abgedeckt werden. Ob es sich bei diesem Katalog jeweils tatsächlich um „einfache und wiederkehrende

Leistungen"[717] handelt, deren Bedarf sich für die leistungsberechtigte Person ebenso vorab einschätzen lässt wie bei Beförderungsleistungen durch Transportunternehmen, erscheint angesichts der Bandbreite von Unterstützungsleistungen durch persönliche Assistenz zumindest fraglich.

Als weitere besondere Form der Leistungserbringung sieht § 116 SGB IX die **gemein-** **139** **same Inanspruchnahme von Leistungen** vor, die gemäß § 112 Abs. 4 SGB IX auch im Bereich der Hilfen zur Teilhabe an (hoch-)schulischer Bildung vorgesehen ist (s. Rn. 119 f.). Dabei wäre die Bezeichnung „gemeinsame Erbringung an mehrere Leistungsberechtigte" treffender, da diese Form auch gegen den Willen der Beteiligten vom Eingliederungshilfeträger angewendet werden kann (s. Rn. 143):

§ 116 Pauschale Geldleistung, gemeinsame Inanspruchnahme

(2) ¹Die Leistungen

1. zur Assistenz (§ 113 Absatz 2 Nummer 2),
2. zur Heilpädagogik (§ 113 Absatz 2 Nummer 3),
3. zum Erwerb und Erhalt praktischer Fähigkeiten und Kenntnisse (§ 113 Absatz 2 Nummer 5),
4. zur Förderung der Verständigung (§ 113 Absatz 2 Nummer 6),
5. zur Beförderung im Rahmen der Leistungen zur Mobilität (§ 113 Absatz 2 Nummer 7 in Verbindung mit § 83 Absatz 1 Nummer 1) und
6. zur Erreichbarkeit einer Ansprechperson unabhängig von einer konkreten Inanspruchnahme (§ 113 Absatz 2 Nummer 2 in Verbindung mit § 78 Absatz 6)

können an mehrere Leistungsberechtigte gemeinsam erbracht werden, soweit dies nach § 104 für die Leistungsberechtigten zumutbar ist und mit Leistungserbringern entsprechende Vereinbarungen bestehen. ²Maßgeblich sind die Ermittlungen und Feststellungen im Rahmen der Gesamtplanung nach Kapitel 7.

(3) Die Leistungen nach Absatz 2 sind auf Wunsch der Leistungsberechtigten gemeinsam zu erbringen, soweit die Teilhabeziele erreicht werden können.

Die Form der Gemeinsamen Leistungserbringung an mehrere leistungsberechtigte **140** Personen durch einen Leistungserbringer wird in der Praxis **insbesondere im Rahmen sog. besonderer Wohnformen** i.S.d. § 42 a Abs. 2 SGB XII i.d.F. ab 2020 relevant. Denn dort findet schon heute die gemeinsame Betreuung mehrerer Leistungsberechtigter statt. Auch künftig kann trotz der Personenzentrierung der Hilfen auf der Grundlage des § 116 Abs. 2 Nr. 1 SGB IX insbesondere die gesamte Bandbreite an Assistenzleistungen an mehrere Leistungsberechtigte gemeinsam erbracht werden (§ 113 Abs. 2 Nr. 2 i.V.m. § 78 SGB IX). Eine durchgehend individuelle persönliche Assistenz erscheint in solchen Zusammenhängen ebenso wenig zwingend wie bei den genannten Beförderungsleistungen, **solange** das **Selbstbestimmungsrecht** der Leistungsberechtigten und ihre wirksame **und volle gleichberechtigte Teilhabe gewährleistet** bleiben. Als weitere Anwendungsfälle werden die „kostenintensiven Leistungen wie Schulassistenten und Fahrdienste[n]" genannt.[718]

Da unter gemeinsamer Inanspruchnahme laut der Gesetzesbegründung tatsächlich **141** „gleiche Leistungen zum gleichen Zeitpunkt und am gleichen Ort" gemeint sind,[719] werden die Ziele des § 1 SGB IX jedoch immer schwieriger zu gewährleisten sein, je individueller der Bedarf ist, insbesondere bei Leistungen der qualifizierten Assistenz

---

717 BT-Drs. 18/9522, 280.
718 BMAS (2017a), S. 62.
719 BT-Drs. 18/9522, 285.

(§ 78 Abs. 2 Nr. 2 SGB IX, s. § 3 Rn. 272). Werden z.B. im Rahmen der begleiteten Elternschaft (s. § 3 Rn. 281) Wissen und Kompetenzen bezüglich der Pflege und Ernährung des Kindes vermittelt, ist das noch vorstellbar. Geht es dabei jedoch um Fragen der Paarbeziehungen, des Intimlebens oder unzulässiger Erziehungspraktiken, scheidet eine gemeinsame Erbringung unter Wahrung des Selbstbestimmungsrechts aus. Ebenso schwierig vorstellbar ist diese im Rahmen der Förderung der Kommunikation (§ 82 SGB IX), da diese Leistung auf besondere Anlässe beschränkt ist (u.a. Vertragsverhandlungen, Elternabende, Workshops zur Persönlichkeitsentwicklung s. § 3 Rn. 307), die i.d.R. nicht zum gleichen Zeitpunkt und am gleichen Ort stattfinden.

142 Sofern die beteiligten Leistungsberechtigten eine gemeinsame Leistungserbringung wünschen, ist diese gemäß § 116 Abs. 3 SGB IX zu erbringen. Diese Regelung ist eine Spezialvorschrift gegenüber § 104 Abs. 2 SGB IX, eine Angemessenheitsprüfung ist dementsprechend nicht vorzunehmen. Einzige Voraussetzung ist, dass dadurch die Teilhabeziele auch erreicht werden können. Unter dieser Bedingung besteht also ein **Rechtsanspruch auf eine gemeinsame Leistungserbringung.**

143 Umgekehrt kann diese jedoch **auch gegen den ausdrücklichen Willen** der beteiligten Leistungsberechtigten erfolgen, sofern ihnen das zumutbar ist, ist also nicht von ihrer Zustimmung abhängig. Weitere Voraussetzung ist gemäß § 116 Abs. 2 Satz 1 SGB IX, dass die gemeinsame Leistungserbringung in Vereinbarungen des Eingliederungshilfeträgers mit Leistungserbringern nach dem 8. Kapitel des 2. Teils vorgesehen ist. Während in der Literatur vertreten wird, dass eine konventions- und verfassungskonforme Auslegung der Zumutbarkeit ein Poolen von Leistungen gegen den Willen der Leistungsberechtigten ausschließe,[720] betont das BMAS, dass aufgrund des Wirtschaftlichkeitsgrundsatzes „nicht zwingend jedem Wunsch der Betroffenen entsprochen werden" kann.[721] Maßgebend für die **Zumutbarkeitsprüfung** sind die Ermittlungen und Feststellungen im Rahmen des Gesamtplanverfahrens laut § 116 Abs. 2 Satz 2 SGB IX, die also vorab anzustellen und zu treffen sind. Für die anschließende Prüfung der Zumutbarkeit wird auf die Regelung des § 104 SGB IX verwiesen. Relevant sind dabei dessen Abs. 1 Satz 1, wonach die **Besonderheiten des Einzelfalls** bestimmend sind, und dessen Abs. 3 (s. dazu Rn. 75 ff.).

144 Bedeutsam ist die Sonderregelung des in § 104 Abs. 3 Satz 2 SGB IX angeordneten **Vorrangs** der Leistungserbringung **außerhalb besonderer Wohnformen** auf Wunsch der einzelnen leistungsberechtigten Person (s. Rn. 83 ff.). Damit wird der Verpflichtung aller Hoheitsträger und Behörden Deutschlands aus Art. 19 Buchstabe a) BRK Rechnung getragen, wonach sie unter anderem zu gewährleisten haben, dass Menschen mit Behinderungen die gleichberechtigte Möglichkeit haben, ihren Aufenthaltsort zu wählen und zu entscheiden, wo und mit wem sie leben, „und **nicht verpflichtet sind, in besonderen Wohnformen zu leben".** Ist danach das Wohnen außerhalb besonderer Wohnformen zu erbringen, geht damit die zwingende Anordnung des § 104 Abs. 3 Satz 3 SGB IX einher, wonach in diesem Fall die im Zusammenhang mit dem

---

720 *Heinisch* NDV 2016, 540.
721 BMAS (2017 a), S. 62.

Wohnen stehenden **Assistenzleistungen** im Bereich der **Gestaltung sozialer Beziehungen** und der **persönlichen Lebensplanung** auf Wunsch der leistungsberechtigten Person **nicht gemeinsam zu erbringen sind.**[722] Bezüglich der davon erfassten Assistenzleistungen ist weder eine Zumutbarkeitsprüfung anzustellen noch eine Ermessensentscheidung zu treffen (s. Rn. 85).

Nur soweit die vorrangig zu beachtenden Bedingungen der § 104 Abs. 3 Satz 2 und 3    145
SGB IX nicht erfüllt sind, ist die **Zumutbarkeit** der gemeinsamen Leistungserbringung anhand der Besonderheiten des Einzelfalls gemäß § 104 Abs. 3 Satz 1 SGB IX zu **prüfen.** Dabei sind – trotz der Bezugnahme in § 104 Abs. Abs. 3 SGB IX auf Absatz 2 – **keine Angemessenheitsprüfung** und **kein Kostenvergleich** gemäß § 104 Abs. 2 SGB IX vorzunehmen. Denn es geht hier nicht um Wünsche einer leistungsberechtigten Person, sondern um eine Ermessensentscheidung des Eingliederungshilfeträgers bezüglich der Gestaltung der Leistung, der die Prüfung vorangestellt ist, ob den beteiligten Leistungsberechtigten eine gemeinsame Leistungserbringung zumutbar ist.

Wenn die Prüfung ergibt, dass die gemeinsame Leistungserbringung den beteiligten    146
Leistungsberechtigten zumutbar ist, sind im Rahmen der abschließenden **Ermessensentscheidung** die Ziele des § 1 SGB IX in den Blick zu nehmen, ob bei einer gemeinsamen Leistungserbringung das Selbstbestimmungsrecht der Leistungsberechtigten und ihre wirksame und volle gleichberechtigte Teilhabe gleichermaßen gewährleistet bleibt. In der Gesetzesbegründung ist – etwas hochtrabend – von einem „Recht zur gemeinsamen Inanspruchnahme" die Rede, das „nicht allein in das Ermessen des Leistungsträgers gestellt werden [kann]; vielmehr [...] der Leistungsberechtigte auf Augenhöhe an der Entscheidung beteiligt werden [muss]".[723] Auch wenn dies nichts an der im Gesetz normierten alleinigen Entscheidungskompetenz des Eingliederungshilfeträgers ändert, betont dies die Notwendigkeit, die leistungsberechtigten Personen im Rahmen des Gesamtplanverfahrens transparent in den Entscheidungsprozess einzubinden.

Nicht geregelt ist das **Zusammentreffen** der gemeinsamen Leistungserbringung **mit**    147
einem Antrag auf ein **Persönliches Budget.** Gemäß § 29 Abs. 1 SGB IX besteht ein unbedingter Rechtsanspruch auf die Gewährung der erforderlichen Leistungen als Geldleistung. Es steht dem Eingliederungshilfeträger daher nicht zu, den Antrag unter Verweis auf die gemeinsam an mehrere erbrachten Leistungen abzulehnen. Die **Höhe des Budgets** ist nach § 29 Abs. 2 Satz 6 SGB IX so zu bemessen, dass der individuelle Bedarf gedeckt wird. Zugleich soll es aber nach dessen Satz 7 die Kosten aller bisher individuell festgestellten Leistungen nicht überschreiten. Da die Kosten pro Person bei gemeinsamer Inanspruchnahme geringer ausfallen als bei einer jeweils individuellen Erbringung der Leistungen, fallen diese beiden Grenzwerte für die Höhe des Persönlichen Budgets zwangsläufig auseinander. Dabei ist dem Gesetzeswortlaut zufolge der höhere Betrag zu gewähren, denn der individuell festgestellte Bedarf muss ohne Einschränkungen gedeckt werden, während es sich bei der Deckelung der Kosten auf

---

722   So auch BMAS (2017a), S. 4 und 63.
723   BT-Drs. 18/9522, 285.

diejenigen der bisherigen Sachleistungen um eine Soll-Vorschrift handelt, von der in entsprechenden Konstellationen abzuweichen ist.

## VIII. Gesamtplanverfahren (2. Teil Kapitel 7)

148  In das Kapitel 7 des 2. Teils des SGB IX werden zum 1.1.2020 die Regelung zum Gesamtplanverfahren aus den §§ 141–145 SGB XII übernommen, die dort für die Übergangszeit vom 1.1.2018 bis zum 31.12.2019 geregelt sind. Da die Regelungen fast wortgleich ausgestaltet sind, sei bezüglich deren Handhabung und Umsetzung auf die dortigen Ausführungen verwiesen (s. § 3 Rn. 489 ff.) verwiesen. Die folgenden Ausführungen beschränken sich auf Abweichungen in den §§ 117 ff. SGB IX gegenüber den Regelungen im 18. Kapitel des SGB XII i.d.F. 2018–2019. Durchgängig wird der Begriff des Sozialhilfeträgers durch denjenigen des Eingliederungshilfeträgers ersetzt. Statt auf die Leistungen nach § 54 SGB XII wird nunmehr auf die Leistungen der Kapitel 3–6 verwiesen.

149  **Im Gesamtplanverfahren** nach § 117 Abs. 4 SGB IX hat die **Einbindung** des **Trägers existenzsichernder Leistungen** bei Anhaltspunkten für einen entsprechenden Bedarf verpflichtend zu erfolgen (vgl. § 3 Rn. 498). Gemäß dem zusätzlichen Abs. 5 hat die **Verständigung der Betreuungsbehörde** bei erkennbarem Betreuungsbedarf nach § 22 Abs. 5 SGB IX zu erfolgen, auch wenn kein Teilhabeplan zu erstellen ist.

150  Bei Durchführung einer **Gesamtplankonferenz** nach § 119 Abs. 2 SGB IX wird bezüglich der Beratung der Wünsche der leistungsberechtigten Person (Nr. 2) und des Beratungs- und Unterstützungsbedarfes (Nr. 3) nunmehr auf die Neuregelungen dieser Aspekte in den §§ 104 und 106 SGB IX verwiesen. Werden in der Beratung der Erbringung der Leistung (Nr. 4) auch die **Leistungen zum Lebensunterhalt** Gesprächsgegenstand, so ist dabei laut einem zusätzlichen zweiten Satz im Abs. 2[724] auch die **Höhe der Barmittel** festzulegen, die der leistungsberechtigten Person anteilig aus ihrem Regelbedarf § 27a Abs. 3 SGB XII (ab 2020 Regelbedarfsstufe 2, s. § 8 RBEG) zur freien Verwendung zu verbleiben haben. Denn mit der Trennung von existenzsichernden Leistungen und Fachleistungen gilt § 27b SGB XII und somit auch der **Barbetrag in stationären Einrichtungen** nach dessen Abs. 3 **für Volljährige in der Eingliederungshilfe nicht mehr.**[725] Für Minderjährige in stationären Einrichtungen wird mit § 27c SGB XII insofern eine Sonderregelung geschaffen, da bei diesen nicht die selbstbestimmte individuelle Lebensplanung, sondern die elterliche Sorge im Vordergrund stünde (s. Rn. 220).[726] Ohne eine Absprache der verbleibenden Barmittel droht den volljährigen Leistungsberechtigten bei Aufenthalt in einer besonderen Wohnform, deren Kosten für Unterkunft und Verpflegung sie aus ihren Grundsicherungsleistungen zu bestreiten haben, eine Schlechterstellung gegenüber dem bisherigen Recht mit einem garantierten Barbetrag. Findet keine Gesamtplankonferenz statt, sollte die leistungsberechtigte Person entsprechende Vorstellung bezüglich verbleibender Barmittel schriftlich gegenüber dem Eingliederungshilfeträger äußern, was dieser im Rahmen

---

724  Eingefügt im Rahmen der Ausschussberatungen, s. BT-Drs. 18/10523, 13 und 64.
725  BT-Drs. 18/9522, 332.
726  BT-Drs. 18/9522, 333.

seiner schriftlichen Ermittlung des Sachverhaltes nach § 119 Abs. 1 SGB IX aufzunehmen und zu würdigen hat.

In **§ 121 Abs. 2** SGB IX ist die Regelung, wonach der **Gesamtplan** der Leistungsabsprache nach § 12 SGB XII vorgeht, nicht mit übernommen worden. D.h. sofern die leistungsberechtigte Person weitere Hilfen nach dem SGB XII benötigen, z.B. existenzsichernde Leistungen, ist **zusätzlich** zum Gesamtplan eine **Leistungsabsprache** zu treffen **und** ggf. ein **Förderplan** zu erstellen. Da auch diese weiteren Hilfen für die selbstbestimmte Teilhabe der leistungsberechtigten Person relevant sind, ist es naheliegend, diese Instrumente auch nach dem 1.1.2020 miteinander zu verbinden bzw. aufeinander abzustimmen. Dies gilt umso mehr, als nach der in **Abs. 4** zusätzlich angefügten Nr. 6[727] das Ergebnis der Beratung über die **Höhe der Barmittel in Einrichtungen** (s. Rn. 150) ausdrücklich zum Gegenstand des Gesamtplans zu machen sind. Laut **Abs. 5** ist der leistungsberechtigten Person der **Gesamtplan zur Verfügung zu stellen** und ihr nicht lediglich die Einsichtnahme zu gestatten wie in § 144 SGB XII i.d.F. 2018–2019 (s. § 3 Rn. 522).

Das Instrument der **Teilhabezielvereinbarung** gemäß § 122 SGB IX könnte aufgrund der Antragsabhängigkeit der Eingliederungshilfe nach dem 2. Teil des SGB IX eine Anwendungsmöglichkeit finden. Da am Ende eines jeweiligen Bewilligungszeitraumes ohnehin ein neuer Antrag nach § 108 SGB IX gestellt und ein neues Gesamtplanverfahren durchgeführt werden muss, könnten in der Teilhabezielvereinbarung innerhalb längerfristiger Bewilligungszeiträume verbindliche Intervalle vereinbart werden, nach deren Ablauf ein Abgleich stattfindet, ob die bewilligten Leistungen wie geplant zur Erreichung der vereinbarten Teilhabeziele geführt hat. Ist das nicht der Fall, wäre entsprechend nachzusteuern, wobei die **Leistungen** gemäß § 108 Abs. 2 SGB IX vom Eingliederungshilfeträger **von Amts wegen anzupassen** wären, da die geänderten Bedarfe im Rahmen des Gesamtplanverfahrens ermittelt würden.

## IX. Vertragsrecht (2. Teil Kapitel 8)

Das neue **Vertragsrecht** in der Eingliederungshilfe in den §§ 123–134 SGB IX tritt bereits **zum 1.1.2018 in Kraft,** um dem jeweiligen, durch Landesrecht bestimmten Eingliederungshilfeträger und den Trägern der Reha-Dienste und -einrichtungen den Abschluss von Leistungs- und Vergütungsvereinbarungen nach neuem Recht noch vor Inkrafttreten der „Eingliederungshilfe neu" zu ermöglichen. Die Hinweise zur Umsetzung des neuen Vertragsrechtes finden sich daher im Kapitel § 3 (s. Rn. 337 ff.). Inhaltliche Änderungen zum 1.1.2020 gibt es nicht, allerdings ist ab diesem Zeitpunkt die **Sozialgerichtsbarkeit auch ausdrücklich** für die „Angelegenheiten nach Teil 2 des SGB IX" **zuständig** (s. Rn. 247) und damit für Klagen gegen Schiedssprüche der Schiedsstelle nach § 126 Abs. 2 Satz 3 SGB IX.

151

152

153

---

727  Eingefügt im Rahmen der Ausschussberatungen, s. BT-Drs. 18/10523, 13 (64).

## X. Einkommen und Vermögen (2. Teil Kapitel 9)

154 Eingliederungshilfe wird auch künftig grundsätzlich **nicht als Nachteilsausgleich** unabhängig von der finanziellen Situation der antragstellenden Person gewährt, vielmehr ist auch **weiterhin eigenes Einkommen und Vermögen einzusetzen**. Somit bleibt die **Eingliederungshilfe** trotz gegenüber der Einkommens- und Vermögensanrechnung im SGB XII veränderter Systematik und höherer Grenz- bzw. Freibeträge **Teil des Fürsorgerechts** (s. Rn. 2). Sowohl die Berechnung des zugrunde zu legenden Einkommens als auch die Ermittlung des einzusetzenden Teils des Einkommens erfolgt im Vergleich zum SGB XII nach einer **neuen (Eigen-)Beitrags-Systematik**, die die folgenden wesentlichen Elemente beinhaltet:

- ■ Bemessung des Einkommens anhand der **steuerrechtlichen Einkünfte** des Vorvorjahres (s. Rn. 158 ff.),
- ■ Festlegung **nach Einkommensarten gestaffelter Einkommensgrenzen** (s. Rn. 165 ff.) zuzüglich Partner- und Kinderzuschlägen (Rn. 171 ff.),
- ■ **Dynamisierung** der Einkommensgrenzen durch prozentualen Anteil an der jährlich neu zu festzusetzenden Bezugsgröße der Sozialversicherung (s. Rn. 167 ff.),
- ■ Festlegung eines **Pauschalbeitrages** von 2 % des Einkommens oberhalb der Einkommensgrenze (s. Rn. 178 ff.) und
- ■ **Entrichtung** des Eigenbeitrages **direkt an den Leistungserbringer** (s. Rn. 180 ff.).

155 Laut der Gesetzesbegründung wurden diese Parameter für den Einkommenseinsatz auf der Grundlage statistischer Daten des Bundesfinanzministeriums so berechnet und ausgestaltet, dass „in durchschnittlichen Fällen im Vergleich zum bisherigen Recht eine **deutliche Besserstellung** erfolgt".[728] D.h., trotz weiterhin erforderlicher Eigenbeteiligung wird damit in Aussicht gestellt, dass für Leistungsberechtigte der Eingliederungshilfe, die **in der Lage sind und die Chance dazu bekommen, Einkommen zu erzielen**, i.d.R. ein geringerer Teil davon für die Leistung der Eingliederungshilfe eingesetzt werden muss als bisher.[729] Zudem bleibt ggf. vorhandenes **Partnereinkommen weitgehend unberücksichtigt** (s. Rn. 166). Für Personen, die bereits am 31.12.2019 Leistungen der Eingliederungshilfe beziehen, gelten gemäß § 150 SGB IX übergangsweise die Regelungen des 11. Kapitels des SGB XII, wenn und solange das danach einzusetzende Einkommen geringer ausfällt als der nach neuem Recht aufzubringende Eigenbeitrag (Günstigkeitsprinzip, s. Rn. 215). **Bestimmte Leistungsarten** – insbesondere aus der Leistungsgruppe der medizinischen und der beruflichen Reha – sind wie schon nach bisherigem Recht **vom Einsatz eigenen Einkommens** (fast) gänzlich **ausgenommen** (s. Rn. 187 ff.).

156 Die Regelungen zur Ermittlung des grundsätzlich zu berücksichtigenden **Vermögens** wurden nicht nur aus dem SGB XII übernommen, sondern bezüglich des sog. **Schonvermögens** wird direkt auf den entsprechenden **Katalog des § 90 Abs. 2 SGB XII** verwiesen. Hinsichtlich des **Barbetrages** erfolgt jedoch kein Verweis auf das SGB XII und die Barbetragsverordnung, sondern es wird unmittelbar im SGB IX ein Betrag von mehr als 50.000 EUR von der Anrechnung ausgenommen (s. Rn. 195 f.). Positiv her-

---

728 BT-Drs. 18/9522, 301, Hervorhebung vom Verfasser.
729 Vgl. die Fallbeispiele bei BMAS (2017a), S. 53 f.

vorzuheben ist auch, dass **keine Anrechnung von Partnervermögen** mehr vorgesehen ist(s. Rn. 198).

Die Verbesserungen bezüglich des Einsatzes eigenen Einkommens und Vermögens er- 157 reichen allerdings nur diejenigen, die in der Lage sind, ihren Lebensunterhalt aus eigenen Mitteln zu bestreiten. Dies dürfte insbesondere für Eltern von minderjährigen Kindern gelten, deren Einkommen nach § 136 Abs. 1 SGB IX auch weiterhin (mit) herangezogen wird. Sofern hingegen neben den Fachleistungen der Eingliederungshilfe auch noch **Leistungen zur Sicherung des Lebensunterhaltes**, insbesondere der Grundsicherung nach dem 4. Kapitel des SGB XII, in Anspruch genommen werden, gelten weiterhin die strengeren Regelungen zur **Einkommens- und Vermögensanrechnung des SGB XII**.[730] D.h. ggf. erzieltes Einkommen unterhalb der Hilfebedürftigkeitsschwelle ist bis auf die Erwerbstätigenfreibeträge nach § 82 Abs. 3 SGB XII (s. § 2 Rn. 65 ff.) vorrangig einzusetzen. Und ggf. vorhandenes Vermögen, das zwar unter der deutlich angehobenen Freigrenze bezüglich der Fachleistungen der Eingliederungshilfe bleibt, ist bezüglich der Sozialhilfe nur bis zu der zum 1.4.2017 angehobenen, aber dennoch deutlich niedrigeren Höhe der Barbetragsverordnung freigestellt, d.h. bis zu jeweils 5.000 EUR pro leistungsberechtigter Person und Partner*in, ggf. zuzüglich 500 EUR je minderjährigem Kind.[731] D.h. ein **Großteil der derzeitigen Leistungsberechtigten** der Eingliederungshilfe **wird** von den Neuregelungen des 9. Kapitels des 2. Teils des SGB IX **nicht profitieren**.[732]

## 1. Einkommen (§ 135 SGB IX)

Zur Bestimmung dessen, welches Einkommen beim neuen Beitragsverfahren zu be- 158 rücksichtigen ist, wird – anders als im § 82 SGB XII – kein eigener **Einkommensbegriff** definiert, sondern auf denjenigen des **Einkommensteuerrechts** zurückgegriffen:

§ 135 Begriff des Einkommens

(1) Maßgeblich für die Ermittlung des Beitrages nach § 136 ist die Summe der Einkünfte des Vorvorjahres nach § 2 Absatz 2 des Einkommensteuergesetzes sowie bei Renteneinkünften die Bruttorente des Vorvorjahres.

(2) Wenn zum Zeitpunkt der Leistungsgewährung eine erhebliche Abweichung zu den Einkünften des Vorvorjahres besteht, sind die voraussichtlichen Jahreseinkünfte des laufenden Jahres im Sinne des Absatzes 1 zu ermitteln und zugrunde zu legen.

Ebenfalls im Unterschied zu § 82 Abs. 1 SGB XII werden **keine Einkunftsarten** von 159 vornherein aus der Betrachtung **ausgeklammert**. Die Bezugnahme auf die **Einkünfte des Vorvorjahres** (bezogen auf den Zeitpunkt des nach § 108 SGB IX erforderlichen Antrags) dient dabei der Verwaltungsvereinfachung. Diese Einkünfte lassen sich im Wesentlichen allein durch den **Einkommensteuerbescheid** oder den Rentenbescheid nachweisen. Das bedeutet eine deutlichere Erleichterung gegenüber den bisherigen Nachweisen zur Ermittlung der Einkommenssituation.

Nur wenn sich die Einkünfte in der Zwischenzeit aufgrund von Veränderungen der 160 persönlichen Situation erheblich verändert haben, ist vom Eingliederungshilfeträger

---

730  So auch BMAS (2017a), S. 3.
731  So auch BMAS (2017a), S. 59.
732  So auch *Keil* SGb 2017, 451; *Wersig* KJ 2016, 555 f.

gemäß Abs. 2 das voraussichtliche Jahreseinkommen zu ermitteln, wobei die antrag-stellende Person gemäß § 60 Abs. 1 SGB I zur Angabe aller relevanten Tatsachen, Mitteilung von Änderungen und zur Angabe bzw. Vorlage entsprechender Nachweise verpflichtet ist. Erfasst werden sollen dadurch ebenso **erhebliche Abweichungen** der Einkünfte **nach unten**, z.B. durch zwischenzeitliche Arbeitslosigkeit, Reduzierung der Arbeitszeit bzw. der selbstständigen Geschäftätigkeit, Renteneintritt o.ä., als auch solche **nach oben**, z.B. durch erstmalige Aufnahme einer Beschäftigung oder einer selbstständigen Tätigkeit oder durch einen Wechsel des Arbeitsplatzes. Nicht erfasst werden sollen hingegen Einkommensschwankungen bei unveränderten Rahmenbe-dingungen der persönlichen Situation.[733] D.h. **unerhebliche Abweichungen** der Ein-kommenssituation im Vergleich zum Vorvorjahr finden erst im Rahmen der Beitrags-festsetzung des auf die Antragstellung folgenden Jahres Berücksichtigung. Aufgrund der **pauschalen Betrachtungsweise** findet **kein nachträglicher Ausgleich** statt, weder in Form von Erstattung zu viel entrichteter Beiträge bei gesunkenem Einkommen noch durch Nacherhebung bei gestiegenem Einkommen.

161 Die in Abs. 1 genannte und in Abs. 2 übernommene **Summe der Einkünfte** im Sinne des § 2 Abs. 2 EStG setzt sich zusammen aus:

a) bei Land- und Forstwirtschaft, **Gewerbebetrieb und selbstständiger Arbeit** aus dem Gewinn, wobei die Gewinnermittlung im Wesentlichen durch Ermittlung des Überschusses der Betriebseinnahmen im Vergleich zu den Betriebsausgaben (im Detail anhand der §§ 4–7 k und 13 a EStG) erfolgt, und

b) bei den **anderen Einkunftsarten** dem Überschuss der Einnahmen über die Wer-bungskosten.

162 Bei den **anderen Einkunftsarten** werden vom **Bruttoeinkommen** aus Gründen der Vereinfachung im Wesentlichen folgende **Werbungskostenpauschalen** ohne Nach-weispflicht abgezogen (§ 9 a EStG):

■ bei Einnahmen aus nichtselbstständiger Arbeit (s. § 19 Abs. 2 EStG) ein Arbeit-nehmer-Pauschbetrag von 1 000 EUR,

■ bei Renteneinkünften (sog. Versorgungsbezügen, § 19 Abs. 2 EStG) ein Pauschbe-trag von 102 EUR sowie

■ bei Einkünften aus Kapitalvermögen (Zinsen, Aktiendividenden u.ä.) ein Sparer-Pauschbetrag von 801 EUR, wobei bezüglich der Kapitaleinkünfte im Einzelfall keine höheren Werbungskosten geltend gemacht werden können gemäß § 20 Abs. 9 EStG.

163 Die antragstellende Person hat allerdings die Möglichkeit, höhere Werbungskosten i.S.d. § 9 EStG geltend zu machen und nachzuweisen.

164 Anders als bei der Feststellung des zu berücksichtigenden Einkommens in der Sozial-hilfe findet **keine Absetzung weiterer Beträge** wie z.B. Steuern oder (Sozial-) Versiche-rungsbeiträge statt, d.h. die Bemessungsgrundlage des Beitragsverfahrens ist, sowohl die zu berücksichtigenden Arten des Einkommens betreffend als auch deren Umfang, deutlich breiter. Die in der Gesetzesbegründung vorhergesagte Besserstellung bei der

---

733 BT-Drs. 18/9522, 301.

Einkommensberücksichtigung in durchschnittlichen Fällen im Vergleich zum SGB XII (s. Rn. 155) ist also durch die Festsetzung der Höhe der Einkommensgrenze möglich, oberhalb der ein Beitrag zu leisten ist, und/oder die Festsetzung der Höhe dieses Beitrages zu bewirken.

### 2. Beitrag aus Einkommen zu den Aufwendungen (§ 136 SGB IX)

Ob ein Beitrag aus Einkommen zu erbringen ist, hängt davon ab, ob das nach § 135 SGB IX ermittelte Einkommen die nach Einkunftsarten (Abs. 2) und der Anzahl der zu berücksichtigen Personen (Abs. 3–5) gestaffelt festgelegten Einkommensgrenzen übersteigt. Die Höhe des Beitrags wird dann erst in einem nächsten Schritt nach § 137 SGB IX bestimmt.   **165**

§ 136 Beitrag aus Einkommen zu den Aufwendungen

(1) Bei den Leistungen nach diesem Teil ist ein Beitrag zu den Aufwendungen aufzubringen, wenn das Einkommen im Sinne des § 135 der antragstellenden Person sowie bei minderjährigen Personen der Eltern oder des Elternteils im Haushalt lebenden Eltern oder des Elternteils die Beträge nach Absatz 2 übersteigt.

(2) Ein Beitrag zu den Aufwendungen ist aufzubringen, wenn das Einkommen im Sinne des § 135 überwiegend

1. aus einer sozialversicherungspflichtigen Beschäftigung oder selbstständigen Tätigkeit erzielt wird und 85 Prozent der jährlichen Bezugsgröße nach § 18 Absatz 1 des Vierten Buches übersteigt oder
2. aus einer nicht sozialversicherungspflichtigen Beschäftigung erzielt wird und 75 Prozent der jährlichen Bezugsgröße nach § 18 Absatz 1 des Vierten Buches übersteigt oder
3. aus Renteneinkünften erzielt wird und 60 Prozent der jährlichen Bezugsgröße nach § 18 Absatz 1 des Vierten Buches übersteigt.

Gemäß Abs. 1 kommt es für das Beitragsverfahren grundsätzlich **nur** auf die **Einkünfte der volljährigen antragstellenden Person** an, nicht **jedoch auf die Einkünfte einer Partnerin oder eines Partners**. Dieses findet nach Abs. 4 nur bezüglich der Frage Berücksichtigung, ob die Einkommensobergrenze um einen Partnerzuschlag erhöht wird oder nicht (s. Rn. 172 f.). Ist die antragstellende Person **minderjährig**, wird neben ihrem eigenen auch das **Einkommen ihrer Eltern** berücksichtigt, sofern sie mit in **deren Haushalt** lebt, oder bei getrennt lebenden Eltern das Einkommen **des Elternteils**, in **dessen Haushalt** sie lebt.[734] Da der Wortlaut dieser Regelung redaktionell misslungen ist, erfolgt die obige Auslegung bezüglich des relevanten gemeinsamen Haushalts unter Berücksichtung des Abs. 5 als auch in Anlehnung an die Parallelvorschrift des § 85 Abs. 2 Satz 2 und 3 SGB XII.   **166**

Die Höhe der Einkommensgrenze wird gemäß Abs. 2 anteilig an der **jährlichen Bezugsgröße der Sozialversicherung** nach § 18 Abs. 1 SGB IV bemessen. Die Bezugsgröße ist ein Rechenwert, der in den verschiedenen Zweigen der Sozialversicherung die Grundlage verschiedener Grenzwerten wie z.B. der Beitragsbemessungsgrenzen bildet. Berechnet wird die Bezugsgröße anhand des Durchschnittsentgelts der gesetzlichen Rentenversicherung im vorvergangenen Kalenderjahr. Da dieses jährlich steigt, steigt auch die Bezugsgröße und mit ihr die prozentual berechneten Einkommens-   **167**

---

734 *Hellrung* (2017), S. 233 ff., 263, 266 m.w.N. zufolge verstößt die finanzielle Inpflichtnahme der Eltern über das Existenzminimum hinaus auch für die Fachleistungen der Eingliederungshilfe gegen Art. 6 Abs. 2 GG.

grenzen in der Eingliederungshilfe. Indem Abs. 2 bewusst nur auf die Bezugsgröße nach § 18 Abs. 1 SGB IV verweist, gelten die gestaffelten **Einkommensgrenzen bundeseinheitlich.**

168 Welcher **Prozentsatz** der Nummern 1–3 zur Anwendung kommt, hängt von der **Art des Einkommens** ab. Sofern Einkünfte aus verschiedenen Einkunftsarten erzielt werden, kommt es angesichts des Wortes „überwiegend" in der Einleitung des Abs. 2 darauf an, bei welcher Einkunftsart der höchste Bruttobetrag zu verzeichnen ist. Der höhere Prozentsatz von 85 % der Nr. 1 gegenüber demjenigen von 75 % der Nr. 2 ist so zu erklären, dass dadurch der Abzug der Sozialversicherungsbeiträge bzw. bei Selbstständigen der Abzug der Aufwendungen zur Risikovorsorge ausgeglichen wird. Demgegenüber ist der Prozentsatz bei Renteneinkünften mit 60 % deutlich herabgesetzt. Dies hat zum Ziel, ein Anreiz dafür zu setzen, trotz einer Behinderung erwerbstätig zu sein.[735]

169 Ausgehend von der Bezugsgröße im Jahr 2017 i.H.v. 35.700 EUR beträgt die jährliche Einkommensgrenze:

a) 30.345 EUR bei sozialversicherungspflichtiger Beschäftigung und selbstständiger Tätigkeit,

b) 26.775 EUR bei nicht-sozialversicherungspflichtiger Beschäftigung und

c) 21.420 EUR bei Renteneinkünften

170 Durch diese Einkommensgrenzen, bis zu denen kein Beitrag zu den Aufwendungen der Eingliederungshilfe zu leisten ist, soll den leistungsberechtigten Personen über den bloßen Lebensunterhalt hinaus auch die **Aufrechterhaltung einer angemessenen Lebensführung** ermöglicht werden.[736] Im Vergleich zu den genannten Grenzwerten beträgt die maximale Einkommensgrenze im Sozialhilferecht nach § 85 Abs. 1 SGB XII für einen Einpersonenhaushalt mit einem Grundbetrag i.H. des Zweifachen der Regelbedarfsstufe (2 x 409 EUR = 818/Monat) zuzüglich der Aufwendungen für die Unterkunft, die anhand des Höchstbetrages für Miete nach § 12 Abs. 1 WoGG in der Mietstufe VI mit 522 EUR/Monat anzusetzen ist, im Jahr 16.080 EUR. D.h., die Einkommensgrenzen des § 136 Abs. 2 SGB IX liegen deutlich, z.T. sehr deutlich, über diesem Wert. Allerdings ist angesichts der deutlich breiteren Bemessungsgrundlage (s. Rn. 164) ohne Kenntnis der den Berechnungen zugrunde gelegten Daten nicht nachzuvollziehen, ob und ggf. inwieweit bereits durch die neuen Einkommensgrenzen eine Besserstellung im Vergleich zum bisherigen Recht erreicht wird.

171 Hat die antragstellende Person eine **Partnerin bzw. einen Partner** und/oder lebt sie mit einem/mehreren **unterhaltsberechtigten Kind/ern** in einem Haushalt, erhöhen sich die Einkommensgrenzen nach folgender Maßgabe:

§ 136 Beitrag aus Einkommen zu den Aufwendungen

(3) Die Beträge nach Absatz 2 erhöhen sich für den nicht getrennt lebenden Ehegatten oder Lebenspartner, den Partner einer eheähnlichen oder lebenspartnerschaftsähnlichen Gemeinschaft um 15 Prozent sowie für jedes unterhaltsberechtigte Kind im Haushalt um 10 Prozent der jährlichen Bezugsgröße nach § 18 Absatz 1 des Vierten Buches.

---

735 BT-Drs. 18/9522, 302.
736 BT-Drs. 18/9522, 302.

(4) [1]Übersteigt das Einkommen im Sinne des § 135 einer in Absatz 3 erster Halbsatz genannten Person den Betrag, der sich nach Absatz 2 ergibt, findet Absatz 3 keine Anwendung. [2]In diesem Fall erhöhen sich für jedes unterhaltsberechtigte Kind die Beträge nach Absatz 2 um 5 Prozent der jährlichen Bezugsgröße nach § 18 Absatz 1 des Vierten Buches.

D.h. bei Vorhandensein einer **Partnerin/eines Partners** werden auf den im Einzelfall an- 172 zuwendenden prozentualen Anteil der Bezugsgröße nach Abs. 2 Nr. 1, 2 oder 3 noch **15 % aufgeschlagen.** Im Fall der Nr. 1 beträgt also die Einkommensgrenze 100 % und ist damit gleich groß wie die Bezugsgröße. **Für jedes Kind** kommt noch ein **Aufschlag von jeweils 10 %** dazu, vorausgesetzt, es lebt im selben Haushalt wie die antragstellende Person und ist ihr gegenüber unterhaltsberechtigt. Hingegen ist es nicht entscheidend, ob das Kind minderjährig ist und ob die antragstellende Person ihm tatsächlich (Natural- oder Bar-)Unterhalt leistet.

Diese Zuschläge gelten grundsätzlich auch, wenn die Partnerin/der Partner **eigenes** 173 **Einkommen** erzielt. Liegt dieses Einkommen jedoch **oberhalb des Anteils an der Bezugsgröße,** der sich durch Anwendung des für dieses Einkommen relevanten Prozentsatzes nach Abs. 2 Nr. 1, 2 oder 3 ergibt, **entfällt der Partnerzuschlag,** da diese*r sich allein unterhalten kann. Zugleich **halbiert sich der Zuschlag für** jedes unterhaltsberechtigte, im Haushalt lebende **Kind** auf 5 %. Eigenes Einkommen der Kinder wirkt sich nicht auf die Einkommensgrenze aus.

**Abs. 5** enthält eine **Sonderregelung** für den Fall, dass die antragstellende Person min- 174 derjährig ist und **mit beiden Elternteilen** in einem Haushalt lebt.

§ 136 Beitrag aus Einkommen zu den Aufwendungen

(5) [1]Ist der Leistungsberechtigte minderjährig und lebt im Haushalt der Eltern, erhöht sich der Betrag nach Absatz 2 um 75 Prozent der jährlichen Bezugsgröße nach § 18 Absatz 1 des Vierten Buches für jeden Leistungsberechtigten. [2]Die Absätze 3 und 4 sind nicht anzuwenden.

Während bei volljährigen Antragstellenden lediglich nur ein Einkommen zu Grunde 175 gelegt wird, wird nach Abs. 1 das **Einkommen beider Eltern** gemeinsam berücksichtigt. Der 15-prozentige Zuschlag nach Abs. 3 wird laut der Gesetzesbegründung insoweit als unzureichendes Korrektiv eingestuft, um einen zu leistenden Beitrag zu ermitteln, der demjenigen einer volljährigen leistungsberechtigten Person entspricht.[737] Daher wird stattdessen als Ausgleich auf die für die überwiegende Einkommensart relevante Einkommensgrenze nach Abs. 2 pauschal ein **Zuschlag von 75 % der Bezugsgröße** hinzugerechnet, so dass sich in Verbindung mit Abs. 2 Nr. 1 ein Prozentsatz von 160 %, mit Nr. 2 ein Prozentsatz von 150 % und mit der Nr. 3 ein Prozentsatz von 135 % ergibt.

Gleichzeitig wird die Anwendung der **Zuschlagsregelung nach Abs. 3 bzw. 4 ausge-** 176 **schlossen.** Bezüglich des Partnereinkommens ist dies konsequent, da dieses bereits in Abs. 5 Satz 1 Berücksichtigung gefunden hat. Problematisch ist der Ausschluss jedoch mit Blick auf die minderjährige antragstellende Person und mögliche weitere **unterhaltsberechtigte Kinder im Haushalt.** Da Abs. 3 nicht anzuwenden ist, **finden** ihre Kosten des Lebensunterhalts der angemessenen Lebensführung **keine Berücksichtigung** bei der Ermittlung der Einkommensgrenze. Denn der pauschalierte Zuschlag

---

737  BT-Drs. 18/9522, 302.

von 75 % dient nur als Korrektiv für die Einbeziehung des Einkommens des zweiten Elternteils und lässt die Anzahl möglicher unterhaltsberechtigte Kinder unberücksichtigt. Ein sachlicher Grund für die Nichtberücksichtigung ist auch der Gesetzesbegründung nicht zu entnehmen, somit **verstößt** die **Ungleichbehandlung** gegenüber den Fällen volljähriger leistungsberechtigter Personen mit unterhaltsberechtigten Kindern **gegen das Gleichbehandlungsgebot des Art. 3 Abs. 1 GG.** Es liegt daher nah, § 136 Abs. 5 Satz 2 SGBB IX **verfassungskonform** dahingehend **auszulegen**, dass die Anwendung der Abs. 3 und 4 nur hinsichtlich des zweiten Elternteils ausgeschlossen ist, und für jedes gegenüber den Eltern unterhaltsberechtigtes Kind die Einkommensgrenze nach Abs. 4 Satz 2 um 5 % erhöht wird.

177  Lebt die minderjährige antragstellende Person nur bei einem Elternteil, kommt die Sonderregelung des Abs. 5 nicht zur Anwendung. Bei **Alleinerziehenden** wird die Einkommensgrenze anhand der überwiegenden Einkommensart – i.d.R. wird es sich dabei um das Einkommen des Elternteils handeln – nach Abs. 2 gebildet und um einen 10 %igen Zuschlag für die minderjährige antragstellende Person und ggfs. jedes weitere unterhaltsberechtigte Kind im Haushalt erhöht.

### 3. Höhe des Beitrages zu den Aufwendungen (§ 137 SGB IX)

178  Ist das zu berücksichtigende Einkommen (§ 135 SGB IX) höher als die individuellen Einkommensgrenze (§ 136 SGB IX), ist von der leistungsberechtigten Person ein **Beitrag zu den Aufwendungen der Eingliederungshilfe** zu leisten:

§ 137 Höhe des Beitrages zu den Aufwendungen

(1) Die antragstellende Person im Sinne des § 136 Absatz 1 hat aus dem Einkommen im Sinne des § 135 einen Beitrag zu den Aufwendungen nach Maßgabe der Absätze 2 und 3 aufzubringen.

(2) [1]Wenn das Einkommen die Beträge nach § 136 Absatz 2 übersteigt, ist ein monatlicher Beitrag in Höhe von 2 Prozent des den Betrag nach § 136 Absatz 2 bis 4 übersteigenden Betrages als monatlicher Beitrag aufzubringen. [2]Der nach Satz 1 als monatlicher Beitrag aufzubringende Betrag ist auf volle 10 Euro abzurunden.

179  Die Höhe des monatlichen Beitrags ist festgelegt auf **2 %** des die individuelle Einkommensgrenze **übersteigenden Einkommens.** Dass im Abs. 2 nur auf die Abs. 2–4 des § 136 SGB IX verwiesen wird, und nicht auch auf Abs. 5, ist ein redaktionelles Versehen. Denn es ist kein Grund erkennbar, weswegen minderjährige leistungsberechtigte Personen, die mit beiden Eltern in einem Haushalt leben, keinen Beitrag in dieser Höhe leisten sollten. Der Beitragssatz ist vom Eingliederungshilfeträger verbindlich in dieser Höhe anzuwenden. Ihm ist dabei **kein Ermessen** eingeräumt, er hat den rechnerischen rechnerisch **ermittelten Betrag** jedoch **abzurunden** auf den nächsten durch 10 teilbaren Betrag.

180  § 137 Höhe des Beitrages zu den Aufwendungen

(3) Der Beitrag ist von der zu erbringenden Leistung abzuziehen.

(4) [1]Ist ein Beitrag von anderen Personen aufzubringen als dem Leistungsberechtigten und ist die Durchführung der Maßnahme der Eingliederungshilfeleistung ohne Entrichtung des Beitrages gefährdet, so kann im Einzelfall die erforderliche Leistung ohne Abzug nach Absatz 3 erbracht werden. [2]Im Umfang des Beitrages sind die Aufwendungen zu ersetzen.

Der **Abzug des Beitrages von den Leistungen** nach Abs. 3 bedeutet, dass in der Eingliederungshilfe künftig ein **Netto-Prinzip** gilt, d.h. der Träger der Eingliederungshilfe leistet nur den Anteil an der Vergütung, der nicht durch den Einkommensbeitrag der leistungsberechtigten Person bzw. ggf. deren Eltern gedeckt ist.[738] Allerdings werden der leistungsberechtigten Person aufgrund des Sachleistungsprinzips (s. § 3 Rn. 339) für die Inanspruchnahme von Fachleistungen **typischerweise keine konkreten Geldbeträge bewilligt** (mit Ausnahme des Persönlichen Budgets und von Kostenerstattungen), sondern die Kostenübernahme für Fachleistungsstunden oder Betreuungsleistungen durch Zuordnung des Bedarfs zu einem der im Landesrahmenvertrag festgelegten Leistungstyp und die Einstufung der leistungsberechtigten Person in eine Hilfebedarfsgruppe. Die Bewilligung eines konkreten Betrages dürfte mit Blick auf die wettbewerbliche Relevanz der mit dem Leistungserbringer vereinbarten Vergütungshöhe auch problematisch sein. Da somit die geschuldete Sachleistung und der von der leistungsberechtigten Person zu aufzubringende Beitrag ihrem Gegenstand nach nicht gleichartig sind, ist ein „**Abzug**" des Beitrags von den zu erbringenden Leistungen **begrifflich nicht möglich**. In der Praxis können Eingliederungshilfeträger den § 127 Abs. 3 SGB IX jedoch dadurch umsetzen, indem sie im Bewilligungsbescheid die **Erklärung der Kostenübernahme** für die zu erbringenden Leistungen im Umfang des von der leistungsberechtigten Person aufzubringenden Beitrags **beschränken**. Dass der Eingliederungshilfeträger nicht zunächst die Kosten der gesamten Leistung übernehmen und den Eigenanteil von der leistungsberechtigten Person einfordern soll, ergibt sich aus Abs. 4, der eine **Vorleistungspflicht des Eingliederungshilfeträgers** bezüglich der gesamten Leistung mit anschließendem Kostenersatzanspruch **nur im Ausnahmefall** (s. Rn. 184 ff.) zulässt.

Aufgrund der Abhängigkeit des Vergütungsanspruches des Leistungserbringers gegen den Eingliederungshilfeträger vom „Betrag" der bewilligten Leistungen nach § 127 Abs. 1 Satz 2 SGB IX verringert dieser sich im Umfang des abzuziehenden Eigenanteils. Diesen **Differenzbetrag** kann der **Leistungserbringer von der leistungsberechtigten Person** auf Grundlage des zwischen ihnen geschlossenen zivilrechtlichen Vertrages (s. § 3 Rn. 348) per Rechnung verlangen. Das bedeutet, dass er das Risiko trägt, ob die leistungsberechtigte Person diesen Beitrag an ihn zahlen kann, will und es auch tut. Auch für die leistungsberechtigte Person nimmt durch diese selbst zu tätigenden **Zahlungen an den Leistungserbringer** der Verwaltungsaufwand zu, zugleich erhält sie dadurch – zumindest theoretisch – ein Druckmittel gegenüber dem Leistungserbringer bezüglich der pflichtgemäßen Durchführung der Betreuung und somit **ein Stück Kundensouveränität** (s. auch Rn. 182). 181

Sofern der Leistungserbringer Pflichten aus dem zivilrechtlichen Vertragsverhältnis nicht, nicht fristgemäß oder sonst nicht ordnungsgemäß erbringt und der leistungsberechtigten Person dadurch ein Schaden entsteht, z.B. indem bezahlte Leistungsbestandteile nicht erbracht worden sind, kann sie ein Schadensersatzanspruch auf der Grundlage von §§ 280 ff. BGB geltend machen. Dieser Anspruch ist unabhängig von einer Wirtschaft- und Qualitätsprüfung nach § 128 SGB IX. Werden bei so einer Prü- 182

---

738  BT-Drs. 18/9954, 32.

fung Pflichtverletzungen festgestellt, die den Eingliederungshilfeträger zur Kürzung der Vergütung nach § 129 SGB IX berechtigen, stellt sich der Zusammenhang zwischen dem Erstattungsanspruch einer leistungsberechtigten Person nach § 129 Abs. 2 SGB IX und seinem Schadensersatzanspruch nach § 280 BGB als hoch komplex dar – nicht zuletzt wegen der unterschiedlichen zu beschreitenden Rechtswege. Ebenfalls komplex droht die Situation zu werden, wenn die leistungsberechtigte Person, die einen eigenen Beitrag zu leisten hat, zur Deckung ihrer Bedarfe nicht nur einen, sondern **mehrere Leistungserbringer** benötigt und/oder auswählt. § 138 Abs. 2 SGB IX legt diesbezüglich fest:

§ 138 Besondere Höhe des Beitrages zu den Aufwendungen

(2) Wenn ein Beitrag nach § 137 aufzubringen ist, ist für weitere Leistungen im gleichen Zeitraum oder weitere Leistungen an minderjährige Kinder im gleichen Haushalt nach diesem Teil kein weiterer Beitrag aufzubringen.

183 Dadurch soll sichergestellt werden, dass der nach § 137 SGB IX zu leistende Beitrag der Höhe nach nicht mehr als einmal im Monat aufzubringen ist. Hingegen klärt dies nicht, wie bei Inanspruchnahme mehrerer Leistungserbringer der Eigenbeitrag zu verteilen ist. Werden die Leistungen gleichzeitig bewilligt, kann der Eingliederungshilfeträger den Eigenanteil entweder vollständig im Rahmen der Kostenübernahme für die Maßnahme(n) eines Leistungserbringers berücksichtigen, oder aber anteilig verteilt auf die verschiedenen Leistungserbringer. Erforderlich ist in beiden Fällen eine **eindeutige Zuordnung**, aus der hervorgeht, welchen Vergütungsanteil der einzelne Leistungserbringer vom Einrichtungshilfeträger erhält und welchen er ggf. von der leistungsberechtigten Person einfordern muss, bzw. umgekehrt, **wie viel die leistungsberechtigte Person an wen zu bezahlen hat**. Werden mehrere Leistungen nacheinander bewilligt, hat der Eingliederungshilfeträger den Eigenanteil im Rahmen der Bewilligung der ersten Maßnahme in Ansatz bringen.

184 § 137 Abs. 4 SGB IX regelt eine **Vorleistungspflicht des Eingliederungshilfeträgers** bezüglich der gesamten Leistung bzw. genau genommen der gesamten Vergütung – trotz Beitragspflicht nach § 137 Abs. 3 SGB IX. Dies ist dann der Fall, wenn der Beitrag nicht von der leistungsberechtigten Person selbst, sondern von einer dritten Person „aufzubringen" ist und die Erbringung der Eingliederungshilfeleistung durch den Leistungserbringer ohne die Zahlung des Beitrags „gefährdet" ist. Laut der Gesetzesbegründung zielt das **insbesondere** auf **minderjährige leistungsberechtigte Personen**, deren Eltern(-teil) den Beitrag nicht oder nicht zur Gänze bezahlen bzw. bezahlt.[739] Die Vorleistungspflicht soll gewährleisten, dass Leistungen der Eingliederungshilfe insbesondere minderjährigen leistungsberechtigten Person rechtzeitig und umfassend gewährt und nicht etwa aufgrund finanzieller Erwägungen ihrer Angehörigen unterbleiben oder hinausgezögert werden.[740] Eine Vorleistungspflicht in anderen Fällen, wie in der Parallelregelung des § 92 Abs. 1 SGB XII vorgesehen, enthält das SGB IX nur im Rahmen der Sonderregelung für minderjährige Leistungsberechtigte und in Sonderfällen (s. Rn. 207).

---

739  BT-Drs. 18/9522, 302.
740  Vgl. *Bieritz-Harder* in Bieritz-Harder/Conradis/Thie LPK-SGB XII § 92 Rn. 1.

Da die Durchführung jeder Maßnahme der Eingliederungshilfe ohne den bezahlten **185** Beitrag gefährdet ist, weil ein wirtschaftlich denkender Leistungserbringer diese ablehnen muss, ist das **Merkmal der Gefährdung** auszulegen i.S. **konkreter Anhaltspunkte** dafür, dass der Beitrag nicht entrichtet wird, z.B. weil dies in der Vergangenheit bereits wiederholt der Fall war, es eine entsprechende Ankündigung seitens der Eltern gab oder aber weil dem Eingliederungshilfeträger bekannt ist, dass die Eltern nicht zahlen können. Mit der Verpflichtung einer anderen Person zur „**Aufbringung**" **des Beitrags** ist nicht der Übergang der Zahlungspflicht von der leistungsberechtigten Person auf jemand anderen gemeint, sondern das Bereitstellen-Müssen der notwendigen Mittel zur Erfüllung der Zahlungspflicht der leistungsberechtigten Person, z.B. aufgrund der elterlichen Unterhaltspflicht nach § 1601 BGB. In diesem Sinne ist jedoch auch ein rechtlicher Betreuer, dem nach § 1901 Abs. 1 BGB die Vermögenssorge für eine leistungsberechtigte Person übertragen worden ist, verpflichtet, den Beitrag der leistungsberechtigten Person zu den Aufwendungen der Eingliederungshilfe nach § 137 Abs. 3 SGB IX aufzubringen. D.h., auch in diesen Fällen ist der Eingliederungshilfeträger zur Vorleistung verpflichtet, wenn und soweit er Anhaltspunkte dafür hat, dass der Beitrag von der rechtlichen Betreuungsperson nicht an den Leistungserbringer geleistet wird.

Aufgrund seiner Vorleistung erwirbt der Eingliederungshilfeträger nach Abs. 4 Satz 2 **186** einen **Kostenerstattungsanspruch** in dem Umfang, in dem er den Eigenbeitrag der leistungsberechtigten Person erfüllt hat. Dieser Anspruch richtet sich gegen den zur Aufbringung der Mittel verpflichteten Dritten.[741]

### 4. Besondere Höhe des Beitrages zu den Aufwendungen (§ 138 SGB IX)

Im § 138 SGB IX werden verschiedene Konstellationen benannt, in denen ein von der **187** Grundregel des § 137 SGB IX abweichender bzw. überhaupt kein Beitrag geleistet werden muss.

§ 138 Besondere Höhe des Beitrages zu den Aufwendungen

(1) Ein Beitrag ist nicht aufzubringen bei

1. heilpädagogischen Leistungen nach § 113 Absatz 2 Nummer 3,
2. Leistungen zur medizinischen Rehabilitation nach § 109,
3. Leistungen zur Teilhabe am Arbeitsleben nach § 111 Absatz 1,
4. Leistungen zur Teilhabe an Bildung nach § 112 Absatz 1 Nummer 1,
5. Leistungen zur schulischen oder hochschulischen Ausbildung oder Weiterbildung für einen Beruf nach § 112 Absatz 1 Nummer 2, soweit diese Leistungen in besonderen Ausbildungsstätten über Tag und Nacht für Menschen mit Behinderungen erbracht werden,
6. Leistungen zum Erwerb und Erhalt praktischer Kenntnisse und Fähigkeiten nach § 113 Absatz 2 Nummer 5, soweit diese der Vorbereitung auf die Teilhabe am Arbeitsleben nach § 111 Absatz 1 dienen,
7. Leistungen nach § 113 Absatz 1, die noch nicht eingeschulten leistungsberechtigten Personen die für sie erreichbare Teilnahme am Leben in der Gemeinschaft ermöglichen sollen,
8. gleichzeitiger Gewährung von Leistungen zum Lebensunterhalt nach dem Zweiten oder Zwölften Buch oder nach § 27a des Bundesversorgungsgesetzes.

Abs. 1 benennt eine Reihe von Leistungen, bei denen von den leistungsberechtigten **188** Personen **überhaupt kein eigener Beitrag** verlangt wird. Der Katalog entspricht in-

---

741 BT-Drs. 18/9522, 302.

haltlich demjenigen in § 92 Abs. 2 Satz 1 SGB XII,[742] wurde sprachlich jedoch an die neuen Leistungstatbestände und deren neuen Standorte im Gesetz angepasst. Die Leistungen der Leistungsgruppe der **medizinischen Rehabilitation** (Nr. 2) werden vollständig ohne Eigenbeitrag erhoben. Zudem umfassen diese in der Eingliederungshilfe zusätzlich die an sich der Leistungsgruppe der unterhaltssichernden und anderen ergänzenden Leistungen zugeordneten Sachleistungen Reha-Sport, Funktionstraining, Reisekostenübernahme, Betriebs- oder Haushaltshilfe und Kinderbetreuungskosten (§ 109 i.V.m. § 64 Abs. 1 Nr. 3 – 6 SGB IX). Ebenso beitragsfrei erbracht werden die Leistungen der Leistungsgruppe der **Teilhabe am Arbeitsleben** (Nr. 3), mit Ausnahme ggf. erforderlicher Hilfsmittel (§ 111 Abs. 2 SGB IX), aber einschließlich der neuen Leistungen bei anderen Leistungsanbietern (s. § 3 Rn. 231 ff.) und dem Budget für Arbeit (s. § 3 Rn. 238). Und auch die Gruppe der **Leistungen zur Teilhabe an Bildung** werden **überwiegend** ohne Aufbringung eines Eigenbeitrages gewährt (Nr. 4 und 5), allerdings mit der Einschränkung, dass Leistungen zur schulischen oder hochschulischen Ausbildung oder Weiterbildung für einen Beruf nach § 112 Abs. 1[743] Nr. 2 SGB IX nur in Kombination mit einer Internatsunterbringung beitragsfrei gestellt sind. Aus der **Leistungsgruppe der Sozialen Teilhabe** werden weiterhin jedoch nur einzelne **ausgewählte Leistungen** unabhängig von einem Eigenbeitrag erbracht (Nr. 1, 6 und 7). Generell ist aufgrund der neu eingefügten Nr. 8 kein eigener Beitrag aufzubringen, wenn die leistungsberechtigte Person gleichzeitig existenzsichernde Leistungen nach dem SGB II, dem SGB XII oder § 27a BVG erhält, um zu gewährleisten, dass durch den Beitrag für die Aufwendungen der Eingliederungshilfe nicht die Mittel für den notwendigen Lebensunterhalt entzogen werden.[744] Die in Abs. 1 aufgeführten Leistungen werden gemäß § 140 Abs. 3 SGB IX auch **ohne Berücksichtigung vorhandenen Vermögens** erbracht. Nicht übernommen wurden die Regelungen über die für den häuslichen Lebensunterhalt ersparten Aufwendungen wie in §§ 92 Abs. 2 Satz 3 ff., 92a SGB XII, da die Eingliederungshilfe nur noch Fachleistungen umfasst, Leistungen zum Lebensunterhalt ggf. nach dem SGB II bzw. SGB XII zu erbringen sind (zur diesbezüglichen Sonderregelung für minderjährige Leistungsberechtigte und in Sonderfällen s. Rn. 205 ff.).

189 § 138 Besondere Höhe des Beitrages zu den Aufwendungen

(2) Wenn ein Beitrag nach § 137 aufzubringen ist, ist für weitere Leistungen im gleichen Zeitraum oder weitere Leistungen an minderjährige Kinder im gleichen Haushalt nach diesem Teil kein weiterer Beitrag aufzubringen.

(3) Bei einmaligen Leistungen zur Beschaffung von Bedarfsgegenständen, deren Gebrauch für mindestens ein Jahr bestimmt ist, ist höchstens das Vierfache des monatlichen Beitrages einmalig aufzubringen.

---

742  Vgl. insoweit auch BT-Drs. 18/9522, 303, wo sich auch eine „Synopse" zwischen der alten und der neuen Nummerierung findet.
743  Durch das BVGuaÄndG wurde der zunächst fehlerhafte Verweis in § 138 Abs. 1 Nr. 5 SGB IX auf den 2. Absatz des § 112 korrigiert (Art. 23 Nr. 4 BVGuaÄndG, BT-Drs. 18/12611, 35). Hinsichtlich des vorgesehenen Inkrafttretens zum 1.1.2018 (vgl. Art. 31 Abs. 3 BVGuaÄndG, BT-Drs. 18/12611, 68) handelt es sich jedoch um ein redaktionelles Versehen, denn die Vorschrift steht im 9. Kapitel des 2. Teils des SGB IX, welches insgesamt erst am 1.1.2020 in Kraft tritt.
744  BT-Drs. 18/9522, 303.

Durch Abs. 2 wird klargestellt, dass ein nach § 137 SGB IX aufzubringender **Eigenbeitrag nur einmal pro Monat** und nicht bei Bedarf an mehreren Leistungen pro Leistungen aufzubringen ist (s. Rn. 182 f.).

Die in Abs. 3 getroffene Regelung für die einmalige **Anschaffung von Bedarfsgegenständen** mit einer Gebrauchsdauer von mindestens einem Jahr[745] entspricht inhaltsgleich derjenigen des § 87 Abs. 3 SGB XII. Auch nach neuem Recht liegt es im Ermessen des Eingliederungshilfeträgers gemäß § 137 Abs. 2 SGB IX, in welchem Umfang von bis zu maximal vier Monatsbeiträgen eine Beteiligung verlangt wird.    190

**§ 138 Besondere Höhe des Beitrages zu den Aufwendungen**    191

(4) [1]Wenn eine volljährige nachfragende Person Leistungen bedarf, ist von den Eltern oder dem Elternteil ein Beitrag in Höhe von monatlich 32,08 Euro aufzubringen. [2]§ 94 Absatz 2 Satz 3 und Absatz 3 des Zwölften Buches gilt entsprechend.

Die **Beitragspflicht von Eltern(-teilen) einer volljährigen antragstellenden Person** in Höhe eines absoluten monatlichen Betrages in Abs. 4 ist gleich in mehrfacher Hinsicht **systemfremd**. So sind nach der Grundregel des § 136 Abs. 1 SGB IX nur die Eltern bzw. der Elternteil einer minderjährigen leistungsberechtigten Person zur Aufbringung eines Beitrages verpflichtet, dies zudem nur dann, wenn ihr Einkommen oberhalb der nach § 136 Abs. 2–5 SGB IX zu ermittelnden Grenzen liegt. Die Regelung ist, wie schon die Verweise in Abs. 4 Satz 2 erkennen lassen, dem § 94 Abs. 2 Satz 1 SGB XII nachgebildet. Allerdings regelt § 94 Abs. 2 SGB XII keine besondere Höhe eines aufzubringenden Eigenbeitrags, der im Sozialhilferecht so gar nicht vorgesehen ist, sondern eine **Privilegierung von Eltern** bezüglich des **Übergangs von Unterhaltsansprüchen** ihrer volljährigen Kinder auf den Sozialhilfeträger.

Die Auslegung des Abs. 4 bereitet erhebliche Schwierigkeiten. Eine **wortwörtliche Anwendung der Regelung** kann weder gewollt sein, noch stünde sie im Einklang mit dem Gleichbehandlungsgebot des Art. 3 Abs. 1 GG. Denn das würde bedeuten, dass immer dann, wenn eine volljährige Person Leistungen der Eingliederungshilfe erhält, deren Eltern einen Beitrag in Höhe eines absoluten, aufgrund des Verweises auf § 94 Abs. 2 Satz 3 SGB XII mit jeder Kindergelderhöhung anzupassenden Betrages aufbringen müssten. Würde dieser Eltern-Beitrag zusätzlich zum Eigenbeitrag der volljährigen Person verlangt, würde die Grenze des § 138 Abs. 2 SGB IX von einem Beitrag im Monat überschritten. Es wäre eine ungerechtfertigte Schlechterstellung gegenüber den Eltern minderjähriger Kinder, und der Leistungserbringer erhielte zudem mehr, als ihm zustünde. Träte der Elternbeitrag hingegen vollständig an die Stelle des Eigenbeitrags der volljährigen Person, wäre dies umgekehrt eine ungerechtfertigte Besserstellung gegenüber den Eltern minderjähriger Kinder – und gegenüber volljährigen Leistungsberechtigten, die keine Eltern mehr haben. Denkbar wäre noch die dazwischen liegende Variante, wonach der Eigenbeitrag der volljährigen leistungsberechtigten Person um denjenigen seiner Eltern vermindert wird. Dadurch wäre zwar Beitragsgerechtigkeit hergestellt, die Sinnhaftigkeit der Verschiebung der Beitragslast innerhalb der Familien jedoch nicht erschlossen. Alle Varianten wären auch praktisch nur unter erheblichen Schwierigkeiten umsetzbar, da der Eigenbeitrag direkt an den    192

---

745    Beispiele für Gebrauchsgegenstände s. *Schoch* in Bieritz-Harder/Conradis/Thie LPK-SGB XII § 87 Rn. 23.

Leistungserbringer zu zahlen ist (s. Rn. 180 ff.). Der Leistungserbringer müsste mithin die Eltern einer von ihm betreuten volljährigen Person ermitteln und deren Beitrag einfordern. Ein Aufwand, der kaum mit der Höhe des Elternbeitrags zu decken sein dürfte, insbesondere bei getrennt lebenden Eltern.

193 Eine **Auslegung** der Norm im Sinne der o.g. Privilegierung von Eltern bezüglich des Übergangs von Unterhaltsansprüchen findet sich weder im Wortlaut des Abs. 4 Satz 1 eine Stütze noch in der Systematik, denn dazu müsste er im § 141 SGB IX stehen, in welchem der Übergang von Ansprüchen ausgestaltet ist. Für eine Auslegung in diesem Sinne spricht jedoch, dass laut der Gesetzesbegründung in Abs. 4 inhaltsgleich die Regelung aus § 94 Abs. 1 SGB XII übernommen werden sollte[746] und somit entsprechend inhaltsgleich zur Anwendung kommen soll. Hinzu kommt, dass die Parallelregelung für volljährige Internatsschüler*innen in § 142 Abs. 3 SGB IX, die ebenfalls auf die entsprechende Anwendung des § 94 Abs. 2 Satz 3 und Abs. 3 SGB IX verweist, ebenfalls als Übergang des Unterhaltsanspruchs gegenüber deren Eltern ausgestaltet ist (s. Rn. 208).

194 D.h., unabhängig davon, ob die volljährige leistungsbeziehende Person selber einen Eigenbeitrag nach § 137 SGB IX leisten muss oder nicht, geht deren Unterhaltsanspruch gegen ihre Eltern bzw. ggf. gegen den noch lebenden Elternteil in Höhe des Betrages von 32,08 EUR – bzw. nach einer Kindergelderhöhung der entsprechend höhere Betrag – auf den Eingliederungshilfeträger über. Dieser fordert den Betrag per Bescheid von den Eltern ein. Bezüglich der Leistungsfähigkeit der Eltern ist nicht auf die Einkommensgrenzen nach § 136 Abs. 2–5 SGB IX abzustellen, sondern auf die Ausschlussklausel wegen unbilliger Härte nach § 92 Abs. 3 Satz 1 Nr. 2 SGB XII, auf den in Abs. 4 Satz 2 Bezug genommen wird. Zudem ist zu berücksichtigen, dass der Elternbeitrag auch in den Fällen nicht eingefordert werden kann, in denen gemäß Abs. 1 auch von der leistungsberechtigten Person kein Beitrag aufgebracht werden müsste, also auch nicht gemäß der neuen Nr. 8 bei Bezug existenzsichernder Leistungen der leistungsberechtigten Person.[747] Denn die Eltern dürfen nicht in stärkerem Maße in Anspruch genommen werden als ihre volljährigen leistungsberechtigten Kinder.[748]

### 5. Begriff des Vermögens (§ 139 SGB IX)

195 Im Unterschied zu der neuen Systematik bezüglich des einzusetzenden Einkommens ist sowohl die **Definition des Vermögens** identisch zu derjenigen des § 90 Abs. 1 SGB XII, als auch diejenige des nicht zu berücksichtigenden **Schonvermögens** durch den weitgehenden Verweis auf den Ausnahmekatalog in dessen Abs. 2. Eine eigene Regelung wurde jedoch bezüglich des **Barvermögens und sonstiger Geldwerte** getroffen.

§ 139 Begriff des Vermögens

¹Zum Vermögen im Sinne dieses Teils gehört das gesamte verwertbare Vermögen. ²Die Leistungen nach diesem Teil dürfen nicht abhängig gemacht werden vom Einsatz oder von der Verwertung des

---

746 BT-Drs. 18/9522, 303.
747 So ähnlich, aber nicht ganz so umfassend der in Bezug genommene § 94 Abs. 3 Satz 1 Nr. 1 SGB XII.
748 *Münder* in Bieritz-Harder/Conradis/Thie LPK-SGB XII § 94 Rn. 35.

Vermögens im Sinne des § 90 Absatz 2 Nummer 1 bis 8 des Zwölften Buches und eines Barvermögens oder sonstiger Geldwerte bis zu einem Betrag von 150 Prozent der jährlichen Bezugsgröße nach § 18 Absatz 1 des Vierten Buches.

Die Regelung über das nicht einzusetzende Barvermögen und sonstiger Geldwerte **196** wurde deutlich vereinfacht und der **Vermögensfreibetrag deutlich erhöht**. Die Freistellung erfolgt in Höhe des **Anderthalbfachen der Bezugsgröße** der Sozialversicherung nach § 18 Abs. 1 SGB IV. Durch den Verweis lediglich auf den Abs. 1 des § 18 SGB IV ist klargestellt, dass ein **bundesweit einheitlicher** Vermögensfreibetrag gilt (vgl. Rn. 167). Im Jahr 2017 beläuft sich dieser Freibetrag auf 53.550 EUR. Bis zu diesem Betrag ist nunmehr auch das **Ansparen von Einkommensüberschüssen** für größere Ausgaben wie besondere Anschaffungen, Reisen o.ä. über den jeweiligen Bewilligungszeitraum hinaus möglich – sofern die leistungsberechtigte Person nicht zugleich auch auf Leistungen der Grundsicherung angewiesen ist (s. Rn. 157). Durch die anteilige Festsetzung gemessen an der Bezugsgröße der Sozialversicherung, die jährlich im gleichen Maße wie die durchschnittliche Entgeltentwicklung in der gesetzlichen Rentenversicherung angehoben wird (s. Rn. 167), wird der Vermögensfreibetrag zudem jährlich angepasst. Die Höhe des freigestellten Vermögens ist unabhängig vom Personenstand und der familiären Situation der leistungsberechtigten Person. Die sog. Barbetragsverordnung, die zu § 90 Abs. 2 Nr. 9 SGB XII erlassen worden ist, kommt ebenso wenig zur Anwendung wie eine Härtefallklausel i.S.d. § 90 Abs. 3 SGB IX. Rücklagen zum **Aufbau einer Altersvorsorge** über den o.g. Vermögensfreibetrag hinaus sind damit nur noch im Rahmen der Voraussetzung des § 90 Abs. 2 Nummer 2 SGB IX möglich.

### 6. Einsatz des Vermögens (§ 140 SGB IX)

§ 140 SGB IX konkretisiert, wessen Vermögen einzusetzen ist, wie bei nicht sofort **197** verwertbarem Vermögen vorzugehen ist und welche Leistungen vermögensunabhängig erbracht werden.

§ 140 Einsatz des Vermögens

(1) Die antragstellende Person sowie bei minderjährigen Personen die im Haushalt lebenden Eltern oder ein Elternteil haben vor der Inanspruchnahme von Leistungen nach diesem Teil die erforderlichen Mittel aus ihrem Vermögen aufzubringen.

(2) ¹Soweit für den Bedarf der nachfragenden Person Vermögen einzusetzen ist, jedoch der sofortige Verbrauch oder die sofortige Verwertung des Vermögens nicht möglich ist oder für die, die es einzusetzen hat, eine Härte bedeuten würde, soll die beantragte Leistung als Darlehen geleistet werden. ²Die Leistungserbringung kann davon abhängig gemacht werden, dass der Anspruch auf Rückzahlung dinglich oder in anderer Weise gesichert wird.

(3) Die in § 138 Absatz 1 genannten Leistungen sind ohne Berücksichtigung von vorhandenem Vermögen zu erbringen.

Mit Blick auf den angesprochenen Personenkreis besteht der maßgebliche Unter- **198** schied gegenüber §§ 19 Abs. 3 und 85 Abs. 1 und 2 SGB XII darin, dass das **Vermögen der Partnerin/des Partners** der antragstellenden Person **nicht einzusetzen** ist. Dieses bleibt folglich unabhängig von dessen Höhe unberücksichtigt.

Im Übrigen ist das Vermögen, das den Vermögensfreibetrag nach § 139 SGB IX über- **199** steigt, vorrangig für die Beschaffung der benötigten Fachleistungen zu verbrauchen, bevor Leistungen der Eingliederungshilfe in Anspruch genommen werden können. Es sei denn, es handelt sich um eine der im § 138 Abs. 1 SGB IX aufgeführten Leistungen (s. Rn. 187 f.), die – wie schon bisher nach § 92 Abs. 2 Satz 2 SGB XII – ohne Berücksichtigung des Vermögens erbracht werden.

200    Die **Darlehensregelung** des Abs. 2 bei nicht sofortiger Verwertbarkeit des einzusetzenden Teils des Vermögens – wegen Unmöglichkeit oder aus Härtefallgründen – entspricht inhaltsgleich derjenigen des § 91 SGB XII. Der Gleichklang geht so weit, das im Abs. 2 auch die Formulierung von der „nachfragenden Person" übernommen worden ist (wie z.B. auch im § 138 Abs. 4 SGB IX), die zugeschnitten ist auf die von Amts wegen zu erbringenden Leistungen der Sozialhilfe, während die Eingliederungshilfe gemäß § 108 SGB IX nur noch auf Antrag erbracht wird (s. Rn. 95 f.).

### 7. Übergang von Ansprüchen (§ 141 SGB IX)

201    Im § 141 SGB IX wird dem Eingliederungshilfeträger die Möglichkeit eingeräumt, nach seinem Ermessen **Ansprüche gegen Dritte**, die nicht Sozialleistungsträger sind, auf sich überzuleiten.

§ 141 Übergang von Ansprüchen

(1) Hat eine Person im Sinne von § 136 Absatz 1 oder der nicht getrennt lebende Ehegatte oder Lebenspartner für die antragstellende Person einen Anspruch gegen einen anderen, der kein Leistungsträger im Sinne des § 12 des Ersten Buches ist, kann der Träger der Eingliederungshilfe durch schriftliche Anzeige an den anderen bewirken, dass dieser Anspruch bis zur Höhe seiner Aufwendungen auf ihn übergeht.

(2) [1]Der Übergang des Anspruches darf nur insoweit bewirkt werden, als bei rechtzeitiger Leistung des anderen entweder die Leistung nicht erbracht worden wäre oder ein Beitrag aufzubringen wäre. [2]Der Übergang ist nicht dadurch ausgeschlossen, dass der Anspruch nicht übertragen, verpfändet oder gepfändet werden kann.

(3) [1]Die schriftliche Anzeige bewirkt den Übergang des Anspruches für die Zeit, für die der leistungsberechtigten Person die Leistung ohne Unterbrechung erbracht wird. [2]Als Unterbrechung gilt ein Zeitraum von mehr als zwei Monaten.

(4) [1]Widerspruch und Anfechtungsklage gegen den Verwaltungsakt, der den Übergang des Anspruches bewirkt, haben keine aufschiebende Wirkung. [2]Die §§ 115 und 116 des Zehnten Buches gehen der Regelung des Absatzes 1 vor.

202    Der Inhalt der Vorschrift ist nahezu identisch mit demjenigen des § 93 SGB XII. Nicht übernommen wird dessen Abs. 1 Satz 2, da Leistungen zur Sicherung des Lebensunterhalts nicht in die Zuständigkeit des Eingliederungshilfeträgers fallen. Der Wortlaut weicht bzgl. des Personenkreises, dessen Ansprüche der Eingliederungshilfeträger auf sich überleiten kann, von demjenigen des § 93 Abs. 1 Satz 1 SGB XII ab. Über den Verweis auf § 136 Abs. 1 SGB IX werden Ansprüche der leistungsberechtigten Person und, sofern diese minderjährig ist, diejenigen ihrer Eltern bzw. des im Haushalt lebenden Elternteils erfasst.

203    Da das Partnereinkommen nicht für die Fachleistungen der Eingliederungshilfe einzusetzen ist (s. Rn. 166), sind **Ansprüche der/des Ehe- oder Lebenspartnerin/-partners** nur überleitungsfähig, wenn und soweit es sich um **Ansprüche für die leistungsberechtigte Person** handelt. Gemeint sind damit solche Ansprüche, die die Partnerin/der Partner nur deswegen hat, weil die antragstellende Person bestimmte Voraussetzun-

gen erfüllt hat oder erfüllt, z.B. Beihilfeansprüche, Schadensersatzansprüche[749] oder Versicherungsansprüche. Die Regelung entspricht damit auch insoweit dem § 93 Abs. 1 Satz 1 SGB XII in seiner bisherigen Auslegung. **Keine Erwähnung** finden im Abs. 1 jedoch die Ansprüche der Partnerin/des Partners einer **ehe- oder aber lebenspartnerschaftsähnlichen Gemeinschaft**. Diese werden zwar auch in § 93 Abs. 1 SGB XII nicht ausdrücklich erwähnt, jedoch enthält das Sozialhilferecht im § 20 SGB XII ein Besserstellungsverbot für ehe- oder lebenspartnerschaftsähnliche Gemeinschaften. Da im Eingliederungshilferecht ein solches Besserstellungsverbot nicht geregelt ist und sich im § 136 Abs. 3 SGB IX eine ausdrückliche Partner-Regelung unter Einbeziehung ehe- oder lebenspartnerschaftsähnlicher Gemeinschaften befindet, spricht dafür, dass deren Ansprüche im Rahmen des § 141 SGB IX nicht einbezogen werden sollten. Die Aussage in der Gesetzesbegründung, dass die Regelung des vollumfänglich derjenigen des § 93 SGB XII entspricht,[750] ist kein Gegenargument, da dieser die genannten Gemeinschaften gerade nicht mit einbezieht.

Keine spezielle Regelung enthält das SGB IX hingegen bezüglich des Übergangs von Ansprüchen gegen einen nach bürgerlichem Recht Unterhaltspflichtigen wie in § 94 SGB XII vorgesehen. Auch insofern ist also die Ermessensregelung des § 141 SGB IX anzuwenden. Eine Ausnahme bildet insoweit der Inhalt des § 138 Abs. 4 SGB IX. Die mit Blick auf Eltern von volljährigen leistungsberechtigten Personen ergangene Regelung ist dem § 94 Abs. 3 SGB XII nachgebildet, enthält ausdrücklich jedoch keinen Übergang des Unterhaltsanspruches, sondern eine spezielle Regelung des aufzubringenden Eigenbeitrages. Da die Vorschrift ihrem Wortlaut nach nicht verfassungskonform und auch nicht praktikabel umsetzbar ist, liegt es nahe, diese in verfassungskonformer Auslegung auch weiterhin i.S.d. Übergangs des Unterhaltsanspruches in beschränktem Umfang anzuwenden (s. Rn. 191 ff.).

204

## 8. Sonderregelung für minderjährige Leistungsberechtigte und in Sonderfällen (§ 142 SGB IX)

Anders als bei Volljährigen unterbleibt bei minderjährigen Leistungsberechtigten in Einrichtungen eine Trennung von Fach- und existenzsichernden Leistungen. Sie erhalten bei entsprechendem Bedarf auch weiterhin integrierte Komplexleistungen, die den Lebensunterhalt mit umfassen (s. § 3 Rn. 341 ff.). Die dafür im Vertragsrecht vorgesehene Sonderregelung für minderjährige Leistungsberechtigte (s. § 134 Abs. 1–3 SGB IX) findet insofern eine Entsprechung im Beitragsrecht.

205

§ 142 Sonderregelungen für minderjährige Leistungsberechtigte und in Sonderfällen

(1) Minderjährigen Leistungsberechtigten und ihren Eltern oder einem Elternteil ist bei Leistungen im Sinne des § 138 Absatz 1 Nummer 1, 2, 4, 5 und 7 die Aufbringung der Mittel für die Kosten des Lebensunterhalts nur in Höhe der für den häuslichen Lebensunterhalt ersparten Aufwendungen zuzumuten, soweit Leistungen über Tag und Nacht erbracht werden.

(2) Sind Leistungen von einem oder mehreren Anbietern über Tag und Nacht oder über Tag oder für ärztliche oder ärztlich verordnete Maßnahmen erforderlich, sind die Leistungen, die der Vereinbarung nach § 134 Absatz 3 zugrunde liegen, durch den Träger der Eingliederungshilfe auch dann

---

749  *Münder* in Bieritz-Harder/Conradis/Thie LPK-SGB XII § 93 Rn. 25 m.w.N.
750  BT-Drs. 18/9522, 304. Diese Aussage ist mit Hinblick auf den Satz 2 des § 93 Abs. 1 SGB XII allerdings unzutreffend, vgl. Rn. 202.

in vollem Umfang zu erbringen, wenn den minderjährigen Leistungsberechtigten und ihren Eltern oder einem Elternteil die Aufbringung der Mittel nach Absatz 1 zu einem Teil zuzumuten ist.

206 Sind minderjährige Leistungsberechtigte im Zusammenhang mit der Inanspruchnahme der in Abs. 1 genannten Leistungen außerhalb des elterlichen Haushalts **über Tag und über Nacht** (= stationär) untergebracht, sind sie und ihre Eltern(-teile) nicht vollständig von der Entrichtung eines Eigenbeitrages nach § 137 Abs. 2 SGB IX befreit, sondern müssen einen **Eigenbeitrag in Höhe der ersparten häuslichen Aufwendungen** leisten. In Ermangelung der Anordnung einer speziellen Vorgehensweise bei der Begleichung dieser Aufwendungen bleibt nur die Grundregelung des § 137 Abs. 3 SGB IX, wonach der Eigenbeitrag von den zu erbringenden Leistungen abzuziehen und somit direkt vom Leistungserbringer per Rechnung einzufordern ist (s. Rn. 181). Ob der damit verbundene Aufwand in einem vertretbaren Verhältnis zu dem begrenzten Eigenbeitrag steht, erscheint zweifelhaft, wird sich aber erst anhand von Praxiserfahrungen beurteilen lassen.

207 Bei der in Abs. 2 enthaltenen **Vorleistungspflicht des Eingliederungshilfeträgers** für die dort genannten Maßnahmen, für die ein Kostenbeitrag im Umfang der ersparten häuslichen Aufwendungen nach Abs. 1 erforderlich ist, handelt es sich um eine Klarstellung. Die Formulierung „auch dann in vollem Umfang zu erbringen" lässt erkennen, dass Abs. 2 an die Regelungen des § 137 Abs. 4 SGB IX anknüpft. D.h., auch für die Anwendung des Abs. 2 ist Voraussetzung, dass andernfalls die **Durchführung der Maßnahme** der Eingliederungshilfe – hier in Kombination mit Leistungen zur Sicherung des Lebensunterhaltes – **gefährdet** wäre. Erbringt der Eingliederungshilfeträger die Leistungen zunächst in vollem Umfang, steht ihm dementsprechend ein Kostenerstattungsanspruch in Höhe der ersparten häuslichen Aufwendungen zu.

208 Abs. 3 trifft eine Sonderregelung für volljährige Leistungsberechtigte, die eine Internatsschule speziell für Menschen mit Behinderungen i.S.d. § 134 Abs. 4 SGB IX besuchen (s. § 3 Rn. 434) und dabei neben Leistungen der Eingliederungshilfe auch Hilfe zum Lebensunterhalt nach dem 3. Kapitel des SGB XII benötigen.

§ 142 Sonderregelungen für minderjährige Leistungsberechtigte und in Sonderfällen

(3) ¹Bei Leistungen, denen Vereinbarungen nach § 134 Absatz 4 zugrunde liegen, geht der Anspruch einer volljährigen Person auf Unterhalt gegenüber ihren Eltern wegen Leistungen nach dem Dritten Kapitel des Zwölften Buches nur in Höhe von bis zu 24,68 Euro monatlich über. ²§ 94 Absatz 2 Satz 3 und Absatz 3 des Zwölften Buches gilt entsprechend.

209 Die Fachleistungen der Eingliederungshilfe in Gestalt der Leistungen zur Teilhabe an Bildung sind für diesen leistungsberechtigten Personenkreis gemäß § 138 Abs. 1 Nr. 3 und 4 SGB IX vom Eingliederungshilfeträger ohne Abzug eines Eigenbeitrags zu gewähren. Dementsprechend kommt auch eine Beteiligung der Eltern an den Kosten dieser Maßnahmen nicht in Betracht. Bezüglich der existenzsichernden Hilfen zum Lebensunterhalt besteht hingegen kein solcher vollständiger Ausschluss. Insoweit begrenzt Abs. 3 – in Anlehnung an § 94 Abs. 2 Satz 1 Hs. 2 SGB XII – den zwingenden Übergang des Unterhaltsanspruches der volljährigen Leistungsberechtigten gegen ihre Eltern auf den Eingliederungshilfeträger auf den Betrag von 24,68 EUR. Dieser Betrag wird aufgrund des Verweises auf § 94 Abs. 2 Satz 3 SGB IX im selben Maße angepasst, wie die Höhe des Kindergeldes verändert wird. **Ausgeschlossen** ist der An-

spruchsübergang jedoch dann, wenn die **Eltern selber** bereits finanziell **hilfebedürftig** sind, es aufgrund des Anspruchsübergangs werden würden oder der Anspruchsübergang eine unbillige Härte darstellen würde.

### XI. Statistik (Kapitel 10, §§ 143–148 SGB IX)

Das 10. Kapitel über die Führung einer Bundesstatistik zur Beurteilung der Auswirkungen der Eingliederungshilfe und zu ihrer Fortentwicklung in den §§ 143–148 SGB IX entspricht weitestgehend den Vorgaben der §§ 121–126 SGB XII, soweit diese für die Eingliederungshilfe relevant waren. **Auskunftspflichtig** ist gemäß § 147 Abs. 2 SGB IX der jeweilige durch Landesrecht bestimmte Träger der Eingliederungshilfe (s. § 3 Rn. 332 f.).   **210**

Bezüglich der **Erhebungsmerkmale** im § 144 SGB IX ist insbesondere zu berücksichtigen, dass aufgrund der personenzentrierten Neuausrichtung der Eingliederungshilfe **keine Unterscheidung bezüglich des Ortes der Leistungserbringung** mehr vorzunehmen ist. Bei der Erhebung bezüglich der Leistungsberechtigten ist anhand des Merkmales „mit anderen Leistungsberechtigten zusammenlebend" jedoch zu erfassen, ob die Leistung innerhalb oder außerhalb der eigenen Häuslichkeit in Anspruch genommen wird. Zur Ermittlung der Ausgaben ist neben den individuellen Bedarfen angesichts der **neuen Beitragsregelungen** (s. Rn. 154 ff.) die Höhe des ggf. aufgebrachten Eigenbeitrages und die diesem zugrunde liegende Einkunftsart i.S.d. § 136 Abs. 2 SGB IX zu erheben. Als besondere Leistungsform ist neben derjenigen des Persönlichen Budgets auch diejenige der **Leistung als pauschalierte Geldleistung** gemäß §§ 105 Abs. 3, 116 Abs. 1 SBG IX in der Statistik auszuweisen. In dem neu hinzugefügten Abs. 2 des § 144 SGB IX werden die unter „Art der Leistungen" nach Abs. 1 Nr. 1 zu berücksichtigen Leistungen anhand des Leistungskataloges der Eingliederungshilfe konkretisiert. Obwohl in Anbetracht des offenen Leistungskataloges der Leistungsgruppe der Sozialen Teilhabe (s. Rn. 125) dieser Aufzählung nicht abschließend sein kann, was auch durch die Formulierung „insbesondere" im Abs. 2 unterstrichen wird, soll es sich dabei ausweislich der Gesetzesbegründung um die Festlegung der zu berücksichtigenden Merkmale handeln.[751]   **211**

Bei den **Hilfsmerkmalen** nach § 145 Abs. 1 Nr. 2 SGB IX ist unter Berücksichtigung der heutigen Kommunikationsgepflogenheiten die Ergänzung der **E-Mail Adresse** einer Ansprechperson des auskunftspflichtigen Eingliederungshilfeträgers für Rückfragen aufgenommen worden. Bei der **Datenübermittlung** nach § 148 SGB IX sind **alle Einzeldatensätze** statt der bisher üblichen 25 %-Zufallsstichprobe zu übermitteln – und das gemäß dem Gesetz zur Förderung der elektronischen Verwaltung auf elektronischem Wege.   **212**

---

751 BT-Drs. 18/9522, 304.

## XII. Übergangs- und Schlussbestimmungen (Kapitel 11, §§ 149–150 SGB IX)

### 1. Übergangsregelung für ambulant Betreute (§ 149)

213   § 149 Übergangsregelung für ambulant Betreute

Für Personen, die Leistungen der Eingliederungshilfe für behinderte Menschen erhalten, deren Betreuung am 26. Juni 1996 durch von ihnen beschäftigte Personen oder ambulante Dienste sichergestellt wurde, gilt § 3 a des Bundessozialhilfegesetzes in der am 26. Juni 1996 geltenden Fassung.

Im § 149 SGB IX wird § 130 SGB XII inhalts- und überwiegend auch wortgleich übernommen – einschließlich der veralteten Terminologie bzgl. der Leistungsberechtigten. § 3 a des Bundessozialhilfegesetzes lautete am 26.6.1996:

„Der Träger der Sozialhilfe soll darauf hinwirken, dass die erforderliche Hilfe soweit wie möglich außerhalb von Anstalten, Heimen oder gleichartigen Einrichtungen gewährt werden kann."

214   Es handelt sich um eine **Besitzstandsregelung** zur Aufrechterhaltung einer zum oben genannten Zeitpunkt bestehenden **ambulanten Betreuung** auch in Hochkostenfällen, bisher gegenüber dem eingeführten Mehrkostenvorbehalt,[752] nunmehr bezüglich der Angemessenheitsgrenze des § 104 SGB IX.

### 2. Übergangsregelung zum Einsatz des Einkommens

215   § 150 SGB IX ordnet für diejenigen Leistungsberechtigten, die bereits zum Zeitpunkt des Inkrafttretens des 2. Teils des SGB IX Leistungen der Eingliederungshilfe erhalten haben, die **Fortgeltung der SGB XII-Regelungen zum Einkommenseinsatz** (§ 150 SGB IX) an, sofern und nur solange diese zu einer geringeren finanziellen Belastung führen als die neuen Beitragsregelung des 9. Kapitels (s. Rn. 154 ff.). Die Übergangsregelung gilt für Personen, die am 31.12.2019 bereits Leistungen der Eingliederungshilfe erhalten haben und die Einkommen oberhalb der Einkommensgrenze nach § 87 SGB XII einzusetzen hatten. D.h. Voraussetzung ist, dass zum Stichtag ein Gewährungsbescheid des zuständigen Sozialhilfeträgers vorgelegen hat, inklusive der Forderung nach dem Einsatz eines Einkommensanteils, und das die Inanspruchnahme von Leistungen bereits begonnen hat („Leistungen…erhalten haben"). Da nach neuem Recht die Summe der Einkünfte des Vorvorjahres zugrunde gelegt werden (s. Rn. 159), ist bei erheblicher Abweichung der Einkünfte im Jahr 2019 gegenüber denjenigen im Jahr 2017 der Eigenbeitrag nach neuem Recht zum Vergleich auf der Grundlage der Einkünfte im Jahr 2019 gemäß § 135 Abs. 2 SGB IX zu berechnen.[753]

### B. Änderungen im SGB XII

216   Zum 1.1.2020 tritt im SGB XII aufgrund des Art. 13 BTHG und des Art. 5 RBEG 2017 eine Reihe von Änderungen mit Relevanz für das neue Teilhaberecht in Kraft, insbesondere um die **Trennung der Fach- von den existenzsichernden Leistungen** im Bereich der Eingliederungshilfe auch im Sozialhilferecht nachzuvollziehen. Die Regelungen zu den Fachleistungen der Eingliederungshilfe werden vollständig aus dem SGB XII gestrichen. Bezüglich der existenzsichernden Leistungen wird der **notwendi-**

---

752   *Schoch* in Bieritz-Harder/Conradis/Thie LPK-SGB XII § 130 Rn. 1 ff. mw.w.N.
753   Vgl. BT-Drs. 18/9522, 306.

ge Lebensunterhalt in Einrichtungen (§ 27 b SGB XII) neu gefasst und im Anschluss eine **Sonderregelung für Minderjährige** mit Behinderungen in Einrichtungen eingefügt (§ 27 c SGB XII). Die Regelbedarfsstufen 1–3 der Anlage zu § 28 werden angepasst an **die Einfügung besonderer Wohnformen im § 42 a SGB XII,** mit der im Kapitel über die Grundsicherung die Höhe der angemessenen Kosten der Unterkunft in nicht selbst verantworteten kollektiven Wohnformen geregelt wird. Im neu eingefügten § 42 b SGB XII finden sich **spezielle Mehrbedarfsregelungen** für Menschen mit Behinderungen, verbunden mit Folgeänderungen in der Mehrbedarfsregelung der Hilfe zum Lebensunterhalt. Das BMAS ist aufgrund von Art. 25 Abs. 1 BTHG m.W.v. 1.1.2018 zur Neubekanntmachung des gesamten SGB XII zum 1.1.2020 ermächtigt (s. § 3 Rn. 530). Nutzt das BMAS diese Ermächtigung, würde sich die bisherige Nummerierung der Paragrafen verändern.

### I. Leistungen der Hilfe zum Lebensunterhalt (3. Kapitel SGB XII)

Die Regelung über die sog. „kleine Haushaltshilfe"[754] im § 27 Abs. 3 SGB XII wird neu gefasst. Es wird klargestellt, dass es sich um Unterstützungsleistungen im Haushalt handelt, für die auf Antrag ein angemessener Zuschuss gewährt wird. Dessen Höhe ist nach nicht am Maßstab professioneller Unterstützung zu bemessen, sondern anhand der „üblicherweise" gewährten Anerkennung unentgeltlicher Unterstützung. Ausgeschlossen wird dieser Zuschuss im Abs. 3 Satz 2 für Menschen mit Behinderungen, die Assistenzleistungen nach § 78 SGB IX erhalten.

**217**

### 1. Notwendiger Lebensunterhalt in stationären Einrichtungen (§§ 27 a, b und c SGB XII)

Im § 27 a Abs. 3 Satz 1 SGB XII wird durch einen angefügten 2. Halbsatz[755] klargestellt, dass **in Einrichtungen** lebende Hilfebedürftige auch weiterhin keine Regelsätze zum selbstverantwortlichen Bestreiten ihres Lebensunterhaltes erhalten, sondern nach § 27 b SGB XII **weiterhin eine integrierte Vollversorgung.** Allerdings findet § 27 b SGB XII **keine Anwendung** mehr für Leistungsberechtigte der **Eingliederungshilfe.** Dies ergibt sich zwar nicht aus einer ausdrücklichen Anordnung aus dem Gesetzeswortlaut des SGB XII oder des SGB IX, jedoch aus dem systematischen Zusammenhang. Die Fachleistungen der Eingliederungshilfe werden ab 2020 auf der Grundlage des 2. Teils des SGB IX erbracht. Die Leistungserbringer werden gemäß den nach § 125 SGB IX zu schließenden Vereinbarungen nur noch für die Fachleistungen vergütet (s. § 3 Rn. 384), Unterkunft und Verpflegung und damit verbundene Investitionskosten sind bei Hilfebedürftigkeit über existenzsichernde Leistungen abzudecken, die i.d.R. an die Leistungsberechtigten ausbezahlt werden und von diesen an den Bereitsteller dieser Leistungen weiterzureichen sind. Sprachlich kommt die Unterscheidung dadurch zum Ausdruck, dass bezüglich der Hilfen nach dem 5. und 7.–9. Kapitel des SGB XII weiterhin von stationären Einrichtungen die Rede ist, während eine vergleichbare Betreuungsform bei Menschen mit Behinderungen künftig mit „Leis-

**218**

---

754  BT-Drs. 18/9522, 331 mit Beispielen für entsprechende Unterstützungstätigkeiten.
755  Art. 5 Nr. 1 a) RBEG 2017; BGBl. 2016 I 3169.

tungen über Tag und Nacht" umschrieben werden (vgl. z.B. § 27 c Abs. 1 Nr. 1 SGB XII, s. Rn. 220, § 115 SGB IX).

219 Während § 27 a Abs. 4 Satz 1 Nr. 1 SGB XII eine **abweichende Regelsatzfestsetzung** vorsieht, wenn bestimmte Regelbedarfs Bestandteile ganz oder teilweise anderweitig gedeckt sind, schließt der neu angefügte Abs. 4 Satz 4[756] die Anwendung dieser Regel für Menschen in besonderen kollektiven Wohnformen mit der neu gefassten Regelbedarfsstufe 2 bezogen auf diejenigen Verbrauchspositionen aus, die aufgrund des zur Verfügung-Stellens von privaten Räumlichkeiten und Gemeinschaftsräumen durch den Leistungserbringer Bestandteil der Kosten der Unterkunft sind. Der dadurch reduzierte Bedarf der Leistungsberechtigten für kollektiv abgerechneten Haushaltsstrom, die Instandhaltung von Räumlichkeiten sowie an Haushaltsgroßgeräten (vgl. § 42 a Abs. 5 Satz 4 Nr. 3 SGB XII, auf den § 27 a Abs. 4 Satz 4 SGB XII verweist) wird bereits durch Zuordnung zu der Regelbedarfsstufe 2 berücksichtigt, so dass dieser Regelbedarf nicht ein weiteres Mal über die Anwendung des § 27 a Abs. 4 Satz 1 Nr. 1 SGB XII reduziert werden soll.

220 Während die Neufassung des notwendigen Lebensunterhalts in Einrichtungen § 27 b SGB XII für Leistungsberechtigte der Eingliederungshilfe irrelevant ist (s. Rn. 218), ist mit **§ 27 c SGB XII** eine Sonderregelung für den **notwendigen Lebensunterhalt in Einrichtungen** insbesondere **für Minderjährige** mit Behinderungen neu eingeführt worden. Hintergrund dieser Sonderregelung ist, dass bei Minderjährigen mit Behinderungen in Einrichtungen unter Hinweis auf die sorgerechtsbedingten Einschränkungen des Selbstbestimmungsrechtes keine Trennung von Fach- und existenzsichernden Leistungen erfolgt,[757] sondern es bei der integrierten Vollversorgung bleibt (Näheres dazu s. § 3 Rn. 341). Diese beinhaltet Fachleistungen des Eingliederungshilfeträgers, der gemäß § 134 Abs. 1 SGB IX entsprechend spezielle Vereinbarung mit den Leistungserbringern zu schließen hat, sowie existenzsichernde Leistungen des Sozialhilfeträgers. Der notwendigen Lebensunterhaltes umfasst gemäß § 27 c Abs. 2 SGB XII dabei die altersentsprechende Regelbedarfsstufe 4, 5 oder 6, ggf. vorhandene zusätzliche Bedarfe nach den §§ 30–33 SGB XII, die Kosten der Unterkunft nach dem neuen § 42 Nr. 4 b SGB XII (s. Rn. 224) sowie ggf. Bedarfe für Bildung und Teilhabe, soweit die Leistungsberechtigten nicht entsprechende Leistung zur Teilhabe an Bildung gemäß § 75 SGB IX erhalten. Der daraus resultierende monatliche Betrag für Minderjährige mit Behinderungen wird vom Sozialhilfeträger gemäß § 27 c Abs. 4 SGB XII quartalsweise an den Eingliederungshilfeträger überwiesen, der den Leistungserbringern die stationäre Vollversorgung der Minderjährigen insgesamt vergütet. Die Minderjährigen in den Einrichtungen selber erhalten als weiteren notwendigen Lebensunterhalt gemäß § 27 c Abs. 3 SGB XII einen **Barbetrag** zur freien Verfügung sowie eine **Bekleidungspauschale** nach Maßgabe des § 27 b Abs. 2–4 SGB XII, deren Höhe jeweils durch Landesrecht festgesetzt wird. Außer für Minderjährige mit Behinderungen in stationären Einrichtungen gilt diese Sonderregelung gemäß § 27 c Abs. 1 Nr. 2

---

756 Art. 5 Nr. 1 b) RBEG 2017; BGBl. 2016 I 3169.
757 BT-Drs. 18/9522, 333.

SGB XII i.V.m. § 134 Abs. 4 SGB IX **auch für Volljährige in speziellen Internatsschulen** für Menschen mit Behinderungen (s. § 3 Rn. 434).

### 2. Neufassung der Regelbedarfsstufe 2 (Anlage zu § 28 SGB XII)

Der Anwendungsbereich der **Regelbedarfsstufe 2** in der Anlage zu § 28 SGB XII wird erweitert.[758] Außer für Ehegatten, Lebenspartner*innen sowie ehe- oder lebenspartnerschaftsähnlichen Gemeinschaften in einer gemeinsamen Wohnung kommt die Regelbedarfsstufe 2 ab 2020 auch zur Anwendung **für Menschen in besonderen Wohnformen** nach § 42 a Abs. 2 Satz 3 SGB XII. Hintergrund ist, dass sich in diesen nicht selbstorganisierten kollektiven Wohnformen geringere Bedarfe dadurch ergeben, dass bestimmte Ausgaben für Haushaltsstrom, Instandhaltung von Räumlichkeiten und Haushaltsgeräte in den besonderen Wohnformen Bestandteil der Kosten der Unterkunft und dadurch nicht aus dem Regelbedarf zu bezahlen sind.

221

### 3. Mehrbedarfe (§ 30 SGB XII)

Der bisher im § 30 Abs. 4 SGB XII geregelte **Mehrbedarf für Hilfen zur Schulbildung** in Höhe von 35 % der maßgebenden Regelbedarfsstufe ist in den § 42 b Abs. 3 SGB XII verschoben worden (s. Rn. 235). Die Neufassung des Abs. 4 ordnet die entsprechende Anwendung dieses Mehrbedarfes für Leistungsberechtigte mit Behinderungen an, die sich nach Vollendung des 15. Lebensjahres und dem damit verbundenen Ende der Schulpflicht für eine weitere schulische Qualifizierung entscheiden. Der neu eingefügte Abs. 8 ordnet die entsprechende Anwendung des im § 42 b Abs. 2 SGB XII neu geregelten Mehrbedarfs **für eine gemeinschaftliche Mittagsverpflegung in tagesstrukturierenden Maßnahmen** (s. Rn. 235) für Leistungsberechtigte mit Behinderungen an, die statt Grundsicherung wegen dauerhaft voller Erwerbsminderung Hilfen zum Lebensunterhalt erhalten, etwa weil sie das 18. Lebensjahr noch nicht vollendet haben.

222

### 4. Vermutung der Bedarfsdeckung (§ 39 SGB XII)

Die Vermutung der Bedarfsdeckung nach § 39 SGB XII findet gemäß dessen Satz 3 Nr. 2 keine Anwendung auf Haushaltsgemeinschaften, in denen Leistungsberechtigte der Eingliederungshilfe von Haushaltsmitgliedern betreut werden. Der Verweis auf die Leistungsberechtigten nach § 99 SGB IX ist sprachlich insoweit missglückt, als die Verschiebung der Neudefinition des Kreises der Berechtigten auf 2023 (s. Rn. 65 f.) im Wortlaut nicht berücksichtigt worden ist und daher schon von der Einschränkung der Teilhabefähigkeit in erheblichem Maße spricht, anstelle der bis dahin noch gültigen Formulierung der wesentlichen Teilhabeeinschränkung des § 99 SGB IX i.V.m. § 53 Abs. 1 SGB XII i.d.F. am 31.12.2019.

223

---

758  Art. 5 Nr. 2 RBEG 2017; BGBl. 2016 I 3169.

## II. Leistungen der Grundsicherung im Alter und bei Erwerbsminderung (4. Kapitel SGB XII)

### 1. Kosten der Unterkunft und Heizung, besondere Wohnformen (§§ 42 und 42 a SGB XII)

224 Der zum 1.7.2017 eingefügte **§ 42 Nr. 4 b SGB XII** wird zum 1.1.2020 dahingehend ergänzt, dass **auch bei volljährigen Leistungsberechtigten** der Eingliederungshilfe in besonderen **Internatsschulen** der Bedarf für Unterkunft und Heizung anhand der durchschnittlichen angemessenen tatsächlichen Aufwendungen für die Warmmiete einen ein Personenhaushaltes im Einzugsbereich des zuständigen Sozialhilfeträgers. Dieser Ergänzung hätte es jedoch gar nicht bedurft, da diese für Erwachsene in stationären Einrichtungen nach § 27 b SGB XII getroffene Regelung bereits durch den Verweis in dem ebenfalls neuen § 27 c Abs. 2 SGB XII auf den § 27 b Abs. 1 Satz 2 Nr. 3 SGB XII zur Anwendung kommt. Selbiges gilt für **Minderjährige mit Behinderungen, die Leistungen über Tag und Nacht** nach dem 2. Teil des SGB IX erhalten, gemäß § 27 c Abs. 1 Nr. 1 SGB XII.

225 Alle anderen Menschen mit Behinderungen, die (auch) auf existenzsichernde Leistungen angewiesen sind, fallen mehr nicht in der Anwendungsbereich der §§ 27 b und c SGB XII, so dass ihr Bedarf an Unterkunft und Heizung auch nicht nach § 42 Nr. 4 b zu bestimmen ist, sondern nach dessen Nr. 4 a, der wiederum auf § 42 a SGB XII verweist. Während dieser seit seiner Einfügung zum 1.7.2017 entsprechende Bedarfe in eigener Wohnung einschließlich Mehrpersonenhaushalten und Wohngemeinschaften (s. § 2 Rn. 50 ff.) festlegt,[759] wird § 42 a SGB XII in den Abs. 2 Satz 1 Nr. 2 und Satz 3 zum 1.1.2020 erweitert um sog. **besondere Wohnformen**. Diese werden definiert als **Kombination** aus **persönlichem Wohnraum** für ein bis zwei Personen zur alleinigen Nutzung sowie zusätzlichen **Räumlichkeiten zur gemeinschaftlichen Nutzung** mit weiteren Personen. Neben Funktionsräumen wie Küche und Bad bezieht sich das insbesondere auf Esszimmer und Aufenthaltsräume zur Freizeitgestaltung.[760]

§ 42 a Bedarfe für Unterkunft und Heizung

(2) [1]Für die Anerkennung von Bedarfen für Unterkunft und Heizung bei

1. Leistungsberechtigten, die in einer Wohnung nach Satz 2 leben, gelten die Absätze 3 und 4,
2. Leistungsberechtigten, die nicht in einer Wohnung nach Nummer 1 leben, weil ihnen allein oder zu zweit ein persönlicher Wohnraum und zusätzliche Räumlichkeiten zur gemeinschaftlichen Nutzung nach Satz 3 zu Wohnzwecken überlassen werden, gelten die Absätze 5 und 6,
3. Leistungsberechtigten, die weder in einer Wohnung nach Nummer 1 noch in einem persönlichen Wohnraum und zusätzlichen Räumlichkeiten nach Nummer 2 untergebracht sind und für die § 42 Nummer 4 Buchstabe b nicht anzuwenden ist, gilt Absatz 7.

[2]Wohnung ist die Zusammenfassung mehrerer Räume, die von anderen Wohnungen oder Wohnräumen baulich getrennt sind und die in ihrer Gesamtheit alle für die Führung eines Haushalts notwendigen Einrichtungen, Ausstattungen und Räumlichkeiten umfassen. [3]Persönlicher Wohnraum ist ein Wohnraum, der Leistungsberechtigten allein oder zu zweit zur alleinigen Nutzung überlassen wird, und zusätzliche Räumlichkeiten sind Räume, die ihnen zusammen mit weiteren Personen zur gemeinsamen Nutzung überlassen werden.

---

759 Zudem wird der Unterkunfts- und Heizungsbedarf in sonstigen Unterkünften geregelt, die nicht zum dauerhaften Aufenthalt bestimmt sind, wie z.B. Pensionen oder Caravans o.ä. Die Regelung des bisherigen Abs. 5 wird 2020 in § 42 a Abs. 7 SGB XII verschoben.

760 BT-Drs. 18/9522, 335. Dort ist auch eine Aufzählung von Kriterien zur Abgrenzung besonderer Wohnformen von Wohngemeinschaften nach Abs. 4 zu finden.

Daran, dass Überlassung der privaten Räumlichkeiten für zwei Personen nicht auf    226
Ehegatten, Lebenspartner*innen sowie ehe- oder lebenspartnerschaftsähnliche Gemeinschaften begrenzt ist, wird deutlich, dass der Gesetzgeber das **Zusammenleben
nicht partnerschaftlich verbundener Erwachsener** mit Behinderungen in **einem 2-Bett
Zimmer für zumutbar** hält. Ein Mitspracherecht ist im § 42 a SGB XII nicht vorgesehen, so dass die Regelung zur Bestimmung der Leistung nach der Besonderheit des
Einzelfalles gemäß § 104 SGB IX zur Anwendung kommt. Im § 104 Abs. 3 Satz 2
SGB IX ist zwar eine Vorrangregelung für das Wohnen außerhalb besonderer Wohnformen vorgesehen, wenn die leistungsberechtigte Person dies wünscht (s. Rn. 84 ff.).
Hinsichtlich der Unterbringung in einem 1-Bett- oder 2-Bett-Zimmer trifft die Norm
jedoch keine Regelung, so dass die allgemeine Angemessenheits- und Zumutbarkeitsprüfung des § 104 Abs. 2 und Abs. 3 Satz 1 und Satz 4 SGB IX durchzuführen ist. Bei
deren Anwendung ist jedoch **Art. 19 a) BRK** zu berücksichtigen, wonach Menschen
mit Behinderungen u.a. die **Entscheidungsfreiheit** einzuräumen ist, **wo und mit wem
sie leben.** Äußert eine leistungsberechtigte Person daher den Wunsch, in einer besonderen Wohnform einen persönlichen Wohnraum alleine nutzen zu wollen, ist daher
eine Unterbringung in einem 2-Bett-Zimmer mit einer anderen leistungsberechtigten
Person i.d.R. als unzumutbar i.S.d. § 104 Abs. 3 SGB IX anzusehen.

§ 42 a Bedarfe für Unterkunft und Heizung

(5) [1]Für leistungsberechtigte Personen, die in Räumlichkeiten nach Absatz 2 Satz 1 Nummer 2 leben, werden die tatsächlichen Aufwendungen für die Unterkunft, soweit sie angemessen sind, als
Bedarf berücksichtigt für

1. die persönlichen Räumlichkeiten, wenn sie allein bewohnt werden, in voller Höhe, wenn sie von
   zwei Personen bewohnt werden, jeweils hälftig,
2. die persönlich genutzten Räumlichkeiten, die vollständig oder teilweise möbliert zur Nutzung
   überlassen werden, in der sich daraus ergebenden Höhe,
3. die Räumlichkeiten, die vorrangig zur gemeinschaftlichen Nutzung der leistungsberechtigten
   Person und anderer Bewohner bestimmt sind (Gemeinschaftsräume), mit einem Anteil, der sich
   aus der Anzahl der vorgesehenen Nutzer bei gleicher Aufteilung ergibt.

[2]Für die tatsächlichen Aufwendungen für die Heizung werden die auf die persönlichen Räumlichkeiten und Gemeinschaftsräume nach Satz 1 entfallenden Anteile als Bedarf anerkannt, soweit sie
angemessen sind. [3]Tatsächliche Aufwendungen für Unterkunft und Heizung nach den Sätzen 1
und 2 gelten als angemessen, wenn sie die Höhe der durchschnittlichen angemessenen tatsächlichen
Aufwendungen für die Warmmiete eines Einpersonenhaushaltes im örtlichen Zuständigkeitsbereich
des für die Ausführung des Gesetzes nach diesem Kapitel zuständigen Trägers nach § 46 b nicht
überschreiten. [4]Überschreiten die tatsächlichen Aufwendungen die Angemessenheitsgrenze nach
Satz 3, können um bis zu 25 Prozent höhere als die angemessenen Aufwendungen anerkannt werden, wenn die leistungsberechtigte Person die höheren Aufwendungen durch einen Vertrag mit gesondert ausgewiesenen zusätzlichen Kosten nachweist für

1. Zuschläge nach Satz 1 Nummer 2,
2. Wohn- und Wohnnebenkosten und diese Kosten im Verhältnis zu vergleichbaren Wohnformen
   angemessen sind,
3. Haushaltsstrom, Instandhaltung von persönlichen Räumlichkeiten und den Räumlichkeiten zur
   gemeinschaftlichen Nutzung sowie der Ausstattung mit Haushaltsgroßgeräten oder
4. Gebühren für Telekommunikation sowie Gebühren für den Zugang zu Rundfunk, Fernsehen
   und Internet.

[5]Die zusätzlichen Aufwendungen nach Satz 4 Nummer 2 bis 4 sind nach der Anzahl der in einer
baulichen Einheit lebenden Personen zu gleichen Teilen aufzuteilen.

Als **tatsächliche Aufwendungen für die Unterkunft** werden gemäß § 42 a Abs. 5    227
Satz 1 SGB XII die Kosten für die persönlichen Räumlichkeiten (bei Nutzung durch

zwei Personen hälftig) einschließlich der ggf. anfallenden Kosten einer (Teil-)Möblierung berücksichtigt sowie der Kopfanteil von den Kosten der Gemeinschaftsräume gemessen an der Anzahl der vorgesehenen Nutzer\*innen der Wohneinheit. Nach Satz 2 werden als tatsächliche Aufwendungen für Heizung ebenfalls differenziert nach persönlichem Wohnraum (volle bzw. hälftige Heizkosten anhand der m²-Zahl) und den Gemeinschaftsräumen (kopfanteilige Heizkosten anhand der m²-Zahl und der Anzahl der Nutzer\*innen) anerkannt. **Maßstab** für die Angemessenheit dieser Unterkunft- und Heizkosten ist gemäß Abs. 5 Satz 3, wie im § 42 Nr. 4 b SGB XII auch, die als vor Ort als angemessen angesehene **Warmmiete eines Einpersonenhaushaltes.**

228 Abs. 5 Satz 4 sieht die Übernahme höherer Aufwendungen bis zu **25 % oberhalb dieser Angemessenheitsgrenze** vor, wenn und soweit in dem von der leistungsberechtigten Person geschlossenen Wohn- und Betreuungsvertrag in den Kosten der Unterkunft Kostenbestandteilen i.S.d. der aufgelisteten Nr. 1–4 enthalten sind. Da die Kosten der Nr. 2–4 i.d.R. gesammelt für die gesamte Wohneinheit anfallen, sind diese zur Bestimmung der Angemessenheit im Einzelfall gemäß Abs. 5 Satz 5 jeweils durch die Anzahl der vorgesehenen Nutzer\*innen zu teilen. Die **leistungsberechtigte Person** ist bezüglich der Höhe dieser zusätzlichen Kostenbestandteile **nachweispflichtig.** Dementsprechend ist beim Abschluss des Wohn- und Betreuungsvertrages darauf zu achten, auszuweisen, ob und ggf. in welcher Höhe die o.g. Kosten Bestandteil des Vertrages sind. Sofern die leistungsberechtigte Person den entsprechenden Nachweis führen kann, sind die entsprechend höheren Aufwendungen bis zu der 25 %-Kappungsgrenze oberhalb des Angemessenheitsgrenzwertes für einen Einpersonenhaushalt zu übernehmen. Warum diese Kostenübernahmeregelung in das **Ermessen des Sozialhilfeträgers** gestellt ist, erschließt sich nicht. Insbesondere sind keine Kriterien erkennbar, anhand derer von den nachgewiesenen Mehrkosten abgewichen werden könnte.

229 Umgekehrt bestehen Bedenken, ob die Wohnkosten in besonderen Wohnformen über die Regelung der örtlichen Referenzkosten eines Einpersonenhaushaltes zuzüglich des bis zu 25 %-Zuschlags hinreichend abgedeckt werden, da es sich bei den Gebäuden der bisher stationären Einrichtungen der Behindertenhilfe um **Sonderbauten** handelt, die aufgrund von **feuerpolizeilichen und heimrechtlichen Auflagen** Mehrkosten verursachen, die bei Privatbauten nicht entstehen, weswegen die Unterkunftskosten nicht mit denen von Einpersonenhaushalten verglichen werden können.[761] Diesen Befürchtungen ist das BMAS ausdrücklich entgegengetreten. Es lägen „keine Belege dafür vor, dass heutige[n] stationäre[n] Einrichtungen aufgrund der Kappungsgrenze die ausschließlich für Wohnzwecke bestimmten Flächen nicht refinanzieren können"; zumal anderweitige Räumlichkeiten und Flächen wie Aufenthaltsräume und Büros des Betreuungspersonals sowie Therapieräume den Fachleistungen der Eingliederungshilfe zuzurechnen seien.[762]

---

761 So u.a. CBP (20116), S. 5.
762 BMAS (2017 a), S. 23.

§ 42 a Bedarfe für Unterkunft und Heizung                                                           230

(6) ¹Übersteigen die Aufwendungen für die Unterkunft nach Absatz 4 den der Besonderheit des Einzelfalles angemessenen Umfang und hat der für die Ausführung des Gesetzes nach diesem Kapitel zuständige Träger Anhaltspunkte dafür, dass ein anderer Leistungsträger diese Aufwendungen ganz oder teilweise zu übernehmen verpflichtet ist, wirkt er auf eine sachdienliche Antragstellung bei diesem Träger hin. ²Übersteigen die tatsächlichen Aufwendungen die Angemessenheitsgrenze nach Absatz 5 Satz 4 um mehr als 25 Prozent, umfassen die Leistungen nach Teil 2 des Neunten Buches auch diese Aufwendungen.

§ 42 a Abs. 6 SGB XII regelt die **Folgen unangemessener Aufwendungen** für die Unterkunft in zwei unterschiedlichen Konstellationen. Satz 1 bezieht sich ausdrücklich auf die **Wohngemeinschaften nach Abs. 4** und ordnet an, dass der Sozialhilfeträger auf eine Antragstellung der leistungsberechtigten Person bei einem Sozialleistungsträger – insbesondere demjenigen der Eingliederungshilfe – hinwirken soll, wenn Anhaltspunkte dafür bestehen, dass die höheren Aufwendungen von diesem Sozialleistungsträger zu übernehmen sind, etwa weil es sich um Kosten aufgrund zusätzlichen Raumbedarfs für Assistenzkräfte handelt.[763] Die im Abs. 4 Satz 3 für den Fall unangemessener Unterkunftskosten durch Verweis auf § 35 Abs. 2 Satz 2 SGB XII geltende **Pflicht zur Kostensenkung** i.d.R. nach 6 Monaten kann somit nur dann greifen, wenn der Sozialhilfeträger keine Anhaltspunkte für eine Kostentragung durch Dritte hat bzw. selbst bei einer Kostenübernahme die Grenze der angemessenen Aufwendungen immer noch überschritten wird.

Abs. 6 Satz 2 ordnet für die zweite Konstellation bezogen auf den Abs. 5 an, dass eine      231
**Überschreitung der Angemessenheitsgrenze in besonderen Wohnformen** über den 25 % Zuschlag hinaus als **Fachleistungen der Eingliederungshilfe** zu tragen sind, da sich darüber hinausgehende Kostenstrukturen einer Steuerung im Rahmen der Grundsicherung entziehen würden.[764] Der Träger der Eingliederungshilfe wird zur übergangsweisen Tragung der Mehrkosten ohne Ermessensspielraum verpflichtet,[765] zugleich wird diesem die Steuerung der Kosten nahegelegt,[766] die bei der (ggf. Folge-)Antragstellung im Rahmen der Prüfung des Einzelfalls nach § 104 SGB IX möglich ist. Die Anwendung des § 42 a SGB XII ist allerdings nicht auf Leistungsberechtigte der Eingliederungshilfe beschränkt, sondern auf alle Grundsicherungsempfänger*innen anwendbar. Leben diese in besonderen Wohnformen und überschreiten ihre Unterkunftskosten die 25 %ige Zuschlagsgrenze, müsste der Eingliederungshilfeträger dem Wortlaut nach die Mehrkosten für Personen tragen, für die er nicht zuständig ist. Daher ist der **Anwendungsbereich** des § 42 a Abs. 6 Satz 2 SGB XII nach dem Sinn und Zweck der Regelung auf **Leistungsberechtigte der Eingliederungshilfe** zu reduzieren.

Da dem Wortlaut zufolge die Kostentragung durch den Eingliederungshilfeträger erst      232
ab Überschreiten der Zuschlagsgrenze von 25 % greift, sind die **Fälle ungeregelt**, in denen die Unterkunftskosten die Angemessenheitsgrenze übersteigen,

---

763   BT-Drs. 18/9522, 336.
764   BT-Drs. 18/9522, 336.
765   BMAS (2017 a), 24.
766   BT-Drs. 18/9522, 336.

- ■ ohne dass Kostenbestandteile i.S.d. Abs. 5 Satz 4 dies verursachen,
- ■ Kostenbestandteile i.S.d. Abs. 5 Satz 4 dies zwar verursachen, die leistungsberechtigte Person dies aber nicht nachweisen kann, oder
- ■ die nachgewiesen Kostenbestandteile i.S.d. Abs. 5 Satz 4 nur eine von mehreren Ursachen sind und diese Mehrkosten unterhalb der 25 %ige Zuschlagsgrenze bleiben.

233 Da der Sozialhilfeträger erkennbar oberhalb der Angemessenheitsgrenze nur die ausdrücklich aufgezählten **Kostenbestandteile gegen Nachweis** tragen soll, hat der Eingliederungshilfeträger die Mehrkosten auch in diesen ungeregelten Fällen in analoger Anwendung des Abs. 6 Satz 2 zu tragen. Ohne eine Kostentragung durch den Eingliederungshilfeträger ginge dies zulasten des soziokulturellen Existenzminimums der leistungsberechtigten Person.

234 Gemäß der in § 128 c SGB XII neu eingefügten Nr. 7, sind die Kosten der Unterkunft nach dem 4. Kapitel getrennt nach Wohnformen und nach der Form des Zusammenlebens statistisch zu erheben.

## 2. Mehrbedarfe (§§ 42 und 42 b SGB XII)

235 Laut der Ergänzung in § 42 Nr. 2 SGB XII sind neben den Mehrbedarfen nach § 30 SGB XII auch diejenigen nach dem neu eingefügten § 42 b Bestandteil der Grundsicherung, die zusätzlich zum Regelbedarf gewährt werden. § 42 b Abs. 2 SGB XII sieht einen **Mehrbedarf für die gemeinschaftliche Mittagsverpflegung** in einer WfbM, bei einem anderen Leistungsanbieter oder im Rahmen einer vergleichbaren tagesstrukturierenden Maßnahme vor (Details s. Rn. 126). Im Abs. 3 wird inhaltlich der bisher in § 30 Abs. 4 SGB XII geregelte Mehrbedarf i.H.v. 35 % der maßgebenden Regelbedarfsstufe bei Inanspruchnahme von Leistungen zur Teilhabe an Bildung nach § 112 Abs. 1 Nr. 1 oder 2 SGB IX geregelt. Die Verschiebung erfolgt, da die Mehrzahl der Empfänger*innen dieses Mehrbedarfes Leistungsberechtigte nach dem 4. Kapitel sind.[767] Im § 30 Abs. 4 und 8 sind Verweise auf diese neu geregelten Mehrbedarfe enthalten, so dass diese auch von Leistungsberechtigten der Hilfe zum Lebensunterhalt in Anspruch genommen werden können (s. Rn. 222).

## III. Streichung der Eingliederungshilfe

236 Mit Inkrafttreten des 2. Teils des SGB IX zum 1.1.2020 (s. § 4 A) werden zeitgleich die Vorschriften über die **Eingliederungshilfe im SGB XII aufgehoben**. Dies betrifft vor allem die Vorschriften des 6. Kapitels sowie diejenigen über die Teilhabe am Arbeitsleben und bezüglich des Gesamtplanverfahrens im 17. und 18. Kapitel. Darüber hinaus werden weitere Einzelregelungen teilweise aufgehoben oder angepasst, soweit ihr Regelungsgehalt sich (auch) auf die Eingliederungshilfe bezogen hat.[768] Zudem tritt die **Eingliederungshilfeverordnung** ab 1.1.2020 **außer Kraft**,[769] wobei die §§ 1–3 EGH-VO i.d.F. am 31.12.2019 zur Bestimmung der Leistungsberechtigten der Ein-

---

767 BT-Drs. 18/9522, 334.
768 Im Einzelnen betrifft das: § 8 Nr. 4, § 14, § 15 Abs. 2 Satz 2, § 19 Abs. 3, § 52 Abs. 5, § 97 Abs. 3 Nr. 1, § 98 Abs. 5, § 121 Nr. 1 c) SGB XII.
769 Art. 26 Abs. 4 Satz 2 BTHG.

gliederungshilfe im Rahmen des § 99 SGB IX voraussichtlich bis zum 1.1.2023 zur Anwendung kommen.

### IV. Anspruchsübergang (§ 94 SGB XII)

Die Begrenzung des Anspruchsübergangs einer/eines volljährigen Unterhaltsberech-    237
tigten, die/ der Leistung der Eingliederungshilfe erhält, gegenüber ihren Eltern bezüglich der Grundsicherung wird in § 94 Abs. 2 Satz 1 SGB XII beibehalten (zur – mehr
oder weniger – vergleichbaren Regelung bezüglich der Fachleistungen im § 138
Abs. 4 SGB IX vgl. Rn. 191 ff.). Sprachlich ist der Verweis auf Leistungsberechtigte
nach § 99 SGB IX missglückt, da – wie bei § 39 Satz 3 Nr. 2 SGB XII – die Verschiebung der Neudefinition auf 2023 im Wortlaut nicht berücksichtigt worden ist
(s. Rn. 65 f.).

### V. Sonderregelungen bei parallelem Leistungsbezug

Sind neben Leistungen der Eingliederungshilfe nach dem 2. Teil des SGB IX gleichzei-    238
tig auch noch Leistungen nach dem SGB XII zu erbringen, richtet sich gemäß § 98
Abs. 6 SGB XII die **örtliche Zuständigkeit** nach § 98 SGB IX, soweit Landesrecht keine abweichende Bestimmung trifft.

§ 118 Abs. 1 Satz 1 Nr. 5 SGB XII ermächtigt den Sozialhilfeträger zum Datenab-    239
gleich mit dem Eingliederungshilfeträger. Ob bzw. in welchen Zeiträumen auch Leistungen der Eingliederungshilfe bezogen werden bzw. wurden, ist zum Beispiel relevant für die Frage, wer für die Gewährung ambulanter Hilfe zur Pflege zuständig ist
und ob insoweit die günstigeren Regelungen zum Einsatz des Einkommens nach dem
9. Kapitel des 2 Teils des SGB IX zur Anwendung kommen (s. Rn. 32). Laut § 122
Abs. 3 Nr. 4 SGB XII ist der Parallelbezug von Leistungen der Eingliederungshilfe und
jener der Hilfe zur Pflege statistisch zu erfassen.

### VI. Übergangsregelungen

Im § 136 a SGB XII wird die **pauschalierte Erstattung des** von den Ländern an Leis-    240
tungsberechtigte der Grundsicherung ausbezahlten **Barbetrages** durch den Bund bis
zum Jahr 2025 fortgeführt (vgl. § 2 Rn. 77). Dabei wird der pro Fall und Monat er-
stattete prozentuale Anteil gemessen an der Regelbedarfsstufe 1 zwar von Jahr zu
Jahr geringer, zugleich wird die Höhe der Regelbedarfsstufe 1 jährlich höher gesetzt.
Im Vergleich zur Ende 2019 auslaufenden Vorgängerregelung im § 136 SGB XII ist
jedoch zu berücksichtigen, dass mit dem Wechsel der Eingliederungshilfe aus dem
SGB XII in den 2. Teil des SGB IX die Anzahl der Erstattungsfälle deutlich abnehmen
wird (vgl. Rn. 218).

§ 139 SGB XII enthält eine **Übergangsregelung für die Kosten der Unterkunft** und    241
Heizung, mit der sichergestellt werden soll, dass der Bedarf von Leistungsberechtigten, die am 31.12.2019 existenzsichernde Leistungen nach dem SGB XII und zugleich
**Eingliederungshilfe in ambulanten Wohnformen** erhalten haben, dieser Bedarf auch
nach Inkrafttreten der Neuregelungen im § 42 a SGB XII zum 1.1.2020
(s. Rn. 225 ff.) als solcher einer Wohnung nach § 42 a Abs. 2 Nr. 1 und Satz 2

SGB XII beurteilt wird, selbst wenn es sich nach den Kriterien ab 2020 um eine besondere Wohnformen handelt. Zugleich sichert die Übergangsregelung im Abs. 2, dass der Unterkunftsbedarf von hilfebedürftigen Leistungsberechtigten der **Eingliederungshilfe**, die am 31.12.2019 **in einer stationären Einrichtung** leben, anschließend als der einer besonderen Wohnform anerkannt wird. Dadurch soll ausgeschlossen sein, „dass es durch das Inkrafttreten der Trennung von Fachleistung der Eingliederungshilfe und Lebensunterhalt zu nachteiligen Änderungen oder gar zur Notwendigkeit eines Umzugs kommt".[770]

## C. Weitere Änderungen durch das BTHG im Überblick

### I. Umsetzungsunterstützung durch das BMAS[771]

242 In den Jahren 2020 und 2021 hat das BMAS zu untersuchen, **wieviel** den **Bewohner\*innen in besonderen Wohnformen** nach § 42 a Abs. 5 und 6 SGB XII i.d.F. ab 2020, die auf Leistungen der Grundsicherung angewiesen sind, anteilig **von ihrem Regelsatzes zur freien Verfügung** verbleibt. Die Regelung ist allerdings schon zum 1.1.2017 in Kraft getreten (s. § 2 Rn. 86).

### II. Änderungen im Teilhaberecht in anderen SGBs und sonstigen Gesetzen

### 1. Änderungen im SGB V

243 Indem der Wechsel der Eingliederungshilfe vom 6. Kapitel des SGB XII in den 2. Teil des SGB IX im Wortlaut des § 5 Abs. 8 a Satz 2 SGB V nachvollzogen wird[772], bleibt es dabei, dass **Empfänger\*innen von Leistungen der Eingliederungshilfe nicht** aufgrund des Auffangtatbestandes des § 5 Abs. 1 Nr. 13 SGB V **versicherungspflichtig** sind.[773] D.h., wenn sie nicht aus anderem Grund, z.B. wegen der Tätigkeit in einer WfbM gemäß § 5 Abs. 2 Nr. 7 SGB V versicherungspflichtig, freiwillig oder familienversichert sind, erfolgt die Durchführung der Krankenbehandlung von den Krankenkassen auf Kosten der Träger der Eingliederungshilfe, wie im § 264 Abs. 2 Nr. 1 SGB V klargestellt wird.

### 2. Änderungen im SGB VIII[774]

244 Während im § 10 Abs. 4 Satz 1 SGB VIII[775] die Leistungen der Kinder und Jugendhilfe auch gegenüber den Leistungen nach dem Neunten Buch für vorrangig erklärt werden, gehen nach Satz 2 die Leistungen der Eingliederungshilfe nach dem Neunten Buch für junge Menschen mit (drohender) körperlicher oder geistiger Behinderung auch weiterhin den Leistungen der Kinder und Jugendhilfe vor. § 35 a Abs. 3 SGB VIII wird dahingehend angepasst, dass bezüglich der Aufgaben und Ziele der Eingliederungshilfe für junge Menschen mit (drohender) seelischer Behinderung so-

---

770  BMAS (2017 a), S. 24.
771  Einführung durch Art. 25 Abs. 6 BTHG.
772  Änderung durch Art. 6 Nr. 2 b und Nr. 13 a i.V.m. Art. 26 Abs. 4 Nr. 2 BTHG.
773  Das gilt gemäß § 193 Abs. 3 Nr. 4 VVG i.d.F. durch Art. 20 Abs. 3 i.V.m. Art. 26 Abs. 4 Nr. 4 BTHG ebenso bzgl. der privaten Krankenversicherung.
774  Änderung durch Art. 9 und 26 Abs. 4 Nr. 3 BTHG i.d.F. durch Art. 27 Nr. 3 a) BVGuaÄndG, BGBl. 2017 I 2572.
775  Änderung durch Art. 6 Nr. 2 b und Nr. 13 a i.V.m. Art. 26 Abs. 4 Nr. 2 BTHG.

wie zur Bestimmung des leistungsberechtigten Personenkreises auf § 90 SGB IX über die Aufgaben der Eingliederungshilfe, die Kapitel 3–6 zu den Leistungen der Eingliederungshilfe sowie auf die Leistungsform des Persönlichen Budgets verwiesen wird unter Beibehaltung des Abweichungsvorbehalt bezüglich des SGB VIII.

### 3. Änderungen im SGB XI[776]

Entsprechend der neuen Sprachregelung im SGB IX[777]bezüglich der Unterbringung über Tag und Nacht in besonderen Wohnformen mit privaten und Gemeinschaftsräumlichkeiten, wird im § 13 Abs. 3 Satz 3 SGB XI neben der Hilfe in Einrichtungen auch jene in „**Räumlichkeiten**" ergänzt.

245

### 4. Bundesversorgungsgesetz[778]

Anstelle des Verweises im § 27 c Abs. 5 BVG[779] auf die entsprechende Geltung des § 27 d Abs. 5 Satz 1 Nr. 1 c) und Nr. 2 b) sowie auf dessen Satz 2 und 3 BVG werden die **besonderen Einkommensgrenzen** bei voraussichtlich länger erforderlicher Pflege in einer stationären Einrichtung, bei häuslicher Pflege von Pflegebedürftigen der Pflegegrade 2 und 3 sowie für Pflegegeld für Pflegebedürftige der Pflegegrade 4 und 5 nunmehr unmittelbar im § 27 c Abs. 5 BVG geregelt, ohne das damit inhaltliche Änderungen verbunden sein soll. § 27 d Abs. 3 S. 1 und Abs. 5 – 7 BVG werden an die Neuregelung der Eingliederungshilfe im 2. Teil des SGB IX angepasst.

246

### 5. Sozialgerichtsgesetz[780]

In allen Vorschriften, in denen auf „Angelegenheiten der Sozialhilfe" Bezug genommen wird,[781] werden anschließend die Worte „**einschließlich der Angelegenheiten nach Teil 2 des SGB IX**" eingefügt.[782] Statt „und der Eingliederungshilfe" zu ergänzen, wird so sprachlich der Eindruck erweckt, die Eingliederungshilfe bliebe trotz des Wechsels des SGBs Teil der Sozialhilfe. **Besonders misslungen** ist die Eingliederung der Eingliederungshilfe in die Vorschrift über die **notwendige Beiladung** in § 75 Abs. 2 und 5 SGG sowie die **Kostenpflicht** von Beigeladenen nach § 197 Abs. 3 SGG. Dort wird jeweils nach den Worten „Träger der Sozialhilfe" eingefügt „einschließlich der Leistungen nach dem 2. Teil des SGB IX". Wie auch immer der/die Verfasser*in dieser Passage sich vorgestellt haben mag, Leistungen beizuladen, zu verurteilen oder ihnen Kosten aufzuerlegen. Die denkbare Auslegung, dass der Sozialhilfeträger ab 2020 auch für Angelegenheit der Eingliederungshilfe vor den Sozialgerichten gerade stehen soll, macht ebenso wenig Sinn.

247

---

776 Änderung durch Art. 10 Abs. 1 i.V.m. Art. 26 Abs. 4 Nr. 4 BTHG.
777 Änderung durch Art. 6 Nr. 2 b und Nr. 13 a i.V.m. Art. 26 Abs. 4 Nr. 2 BTHG.
778 Änderung durch Art. 15 Abs. 1 i.V.m. Art. 26 Abs. 4 Nr. 5 BTHG.
779 Änderung durch Art. 6 Nr. 2 b und Nr. 13 a i.V.m. Art. 26 Abs. 4 Nr. 2 BTHG.
780 Änderung durch Art. 20 Abs. 2 i.V.m. Art. 26 Abs. 4 Nr. 5 BTHG.
781 §§ 10, 12, 13, 14, 31, 46, 51 SGG.
782 Änderung durch Art. 6 Nr. 2 b und Nr. 13 a i.V.m. Art. 26 Abs. 4 Nr. 2 BTHG.

### 6. Wohn- und Betreuungsvertragsgesetz[783]

248    Gemäß dem neu eingefügten § 15 Abs. 3 WBVG[784] müssen Verträge mit Verbraucher\*innen, die Eingliederungshilfe nach dem 2. Teil SGB IX in Anspruch nehmen, den Vereinbarungen des neuen Vertragsrechts des SGB IX entsprechen.

### 7. Umsatzsteuergesetz[785]

249    Gemäß § 4 S. 1 Nr. 16 l) UStG[786] werden auch die mit dem Betrieb von Einrichtungen zur Betreuung oder Pflege körperlich, geistig oder seelisch hilfsbedürftiger Personen eng verbundenen Leistungen von Einrichtungen von der Umsatzsteuer befreit, bei denen im vorangegangenen Kalenderjahr die Betreuungs- oder Pflegekosten in mindestens 25 % der Fälle von den Trägern der Eingliederungshilfe nach § 94 SGB IX ganz oder zum überwiegenden Teil vergütet worden sind.

### 8. Sozialverwaltungsverfahren und Sozialdatenschutz SGB X[787]

250    im Recht der Eingliederungshilfe nach dem SGB IX benötigte Urkunden werden von den **Beurkundungs- und Beglaubigungskosten** nach § 64 Abs. 2 Nr. 2 SGB X[788] befreit. In den Vorschriften über die **Erstattungsansprüche** der Sozialleistungsträger untereinander (§§ 103 – 105 und 108 SGB X) sowie im § 116 SGB X über die Schadensersatzansprüche gegen Dritte wird jeweils im Wortlaut der Träger der Eingliederungshilfe ergänzt.

---

783  Änderung durch Art. 20 Abs. 5 i.V.m. Art. 26 Abs. 4 Nr. 4 BTHG.
784  Änderung durch Art. 6 Nr. 2 b und Nr. 13 a i.V.m. Art. 26 Abs. 4 Nr. 2 BTHG.
785  Änderung durch Art. 20 Abs. 7 i.V.m. Art. 26 Abs. 4 Nr. 4 BTHG.
786  Änderung durch Art. 6 Nr. 2 b und Nr. 13 a i.V.m. Art. 26 Abs. 4 Nr. 2 BTHG.
787  Änderung durch Art. 20 Abs. 8 i.V.m. Art. 26 Abs. 4 Nr. 4 BTHG.
788  Änderung durch Art. 6 Nr. 2 b und Nr. 13 a i.V.m. Art. 26 Abs. 4 Nr. 2 BTHG.

# § 5 Änderung im Jahr 2023

## Änderungen im SGB IX

Die einzige Änderung im SGB IX durch das BTHG, die erst für den 1.1.2023 vorge- 1
sehen ist, ist die **neue Definition** des Personenkreises der **Leistungsberechtigten** bezüglich der **Eingliederungshilfe** im § 99 SGB IX.[789]

§ 99 Leistungsberechtigter Personenkreis

(1) [1]Eingliederungshilfe ist Personen nach § 2 Absatz 1 Satz 1 und 2 zu leisten, deren Beeinträchtigungen die Folge einer Schädigung der Körperfunktion und -struktur einschließlich der geistigen
und seelischen Funktionen sind und die dadurch in Wechselwirkung mit den Barrieren in erheblichem Maße in ihrer Fähigkeit zur Teilhabe an der Gesellschaft eingeschränkt sind. [2]Eine Einschränkung der Fähigkeit zur Teilhabe an der Gesellschaft in erheblichem Maße liegt vor, wenn die Ausführung von Aktivitäten in einer größeren Anzahl der Lebensbereiche nach Absatz 4 nicht ohne
personelle oder technische Unterstützung möglich oder in einer geringeren Anzahl der Lebensbereiche auch mit personeller oder technischer Unterstützung nicht möglich ist. [3]Mit steigender Anzahl
der Lebensbereiche nach Absatz 4 ist ein geringeres Ausmaß der jeweiligen Einschränkung für die
Leistungsberechtigung ausreichend.

(2) [1]Leistungsberechtigt nach diesem Teil sind auch Personen, denen nach fachlicher Kenntnis eine
erhebliche Einschränkung im Sinne von Absatz 1 Satz 2 mit hoher Wahrscheinlichkeit droht. [2]Ist
bei Personen nach § 2 Absatz 1 Satz 1 und 2 die Ausführung von Aktivitäten in weniger als den
nach Absatz 1 Satz 2 bestimmten Lebensbereichen nicht ohne personelle oder technische Unterstützung möglich oder in weniger als den nach Absatz 1 Satz 2 bestimmten Lebensbereichen auch mit
personeller oder technischer Unterstützung nicht möglich, ist aber im Einzelfall in ähnlichem Ausmaß personelle oder technische Unterstützung zur Ausführung von Aktivitäten notwendig, können
Leistungen der Eingliederungshilfe gewährt werden.

(3) Bei der Feststellung des erheblichen Maßes der Einschränkung nach Absatz 1 Satz 2 ist die für
die Art der Behinderung typisierende notwendige Unterstützung in Lebensbereichen nach Absatz 4
maßgebend.

(4) Lebensbereiche im Sinne von Absatz 1 Satz 2 sind
1. Lernen und Wissensanwendung,
2. allgemeine Aufgaben und Anforderungen,
3. Kommunikation,
4. Mobilität,
5. Selbstversorgung,
6. häusliches Leben,
7. interpersonelle Interaktionen und Beziehungen,
8. bedeutende Lebensbereiche sowie
9. Gemeinschafts-, soziales und staatsbürgerliches Leben.

(5) [1]Personelle Unterstützung im Sinne von Absatz 1 Satz 2 ist die regelmäßig wiederkehrende und
über einen längeren Zeitraum andauernde Unterstützung durch eine anwesende Person. [2]Bei Kindern und Jugendlichen bis zur Vollendung des 18. Lebensjahres bleibt die Notwendigkeit von Unterstützung auf Grund der altersgemäßen Entwicklung unberücksichtigt.

(6) Leistungen zur Teilhabe am Arbeitsleben nach Kapitel 4 erhalten Personen, die die Voraussetzungen nach § 58 Absatz 1 Satz 1 erfüllen.

(7) Das Nähere über
1. die größere und geringere Anzahl nach Absatz 1 Satz 2,
2. das Verhältnis von der Anzahl der Lebensbereiche zum Ausmaß der jeweiligen Einschränkung
nach Absatz 1 Satz 3 und
3. die Inhalte der Lebensbereiche nach Absatz 4

bestimmt ein Bundesgesetz.

---

789  Art. 25 a BTHG.

### I. Bedingtes Inkrafttreten (Art. 25 Abs. 5 BTHG)

2  Die Neufassung des § 99 SGB IX zum 1.1.2023 ist kein Automatismus, denn laut Art. 26 Abs. 5 BTHG ist das Inkrafttreten an die **Bedingung** geknüpft, dass **zuvor ein Bundesgesetz** in Kraft getreten ist, dass die Inhalte nach § 99 Abs. 7 SGB IX i.d.F. durch Art. 25 a BTHG so konkretisiert, dass die vorgesehene Neufassung § 99 SGB IX überhaupt umsetzbar ist (s. Rn. 3 f.), und das der neue Wortlaut des § 99 SGB IX durch BMAS erneut im Verkündungsblatt veröffentlicht wird. Solange nicht beide Bedingungen erfüllt sind, bleibt § 99 SGB IX i.d.F. ab 2018 (s. § 4 Rn. 65 f.) auch über den 1.1.2023 hinaus in Kraft.

3  Im Gesetzentwurf, der die Einführung dieser Fassung des § 99 SGB IX auch zum 1.1.2020 vorsah, hatte im Abs. 1 anstelle der „größeren Anzahl" noch die konkrete Zahl „5" und statt der „geringeren Anzahl" noch die Ziffer „3" gestanden.[790] Im Gesetzgebungsprozess wurden jedoch **Befürchtungen** laut, dass dadurch der **Kreis der Leistungsberechtigten verengt** werden und bisher Leistungsberechtigte herausfallen könnten.[791] In Folge wurden die Neudefinition auf das Jahr 2023 verschoben und die Formulierungen zunächst „aufgeweicht, denn auch wenn der politische Wille der Mehrheit im Bundestag vorhanden war, die Bestimmung der Leistungsberechtigten künftig unter Bezugnahme auf die ICF vorzunehmen, bestand zugleich ein Konsens dahin gehend, dass der bisher berechtigte Personenkreis dadurch nicht verkleinert werden sollte."[792]

4  Um in der Zwischenzeit Erkenntnisse über die Auswirkungen dieses Reformschrittes zu gewinnen, hat das **BMAS** gemäß Art. 25 Abs. 5 bereits im Jahr 2017 und im ersten Halbjahr 2018 die **rechtlichen Wirkungen** der geplanten Neufassung des § 99 SGB IX auf den leistungsberechtigten Personenkreis der Eingliederungshilfe **zu untersuchen** und zum 30. Juni 2018 dem Bundestag und dem Bundesrat einen Ergebnisbericht vorzulegen (s. § 2 Rn. 81 f.). Ausdrückliches Ziel dieser Untersuchung ist es, Hinweise für eine Ausgestaltung des zu erlassenden Bundesgesetzes nach § 99 Abs. 7 i.d.F. durch Art. 25 a BTHG zu gewinnen, so dass der bisher leistungsberechtigte Personenkreis der Eingliederungshilfe auch weiterhin erfasst wird. Ab dem Jahr 2019 werden die so gewonnenen Erkenntnisse gemäß Art. 25 Abs. 3 BTHG in die **virtuelle Fallbearbeitung** einbezogen, bei der in einer ausgewählten Zahl von Trägern der Eingliederungshilfe von 2017 bis 2021 die Verfahren und Leistungen der Eingliederungshilfe ab 2020 unter wissenschaftlicher Begleitung modellhaft erprobt werden sollen (s. § 2 Rn. 84).

### II. Zum Inhalt der Vorschrift

5  Wie schon bei der bisherigen Definition wird im Abs. 1 an den **Behinderungsbegriff** des § 2 Abs. 1 SGB IX angeknüpft, jedoch eine **zusätzliche Voraussetzung** zur Bestimmung des leistungsberechtigten Personenkreises hinzugefügt. Während dies laut § 53 SGB XII die wesentliche Einschränkung der Teilhabefähigkeit ist, soll dies durch den

---

790  BT-Drs. 18/9522, 72.
791  BT-Drs. 18/10523, 45 ff. (84). *Mittelstaedt/Grotkamp* Gesundheitswesen 2016, 424 f.
792  BT-Drs. 18/10523, 84.

ebenso unbestimmten Rechtsbegriff des **in erheblichem Maß** in der Teilhabefähigkeit **Eingeschränkt-Seins** ersetzt werden. Zurecht hat der Bundesrat in seiner Stellungnahme darauf hingewiesen, dass die sprachlichen Ergänzungen im Abs. 1 Satz 1 „deren Beeinträchtigungen die Folge einer Schädigung der Körperfunktion und -struktur sind und die dadurch" nicht nur überflüssig sind und schlicht durch das Wort „die" ersetzt gehören, sondern dieser Einschub entgegen dem neuen Verständnis von Behinderungen (s. § 3 Rn. 6 und 9 ff.) **wieder negative Zuschreibungen** enthält.[793] Doch nicht nur das Abstellen auf die Schädigung und das wieder auflebende Kausalitätserfordernis („dadurch ... eingeschränkt sind") sind defizitorientiert, sondern auch, dass – im Unterschied zum § 2 Abs. 1 Satz 1 SGB IX – die Einschränkung der Teilhabe*fähigkeit* der Person zur Voraussetzung gemacht wird anstatt auf die Beeinträchtigung der Partizipation/Teilhabe als solche. Nach dem Verständnis der ICF ist insoweit nicht das jeweilige Unvermögen eines Menschen das Problem, sondern dessen Erleben in Hinblick auf sein Einbezogensein in Lebenssituationen.[794] In der Gegenäußerung der Bundesregierung wurde das Festhalten an der kritisierten Formulierung damit begründet, dass für das gewandelte Verständnis von Behinderung auf der Grundlage des u.a. in der ICF begründeten bio-psychosozialen Modells „die Einbeziehung der medizinischen Befunde und Diagnosen und die Bezugnahme auf die Körperfunktion und -struktur unverzichtbar"[795] sei.[796]

Zur Auslegung des unbestimmten Rechtsbegriffes der **Einschränkung der Fähigkeit** **6** **zur Teilhabe** in erheblichem Maß wird auf die Teilhabe an den im Abs. 4 genannten neun Lebensbereichen abgestellt, welcher der ICF entnommen sind (s. schon § 3 Rn. 13 f.) und als Voraussetzung eine **Anzahl dieser Lebensbereiche** definiert, in den Aktivitäten entweder nur mit personeller (s. Abs. 5 Satz 1) oder technischer Unterstützung oder aber selbst mit Unterstützung nicht ausgeführt werden können. Dabei bedeutet Aktivität nach dem Verständnis der ICF die „Durchführung einer Aufgabe oder einer Handlung (Aktion) durch einen Menschen" und die Beeinträchtigung einer Aktivität „die Schwierigkeit oder die Unmöglichkeit, die ein Mensch haben kann, die Aktivität durchzuführen".[797] Das i.S.d. § 99 Abs. 7 SGB IX noch zu erlassende Bundesgesetz (s. Rn. 2) soll nicht nur die relevanten Schwellenwerte festlegen, sondern auch die Relationen zwischen der Anzahl der betroffenen Lebensbereiche und der Intensität der jeweiligen Einschränkungen i.S.d. Abs. 1 Satz 3.[798]

Bei der Feststellung der erheblichen Einschränkung soll es gemäß Abs. 3 **nicht auf** **7** **den individuellen Unterstützbedarf** ankommen, sondern maßgeblich auf „die für die Art der Behinderung **typisierende notwendige Unterstützung** in den einzelnen Lebensbereichen nach Abs. 4". Der konkrete Bedarf soll demnach erst nach „geklärter Zugehörigkeit" zum Kreis der Leistungsberechtigten im Rahmen der Gesamtplanung zu

---

793 BT-Drs. 19/9544, 21.
794 DIMDI (2005), S. 95.
795 BT-Drs. 19/9544, 66; s. auch BT-Drs. 18/9522, 275.
796 Dabei ist der Wechsel von der wesentlichen Einschränkung der Teilhabefähigkeit zu derjenigen in erhebliche Maß laut der Gesetzesbegründung gerade erfolgt, weil „der geltende Behinderungsbegriff für die Eingliederungshilfe mit dem Merkmal der Wesentlichkeit veraltet und weitgehend defizitorientiert" sei, BT-Drs. 18/9522, 275.
797 DIMDI (2005), S. 95.
798 Vgl. BT-Drs. 18/10523, 85.

ermitteln und festzustellen sein.[799] Wiederum wird dabei im Gesetz mit **stigmatisierenden Zuschreibungen** gearbeitet, wonach Menschen mit der Art der Behinderung X typischerweise den Unterstützungsbedarf Y haben. Unklar bleibt zudem, wie und nach welchem Verfahren angesichts des offenen Verständnisses, demzufolge Behinderungen erst aus der Wechselwirkung von individuellen Beeinträchtigungen mit einstellungs- und umweltbedingten Barrieren entstehen (s. § 3 Rn. 10 f.), Arten der Behinderungen kategorisiert und mit typischem Unterstützungsbedarf hinterlegt werden sollen.

8  In dem noch zu erlassenden **Bundesgesetz** ist außerdem gemäß Abs. 7 Nr. 3 auch das **Nähere der Lebensbereiche** zu bestimmen. Auch insoweit bietet die ICF hinreichend Anhaltspunkte zur Orientierung.[800] Bei dieser Bestimmung wird der Gesetzgeber auch zu berücksichtigen haben, dass die in Abs. 4 genannten Lebensbereiche erkennbar am Leben eines Erwachsenen ausgerichtet sind und sich nicht ohne Weiteres auf die **Lebenswirklichkeit von Kindern** übertragen lassen – wie beispielsweise der Lebensbereiche „Selbstversorgung" auf Säuglinge und Kleinkinder.[801] Dementsprechend sind bei der Festlegung der Schwellenwerte zur Bestimmung der erheblichen Einschränkung der Teilhabe(fähigkeit) **kinderspezifische Kriterien** zu entwickeln, die zudem jeweils an das Alter des Kindes angepasst sind.[802] Die einzige bisher kinderspezifische Regelung ist im Abs. 5 Satz 2 diejenige, dass diejenige personelle Unterstützung nicht bei der Prüfung der Leistungsberechtigung berücksichtigt werden darf, die aufgrund der altersgemäßen Entwicklung erforderlich ist.

9  Abs. 2 Satz 1 bezieht die **drohende erhebliche Einschränkung** als Voraussetzung für eine Leistungsberechtigung mit ein. Wie schon im Rahmen des § 53 SGB XII – und im Unterschied zum allgemeinen Verständnis drohender Behinderung nach § 2 Abs. 1 Satz 3 SGB IX wird jedoch eine **hohe Wahrscheinlichkeit** für die Realisierung des Risikos vorausgesetzt. Abs. 2 Satz 2 sieht eine Fortsetzung der Differenzierung nach **Anspruchs- und Ermessensleistungen** vor. Sofern nicht die – erst noch gesetzlich festzusetzende – Anzahl der nur mit Unterstützung oder gar nicht ausführbarer Aktivitäten erreicht wird, aber Unterstützung „in ähnlichem Ausmaß" erforderlich, können Eingliederungshilfeleistungen erbracht werden. D.h., je näher die festgestellten Aktivitätseinschränkungen an den Schwellenwerten liegen, desto stärker die Verpflichtung, im Rahmen des Ermessens eine positive Leistungsentscheidung zu treffen.

10  Abs. 6 trifft eine Sonderregelung zur Leistungsberechtigung bezüglich der Leistungen zur Teilhabe am Arbeitsleben, die § 141 Abs. 1 SGB XII i.d.F. 2018/2019 entspricht (s. § 3 Rn. 478). Insoweit wird auf die Voraussetzungen für die Leistungen im Arbeitsbereich nach § 58 SGB IX verwiesen. Die Definition der Leistungsberechtigten nach Abs. 1 soll insoweit nicht einschlägig sein.[803]

11  Angesichts der offenkundigen Widersprüche dieser Fassung des § 99 SGB zum neuen, inklusiven Verständnis von Behinderung sind Zweifel angebracht, ob dieser Paragraf

799  BT-Drs. 18/10523, 85.
800  DIMDI (2005), S. 97 ff.
801  *Hellrung* (2017), S. 261.
802  *Hellrung* (2017), S. 261.
803  BT-Drs. 18/9522, 276.

tatsächlich zum 1.1.2023 so in Kraft tritt. Wie eingangs beschrieben, handelt es sich insoweit ja bislang nur um eine **Absichtserklärung**. Es bleibt genügend Zeit, um aufgrund der vorgelagerten Untersuchungen und Erprobungen Erfahrungen zu sammeln, ob die Vorgaben des § 99 SGB IX zielführend umsetzbar sind, zielführend im Sinne von **selbstbestimmter Lebensplanung und -führung** sowie **voller, wirksamer und gleichberechtigter Teilhabe** i.S.d. des § 1 des neuen Teilhaberechts.

# § 6 Anhang

### A. Arbeitshilfen zum SGB IX

Synopsen der Paragrafen-Nummern des SGB IX und des SGB XII (auszugsweise) vor und nach der Änderung bzw. den Änderungen durch das BTHG und anderer relevanter Gesetze

### I. SGB IX a.F. → SGB IX n.F.

1  Zusätzlich sind diejenigen Paragrafen des SGB IX fett und kursiv in einer gesonderten Zeile gedruckt, die bereits zum 1.1.2017 eine Änderung erfahren haben.

| SGB IX a.F. | SGB IX n.F. | Änderung zum | SGB IX a.F. | SGB IX n.F. | Änderung zum |
|---|---|---|---|---|---|
| § 1 | § 1 | 1.1.2018 | § 24 | - | 1.1.2018 |
| § 2 | § 2 | 1.1.2018 | § 25 | - | 1.1.2018 |
| § 3 | § 3 | 1.1.2018 | § 26 | § 42 | 1.1.2018 |
| § 4 | § 4 | 1.1.2018 | § 27 | § 43 | 1.1.2018 |
| § 5 | § 5 | 1.1.2018 | § 28 | § 44 | 1.1.2018 |
| § 6 | § 6 | 1.1.2018 | § 29 | § 45 | 1.1.2018 |
| § 7 | § 7 | 1.1.2018 | § 30 | § 46 | 1.1.2018 |
| § 8 | § 9 | 1.1.2018 | § 31 | § 47 | 1.1.2018 |
| § 9 | § 8 | 1.1.2018 | § 32 | § 48 | 1.1.2018 |
| § 10 | §§ 15, 28 | 1.1.2018 | § 33 | § 49 | 1.1.2018 |
| § 11 | § 10 | 1.1.2018 | § 34 | § 50 | 1.1.2018 |
| § 12 | § 25 | 1.1.2018 | § 35 | § 51 | 1.1.2018 |
| § 13 | § 26 | 1.1.2018 | § 36 | § 52 | 1.1.2018 |
| § 14 | §§ 14 – 17 | 1.1.2018 | § 37 | § 53 | 1.1.2018 |
| § 15 | § 18 | 1.1.2018 | § 38 | § 54 | 1.1.2018 |
| § 16 | § 27 | 1.1.2018 | § 38 a | § 55 | 1.1.2018 |
| § 17 | §§ 28, 29 | 1.1.2018 | § 39 | § 56 | 1.1.2018 |
| § 18 | § 31 | 1.1.2018 | § 40 | § 57 | 1.1.2018 |
| § 19 | § 36 | 1.1.2018 | § 41 | § 58 | 1.1.2018 |
| § 20 | § 37 | 1.1.2018 | § 42 | § 63 | 1.1.2018 |
| § 21 | § 38 | 1.1.2018 | *§ 43* | *§ 43* | *1.1.2017* |
| § 21 a | § 30 | 1.1.2018 | § 43 | § 59 | 1.1.2018 |
| § 22 | § 32 | 1.1.2018 | § 44 | § 64 | 1.1.2018 |
| § 23 | - | 1.1.2018 | § 45 | § 65 | 1.1.2018 |

| SGB IX a.F. | SGB IX n.F. | Änderung zum | SGB IX a.F. | SGB IX n.F. | Änderung zum |
|---|---|---|---|---|---|
| § 46 | § 66 | 1.1.2018 | § 77 | § 160 | 1.1.2018 |
| § 47 | § 67 | 1.1.2018 | § 78 | § 161 | 1.1.2018 |
| § 48 | § 68 | 1.1.2018 | § 79 | § 162 | 1.1.2018 |
| § 49 | § 69 | 1.1.2018 | § 80 | § 163 | 1.1.2018 |
| § 50 | § 70 | 1.1.2018 | § 81 | § 164 | 1.1.2018 |
| § 51 | § 71 | 1.1.2018 | *§ 82* | *§ 82* | *1.1.2017* |
| § 52 | § 72 | 1.1.2018 | § 82 | § 165 | 1.1.2018 |
| § 53 | § 73 | 1.1.2018 | *§ 83* | *§ 83* | *1.1.2017* |
| § 54 | § 74 | 1.1.2018 | § 83 | § 166 | 1.1.2018 |
| § 55 | § 76 | 1.1.2018 | § 84 | § 167 | 1.1.2018 |
| § 56 | § 79 | 1.1.2018 | § 85 | § 168 | 1.1.2018 |
| § 57 | § 82 | 1.1.2018 | § 86 | § 169 | 1.1.2018 |
| § 58 | - | 1.1.2018 | § 87 | § 170 | 1.1.2018 |
| § 59 | - | 1.1.2018 | § 88 | § 171 | 1.1.2018 |
| § 60 | § 33 | 1.1.2018 | § 89 | § 172 | 1.1.2018 |
| § 61 | § 34 | 1.1.2018 | § 90 | § 173 | 1.1.2018 |
| § 62 | § 35 | 1.1.2018 | § 91 | § 174 | 1.1.2018 |
| § 63 | § 85 | 1.1.2018 | § 92 | § 175 | 1.1.2018 |
| § 64 | § 86 | 1.1.2018 | § 93 | § 176 | 1.1.2018 |
| § 65 | § 87 | 1.1.2018 | *§ 94* | *§ 94* | *1.1.2017* |
| § 66 | § 88 | 1.1.2018 | § 94 | § 177 | 1.1.2018 |
| § 67 | § 89 | 1.1.2018 | *§ 95* | *§ 95* | *1.1.2017* |
| § 68 | § 151 | 1.1.2018 | § 95 | § 178 | 1.1.2018 |
| *§ 69* | *§ 69* | *1.1.2017* | *§ 96* | *§ 96* | *1.1.2017* |
| § 69 | § 152 | 1.1.2018 | § 96 | § 179 | 1.1.2018 |
| *§ 70* | *§ 70* | *1.1.2017* | *§ 97* | *§ 97* | *1.1.2017* |
| § 70 | § 153 | 1.1.2018 | § 97 | § 180 | 1.1.2018 |
| § 71 | § 154 | 1.1.2018 | § 98 | § 181 | 1.1.2018 |
| § 72 | § 155 | 1.1.2018 | § 99 | § 182 | 1.1.2018 |
| § 73 | § 156 | 1.1.2018 | § 100 | § 183 | 1.1.2018 |
| § 74 | § 157 | 1.1.2018 | § 101 | § 184 | 1.1.2018 |
| § 75 | § 158 | 1.1.2018 | § 102 | § 185 | 1.1.2018 |
| § 76 | § 159 | 1.1.2018 | § 103 | § 186 | 1.1.2018 |

| SGB IX a.F. | SGB IX n.F. | Änderung zum | SGB IX a.F. | SGB IX n.F. | Änderung zum |
|---|---|---|---|---|---|
| § 104 | § 187 | 1.1.2018 | § 135 | § 218 | 1.1.2018 |
| § 105 | § 188 | 1.1.2018 | § 136 | § 219 | 1.1.2018 |
| § 106 | § 189 | 1.1.2018 | § 137 | § 220 | 1.1.2018 |
| § 107 | § 190 | 1.1.2018 | § 138 | § 221 | 1.1.2018 |
| § 108 | § 191 | 1.1.2018 | *§ 139* | *§ 139* | *1.1.2017* |
| § 109 | § 192 | 1.1.2018 | § 139 | § 222 | 1.1.2018 |
| § 110 | § 193 | 1.1.2018 | § 140 | § 223 | 1.1.2018 |
| § 111 | § 194 | 1.1.2018 | § 141 | § 224 | 1.1.2018 |
| § 112 | § 195 | 1.1.2018 | § 142 | § 225 | 1.1.2018 |
| § 113 | § 196 | 1.1.2018 | § 143 | § 226 | 1.1.2018 |
| § 114 | § 197 | 1.1.2018 | *§ 144* | *§ 144* | *1.1.2017* |
| § 115 | § 198 | 1.1.2018 | § 144 | § 227 | 1.1.2018 |
| § 116 | § 199 | 1.1.2018 | § 145 | § 228 | 1.1.2018 |
| § 117 | § 200 | 1.1.2018 | *§ 146* | *§ 146* | *1.1.2017* |
| § 118 | § 201 | 1.1.2018 | § 146 | § 229 | 1.1.2018 |
| § 119 | § 202 | 1.1.2018 | § 147 | § 230 | 1.1.2018 |
| § 120 | § 203 | 1.1.2018 | *§ 148* | *§ 148* | *1.1.2017* |
| § 121 | § 204 | 1.1.2018 | § 148 | § 231 | 1.1.2018 |
| § 122 | § 205 | 1.1.2018 | § 149 | § 232 | 1.1.2018 |
| § 123 | § 206 | 1.1.2018 | *§ 150* | *§ 150* | *1.1.2017* |
| § 124 | § 207 | 1.1.2018 | § 150 | § 233 | 1.1.2018 |
| § 125 | § 208 | 1.1.2018 | § 151 | § 234 | 1.1.2018 |
| § 126 | § 209 | 1.1.2018 | § 152 | § 235 | 1.1.2018 |
| § 127 | § 210 | 1.1.2018 | § 153 | § 236 | 1.1.2018 |
| *§ 128* | *§ 128* | *1.1.2017* | *§ 154* | *§ 154* | *1.1.2017* |
| § 128 | § 211 | 1.1.2018 | § 154 | § 237 | 1.1.2018 |
| § 129 | § 212 | 1.1.2018 | § 155 | § 237 a | 1.1.2018 |
| § 130 | § 213 | 1.1.2018 | | § 237 b | 1.1.2018 |
| *§ 131* | *§ 131* | *1.1.2017* | § 156 | § 238 | 1.1.2018 |
| § 131 | § 214 | 1.1.2018 | § 157 | § 239 | 1.1.2018 |
| § 132 | § 215 | 1.1.2018 | *§ 158* | *§ 158* | *1.1.2017* |
| § 133 | § 216 | 1.1.2018 | § 158 | § 240 | 1.1.2018 |
| § 134 | § 217 | 1.1.2018 | | | |

| SGB IX a.F. | SGB IX n.F. | Änderung zum |
|---|---|---|
| *§ 159* | *§ 159* | *1.1.2017* |
| § 159 | § 241 | 1.1.2018 |

## II. SGB IX n.F. → SGB IX a.F. und SGB XII a.F.

| SGB IX n.F. | SGB IX a.F. | SGB XII | Änderung zum |
|---|---|---|---|
| § 1 | § 1 | | 1.1.2018 |
| § 2 | § 2 | | 1.1.2018 |
| § 3 | § 3 | | 1.1.2018 |
| § 4 | § 4 | | 1.1.2018 |
| § 5 | § 5 | | 1.1.2018 |
| § 6 | § 6 | | 1.1.2018 |
| § 7 | § 7 | | 1.1.2018 |
| § 8 | § 9 | | 1.1.2018 |
| § 9 | § 8 | | 1.1.2018 |
| § 10 | § 11 | | 1.1.2018 |
| § 11 | | | 1.1.2018 |
| § 12 | | | 1.1.2018 |
| § 13 | | | 1.1.2018 |
| § 14 | § 14 | | 1.1.2018 |
| § 15 | §§ 10, 14 Abs. 6 | | 1.1.2018 |
| § 16 | § 14 Abs. 4 | | 1.1.2018 |
| § 17 | § 14 Abs. 5 | | 1.1.2018 |
| § 18 | § 15 | | 1.1.2018 |
| § 19 | | | 1.1.2018 |
| § 20 | | | 1.1.2018 |
| § 21 | | | 1.1.2018 |
| § 22 | | | 1.1.2018 |
| § 23 | | | 1.1.2018 |
| § 24 | | | 1.1.2018 |
| § 25 | § 12 | | 1.1.2018 |
| § 26 | § 13 | | 1.1.2018 |
| § 27 | § 16 | | 1.1.2018 |

| SGB IX n.F. | SGB IX a.F. | SGB XII | Änderung zum |
|---|---|---|---|
| § 28 | §§ 17, 10 Abs. 1 S. 2 | | 1.1.2018 |
| § 29 | § 17, § 4 BudgetV | | 1.1.2018 |
| § 30 | § 21 a | | 1.1.2018 |
| § 31 | § 18 | | 1.1.2018 |
| § 32 | § 22 | | 1.1.2018 |
| § 33 | § 60 | | 1.1.2018 |
| § 34 | § 61 | | 1.1.2018 |
| § 35 | § 62 | | 1.1.2018 |
| § 36 | § 19 | | 1.1.2018 |
| § 37 | § 20 | | 1.1.2018 |
| § 38 | § 21 | | 1.1.2018 |
| § 39 | | | 1.1.2018 |
| § 40 | | | 1.1.2018 |
| § 41 | | | 1.1.2018 |
| § 42 | § 26 | | 1.1.2018 |
| § 43 | § 27 | | 1.1.2018 |
| § 44 | § 28 | | 1.1.2018 |
| § 45 | § 29 | | 1.1.2018 |
| § 46 | § 30 | | 1.1.2018 |
| § 47 | § 31 | | 1.1.2018 |
| § 48 | § 32 | | 1.1.2018 |
| § 49 | § 33 | | 1.1.2018 |
| § 50 | § 34 | | 1.1.2018 |
| § 51 | § 35 | | 1.1.2018 |
| § 52 | § 36 | | 1.1.2018 |
| § 53 | § 37 | | 1.1.2018 |
| § 54 | § 38 | | 1.1.2018 |
| § 55 | § 38 a | | 1.1.2018 |
| § 56 | § 39 | | 1.1.2018 |
| § 57 | § 40 | | 1.1.2018 |
| § 58 | § 41 | | 1.1.2018 |
| § 59 | § 43 | | 1.1.2018 |
| § 60 | | § 56; § 140 i.d.F. 2018/19 | 1.1.2018 |

| SGB IX n.F. | SGB IX a.F. | SGB XII | Änderung zum |
|---|---|---|---|
| § 61 | | § 140 i.d.F. 2018/19 | 1.1.2018 |
| § 62 | | § 140 i.d.F. 2018/19 | 1.1.2018 |
| § 63 | § 42 | | 1.1.2018 |
| § 64 | § 44 | | 1.1.2018 |
| § 65 | § 45 | | 1.1.2018 |
| § 66 | § 46 | | 1.1.2018 |
| § 67 | § 47 | | 1.1.2018 |
| § 68 | § 48 | | 1.1.2018 |
| § 69 | § 49 | | 1.1.2018 |
| § 70 | § 50 | | 1.1.2018 |
| § 71 | § 51 | | 1.1.2018 |
| § 72 | § 52 | | 1.1.2018 |
| § 73 | § 53 | | 1.1.2018 |
| § 74 | § 54 | | 1.1.2018 |
| § 75 | | | 1.1.2018 |
| § 76 | § 55 | | 1.1.2018 |
| § 77 | | | 1.1.2018 |
| § 78 | | | 1.1.2018 |
| § 79 | § 56 | | 1.1.2018 |
| § 80 | | | 1.1.2018 |
| § 81 | | | 1.1.2018 |
| § 82 | § 57 | | 1.1.2018 |
| § 83 | | | 1.1.2018 |
| § 84 | | | 1.1.2018 |
| § 85 | § 63 | | 1.1.2018 |
| § 86 | § 64 | | 1.1.2018 |
| § 87 | § 65 | | 1.1.2018 |
| § 88 | § 66 | | 1.1.2018 |
| § 89 | § 67 | | 1.1.2018 |
| § 90 | § 4 Abs. 1 | § 53 Abs. 3 a.F. | 1.1.2020 |
| § 91 | | ~ § 2 | 1.1.2020 |
| § 92 | | ~ § 19 Abs. 3 | 1.1.2020 |
| § 93 | | - | 1.1.2020 |

| SGB IX n.F. | SGB IX a.F. | SGB XII | Änderung zum |
|---|---|---|---|
| § 94<br>Abs. 1<br>Abs. 2–5 | | § 7 | 1.1.2018<br>1.1.2020 |
| § 95 | | ~ § 75 Abs. 2 S. 1 | 1.1.2020 |
| § 96 | | §§ 4, 5 | 1.1.2020 |
| § 97 | | § 6 | 1.1.2020 |
| § 98 | | § 98 | 1.1.2020 |
| § 99 | | § 53 §§ 1–3 EGH-VO | 1.1.2020 |
| § 99 | | - | *1.1.2023* |
| § 100 | | § 23 | 1.1.2020 |
| § 101 | | § 24 | 1.1.2020 |
| § 102 | | § 54 Abs. 1 | 1.1.2020 |
| § 103 | | § 55 | 1.1.2020 |
| § 104 | | §§ 9; 13; 53 Abs. 1 | 1.1.2020 |
| § 105 | | §§ 10, 57 | 1.1.2020 |
| § 106 | § 22 | § 11 | 1.1.2020 |
| § 107 | | § 17 | 1.1.2020 |
| § 108 | | - | 1.1.2020 |
| § 109 | | § 54 Abs. 1 S. 2 | 1.1.2020 |
| § 110 | | - | 1.1.2020 |
| § 111 | | § 56, ~ §§ 9, 10,<br>17 EGH-VO | 1.1.2020 |
| § 112 | | § 54 Abs. 1 Nr. 1 und 2,<br>§§ 12, 13 EGH-VO ~<br>§§ 9, 10 EGH-VO | 1.1.2020 |
| § 113 | § 55 | § 53 Abs. 3 | 1.1.2020 |
| § 114 | | - | 1.1.2020 |
| § 115 | | § 54 Abs. 2 | 1.1.2020 |
| § 116 | | - | 1.1.2020 |
| § 117 | | § 141 i.d.F. 2018/19 | 1.1.2020 |
| § 118 | | § 142 i.d.F. 2018/19 | 1.1.2020 |
| § 119 | | § 143 i.d.F. 2018/19 | 1.1.2020 |
| § 120 | | § 143 a i.d.F. 2018/19 | 1.1.2020 |

| SGB IX n.F. | SGB IX a.F. | SGB XII | Änderung zum |
|---|---|---|---|
| § 121 | | § 144 i.d.F. 2018/19 | 1.1.2020 |
| § 122 | | § 145 i.d.F. 2018/19 | 1.1.2020 |
| § 123 | | § 75/§ 75 i.d.F. 2020 | 1.1.2018 |
| § 124 | | § 75 Abs. 2 i.d.F. 2020 | 1.1.2018 |
| § 125 | | § 76/§ 76 i.d.F. 2020 | 1.1.2018 |
| § 126 | | § 77/§ 77 i.d.F. 2020 | 1.1.2018 |
| § 127 | | § 77 Abs. 3/§ 77 a i.d.F. 2020 | 1.1.2018 |
| § 128 | | § 78 i.d.F. 2020 | 1.1.2018 |
| § 129 | | § 79 i.d.F. 2020 | 1.1.2018 |
| § 130 | | § 78/§ 79 a i.d.F. 2020 | 1.1.2018 |
| § 131 | | §§ 79, 81/§ 80 i.d.F. 2020 | 1.1.2018 |
| § 132 | | - | 1.1.2018 |
| § 133 | | § 80/§ 81 i.d.F. 2020 | 1.1.2018 |
| § 134 | | - | 1.1.2018 |
| § 135 | | ~ § 82 Abs. 1 | 1.1.2020 |
| § 136 | | ~ § 85 | 1.1.2020 |
| § 137 | | ~ § 87 | 1.1.2020 |
| § 138 | | § 92 Abs. 2, § 89, § 87 Abs. 3 | 1.1.2020 |
| § 139 | | § 90 | 1.1.2020 |
| § 140 | | § 91 | 1.1.2020 |
| § 141 | | § 93 | 1.1.2020 |
| § 142 | | § 92 Abs. 1, § 94 | 1.1.2020 |
| § 143 | | § 121 | 1.1.2020 |
| § 144 | | § 122 | 1.1.2020 |
| § 145 | | § 123 | 1.1.2020 |
| § 146 | | § 124 | 1.1.2020 |
| § 147 | | § 125 | 1.1.2020 |
| § 148 | | § 126 | 1.1.2020 |
| § 149 | | § 130 | 1.1.2020 |
| § 150 | | - | 1.1.2020 |
| § 151 | § 68 | | 1.1.2018 |

| SGB IX n.F. | SGB IX a.F. | SGB XII | Änderung zum |
|---|---|---|---|
| § 152 | § 69 | | 1.1.2018 |
| § 153 | § 70 | | 1.1.2018 |
| § 154 | § 71 | | 1.1.2018 |
| § 155 | § 72 | | 1.1.2018 |
| § 156 | § 73 | | 1.1.2018 |
| § 157 | § 74 | | 1.1.2018 |
| § 158 | § 75 | | 1.1.2018 |
| § 159 | § 76 | | 1.1.2018 |
| § 160 | § 77 | | 1.1.2018 |
| § 161 | § 78 | | 1.1.2018 |
| § 162 | § 79 | | 1.1.2018 |
| § 163 | § 80 | | 1.1.2018 |
| § 164 | § 81 | | 1.1.2018 |
| § 165 | § 82 | | 1.1.2018 |
| § 166 | § 83 | | 1.1.2018 |
| § 167 | § 84 | | 1.1.2018 |
| § 168 | § 85 | | 1.1.2018 |
| § 169 | § 86 | | 1.1.2018 |
| § 170 | § 87 | | 1.1.2018 |
| § 171 | § 88 | | 1.1.2018 |
| § 172 | § 89 | | 1.1.2018 |
| § 173 | § 90 | | 1.1.2018 |
| § 174 | § 91 | | 1.1.2018 |
| § 175 | § 92 | | 1.1.2018 |
| § 176 | § 93 | | 1.1.2018 |
| § 177 | § 94 | | 1.1.2018 |
| § 178 | § 95 | | 1.1.2018 |
| § 179 | § 96 | | 1.1.2018 |
| § 180 | § 97 | | 1.1.2018 |
| § 181 | § 98 | | 1.1.2018 |
| § 182 | § 99 | | 1.1.2018 |
| § 183 | § 100 | | 1.1.2018 |
| § 184 | § 101 | | 1.1.2018 |

| SGB IX n.F. | SGB IX a.F. | SGB XII | Änderung zum |
|---|---|---|---|
| § 185 | § 102 | | 1.1.2018 |
| § 186 | § 103 | | 1.1.2018 |
| § 187 | § 104 | | 1.1.2018 |
| § 188 | § 105 | | 1.1.2018 |
| § 189 | § 106 | | 1.1.2018 |
| § 190 | § 107 | | 1.1.2018 |
| § 191 | § 108 | | 1.1.2018 |
| § 192 | § 109 | | 1.1.2018 |
| § 193 | § 110 | | 1.1.2018 |
| § 194 | § 111 | | 1.1.2018 |
| § 195 | § 112 | | 1.1.2018 |
| § 196 | § 113 | | 1.1.2018 |
| § 197 | § 114 | | 1.1.2018 |
| § 198 | § 115 | | 1.1.2018 |
| § 199 | § 116 | | 1.1.2018 |
| § 200 | § 117 | | 1.1.2018 |
| § 201 | § 118 | | 1.1.2018 |
| § 202 | § 119 | | 1.1.2018 |
| § 203 | § 120 | | 1.1.2018 |
| § 204 | § 121 | | 1.1.2018 |
| § 205 | § 122 | | 1.1.2018 |
| § 206 | § 123 | | 1.1.2018 |
| § 207 | § 124 | | 1.1.2018 |
| § 208 | § 125 | | 1.1.2018 |
| § 209 | § 126 | | 1.1.2018 |
| § 210 | § 127 | | 1.1.2018 |
| § 211 | § 128 | | 1.1.2018 |
| § 212 | § 129 | | 1.1.2018 |
| § 213 | § 130 | | 1.1.2018 |
| § 214 | § 131 | | 1.1.2018 |
| § 215 | § 132 | | 1.1.2018 |
| § 216 | § 133 | | 1.1.2018 |
| § 217 | § 134 | | 1.1.2018 |

| SGB IX n.F. | SGB IX a.F. | SGB XII | Änderung zum |
|---|---|---|---|
| § 218 | § 135 | | 1.1.2018 |
| § 219 | § 136 | | 1.1.2018 |
| § 220 | § 137 | | 1.1.2018 |
| § 221 | § 138 | | 1.1.2018 |
| § 222 | § 139 | | 1.1.2018 |
| § 223 | § 140 | | 1.1.2018 |
| § 224 | § 141 | | 1.1.2018 |
| § 225 | § 142 | | 1.1.2018 |
| § 226 | § 143 | | 1.1.2018 |
| § 227 | § 144 | | 1.1.2018 |
| § 228 | § 145 | | 1.1.2018 |
| § 229 | § 146 | | 1.1.2018 |
| § 230 | § 147 | | 1.1.2018 |
| § 231 | § 148 | | 1.1.2018 |
| § 232 | § 149 | | 1.1.2018 |
| § 233 | § 150 | | 1.1.2018 |
| § 234 | § 151 | | 1.1.2018 |
| § 235 | § 152 | | 1.1.2018 |
| § 236 | § 153 | | 1.1.2018 |
| § 237 | § 154 | | 1.1.2018 |
| § 237 a | § 155 Abs. 2 | | 1.1.2018 |
| § 237 b | § 155 Abs. 1 | | 1.1.2018 |
| § 238 | § 156 | | 1.1.2018 |
| § 239 | § 157 | | 1.1.2018 |
| § 240 | § 158 | | 1.1.2018 |
| § 241 | § 159 | | 1.1.2018 |

## B. Änderungshistorie des SGB XII in den Jahren 2017–2020

Die Fußnoten weisen auf das Gesetz hin, durch welches die jeweilige Regelung geän- 3
dert wurde.

| SGB XII a.F. | Änderung zum 1.1.2017 | Änderung zum 1.7.2017 | Änderung zum 1.1.2018 | Änderung zum 1.1.2020 |
|---|---|---|---|---|
| § 4 | § 4 Abs. 1 S. 2, S. 3 neu[3] | | | § 4 Abs. 1 S. 1[1] |
| ... | | | | |
| § 8 | | § 8 Nr. 4 und 5[5] | | § 8 Nr. 4 aufgehoben[1] |
| ... | | | | |
| § 13 | | | | § 13 Abs. 1 S. 1[1] |
| § 14 | | | | § aufgehoben[1] |
| § 15 | | | | § 15 Abs. 2 S. 2[1] aufgehoben |
| ... | | | | |
| § 19 | | | | § 19 Abs. 3[1] |
| ... | | | | |
| § 27 | | | | § 27 Abs. 3 neu gefasst[1] |
| § 27 a | § 27 a Abs. 3 S. 3 neu, Abs. 4 und 5 neu[2] | | | § 27 a Abs. 3 S. 1 neu gefasst, Abs. 4 S. 4 neu[2] |
| § 27 b | | | | § 27 b neu gefasst[1] |
| - | | | | § 27 c neu[2] |
| § 28 | § 28 Abs. 4 S. 3–5 aufgehoben, Abs. 5 neu[2] | | | |
| ... | | | | |
| § 30 | | | | § 30 Abs. 1, 4, 8 (neu)[1] |
| ... | | | | |
| § 32 | | | § 32 neu gefasst[2] | |
| § 32 a | | | § 32 a neu gefasst[2] | |

| SGB XII a.F. | Änderung zum 1.1.2017 | Änderung zum 1.7.2017 | Änderung zum 1.1.2018 | Änderung zum 1.1.2020 |
|---|---|---|---|---|
| § 33 | | § 33 neu gefasst[2] | | |
| § 34 | § 34 Abs. 2 S. 2, Abs. 4 S. 2[2] | | | |
| § 34 a | | | | § 34 a Abs. 1 S. 3[1] |
| § 35 | | § 35 Abs. 5 neu[2] | | § 35 Abs. 5[2] |
| ... | | | | |
| - | | § 37 a neu[2] | | |
| § 38 | | | | |
| § 39 | § 39 S. 3 Nr. 2[3] | | | § 39 S. 3 Nr. 2[1] |
| § 40 | § 40 S. 3 neu gefasst[2] | | | |
| ... | | | | |
| - | | § 41 a neu[2] | | |
| § 42 | | § 42 Nr. 4 und 5 neu gefasst[2] | | § 42 Nr. 2, 4[1] |
| - | | § 42 a neu[2] | | § 42 a Abs. 2, Abs. 5–7 (neu)[1] |
| - | | | | § 42 b neu[1] |
| § 43 | | § 43 Abs. 5[2] | | |
| - | | Überschrift 2. Abschnitt[5] § 43 a[2] | | |
| § 44 | | § 44 Abs. 3 S. 2 neu[2] | | |
| - | | § 44 a neu[2] | | |
| - | | § 44 b neu[2] | | |
| § 44 a | | § 44 c[2] | | |
| § 45 | | § 45 S. 3 neu gefasst, S. 4 aufgehoben[1] | | |
| ... | | | | |

| SGB XII a.F. | Änderung zum 1.1.2017 | Änderung zum 1.7.2017 | Änderung zum 1.1.2018 | Änderung zum 1.1.2020 |
|---|---|---|---|---|
| § 50 | § 50 Nr. 4 neu gefasst[3] | | | |
| ... | | | | |
| § 52 | | | | § 52 Abs. 5 aufgehoben[1] |
| § 53 | | | | aufgehoben/ §§ 90, 99 SGB IX[1] |
| § 54 | | | § 54[1] | aufgehoben/ §§ 102, 109 ff. SGB IX[1] |
| § 55 | | | | aufgehoben/ § 103 SGB IX[1] |
| § 56 | | | aufgehoben/ § 60 SGB IX[1] | |
| § 57 | | | § 57: Anpassung an § 29 SGB IX[5] | aufgehoben/ § 105 Abs. 4 SGB IX[1] |
| § 58 | | | aufgehoben/ s. §§ 141 ff. SGB XIII[5] | aufgehoben/ §§ 117 ff. SGB IX[1] |
| § 59 | | | | aufgehoben[1] |
| § 60 | | | | aufgehoben[1] |
| - | § 60 a neu[1] | | | aufgehoben/ § 139 SGB IX[1] |
| § 61 | § 61[3] | | | |
| - | § 61 a neu[3] | | | |
| - | § 61 b neu[3] | | | |
| - | § 61 c neu[3] | | | |
| § 62 | § 62[3] | | | |
| - | § 62 a neu[3] | | | |
| § 63 | § 63[3] | | § 63[1] | |
| - | § 63 a neu[3] | | | |
| | § 63 b neu[3] | | | § 63 b Abs. 1 S. 1[1] |

| SGB XII a.F. | Änderung zum 1.1.2017 | Änderung zum 1.7.2017 | Änderung zum 1.1.2018 | Änderung zum 1.1.2020 |
|---|---|---|---|---|
| § 64 | § 64[3] | | | |
| - | § 64a neu[3] | | | |
| - | § 64b neu[3] | | | |
| - | § 64c neu[3] | | | |
| - | § 64d neu[3] | | | |
| - | § 64e neu[3] | | | |
| - | § 64f neu[3] | | | |
| - | § 64g neu[3] | | | |
| - | § 64h neu[3] | | | § 64h Abs. 2 Nr. 1[1] |
| - | § 64i neu[3] | | | |
| § 65 | § 65[3] | | | |
| § 66 | § 66[3] | | | |
| - | § 66a neu[1] | | | |
| § 67 | | | | § 67 S. 2[1] |
| ... | | | | |
| § 70 | § 70 Abs. 1 S. 1 und Abs. 3 neu gefasst[3] | | | |
| § 71 | § 71 Abs. 1 S. 2 und Abs. 2 Nr. 3 neu gefasst, Abs. 5 neu[3] | | | § 71 Abs. 5 neu[1] |
| § 72 | § 72 Abs. 1 S. 2 neu gefasst, Abs. 4[3] | | | § 72 Abs. 6 neu[1] |
| ... | | | | |
| § 75 | § 75 Abs. 5 S. 1[3] | | | § 75 Neufassung[1] |
| § 76 | § 76 Abs. 2 S. 3 neu gefasst[3] | | | § 76 Neufassung[1] |
| - | | | | § 76a neu[1] |
| § 77 | | | | § 77 Neufassung[1] |

| SGB XII a.F. | Änderung zum 1.1.2017 | Änderung zum 1.7.2017 | Änderung zum 1.1.2018 | Änderung zum 1.1.2020 |
|---|---|---|---|---|
| § 78 | | | | § 78 Neufassung[1] |
| § 79 | | | | § 79 Neufassung[1] |
| - | | | | § 79 a neu[1] |
| § 80 | | | | § 80 Neufassung[1] |
| § 81 | | | | § 81 Neufassung[1] |
| § 82 | § 82[1] | | § 82[1] | |
| … | | | | |
| § 87 | § 87 Abs. 1 S. 3[3] | | | |
| § 88 | § 88[1] | | | |
| … | | | | |
| § 92 | | | § 92[1] § 92 Abs. 2 S. 1 Nr. 6 und 7 red. angepasst[5] | § 92 Neufassung[1] |
| § 92 a | | | | aufgehoben[1] |
| § 93 | | | | § 93 Abs. 1 S. 3[1] |
| § 94 | § 94 Abs. 2 S. 1[3] | | | § 94 Abs. 2 S. 1[1] |
| … | | | | |
| § 97 | | | | § 97 Abs. 3 Nr. 1 aufgehoben[1] |
| § 98 | | | | § 98 Abs. 5, Abs. 6 neu[1] |
| … | | | | |
| § 108 | § 108 Abs 1 S. 1[2] | | | |
| … | | | | |
| § 118 | | | | § 118 Abs. 1 S. 1 Nr. 3, 4, 5 (neu) [1] |
| … | | | | |

| SGB XII a.F. | Änderung zum 1.1.2017 | Änderung zum 1.7.2017 | Änderung zum 1.1.2018 | Änderung zum 1.1.2020 |
|---|---|---|---|---|
| § 121 | | | | § 121 Nr. 1 c) aufgehoben[1] |
| § 122 | § 122 Abs. 3 Nr. 3 und 4[3] | | | § 122 Abs. 3 Nr. 2, 3, 4[1] |
| ... | | | | |
| § 128 c | | 128 c Nr. 9 neu gefasst[2] | | § 128 c Nr. 7 neu gefasst[1] |
| ... | | | | |
| - | | § 133 b neu[2] | | |
| - | § 134 neu[2] | | | |
| ... | | | | |
| § 136 | § 136[1] | § 136 Abs. 4, „2020" statt „2021"[5] | | |
| - | | | | § 136 a neu[1] |
| - | § 137 neu[3] | | | |
| - | § 138 neu[3] | | | |
| - | - | | § 139 neu[1] | § 139 neu gefasst[1] |
| - | - | | § 140 neu[1] | aufgehoben/ §§ 60–62 SGB IX[1] |
| - | - | | § 141 neu[1] | aufgehoben/ § 117 SGB IX[1] |
| - | - | | § 142 neu[1] | aufgehoben/ § 118 SGB IX[1] |
| - | - | | § 143 neu[1] | aufgehoben/ § 119 SGB IX[1] |
| - | - | | § 143 a neu[1] | aufgehoben/ § 120 SGB IX[1] |
| - | - | | § 144 neu[1] | aufgehoben/ § 121 SGB IX[1] |
| - | - | | § 145 neu[1] | aufgehoben/ § 122 SGB IX[1] |

| SGB XII a.F. | Änderung zum 1.1.2017 | Änderung zum 1.7.2017 | Änderung zum 1.1.2018 | Änderung zum 1.1.2020 |
|---|---|---|---|---|
| Anlage zu § 28 | Anlage zu § 28: Neufassung der Regelbedarfs-stufen und neue Regelbedarfs-sätze 2017[2] | | | Anlage zu § 28: Regelbedarfs-stufe 2 neu ge-fasst[2] |
| VO zu § 90 Abs. 2 Nr. 9 | § 1 Abs. 1 S. 2 und Abs. 2 S. 1[3] | **zum 1.4.2017** § 1 neugefasst § 2 geänd.[4] | | |

[1] Änderung durch das BTHG (BGBl. I 2016, S. 3234).
[2] Änderung durch das RBEG 2017 (BGBl. I 2016, S. 3159).
[3] Änderung durch das PSG III (BGBl. I 2016, S. 3191).
[4] Änderung durch die Zweite VO zur Änderung der Verordnung zur Durchführung des § 90 Abs. 2 Nr. 9 SGB XII vom 22.3.2017 (BGBl. I 2017, S. 519).
[5] Änderung durch das Gesetz zur Änderung des Bundesversorgungsgesetzes und anderer Vorschriften (BGBl. I 2017 S. 2541).

# Stichwortverzeichnis

Fette Zahlen bezeichnen die Paragraphen der Gliederung, magere die Randnummern.